Walter Müller-Seidel
FRIEDRICH SCHILLER und die Politik

Walter Müller-Seidel

FRIEDRICH SCHILLER
und die Politik

*«Nicht das Große, nur
das Menschliche geschehe»*

Verlag C.H.Beck

Dem Andenken unserer Kinder
Wolfhard (1955–1990)
und
Almuth (1946–1993)
gewidmet

© Verlag C. H. Beck oHG, München 2009
Satz: Fotosatz Reinhard Amann, Aichstetten
Druck und Bindung: CPI – Ebner & Spiegel, Ulm
Gedruckt auf säurefreiem, alterungsbeständigem Papier
(hergestellt aus chlorfrei gebleichtem Zellstoff)
Printed in Germany
ISBN 978 3 406 57284 5

www.beck.de

INHALT

Vorwort 7

I. Weltereignis einer Hinrichtung 9

II. Diskussionen zum Widerstandsrecht 23

III. Das Interesse an Tyrannen und Tyrannenmord 34

IV. Die Dramen und ihre politischen Themen 60
 1. «Die Räuber» 60
 2. «Die Verschwörung des Fiesko zu Genua» 84
 3. «Don Karlos» 102
 4. «Wallenstein» 122
 5. «Maria Stuart» 146
 6. «Die Jungfrau von Orleans» 158
 7. «Die Braut von Messina» 173
 8. «Wilhelm Tell» 192

V. Napoleon ante portas: Das Verschweigen einer Gegnerschaft 212

VI. Gesinnungsfreunde 227

VII. Der fremde Eroberer und die neuen Themen 247

VIII. Schwindendes Interesse an Widerstand und wachsendes Interesse an menschlicher Größe 282

IX. Zur Kritik menschlicher Größe 301

X. Humanitätsbegriffe in Klassik und Moderne 325

Anmerkungen 342
Literatur 375
Personenregister 395

VORWORT

Die Veröffentlichung dieses Buches geht nicht auf eine längerfristige Planung zurück. Sie war noch vor wenigen Jahren nicht vorgesehen. Erst über der Ausarbeitung eines 2005 gehaltenen Vortrags wurde mir klar, daß sich die neuen Fragen und Fragestellungen, auf die ich aufmerksam geworden war, nicht in die Grenzen eines Vortrags einschränken ließen. Dennoch haben die in diesem Buch behandelten Themen eine längere Vorgeschichte. Sie beginnt 1989 mit einem Vortrag über Verschwörungen und Rebellionen, in dem ein Zusammenhang zwischen Tötung und ästhetischer Erziehung hergestellt wird. Ein 1996 in der Bayerischen Akademie der Schönen Künste gehaltener Vortrag behandelt die häufig erörterte Epochenverwandtschaft zwischen Schiller und der Moderne als ein auch heute noch nicht erledigtes Problem. Ihm folgte 1998 ein Vortrag in Marbach über «Don Karlos», der es abermals mit Verschwörungen des handelnden Menschen zu tun hat, darüber hinaus aber auch mit Darstellungen des leidenden Menschen auf dem Hintergrund staatlichen Tötens. Mit den bald danach veröffentlichten Vorträgen hätte es, was Schiller angeht, sein Bewenden haben können, wenn nicht persönliche Begegnungen für fortwirkendes Interesse gesorgt hätten. Gelegentlich eines Fontane-Kolloquiums 1998 in Genshagen bei Potsdam fragte mich die Moderatorin dieser Veranstaltung, Frau Dr. Marie Haller-Nevermann, ob ich bereit sei, einen Bildband zur Biographie Schillers, den sie herauszugeben gedenke, mit meinem Interesse zu begleiten. Ich sagte zu und beteiligte mich an dem Buch mit einem Nachwort. Eine Begegnung anderer Art im Zeichen Schillers war vorausgegangen. Maria Carolina Foi, jetzt Professorin für deutsche Literatur in Triest, hatte mich um ein Gutachten für ein Forschungsvorhaben gebeten. Sie war nach juristischen Studien mit dem Buch «Heine e la vecchia Germania» hervorgetreten. Es lag daher für sie nahe, sich mit dem Problemfeld Schiller und das Recht zu befassen, wie es auch geschah. Frau Foi ist inzwischen in der internationalen Schillerforschung bekannt und eingeführt. Die wiederholten Gespräche seither haben das Interesse an Schillers Dramen und ihrer politischen Thematik immer erneut in Bewegung gebracht. Schließlich habe ich in diesem Zusammenhang Thomas O. Höllmann, Klassensekretar in der Bayerischen Akademie der Wissenschaften, zu nennen und zu danken, der den am 5. Dezember 2005 gehaltenen Vortrag angeregt hatte. In der erneuten Befassung wurden die Probleme des ersten Vortrags über Verschwörungen und Rebellionen aufgenommen und fortgeführt. Das Interesse für politische Themen wie Herrschaftsmißbrauch durch Tyrannen, Widerstandsrecht und politischen Mord erwiesen sich als durchgehend. Aber erkennbar wurde auch, daß mit der «Wallenstein»-Trilogie neue Themen hinzukamen, die es im Frühwerk Schillers nicht gegeben hat. Sie haben ihre philosophische Grundlage in der Idee der Selbstbestimmung und in der Abwehr von Fremdbestimmung jeder Art. Von hier aus gelangte «der fremde Eroberer», gemeint ist Napoleon, als eine Art Hintergrundfigur in das Blickfeld kritischer Betrachtung. Sie hat sehr viel zu tun mit den Vorbehalten, die Schiller zunehmend den großen Individuen der Weltgeschichte und ihren Mythen entgegenbrachte.

Für Mithilfe zur Fertigstellung dessen, was nunmehr als Buch vorliegt, habe ich vielfachen Dank auszusprechen. Er gilt vorab Thomas Anz für das Mitlesen des Darstellungsteiles und er gilt ihm und einigen seiner Mitarbeiter für die Erstellung des Schrifttumsverzeichnisses. Großen Dank schulde ich Frau Anna Steinbauer für die Übertragung des Manuskripts in die heutige Schrifttechnik. Sie hat sich dieser Aufgabe mit großer Verantwortung und unermüdlicher Zuverlässigkeit angenommen. Mein Dank ist sehr nachhaltig. Nicht zuletzt danke ich im Verlag C.H.Beck den an der Herstellung des Buches beteiligten Lektoren, besonders aber Herrn Dr. Raimund Bezold, der viel Mühe aufgewandt hat, das Vorhaben zu Ende zu bringen. Schließlich danke ich Herrn Dr. Wolfgang Beck für sein anhaltendes Interesse am Gegenstand wie für großzügige Geduld. Bleibt noch hinzuzufügen, daß es den zündenden Funken im Umgang mit Schiller und seinem Werk schon sehr früh und noch vor Beginn des Studiums im Spätsommer des Jahres 1936 gegeben hat und daß es das Wallenstein-Drama war, das es mir über alle Maßen angetan hatte – «dies Wunderwerk, Wunderwerk in allen seinen einander durchdringenden Schichten, Wunderwerk auch als Schau des Politischen», wie es Golo Mann gelegentlich charakterisiert hat. Es war auch Ausgangspunkt und wiederholt Bezugspunkt dieses Buches.

I
WELTEREIGNIS
EINER HINRICHTUNG

Am 8. Februar 1793 äußert sich Schiller in einem Brief an seinen Freund Körner entsetzt über den Verlauf der Revolution in Frankreich und schreibt: «Was sprichst Du zu den französischen Sachen? Ich habe wirklich eine Schrift für den König schon angefangen gehabt, aber es wurde mir nicht wohl darüber, und da ligt sie mir nun noch da. Ich kann seit 14 Tagen keine französischen Zeitungen mehr lesen, so ekeln diese elenden Schindersknechte mich an» (XXVI/183). Die Zeitangabe bezieht sich auf die Hinrichtung des französischen Königs, die am 21. Januar 1793 vollstreckt worden war. Sie bezieht sich auf ein weltgeschichtliches Ereignis von weitreichendem Ausmaß, das man in Europa mit Erschrecken aufgenommen hatte. Die Revolution war mit diesem Ereignis in eine Phase radikalen Denkens und Handelns eingetreten. Robespierre hatte sich zum Wortführer derjenigen gemacht, die in der Frage der Verurteilung des Königs für die Todesstrafe plädiert hatten. Mit einigen anderen Abgeordneten war er der Auffassung, «daß die einzig mögliche Beziehung zwischen einem Volk und einem Tyrannen der Widerstand ist».[1] Die Hinrichtung war aus der Sicht der Revolutionäre der Vollzug einer Todesstrafe, kein Tyrannenmord. Im Entsetzen über diesen Tötungsakt befindet sich Schiller in Übereinstimmung mit zahlreichen Autoren seiner Zeit, auch mit Kant, der zwar an der Todesstrafe festhielt, aber die Tötung des französischen Königs aufs schärfste verurteilte, in seinen Worten: «Die formale *Hinrichtung* ist es, was die mit Ideen des Menschenrechts erfüllete Seele mit einem Schaudern ergreift, das man wiederholentlich fühlt, so bald und so oft man sich diesen Auftritt denkt, wie das Schicksal Karls I. oder Ludwigs XVI.» (IV/440). Aber schon in einem am 21. Dezember 1792 geschriebenen Brief, abermals an Körner, hatte Schiller dieses Vorhaben zur Sprache gebracht. Er hatte sich nach einem geeigneten Übersetzer ins Französische erkundigt und erklärt, wofür er ihn benötige: «Kaum kann ich der Versuchung widerstehen, mich in die Streitsache wegen des Königs einzumischen und ein Memoire darüber zu schreiben. Mir scheint diese Unternehmung wichtig genug, um die Feder eines Vernünftigen zu beschäftigen; und ein deutscher Schriftsteller, der sich mit Freiheit und Beredsamkeit über diese Streitfrage erklärt, dürfte wahrscheinlich auf diese richtungslosen Köpfe einigen Eindruck machen» (XXVI/171). Aber eingeleitet hatte Schiller diesen Brief mit Bemerkungen über das Projekt seiner noch auszuarbeitenden Schönheitslehre – mit den Worten: «Ueber die Natur des Schönen ist mir viel Licht aufgegangen, so daß ich Dich für meine Theorie zu erobern glaube. Den objectiven Begriff des Schönen der sich eo ipso zu einem objectiven Grundsatz des Geschmacks qualificirt, und an welchem Kant verzweifelt, glaube ich gefunden zu haben. Ich werde meine Gedanken darüber ordnen, und in einem Gespräch: *Kallias, oder über die Schönheit*, auf die kommenden Ostern herausgeben» (XXVI/170). Aber auch im Brief vom 8. Februar 1793, im «Hinrichtungsbrief», hatte er über seine Theorie des Schönen gehandelt, ehe er auf die «elenden Schindersknechte» zu sprechen kam. Ein innerer Zusammenhang zwischen dem Akt der Hinrichtung und der entstehenden Schönheitslehre wird erkennbar.[2]

Keineswegs soll behauptet werden, daß Schillers Schönheitslehre ihren Grund in einem Akt der Hinrichtung hat; denn ihre Anfänge, die Kalliasbriefe, liegen sehr viel weiter zurück. Doch hat die Ausarbeitung dieser Schönheitslehre durch die Hinrichtung des französischen Königs einen kräftigen Anstoß erhalten. Dem am 8. Februar geschriebenen Brief an Körner folgt schon einen Tag später der erste Brief an den Herzog von Augustenburg, mit dem Schillers Erziehungswerk aufs engste verbunden bleibt. Was er sich vorgenommen hat, steht klar vor Augen: «Das Unternehmen, Gnädigster Prinz, an das ich mich wagte (denn da ich einmal am Bekennen bin, so will ich auch nichts mehr verschweigen) ist etwas kühn, ich gestehe es, aber ein unwiederstehlicher Hang zog mich dazu hin. Mein jetziges Unvermögen die Kunst selbst auszuüben, wozu ein frischer und freier Geist gehört, hat mir eine günstige Musse verschaft, über ihre Principien nachzudencken. Die Revolution in der philosophischen Welt hat den Grund, auf dem die Aesthetick aufgeführt war, erschüttert, und das bisherige System derselben, wenn man ihn anders diesen Namen geben kann, über den Haufen geworfen» (XXVI/184). Die Denkungsart der Menschen durch Erziehung zu ändern, ist ein Kerngedanke der europäischen Aufklärung, und er hat zumal in Deutschland eine reichhaltige Vorgeschichte. Lessings Spätschrift «Die Erziehung des Menschengeschlechts» (1780) ist vor anderem zu nennen. Für Schiller ist in dieser Zeit seiner erhöhten Aktivitäten noch ein anderes Werk

WELTEREIGNIS EINER HINRICHTUNG

wichtig: Mirabeaus 1790 erschienene Schrift «Travail sur l'éducation politique». Die zu jeder Zeit umsichtige Schwägerin, sie hieß damals noch Karoline von Beulwitz, hatte ihn zu Anfang des Jahres 1792 darauf hingewiesen. Nunmehr, im Oktober 1792, ist er daran interessiert, daß es möglichst bald eine Übersetzung dieser Schrift in Deutschland gibt, und er sucht seinen Freund Körner hierfür zu gewinnen. «Wie wärs, wenn Du Dich an Übersetzung dieses Buches machtest?» schreibt er im Brief vom 15. Oktober 1792 (XXVI/160). Was jetzt unter Schillers Hand entsteht, ist deutbar als unblutiger Gegenentwurf zu der zunehmend blutig verlaufenden Revolution in Frankreich. Im Hinblick auf das nunmehr entstehende Werk, die «Briefe über die ästhetische Erziehung des Menschen», geht es um politische Ästhetik – um eine solche, die auf einen Akt staatlichen Tötens antwortet.

Aber die politische Ästhetik, die sich an das in Aussicht genommene Memoire zugunsten des französischen Königs anschließt, ist mit den «Briefen über die ästhetische Erziehung des Menschen» nicht hinreichend gewürdigt. Im zeitlichen Vorraum vor der Hinrichtung hat sich noch anderes abgespielt, und was da geschehen ist, ist in unserer Bildungsgeschichte merkwürdig unbekannt geblieben. Das gilt fast gleichermaßen in der gelehrten Wissenschaft. Diese Gedankenprojekte gehören doch wohl zum Kühnsten dessen, was die Weimarer Klassik hervorgebracht hat. Was hier in Frage steht, paßt nicht in das Bild, das man sich lange Zeit von dieser Klassik gemacht hat. Das Vorhaben Schillers ist völlig ungewöhnlich – so sehr, daß man Mühe hat, es in die Grenzen des Möglichen einzuschließen. Sein Plan, die Verteidigungsschrift zu verfassen, war keine momentane Aufwallung. Dieses Vorhaben hat den Dichter für einige Monate in Atem gehalten; es hatte für ihn eine in heutiger Sprache existentielle Bedeutung. Er hatte nicht nur die Absicht, die ausgearbeitete Schrift mit einer Reise zu verbinden, um das Schriftwerk gegebenenfalls persönlich vorzutragen, sondern dachte auch daran, sich für eine gewisse Zeit in Paris niederzulassen.[3] «Ich gehe auch gern nach Frankreich, aber ich habe noch keinen Glauben an die Dauer bei dem leichten, windigen Volke», schreibt Schillers Ehefrau Anfang Dezember 1792.[4] Was da erwogen wurde, erforderte aus verschiedenen Gründen Geheimhaltung, und darin war Schiller geübt. Der Plan einer Reise nach Paris in dieser Zeit, und sogar eine Übersiedlung dorthin, hat nicht seinesgleichen. Dennoch waren einige wenige in die kühnen Pläne eingeweiht, neben der Ehefrau und der Schwägerin auch Wilhelm von Humboldt, der seinerseits vorübergehend erwogen hatte, Schiller dorthin zu begleiten, und man wird sagen dürfen: Eine in den Konventionen seiner Zeit befangene

Persönlichkeit kann dieser preußische Adlige nicht gewesen sein. Aber diejenige Person, die offensichtlich von Anfang an von diesen Plänen wußte, war die Schwägerin Karoline von Beulwitz. Ihr war offensichtlich kein Projekt Schillers zu kühn, um ihm ihre Beihilfe zu versagen. Sie hat sich um die Reisepläne ebenso gekümmert wie um einen Übersetzer für die Verteidigungsschrift. Neben Charlotte von Kalb, Charlotte Woltmann und Bettina von Arnim, die auch dem kranken Hölderlin nichts schuldig blieben, war sie eine der herausragenden Frauen der Weimarer Klassik, hochgebildet und der Literatur aufs innigste verbunden. Es überrascht nicht, daß Charlotte von Stein ganz anders dachte und urteilte. Sie hat das Vorhaben Schillers offensichtlich als eine Kapriole des Dichters abgetan, den sie ohnehin für einen hoffnungslosen Sympathisanten der Französischen Revolution hielt. Das kühne Vorhaben Schillers hat sie nicht unkommentiert gelassen, sie schreibt: «Es ist mir lieb, daß er ein Deutscher ist, sonst wäre er unter der Guillotine ...»[5] Eine private Angelegenheit waren diese Pläne einer Reise oder gar einer Übersiedlung nach Paris keineswegs. Es war eine Angelegenheit des Schriftstellers Friedrich Schiller, der als Verfasser der «Räuber» um diese Zeit in Frankreich noch hohes Ansehen genoß.

In seiner großen Abhandlung «Über naive und sentimentalische Dichtung» hat Schiller den Begriff «Dichterberuf» gebraucht, den sich später Hölderlin auf seine Weise zu eigen gemacht hat.[6] Man kann diesen Begriff im Sinne Schillers nicht weit genug fassen, politische Stellungnahmen stets eingeschlossen. Eine solche den Dichterberuf betreffende Auffassung wird in der Korrespondenz mit Körner zum Ausdruck gebracht: als die Sache eines deutschen Schriftstellers, der die Verteidigungsschrift als eine solche seines Amtes versteht. Körner hat diesen Gegenstand ihrer Korrespondenz sofort aufgenommen und durchdacht. Daß Schiller sein Anliegen als eine Sache seines Schriftstelleramtes versteht, wird unverzüglich zur Geltung gebracht, wenn es heißt: «Der Schriftsteller, der für die Sache des Königs öffentlich streitet, darf bei dieser Gelegenheit schon einige wichtige Wahrheiten mehr sagen, als ein anderer, und hat auch schon etwas mehr Credit. Vielleicht räthst Du mir an zu schweigen, aber ich glaube, daß man bei solchen Anlässen nicht indolent und unthätig bleiben darf. Hätte jeder freigesinnte Kopf geschwiegen, so wäre nie ein Schritt zu unserer Verbesserung geschehen» (XXVI/172). Schweigen und die Sache auf sich beruhen lassen oder sich zu Wort melden, um möglicherweise einer schlimmen Entwicklung vorzubeugen – das ist hier die Frage. Körner antwortet unverzüglich in seinem Brief vom 27. Dezember 1792 und teilt mit, daß ihn die Idee, für den bedrohten König zu schreiben, noch mehr interessieren würde, wenn es bald geschehen könnte. Der Frage, ob man in einer Situation wie dieser reden oder lieber schweigen solle, kommt offensichtlich eine überzeitliche Bedeutung zu. Sie stellt sich von Zeit zu Zeit immer erneut, und so auch hier. Körners Einstellung in der Sache ist gespalten und von Widersprüchen nicht frei. Er würde sich freuen, wenn bald etwas geschähe und neigt gleichwohl zu Zurückhaltung und Vorsicht. Seine Auffassung begründet er wie folgt: «Ob man jetzt *schweigen* oder *reden* soll, ist eine schwere Frage. Die Stimme der Vernunft wird in dem Moment der Krise nicht gehört; alles schwankt zwischen zwei Extremen der Leidenschaft – Furcht und Uebermuth ... Aber wo die Krise noch nicht ihren Anfang genommen hat, darf sie nach meiner Ueberzeugung ein wohlwollender Schriftsteller nicht beschleunigen» (XXXIV, 1/213). Körners Neigung zu Zurückhaltung verbindet sich mit einer Auffassung von der Autonomie der schriftstellerischen Tätigkeit ohne Einschränkung. Aber auch Schiller hat nicht vor, sich als Parteigänger hervorzutun. Auch er versteht seine Sache aus dem Geist der Autonomie, als Wortmeldung eines deutschen Schriftstellers in einer hochbrisanten Situation; denn es geht hier um Leben und Tod. Es muß hinzugefügt werden: Schiller versteht den Plan seiner Verteidigungsschrift nicht nur als Schriftsteller im Allgemeinen, sondern betontermaßen als deutscher Schriftsteller. Das Selbstbewußtsein, das aus diesen Briefen spricht, verleugnet sich nirgends, und es besteht auch Grund, es zur Geltung zu bringen. Noch nicht lange war es her, daß von höchster Stelle und höchst ungerecht der deutschen Literatur dieser Zeit das Urteil gesprochen worden war. Gemeint ist die Schrift «De la littérature allemande» des preußischen Königs Friedrich II. Sie war 1780 erschienen und hatte von dem, was seither, seit etwa 1760, im Gebiet der deutschen Literatur anders geworden war, keine Notiz genommen.[7] Kaum zwei Jahre nach Erscheinen dieser Schrift macht der junge Schiller mit seinem poetisch-anarchischen Drama von sich reden, und nun sind es die in der Literatur verwöhnten Franzosen, die ihm bald danach in politischer Absicht huldigen. Man muß sich diese Entwicklung mit der Vielzahl ihrer politischen Bezüge vor Augen halten, um das erhöhte Selbstbewußtsein zu begreifen, das dem Plan der Verteidigungsschrift zugrunde liegt. Der spannende Diskurs mit Beziehung auf das Weltereignis der Hinrichtung Ludwigs XVI. ermöglicht in Hinsicht auf das Verhältnis von Dichtung und Politik in Schillers Denken ein erstes Zwischenergebnis.

Politische Ästhetik ist mit ästhetischer Politik nicht zu verwechseln.[8] Auch ist, was die erstere angeht, an eine Teilhabe Schillers am politischen Geschäft nicht zu denken, wohl aber an die Absicht, Veränderungen im Bewußtsein durch Ästhetik und mit ästhetischen Mitteln zu bewirken. Politische Ästhetik bedeutet im Verständnis Schillers auch, daß Zeitgeschichte in den Dramentext eingebracht wird. Sie äußert sich in vielerlei Gestalt, in den literarischen Texten ebenso wie in Briefen und anderen biographischen Zeugnissen. Auch die Absicht, ein Memoire zugunsten des französischen Königs zu verfassen, macht deutlich, daß politisches Denken über der Ausarbeitung seiner Schönheitslehre nicht verabschiedet ist. Oder mit einer Formulierung aus philosophischer Sicht: «Schiller steht unter dem Eindruck des revolutionären Terrors. Wie vielen anderen gilt auch ihm die Enthauptung des Königs als das entscheidende Ereignis, das den Umschlag von Vernunft und Freiheit in blutige Gewalt besiegelt und die Ideen der Revolution unter sich begraben hat.»[9] Das Entsetzen über die Hinrichtung läßt den Schluß zu, daß am wenigsten um diese Zeit von einer Flucht aus der Zeit die Rede sein kann. Behauptungen dieser Art in der neueren Forschung sind so gut eine Verkennung seiner Schönheitslehre und seiner ästhetischen Erziehung des Menschen, wie es der Lobpreis des Dichters Stefan George ist, den er seiner Anthologie «Das Jahrhundert Goethes» vorangesetzt hat, wenn es dort heißt: «Aber als schönheitslehrer und erzieher · als verfasser der Ästhetischen Erziehung · der seinem volk auch heute noch fremd ist und vermutlich noch lange bleibt · wird Schiller noch einmal eine glänzende auferstehung feiern.»[10] Das ist immerhin eine partielle Anerkennung des sonst gegenüber Schiller weithin abweisenden modernen Dichters. Aber Stefan Georges Lob ist einseitig, weil sie das Ästhetische isoliert, das Schiller mit Politik und Freiheit zusammendenkt. Schönheit und Freiheit sind für ihn aufeinander bezogen. Das ist im zweiten der Briefe über die ästhetische Erziehung des Menschen deutlich ausgesprochen in dem Satz, «daß man, um jenes politische Problem in der Erfahrung zu lösen, durch das ästhetische den Weg nehmen muß, weil es die Schönheit ist, durch welche man zu der Freiheit wandert» (V/573). Schönheit bedeutet in diesen Erörterungen alles andere als bloß individuellen Selbstgenuß. Ihr Schwergewicht hat diese Ästhetik in der Rücksicht auf fremde Freiheit. Diese Rücksicht wird in den Kalliasbriefen nachdrücklich betont: «Es ist auffallend, wie sich der gute Ton (Schönheit des Umgangs) aus meinem Begriff der Schönheit entwickeln läßt. Das erste Gesetz des guten Tons ists: ‹*Schone fremde Freiheit*›» (XXVI/216). Die für Schiller wichtige Verbindung von Ästhetik und Politik bringt er in einem Brief an den Philosophen Christian Garve fast bekenntnishaft zum Ausdruck. Er bezeichnet die «Briefe über die ästhetische Erziehung des Menschen» als «Anfang eines größern Ganzen» und fügt hinzu: «Ich würde mich sehr freuen, wenn das politische Glaubensbekenntniß, das ich in dieser ersten Lieferung meiner Briefe ablege, auf irgend eine Art mit dem Ihrigen übereinstimmte»

(XXVII/125). Die politischen Motive dieser Ästhetik betont Birgit Sandkaulen.[11]

Abermals wird deutlich: Ästhetische Erziehung und politisches Glaubensbekenntnis schließen sich im Denken Schillers nicht aus. Sie haben mit höfischer Kultur wenig zu tun, auf die man vor nicht zu langer Zeit die Weimarer Klassik festzulegen suchte.[12] Dennoch ist Schiller eine Unterordnung der Kunst unter die Erfordernisse der Politik nicht zu unterstellen. Ihre Autonomie wird nicht preisgegeben, und die Distanz zu allem Staatlichen hat sich nicht erledigt. Zu diesem Staatlichen steht in Opposition, was Schiller wiederholt das Menschliche nennt. Die Beziehung, die hier zwischen den in Frage stehenden Bereichen hergestellt wird, bedeutet nicht unbedingt Einheit und Einklang, sondern vielfach Widerspruch, Distanz und Opposition. Literatur und Kunst werden von ihm als Gegengewichte zu Politik und Zeitgeschichte verstanden, nicht aber als deren Negation. Spannungen werden auf diese Weise erzeugt, die nicht selten als unüberbrückbare Gegensätze zu erkennen sind, aber das Drama recht eigentlich in Gang bringen.[13] Auch Opposition gegenüber gängiger Politik ist politische Ästhetik. Wenn Schiller daran denkt, ein Memoire zugunsten des französischen Königs auszuarbeiten, so haben sich seine Vorbehalte gegenüber Königsherrschaft und Fürstenherrlichkeit nicht erledigt. Mit der in Aussicht genommenen Verteidigungsschrift ist keine politische Kehrtwendung verbunden. Die Parteinahme für die Sache des Königs, verbunden mit Kritik an dessen Regierungstätigkeit, ist nicht Parteilichkeit im Sinne einer politischen Doktrin. Sie gilt nur partiell und keinesfalls unbegrenzt, und sie schließt einige Unterstellungen ganz und gar aus: Schiller ist weder zu einem Verfechter des monarchischen Prinzips geworden noch hält er Ludwig XVI. für einen Tyrannen. Er würde sich sonst nicht für ihn verwenden. Aber gerade als Tyrann war der französische König vom Revolutionstribunal zum Tode verurteilt worden, und man hatte sich dabei, wie schon ausgeführt, auf das Recht zum Widerstand berufen.[14]

Aber das Weltereignis dieser Hinrichtung hat noch eine andere Seite: die Hinrichtung selbst mit Hilfe einer Maschine, die eigens in dieser Zeit und zum Zweck der «Verbesserung» des Tötens erfunden wurde. Sie wurde, wie oft gesagt wird, zum Wohle der Menschen in der Geschichte des Fortschritts erfunden. Das Tötungsinstrument heißt, wie jeder weiß, Guillotine, benannt nach dem aus Lyon gebürtigen Arzt Joseph-Ignace Guillotin. Sie ist ein Erzeugnis der aufgeklärten Medizin.[15] Daß der Erfinder ein Arzt und daß die Maschine letztlich ein Erzeugnis der Aufklärung ist, deutet auf Widersprüche hin, die den entstehenden Fortschrittsglauben nicht gerade beflügeln. Von pervertierter Heilkunst wird in diesem Zusammenhang gesprochen, weil es von Guillotin über Louis bis hin zu Cabanis Mediziner gewesen sind, «die das Enthauptungsinstrument vorschlugen, durchdachten und legitimierten.»[16] Die Fortschritte, die sich mit dieser Tötungsmaschine verbinden, sind unbestritten, und sie sind wiederholt begründet worden. So inhuman es zu bezeichnen ist, Prozesse abzukürzen, indem man kurzen Prozeß macht, so human, sagt man, sei die Abkürzung der Schmerzen im Tötungsakt dadurch, daß sie kaum noch wahrgenommen werden. Die hochgradige Problematik, um die es geht, deutet sich in einem berühmten Text Lichtenbergs aus dieser Zeit mit der Überschrift «Über das Alter der Guillotine» an. Hinrichtungen sind dem großen Naturforscher und Schriftsteller zweifellos zuwider, aber wenn sie schon sein sollen, dann am besten mit dieser Maschine, meint er: «Der Lyoner Arzt Jean Baptiste Guillotin wird gewöhnlich, und wie ich glaube, mit Recht, für den Erfinder der berüchtigten Maschine gehalten, durch die er selbst am 14. März 1794, weil er einer verdächtigen Korrespondenz mit Turin beschuldigt wurde, sein Leben endigen mußte. Des Mannes Absicht war gut, denn, wenn doch einmal Köpfe abgeschlagen werden sollen, so ist nicht leicht eine vollkommenere Maschine zu dieser Absicht möglich, als die Guillotine ...»; und mit einem Seitenblick auf die Paradoxie des ärztlichen Erfinders dieser Maschine fährt er fort: «Man hat darüber gespottet, daß ein Arzt eine Köpfmaschine erfunden habe; gerade so als wenn es etwas so Seltenes wäre, daß Ärzte Mittel erfanden, die Menschen geschwind aus der Welt zu schaffen» (III/488).[17] Dem großen Naturforscher und Schriftsteller ist nicht zu unterstellen, daß er am Abschlagen von Köpfen Gefallen gefunden habe. Er nennt diese Tötungsart nicht human, sondern spricht von Vollkommenheit – «so ist nicht leicht eine vollkommenere Maschine zu denken». Aber in späterer Zeit wird man die Tötungsmaschine in die Geschichte humanen Denkens einbeziehen. In stürmischer Zeit, am Ende der Weimarer Republik, verteidigt der Arzt und Psychiater Alfred Erich Hoche die Beibehaltung der Todesstrafe aus Gründen der Humanität mit den Worten: «Nicht einmal der *Akt der Hinrichtung* selbst bedeutet ein Leiden. Zahnarzt ist – in diesem Zusammenhange – schlimmer als Guillotine. Die Enthauptung bringt ein leichteres Sterben; sie ist auch sehr viel humaner als alle sonst geübten Hinrichtungsmethoden.»[18] Die angeführten Sätze verraten ein erschreckendes Leichtnehmen des Tötens und eine Gedankenlosigkeit des sprachlichen Ausdrucks, die Schlimmes ahnen lassen.

Trotz der angestrebten Desakralisierung seitens der Revolutionstribunale und trotz der Todesstrafe, die über den französischen König als einen Tyrannen verhängt wurde, bleiben neue Sakralisierungen nicht aus. Das betrifft die Tötungsmaschine ebenso wie die Republik im Ganzen. Aber neue For-

WELTEREIGNIS EINER HINRICHTUNG

men sakralen und kultischen Charakters gibt es auch auf der anderen Seite, unter den Gegnern der Jakobiner. Einer der frühen Historiker der Französischen Revolution, Jules Michelet, handelt in seinem mehrbändigen Werk (1847/53) über das Verhalten des Königs vor dem Tötungsakt. «Die Religion war seine einzige Hilfe in seinen schwersten Prüfungen. Gleich als er in den Temple kam, hatte er sich das Brevier von Paris kaufen lassen. Er las mehrere Stunden täglich darin und betete jeden Morgen lange auf den Knien. Er las auch viel das Buch von der Nachfolge Christi und stärkte sich in seinem Leiden durch die Betrachtung der Leiden Jesu.»[19] Vor anderen waren es Royalisten, die den hingerichteten König zum Märtyrer erklärten, und in vielfach hochpathetischen Worten äußerten sie: «Er stieg mit dem religiösen und majestätischen Ausdruck eines ehrwürdigen Priesters, der die Stufen zum Altar hinaufgeht, um die Messe zu feiern, aufs Schafott. Dies sind die Worte eines Augenzeugen, der vorn an der Blutbühne stand.»[20] Im Begriff «Blutbühne» wird das Elend des Tötens offenkundig: die im Blick auf Theater und Bühne sich bezeugende Tötungslust. Die Schriftstellerin Madame de Staël, in solchen Fragen eine entschiedene «Parteigängerin» Schillers, hatte sich ähnlich vernehmen lassen: «Der König begab sich zu Fuß von dem Gezelt, unter dem er sich befand, bis zu dem am anderen Ende errichteten Altar ... Als er die Stufen des Altars hinaufstieg, glaubte man, das geweihte Schlachtopfer zu sehen, das sich freiwillig zum Opfer darbietet ... nach diesem Tage hat ihn das Volk nur auf dem Blutgerüste wiedergesehen.»[21] In Zeiten politischer Umbrüche und ideologischen Eifers kann offenbar geschehen, was hier geschieht: daß man das Töten auf archaische Art «kultiviert» und in eine hierarchische Ordnung bringt, wie im 20. Jahrhundert vielfach bezeugt. Zwischen dem schimpflichen Strang und dem weniger schimpflichen, fast ehrenhaften Erschießungstod wird unterschieden. Die damals neue Tötungsmaschine steht in der Hierarchie der «Werte» dem Töten durch Erschießen zweifellos näher als dem Töten durch Erhängen. Ein solches Oszillieren zwischen Archaik und Fortschritt ist dem Weltereignis dieser Hinrichtung mitgegeben. Mit Archaik ist in diesem Zusammenhang das Menschenopfer gemeint.

Eine solche Archaik zeigt sich an der Art, wie der hingerichtete König zum Märtyrer stilisiert wird, aber auch an den Blutexzessen, die es gegeben hat. In Schillers «Lied von der Glocke» gibt es Anklänge dieser Vorkommnisse in dem Vers «Da werden Weiber zu Hyänen». Von den neuartigen Tötungsritualen hatte Schiller Näheres durch Charlotte von Lengefeld erfahren, die in einem Brief an ihn vom 12. November 1789 wiedergibt, was sie aus Berichten ihres späteren Schwagers erfahren hat: «Eben erhalte ich einen

Brief von Beulwitz ... von den Pariser Frauen erzählt er schöne Geschichten die hoffe ich, nicht so sein sollen, es hätten sich einige bei einem erschlagnen Garde du Corps versammelt, sein Herz heraus gerißen und sich das Blut in Pokalen zu getrunken» (XXXIII, 1/410). Vom Verschwinden dieser Opferriten handelt Goethes Schauspiel «Iphigenie auf Tauris»; es ist nur wenige Jahre vor Ausbruch der Revolution erschienen – kein Trauerspiel. Indem das Menschenopfer vermieden wird, wird auch die Tragödie vermieden. Ein lichtvoller Blick in die Zukunft, der sich schon wenige Jahre später verdüstert. In den Dramen vor der Revolution hatte Schiller das prekäre Thema keineswegs ausgespart, wie an «Don Karlos» noch zu zeigen ist, aber doch wohl in der Überzeugung, daß es in der heutigen Welt nichts mehr zu suchen habe. Die Schreckensherrschaft im Verlauf der Französischen Revolution hat die Welt eines anderen belehrt. Nunmehr ist das entsetzliche Thema des Menschenopfers in die Wirklichkeit zurückgekehrt. Für Schiller ist das Thema des Opfers und des Opferns – die Ästhetik des Opfers – alles andere als ein Relikt aus archaischer Zeit.[22] Es ist von den «Räubern» bis hin zum «Demetrius»-Fragment ein wiederkehrendes Thema. Die Hinrichtung des französischen Königs steht hier als Beispiel für verwandte Ereignisse, und anders noch als andere Texte der Epoche verstehen sich Schillers Dramen weniger als Beiträge zum Todesgedanken in der Dichtung oder zur Geschichte des Todes, sondern als solche zur Geschichte des Tötens als einer nicht endenwollendenden Geschichte, der diese Dramen Stück für Stück entgegenzuarbeiten suchen.[23]

Aber mit welcher Zeit haben wir es zu tun, wenn wir von realer Geschichte oder Zeitgeschichte mit Bezug auf die Weimarer Klassik sprechen? Auf das von Harmonie, von «edler Einfalt und stiller Größe» geprägte Bild der Epoche ist man heute nicht mehr festgelegt. Mit diesem Bild hat Goethe wenig und Schiller womöglich noch weniger zu tun. Wenn man die Vielzahl der Störungen und Beunruhigungen ausspart, erhält man ein falsches Bild. Es sind wirklichkeitsferne und idealisierende Bilder, wenn wir einen Satz wie den folgenden lesen – oder lasen: «Derjenige Geist ist nun der klassische, der den Widerspruch von Raum und Zeit zur Harmonie zu bringen vermag ... Der klassische Mensch kann dem Strome der Zeit das ewig ruhende Gebilde entheben und doch dem Leben, der Erfahrung, der realen Welt ganz treuer Bürger bleiben.»[24] Aber diesen klassischen Menschen hat es nie gegeben. Indes sind Harmonie, Ruhe und Stille Facetten, die sich im Bild der sogenannten Klassik zäh am Leben erhalten. Auch dort, wo man in neuerer Zeit historisch denkend auf die damalige Gegenwart Bezug nimmt, greift man auf die alten Bilder zurück. Der Friede von Basel, geschlossen

WELTEREIGNIS EINER HINRICHTUNG

1795, wird als Grundlage solcher Entwicklungen zu Ruhe und Ordnung hin erkannt. Dieser Friede, hat man gesagt, habe die Erfüllung jener Politik der Neutralität bedeutet, die Goethe stets angestrebt habe; und wörtlich: «Es muß darauf hingewiesen werden, daß das Jahrzehnt relativer Ruhe, die der Vertrag von Basel Preußen und Weimar sichern sollte, genau mit der Blütezeit der deutschen Kultur übereinstimmt...»[25] Aber wenig spricht dafür, daß es sich so verhält. Wie sehr und wie lange die Französische Revolution Goethe verstört hat, ist bekannt, und das Jahrzehnt der Deutschen oder der Weimarer Klassik ist von solchen Verstörungen nicht frei. Die wohl bedeutendste Distanzierung von diesen Geschehnissen, die sehr viel über die Verstörungen Goethes aussagt, findet sich in seinem Beitrag «Bedeutende Fördernis durch ein einziges geistreiches Wort» in den Schriften zur Morphologie und lautet: «An eben diese Betrachtung schließt sich die vieljährige Richtung meines Geistes gegen die französische Revolution unmittelbar an, und es erklärt sich die grenzenlose Bemühung, dieses schrecklichste aller Ereignisse in seinen Ursachen und Folgen dichterisch zu gewältigen» (XII/308). Dieser bekannte und vielzitierte Passus aus den naturwissenschaftlichen Schriften, bezogen auf einen Beitrag des psychischen Arztes Johann Christian August Heinroth, ist zwar erst 1823 veröffentlicht worden, weist aber deutlich zurück auf die Zeit- und Stimmungslage am Ende des 18. Jahrhunderts, wie sie in den «Tag- und Jahres-Heften» für das Jahr 1799 nachzulesen ist. Die Niederschrift betrifft das Trauerspiel «Die natürliche Tochter» und die für Goethe wichtigste Quelle hierzu: «Die Memoiren der Stephanie von Bourbon-Conti erregen in mir die Konzeption der *natürlichen Tochter*. In dem Plane bereitete ich mir ein Gefäß, worin ich alles, was ich so manches Jahr über die Französische Revolution und deren Folgen geschrieben und gedacht, mit geziemendem Ernste niederzulegen hoffte» (XIV/60). Dieses Drama Goethes widerlegt nachdrücklich die vermeintlich ruhige Zeit, aus der die Weimarer Klassik hervorgegangen sein soll. Ein in jeder Szene beunruhigendes Drama mit düsteren Visionen, wenn wir Verse wie die folgenden lesen:

> «Der feste Boden wankt, die Türme schwanken,
> Gefugte Steine lösen sich herab
> Und so zerfällt in ungeformten Schutt
> Die Prachterscheinung...» (VI,1/322).

Wir erhalten Kenntnis von einer keineswegs heiteren Stimmungslage dieser vermeintlich ruhigen Jahre, und was Goethe dem Freund über seine Lektüre der Stephanie von Bourbon-Conti mitteilt, entspricht dem «klassischen»

Bild der Weimarer Klassik nicht entfernt. Der Wortlaut des Briefes ist dieser: «Im Ganzen ist es der ungeheure Anblick von Bächen und Strömen, die sich, nach Naturnothwendigkeit, von vielen Höhen und aus vielen Thälern gegen einander stürzen und endlich das Uebersteigen eines großen Flusses und eine Ueberschwemmung veranlassen, in der zu Grunde geht wer sie vorhergesehen hat, so gut als der sie nicht ahndete. Man sieht in dieser ungeheuern Empirie nichts als Natur und nichts von dem was wir Philosophen so gern Freyheit nennen möchten» (XXXIX, 1/211).[26] Die Lektüre eines solchen Schrifttums paßt auch im Falle Goethes nicht in das Bild einer beruhigten Bewußtseinslage, die der Friede von Basel bewirkt haben soll – und bestätigt zugleich, daß auch Goethe in diesen Jahren der Zeit nicht den Rücken gekehrt hat.

Aber die Beunruhigungen und Verstörungen – diese auch – blieben keineswegs auf die Ereignisse der Revolution beschränkt, wie es in Hinsicht auf die angeführten Texte Goethes erscheinen könnte. Das zeigt sich am Beispiel Schillers um vieles deutlicher. Die geschichtspessimistischen Züge gibt es auch bei ihm, wie besonders an den Gedichten und Gedichtentwürfen zu zeigen sein wird, die er um 1800 unter der Hand hat, und zwischen Goethes Trauerspiel «Die natürliche Tochter» und Schillers vermeintlich antikem Schicksalsdrama «Die Braut von Messina» gibt es Motivverwandtschaften, die frappieren. Die geschichtspessimistische Grundstimmung um 1800 erweist sich nicht als etwas bloß Momentanes im Denken Goethes. Auch an Schiller sind die Zeitströmungen nicht vorbeigegangen, und hier wie dort sind sie dem Bild der Weimarer Klassik, diese recht verstanden, nicht abträglich. Im Gegenteil! Was da an Gemeinsamkeiten sichtbar wird, ist ebenso unbekannt wie grandios, was das intellektuelle Niveau angeht. Doch geht es im Falle Schillers noch um zeitgeschichtliche Bezüge anderer Art, nicht nur um Auseinandersetzungen mit den Ereignissen der Revolution und ihren Ideen, sondern gleichermaßen um die Folgeereignisse: die Revolutionskriege, Eroberungskriege und andere Kriege dieser Zeit. Durchaus zutreffend hat man am Prolog zur «Wallenstein»-Trilogie festgestellt, daß es in ihm nicht ausschließlich um die Ideenwelt der Französischen Revolution gehe, sondern weit mehr um die Zeit danach.[27] Auch die Hinrichtung des französischen Königs ist nicht letzter Bezugspunkt, was Zeitstimmung und zeitgeschichtlichen Kontext angeht. Das Interesse an der späteren Zeitgeschichte über Revolution und Königsmord hinaus nimmt ihn nicht weniger in Anspruch als die Tötungsexzesse in der Zeit der Schreckensherrschaft. Schillers Dramen ohne die zeitgeschichtlichen Bezüge verstehen zu wollen, kommt mir hermeneutisch verwegen vor. Übersehen wird auch der ständig im

Wandel begriffene Autor. Schiller ist tatsächlich von Jahr zu Jahr ein Gewandelter, ein immer etwas anderer als die Jahre zuvor. Mit der Zeitgeschichte als Basis seines Denkens ist Ernst zu machen. Die Friedensschlüsse sind in diesem Jahrzehnt – lassen wir Basel auf sich beruhen – nicht das Licht im dunklen Tunnel. Sie sind vielfach nur Waffenstillstände, wie Kant in seiner Schrift zum ewigen Frieden bemerkt; so gleich eingangs: «‹Es soll kein Friedensschluß für einen solchen gelten, der mit dem geheimen Vorbehalt des Stoffs zu einem künftigen Kriege gemacht worden.› Denn alsdenn wäre er ja ein bloßer Waffenstillstand, Aufschub der Feindseligkeiten, nicht *Friede*...» (VI/196). Es sind rauhe Zeiten, die Jahre der Weimarer Klassik, und es geht in Europa, wohin man auch sieht, sehr stürmisch und sehr kriegerisch zu – ganz so, wie der niederländische Historiker Hermann W. von der Dunk die Zeitwende um 1800 in seiner Kulturgeschichte Europas im 20. Jahrhundert, in dem einleitenden Kapitel «Rückblick auf das 19. Jahrhundert», beschreibt: «Ein Zeitalter der Gleichheit und Freiheit erschien wie Morgenglanz am Horizont, und symbolisch wurde ein neuer Kalender eingeführt und die Vernunft auf den Thron einer Gottheit erhoben. Dieser Rausch führte schnell zur berüchtigten Radikalisierung der Revolution, zum Terror der fanatischen Jakobiner, zu Rückschlag und Verwirrung, aus der schließlich das Imperium Napoleons hervorging, des Soldatenkaisers, des Sohnes und Totengräbers der Revolution, der ihre Prinzipien verbreitete und zugleich verwässerte, indem er sie mit den zeremoniellen Allüren des alten monarchischen Systems zu verbinden suchte. Man kann sich dieses ganze Drama, das auf dem Schlachtfeld von Waterloo endete, nicht vergegenwärtigen, ohne an die blutigen Exzesse der Schreckensherrschaft zu denken, an den Irrsinn der ständigen Exekution mit der Guillotine, an die vielen Tausend, die in den Napoleonischen Kriegen auf Schlachtfeldern von Spanien bis Rußland fielen oder für den Rest ihres Lebens zum menschlichen Wrack wurden, Jungen und Männer in ihren besten Jahren. Dazu kamen noch die Plünderungen und Verwüstungen, denen die Bevölkerung in vielen Ländern ausgeliefert war, so daß es allen, die noch ganz in der vorrevolutionären Ordnung verwurzelt gewesen waren, vorgekommen sein muß, als sei eine uralte Welt aus den Fugen geraten.»[28]

Diese außerordentliche und stürmische Zeit, die der Menschlichkeit des Menschen vieles schuldig blieb, reflektiert Schiller in seinen literarischen Werken dieser Zeit: in seinen Balladen, Gedichten und Gedichtentwürfen, vor allem aber in seinen Dramen und den ihnen vorausgehenden theoretischen Schriften. Sie fördern einen Geschichtspessimismus von großartigem Ausgriff zu Tage, der aus seinem dichterischen Weltbild, seit der «Wallenstein»-Trilogie, nicht mehr wegzudenken ist. Die Stichworte dieser aufgeregten Zeit heißen Tyrannentum, Todesstrafe, Widerstandsrecht oder Menschenopfer. Das unerhörte Ereignis des Königsmordes hatte die Diskussion belebt und die Geister geschieden. Diese Debatte, die im Herbst dieses denkwürdigen Jahres, gemeint ist das Jahr 1793, geführt wurde und durch die Beteiligung Kants an intellektuellem Rang nur gewinnen konnte, gereichte allen daran Beteiligten zur Ehre. Davon handelt das nächste Kapitel dieser Betrachtung über Schillers Dramen im zeitgeschichtlichen Kontext.

II
DISKUSSIONEN ZUM
WIDERSTANDSRECHT

Widerstandsrecht und Tyrannenmord oder Königsmord hatten durch die reale Zeitgeschichte höchste Aktualität erlangt. Daß dadurch auch die politische Philosophie in Bewegung geriet, überrascht nicht. Es ist kein Zufall, daß sie sich in eben dem Jahr außerordentlich belebte, in dem der Prozeß gegen einen europäischen Monarchen mit dessen Hinrichtung sein Ende fand. An der Aktualisierung dieser Themen ist Kant maßgeblich beteiligt. Im Septemberheft der «Berlinischen Monatsschrift» von 1793 erschien der Aufsatz «Über den Gemeinspruch: Das mag in der Theorie richtig sein, taugt aber nicht in der Praxis.»[1] Nach einer philosophischen Erörterung über das Verhältnis von Theorie und Praxis wendet sich Kant den aus dem älteren Naturrecht herleitbaren Glückseligkeitslehren in ihrer Anwendung auf Herrschaftsformen und Regierungssysteme zu. Die Ablehnung dieser Lehren wird unmißverständlich zum Ausdruck gebracht. Er spricht von väterlichen Regierungen, in denen die Untertanen wie unmündige Kinder behandelt werden und ist der Meinung, dies sei der «größte denkbare *Despotismus*» (VI/146). Despotismus oder Tyrannei werden auf bemerkenswerte Weise umgedeutet. Nicht an den Tyrannen im alten Sinn, der mit Menschen brutal und ungerecht umgeht, hat man zu denken, sondern an einen solchen, der wohlwollend wie ein Vater für seine Untertanen sorgt, als wären es seine Kinder. Der Schlüssel, der eine solche Umdeutung erlaubt, liegt im Prinzip der Autonomie des Menschen und der ihm zukommenden Mündigkeit und Selbstbestimmung. Eher beiläufig als zielgerichtet verbindet sich mit der Ablehnung väterlicher Regierungen die Ablehnung jeglichen Widerstandes gegen die Staatsgewalt, einschließlich der Beseitigung des so oder so amtierenden Despoten. Mit Nachdruck betont Kant, daß den Untertanen nichts anderes zukomme als Gehorsam.[2] Danach dann die Kernsätze dieser Abhandlung, die das Verbot begründen. Sie lauten: «Hieraus folgt: daß alle Widersetzlichkeit gegen die oberste gesetzgebende Macht, alle Aufwiegelung, um Unzufriedenheit der Untertanen tätlich werden zu lassen, aller Aufstand, der in Rebellion ausbricht, das höchste und strafbarste Verbrechen im gemeinen Wesen ist; weil es dessen Grundfeste zerstört. Und dieses Verbot ist *unbedingt*...» (VI/156). Das im Schriftbild herausgehobene Wort «unbedingt» ist nicht auf Widerstand in jedem Sinn zu beziehen, sondern ausschließlich auf denjenigen, der Gewalt einschließt. Was in Wort und Schrift gesagt wird, muß gesagt werden dürfen. Das wird an anderer Stelle desselben Beitrags wie folgt begründet: «Denn, daß das Oberhaupt auch nicht einmal irren, oder einer Sache unkundig sein könne, anzunehmen, würde ihn als mit himmlischen Eingebungen begnadigt und über die Menschheit erhaben vorstellen. Also ist *die Freiheit der Feder*... das einzige Palladium der Volksrechte» (VI/161). In der fünf Jahre später erschienenen Schrift «Die Metaphysik der Sitten» wird in ihrem zweiten Teil bekräftigt, was im Aufsatz über den Gemeinspruch ausgeführt worden war. Aus der Verwerfung jeglichen Widerstands folgt notwendigerweise die Verwerfung des Tyrannenmords. Sie ist unmißverständlich dem folgenden Satz zu entnehmen: «Wider das gesetzgebende Oberhaupt des Staats gibt es also keinen rechtmäßigen Widerstand des Volks; denn nur durch Unterwerfung unter seinen allgemein-gesetzgebenden Willen ist ein rechtlicher Zustand möglich...» (IV/439). Mit der Verweigerung des Widerstandsrechts ist auch dem Recht des Volkes auf eine Revolution das Urteil gesprochen: Sie darf nicht sein. Aber so eindeutig und uneingeschränkt möchte Kant Revolutionen nicht verworfen sehen. Seine Einstellung zu solchen Akten politischen Handelns ist zwiespältig und ambivalent. Das wird deutlich, wenn wir an anderer Stelle lesen, daß sich Bürger nach einer Revolution der neuen Ordnung zu fügen haben, «wenn eine Revolution einmal gelungen, und eine neue Verfassung gegründet ist...» (IV/442). Daß Kants strikte Ablehnung des Widerstandsrechts nach mancherlei vorausgegangenen Sympathiebekundungen für die Revolution vielfach Erstaunen erregte, leuchtet ein.[3] Gleichwohl hat Kant mit dieser Stellungnahme eine Diskussion in Gang gebracht, die aller Ehren wert ist und die man mit gutem Grund als intellektuelles Ereignis des ausgehenden 18. Jahrhunderts bezeichnen darf. Sie ist nicht gänzlich ohne die Geschehnisse zu denken, die es im Januar 1793 in Paris gegeben hat.

Ausgelöst wurde die Diskussion durch den Beitrag von Christian Garve, zeitweilig Professor der Philosophie in Leipzig, ehe er sich als Privatgelehrter wieder in seine Breslauer Häuslichkeit zurückzog, aus der er herkam. In der Geschichte der Philosophie gilt er als Popularphilosoph mit deutlicher Orientierung an den englischen Empiristen. Schwerpunkt seines philosophischen Denkens ist die Moralphilosophie, aber auch der Ästhetik gilt sein Interesse. Eine für Kant wie für Schiller wichtige Schrift Edmund Burkes hat er ins Deutsche übersetzt. Es ist dies die Schrift mit dem deutschen Titel «Philosophische Untersuchungen über den Ursprung unserer Begriffe vom Erhabenen und Schönen».[4] «Versuche über verschiedene Gegenstände aus der Moral, der Litteratur und dem gesellschaftlichen Leben» heißt das in fünf Bänden erschienene Werk, in dem er sich kritisch auch mit Kants Pflichtenethik auseinandersetzt.[5] Auf Kants Aufsatz über Theorie und Praxis und das Verbot allen Widerstands hat Garve mit dem Beitrag «Über die Grenzen des bürgerlichen Gehorsams» geantwortet.[6] Der Breslauer Philosph kann sich durchaus denken, daß unter gewissen Umständen der Fall eines rechtmäßigen Widerstands eintreten könne, wenn sich ein Herrscher als Tyrann gebärdet und sich an getroffene Abmachungen nicht hält; denn Herrscher, so ist Garve überzeugt, seien auch nur Menschen; in seinen Worten: «Einmal: die Obrigkeit, wie sie wirklich im Staate gefunden wird, das Staatsoberhaupt, das nicht in einer moralischen Fiktion, sondern in der Reihe der Dinge existiert, ist ein Mensch und besteht aus Menschen und kann also unmöglich übermenschliche Rechte haben. Man kann ihn als einen Gott verehren, um seinen Vorschriften mehr Heiligkeit und seiner Regierung mehr Kraft bei dem großen Haufen zu geben; aber man kann ihn nicht in der Tat zu einem Gott erheben...»[7] Garves Fragen werden mit Nachdruck gestellt, und niemals verliert er die Tyrannen aus dem Auge. Er fragt: «Was würde aus den Menschen und Nationen geworden sein, wenn gar kein Tyrann je wäre verjagt, wenn keiner despotischen Gewalt je wäre Widerstand geleistet, keine unvernünftig zusammengesetzte Verfassung je wäre zerstört worden...?»[8] Aber dann scheint er Angst vor dem eigenen Mut bekommen zu haben und nähert sich der Position Kants wieder an,[9] wenn es abschließend heißt: «Sicher wird in einem Lande und in einem Klima, bei solchen Sitten, bei einem solchen Grade der Aufklärung, wie glücklicherweise die unsrigen sind, der vernünftige Mann, der die Mißbräuche der Regierung am besten erkennt, sie am geduldigsten ertragen, weil er ihre Abstellung von der Kraft der Gründe, von der Zeit und den immer wachsenden Einsichten der höhern und niedern Stände erwarten kann.»[10]

Aber wichtiger als die Einsprüche des vorkantischen Popularphilosophen in Fragen des Widerstandsrechts sind diejenigen zweier Kantianer, die der Person Kants Verehrung entgegenbringen, sich seiner Philosophie verbunden fühlen und gleichwohl widersprechen. Sie sind beide dem Denken des englischen Philosophen Edmund Burke verpflichtet, der seinerseits Widerstand in Anbetracht extremer Notlagen bejaht. Der erste dieser Kantianer ist der niedersächsische Beamte August Wilhelm Rehberg, der seine Entscheidung für das Widerstandsrecht im gegebenen Fall mit den folgenden Sätzen begründet: «In der abstrakten Theorie aber kann dies Recht wohl keinem Zweifel unterworfen sein. Derselben zufolge hat das Volk zwar kein zu Recht beständiges Urteil, wie solle verwaltet werden, wohl aber, wer verwalten dürfe.»[11] Rehberg hat seine Replik 1794 in derselben «Berlinischen Monatsschrift» veröffentlicht, in der Kant die Debatte eröffnet hatte. Der spätere Staatsmann Friedrich von Gentz hatte sich schon im Spätjahr 1793 zu Wort gemeldet.[12] Auch er ist von der Philosophie Kants geprägt, darüber hinaus aber auch von den Ideen Burkes beeinflußt, dessen Revolutionsschrift er 1793 ins Deutsche übertragen hatte.[13] Gentz geht von Kant aus, von dessen Erörterung über das Verhältnis von Theorie und Praxis, um sich sogleich Fragen des Staatsrechts zuzuwenden. Er stimmt Kant darin zu, daß es kein Recht auf Widerstand und Rebellion geben könne – und folgt ihm aber nicht in jeder Hinsicht, sondern findet, daß das Unrechtmäßige verzeihlich sei, «wenn eine durch Tyrannei aufs äußerste aufgebrachte Nation ihr Joch durch einen Aufstand abschüttelt.» Gentz empfiehlt, dem Dilemma dadurch aus dem Weg zu gehen, daß man durch Reformen vorbeugt und es zu keiner Situation kommen läßt, in dem Aufruhr als verzeihlich erscheinen könnte.[14] Mit Gentz erhalten die Probleme des Widerstandsrechts eine auf Zukunft gerichtete Aktualität, die sich später mit dem Namen Napoleons verbinden wird. Gentz wird zunehmend und vollends während seiner Regierungstätigkeit am Wiener Hof zum Wortführer der antinapoleonischen Partei, wenigstens in Österreich.[15] An der hier in Frage stehenden Debatte beteiligte sich auch ein anonymer Autor mit einer eigenen Schrift, die sehr bald nach der Veröffentlichung des Beitrags von Gentz erschien.[16] Es ist dies der Professor der Philosophie Ludwig Heinrich von Jakob, ein begeisterter Anhänger Kants auch er.[17] Obwohl er sich mit Kant ganz und gar in Übereinstimmung zu befinden glaubt, stehen seine Ausführungen dennoch in Widerspruch zu dessen Lehren von Obrigkeit und Widerstand; er schreibt: «Jeder Unterthan hat ein äußeres vollkommenes Recht, dem Willen des Souveräns zu widerstehen, wenn dieser *offenbar* nach Maximen verfährt, welche dem Zwecke des Staates geradezu widersprechen.»[18] Es ist denkbar, daß der junge Feuerbach durch diese Schrift angeregt wurde, sich seinerseits an der Debatte zu beteiligen. Die sich wiederholenden Bestimmungen von Grenzen der Staatsgewalt beziehungsweise des bürgerlichen Gehorsams sind kennzeichnend für den Verlauf der Diskussion. «Über die Grenzen des bürgerlichen Gehorsams», hatte Garve seine Replik auf Kant überschrieben; denselben Ausdruck gebrauchte Ludwig Heinrich von Jakob in der ange-

DISKUSSIONEN ZUM WIDERSTANDSRECHT

führten Schrift. Von «Ideen zu einem Versuch, die Grenzen der Wirksamkeit des Staats zu bestimmen» hatte Wilhelm von Humboldt schon 1792 gehandelt, und auch Feuerbachs Schrift hat es mit Grenzen zu tun, die es zu setzen gilt – gegenüber der Obrigkeit, der Staatsgewalt oder wie immer die höchste Regierungsinstanz eines Landes genannt wird; so schon im Titel der bemerkenswerten Schrift: «ANTI-HOBBES oder über die Grenzen der höchsten Gewalt und das Zwangsrecht der Bürger gegen den Oberherrn».[19] Man denkt an das Wort, das Schiller in «Wilhelm Tell» Werner Stauffacher sagen läßt: «Nein, eine Grenze hat Tyrannenmacht ...» (II/959).

Feuerbach hat seine Schrift dem verehrten Lehrer Gottlieb Hufeland in Jena gewidmet, und sie ist, wie schon der Titel verrät, gegen Hobbes gerichtet, von dem eingangs gesagt wird: «*Thomas Hobbes*, Zeitgenosse *Cromwells* und *Karls des Ersten*, zeigt sich uns in seinen Schriften als entschiedener Freund des Despotismus und einer durch nichts beschränkten höchsten Gewalt. Der Regent ist ihm alles, und der Bürger nichts ...»[20] Auf weite Strecken hin verweilt sein Verfasser in der Nähe Kants, auch hinsichtlich der Glückseligkeitslehren in staatsrechtlichem Zusammenhang. Sie werden, wie bei Kant, abgelehnt, hier mit den Worten: «Wir treten in den Staat nicht um der Glückseligkeit, sondern um der Gerechtigkeit willen: nicht, um glücklich und angenehm, sondern um ruhig und frei zu leben. Denn Glückseligkeit kann nie der Zweck einer bürgerlichen Gesellschaft seyn ...»[21] Aber in der Frage des unbedingten Gehorsams folgt er dem Philosophen in Königsberg keineswegs. Wo die Grenzen der Staatsgewalt seitens des Regenten überschritten werden, ist Widerstand geboten. An diesem Punkt geht Staatsrecht in Strafrecht über, weil es dem Untertanen erlaubt sein müsse, gegen rechtsbrecherische Regenten mit Strafe vorzugehen; in seinen Worten: «Hat das Oberhaupt schon mehrmals die vollkommnen Rechte des Volks gekränkt; also durch widerholte Handlungen, den Tyrannenwillen, die Rechte des Volks unter die Füße zu treten bewiesen; dann ist auch nicht der geringste rechtliche Grund vorhanden, welcher das Volk abhalten könnte, dem Regenten mit einer Strafe zu drohen und dieselbe, wenn er Rechtsverletzungen widerholen sollte, an ihm zu vollziehen. Hier ist kein Eingriff in die Rechte der höchsten Gewalt, keine willkürliche Anmaßung einer dem Regenten ausschließlich zustehenden Befugniß. Das Recht zu strafen ist ein natürliches Mittel der Vertheidigung, das dem Menschen so gut wie dem Staat, dem Bürger so gut wie dem Oberherrn zur Beschützung der Rechte zugestanden werden muß.»[22] Dem Widerstandsverbot Kants widerspricht Feuerbach wie die anderen Kantianer auch, aber doch mit Maßen. Wie Kant verurteilt er die Hinrichtungen, die es gegeben hat und bemerkt: «Darum sind noch gar nicht die frevelhaften Hinrichtungen eines *Carls I.* und *Ludwigs XVI.* gerechtfertigt.»[23] Die wiederholte Verwerfung von Hinrichtungen, es handle sich dabei um Könige oder Regenten niederen Ranges, läßt darauf schließen, daß mit der Bestrafung des höchsten Herrn an den Vollzug der Todesstrafe nicht gedacht ist, die letztlich in einer Hinrichtung enden würde. Von den rechtlichen Grundlagen einer solchen Bestrafung wird nicht abgesehen. Aber daß überhaupt eine Bestrafung erwogen wird, ist beachtenswert. Das Wort «Tyrannenmord» kommt in dieser Schrift nicht vor, und obwohl Feuerbach dafür eintritt, tyrannischen Regenten gegebenenfalls die Gefolgschaft zu verweigern, bleibt er Kant nahe, wenn er bemerkt: «Ich führe dies alles nicht an, um etwa ein Recht zur Revolution begründen ... zu wollen ...»[24]

Die Rede vom Recht zur Revolution läßt die Kenntnis einer Schrift vermuten, die 1795 unter dem Titel «Über das Recht des Volks zu einer Revolution» erschienen war.[25] Ihr Verfasser, ein Kenner der Kantischen Philosophie von Rang, ist der Arzt und Schriftsteller Johann Benjamin Erhard, eine vielerorts beachtete und geachtete Persönlichkeit, die zahlreiche Verbindungen in Jena wie in Weimar hatte; in Schillers Zeitschrift «Die Horen» war um diese Zeit ein Beitrag über staatsrechtliche Fragen erschienen.[26] Kant hat Erhard hochgeschätzt und in einem Brief im Anschluß an einen Besuch Erhards in Königsberg bemerkt: «Warum fügte es das Schicksal nicht, einen Mann, den ich unter allen, die unsere Gegend je besuchen, mir am liebsten zum täglichen Umgang wünschte, mir näher zu bringen?»[27] In der Geschichte des philosophischen Idealismus ist ihm längst die Anerkennung zuteil geworden, die ihm zukommt. Dafür hat vor anderen Dieter Henrich gesorgt. In seinem großen Werk «Grundlegung aus dem Ich» hat er ihm gut 300 Seiten vorbehalten und ihn einen selbstdenkenden Kantianer genannt. Das spannend zu lesende Kapitel hat in der Art, wie hier ein vielfach noch unbekannter Autor vorgestellt wird, nicht seinesgleichen.[28] Unter denjenigen, die Kant in dessen strikten Widerstandsverbot nicht gefolgt sind, ist Erhard einer der treuesten Verehrer des Philosophen und zugleich der radikalste Denker, der in diesen Fragen seine eigenen Wege geht. Die hier in Frage stehende Schrift, die bald nach ihrem Erscheinen in mehreren deutschsprachigen Ländern verboten wurde, hat ihre Grundlage in einem emphatisch vorgebrachten Bekenntnis zu den Menschenrechten, die in ihren verschiedenen Varianten aufgeführt werden, und zu ihnen gehört auch, wie es der Titel der Schrift anzeigt, das Recht des Volks zu einer Revolution – nicht als codifiziertes Recht aufgrund einer Gesetzgebung, aber doch als ein aus moralischen Prinzipien herleitbares Recht im Sinne des Naturrechts. Wörtlich heißt es in diesem Zusammenhang: «Bei unserer Frage aber, da über das Recht zu einer Revolution entschieden werden soll, ist es unmöglich, die Befugnis irgendeines Gerichtshofs zu erweisen ... Die Frage gehört also einzig und allein vor den Gerichtshof der Moral, und das *Recht* eine Revolution anzufangen, kann niemanden positiv wieder gegeben noch genommen werden: Die Frage betrifft daher nicht das *Recht*, sondern nur die *Rechtmäßigkeit*.»²⁹ Dieses vom moralischen Gerichtshof herleitbare Recht ist an Bedingungen geknüpft. Es dürfen keine eigennützigen Motive im Spiele sein, und auch Rache darf auf solche Unternehmungen keinen Einfluß nehmen.³⁰ Wo indessen Einwände wie diese entfallen, dürfen Insurrektionen und Revolutionen als gerechtfertigt gelten: «Eine Insurrektion, die aus dem Grunde entsteht, um die Menschenrechte geltend zu machen, ist heilig und ein Triumph der Menschheit.»³¹ Von einem juristischen Begriff wird hier gesprochen, als hätten wir es mit sensiblen Menschen zu tun.³²

Natürlich ist zu fragen, was diese Diskussionen mit Schiller und seinen Dramen zu tun haben. Aber die Antwort fällt nicht schwer, sieht man auf das, was in nahezu allen Dramen geschieht. Sie handeln immer erneut von Verschwörungen, Rebellionen, Aufständen, Fronden oder wie immer die Begriffe lauten, die hierfür verwandt werden.³³ Verschwörungen, die von einem Widerstandsrecht Gebrauch machen, sind das wiederkehrende Thema vor allem in den Dramen vor der Revolution. Eine der Quellen zum Drama Fieskos heißt im Titel der deutschen Übersetzung «Des Herrn Duport du Tertre Geschichte der sowohl alten als neuern Verschwörungen, Meutereyen und merkwürdigen Revolutionen».³⁴ Verschwörungen werden kaum je idealisiert oder verklärt; aber noch weniger werden sie im vorhinein als verwerfliche Aktionen oder gar als politische Verbrechen verstanden. Die Darstellung ist unverkennbar ambivalent. Gezeigt wird ein zumeist zwiespältiges Verhalten der an solchen Aktionen Beteiligten: Eigennutz in einem auf materielle Vorteile bedachten Denken, wie es die Kumpane Fieskos erkennen lassen. Aber niemals gelten sie aus der Sicht Schillers im vorhinein als verpönt. Von politischen Verbrechen, als die Verschwörungen und Rebellionen noch im 18. Jahrhundert verurteilt wurden, kann nicht mehr die Rede sein. Schiller übernimmt im Gegenteil von Rousseau den Begriff des erhabenen Verbrechers in sein politisches Denken. Bis zum Ausbruch der Französischen Revolution sind Verschwörungen und Rebellionen das beherrschende Thema seiner Dramen, und auch für seine Geschichtswerke trifft dies zu. Die «Geschichte des Abfalls der vereinigten Niederlande von der Spanischen Regierung» ist hier vor anderem zu nennen. In dieser Zeit wird 1787 im Verlag Crusius eine Sammlung von Geschichten angekündigt, denen bald danach ein Band unter dem Titel «Geschichte der merkwürdigen Rebellionen und Verschwörungen aus den mittlern und neuern Zeiten» folgt. Das zweite seiner Geschichtswerke, die «Geschichte des Dreißigjährigen Krieges», wurde in den Jahren zwischen 1791 und 1793 veröffentlicht. Widerstandsrecht wird gerechtfertigt und bejaht, wenn gesagt wird: «Aber wenn die Verbindlichkeit zwischen König und Volk gegenseitig ist, wenn Staaten nicht wie eine tote Ware von einer Hand zur andern forterben, so muß es einer ganzen, einstimmig handelnden Nation erlaubt sein, einem eidbrüchigen Beherrscher ihre Pflicht aufzukündigen und seinen Platz durch einen Würdigern zu besetzen» (IV/455). Auch in den Dramen nach der Revolution werden Verschwörungen nicht desavouiert. Wallenstein, der zu einer solchen notfalls bereit ist, wird in diesem Punkt eher wohlwollend als verächtlich dargestellt. Nicht der in den Fürstenstand erhobene Piccolomini, sondern Wallenstein wird für wert befunden, eine tragische Person zu sein. Die Apodiktik Kants in Fragen des Widerstandsrechts lag Schiller offensichtlich fern, und diejenigen, die Kant in der Sache widersprachen, standen ihm in solchen Fragen zweifellos näher als der Philosoph in Königsberg.

Daß Schiller vom Verlauf der Debatte Kenntnis erhalten hat, ist mit hoher Wahrscheinlichkeit anzunehmen. Einige der Teilnehmer an der Diskussion waren ihm persönlich bekannt, mit anderen wie Garve oder Gentz hat er Briefe gewechselt; hinsichtlich beider Schriftsteller war es ihm gelungen, sie als Mitarbeiter für seine neue Zeitschrift «Die Horen» zu gewinnen. Der Jurist Feuerbach war ihm als Dozent der Universität Jena, der er selbst angehörte oder angehört hatte, kein Unbekannter. Aber der radikalste dieser Kantianer, derjenigen, die in Fragen des Widerstandsrechts von Kant abwichen, verdient einige zusätzliche Hinweise, weil die Beziehungen zwischen Schiller und Erhard bis zum heutigen Tage nur hier und da Beachtung gefunden haben. In den seit einiger Zeit vorliegenden Schiller-Handbüchern erfahren wir über ihn so gut wie nichts.[35] Das ist um so unverständlicher, als Ende der sechziger Jahre die «Legende» vom ganz und gar unpolitischen Schiller mit ideologischem Eifer betrieben wurde. Das hätte ein Grund sein können, solchen Auffassungen die Beziehungen entgegenzuhalten, die es zwischen Schiller und Erhard gegeben hat. Daß es in den Gesprächen beider nur um Ästhetik und Artistik ging, ist nicht anzunehmen, und überdies ist in diesem Zusammenhang zu bemerken, daß man in Wien schon die Befassung mit der Philosophie Kants als ein bedenkliches Politicum angesehen hat, das es zu überwachen galt.[36] Man kann sich, was den vermeintlich unpolitischen Schiller angeht, nicht gründlicher irren, als es hinsichtlich solcher Unterstellungen geschieht. Die Hochschätzung, die Schiller diesem vielsei-

DISKUSSIONEN ZUM WIDERSTANDSRECHT

tig gebildeten Kopf entgegenbrachte, ist nicht geringer als im Falle Kants. Über den jungen Erhard hatte sich Schiller gegenüber Körner im April 1791 in einer Weise geäußert, die Beachtung verdient. In diesem Brief lesen wir Sätze wie diese: «Er ist der reichste, vielumfaßendste Kopf, den ich noch je habe kennen lernen, der nicht nur Kantische Philosophie, nach Reinholds Aussage, aus dem Grunde kennt, sondern durch eignes Denken auch ganz neue Blicke darinn gethan hat, und überhaupt mit einer ausserordentlichen Belesenheit eine ungemeine Kraft des Verstandes verbindet. Er ist Mathematiker, denkender Arzt, Philosoph, voll Wärme für Kunst, zeichnet ganz vortrefflich und spielt ebenso gut Musik; doch ist er nicht über 25 Jahr alt» (XXVI/82). Gut zwei Jahre später hat sich an dieser Hochschätzung nichts geändert. Nunmehr ist es Schillers Gemahlin, die an Erhard einen ungewöhnlichen Brief schreibt. Sie übermittelt ihm folgende Bitte des Hauses: «Es würde Schiller sehr viel Freude machen, wenn er Sie oft um sich hätte, er bedarf einen reichen weltumfassenden Geist in seiner Nähe, der ihn versteht, der ihn durch Ideenwechsel bereichert, kurz, so jemand wie Sie. Wir haben es schon oft überlegt, daß es gar angemehm wäre, wenn Sie in Jena leben könnten. Sie könnten als Arzt dort sein.»[37] Schiller ist offensichtlich bestrebt, seinen jungen Freund hinfort von politischer Tätigkeit fernzuhalten, um ihn desto sicherer zum Arztberuf zurückzubringen, weil er Unannehmlichkeiten fürchtet, Verfolgung nicht ausgeschlossen. So auch ist wohl der Brief zu verstehen, den Schiller am 26. Mai 1794 an Erhard schreibt. Er rät, in einem leicht scherzhaften Ton, die Menschheit, was die politischen Dinge angeht, sich selbst sorgen zu lassen, und fährt fort: «Bleiben Sie in der heitern und stillen Region der *Ideen*, und überlassen Sie es der Zeit, sie ins praktische Leben einzuführen. Und wenn es Sie je kizelt, außer sich zu wirken, so machen Sie den Anfang mit den physischen und kuriren die *Körper* derer von der Gicht und vom Fieber, deren *Seelen* inkurabel sind» (XXVII/4). Der zweite dieser Briefe, ein sehr denkwürdiger, ist vom 5. Mai 1795 datiert, wenige Wochen vor dem folgenreichen Zusammentreffen Goethes mit Schiller in Jena. Abermals werden die medizinischen Argumente des vorangegangenen Briefes aufgenommen; gesprochen wird von Arzt zu Arzt: «Mich freute es sehr, mein Lieber, daß Ihre DenkungsArt sich auf den gemäßigten und ruhig festen Ton gestimmt hat, den Ihre neusten Arbeiten unverkennbar zeigen. Nach und nach, denke ich mir, sollten Sie Sich ganz und gar von dem Feld des praktischen Cosmopolitism zurükziehen, um mit Ihrem *Herzen* sich in den engeren Kreis der Ihnen zunächst liegenden Menschheit einzuschließen, indem Sie mit Ihrem *Geist* in der Welt des Ideals leben. Glühend für die Idee der Menschheit, gütig und menschlich gegen den einzelnen Menschen, und gleichgültig gegen das ganze Geschlecht, wie es wirklich vorhanden ist – das ist mein Wahlspruch» (XXVII/ 181). Man geht sicher nicht fehl in der Annahme, daß dieser Brief politisch motiviert ist in dem Sinn, daß auf bestimmte politische Umstände der Zeit Rücksicht zu nehmen ist. Schiller hat abermals Grund, besorgt zu sein, der Revolutionsfreund könnte über kurz oder lang in die Fänge der Polizei geraten. Vor der Radikalität des Denkens und den jederzeit möglichen Umschlag in Gewalt könnte am ehesten die Rückkehr in den Arztberuf Schutz bieten, mag sich Schiller gedacht haben, und gänzlich erfolglos scheint er ja hinsichtlich solcher Ratschläge nicht gewesen sein. Erhard nimmt 1797 ein Angebot der preußischen Regierung an, als Arzt und ärztlicher Ratgeber tätig zu werden, zunächst im damals preußischen Ansbach, später in Berlin.[38] Als Gegner Napoleons, der Erhard wie der spätere österreichische Staatsmann Friedrich von Gentz geworden war, hatte er sich in das Lager der preußischen Reformer begeben; sein Enthusiasmus für Frankreich war erloschen, wie es scheint. Die Revolutionsschrift, von der die Rede war, ist 1795 in Jena und Leipzig erschienen, nachdem Schiller Erhards Aufsatz «Die Idee der Gerechtigkeit als Princip einer Gesetzgebung betrachtet» ein Jahr zuvor in seiner Zeitschrift «Die Horen» veröffentlicht hatte. Politische Texte eines Revolutionsfreundes im nächsten Umfeld der Weimarer Klassik, die mit ihren neuen Wortführern Goethe und Schiller dem zustrebt, was man mitunter Hochklassik nennt!

Auf den letzten erhaltenen Brief Erhards an Schiller, vom 21. Februar 1795, ist aufmerksam zu machen. Erhard hat eine Abhandlung über Selbstmord fertiggestellt und fragt an, ob Schiller sie zu lesen wünsche. Aber eine geistige Entfernung voneinander deutet sich an. Daß die Wege mehr und mehr auseinandergehen, kann in Hinsicht auf die Radikalisierung der politischen Ansichten Erhards um diese Zeit kaum überraschen. Aber die unverkennbare Distanz von Schillers Seite rechtfertigt keinesfalls die Annahme, daß die Beziehungen am unpolitischen Dichter gescheitert sind, den ausschließlich Ästhetik und Artistik interessieren. Die Radikalisierung im Denken Erhards hat man in Rechnung zu stellen. In demselben Jahr 1793, in dem sich Schiller über die Hinrichtung des französischen Königs empört und über das Widerstandsrecht gestritten wird, hat Erhard einen Aufruf veröffentlicht, der Schiller möglicherweise nicht zu Gesicht gekommen ist. Es ist dies das Flugblatt «Wiederholter Aufruf an die deutsche Nation».[39] Erhard bleibt hier noch ganz dem Geist der Französischen Revolution zugewandt. Er hat es noch voll und ganz mit dem großen Thema dieser Revolution zu tun: den Tyrannen. An sie richtet sich das Schlußwort in einer

DISKUSSIONEN ZUM WIDERSTANDSRECHT

unzweideutigen Sprache: «Endigt den Krieg, ihr Tyrannen! Macht Frieden ihr Despoten! ... Die Völker werden, weil ihr es wolltet, in Masse aufstehen, aber um das Reich der Sklaverei und des Despotismus zu zermalmen, alle Throne zu zertrümmern, den übermütigen Adel zu Boden zu treten ... Noch einmal, ihr Tyrannen! Macht Friede! – oder das Volk steht auf und macht Friede!!!»[40] Daß der Aufruf auch ein Aufruf zum Frieden ist, versteht sich für einen Freund der Revolution in dieser Zeit der Revolutionskriege nicht von selbst. Und doch ist dieser dem Verfasser offensichtlich ein dringliches Anliegen wie seinem philosophischen Vorbild Kant, der seine Schrift «Zum ewigen Frieden» 1795, zwei Jahre später, veröffentlicht. Daß Erhards gegen Sklaverei und Tyrannei gerichteter Aufruf Gewalttätigkeit nicht ausschließt, ist dem Text zu entnehmen. Nirgends wird zu Totschlag oder Tyrannenmord aufgerufen. Was aber sind Tyrannen und woran erkennt man sie? Das Problem kommt in der Debatte über das Widerstandsrecht zur Sprache, so in dem erwähnten Beitrag Garves: «Und nun kommt die andere große Frage hinzu. Wer ist als das wahre Staatsoberhaupt anzusehen, und wie weit kann er seine Gewalt seinen Agenten mitteilen?»[41] Aber sind Tyrannen nur diejenigen, die schlechte Regenten sind? Die erweiterte Bedeutung über den Begriff im engeren Sinn hinaus begleitet die Begriffsgeschichte, die eine Problemgeschichte ist. Besonders in der Moderne drängen sich solche Erweiterungen auf: «Es wäre alles so einfach, wenn Tyranneien nur von Tyrannen errichtet würden. Es wäre viel angenehmer für uns alle, wenn für die Untaten nur von Grund auf verdorbene Menschen verantwortlich wären. Dem ist aber nicht so. Die Tyrannei könnte nicht existieren, wenn es da nicht scharenweise scheinbar anständige Menschen gäbe, die der Tyrannei ihre Talente, ihr Vertrauen oder vielleicht auch nur das seltsame, aber so außerordentliche Einverständnis schenken würden, das in einem abgewandten Blick liegt.» So Peter Englund in seinem Buch über die Menschheit am Nullpunkt.[42] Um diese Problemgeschichte im engeren wie im weiteren Sinn soll es im folgenden Kapitel gehen, nicht um eine ausführliche und ausgeführte Darstellung, sondern lediglich um die Umrisse einer reichhaltigen Überlieferung, die bis weit in die frühe Antike zurückreicht.

III

DAS INTERESSE AN TYRANNEN
UND TYRANNENMORD

Die Diskussion zum Widerstandsrecht hat die noch ganz ungebrochene Aktualität des Themas am Ende des 18. Jahrhunderts deutlich gemacht. Widerstandsrecht ist um diese Zeit alles andere als ein vergilbter Begriff. Das ist heute sehr anders. In dem Maße, in dem sich demokratische Kultur ausbreitet, wird Widerstandsrecht zunehmend ein hinschwindender Begriff, und nur noch in Relikten wie «Regelverletzung» oder «Protestkultur» lebt er fort. Das gilt erst recht für die Ausdrücke aus dem Wortfeld des Tyrannentums. Wir haben es offensichtlich mit altmodisch gewordenen Bezeichnungen zu tun, denen eine staatsrechtliche Relevanz vielerorts nicht mehr zuzukommen scheint. Gleichwohl sind es erst wenig mehr als sechzig Jahre her, daß man in Deutschland aus aktuellem Anlaß von Widerstand gegen Hitler und von einer gegen ihn gerichteten Widerstandsbewegung gesprochen hat und weiterhin spricht. Auch von Tyrannenmord war und ist in diesem Zusammenhang die Rede. Blicken wir über Deutschland hinaus, so haben wir es zwar nicht mit Tyrannenmord zu tun, aber doch vielfach mit mordenden Tyrannen, auf deren Geheiß in Rußland, China oder Kambodscha Millionen von Menschen geopfert wurden. Das Interesse an diesen Mördern in staatlicher Funktion ist anhaltend groß. Das hat viele Gründe. Von ihren weiträumigen Eroberungen Kenntnis zu nehmen, ist niemals langweilig. Menschen dieser Art mobilisieren die moralischen Kräfte in uns, die sich als Bereitschaft zum Widerstand oder wenigstens zur Gegnerschaft äußern. Aber sie beflügeln auch die Phantasie jenseits aller moralischen Maßstäbe. Nicht nur der Menschheit würdige Helden, auch große Verbrecher faszinieren. Zuletzt regt sich Genugtuung, wenn Übeltäter zu Fall kommen und ihrer gerechten Strafe zugeführt werden. Tyrannenmord gehört nicht in diese Tötungsgeschichten großen Stils. Er ist anders beschaffen und von gemeinem Mord ebenso zu unterscheiden wie von zahlreichen Aktionsarten staatlichen Tötens. Er ist auch nicht in

DAS INTERESSE AN TYRANNEN UND TYRANNENMORD

gleichem Maße verachtenswert und verpönt wie andere staatlich geschützte Tötungsarten. In begrenztem Umfang gilt er als erlaubt und wurde im Mittelalter wiederholt auch theologisch gerechtfertigt. Zwar hat er in unseren modernen Zeiten Seltenheitswert erhalten. Aber wo es ihn noch gibt, schließt er an große Traditionen an, die in das frühe Griechentum zurückreichen. Diese aus der alten Welt herkommende Überlieferung war noch für Schiller und sein Zeitalter lebendiger Bildungsbesitz. Schon aus diesem Grund ist wenigstens mit einigen Hinweisen gegenwärtig zu halten, wie diese Überlieferung beschaffen ist, wie sie entstand und welche Wandlungen sie in ihrer vieltausendjährigen Geschichte erfahren hat. Einige Bemerkungen zur Klärung der Begriffe seien vorausgeschickt.

Im Zusammenhang einer solchen Klärung sind weitere Begriffe aus dem Bereich der Gewaltherrschaft einzubeziehen. Es sind vor allem die Ausdrücke «Despot» und «Diktator» beziehungsweise «Despotie» und «Diktatur». Die begriffsgeschichtlichen Handbücher und Lexika der letzten Jahrzehnte sind hierzu sehr hilfreich. Gemeint sind das «Historische Wörterbuch der Philosophie» und das Lexikon zur politisch-sozialen Sprache mit dem Haupttitel «Geschichtliche Grundbegriffe».[1] In ersterem wird aufmerksam gemacht auf eine Schrift von Leo Strauss über Xenophons «Hieron», in der sein Verfasser vorschlägt, den Begriff «Diktator» durch denjenigen des «Tyrannen» im Sinne der griechischen Philosophie zu ersetzen, weil die belastende Bedeutung im Tyrannenbegriff besser zum Ausdruck komme. Dieser Vorschlag habe sich aber innerhalb der Politischen Theorie als «nicht anschlußfähig» erwiesen.[2] In den «Geschichtlichen Grundbegriffen» wird zwischen Tyrann und Despot unterschieden, weil man spätestens seit Montesquieu sehr viel häufiger vom Despoten spricht, weniger vom Tyrannen.[3] An dieser Stelle sei einer begriffsgeschichtlichen Abschweifung nachgegeben. Die Geschichte dieser Begriffe gerät in der Schreckensphase der Französischen Revolution ins Taumeln. Robespierre empört sich, daß man ihn einen Diktator genannt hat. Er empört sich über einen Begriff, der wenige Jahre später als eine Amtsbezeichnung in die Aufstiegsgeschichte Bonapartes eingehen wird. «Eben erfahre ich, daß ... Buonaparte eine Art von Dictator geworden ist», bemerkt Hölderlin lakonisch und vieldeutig in einem Brief vom Ende des Jahres 1799 (VI, I/374).[4] Erst recht verliert der geschichtsträchtige Tyrannenbegriff in dieser Revolutionszeit jede Konsistenz. Wie sich aus der Verfahrensweise des Konvents fast von selbst versteht, erhält der ehemalige König der Franzosen diesen «Titel», den des Tyrannen, zuerkannt, und selbstverständlich spricht man hinsichtlich seiner Tötung nicht von Tyrannenmord, sondern von Todesstrafe, für deren Abschaffung derselbe Robespierre kurz zuvor eingetreten war. Er wehrt sich vor seinem voraussehbaren Ende dagegen, ein Tyrann genannt zu werden und wird doch als ein solcher hingerichtet.[5] Die Begriffe entziehen sich in dieser Zeit jeder seriösen Definition. Die Artikel «Tyrannis» und «Diktatur» im Lexikon «Geschichtliche Grundbegriffe» hat Hella Mandt verfaßt. Sie ist die Verfasserin des für diese Thematik grundlegenden Buches «Tyrannislehre und Widerstandsrecht».[6] «Studien zur deutschen politischen Philosophie des 19. Jahrhunderts» lautet der Untertitel. Aber gut die Hälfte der Arbeit ist der Vorgeschichte gewidmet: der politischen Philosophie von ihren Anfängen bei den Griechen bis zum 18. Jahrhundert. Aus Gründen der Arbeitsteilung beschränkt sich ihre Darstellung auf politische Philosophie. Aber daß so gänzlich von der Literatur abgesehen wurde, ist dennoch zu bedauern. Das Thema Tyrannentum und Tyrannenmord ist auch nicht auf nur einen Wissenschaftsbereich zu reduzieren. An seiner Erforschung oder literarischen Darstellung sind neben den Philosophen Historiker, Rechtshistoriker wie Literaturhistoriker beteiligt. Dieser die Fächer übergreifenden Vielfalt ist hier nicht umfassend, aber doch wenigstens in Ansätzen Rechnung zu tragen.

Tyrannis als Herrschaftsform mitsamt den Personen, die man Tyrannen nennt, ist keine Erfindung der Griechen. Das Wort und mit ihm weithin die Sache sind kleinasiatischer Herkunft, eine Sache des staatstheoretischen Imports.[7] Tyrannos bezeichnet anfangs den Herrscher im wertneutralen Sinn, ehe dasselbe Wort seit etwa 600 v. Chr. eine betont pejorative Bedeutung erhält. Tyrann wird auf diese Weise zum Gegenbild des Herrschers und der Herrschaft, wie sie sein sollten. Besonders im Stadtstaat Athen ist diese Gegnerschaft ausgeprägt. Sie ist auf Beseitigung des Tyrannen gerichtet; und das Außerordentliche und Ungewöhnliche dieser Gegnerschaft ist die erlaubte und straffreie Tötung, der Tyrannenmord. Der Tötungsakt wird zum Akt einer Befreiung. Dieser bemerkenswerte Zusammenhang ist bis in die neueste Geschichte zu verfolgen; denn selbstverständlich war auch die Tat des 20. Juli 1944 im nationalsozialistischen Deutschland als eine Tat der Befreiung gedacht – trotz des Makels, der sich für viele, möglicherweise auch heute noch, mit einer Tat wie dieser verbindet.[8] In der Geschichte der Tyrannis wird früh zwischen dem legitimen Herrscher, der zum Tyrannen wird, und dem Usurpator, der ohne jede Legitimation Herrschaft erstrebt und an sich reißt, unterschieden. Diesen staatstheoretischen Erörterungen liegt die Frage zugrunde, wie es die Herrscher mit dem Gemeinwohl halten. Darüber urteilen Historiker, Philosophen und Dichter in unterschiedlicher Weise. Der Althistoriker Helmut Berve spricht über seinen Gegenstand im bestimmten

Artikel und sagt: «Die Tyrannis bei den Griechen.» Aber in Wirklichkeit sind es sehr unterschiedliche Formen tyrannischer Herrschaft, über die er handelt. Er gliedert sein Werk nach zeitlichen wie räumlichen Gesichtspunkten, spricht von älterer und jüngerer Tyrannis, von der Tyrannis des Hellenismus einerseits und von Athen, den Inseln der Ägäis, der Westküste Kleinasiens oder Siziliens andererseits. Man gewinnt kein einheitliches Bild, aber auch kein einheitlich düsteres Bild. Die Tyrannen sind in ihren herrscherlichen Qualitäten durchaus unterschiedlich. Gewaltherrschaft und kultureller Glanz an Tyrannenhöfen schließen sich nicht aus. Jacob Burckhardt hat das beschrieben.[9] Dennoch erscheinen Tyrannen in den uns überlieferten Quellen und Berichten in einem zumeist wenig günstigen Licht. «Die Nachrichten, die wir über Klearchos' Herrschaft besitzen, bieten das Bild eines von Hybris geschwellten, grausamen Despoten» heißt es in Berves Darstellung.[10]

Wir hören von Alleinherrschern, die durch «skrupellose Demagogie, Sprengung der konservativen Verfassung und der Adelsverbände, durch Hinrichtungen, Konfiskationen und Verbannungen» von sich reden machten.[11] Der Mißbrauch staatlicher Herrschaft erklärt die maßlose Wut der Unterdrückten, die Tötungen zur Folge haben konnte. Daß es solche Tötungen gegeben und daß man den Mördern vielfach Denkmäler errichtet und sie in Gedichten gefeiert hat, ist durch Quellen belegt.[12] Das häufig angeführte Beispiel ist das Freundespaar Harmodius und Aristogeiton. Beide mußten sie den Mord an Hipparchos, der gemeinsam mit seinem Bruder Hippias als Tyrann über Athen herrscht, mit ihrem Leben bezahlen, und beide wurden von späteren Geschlechtern gefeiert und verehrt. Aber nicht jedem Tyrannenmord lagen gemeinnützige Motive zugrunde, sondern oft auch selbstische Interessen, Geldgier oder Rache, so daß sich Kritik regte. Dennoch ist das vielfach leidenschaftliche Interesse an Staatsdingen und Fragen des Gemeinwohls der Ausgangspunkt. Jede voreilige Verwerfung der «Mordsache», um die es sich handelt, sollte sich daher verbieten. «Die Tödtung des Tyrannen», so der Philosoph Eduard Zeller, «ist eine Vertheidigung des verfassungsmäßigen Rechtszustandes, welche in dieser Form, als eigenmächtiges Eintreten des Einzelnen für das Gemeinwesen, nur da erlaubt ist, wo verfassungswidrige Gewalt die Beschreitung des gesetzlichen Weges unmöglich gemacht hat.»[13] Diese Tyrannislehren und ihre Praxis erhalten ihr Gewicht durch die Philosophen, die sich in ihren Staatslehren mit diesen Problemen auseinandergesetzt haben. Hierzu abermals der Althistoriker Helmut Berve: «Die große geistige Auseinandersetzung mit der Tyrannis hat sich daher im 4. Jahrhundert weder in der Dichtung noch im rhetorischen

Schrifttum noch in der Geschichtsschreibung vollzogen, sondern in der Philosophie.»[14]

Auseinandersetzungen mit der Tyrannis und Entwürfe idealer Staatsformen sind seit dem 5. Jahrhundert zahlreich; Philosophen wie Isokrates oder Xenophon sind daran beteiligt. Sie alle überragt Platon mit seinem Werk, für den hinsichtlich dieser Fragen Sokrates Vorbild und Autorität ist. Behandelt werden Fragen der Herrschaftsform schon im «Gorgias».[15] Aber die grundlegenden Fragen dieses Problemfeldes werden in einem seiner Hauptwerke, in der «Politeia», wieder aufgenommen und fortgeführt.[16] Sie hängen für ihn aufs engste mit dem denkbar besten Staat und der herzustellenden Gerechtigkeit in ihm zusammen. Hierfür ist aus seiner Sicht der König die einzig geeignete Herrscherpersönlichkeit. Der Tyrann ist der personifizierte Gegensatz solcher Entwürfe. Er ist im Verständnis des Philosophen die vollendete Ungerechtigkeit. Die Person dieses Regenten gerät fast zur Unperson, zu einem Ausbund des Bösen. Tyrannen sind nach seiner Auffassung begierig, unersättlich und einzig auf ihr Wohl bedacht. Widerrechtlich gehen sie mit dem Eigentum anderer um.[17] Der Tyrann wird in solchen Beschreibungen in die Nähe von Trinkern, Lüstlingen und Wahnsinnigen gerückt.[18] Das Kernstück seiner Tyrannislehre ist der Tyrann oder das Tyrannische in uns, eine Art Philosophie des Unbewußten. Im Text der «Politeia» heißt es: «In jedem Menschen wohnt eine furchtbare, wilde und anarchische Art von Trieben, auch in manchen unter uns, die ganz ordentlich erscheinen. Dies zeigt sich also erst in unseren Träumen.»[19] Den charakterlichen Defiziten entsprechen diejenigen des Intellekts. Dem Tyrannen fehlt, was der König besitzt: Einsicht, politike episteme, wie in der Schrift über den Staatsmann («Politikos») gesagt wird.[20] Einsicht in das politisch Gebotene ist am ehesten bei seinesgleichen, den Philosophen, anzutreffen. Aus solchen Überlegungen heraus entwickelt Platon die Idee des politischen Königtums: «Wenn nicht *die Philosophen in den Staaten Könige werden* oder die Könige, wie sie heute heißen, und Herrscher echte und gute Philosophen und wenn nicht in eine Hand zusammenfallen politische Macht und Philosophie, und wenn nicht die Vielzahl derer, die sich heute auf Grund ihrer Anlage nur der einen der zwei Aufgaben widmen, ... gibt es ... kein Ende des Unglücks in den Staaten, ja nicht einmal im ganzen Menschengeschlecht ...»[21] Daß sich in den späten Schriften die Gegensätze zwischen Königtum und Tyrannis glätten und weniger schroff ausfallen, betont Eduard Zeller.[22]

Die Ausführungen über Tyrannis und ihre Machthaber, die Aristoteles vorwiegend in der «Politik» und der «Nikomachischen Ethik» macht, sind keine Kopien seines Lehrers Platon; sie wahren im Gegenteil wiederholt

Distanz; er hat der Kritik an dessen Staatslehre ein eigenes Kapitel vorbehalten. Tyrannis wird als Alleinherrschaft definiert, und sie ist für ihn die schädlichste aller Staatsformen, die man sich denken kann. Die Entwürfe zum staatlich-politischen Zusammenleben gehen einher mit der Kritik an zahlreichen Staatsverfassungen. Sie münden ein in ein Plädoyer für das Gemeinwohl, das herzustellen als die eigentliche Bestimmung des Menschen erachtet wird. Das Eintreten für das Gemeinwesen wird gleich zu Eingang der Schrift deutlich zum Ausdruck gebracht, wenn gesagt wird: «Daraus geht nun klar hervor, daß der Staat zu den von Natur aus bestehenden Dingen gehört und daß der Mensch von Natur aus ein staatsbezogenes Lebewesen ist...»[23] In mehreren Kapiteln der «Nikomachischen Ethik» wird die über alles geschätzte Freundschaft in die staatstheoretischen Erörterungen einbezogen.[24] Dennoch bleibt es keineswegs bei nur theoretischen Darlegungen. Es gibt zahlreiche auf Erfahrung beruhende Mitteilungen. Mehrere Tyrannen aus Geschichte und Gegenwart Griechenlands werden genannt: Dionys, Polykrates, Hieron, Kleisthenes, Hippias, Periandros und andere. Auch die Namen von Tyrannenmördern werden erwähnt. Wiederholt werden persönliche Motive als Grund für Tätlichkeiten oder Tyrannenmord genannt, so auch im Fall des «klassischen» Tyrannenmords, von dem schon die Rede war. Das Handeln des Freundespaares Harmodios und Aristogeiton wird auf Rache zurückgeführt: «So gab es etwa den Angriff auf die Peisistratiden, weil man die Schwester des Harmodios schimpflich behandelt hatte und somit auch Harmodios beleidigte. Harmodios war nämlich wegen seiner Schwester, Aristogeiton aber wegen Harmodios erbittert.»[25] Aber wieviel auch an dem Fall Legende sein mag – wahr ist zweifellos, daß den Tyrannenmördern von den Nachlebenden Kränze geflochten und Denkmäler gesetzt wurden. Sie wurden als Tyrannenmörder gefeiert, auch im Gedicht. In der Einstellung zum Tyrannenmord ist bei Aristoteles Zurückhaltung zu bemerken; aber zu bemerken ist auch, daß dieser Praxis nicht ausdrücklich widersprochen wird, wenn es heißt: «Daher sind die Ehrungen auch dann groß, nicht wenn man einen Dieb tötet, sondern eben einen Tyrannen.»[26]

In den Grundzügen hat das griechische Modell der Tyrannislehre die römische Geisteswelt in hohem Maße beeinflußt und geprägt. Über einige Abweichungen ist gleichwohl zu sprechen. Zwar kennt man auch in Rom den von den Griechen entwickelten Gegensatz von Königtum und Tyrannentum.[27] Aber die schroffe Gegensätzlichkeit verliert sich, Position und Gegenposition nähern sich an, so daß auch dem Königtum aus republikanischer Gesinnung heraus mißtraut oder widersprochen wird. Tyrannen werden vielerorts noch feindlicher angesehen als zuvor. Das Bild des Tyrannen gewinnt Züge, die ihn mitunter als Verkörperung des Unmenschlichen erscheinen lassen. Die Ausführungen Berves vermitteln ein solches Bild: «Diesem [dem Tyrannen] – das ist allgemeine Überzeugung – fehlt die Areté, er handelt in blinder Leidenschaft und folgt hemmungslos seinen Begierden. Ausschweifend und anmaßend, entbehrt er der Bildung des höheren Sinnes; Ehrliebe und Wahrhaftigkeit sind ihm fremd ... Nicht eifrige und uneigennützige Führung der Geschäfte liegt ihm am Herzen, sondern skrupellose Ausnützung der Macht zur Befriedigung seiner Gelüste, weder von Menschenliebe noch von Freundschaft kann die Rede sein bei ihm, der nur Schmeichler um sich duldet und zu wahrer Zuneigung unfähig ist. Voll Haß und Verachtung, unmenschlich in jedem Sinne, gleicht er einer wilden Bestie.»[28] Dieses Tyrannenbild entspricht weithin demjenigen prominenter Autoren der römischen Antike. Im zweiten Buch seiner Schrift «De re publica» kommt Cicero auf Tyrannen zu sprechen, und was er hierüber sagt, ist unmißverständlich: «Sobald sich nämlich dieser König zu einer ungerechten Gewaltherrschaft wendet, entsteht sogleich der Tyrann, das scheußlichste, schmutzigste von Göttern und Menschen verhaßteste Lebewesen, das sich überhaupt denken läßt. Obwohl von Gestalt ein Mensch, übertrifft er doch durch die Ungeheuerlichkeit des Charakters die ungeschlachtesten Untiere. Denn wer könnte den mit Recht einen Menschen nennen, der zwischen sich und seinen Mitbürgern, der schließlich mit dem ganzen Menschengeschlecht keine Gemeinschaft des Rechtes, keine Verbundenheit in der Menschlichkeit haben will?»[29]

Den christlichen Glaubensvorstellungen widersprach die antike Tyrannislehre in mehrfacher Hinsicht. Aller weltlichen Herrschaft, auch wenn sie tyrannische Herrschaft war, wurde die Idee der Duldung und des Leidens entgegengesetzt, die jederzeit in Martyrium übergehen konnte. Dennoch sind Widerstandsrecht und Tyrannenmord dem christlichen Mittelalter keineswegs fremde Begriffe. Über ihre Geltung sind wir durch ein bedeutendes Werk gut unterrichtet: durch das Buch «Gottesgnadentum und Widerstandsrecht im frühen Mittelalter» von Fritz Kern.[30] Rückgriffe auf die antike Tyrannenlehre gibt es bei Johannes von Salesbury, dem «geistvollen Vertreter der humanistischen Richtung» im 12. Jahrhundert.[31] Ein Jahrhundert später nimmt das Haupt der Scholastik, Thomas von Aquin, zum Tyrannenmord Stellung, und diese Stellungnahme ist in hohem Maße eine kritische gegenüber diesen in der Antike geltenden Lehren. Aber in einem Fall ist er zu Billigung und Anerkennung bereit, wie in einer Studie über Tyrannenmord im späten Mittelalter (von Friedrich Schoenstedt) ausgeführt wird: «Thomas verbietet die Ermordung des *tyrannus exercitio*, und zwar unter allen

Umständen, die Ermordung des Usurpators, dagegen billigt er es als ein zwar äußerstes aber rechtmäßiges Hilfsmittel, und zwar billigt er es dem Einzelnen zu.»[32] Wohl einer der letzten Fälle eines Tyrannenmords im Sinne der überlieferten Lehren, den man auch mit Argumenten aus der klassischen Tyrannislehre zu rechtfertigen sucht, ist die Ermordung des Herzogs von Orléans durch den Herzog von Burgund im Jahre 1407.[33] Aber erst mit der Renaissance in Italien und der Reformation in Deutschland ändern sich die Voraussetzungen im Verhältnis von Regent und Regierten grundlegend, auch in Fragen des Tyrannenmords.

Mit der Reformation werden die auf das Christentum zurückgehenden Grundlagen zentraler Bezugspunkt der politischen Ordnung. Ihr zufolge schulden die Untertanen der Obrigkeit Gehorsam, und tyrannische Regierungen dürfen kein Anlaß sein, diesen Gehorsam aufzukündigen. Dieses auf Obrigkeit gerichtete Denken bringt es mit sich, daß der Tyrannenbegriff im Sprachgebrauch Luthers seine Aussagekraft verliert. Er gebraucht ihn weithin personalisierend und in diesem Sinn vorwiegend als Kampfbegriff. Tyrannen – das sind für ihn unter anderem geistliche Tyrannen, also Papisten. Aber auch die aufständischen Bauern oder die Wiedertäufer werden von ihm Tyrannen genannt. Im Verständnis Luthers sind die «Kaiserlichen» nicht dieselbe Obrigkeit wie Landesherren der eigenen Konfession, denen gegenüber Unterordnung und Gehorsam geboten ist.[34] Von der lutherischen Obrigkeitslehre mit Beziehung auf den 13. Römerbrief – «Jedermann sei untertan der Obrigkeit, die Gewalt über ihn hat» – sind weitreichende Wirkungen ausgegangen, und noch in der Widerstandsbewegung gegen Hitler haben sie sich verzögernd bemerkbar gemacht. Dennoch haben sie die Tat nicht verhindert, die als Tyrannenmord gedacht war und gerechtfertigt wurde, worüber Gerhard Ritter in seinem Buch über Carl Goerdeler ausführt: «Nicht ohne innere Nöte, aber in einer höchst fruchtbaren, heute noch immer fortdauernden, geistigen Anstrengung ist diese neue Grundlage praktischen Kämpfertums gegen den Totalstaat erarbeitet, schließlich sogar auf lutherischem Boden eine Lehre vom Widerstandsrecht ja der Widerstandspflicht des Christen gegen gottlose Tyrannen geschaffen worden.»[35] In den Anmerkungen wird nachgetragen: «Bonhoeffer hat wohl als erster (neben Gerstenmaier) auch die Beseitigung Hitlers als ultima ratio zur Wiederherstellung der Rechtsordnung für vereinbar mit dem christlichen Gewissen gehalten.»[36] Die Reformatoren außerhalb des Luthertums gingen in Fragen der Tyrannis und des Widerstandsrechts vielfach ihre eigenen Wege.

Abweichend von den lutherischen Grundauffassungen wurden Tyrannislehren im Kreis der Monarchomachen aufgenommen. Es waren dies Kämpfer gegen die Monarchie, die in ihrem Denken sehr stark unter dem Einfluß des Calvinismus standen.[37] Teilweise von diesen Lehren beeinflußt ist auch die Staatsrechtslehre, die Johannes Althusius 1603 unter dem Titel «Politica methodice digesta atque exemplis sacris et profanis illustrata» veröffentlicht hat.[38] Sie ist den mit der Tyrannis Philipps II. im Kampf befindlichen Ständen der Niederlande gewidmet.[39] Althusius vergleicht die Ablösung einer unheilbaren Tyrannis mit einer unheilbar zerrütteten Ehe. Diese sei zwar als unauflöslich gedacht, könne aber dennoch gelöst werden – und fügt hinzu: «Warum sollte man dann nicht aus ebenso schwerwiegenden Gründen das Band zwischen dem obersten Magistrat und den Untertanen in ähnlicher Weise lösen können?»[40] Mit Fragen der Tyrannis ist auch Hugo Grotius befaßt. Im Zusammenhang religiöser Auseinandersetzungen innerhalb des Calvinismus der Niederlande war er zu lebenslanger Haft verurteilt worden, der er sich durch Flucht hatte entziehen können. In seinem Hauptwerk «De Jure Belli ac Pacis libri tres», 1625 im Pariser Exil erschienen, nimmt er Elemente naturrechtlichen Denkens auf.[41] In seinen Auffassungen von Tyrannentum bleibt er der aristotelischen Philosophie wie der Stoa zugewandt und geht der Frage des Tyrannenmords nicht aus dem Weg. Er bejaht die Tötung unter bestimmten Bedingungen: wenn ein Krieg es gebietet, wenn entsprechende Gesetze vorliegen oder der legitime Herrscher entsprechende Anordnungen trifft.[42]

Die genannten Rechtsdenker, die Fragen des Tyrannentums aus der Tradition aufnehmen und fortführen, befinden sich weithin im Gegensatz zur lutherischen Glaubenslehre, aber von anderen Voraussetzungen her auch zum Menschenbild der frühen Renaissance. Trotz der vielfach emphatischen Bezüge zur griechischen wie zur römischen Antike wird für nicht wenige Autoren dieses Zeitalters die klassische Unterscheidung zwischen gutem Königtum und ungerechter Tyrannis zweitrangig. Unter denjenigen Staatsdenkern, die sich in Fragen wie diesen auf den traditionellen Antagonismus nicht mehr einlassen, ist Niccolò Machiavelli vor anderen zu nennen. Im neueren Schrifttum wird er wiederholt als derjenige charakterisiert, der Moral und Politik strikt getrennt und das Wesen der Staatsraison zu durchdenken begonnen habe.[43] In diesem Staatsdenken wird der Staat zur Norm des Denkens schlechthin. Zeitweilige Entfernung von den republikanischen Tugenden bedeutet ihm wenig, wenn der Staatsmann nur erfolgreich für seine Vaterstadt oder sein Vaterland handelt. Der Staat geht diesem Denker über alles. Seine Stabilität und Dauerhaftigkeit, nicht die Freiheit seiner Bürger machen den zentralen Imperativ seiner Schriften aus, so charakterisiert Herfried Münkler das politische Wollen des Italieners.[44] Daß sich aufgrund

DAS INTERESSE AN TYRANNEN UND TYRANNENMORD

solcher Auffassungen der Gegensatz zwischen dem guten König und dem ungerechten Tyrannen relativiert, leuchtet ein.[45] Diesem Antagonismus hat in der frühen Neuzeit kein Staatsdenker so energisch widersprochen wie der englische Philosph Thomas Hobbes mit seinem «Leviathan». Aber seine Begründung des absoluten Staates, um den es sich handelt, ist nicht leicht abzutun. Sie basiert auf Einsichten, die er der Naturwissenschaft und Psychologie seiner Zeit verdankt – auf einem Menschenbild, das ihn in diesem Punkt von der gutgläubigen Aufklärung der späteren Zeit trennt. Seiner Staatslehre liegt eine Anthropologie zugrunde, die nicht vorrangig den Tod, sondern das Töten in das Zentrum seiner Argumentation rückt.[46] Ausgangspunkt und Grundlage seines Denkens ist Todesfurcht als Furcht, von anderen getötet zu werden. Um diesem Tötungstrieb entgegenzuwirken, ist der mit weitreichenden Vollmachten ausgestattete Herrscher erforderlich, dem unbedingt Gehorsam gebührt, damit dem Töten des Menschen durch Menschen Einhalt geboten wird, so daß im zweiten Teil seines Werkes, in dem Kapitel «Vom Staat», der antiken Tyrannislehre entschieden widersprochen wird. Hobbes führt hierzu aus: «Die Lektüre dieser Bücher, meine ich, brachte die Menschen dazu, ihre Könige zu töten, weil die griechischen und römischen Schriftsteller in ihren Büchern und Abhandlungen über Politik dies zu einer rechtmäßigen und lobenswerten Handlung für jedermann machten, vorausgesetzt, er nenne ihn vor der Tat einen Tyrannen. Sie sagen nämlich nicht *regicidium*, das Töten eines Königs, sondern *tyrannicidium*, das Töten eines Tyrannen, sei rechtmäßig.»[47] Tötung eines Herrschers liegt für Hobbes ebenso außerhalb des Gebotenen oder Erlaubten wie später für Kant. Für Hobbes ist in der Konsequenz seines Denkens Tyrannis mit Souveränität fast gleichzusetzen. Aber so bedenkenswert die anthropologische Begründung eines solchen Staatswesens auch sein mag, so bedenklich sind die weitreichenden Befugnisse, die dem Herrscher zugestanden werden. Es überrascht nicht, wenn beide Staatsdenker, der italienische wie der englische, in der Folgezeit höchst umstritten blieben. Zwei namhafte Persönlichkeiten seien angeführt, die den Namen ihres Gegners schon im Titel ihrer Bücher anzeigen: der preußische König Friedrich II. mit seiner Schrift «Antimachiavell» (1739) und der Strafrechtslehrer Anselm von Feuerbach mit seiner schon erwähnten Schrift «Anti-Hobbes» (1797/98).[48] Stimmen wie diese werden zum Chor derer, die gegen absolutistische und tyrannenähnliche Herrschaftsformen aufbegehren, in Opposition zu ihnen treten, und, wenn nicht anders möglich, wenigstens mit der Feder Widerstand leisten, den selbst Kant, wie ausgeführt, gestattet. Das geschieht in England in zahlreichen Formen der Abweichung von Hobbes und seiner Staatslehre; verbunden vielfach mit Kritik an monarchischen wie absolutistischen Herrschaftsformen: bei Hume in den 1741 veröffentlichten Essays «Moral and Political»,[49] bei Locke in der 1690 erschienenen Schrift «Two Treatises of Government».[50] Auch Edmund Burke als ein unerbittlicher Gegner der Revolution in Frankreich ist hier zu nennen. Seine Kritik an ihr erweitert er zur Kritik an jeder absolutistischen Herrschaftsform.[51] Auf ein noch zu erörterndes Problem in Schillers Dramen ist schon an dieser Stelle aufmerksam zu machen. Aber noch von anderem muß in diesem Zusammenhang die Rede sein. Die Geschichte der Herrschaftsformen in der Neuzeit wird von ihren Anfängen her von einer erkennbaren Lust am Großen begleitet; an großen Taten wie an großen Menschen. Aber Größe kann auch Tiger-Größe sein.[52]

Die Entdeckung des großen Menschen nach dem Ausgang des Mittelalters ist vornehmlich ein Resultat der Renaissance mit ihrer neuartigen Aneignung antiker Kultur; sie ist zugleich eine Folge des aus der fest gefügten Welt des Mittelalters herausgetretenen Individuums. Prometheus wird unter den mythologischen Gestalten des Altertums zum alles überragenden Symbol des selbsttätigen und sich selbst verantwortlichen Menschen. Seine Größe ist nicht zu trennen von seiner Auflehnung und seinem Rebellentum; sie ist die Größe eines Titanen. Der erneuerte Glaube, Luther und die von ihm initiierte Reformation, sind an dieser Entdeckung nur in geringem Umfang, wenn überhaupt, beteiligt. Der große Mensch, das ist in der Vision des neuen Fürsten, wie ihn Machiavelli sich denkt, ein Leitmotiv seiner Staatslehre. Aber der als großes Individuum gedachte Herrscher befindet sich stets in der Gefahr, dem Tyrannentum zu verfallen oder Züge des «erhabenen Verbrechers» anzunehmen. Auch wenn das Verbrecherische im großen Stil moralisch nicht gerechtfertigt wird, kann es sein, daß zumal von ihm Faszination ausgeht. Marlowes «Tamburlaine the Great» (1590) ist ein Drama, das eine tyrannische Herrschergestalt auf die Bühne bringt, die alle Maße des Menschlichen sprengt; und natürlich ist die Faustgestalt, wie sie zuerst im Volksbuch überliefert wird, eine verwandte Figur. Hier wie in Shakespeares «Richard III.» sieht man machiavellistisches Gedankengut nachwirken. Nicht so sehr Tyrannenmorde als vielmehr mordende Tyrannen beherrschen das Feld, aber ins Boshafte ausschweifend. Richard III. wie Bolingbroke in «Richard II.» sind im Blick auf den skythischen Tamburlaine Verwandte im Geist – oder im Ungeist. Aber die historische wie literarische Gestalt, die alle an Größe und Interesse überragt und zugleich die Geister scheidet, heißt Julius Caesar, von einigen als Diktator oder Tyrann verachtet, während andere über die Mörder Brutus und Cassius den Stab brechen. Der Name Caesars ist aus der Weltgeschichte so wenig wegzudenken wie aus der

Weltliteratur. In ihm kulminiert das Motiv des Tyrannenmords seit der frühen Renaissance. Unter den großen Autoren des Zeitalters ergreift Dante für ihn Partei, der die Mörder des Diktators in die Hölle verdammt. In seinem Gefolge wird Caesar in dem um 1400 verfaßten Traktat «De tyranno» von Coluccio Salutati verteidigt.[53] Aber die Ermordung Caesars ist längst Dramenstoff geworden und hat seit dem Ende des 16. Jahrhunderts seine alles überragende Darstellung in der Tragödie Shakespeares gefunden. Kein Aufruf zum Tyrannenmord, aber auch keine Ermunterung zum Erwerb von Macht und Größe – sondern eine Tragödie. Die Hinweise machen deutlich, daß über Tyrannen und Tyrannenmord zutreffend nur zu sprechen ist, wenn man die literarische Gestaltung dieser Thematik einbezieht.

Nach übereinstimmender Auskunft der Forschung wurde über Fragen der Tyrannis nicht zuerst in diskursiven, sondern in lyrischen Texten gesprochen. Archilochus und Simonides werden in diesem Zusammenhang genannt.[54] Daß bedeutende Lyriker und Tyrannen hier und da zusammenwirkten, schildert Jacob Burckhardt in seiner «Griechischen Kulturgeschichte»; hier heißt es: «Und doch hatten auch die größten Dichter ihrer Zeit diese Höfe [der Tyrannen] aufgesucht und gepriesen, und wir treffen Arion bei Periander, Ibykos und Anakreon bei Polykrates, Simonides und Anakreon bei Hipparch, nicht zu reden von den sizilischen Tyrannen des V. Jahrhunderts ... Daß aber solche Dichter nicht notwendig Schmeichler sein mußten, lehrt Pindar in seinen Offenherzigkeiten an Theron und Hieron. Außerdem lebte in der spätern Zeit eine konstante Meinung von einem Tyrannenbedürfnis nach Philosophenumgang ...»[55] Aber das Schwergewicht dargestellten Tyrannentums liegt nicht in der Lyrik und auch nicht in den erzählenden Dichtungsarten, sondern im Drama, und hier haben Tyrannenmotive weltliterarischen Rang erhalten. Der Bogen spannt sich von der Antike bis ins 20. Jahrhundert und darüber hinaus. Von Anfang an geht es im Drama um eine bestimmte Konstellation, in deren Mittelpunkt eine mit Macht ausgestattete Herrscherpersönlichkeit steht, die in hohem Maße Gewalt über Menschen ausübt. Das ist der eine denkbare Fall – derjenige einer überlegenen Person, denen ein Leidender oder eine Leidende gegenübersteht. Der andere Fall ist gekennzeichnet durch Widerstand und Rebellion seitens derjenigen, die als Untergebene oder auch als weithin ebenbürtige Personen gegen eine bestehende Herrschaft aufbegehren und ihrerseits Gewalt anwenden. Das durch Leiden des Untergebenen gekennzeichnete Modell ist allem Handeln entgegengesetzt. Seine Prägung durch christliche Lehren ist offenkundig. Aber eben dieses Modell hat eine «heidnische» Vorgeschichte im Drama der Antike, der Griechen wie der Römer. Vor allem an der «Antigone» des Sophokles hat man es in seiner christlichen Form präfiguriert sehen wollen, obschon mancherlei dagegen spricht, die Kontrahentin des Königs Kreon auf ein Leidensdrama festzulegen. Aber daß dem gebietenden König, der nicht mit sich reden läßt, Züge des Tyrannischen anhaften, ist kaum bestreitbar.[56] Zum andern ist nicht darüber hinwegzusehen, daß man Antigone in ihrem Hang zum Selbstopfer mit der Gestalt der Märtyrerin vergleichen kann. Zu einem Modell von weltliterarischem Rang wird die Konstellation zwischen Tyrann und leidendem Menschen in der römischen Literatur. Von der durch die Stoa beeinflußten Geisteshaltung der Standhaftigkeit und Bewährung zeichnet sich noch in vorchristlicher Literatur die neuartige Konstellation zwischen tyrannischem Herrschertum und leidendem Menschentum deutlich ab. Vor allem in den Dramen Senecas ist dies der Fall, die man nunmehr unter christlichem Einfluß Märtyrerdramen nennt. An dargestellter Grausamkeit und Unmenschlichkeit fehlt es weder in den Stücken des Altertums noch in denjenigen der frühen Neuzeit. Aber in keinem der uns erhaltenen Dramen Senecas gibt es Tyrannenmord. Die Gestalt des Märtyrers oder der Märtyrerin hat im christlichen Mittelalter außerhalb der Kunstform der Tragödie ihren Ort in Legenden und Heiligenviten. Aber erst in der frühen Neuzeit und danach im Zeitalter des Barock hat das Märtyrerdrama seine große Stunde, nicht nur in Deutschland.

Sie ist zugleich, Jahrhunderte nach seinem Erdenleben, die große Stunde des römischen Dichterphilosophen Seneca. Der klassische Philologe Otto Regenbogen hat dieses Nachleben auf eine überaus ansprechende Art mit spürbar innerer Beteiligung beschrieben.[57] Es geht in dieser Wirkungsgeschichte um Autoren der englischen, der spanischen und der französischen Literatur, ehe die Beschreibung in Deutschland angelangt ist. Hier geht es um Texte der Jesuiten ebenso wie um solche des sogenannten schlesischen Kunstdramas von Autoren wie Gryphius, Lohenstein, Hofmannswaldau, Hallmann und anderen. Wiederholt sind es orientalische Despoten, auf deren Bedrängnisse es mit Standhaftigkeit zu antworten gilt. Aber nicht so selten verlieren die Gegensätze auch ihre Schärfe. Karl I. von England, auf dessen Hinrichtung das Geschehen in dem Drama von Gryphius zuläuft, ist König und Märtyrer zugleich. Infolge der sich verwischenden Gegensätze nähern sich die Vertreter der einen Seite der anderen an wie im Drama «Leo Armenius», gleichfalls von Gryphius, in dem der Despot ähnlich im Wahn endet wie Brutus in Shakespeares «Julius Caesar».[58] Weit über die personale Ebene hinaus stehen sich in diesem Drama Welt und Gegenwelt gegenüber, und die letztere ist nicht von dieser Welt. In dieser Gegenwelt haben die

Märtyrerdramen des Barockzeitalters ihren eigentlichen Helden.[59] Aber die sich verwischenden Gegensätze weisen voraus auf einen neuartigen weltlichen Bereich, der sich in diesen Texten ankündigt: auf die Präsenz der Rechtswelt und ihrer Juristen, die in das Modell des Märtyrerdramas Eingang finden, sicher am großartigsten in der Gestalt des römischen Juristen Papinian, wie ihn Andreas Gryphius auf die Bühne seines Dramas bringt. Der heidnische Jurist in der vorweggenommenen Rolle des Märtyrers christlicher Provenienz wird gezeigt, und noch stellt sich die Jurisprudenz als eine moderne und aufsteigende Wissenschaft dar, die zunehmend an Ansehen gewinnt.[60] Im Rechtsdenken beruht weit mehr die Verwandtschaft Schillers mit dem Barockzeitalter als in der Kunstform des Dramas. Die Gestalt des Märtyrers hat Walther Rehm in einer vielbeachteten Studie vorzüglich beschrieben: «Der Märtyrer ist der Blutzeuge, der die höchste, dem Menschen mögliche Bewährung des Heldischen im Raum des Religiösen leistet; er ist wirklich von einer übermächtigen Gewalt ergriffen, aus tiefem Gottvertrauen in seinem freien Willen, seiner inneren Gewißheit gestärkt und verrichtet bis in den eigenen, einsamen, schmerzlich empfundenen, menschlich gefühlten Untergang die ‹Andacht zum Kreuz›.»[61] Aber nirgends gibt es eine solche Gestalt in Schillers Dramen. Das Selbstopfer des Marquis Posa oder Don Cesars ist von gänzlich anderer Art. Das Barockdrama und das Drama Schillers sind durch Leiden und Handeln fundamental voneinander getrennt. Es sind gänzlich andere Formkräfte, die hier und dort wirksam sind. Bleiben zum Vergleich die Opernwelt und die Theatralik. Aber sie bleiben, sieht man auf Schiller, bloß äußerlich. Die ihm nachgesagte Nähe zum Barockdrama – ich kann sie beim besten Willen nicht entdecken.[62] Wohl aber, noch einmal, ist das Rechtsdenken im Barockdrama und im Drama Schillers vergleichbar. Es ist aufbauend, konstruktiv und von ansprechendem Selbstbewußtsein erfüllt – mit dem Unterschied gleichwohl, daß Schiller auch die Rechtskritik kennt, die Kritik an Richtern, die nur in das Gesetzbuch blicken, aber nicht in die Seele des Menschen.[63] In diesem Eindringen der Rechtswelt in den literarischen Text treffen sich seit dem 18. Jahrhundert politische Philosophie, Jurisprudenz und schöne Literatur, aber die letztere wechselt alsbald die Seite: der leidende Mensch, der Märtyrer, wird abgelöst von der Person des handelnden Menschen, der gegebenenfalls rebelliert oder sich mit anderen Gleichgesinnten der bestehenden Herrschaftsform widersetzt. Unter den literarischen Texten des Barockzeitalters, die solche Handlungsweisen des Verschwörertums, und zwar als eines solchen von unten her, vorwegnehmen, ist Christian Weises «Spiel von dem Neapolitanischen Haupt-Rebellen Masaniello», erschienen 1683, bemerkenswert. Ein Mensch niederen Standes, ein Fischer, macht sich zum Anführer eines Aufstandes gegen den Vizekönig von Neapel, den Beherrscher des Stadtstaates. Es ist eine Aufstandsgeschichte von unten her, und Rebellionen dieser Art sind auch im 18. Jahrhundert eher die Ausnahme als die Regel. Zwar wird zum Schluß die alte Ordnung wiederhergestellt, und man könnte meinen, daß diese Wiederherstellung das eigentliche Ziel sei, das in diesem Drama verfolgt werde. Aber der Gang der Handlung macht deutlich, daß es sich nicht um eine Sympathiekundgabe des in Bedrängnis geratenen Vizekönigs handelt; über den Anführer des Aufstands wird in der Optik des Dramas nicht der Stab gebrochen, so daß man mit Recht hat folgern können: «Im Gegensatz zu Poetik und Tragödie des Barock wird hier das niedere Volk zum ernsthaften und in Masaniellos Person zum tragischen Gegenstand.»[64]

Aber diese Aufstandsgeschichte, die von einer Rebellion handelt, führt schon unmittelbar an die Zeit heran, in der es nicht mehr um die Vorgeschichte des Tyrannenthemas geht, sondern um seine Präsenz im Gedächtnis des Zeitalters. Daß wir es mit einer bemerkenswerten Aktualität zu tun haben, gilt es vor allem an Schiller zu zeigen, an seiner Biographie wie an seinem literarischen Werk. Ehe wir uns diesem Kapitel zuwenden, ist ein Blick auf Hölderlin angebracht. In der Übersetzung einer Ode aus dem Griechischen, die allem Vermuten nach 1793 im Tübinger Stift entstanden ist, wird noch einmal, wie schon Jahrtausende zuvor im alten Griechenland, das Freundespaar Harmodios und Aristogeiton gefeiert, das den Tyrannen Hippias zu töten versucht hatte. Getötet, wie wir wissen, wurde statt seiner der Bruder des Tyrannen, Hipparch. Beide Freunde wurden aber von der Nachwelt gefeiert; und so auch geschieht es in dem von Hölderlin übersetzten Gedicht:

«Schmüken will ich das Schwerdt! mit der Myrthe Ranken!
   Wie Harmodius einst und Aristogeiton
      da sie bei Athenes
         Opferfest den Tyrannen
            Hipparch, den Tyrannen ermordeten» (V/31).

Hölderlin hat diese Ode unzutreffend Alkaios zugewiesen. Aber das ist ein Anachronismus. Der griechische Dichter lebte zu Beginn des 7. Jahrhunderts v. Chr., Hipparch aber wurde 514 v. Chr. ermordet. Hölderlin hatte sich das Ereignis dieses Tyrannenmords tief eingeprägt. Auch im «Hyperion» kehrt es wieder. In einem Brief an den Freund Bellarmin ist davon die Rede: «Wir saßen einst mit Notara – so hieß der Freund, bei dem ich lebte – und einigen andern, die auch, wie wir zu den Sonderlingen in Kalaurea gehörten, in Diotima's Garten, unter blühenden Mandelbäumen, und sprachen unter andrem über die Freundschaft ... Da Harmodios und Aristogiton lebten, rief endlich einer, da war noch Freundschaft in die Welt» (III/62). In sehr stürmischer Zeit, zu Ende der sechziger Jahre des vorigen Jahrhunderts, als Hölderlin zu einem deutschen Jakobiner erklärt wurde, hat man in solchen Textstellen ein begeistertes Eintreten des Dichters für die Sache der Französischen Revolution erkennen wollen. Mit beachtlichem Scharfsinn hat damals der französische Germanist Pierre Bertaux die angeführte Übersetzung Hölderlins wie andere seiner Texte mit der vom Zeitgeist beflügelten Stimmung in Verbindung gebracht. Seine Aussage über das Gedicht leitet er mit dem Satz ein: «Daß er von Jugend auf den Tyrannenmord als entscheidende Tat verherrlichte, dafür bringen wir einige Belege ...»;[65] ähnlich heißt es an anderer Stelle mit Beziehung auf die Ode «An Eduard», die man gern in diesem Zusammenhang zitiert: «Es gibt also eine eindeutige, wiederholte Verbindung zwischen Hölderlins Freundschaft mit Sinclair, dem Thema der heroischen Freundschaft, die unsterblich macht, und dem Thema des Tyrannenmords. Alle drei Themen klingen im späten Gedicht ‹An Eduard› mit: wenn der Freund es gebietet ... wird unter Beteiligung des Dichters der Mordanschlag ausgeführt.»[66] Der Hölderlinforscher Bertaux sah in diesen Texten hochwillkommene Zeugnisse für seine Zuordnung des Dichters zur Gruppe der Jakobiner. Daß diese problemlose Zuordnung aufgrund der angeführten Zeugnisse berechtigt ist, darf man bezweifeln. Zwar wird die Übersetzung aus dem Griechischen in das Jahr 1793 verwiesen, in dem in Paris der französische König hingerichtet wurde. Aber die Hinrichtung war im Verständnis der Revolutionäre um Robespierre kein Tyrannenmord, sondern Vollzug einer an einem Tyrannen vollstreckten Todesstrafe. Aus der Sicht deutscher Intellektueller war dieser König aber kein Tyrann, sondern allenfalls ein Monarch, der sich einiges hatte zuschulden kommen lassen. Daß Hölderlin mit der Übersetzung dieser Ode die Hinrichtung in Paris habe gutheißen und feiern wollen, ist nicht anzunehmen. Man kann aus den angeführten Texten folgern, daß Hölderlin die Feier der Freundschaft aus Anlaß eines Tyrannenmords wichtiger war als der Mord selbst. Aber an der Verachtung und Verwerfung der Tyrannis als Herrschaftsform und des Tyrannen als einer Herrscherpersönlichkeit ist nicht zu zweifeln.

Der abschließende Teil dieser Hinweise zur Geschichte der Tyrannislehre gilt Schiller selbst. Zweifellos hat sein Interesse an dieser Thematik ihren Schwerpunkt in den Dramen von den «Räubern» bis hin zum Dramenfragment «Demetrius». Ihnen ist der Hauptteil dieser Betrachtung vorbehalten.

Hier soll lediglich von Erfahrungen dieser Art im biographischen Umfeld wie von Texten, die nicht zum dramatischen Werk gehören, die Rede sein. Es handelt sich um leibhaftige Erfahrungen mit Tyrannen und einem tyrannischen Staatswesen – um solche also, die sich ihm in seinem Heimatland unerbittlich aufdrängten. Die Verhältnisse in Württemberg unter Herzog Karl Eugen sind nicht nur aus Schillers Sicht als tyrannisch zu bezeichnen, aber sie sind nicht ohne weiteres auf andere Territorien des alten Reiches zu übertragen. Es gab in diesem im Absterben begriffenen Reich mehrere Länder wie das Österreich Josephs II. oder das Preußen Friedrichs II., in denen zahlreiche Lockerungen im absolutistischen Herrschaftsbereich zu verzeichnen waren. Der Historiker Eberhard Weis beschreibt die Lage in den deutschen Territorien des aufgeklärten Absolutismus und vermittelt kein gänzlich düsteres Bild.[67] In Österreich war die Erbuntertänigkeit in den siebziger Jahren abgeschafft worden. Vielerorts hatte man das Strafrecht humanisiert. Der preußische König hatte die Lage der Bauern erheblich erleichtert. Ein großes Maß an geistiger Freiheit hatte sich in den von ihm beherrschten Gebieten durchgesetzt. Tyrannische Willkür war in den meisten Ländern des alten Reiches nicht mehr die Regel. Auch das Herzogtum Württemberg war in mehrfacher Hinsicht kein zurückgebliebenes Land. Der Regent, Herzog Karl Eugen, war kein ungebildeter Wüterich. Zur Förderung der Opernkultur im Stil des Barockzeitalters hat er nicht wenig getan. Die Erziehungsanstalt, die er gegründet hatte und die später als Hohe Karlsschule bekannt wurde, war ein auf Fortschritt gerichtetes Institut, das sich nicht nur im eigenen Land hohen Ansehens erfreute. An eben diese «Pflanzstätte» hatte er die besten Lehrer des Landes berufen, und nicht alles, was hier gedacht und getan wurde, hatte Unterdrückung zum Ziel. Den Schülern, die in diese Anstalt aufgenommen wurden, war die damals moderne Welt nicht verschlossen. Aber daß sich der junge Schiller bedrängt und bedrückt fühlte, ist ernst zu nehmen. Man kann einwenden, daß diese die Freiheit des Einzelnen einengenden Methoden für mehr als ein Jahrhundert an deutschen Kadettenanstalten üblich waren, ehe sie von Robert Musil in seiner Erzählung «Die Verwirrungen des Zöglings Törleß» bloßgestellt wurden. Gleichwohl ist Nachsicht gegenüber tyrannischen Herrschaftsformen, wo es sie noch gab, nicht berechtigt. Das betrifft vor anderem die Unterdrückung des freien Denkens und des freien Wortes als derjenigen «Waffen», die Kant zur Ausübung des Widerstandsrechtes gelten ließ. Die Art, wie Herzog Karl Eugen den Schriftsteller Christian Friedrich Daniel Schubart über viele Jahre hin unter menschenunwürdigen Umständen gefangen hielt, ist Tyrannenart. Der Fall hatte sich weit über die Grenzen des

DAS INTERESSE AN TYRANNEN UND TYRANNENMORD

Landes hinaus herumgesprochen, er war zum Skandal geworden. In der Unterredung mit Herder gelegentlich des Antrittsbesuches, den Schiller ihm 1787 in Weimar abstattete, ist davon die Rede. Schiller berichtete hierüber an Körner und schreibt: «Wir haben erstaunlich viel über diesen [gemeint ist Goethe] gesprochen ... Auch über politische und philosophische Materien einiges, über Weimar und seine Menschen, über Schubart und den Herzog von Wirtemberg, über meine Geschichte mit diesem. Er haßt ihn mit Tirannenhass» (XXIV/110). Erfahrungen wie diese sind nicht als jugendbedingte Empfindsamkeit abzutun. Sie haben einem auf Menschenrecht und Menschenwürde bedachten Schriftsteller zu neuartigem Selbstbewußtsein verholfen – zu einem solchen, das seine Gegnerschaft gegenüber tyrannischer Willkür verstärkte. In der Einleitung zu seiner Zeitschrift «Rheinische Thalia» wird es in kraftvoller Rede zum Ausdruck gebracht: «Ich schreibe als Weltbürger, der keinem Fürsten dient ... Ein seltsamer Mißverstand der Natur hat mich in meinem Geburtsort zum Dichter verurteilt. Neigung für Poesie beleidigte die Gesetze des Instituts, worin ich erzogen ward, und widerspricht dem Plan seines Stifters. Acht Jahre rang mein Enthusiasmus mit der militärischen Regel...» (V/855). Das sind Erfahrungen eines jungen Menschen und Schriftstellers von einem tyrannischen Herrschaftssystem, über die nicht hinwegzusehen ist.

Zwei Bezugnahmen zu dieser Thematik außerhalb der Dramen seien angeführt. Zum ersten das «Philosophische Gespräch», das dem Fragment gebliebenen Roman «Der Geisterseher» angefügt wurde. In ihm kommt man, unerwartet und unvermittelt, auf den Typus des Tyrannen zu sprechen. Gesprächspartner sind der psychisch labile Erbprinz eines deutschen Duodezfürstentums als die Hautfigur dieser Erzählung und sein Begleiter, der Baron von F., der zu bedenken gibt, ob Despoten auf dem Thron die Welt nicht weit mehr vorangebracht haben als irgendwelche einfachen Gemüter. Der Prinz läßt solche Auffassungen nicht gelten und erwidert zurechtweisend: «Wie können Sie behaupten, daß ein *verwüstendes* Leben ein *tätiges* Leben sei? Der Despot ist das unnützlichste Geschöpf in seinen Staaten, weil er durch Furcht und Sorge die tätigsten Kräfte bindet und die schöpferische Freude erstickt. Sein ganzes Dasein ist eine fürchterliche Negative; und wenn er gar an das edelste, heiligste Leben greift und die Freiheit des Denkens zerstöret – hunderttausend tätige Menschen ersetzen in einem Jahrhundert nicht, was *ein* Hildebrand, *ein* Philipp von Spanien in wenig Jahren verwüsteten. Wie können Sie diese Geschöpfe und Schöpfer der Verwesung durch Vergleichung mit jenen wohltätigen Werkzeugen des Lebens und der Fruchtbarkeit ehren!» (V/168). Daß Schiller ein solches Tyrannenporträt nicht ganz fernliegt, deutet er in einem Brief an die spätere Schwägerin Caroline von Beulwitz an und fügt gleichwohl hinzu: «denn Gott bewahre mich, daß ich ganz so denken sollte wie der Prinz in der Verfinsterung seines Gemütes» (XXV/190). Daß Schiller Wert auf Distanz zu dieser Figur seiner Erzählung legt, ergibt sich aus deren späterer Entwicklung, die in eine alle Selbstbestimmung verleugnende Konversion mündet.[68] Wir vernehmen in den Äußerungen des Erbprinzen nicht die authentische Stimme Schillers, sondern die einer Figur. Das ist in den Balladen, die das Thema des Tyrannentums aufnehmen, sehr anders. Erzähler und Autor sprechen hier mit einer Stimme.

Schillers Balladen aus dem Balladenjahr 1797 handeln wiederholt von Königen und anderen Herrschergestalten, die mit ihren Untergebenen wie mit Sklaven umgehen, nicht selten auf eine menschenverachtende Art. Wir gewinnen kein gutes Bild von ihnen, obwohl gesellschaftskritische Schärfe vermieden wird. Einige dieser Herrscher, wie Polykrates von Samos oder Dionysius von Syrakus, sind bekannte Tyrannen der alten Geschichte. Für diese Herrschaftsmotive hat man sich wenig interessiert, wenn man sich mit Schillers Balladen befaßte, für die formalen Probleme dieser zwischen Lyrik und Epik angesiedelten Gattung weit mehr.[69] An ihrer Artistik hat man Gefallen gefunden, und über lange Zeit hin war dies vor allem der Grund, sich diesen Gedichten zuzuwenden.[70] Zumeist wurden die Balladen als Nebenprodukte der Weimarer Klassik angesehen. Daß es unter ihnen einige Kunst- und Meisterstücke gibt, hat man stets anerkannt. Das Kunstvolle dieser Gedichte hat man vor allem an Goethes Balladen wahrgenommen und bewundert. Er vor allem, anders als Schiller, schlägt in Gedichten wie «Der Zauberlehrling», «Legende» oder «Der Schatzgräber» auch humorvolle Töne an. Aber nicht alles an diesen Gedichten, und am wenigsten an denjenigen Schillers, ist Formfreude, Poetologie und poetischer Scherz.[71] Balladen mit Inhalten von unverkennbarem Ernst, die sich dem Bereich des Tragischen nähern, gibt es durchaus. Vor allem in der Balladendichtung Schillers sind gesellschaftliche Bezüge unverkennbar. Die nicht immer offen vorgebrachte Kritik ist auf Nachdenklichkeit und Erkennen gerichtet. Aber der moderate Ton verhindert, daß es in diesen Gedichten zu Verurteilungen oder Bestrafungen kommt, und wo ein Mord, ein Tyrannenmord, versucht wird, wie in der Ballade «Die Bürgschaft», wird er bezeichnenderweise verhindert. In den meisten dieser Gedichte geht es nicht um individuelle Schicksale, sondern um allgemeine Konstellationen politischen Charakters. In neuerer Forschung, in der man das artistische Interesse nicht für das Ganze nimmt, wird wiederholt der Begriff «Modell» gebraucht.[72] Das ist ein zutreffender Terminus, der geeignet ist, die einseitige Sicht auf das Personal der Gedichte einzuschränken zugunsten typischer und eben modellhafter Verhältnisse. Näherhin geht es um Regenten und Regierte und um die Ersteren insofern, als es sie möglichst gewaltlos zu beseitigen gilt. Die Herrscher, die wir in diesen Balladen kennenlernen, sind kaum je ideale Herrscher, wie sie sich Platon oder Aristoteles wünschten. Sie entsprechen weit mehr ihren Gegenbildern, den Tyrannen. Eine Interpretation der Ballade «Der Ring des Polykrates» beginnt mit dem Satz: «Das 6. Jahrhundert in Griechenland und im Raume der Ägäis ist noch das Zeitalter der ‹Tyrannen›».[73] Wo indessen dieser Begriff ausgespart wird, wie im Gedicht «Der Taucher», machen die Interpreten auf ihre Weise von ihm Gebrauch und sprechen vom Despoten oder dem despotischen König.[74] Unterschiedlich ist auch der Widerstand dargestellt. Seine äußerste Form ist Tyrannenmord, der in der Ballade «Die Bürgschaft» verhindert wird. Schillers Balladen des Balladenjahres arbeiten Tötungen, welche es auch seien, energisch entgegen.

Das große Gedicht «Der Taucher» ist nicht das erste in diesem Balladenjahr, aber sicher das unter den Interpreten umstrittenste. Es ist ein Gedicht ohne alle Namen. Wir erfahren nicht, wie der König heißt; auch das Reich, über das er gebietet, wird nicht namentlich lokalisiert; der Taucher, ein Knappe, muß sich ebenso mit einer typisierenden Bezeichnung begnügen wie die lichtvollste Gestalt in diesem düsteren Gemälde, die Königstochter. Sie ist es, und nur sie, die sich vor dem geforderten zweiten Sprung für den Taucher verwendet. Diese nicht zufällige Namenlosigkeit ist Teil der poetischen Verfahrensweise. Mit ihr wird angedeutet, daß wir es in der Geschichte des politischen Bewußtseins mit einfachen Verhältnissen zu tun haben und daß die Menschen dieses Königreichs noch nicht imstande sind, Widerstand gegenüber der Staatsgewalt zu leisten. Alles deutet darauf hin, daß wir es mit mittelalterlichen Verhältnissen zu tun haben. Auch die Quellen erhärten diese Vermutung; sie weisen die Tauchergeschichte als eine Geschichte aus der Regierungszeit des Stauferkaisers Friedrich II. aus.[75] Die Interpreten, oder doch einige von ihnen, die den verantwortlichen König fast aus dem Auge verlieren, belasten den Knappen schwer, der nach ihrer Auffassung hätte wissen müssen, was ihn da unten erwartet, wenn er sich ein zweitesmal in die Tiefe stürzt, nachdem er mit dem ersten Sprung hinreichend Kenntnis von dieser Hölle erhalten hat. Auch der besitzergreifende Blick auf die Königstochter wird ihm arg verdacht. Vorgeworfen werden ihm Hybris, Eigennutz, Eitelkeit und anderes mehr – alles Eigenschaften, die man ehedem auf den Tyrannen der alten Welt bezog und leicht auf den König dieses Gedichts beziehen könnte.[76] Mit diesen erbarmungslosen Verdikten werden zugleich die Ritter, die stumm bleiben und kein Wort gegen den König riskieren, in ihrem Tun und Denken gerechtfertigt als die Wissenden, die sich wohlweislich hüten, der Forderung des Königs zu folgen, und obwohl es doch ihnen zugekommen wäre, den Unmenschlichkeiten Einhalt zu gebieten, lassen sie geschehen, was geschieht. Aber offensichtlich sind die politischen Verhältnisse in diesem Königreich nicht so beschaffen, daß man einen solchen Widerstand schon voraussetzen kann. Was aber von Rittern und Edlen des Landes nicht zu erwarten ist, sollte man noch weniger von einem der Jüngsten dieser ständischen Gesellschaft fordern. Die Art, wie man über ihn den Stab bricht, obwohl er sich als der Mutigste gezeigt hat, ist ein Urteil aus heutiger Sicht. Was ihm vorgeworfen wird, ist unterbliebener Widerstand. Aber noch andere Vorwürfe werden vorgebracht. Gemeint ist die jäh entflammte Liebe zwischen dem Jüngling und der Königstochter. Daß man sie im Blick auf den Knappen als Eigennutz und Eitelkeit begreift, ist nicht einzusehen. In der Ballade selbst ist kein Wort zu entdecken, das eine solche Verurteilung rechtfertigen könnte. Der todesmutige Taucher wird als sanft und keck charakterisiert, aber Keckheit ist nicht pejorativ zu verstehen. Seine Schilderung des Grauens ist nicht überheblich, und was ihn zu einem zweiten Sprung motiviert, ist ein Ergriffensein der Seele, nicht «instrumentelle Vernunft». Den Ausdruck «Himmelsgewalt» muß man nicht unter Verdacht stellen.[77] Mit anderen Worten: Der Jüngling des Gedichts wird vom Erzähler nicht bloßgestellt, wohl aber hat man Grund, die Erfahrung von Liebe in einer Situation seelischer Not als den eigentlichen Zielpunkt der Ballade zu verstehen, auf den alles Geschehen zuläuft. Sie ist der Hoffnungsschimmer, der die düstere Geschichte für einen Augenblick erhellt, zu verstehen nicht nur als individuelle Liebeserfahrung unter zwei Menschen, sondern weit mehr als Fortschritt im menschlichen Sinn. Die «Stimme der Menschlichkeit» – eine sprachliche Wendung des Königs Thoas in Goethes Iphigenien-Drama – ist selbst in einem barbarischen Staatswesen wie diesem nicht völlig verstummt. Dieser Hoffnungsschimmer kann als Vorzeichen zu höherer Entwicklung durch Erziehung verstanden werden. In der Ballade «Der Handschuh» sind solche Ansätze deutlicher ausgeprägt. Schiller selbst hat diesen Text im engsten Zusammenhang mit dem vorausgegangenen Gedicht «Der Taucher» gesehen, wie er im Brief an Goethe vom 18. Juni 1797 ausführt. Das Gedicht sei «ein kleines Nachstück zum *Taucher*, wozu ich durch eine Anecdote in *Saint* Foix Essay sur Paris aufgemuntert wurde» (XXIX/85). Aber das Gedicht ist nicht nur ein «Nachstück» im Sinne eines Nachspiels, sondern ein Gedicht eigenen Rechts, das auf eine höhere Stufe im «Prozeß der Zivilisation» verweist. Gegenüber der vorausgegangenen Ballade handelt es sich nunmehr um eine höhere Bewußtseinsstufe, in der sich die Menschen dieses Landes befinden; und nun auch werden Namen genannt: König Franz, gemeint ist Franz I. von Frankreich (1494–1547), der Ritter Delorges, das Fräulein Kunigund. Die höhere intellektuelle Stufe gegenüber der Ballade «Der Taucher» beruht in der Geste des Widerstands, der sich zu regen begonnen hat. Und wie dezent wird sie dargestellt! Nicht einem Herrscher wird der Handschuh ins Gesicht geschleudert – das nicht! –, sondern einer hochnäsigen Dame dieser Gesellschaft, die mit dem Protest des Ritters eine Art Warnsignal erhält.

Als eine höhere Stufe im Bewußtseinsprozeß, um den es sich handelt, hat man sich die Verhältnisse in der Ballade «Die Bürgschaft» zu denken. In ihr geht es um Rechtsverhältnisse, die in den beiden vorausgegangenen Gedichten noch nicht vorauszusetzen waren. Hier ist Widerstandsrecht als ein Rechtsakt der antiken Welt so weit gediehen, daß er als Tyrannenmord gerechtfertigt gelten kann. Über dieses Gedicht gibt es eine ebenso reichhaltige wie erhellende Studie des Jenaer Strafrechtslehrers Udo Ebert in der renommierten «Zeitschrift für die gesamte Strafrechtswissenschaft». Eingehend wird über Schillers Quellen gesprochen, über die antiken Autoren, die er zu Rate gezogen hat. Die Studie wird mit einem längeren Zitat eingeleitet: «Es ist vielmehr in meiner Übersetzung aus dem Lateinischen deren Vorlage, die Geschichte Nr. 257 aus einer Geschichten- und Anekdotensammlung mit dem Titel ‹Fabulae›, welche die Überlieferung dem römischen Philologen und Historiker *Gaius Julius Hyginus* zuschreibt, der in der augusteischen Zeit um Christi Geburt herum gelebt hat.»[78] Wir erfahren, daß Bürgschaften mit Menschen in der Antike wie im Mittelalter als Rechtsmittel verwendet wurden. Theorie und Praxis des Tyrannenmords werden bestätigt, wörtlich heißt es in diesem Zusammenhang: «Diese Beurteilung der Tyrannis bestimmt dann die ethische, politische und rechtliche Beurteilung des Tyrannenmordes. Er wird von den Griechen immer wieder als politische Großtat gepriesen, gilt weder moralisch noch rechtlich als problematisch; Gesetze griechischer Poleis versprechen dem Tyrannenmörder ausdrücklich Straflosigkeit.»[79] Für den Rechtshistoriker liegt der Schwerpunkt seiner Untersuchung in der Erkundung der Bürgschaftsmotive. Aber es wird nicht in Abrede gestellt, daß es noch andere Motive gibt: solche vor allem der Freundschaft. Die Bürgschaftsmotive, so wird ausgeführt, treten mehr und mehr zurück; sie werden von Freundschaftsmotiven überlagert.[80] Die Ballade macht deutlich, daß die Rede von und über Tyrannen eines ist, aber die Erkennbarkeit des Tyrannen ein anderes. Diese Erkennbarkeit erweist sich als schwierig. Dionysius von Syrakus kann der Tyrann nicht gewesen sein, für den man ihn gehalten hat, wenn er einer solchen Umkehr fähig ist, wie sie im Gedicht geschildert wird. Die Erschwerung der Erkennbarkeit kommt einem versteckten Ziel der Ballade entgegen: das Töten von Tyrannen zu erschweren oder zu verhindern, und vielleicht wirkt in solchen Bestreben die Erinnerung an den Königsmord des Jahres 1793 noch immer nach. Vier Jahre später, im August 1797, als die Ballade entstand, hat sich in der Einstellung des Dichters gegenüber der Frage des Tyrannenmords offensichtlich wenig geändert. Auch weiterhin muß alles versucht werden, Mord zu verhindern. Das soll durch Kunst geschehen: durch die Kunstform der Ballade und mithin durch Ästhetik und ästhetische Erziehung.

In der Ballade «Der Gang nach dem Eisenhammer» ist die Verhinderung von Mord gleichfalls das erklärte Ziel des Gedichts. Aufschlußreich in dieser Hinsicht ist auch die Ballade «Der Ring des Polykrates». In der realen Geschichte wird Polykrates von Samos als Tyrann ermordet. Über diesen Mord wird im Gedicht Schillers nichts gesagt. Aber es wird gewarnt, und Warnung versteht sich als etwas der Didaktik Verwandtes. In der Ballade «Die Kraniche des Ibykus» kann die Ermordung des Sängers nicht verhindert werden. Aber auf wunderbare Weise wird der Mord entdeckt, und die Mörder können der Bestrafung zugeführt werden. Schillers Balladen des berühmten Balladenjahres sind zumeist versöhnlichen Charakters; sie gehen der Tragödie aus dem Weg. Alle diese Gedichte sind gegen Tyrannen gerichtet, aber gegen Tyrannenmord gleichermaßen. Wieder, wie schon eingangs in Hinsicht auf den Königsmord in Frankreich, wird ein Zusammenhang von Mord und Schönheitslehre erkennbar. In der Forschung werden mit Bezug auf die Balladen wiederholt die Begriffe «Parabel» oder «parabolisch» gebraucht.[81] Aber muß das sein? Haben wir es wirklich mit Parabeln zu tun, wie wir sie aus Lessings Drama «Nathan der Weise» kennen? Statt dessen von Didaktik zu sprechen, hat den Vorteil, daß man den Gedanken der Erziehung nicht aus dem Auge verliert – der ästhetischen Erziehung, die Schiller nach der Hinrichtung des französischen Königs im Januar 1793 so nachhaltig beansprucht. Die Balladen des Balladenjahres dürfen als beispielhafte Texte der ästhetischen Erziehung gelesen werden. Ihre eigentliche Bestimmung ist es, wenigstens in den meisten Fällen, Mord und Totschlag zu verhindern. Daher ist der Grundakkord dieser Gedichte geschichtsfreudig. Daß es bei solcher Geschichtsfreude nicht bleibt, wird zu zeigen sein. Nicht nur Geschichtspessimismus in mehreren Gedichten und Gedichtentwürfen um 1800 sprechen gegen sie. Schon das erste Drama nach der Rückkehr zum Drama, die «Wallenstein»-Trilogie, bestätigt solche Überlegungen; und bestätigt wird zugleich der rasche Wandel der Perspektiven. Die «Stimmungslage» ist jetzt, in der Zeit nach der Rückkehr zum Drama, eine andere als im Balladenjahr. Was der junge Piccolomini im Gang des Geschehens scheinbar beiläufig sagt, ist ganz im Sinne des Autors und seiner Grundüberzeugungen um diese Zeit gesagt:

> «Betrug ist überall und Heuchelschein
> Und Mord und Gift und Meineid und Verrat» (II/449).

Es gilt daher auf dem Weg von der Entrüstung über den Königsmord in Frankreich bis zum bejahten Tyrannenmord in «Wilhelm Tell» auf einige Blickwendungen zu achten, die man bisher wenig beachtet hat, und es wird sich zeigen, daß ausschließlich literaturinterne Aspekte zur Erklärung solcher Wendungen und Wandlungen nicht ausreichen. Was in diesem Zusammenhang zu erkennen ist, hat sehr viel mit den sich überstürzenden Ereignissen in der Zeitgeschichte zu tun, mit der Vielzahl der Kriege und der wenig stabilen Friedensschlüsse, kurzum, mit der nachrevolutionären Zeit in Frankreich, die auf das noch bestehende Heilige Römische Reich Deutscher Nation unterschiedlich eingewirkt haben.

Über das Interesse an Tyrannen und Tyrannenmord war zu sprechen, weil die damit einhergehenden Fragen sich im dramatischen Werk Schillers wiederfinden. Herrschaftsformen und der Widerstand gegen sie sind die zentralen Themen und Motive von den «Räubern» bis zum Fragment gebliebenen Drama «Demetrius». Der Darstellung im Drama liegt eine bemerkenswerte Kenntnis von Fragen der Verfassung, der Gesetzgebung und des Naturrechts zugrunde. Montesquieu und Rousseau sind die bevorzugten Autoren, an denen sich der Dramatiker orientiert; und da sich Autoren wie Schiller mit ihren Forderungen weniger auf die bestehenden Staatsverfassungen richten als an künftige denken lassen, sind Lobreden auf das Bestehende kaum zu erwarten. Die in den Dramen dargestellten Staats- und Herrschaftsformen vermitteln kein lichtvolles Bild. Es versteht sich, daß die Probleme der politischen Philosophie nicht in abstrakten Erörterungen zur Sprache gebracht werden, sondern im Für und Wider von Personen anschaulich vorzustellen sind, für die wir in Hinsicht auf das Drama die Begriffe «Spieler» und «Gegenspieler» gebrauchen. Beide, die Kaiser, Könige und Fürsten einerseits und die Rebellen, Verschwörer wie im Grunde alle Gegner des Bestehenden zum andern, bilden das Personal des handelnden Menschen, dem Schiller immer erneut sein Interesse zuwendet, indem er seine Antriebskräfte zu erkunden sucht. Im Dramatiker als Gestalter des handelnden Menschen hat man daher vorrangig die außerordentliche Leistung des dramatischen Dichters gesehen. Diese Leistung in Verbindung mit einem erhöhten Maß an «Erfahrungsseelenkunde» ist nicht in Abrede zu stellen oder zu verkleinern. Dennoch gelangt damit nicht das Ganze dieses dramatischen Werkes in den Blick. Neben dem handelnden beansprucht der leidende und vornehmlich der psychisch leidende Mensch unser Interesse. Es ist der von Schwermut gezeichnete Mensch, und es sind Frauen, die nicht zum Handeln taugen, denen aber deswegen keineswegs die Sympathie des Autors entzogen wird; und während der Handelnde auf große Dinge und, wie Posa, auf ganze Völker gerichtet ist, gilt die Sorge des Dichters dem Einzelnen. Es ist dies auch die Sorge des Arztes, die im Dramendichter wirksam ist. Von ihm, dem Arzt, ist in älterer Forschung wenig die Rede. Aber im Dichter immer auch den Arzt wirksam zu sehen, ist heute nicht mehr als eine neue Sicht zu verkünden. Daß Schiller in die Reihe der großen Arztschriftsteller der deutschen Literatur – neben Büchner, Schnitzler, Döblin, Benn und anderen – seinen Ort hat, ist kaum noch umstritten.

Daraus folgt, daß im Drama Schillers noch andere Gesichtspunkte und Sehweisen unser Interesse beanspruchen, als es in der jetzt sich entwickelnden Geschichtsschreibung üblich ist, die wir Historismus nennen. Dort geht es vorrangig um die großen Mächte und die großen Menschen, besser noch: um die großen Männer, die Geschichte machen. Größe, als menschliche oder historische Größe, ist im Geschichtsdenken Schillers kein selbstverständlicher Wert. Er begegnet diesem Phänomen vielfach mit Kritik und Vorbehalt und stellt damit ein seit der Renaissance tradiertes Menschenbild auf seine Art in Frage. Da sich das Geschichtsdenken des Historismus erst nach Schillers Leben und Wirken entfaltet und Schiller mit seiner Kritik der menschlichen Größe der Moderne näher steht als der, wie man sagen darf: offiziellen Geschichtsschreibung des 19. Jahrhunderts, ist über sein Leben und Wirken hinauszublicken. Das gilt auch für die Geschichte des Widerstands und des Widerstandsrechts, die sich erst im 20. Jahrhundert aus verschiedensten Anlässen neu belebt. Aus der veränderten Sehweise im Blick auf den Einzelnen wie den leidenden Menschen ergibt sich eine veränderte Teilnahme an den in ihren Rechten eingeschränkten Untertanen, wo immer Herrscher als Alleinherrscher, Diktatoren oder Despoten eben diese Rechte mit Füßen treten, indem sie mit dem Leben anderer rücksichtslos schalten und walten, wie es ihnen beliebt. Von der Unterdrückung der Rechte anderer im Mißbrauch von Herrschaft zur Tötung ist es meistens nur ein Schritt. Aus Schillers zeitgeschichtlicher Erfahrung von Politik ist der politische Mord nicht wegzudenken, gegen den sich sein Drama stellt, weil er in rücksichtsloser Weise zerstört, was als Menschlichkeit sich entfalten sollte. Die Vielfalt und Vielzahl der Tötungsarten – nicht der Todesarten – verändert unser Bild der Weimarer Klassik, wenn wir Mord und Totschlag in Schillers Dramen ernst nehmen und nicht einfach übergehen. Es wird schwieriger, von der Humanität des Zeitalters als einer Gegebenheit zu sprechen, wenn man die Tötungsarten in das Weltbild einbezieht, das diesen Dramen zugrunde liegt. Den hier genannten Gesichtspunkten gilt die erhöhte Aufmerksamkeit in der sich anschließenden Betrachtung der Dramen.

IV
DIE DRAMEN UND IHRE
POLITISCHEN THEMEN

1
«Die Räuber»

Von drei außerordentlichen Menschen seines Dramas spricht Schiller in der Vorrede zur ersten Auflage (I/485). Aber außerordentlich, jenseits alles Gewohnten, ist sein erstes Drama auch sonst. Im barocken Trauerspiel befinden wir uns fast durchgehend unter hohen Standespersonen, unter Königen, Fürsten und Feldherren; und auch in Schillers Dramen ist dies noch weitgehend der Fall, von einigen Ausnahmen wie dem bürgerlichen Trauerspiel «Kabale und Liebe» und dem Schauspiel «Wilhelm Tell» abgesehen. Sein erstes Drama «Die Räuber» scheint diese Tradition fortzusetzen. «Franken. Saal im Moorischen Schloß» lautet die Ortsbezeichnung der Eingangsszene, und was sie enthält, sind Dialoge unter hohen Herren. Aber schon mit der nächsten Szene ändert sich das Bild. Es ist eine sozial niedere Welt, in die wir blicken: «Schenke an der Grenze zu Sachsen» (I/502): so die Ortsbezeichnung der zweiten Szene. Diese Welt ist eine solche unter Räubern und Mordbrennern. Danach dann die böhmischen Wälder, die vollends von den Schauplätzen hoher Standesherren entfernt liegen. Die sich hier lagern und miteinander streiten, werden unmißverständlich beim Namen genannt. «Die Räuberbande, gelagert auf der Erde», lesen wir in den Bühnenanweisungen zur fünften Szene des vierten Akts (I/585). Das ist eine sehr andere Welt gegenüber den vorherrschenden Tendenzen der Zeit um 1780. «Lebensläufe in aufsteigender Linie» hat der in unmittelbarer Nähe Kants tätig gewesene Staatsbeamte Theodor Gottlieb von Hippel sein beachtenswertes Romanwerk genannt.[1] Er bezeichnet mit diesem Titel eine charakteristische Bewegungslinie der sozialen Entwicklung und ein Losungswort obendrein: das Wort Aufstieg. Er bringt mit diesem Wort das Verlangen einer ganzen Generation zum Ausdruck, etwas Neues, das es in dieser Bedeutung bisher nicht gegeben hatte. Demgegenüber deutet Schillers Räuberdrama auf sozialen Abstieg hin, auf den Weg nach unten. Sodann die politischen Herrschaftssysteme! Nicht erst in der «Wallenstein»-Trilogie vernehmen wir, daß um Herrschaft und um Freiheit gerungen wird, schon im Drama Fieskos ist dies der Fall; und dabei geht es am wenigsten um Herrschaft über Duodezfürstentümer im alten Reich, sondern um Herrschaftsgebiete, die Weltreiche sind. In den «Räubern» kann von respektablen Herrschaftsformen nicht die Rede sein, auch nicht von solchen, die Verschwörer und Rebellen herbeizuführen suchen. Was sich im Spielraum des Dramas abzeichnet, deutet hin auf Anarchie, der beide feindliche Brüder auf ihre Weise zustreben. Anarchie bedeutet Herrschaftslosigkeit, und sie ist seit dem 19. Jahrhundert, besonders in Rußland, ein sehr modernes Phänomen. Solche im Drama deutlich erkennbaren Tendenzen haben im Drama der Zeit nicht ihresgleichen, auch nicht in den vielfach kühnen Stücken des Sturm und Drang.

Außerordentlich erst recht sind die Sprachen, die hier gesprochen werden, und es sind verschiedene Sprachmilieus, um die es geht. Sieht man auf die Verssprache in «Don Karlos», so ist es nicht leicht, von beiden nur wenige Jahre auseinanderliegenden Dramen auf denselben Verfasser zu schließen. Nur weniges, wie die Liedeinlagen, deutet auf die reichhaltige Poesie des späteren Dramas hin. Die Hauptsprache der «Räuber» ist eine robuste, laute und lärmende Sprache. Sie ist offensichtlich darauf gerichtet, die Zuschauer oder Leser des Dramas zu erschrecken, herauszufordern und zu provozieren. Es ist denkbar, daß dies geschieht, weil sich ein junger Autor seinerseits provoziert fühlt, wie später der junge Benn mit seinen «Morgue»-Gedichten; und vielleicht sollte man darauf hinweisen, daß beide Autoren ausgebildete Ärzte sind, die oft empfindlicher reagieren als die Vertreter anderer Berufe. Daß das Drama Schillers autobiographische Züge enthält, ist denkbar; von einer «Krisis des Menschen im Drama des jungen Schiller» hat man gesprochen.[2] Zu großen Teilen ist eine dieser Sprachen von sozialem Abstieg geprägt, von der Sprache, die innerhalb eines Räubermilieus ihre eigenen Jargons ausbildet. Aber es sind nicht Analphabeten, die hier ihre eigene Sprache sprechen: eine solche des Fluchens, des Schimpfens und der brutalen Kraftausdrücke, wie geschaffen, um der Ausübung von Gewalt und dem Handwerk des Tötens Vorschub zu leisten. Es gehört zum Eigentümlichen dieser Räubersprache, daß sie sich nur zum Teil einer ordinären Ausdrucksweise überläßt, und nirgends in diesen Unterhaltungen, Tiraden und

Schimpfkanonaden ist Hilflosigkeit im Umgang mit der Sprache zu entdecken. Wir haben es mit einer überaus gebildeten Gaunersprache zu tun, mit einem intellektuellen Niveau, das Beachtung verdient; wenigstens trifft dies für zahlreiche Angehörige dieser Bande zu. Die Sprache dieser Räuber und Mordbrenner ist einfallsreich und erfinderisch in Bildern und Vergleichen; vielfach sind es solche aus dem Bereich der ausgeübten Gewalt. Unvereinbares wie Lieben und Töten wird zusammengebracht, als seien es nur verschiedene Seiten ein und derselben Sache – fast wie bei Kleist. Mit Karl von Moor, und es ist ja ein dem Adel angehörender Student, befinden wir uns in einem akademischen Umfeld. Er selbst wie Spiegelberg sind Studenten der damals hochangesehenen Universität Leipzig. Räuber Moor treffen wir lesend an, wenn er eingeführt wird: «legt das Buch weg». Es ist Plutarch, an dessen großen Menschen er sich berauscht. Danach dann die Tiraden über «das tintenklecksende Säkulum» (I/502). Der gebildete Leser des Dramas muß sich nicht gelangweilt fühlen: Die Sprache der «Räuber» ist reich an Zitaten aus Bibel und klassischem Altertum. Gestalten der antiken Mythologie – Pluto, Orpheus, die Eumeniden – werden beschworen. Unter Schriftstellern der alten Welt werden Autoren wie Plutarch, Seneca oder Caesar genannt. Daß Amalia von Edelreich in ihren Liedern Namen aus dem griechischen Altertum wie Patroklus, Hector oder Andromache nennt, macht deutlich, daß auch Frauen zu dieser Welt der Gebildeten Zugang haben. Dennoch haben wir es trotz solcher Bezugnahmen zur antiken Geisteswelt nicht mit einem Literaturwerk des deutschen Klassizismus zu tun. Von Winckelmanns «edler Einfalt und stiller Größe» sieht man sich ebenso durch Welten getrennt wie von Lessings Apologie des sanften Todes.[3] In Schillers Drama wird getötet und gemordet, und solche Ausübung von Gewalt schlägt sich in der Sprache nieder. Sie ist reich an Vokabeln wie Galgen, Blutgerüst, Henker, Schindanger und was sonst noch zum Handwerk des Tötens gehört. Die Stimme der Menschlichkeit, die wir einige Jahre später aus dem Munde Iphigeniens in Goethes Schauspiel vernehmen, ist allenfalls aus den Liedern Amalias herauszuhören. Sie weiß, was Unmenschlichkeit ist, und nennt sie beim Namen. Dieser Name heißt Franz von Moor. In diesem Punkt ist sie sich ihrer Sache sicher. Menschlichkeit ist eine Sache der Frauen, die aber in dieser von Männern gemachten Welt nur ein Schattendasein führen. Daher muß man weithin erschließen, was diese eigentlich sei. Die Stimme der Menschlichkeit ist eine solche am Rande des Geschehens, und keineswegs ist sie durch Lied und Lyrik verbürgt. Die Räuber haben ihre eigene Lyrik, eine solche, in der wir unmenschliche Töne vernehmen:

DIE DRAMEN UND IHRE POLITISCHEN THEMEN

«Stehlen, morden, huren, balgen,
Heißt bei uns nur die Zeit zerstreun,
Morgen hangen wir am Galgen,
Drum laßt uns heute lustig sein –» (I/585).

Aber außerordentlich ist auch die Wirkung, die von diesem Drama seit mehr als zwei Jahrhunderten ausgegangen ist und noch immer ausgeht. Es hat zwei Weltkriege überstanden und seine Überlebensfähigkeit hinreichend bewiesen. Die Namen bedeutender Regisseure des 20. Jahrhunderts – Jürgen Fehling, Fritz Kortner, Erwin Piscator oder Gustaf Gründgens – sind zu nennen. Die Geschichte des modernen Regietheaters ist vor allem in der Person Piscators aufs engste mit Schillers Erstlingsdrama verknüpft; und nicht nur hatte sich ein längst in die Jahre gekommenes Theaterstück vor einem modernen Publikum zu behaupten, auch das moderne Publikum hatte sich einem Text zu stellen, der es mit aktuellen Fragen wie Widerstandsrecht und Tyrannenmord konfrontiert. Solche Fragen trafen die Gemüter nach dem Zweiten Weltkrieg in unterschiedlicher Weise. Dem Drama der Extreme entsprechen die Extreme der Rezeptionsgeschichte. Die beiden «Lager», die sich gebildet haben, sind fast unüberbrückbar voneinander geschieden: Die Theaterleute einerseits und die an Schulen und Universitäten tätigen Lehrer zum andern. Abgekürzt kann man von zwei Gruppen unter den Interpreten sprechen, die das Räuberdrama unterschiedlich und je auf ihre Weise in Anspruch nehmen: die Revolutionäre dort und die Religiösen hier. Die Ersteren sehen im revolutionären Aufbruch das Kernstück des Dramas, seine eigentliche Botschaft; die zweite Gruppe ist theologisch orientiert und arbeitet mit Begriffen wie «religiöses Drama» oder «geistliches Spiel». Keiner der namhaften Regisseure kann den religiösen Deutungen etwas abgewinnen. Sie sind an politischen Veränderungen interessiert; sie wollen wachrütteln und herausfordern. Erwin Piscator spricht im Rückblick auf die Inszenierung des Jahres 1926 von der Durchführung und Erhaltung der revolutionären Sache und bekräftigt im Zusammenhang einer von ihm geleiteten Aufführung des Dramas im Jahre 1957 die «Gewalt des revolutionären Pathos».[4] In dieser Zeit, Ende der fünfziger Jahre, meldet sich aber auch die Gegenseite zu Wort. Einer der Autoren der im Gedenkjahr 1959 veröffentlichten Bücher über Schiller – es ist Gerhard Storz – ist einer der Anwälte der religiösen Deutungsmuster. Das revolutionäre Pathos wird strikt abgelehnt zugunsten einer religiösen «Lesart»; wörtlich wird zur Begründung angeführt: «Deutung hingegen, und zwar gewaltsam-unzulängliche, ist die Rede vom revolutionären Freiheitsdrama, das in den ‹Räubern› zu erblicken sei ... Der Dichter nannte es ursprünglich ‹Der verlorene Sohn› ... das Stück ist wirklich ein Gleichnisspiel; es will *zeigen*, darstellen im Sinne des *exemplum*, wie es das geistliche Spiel und die Staatsaktion des Barock getan hatten.»[5] Die umfangreiche und repräsentative Biographie, die Benno von Wiese in demselben Jahr veröffentlicht hat, ist hinsichtlich dieser religiösen Grundtendenz gleichen Sinnes und begründet das religiöse Drama, als das es verstanden wird, wie folgt: «Die theologischen Grundmotive in den ‹Räubern› sind so offensichtlich, daß es fast unverständlich bleibt, wie die Interpreten daran wiederholt in völliger Blindheit vorbeigehen konnten.»[6] Eine Variante dieser theologischen Sehweise ist die Ausrichtung auf ein Drama der Innerlichkeit, das man, sehr zeitweilig, in Schillers Räuberdrama allen Ernstes hat sehen wollen: ein Drama der Innenlandschaften, der Innenbühne, das die Verlegung von der Außen- in die Innenhandlung schon ganz wie das moderne Drama betreibe.[7] Gut ein Jahrzehnt später wird Schillers Drama von Angehörigen einer jüngeren Generation, einer betont politisch denkenden Generation, ganz anders verstanden. Das Drama «Die Räuber» wird nunmehr vorgestellt als «ein Stück über die politische Macht, den Machtkampf, die Frage nach der gerechten und ungerechten Herrschaft und auch über die Legitimation des Widerstands.»[8] Aber trotz solchen Bewußtseinswandels zum Politischen hin hat sich bis zum heutigen Tag ein Deutungsmuster zäh am Leben erhalten, das die Diskussionen und die Auseinandersetzungen über Schillers erstes Drama noch immer beeinflußt. Es ist dies die «Lesart» vom Drama des verlorenen Sohnes und, damit einhergehend, das Sprechen vom verlorenen Vater, von Vater-Ordnung und vom Bruch mit der Vater-Welt.[9]

Die biblische Geschichte vom verlorenen Sohn ist nicht grundlos in die Interpretationsgeschichte des «Räuber»-Dramas gelangt. Es gibt mehrere Belege im Text, die diesen Rekurs stützen. Sogleich in der ersten Szene des Dramas, im Dialog mit dem Vater, flicht Franz eine Anspielung auf das biblische Gleichnis ein; er sagt: «Laßt mich vorerst auf die Seite gehn und eine Träne des Mitleids vergießen um meinen verlornen Bruder ...» (I/493). Das ist nicht aufrichtig gesagt; es ist Heuchelrede. Ähnlich verhält es sich mit der zweiten Erwähnung, einer solchen Spiegelbergs, auch sie ist nicht ernst gemeint. Als Karl Moor Andeutungen macht, ins väterliche Haus zurückzukehren, erwidert sein Räuberkumpan spöttisch: «Pfui, du wirst doch nicht gar den verlorenen Sohn spielen wollen?» (I/504) Aber mit Zitaten wie diesen ist das «Räuber»-Drama auf ein religiöses Drama nicht festzulegen. Daß Schiller ursprünglich sein Drama «Der verlorene Sohn» hatte nennen wollen, geht offensichtlich auf einen Wunsch des Mannheimer Intendanten von

Dalberg zurück, der mit diesem Bezug zur Bibel dem Drama die politische Brisanz hatte nehmen wollen.[10] Aber wie berechtigt die Berufung auf die biblische Parabel auch immer eingeschätzt werden mag – eine Überprüfung dieser Bezugnahme ist erforderlich. Worum geht es in diesem biblischen Gleichnis? Erzählt wird die Geschichte vom verlorenen Sohn im 15. Kapitel des Lukas-Evangeliums. Dieser Geschichte zufolge ist der Sohn einer vermögenden Persönlichkeit aus dem väterlichen Haus gegangen und auf eine schiefe Bahn geraten; politische Motive liegen diesem Weggang offensichtlich nicht zugrunde. Dem Sohn geht es nach dem Verlassen des Hauses materiell schlecht, und er sehnt sich wieder ins väterliche Haus zurück. Dem sündhaften Leben hat er abgeschworen, wenn er zurückkehrt. Er bringt es zum Ausdruck mit den Worten: «Vater, ich habe gesündigt gegen den Himmel und vor dir, ich bin hinfort nicht mehr wert, daß ich dein Sohn heiße ...» Die Versöhnung ist das Kernstück der Parabel. Sie läßt nicht lange auf sich warten. Der überglückliche Vater feiert sie mit einem geschlachteten Kalb, ohne indessen mit dieser Versöhnungsgeste die Zustimmung des ältesten Sohnes zu finden, der zu Hause ein arbeitsames Leben geführt hatte und sich durch die Versöhnungsfeier ungerecht behandelt fühlt. Die Rückkehr des verloren geglaubten Sohnes und die Feier der Versöhnung erhalten das Gepräge eines Lustspiels; der erzählten Geschichte fehlt jede dramatische Spannung. Sie ist angelegt auf ein glückliches Ende hin; jeder Bezug zur Tragik liegt ihr fern. Der religiöse Sinn liegt in der väterlichen Güte. Gütig wie Gottvater auch rechtfertigt er sein Tun und erklärt dem neidischen Sohn: «denn dieser dein Bruder war tot und ist wieder lebendig geworden, er war verloren und ist wieder gefunden.»[11] Der biblische Text wie Schillers Drama haben das Motiv der feindlichen Brüder gemeinsam. In ersterem wird von Erbschaft in einem privatrechtlichen Sinn gesprochen, während es in Schillers Drama um Erbfolge geht, um Regelungen also, die von öffentlichem Interesse sind. Der Unterschied liegt im Staatlichen, das im Drama Schillers prägend ist, im Lukas-Evangelium aber nichts zu bedeuten hat. Im biblischen Gleichnis geht es ausschließlich um Vergebung und Güte. Dort, in der Parabel, Feier, die in erster Linie Versöhnungsfeier ist; in Schillers Drama eine Anarchie des Tötens, mit der das Ganze endet. Schließlich im biblischen Gleichnis die Analogie zwischen Familienvater und Gottvater, dem die Analogie von Hausvater und Landesvater im Drama entspricht; denn der alte Moor ist noch immer regierender Herrscher, wenn das Drama beginnt. Die Bereitschaft zur Rückkehr, die infolge der Briefintrige unterbleibt, erhält dadurch von vornherein eine politische Bedeutung, die sie vom religiösen Drama entfernt. Die biblische Parabel ist auf Überzeitlichkeit hin angelegt. Schillers Drama will Zeitgeschichte und Gegenwart, nicht die Verlegung in ferne Jahrhunderte, die der Mannheimer Intendant durchgesetzt hatte. Im Drama Schillers geht es um Zeitbilder, nicht um Urbilder.[12] Das soll nicht heißen, daß alles Überzeitliche aus dem Drama verbannt worden wäre. Für Vorstellungen dieser Art, und das schließt solche des christlichen Glaubens ein, ist Karl Moor durchaus offen und empfänglich, wie es der emphatische Ausruf bezeugt: «Die ganze Welt *eine* Familie und ein Vater dort oben – *Mein* Vater nicht ...» (I/561). Aber die überzeitlich-religiöse Dimension ist eine neben anderen. Das Weltbild des Dramas ist pluralistisch.

Ein im Zusammenhang der in der biblischen Geschichte gebrauchter Begriff führt in die Zeitgeschichte und in die Gegenwart Schillers mitten hinein. Es ist dies der Begriff der Vater-Ordnung und in Verbindung damit derjenige des Verstoßes gegen sie; auch vom Bruch mit der Vater-Welt, wie schon erwähnt, wird gesprochen.[13] Auch diese Welt wird vielfach noch mit einer religiösen Ordnung in Verbindung gebracht und erhält damit eine überzeitliche Bedeutung, wie sie in der großen Schiller-Biographie Benno von Wieses aufgefaßt wurde. Diese Deutung wird bekräftigt durch das, was wir uns als etwas Urbildliches, also weithin Zeitloses, vorzustellen haben. Von dieser Urbildhaftigkeit des dargestellten Geschehens ist in der Forschung jener Zeiten (bis etwa Ende der fünfziger Jahre des vorigen Jahrhunderts) wiederholt die Rede.[14] Am deutlichsten zum Ausdruck gebracht wird die so verstandene Vater-Welt in dem Satz: «Beide Brüder vergegenwärtigen ein gestörtes Verhältnis zur Familie und vor allem zu dem autoritären Pol der Familie: zum *Vater*. Nicht der Konflikt der Brüder ist das dramatische Thema, sondern die gestörte Vaterordnung. Nur als heile Welt kann sie ein Urbild gesellschaftlicher Ordnung überhaupt sein.»[15] Aber kann man wirklich Schiller die Vorstellung einer heilen Welt als Maß und Norm unterstellen – einer solchen, die es herzustellen gilt, wenn sie abhanden gekommen sein sollte? Den Weg von der urbildhaften Vaterordnung zur geschichtlichen Welt hat Peter Michelsen vorgezeichnet, indem er eine solche Vater-Welt in der Gesellschaftsgeschichte des 18. Jahrhunderts ausmacht. Er spricht statt von Vater-Ordnung von patriarchalischer Ordnung, und damit verlieren die Schauplätze der Handlung ihre abstrakte Zeitlosigkeit. Sie werden erkennbar als diejenigen einer bestimmten geschichtlichen Stunde, in der Schillers Räuberdrama seinen Ort hat. Der im Drama agierende Regent, der reichsunmittelbare Graf von Moor, erweist sich, trotz seiner Senilität, als ein Repräsentant der staatlich-politischen Welt, die man als patriarchalisch oder paternalistisch bezeichnet. Diese Vater-Welt als diejenige einer bestimmten

Zeit hat der dänische Literarhistoriker Bengt Algot Sørensen überzeugend beschrieben und ihre Auswirkungen im Drama des 18. Jahrhunderts untersucht; und er hat Schillers «Räuber» in diese Untersuchung einbezogen.[16] Mit diesen Herrschaftsformen verbinden sich Glücksvorstellungen der Untertanen, für die der Herrscher zu sorgen hat; auch Karl Moor sind solche Vorstellungen nicht fremd. Mit einem rechtsgeschichtlichen Begriff ist ein zentrales Kapitel des genannten Buches überschrieben, mit dem Titel «Das naturrechtliche Denken».[17] Ein Jurist dieser Zeit, Johann Gottlieb von Justi, wird mit dem Satz zitiert, daß die häusliche Herrschaft notwendig sei für «die gute Ordnung, die Ruhe des Hauswesens und die Glückseligkeit der Republiken.»[18] Mit dieser Aussage ist die Analogie zwischen Landesvater und Hausvater ebenso offenkundig wie die männliche Herrschaft im Hauswesen. Die Stellung der Frau, soweit es um Herrschaftsverhältnisse geht, hat wenig zu bedeuten. Aber es gibt seit den «Räubern» kein Drama Schillers, daß diese Konstellation im Hinblick auf die Stellung der Frau gänzlich außer acht ließe.

Auf Kants Schrift aus den neunziger Jahren «Über den Gemeinspruch: Das mag in der Theorie richtig sein, taugt aber nicht in der Praxis» ist in diesem Zusammenhang noch einmal zurückzukommen. Die Sätze, auf die es ankommt, sind diese: «Eine Regierung, die auf dem Prinzip des Wohlwollens gegen das Volk als eines *Vaters* gegen seine Kinder errichtet wäre, d. i. eine *väterliche Regierung* ... wo also die Untertanen als unmündige Kinder, die nicht unterscheiden können, was ihnen wahrhaftig nützlich oder schädlich ist, sich bloß passiv zu verhalten genötigt sind, um, wie sie glücklich sein *sollen*, bloß von dem Urteile des Staatsoberhaupts, und, daß dieser es auch wolle, bloß von seiner Gütigkeit zu erwarten ist, ist der größte denkbare *Despotismus.*» Es folgt der beachtenswerte Satz: «Nicht eine *väterliche*, sondern eine *vaterländische* Regierung ... ist diejenige, welche allein für Menschen, die der Rechte fähig sind ... gedacht werden kann» (VI/145). Der denkbare Einwand, daß hier ein philosophischer Text zur «Beweisführung» herangezogen wird, der gut ein Jahrzehnt nach Erscheinen der «Räuber» erschien, ist nicht gravierend, da Kant nur vorbringt, was seit längerem in der politischen Philosophie diskutiert wird. Die Autoren, die solche Ideen verbreitet haben, hat Schiller allem Vermuten nach wenigstens zum Teil schon auf der Karlsschule kennengelernt und auch von der amerikanischen Revolution, wie man gern sagte, hat er vermutlich schon in diesen Jahren, unmittelbar nach dem Ereignis selbst, gehört.[19] Ihrer inneren Zielrichtung nach ist die Verwerfung «väterlicher Regierungen» von einem Kernstück der Philosophie Kants nicht zu trennen, und dieses Kernstück heißt Mündigkeit, die eines

Tages an Stelle der Unmündigkeit zu treten hat. Die geforderte Mündigkeit ist fast gleichbedeutend mit der Fähigkeit des denkenden Menschen, sich selbst zu bestimmen und sich nicht durch andere bestimmen zu lassen. Gefordert ist Mündigkeit in zweifacher Hinsicht: als Selbständigkeit eines jeden Staatsbürgers, sich gegenüber der bestehenden Regierung sein eigenes Urteil zu bilden, wie als Fähigkeit des jungen Menschen, sich eines Tages aus der väterlichen Bevormundung zu lösen.[20] Dieses den jungen Menschen angehende Erfordernis, sich eines Tages für sich selbst verantwortlich zu wissen, liegt auch dem Modell des Bildungsromans und verwandten Erzählmodellen zugrunde. Die mit der Mündigkeit geforderte Ablösung von den Eltern wird in der modernen Psychiatrie als eine unerläßliche Therapie betrachtet und behandelt, damit dem nachgeholfen wird, was von Natur aus zu geschehen hat.[21] Mündigkeit in politischer Hinsicht hat zum Ziel, als Staatsbürger an der Wahl von Regierungen mitzuwirken und nicht bloß Untertan zu sein. In dem neuen Modell, mit dem man es hinfort in den Vereinigten Staaten zu tun hat, haben Königsherrschaft oder überhaupt Herrschaft nach dynastischen Prinzipien ihre Bedeutung verloren. Diesen politischen Ablösungsprozeß hat man in der neueren Rechtsgeschichte als einen Wechsel vom älteren zum jüngeren Naturrecht verstanden.[22] Mehrere politische Herrschaftsmodelle standen mithin um 1780 zur Diskussion, als Schillers «Räuber» erschienen. Abermals ist auf den Pluralismus in der geistigen Situation der Zeit zu verweisen. Er ist das Neue und Neuartige, mit dem man sich nunmehr konfrontiert sieht.

Die geistige und politische Situation der Zeit um 1780 ist mithin von Wechsel, Wandel und Umbrüchen geprägt. An diesem Wandlungsprozeß sind in Frankreich Staatsdenker wie Montesquieu und Rousseau beteiligt, in England Philosophen wie Hume und Locke, und daß der letztere mit seiner Staatslehre sehr stark auf die amerikanische Unabhängigkeitserklärung eingewirkt hat, ist bekannt. In Schillers erstem Drama gibt es keinerlei Anspielungen auf dieses Ereignis, aber Briefe aus späterer Zeit bezeugen die außerordentliche Teilnahme an diesem Geschehen.[23] Das Jahrzehnt vor der Revolution in Frankreich ist eine Zeit der Unruhe, des Drängens und Gärens, der Revolution der Denkungsarten, wie man im Umfeld Kants gern sagt. In den «Briefen über Don Karlos» hat Schiller diese Zeit, die seine eigene Zeit ist, in der Fiktion der historischen Zeit des 17. Jahrhundert beschrieben. Im zweiten dieser Briefe heißt es: «Der Zeitpunkt, wo er sich bildet, ist allgemeine Gärung der Köpfe, Kampf der Vorurteile mit der Vernunft, Anarchie der Meinungen, Morgendämmerung der Wahrheit – von jeher die Geburtsstunde außerordentlicher Menschen» (II/228). Hundert

Jahre nach Erscheinen der «Räuber» haben wir wieder eine solche Zeit, und diesmal ist es Nietzsche, der sie in «Menschliches, Allzumenschliches», in dem Kapitel mit der bezeichnenden Überschrift «Trostrede eines desparaten Fortschritts», kennzeichnet: «Unsere Zeit macht den Eindruck eines Interim-Zustandes; die alten Weltbetrachtungen, die alten Culturen sind noch theilweise vorhanden, die neuen noch nicht sicher und gewohnheitsmässig und daher ohne Geschlossenheit und Consequenz» (II/206). An eine solche Zeit haben wir zu denken, wenn der junge Graf von Moor als voraussichtlich künftiger Regent seines Landes gegen die Welt aufbegehrt, in der er herangewachsen ist. Wie die Personen des Dramas auf die neue Lage reagieren oder in der alten Ordnung verharren wollen, ist zu erörtern. Wer aber sind die drei außerordentlichen Menschen, die in der Vorrede erwähnt werden, ohne daß mitgeteilt würde, wer denn damit gemeint ist?

Zweimal wird von ihnen an dieser Stelle gesprochen. Es sei eine widersinnige Zumutung, heißt es gleich eingangs, «binnen drei Stunden drei außerordentliche Menschen zu erschöpfen»; und unmittelbar danach: Es könne unmöglich in der Natur der Dinge gegründet sein, «daß sich drei außerordentliche Menschen auch dem durchdringendsten Geisterkenner innerhalb vierundzwanzig Stunden entblößen» (I/485). Offensichtlich hat Schiller mit den drei außerordentlichen Menschen keineswegs nur «positive Helden» gemeint, sondern auch solche, die, wie Franz Moor, ins Bösartige ausschweifen; und daß dieser zu den drei außerordentlichen Menschen gehört, wird nicht bestritten. Von seinem älteren Bruder, dem Räuber, gilt dies ohnehin. Wer aber ist der dritte oder gar die dritte? Erwogen wurde hier und da tatsächlich die einzige Person weiblichen Geschlechts: Amalia von Edelreich. Aber Gefallen gefunden hat man in neuerer Zeit hinsichtlich dieses Dritten an einer ganz anderen Person, für die man lange Zeit nicht das mindeste übrig hatte. Es besteht heute weithin Übereinstimmung darin, daß man bezüglich dieses Dritten an Moritz Spiegelberg zu denken habe, die einzige Person, die sich von den übrigen Räubern heraushebt: Sie steht im Personenverzeichnis an erster Stelle innerhalb der namentlich angeführten Räuber; auch wird er als einziger mit seinem vollen Namen angeführt. Wie Karl Moor ist er Student der Universität Leipzig. Aber darüber hinaus ist er noch anderes: eine Person «jüdischer Tönung», wie sich seinerzeit Gerhard Storz ebenso vorsichtig wie unsicher ausgedrückt hat.[24] Inzwischen zweifelt niemand mehr daran, daß Schiller mit der Person des Moritz Spiegelberg einen Menschen jüdischer Herkunft in sein Personen-Ensemble aufgenommen hat. Daß man diese Dramenfigur vielfach nur beiläufig erwähnt hat, falls man sie nicht gänzlich überging, bleibt anzumerken.[25] Aber da hat sich Hans

Mayer eines Tages dieser Person angenommen und sie zu einem der drei außerordentlichen Menschen erklärt, von denen die Vorrede handelt; und sein Vorschlag fand weithin Zustimmung.[26] Bald danach lesen wir in einem Beitrag über Amalia (von Gerhard Kluge), daß diese als dritte Person nicht in Frage komme, da der Platz durch Spiegelberg schon besetzt sei.[27] In dem Beitrag mit der bezeichnenden Überschrift «Gerechtigkeit für Spiegelberg» wird dem hier in Frage stehenden Vorschlag gleichfalls zugestimmt.[28] Aber die Zuweisung Spiegelbergs zum Dritten im Bunde kann so sicher nicht als verbürgt gelten, wie man gemeinhin annimmt. Es gibt hierzu keinen Hinweis im Text des Dramas, nicht einmal eine Andeutung. Will man statt seiner eine andere Dramenfigur ausfindig machen, so wäre die Annahme nicht gänzlich abwegig, daß der alte Graf von Moor, immerhin ein reichsunmittelbarer Graf und Landesvater zugleich, die Reihe dieser drei außerordentlichen Menschen anführt.

Wichtiger als die Frage seiner Zuordnung zu den drei außerordentlichen Menschen ist die Überlegung, was Schiller wohl veranlaßt haben könnte, eine Person jüdischer Herkunft in sein Räuberdrama einzubeziehen. Es sollte unbestritten sein, daß es nicht genügt, sie einmal beiläufig zu erwähnen, indem man von ihr als einem Spießgesellen spricht, wie es vielfach geschieht. Das Gespräch mit seinem Rivalen Karl Moor handelt über Literatur. Karl legt das Buch beiseite, in dem er gerade gelesen hat, und Spiegelberg fällt ihm unvermittelt mit dem Hinweis ins Wort. «Den Josephus mußt du lesen» (I/502). Gemeint ist der jüdische Geschichtsschreiber Josephus Flavius, der im ersten nachchristlichen Jahrhundert lebte. Er hat den Krieg der Juden gegen Rom beschrieben, immer darauf bedacht, sein Volk zu Ehren zu bringen und zu glorifizieren.[29] Diese Geschehnisse in der Zeit der Zeitwende mit dem Geschichtsschreiber als Hauptperson hat Lion Feuchtwanger in seinem Roman «Der jüdische Krieg» behandelt.[30] Aber nur bei der Erwähnung dieses Geschichtsschreibers beläßt es Spiegelberg keineswegs. Er sinnt auf Auswanderung nach Palästina, um dort mit anderen die Gründung eines jüdischen Staatswesens, eines Königreiches, zu betreiben. Sichtlich bewegt spricht er hierüber mit Karl Moor und sagt: «Ich will dir was ins Ohr sagen, Moor, das schon lang mit mir umgeht ... Wir lassen ein Manifest ausgehen in alle vier Enden der Welt und zitieren nach Palästina, was kein Schweinefleisch ißt ... Das wird ein Viktoria abgeben, Kerl, wenn sie wieder ins Trockene kommen und Jerusalem wieder aufbauen dörfen. Itzt frisch mit den Türken aus Asien, weils Eisen noch warm ist» (I/504). Solche Projekte werden in der neueren Forschung nicht sehr ernst genommen und vielfach als utopische Phantastereien abgetan, als chiliastisch-messianische

DIE DRAMEN UND IHRE POLITISCHEN THEMEN

Verkündigungen; an damals herumziehende Wanderprediger wird erinnert.[31] Es bleibt aber zu bedenken, ob das Wegwollen Spiegelbergs nicht eine reale Grundlage in der Zeitgeschichte hat, insofern, als Stellung, Rechtsicherheit und Ansehen der Juden im damaligen Reich höchst unbefriedigend waren. Die offensichtlich bedenkenlose Art, wie Spiegelberg später von einem der Räuber erstochen wird, scheint diese Annahme zu bestätigen. Daß Moor wie Spiegelberg sich zahlreicher Untaten schuldig gemacht haben, ist unverkennbar, aber gänzlich unschuldig an solchen Untaten ist die Gesellschaft, in der sie begangen wurden, keineswegs. Daher will Spiegelberg weg aus diesem Land. Er will auswandern. Das will auf ihre Weise auch Amalia von Edelreich. Auch sie ist, wie Spiegelberg, eine Ausgegrenzte.

Die Verlobte Karl Moors ist die einzige Frauengestalt des Dramas, und nicht zufällig ist sie das.[32] Neuerer Forschung hat man ein Ausweichen vor dieser Gestalt vorgeworfen, und es mag wohl sein, daß es sich so verhält.[33] Es ist in der Tat eine von Männern regierte Welt, in die wir blicken. Am Regierungssystem ist Amalia als Frau weder direkt noch indirekt beteiligt, und wenn sie überhaupt etwas ist, so ist sie es mit Bezug auf den Verlobten. «Sie glänzt in seinem Strahle», sagt Schiller von ihr in seiner Selbstrezension.[34] Im Hinblick auf eine solche Ortsbestimmung innerhalb der Gesellschaft, in der sie lebt, ist sie die blasse Frauengestalt, die sie sein soll. Sicher ist sie die sensibelste, die seelisch reichste Figur des Dramas. Aber ihr Seelentum ist immer auch in Gefahr, in Schwärmerei überzugehen und den Boden der Realität unter den Füßen zu verlieren. Mangelndes Selbstsein und fehlende Selbstbestimmung sind aber von Schiller nicht frei erfunden. Sie haben ihre Vorlage in der zeitgeschichtlichen Wirklichkeit.[35] In ihr hat die Frau, sofern es um den intellektuellen oder politischen Bereich geht, nichts zu sagen. Die Machenschaften Franz von Moors durchschaut sie zum Teil, zu einem anderen Teil ist sie ihnen nicht gewachsen. Alle diese Frauengestalten, wie auch die Gräfin Leonore im Drama Fieskos, werden als nicht recht lebensfähig gezeigt, und das heißt auch, daß sie nur eine Seite im Lebensganzen vertreten: diejenige des musischen Daseins, der Empfindsamkeit oder auch der Schwärmerei. Sie alle sind von schwindendem Lebenswillen gezeichnet, von Melancholie und Depression oder wie auch immer man ihre Krankheiten zum Tode bezeichnen will. Es ist schon bemerkenswert, wie dieser Arztdichter antizipiert, was gut ein Jahrhundert später moderner Psychologie wichtig wird. In der Gestalt dieses Edelfräuleins äußern sich Todestrieb und Todeslust unverhüllt, ihre Gesänge sind in hohem Maße Todesgesänge. Sie sagt: «Oh ihr Mächte des Himmels! Entlastet mich dieser tödlichen Wollust, daß ich nicht unter der Bürde vergehe!» (I/613) Und danach zu Räuber

Moor, wie er jetzt genannt wird, indem sie den Tod von seiner Hand erfleht: «Ha Würger! du kannst nur die Glücklichen töten, ... die Lebenssatten gehst du vorüber ... So erbarmet euch meiner, ihr Schüler des Henkers!» (I/615) Auch wenn man an verwandte Tötungsszenen in Lessings «Emilia Galotti» erinnert – es ist vieles sehr anders als dort.[36] Das betrifft vor anderem die psychische Krankheit, die vorzuliegen scheint; denn um eine solche handelt es sich doch wohl, wenn sie von den Lebenssatten spricht. Es liegt nahe zu folgern: Die Stellung der Frau in dieser Gesellschaft ist der Grund ihres Todesverlangens. Bis zu einem nicht geringen Grade ist die Frau in ihr ausgegrenzt, wie Spiegelberg als ein Mensch jüdischer Herkunft ausgegrenzt ist. Man denkt an Foucaults einleitende Bemerkung zu seinem Buch «Wahnsinn und Gesellschaft»: «Man könnte die Geschichte der *Grenzen* schreiben ... mit denen eine Kultur etwas zurückweist, was für sie *außerhalb* liegt ... Eine Kultur über ihre Grenzerfahrungen zu befragen, heißt, an den Grenzen der Geschichte über eine Absplitterung, die wie die Geburt ihrer Geschichte ist, zu befragen.»[37] Wenn aber Teile der Gesellschaft nicht voll in sie integriert sind, sondern als ausgegrenzt zu gelten haben, so ist sie gespalten. Und mit einer gespaltenen Gesellschaft, bis in die Familie hinein, haben wir es zu tun.

Am wenigsten möchte man den noch regierenden reichsunmittelbaren Grafen Maximilian von Moor der Gruppe der drei außerordentlichen Menschen zurechnen; und doch ist es so unberechtigt nicht, von dieser Annahme auszugehen. Als dieser Regent hat er die Rechte, die einem absolutistischen Herrscher im 18. Jahrhundert zustehen. Er ist als Regent der Landesvater, wie ihn das patriarchalische System kennt. In dem Zustand, in dem er sich befindet, wenn das Drama beginnt, wirkt er hilflos. Zum Regieren kaum noch fähig, ist er aufgrund der geltenden Prinzipien innerhalb eines dynastischen Herrschaftssystems dennoch ein amtierender Regent, der die Untauglichkeit des Systems in seiner Person demonstriert. Sein Pendant, der Herzog von Doria in Schillers zweitem Drama, etwas besser geraten und nicht gleichermaßen senil wie dieser Graf von Moor, ist dennoch ein Geistesverwandter im Hinblick auf das politische System. Aber auch er ist kaum geeignet, die von ihm repräsentierte Herrschaft als Vorbild für andere erscheinen zu lassen. In der geistigen Verfassung, in der er sich befindet, ist er ein Wrack – ein alter Mensch, der sich der Machenschaften und Manipulationen des jüngsten Sohnes nur schwer zu erwehren weiß. Wenn er stirbt, nicht unmittelbar von der Hand des ältesten Sohnes, aber dennoch durch ihn, durch sein Erscheinen als Räuber, ist es eine Art Unfall. Sein Tod ist ein symbolischer Tod, der wie Vatermord wirkt. Diese väterliche Regierung mit allen ihren rechtlichen Grundlagen ist dem Tode geweiht oder zum Tode verurteilt; sie sollte nicht länger am Leben erhalten werden – das ist die Botschaft, die uns überbracht wird. Zur Besserung des Zustandes in der heillos zerstrittenen Familie vermag er nichts mehr beizutragen, falls er hierzu je in der Lage war, und daß seine Söhne, allen voran sein jüngster, so geworden sind, wie sie es sind, beruht offensichtlich in hohem Maße in einer Erziehung, die fehlgeschlagen ist: Nun steht er vor den Trümmern der eigenen Pädagogik. Am Ende übt er klägliche Selbstkritik wie vor modernen Richterstühlen. «Ha! Er war zu herrlich für mich – Aber ich will ihm entgegen mit meinen Tränen, meinen schlaflosen Nächten, meinen quälenden Träumen, seine Knie will ich umfassen – rufen – laut rufen: Ich hab gesündigt im Himmel und vor dir. Ich bin nicht wert, daß du mich Vater nennst» (I/610). Noch einmal wird mit dieser Rede des alten Moor auf das Gleichnis vom verlorenen Sohn Bezug genommen – mit dem Unterschied, daß im Drama der Vater sagt, was in der biblischen Geschichte dem Sohn zu sagen zukommt. Eine Bestätigung des religiösen Dramas ist das nicht, eher ein ironischer Umgang mit dem biblischen Gleichnis, und ironisch zu lesen ist wohl auch, daß das Wesentliche dessen, was geschehen ist, nicht völlig durchschaut wird. Dieser Vater dringt mit seiner Larmoyanz nicht zum Kern der Dinge vor. Der noch regierende Herrscher des gräflichen Hauses durchschaut nicht, daß es in hohem Maße dem Herrschaftssystem zuzuschreiben ist, wenn geschehen kann, was hier geschieht. Seine Einsicht, wenn es sich wirklich um eine solche handelt, trägt zur Verbesserung der Lage nichts bei.

Sowohl gegenüber dem regierenden Vater wie gegenüber dem älteren Bruder, der einmal aufgrund der Erbfolge dessen Nachfolger werden soll, ist Franz von Moor die schauspielerisch attraktivste Person, vergleichbar mit Mephisto in Goethes «Faust» oder Richard III. in Shakespeares gleichnamigen Stück. Seinen intellektuellen Fähigkeiten nach ist er der allen Überlegene. Überlegen zeigt er sich durch seine Findigkeit, seine Schlauheit und seine totale Rücksichtslosigkeit, nicht zuletzt aber durch sein Wissen, das er sich angeeignet hat. Er verbindet dieses Wissen mit Kalkül und einseitiger Rationalität, immer zu seinem Vorteil. Wie Mephisto ist er ein Mensch, der ethische Grundsätze nicht kennt und anerkennt. Aufgrund dieser schlauen Intelligenz und seines Wissens ist er in der Forschung zu dem aufgeklärten Bösewicht erklärt worden, wie man ihn genannt hat.[38] Diese Überlegenheit ist am Beispiel der Briefintrige gut zu erläutern. Seinem Vater teilt Franz mit, die Post sei angekommen und mit ihm ein Brief von «unserm Korrespondenten in Leipzig» (I/493). Aber alle menschlichen Bezüge, die sich mit Briefen verbinden, sind getilgt. Von unserem Korrespondenten wird gesprochen, als handele es sich um einen unbekannten Menschen. Der Brief als ein Dokument humanen Denkens wird seiner Bestimmung entfremdet; er wird instrumentalisiert. Die Zeichen der Menschlichkeit, die er transportiert, werden zu «trügerischen Zeichen».[39] Aber solche Zeugnisse der Menschlichkeit können beliebig manipuliert werden; so auch verhält es sich mit den Errungenschaften der Aufklärung, mit einer ihrer großen Kulturleistungen: der Menschenkenntnis. Sie ist ohne Frage ein Positivum im Prozeß der Zivilisation und der Humanitätsfortschritte, die es von Zeit zu Zeit gibt.[40] Menschenkenntnis trägt dazu bei, daß man dem anderem, den Mitmenschen, besser helfen kann, wenn man ihn kennengelernt hat und weiß, was ihn bedrückt und bedrängt. Sie ist ein Teilgebiet der damals neuen Anthropologie und Psychologie, für die man sich an der Karlsschule ebenso interessiert wie im Kreis der Illuminaten.[41] Von hier übernehmen sie die Lehrer an der Karlsschule, die ihre Eleven in die Praxis einüben. Die Schüler sind gehalten, ihre Mitschüler zu beurteilen, und das schließt ein, daß sie das Innere des anderen ausspionieren. Der Mißbrauch liegt auf der Hand. In seiner Studie über die Illuminaten im Zusammenhang des «Don Karlos» geht Hans-Jürgen Schings auf diese Errungenschaften der europäischen Aufklärung ein. Über den Mißbrauch, den der Oberste der Illuminaten, Adam Weishaupt, nicht unterbindet, sondern im Gegenteil Vorschub leistet, wird in diesem Zusammenhang gesagt: «Nicht nur in der Phantasie Weishaupts entstand solchermaßen ein perfektes Überwachungssystem. Unablässig korrespondierend, glaubte Weishaupt den Orden vom Schreibpult aus regieren zu können, bis in die letzten Verästelungen – dank der Materialien zur ‹Menschenkenntnis›, die ihm von allenthalben zuflossen».[42] Die Intrige setzt Menschenkenntnis hinsichtlich derjenigen voraus, auf die sie angesetzt wird. Eine solche Menschenkenntnis hat Franz seinen Familienangehörigen wie erst recht der Verlobten des älteren Bruders voraus. Doch zeigt sich auch, daß er hinsichtlich seiner selbst nicht hinreichend Kenntnis besitzt, um mit den Ängsten und Albträumen fertig zu werden, die ihn heimsuchen. Die Ironie der Dinge – von Nemesis muß nicht die Rede sein – stellt ihn bloß. Er weiß, wie er es machen muß, um andere zu täuschen – und kann doch nicht verhindern, daß er sich über sich selber täuscht. Zuletzt gerät sein psychischer Zustand gänzlich außer Kontrolle. Er geht wild auf Pastor Moser zu, wirft sich im Sessel herum – bis er dem Wahnsinn anheimfällt und sich erdrosselt. Der zweite Fall von psychischer Anomalie in diesem Drama! Schon mit diesem ersten Bühnenstück kündigt sich an, daß der junge Schriftsteller nicht aufhören wird, ärztlich zu denken. Die Szenen der Angst, die in Wahnsinn übergehen, hat man mit dem Phänomen des Unbewußten in Verbindung gebracht, mit den dunklen Vorstellungen, wie man in der Aufklärung sagte.[43] Aber geht es wirklich um Unbewußtes oder nicht viel mehr um Unwissenheit über die psychischen Vorgänge in uns und damit um mangelnde Menschenkenntnis über das eigene Selbst? Franz weiß nicht hinreichend Bescheid darüber, wie das Gewissen als wirksame Instanz in unserem Inneren arbeitet. Die dunklen Vorstellungen sind Ausfluß seines Leugnens und seines Verdrängens. Das mag man als Erscheinungsform des Unbewußten gelten lassen. Aber auf keinen Fall ist es das holde Unbewußte, dem therapeutische Kräfte wie im Mesmerismus innewohnen.[44]

Nachdem Franz Moor seinem treuen Diener einen Mordauftrag erteilt hat, befindet er sich allein im Raum. In einem Monolog sagt er, wie es mit ihm und dem Menschen steht, und Monologe haben in diesem Drama ihre eigene Funktion, eine solche der Bloßstellung und Enthüllung. Was ihn umtreibt, spricht er unumwunden aus. Es ist der eigene Vorteil, der Nutzen, das materiell Vorweisbare. Das ergibt für sich genommen noch keinen Sinn, wenn nicht anderes hinzukommt, kein Bild des Menschen, mit dem sich leben läßt. Daher die Verneinung des Lebens trotz des Verfolgens ichhafter Triebe, aber doch eben in Absehung von Menschen, die es außer dem eigenen Ich noch auf der Welt gibt. Verneint wird die Geburt des Menschen und damit der Mensch überhaupt. Er wird herabgesetzt und ins Nichts verwiesen. Das wird ausgesprochen in dem Selbstgespräch, das in den Dramen Schillers nicht seinesgleichen hat: «Es war etwas und wird nichts – Heißt es nicht ebenso viel als: es war nichts und wird nichts und um nichts wird kein Wort mehr gewechselt – der Mensch entstehet aus Morast, und watet eine Weile im Morast, und macht Morast und gärt wieder zusammen in Morast, bis er zuletzt an den Schuhsohlen seines Urenkels unflätig anklebt. Das ist das Ende vom Lied – der morastige Zirkel der menschlichen Bestimmung...» (I/577).[45] Die Paradoxie ist offenkundig: Auch Sprache fällt der Verneinung anheim – «und um nichts wird kein Wort mehr gewechselt» – und doch wird die Verneinung durch Sprache wiedergegeben, die beeindruckt. Diese Auslassungen Franz Moors sind hinsichtlich des literarischen Nihilismus im 19. und 20. Jahrhundert im höchsten Grade bemerkenswert. In der deutschen Literatur seit dem Ausgang der Weimarer Klassik sind der Verfasser der «Nachtwachen des Bonaventura», Büchner mit «Dantons Tod» und in der Moderne immer erneut Gottfried Benn anzuführen, der letztere nicht nur mit seinem Essay «Nach dem Nihilismus».[46] Unter den neueren Philosophen hat sich keiner so oft und so intensiv über das Phänomen wie Nietzsche geäußert. Die meisten dieser Aussagen finden sich im Nachlaß der achtziger Jahre; so auch die folgende: «Was ich erzähle, ist die Geschichte der nächsten zwei Jahrhunderte. Ich beschreibe, was kommt, was nicht mehr anders kommen kann: die *Heraufkunft des Nihilismus*. Diese Geschichte kann jetzt schon erzählt werden: denn die Nothwendigkeit selbst ist hier am Werke. Diese Zukunft redet schon in hundert Zeichen, dieses Schicksal kündigt überall sich an; für diese Musik der Zukunft sind alle Ohren bereits gespitzt» (XIII/189). Wiederholt wird Nihilismus bei Nietzsche mit Glauben und Unglauben und immer erneut mit dem in Verbindung gebracht, was er als Niedergang des Christentums bezeichnet. Eine solche Verbindung gibt es im Denken des jungen Schiller nicht. Der christliche Glaube ist im Spielraum des Dramas nicht in Gefahr zu verschwinden – es sei denn, daß Einzelne wie dieser Franz Moor ihn leugnen oder in Frage stellen. Die Verführungen zum Nihilismus mit der Gefahr, ihm zu erliegen, sind für Schiller als den Verfasser der «Räuber» noch gering zu veranschlagen. Sie sind für Büchner oder Benn sehr viel größer. Erstaunlich bleibt es gleichwohl, wie hier noch lange vor den «Visionen» der russischen Nihilisten und den geschärften Wahrnehmungen Nietzsches etwas von dem vorausgeahnt wird, was wir literarische Moderne nennen.

Zweifellos ist Karl Moor die Hauptperson der drei außerordentlichen Menschen und des Dramas im Ganzen. Aber er ist noch nicht der «Held», wie wir ihn aus späteren Dramen kennen; und am wenigsten ist er der handelnde Mensch, wie er in neuerer Forschung wiederholt beschrieben wurde. Von Dramenfiguren wie Fiesko, Posa oder Wallenstein trennt ihn vieles, wenn nicht alles. Ihm fehlen Kenntnis und Erfahrung, sich in der politischen Welt und ihren Intrigen zurechtzufinden, und so fällt er in fast kindlicher Manier auf die Tricks des jüngeren Bruders herein. Wenn er sich von der Ordnung des väterlichen Hauses lossagt und sich einer Räuberbande anschließt, so handelt er spontan und momentan; er handelt, hat man den Eindruck, übereilt und unbesonnen. Man sieht die Ziele nicht, die er verfolgt, wenigstens bleiben sie undeutlich oder erweisen sich als momentan aufblitzende Einfälle. Wenn ihm von seinen Interpreten bescheinigt wird, eine neue soziale Ordnung gründen zu wollen, so ist nicht abzusehen, wie sie beschaffen sein könnte.[47] Seine Aktivitäten wirken wenig durchdacht; er stürzt sich von einem Abenteuer ins andere, ohne abzusehen, wohin sein Tun am Ende führt. Seiner Auflehnung fehlt keineswegs die moralische Berechtigung; denn der Staat, in dem der eigene Vater regiert, ist marode und nicht wert, fernerhin am Leben erhalten zu werden. Aber so verständlich diese Auflehnung im Weggang aus dem väterlichen Hause erscheinen mag, so unverständlich ist die Absicht der Rückkehr, als sei alles nur einem vorübergehenden Einfall zuzuschreiben. Sein Weggang hätte ein Weg in die Mündigkeit werden

DIE DRAMEN UND IHRE POLITISCHEN THEMEN

können. Statt dessen überläßt er sich empfindsamen Erinnerungen an eine paradiesische Kindheit, die er mit Vorstellungen aus antiker Mythologie in Verbindung bringt, indem er Elysiumsszenen nachtrauert, wie er sie nennt. Er möchte am liebsten in dieser Vergangenheitswelt verweilen. Auch sein Anschluß an die Gruppe der Räuber ist empfindsam motiviert. Er ist persönlich beleidigt, daß ein Vater seinen Sohn verstößt, wie er annimmt, und weil er sich persönlich getroffen fühlt, bekommen es andere zu spüren. Seine Auflehnung erweist sich als diejenige eines egozentrischen Denkens.[48] Alles dreht sich nur um ihn, das Soziale entschwindet zunehmend seinem Blick. Zwar gibt es gelegentlich Bekundungen sozialen Bestrebens, aber sie führen zu nichts und werden im Fortgang seiner Aktivitäten von Willkürmaßnahmen überlagert, die sein Denken und Tun demjenigen des jüngeren Bruders annähern. Von dessen Tyrannei ist er keineswegs durch Welten getrennt, vielmehr handelt auch er häufig nicht sehr viel anders. Wenn selbstherrliches Töten den Willkürherrscher kennzeichnet, so zeigt sich an seiner Bereitwilligkeit, über Leben und Tod anderer zu verfügen, daß er diesen Weg bereits eingeschlagen hat. An der Anarchie des Tötens, die am Ende als Eindruck zurückbleibt, ist er maßgeblich beteiligt. Die Tötungsexzesse zeigen den Zustand einer abgelebten und überlebten Gesellschaftsordnung an, in der dies alles auf wahrhaft erschreckende Weise stattfindet. Aber trotz des herrscherlichen Auftretens beider Brüder scheinen beide nicht recht Herr der Lage zu sein gegenüber einer überlegenen Ironie der Dinge, die das meiste anders lenkt, als es von den Handelnden beabsichtigt war.[49] Man gewinnt den Eindruck, als gäbe es in allem eine über dem Geschehen waltende Theodizee, die sich am Ende als souverän und überlegen erweist. Zwar verbreitet das Ende Entsetzen. Dennoch sind Zeichen erkennbar, die auf eine bessere Welt hoffen lassen. Wir werden als Leser und Zuschauer nicht in die Nacht der Katastrophe entlassen.

Die Kritik, zu der die Taten wie die Untaten des Räuberhauptmanns herausfordern, ist nicht als Literaturkritik im üblichen Sinne gemeint: als eine solche an Schillers Drama im Ganzen. Sie wurde in der Überzeugung vorgebracht, daß Schiller sie seinerseits an seiner Hauptfigur übt. Daß er solches tut, woran nicht zu zweifeln ist, heißt aber nicht, daß er sich in vollem Umfang mit ihr identifiziert. Die Annahme einer solchen Identifizierung in allem und jedem ist eine Grundtendenz der älteren Forschung wie vieler Leser und Liebhaber, und offensichtlich hat es sie schon zu Lebzeiten des Dichters gegeben. Die «Briefe über Don Karlos» versuchen, in diesem Punkt einiges zurechtzurücken, um das Bild des makellosen Idealisten ein wenig zu korrigieren. Gemäß dieser Grundtendenz der älteren Forschung ist Karl

Moor zum Teil noch heute eine sittliche Natur in allem, was er denkt und tut. Weil es sich um eine Gestalt Schillers handelt, ist sie, meint man, schon im vorhinein gerechtfertigt.⁵⁰ Andererseits ist der Neigung der neueren Forschung nicht nachzugeben, über der Annäherung der feindlichen Brüder, die es in der Tat wahrzunehmen gilt, womöglich alle Unterschiede vergessen zu machen. Sie sind noch immer beträchtlich, und wenigstens partiell wird Schillers Hauptfigur auch durch ihn selbst entlastet und entschuldet. Er wird erst dadurch die tragische Person, die er sein soll. Aus dieser partiellen Entlastung ist zu schließen, daß Schiller weit entfernt davon ist, über seinen jugendlichen Helden den Stab zu brechen, ihn also wenn nicht juristisch, so doch moralisch zu verurteilen. Der Dichter der «Räuber» denkt nicht daran, seinem Räuberhauptmann alle Sympathien zu entziehen. Es gibt deren trotz der unübersehbaren Kritik noch genug, wie kaum zweifelhaft sein kann. Was immer kritisch zum Handeln Karl Moors vorzubringen war, wurde immer zugleich gegen seine Jugend und die Irrtümer dieser Jugend vorgebracht, aber es ist seine Jugend, die dafür sorgt, daß er partiell entlastet wird in Analogie zu dem, was in der Jurisprudenz durch Einführung eines eigenen Jugendstrafrechts geschieht. Es gibt so etwas wie ein ungeschriebenes Recht der Jugend, über das Ziel hinauszuschießen, um eben dadurch etwas in Gang zu bringen. Zu diesem ungeschriebenen Recht gehört auch das Bewußtsein notwendigen Wandels, der Überdruß am Altgewordenen und längst Überlebten. In unserem Drama ist ausschließlich Karl Moor der Vertreter einer solchen Jugend und einer neuen Generation, die gegen die überlieferte Vaterwelt aufbegehrt. Ausschließlich er – wie ähnlich Spiegelberg auf seine Weise – ist auf eine neue politische Ordnung gerichtet, auf eine Republik in Deutschland, obschon wir nichts Genaueres über sie erfahren. Mit der Notwendigkeit gesellschaftlichen Wandels, die er eher undeutlich ahnt, als mit vollem Bewußtsein erfaßt, ist gesellschaftliches Bewußtsein verbunden. Der mündig werdende oder mündig gewordene Mensch sieht sich einer nicht mehr einheitlichen Welt gegenüber. Die neue Pluralität erschwert die Übersicht und die Entscheidung für dieses oder jenes Gesellschaftsmodell. Schwierigkeiten dieser Art gelten für die Jugend einer Epoche in erhöhtem Maße als für alle andere Lebensalter. Sie hat es schwerer, sich zurechtzufinden. Aber die Fehler, die ihr unterlaufen, sind jugendbedingt. Mitwirkung der Jüngeren am Gemeinwohl fördert Wandel und Erneuerung, aber mangelnde Welt- und Menschenkenntnis trägt zum Scheitern bei. Eine tragische Konstellation zeichnet sich ab: eine Tragödie der Jugend, wie es sie vor allem in der Literatur der Moderne gibt, im Naturalismus wie im Expressionismus. Wedekinds «Frühlings Erwachen», Halbes «Jugend» oder Bronnens «Vatermord» seien statt anderer Texte genannt. Die erste dieser literarischen Jugendbewegungen vor dem Jungen Deutschland, dem Jüngsten Deutschland (Naturalismus) oder dem Expressionismus ist der Sturm und Drang, wie er sehr bald nach dem Drama Klingers genannt wurde. Die neue Situation ist kennzeichnend für ein neues geschichtliches Denken, in dem Erneuerung und Wandel die Zeit maßgeblich prägen. In Hinsicht auf diese neue Weltlage, mit der ein neuartiges Geschichtsdenken einhergeht, ist es abwegig, von einer zeitüberdauernden Vaterordnung zu sprechen, die man noch überdies für sakrosankt erklärt.[51] Was Schiller also erfaßt und in eine tragische Situation übersetzt, ist eine Generationendramatik, die sich aus dem neuen Geschichtsdenken herleitet. Sie findet ihre Ausformung in einem neuartigen Geschichtsdrama, und schon «Die Räuber» sind ein solches, nicht stofflich, sondern geschichtsphilosophisch verstanden.

Diese in Übereilung und mangelnder Menschenkenntnis angelegten Züge eines tragischen Geschichtsdramas sind Anlaß, daran zu erinnern, daß man die These von der Annäherung oder gar Gleichheit der feindlichen Brüder nicht übertreibt. Gewiß, es gibt sie, die Übereinstimmungen dieser feindlichen Brüder. Beide sind sie von Verzweiflung gezeichnet, und im Denken beider gibt es nihilistische Anwandlungen. Beide sind sie mit dem Töten oder der Absicht, es zu tun, rasch bei der Hand, und schließlich verherrlichen beide den großen Menschen, der jüngere Bruder auch die Größe des Bösen. Dennoch handelt es sich in mehrfacher Hinsicht auch um entgegengesetzte «Charaktere». Karl ist kein Gottesleugner, und wenn er sich zum Schluß dem Gerichte stellt, beziehungsweise ankündigt, sich ihm auszuliefern, so geht es dabei nicht nur um weltliches, sondern auch um göttliches Gericht und göttliche Weltordnung. Seine politischen Auffassungen und Vorstellungen sind nicht in jeder Hinsicht zu verwerfen. Als der jugendlich Handelnde ist er der Vertreter einer nachrückenden Generation, die an Wandel und Veränderung interessiert ist. Als dieser Handelnde ist Karl Moor trotz Übereilung und Verfehlung der politische Kopf, und eigentlich nur er allein. Zugleich ist er derjenige, der am ehesten mit Revolutionen in Verbindung zu bringen ist, während der jüngere Bruder sich nur an den Mitteln interessiert zeigt, die der Durchsetzung des eigenen Ichs dienen. Im Denken und Tun Franz Moors ist ein Hang zum Sozialen und zum Gemeinwohl nirgends zu entdecken. Das gilt für Karl nicht gleichermaßen. Seine Empörung über die Untaten einiger seiner Kumpane ist keine Schauspielerei. Obwohl er noch nicht die Verantwortung für das Geschehene übernimmt, verurteilt er es aufs schärfste: «O pfui über den Kindermord! den Weibermord! – den Krankenmord! Wie beugt mich diese Tat! Sie hat meine schönsten Werke vergiftet ...» (I/548). Der Rebell, als der er unschwer zu erkennen ist, hat keine durchdachten Pläne und Ziele, aber er hat Ahnungen und ein Vorgefühl davon, was sein sollte und was sich ändern müßte. Anders als der jüngere Bruder kennt er Verantwortung, zu der er ohne Großmannssucht steht. Nicht nur dem Scheine nach tritt er trotz zahlreicher Untaten für Menschheit und Menschlichkeit ein; er weiß jedenfalls, daß es sie gibt, wenngleich sein Wissen davon mit Irrtümern verbunden ist: «Menschen haben Menschheit vor mir verborgen, da ich an Menschheit appellierte ...» (I/515). Der vermeintlich verlorene Sohn nimmt an, daß er vom Vater verstoßen worden sei. Aber auch, wenn diese Annahme nicht zutrifft, hat sich die Erfahrung nicht erledigt, die er gemacht hat: daß es Menschheit und Menschlichkeit gibt. Was Räuber Razmann später zum Lobe seines Hauptmanns sagt, ist nicht einfach Phantasterei; und gesagt wird folgendes: «Er mordet nicht um des Raubes willen wie wir – nach dem Geld schien er nicht mehr zu fragen, sobald ers vollauf haben konnte, und selbst sein Dritteil an der Beute, das ihn von Rechts wegen trifft, verschenkte er an Waisenkinder oder läßt damit arme Jungen von Hoffnung studieren. Aber soll er dir einen Landjunker schröpfen, der seine Bauern wie das Vieh abschindet, oder einen Schurken mit goldnen Borten unter den Hammer kriegen, der die Gesetze falschmünzt, und das Auge der Gerechtigkeit übersilbert, oder sonst ein Herrchen von dem Gelichter – Kerl! da ist er dir in seinem Element und haust teufelmäßig, als wenn jede Faser an ihm eine Furie wäre» (I/541). Landjunker, die ihre Bauern wie das Vieh abschinden! Man muß nicht darüber streiten, ob dieser Räuber über seinen Hauptmann Richtiges und Zutreffendes sagt. Die sozialgeschichtliche Wahrnehmung des jungen Schiller ist das Unerhörte, das er in Figurenrede zu verstecken weiß. Wenn es bei dem Bestehenden nicht bleiben soll, so ist Karl Moor der einzige, der Vorstellungen davon hat, wie ein neues und anderes Staatswesen aussehen könnte. Er denkt an eine deutsche Republik, an eine Republik in Deutschland, ehe es fast anderthalb Jahrhunderte später eine solche auf deutschem Boden geben wird. Seine Empörung über die Zustände, wie sie sind, bringt er keineswegs nur als realitätsferner Schwärmer vor. Es ist eine Serie von Mißständen, die er dem Pater vorhält, der sich als Abgesandter der Obrigkeit wenig gesprächsbereit zeigt. Er bringt alle diese Mißstände zur Sprache und rechnet ab, spricht von Günstlingswirtschaft und geißelt Pläne zur Wiedereinführung der Inquisition. Der revolutionäre Gestus dieser Abrechnung ist offenkundig.

Hier nun vollends werden die Unterschiede zwischen den Brüdern trotz aller Annäherungen und Gemeinsamkeiten deutlich. Der ältere Bruder und

DIE DRAMEN UND IHRE POLITISCHEN THEMEN

nur er ist der Vertreter einer derart rebellischen Jugend, nicht Franz, der von Politik nicht viel versteht und von Gemeinwohl keine Ahnung hat. Nur der erstere, nur Karl Moor, befindet sich in einer Entwicklung, die ihn am Ende zur tragischen Person macht. Dazu gehört die Empfindsamkeit im guten Sinn, durch die es geschehen kann, daß er der Geliebte und Verlobte Amalias werden konnte, die ihn als diesen anerkennt und liebt. Auch in seinem Inneren verbergen sich Egozentrik und Egomanie. Aber er kennt noch anderes, das seinen Schöpfer, gemeint ist Schiller, an den edlen Räuber Roque im Roman des Cervantes denken läßt.[52] Er will eine Republik auf deutschem Boden gründen, der gegenüber sich Rom und Sparta wie Nonnenklöster ausnehmen sollen. Das ist abermals die Sprache der Großmannssucht, wie sie einer der Räuberkumpane nennt. Aber das ändert nichts daran, daß sein Sinnen und Trachten auf Änderung der Verhältnisse gerichtet ist. Sein Aufbegehren gegen den bestehenden Staat ist nicht ein Aufbegehren gegen jeden Staat. Daß Staat sein soll, zu dem Gesetze gehören und nicht Anarchie, ist die Erkenntnis, zu der er am Ende gelangt, wie später ähnlich Wallenstein zu solcher Erkenntnis findet, die in hohem Maße Selbsterkenntnis ist. Sie ist das Ergebnis sittlichen Denkens, eines Umdenkens, muß man hinzufügen. An dieser wachsenden Selbsterkenntnis zu zweifeln, besteht kein Grund.[53] Selbsterkenntnis aufgrund zahlreicher Irrwege und Umwege ist kein Widerruf des ursprünglich Gewollten. Das Drama kehrt nicht zu seinem Ausgang zurück. Das Alte und Überlebte, wie es war, ehe die Rebellion begann, wird nicht wiederhergestellt. Der Grafensohn, der sich der Justiz ausliefert, liefert sich nicht der Justiz eines tyrannischen Herrschaftssystems aus. Gegen eine solche Auffassung, wonach alles wieder so wird, wie es immer war, spricht vieles, wenn nicht alles. Die Tötungsexzesse am Ende des Dramas sind ein Zeichen der Anarchie; sie bestätigen die Anarchie des Tötens. Aber gesetzlose Handlungen wie diese zeigen ihrerseits ihr Ende an; denn auch sie sind mit dem Tod der Repräsentanten dieses überlebten Staatswesens ausgestorben. Die größte Bedrohung für die Überlebenden ist der zu Willkürherrschaft tendierende Franz Moor. Er ist seinerseits nicht mehr am Leben. Unter dem Zeichen, die Hoffnung andeuten, sollte die Szene mit der Überschrift «Volksauflauf» nicht übersehen werden. Sie wird eingeleitet mit der «Stimme des Volkes»: «Diebe, Mörder! wer lärmt so gräßlich in dieser Mitternachtsstunde?» (I/608) Daß die Szene «Volksauflauf» als Zeichen politischen Fortschritts beachtet sein will, bestätigt das Geschichtswerk «Der Abfall der Niederlande von der spanischen Regierung». Das Volk ist hier der eigentliche Held des Geschehens, dem hohes Lob zuteil wird: «Das Volk, welches wir hier auftreten sehen, war das friedfertigste dieses Weltteils... Der Drang der

Umstände überraschte es mit seiner eigenen Kraft und nötigte ihm eine vorübergehende Größe auf, die es nie haben sollte und vielleicht nie wieder haben wird» (IV/34). Gegen die These von der Wiederkehr der alten Verhältnisse sprechen aber vor allem die Motive tyrannischer Herrschaft und tyrannischen Menschentums; denn auch mit ihnen ist es zu Ende, wenn das Drama zu Ende geht.

Das Motto «In tirannos», das dem Drama – von wem auch immer – vorangestellt wurde, wurde völlig zu Recht vorangestellt. Daß seine Verwendung nicht auf Schiller zurückgeht, ändert nichts an der Feststellung, daß es sich um alles andere als um einen Fremdkörper handelt, der da in das Drama gelangt ist.[54] Das Motto gibt zutreffend wieder, was als Essenz der Aussage des Dramas zu umschreiben war. Alle Personen des gräflichen Hauses lassen sich tyrannisches Herrschaftsgebaren zuschulden kommen, auch der inzwischen handlungsunfähige Vater, der gelegentlich als tyrannischer Vater angesprochen wird. Behält man Kants Kennzeichnung väterlicher Regierungen als despotische Regierungen im Auge, so wäre er es aufgrund dieser Definition ohnehin, wenngleich er nunmehr zu tyrannischer Herrschaft nicht mehr fähig ist. Der jüngste seiner Söhne ist zwar kein amtierender Regent, sondern ein potentieller Usurpator. Aber als Usurpator ist er der typische Tyrann, der vor keiner Untat zurückschreckt. Zu jeder skrupellosen Tat ist er bereit, und weder vor Vatermord noch vor Brudermord schreckt er zurück, obschon sie nicht zur Ausführung kommen. Über das tyrannische Gehabe Karls als Räuberhauptmann ist nicht hinwegzusehen, obwohl er seinerseits gegen tyrannische Herrschaftsformen zu Felde zieht. Aber die Abrechnung mit tyrannischen Herrschaftsformen innerhalb des Dramas gilt in erster Linie dem jüngeren Bruder. Sie bleibt dem Pastor Moser überlassen, dem der Autor mit Sympathie verbunden ist. Er ist die von tyrannischen Zügen freie Person des Dramas, dessen Vorhaltungen das Selbstgespräch zur Folge hat, das im Selbstmord endet. Herbeigeführt wird er durch psychische Einwirkungen seitens des Pastors, durch Reden ins Gewissen. Das Motiv der psychischen Einwirkung auf physisches Leben erweist sich wie anderes als ambivalent. Ein protestantischer Pfarrer sagt einem Tyrannen ins Gesicht, daß er ihn sterben sehen möchte. In solchem Verlangen verbirgt sich offensichtlich der Wunsch zu sehen, wie sich das Gericht Gottes vollzieht. Willkürherrschaft wird auf diese Weise ohne jede Anwendung physischer Gewalt beseitigt. Beseitigung von Tyrannenherrschaft ohne Tyrannenmord, das ist die Botschaft, die wir vernehmen. Das alles spricht für die religiöse Bindung, in der sich der Autor des Dramas um diese Zeit noch befindet. Insofern ist der Selbstmord eines Tyrannen, der den Tyrannenmord unnötig macht, zum Verständnis des Dramas erschließend. Daß wir es mit einem «klassischen» Tyrannen zu tun haben, bestätigen die historischen Vergleiche, die Pastor Moser in seine Rede einflicht: «Sehet, Moor, ihr habt das Leben von Tausenden an der Spitze Eures Fingers, und von diesen Tausenden habt ihr neunhundertundneunundneunzig elend gemacht. Euch fehlt zu einem Nero nur das Römische Reich ...» (I/605). Offensichtlich handelt es sich nicht nur um eine Nebenszene, sondern um einen Dreh- und Angelpunkt des Dramas: Ein protestantischer Pastor des Landes tritt nicht als Abgesandter der Obrigkeit auf wie der Pater einer vorausgegangenen Szene. Er ordnet seinerseits und ohne Anwendung physischer Gewalt die Dinge; und aufgrund seiner Herkunft und Geschichte ist ein protestantischer Pastor seinerseits ein Rebell – einer, der die Dinge nicht so läßt, wie sie sind, sondern verändert; und überdies ist es der Pastor Moser im Drama, der die Katastrophe des gräflichen Hauses überlebt, einer der zusätzlichen Lichtblicke, die von dem Drama ausgehen.[55]

Dennoch reicht die Bedeutung des Tyrannischen in Schillers erstem Drama über die individuelle Person dieses bösartigen Intellektuellen weit hinaus. Das für Schiller zentrale Thema erweist sich schon in den «Räubern» fast gleichbedeutend mit Macht, Machttrieb und dem Willen zur Macht. Die Erweiterung, die sich über die politischen Kategorien im engeren Sinn schon hier abzeichnet, überschreitet auch die Grenzen der Politik und des politischen Denkens. Macht wird faßbar als Verfügung Einzelner über andere, und der Gebrauch von Gewalt ist nicht auszuschließen. Das Unheimliche dieser Machtausweitung beruht darin, daß auch andere Bereiche wie die Wissenschaft einbezogen werden. Eine solche Ausweitung hatte zu Beginn der Neuzeit als einer der ersten der englische Staatsmann und Schriftsteller Sir Francis Bacon mit seiner folgenreichen Devise «Wissen ist Macht» vorgenommen. Er hatte damit Wissen und Wissenschaft in die unmittelbare Nähe der Politik gebracht. Nicht zufällig hat der aufgeklärte Bösewicht des Dramas, also Franz, zur Erprobung dieser Machtausweitung die Medizin entdeckt, in der – so oder so – über Leben und Tod entschieden wird. Es ist dieses Wissen unter Ärzten, für das sich der jüngste der Grafensöhne brennend interessiert, indem er es als Autodidakt studiert, und offensichtlich hat er sich auf diese Weise die nötigsten Kenntnisse mit Erfolg angeeignet. Er studiert diese Wissenschaft vom Menschen, nicht um zu helfen und zu heilen, sondern um zu töten – und das ist ja auch sonst auf der Welt schon häufig vorgekommen, um abermals an Lichtenbergs sarkastische Bemerkung in seinem Aufsatz über das Alter der Guillotine zu erinnern. Auch wenn Franz Moor kein Arzt ist, sondern nur studiert hat, was Ärzte denken und tun, kann er in diesem Zusammenhang angeführt werden. Sein Denken, wie wenn er ein Arzt wäre, geht dahin, einen anderen nicht mit physischer, sondern mehr noch mit psychischer Gewalt zu beseitigen. Er denkt nach über ein Leben, das aus seiner Sicht nicht mehr lebenswert ist – «Ein Leben ausgeblasen, das ohnehin nur mit den letzten Öltropfen wuchert» – und spricht aus, was bewirkt werden soll: «Ich möchte es machen, wie der gescheite Arzt, (nur umgekehrt) ...» (I/521). Die tödliche Medizin, über die hier nachgedacht wird, äußert sich als Machttrieb im Menschen. Das Tyrannische als das Tyrannische in uns erhält damit eine über das Politische weit hinausreichende Bedeutung. Es wird am Ende der ersten Szene im Monolog des Verbrechers intonierend zum Ausdruck gebracht: «Frisch also! Mutig ans Werk! Ich will alles um mich her ausrotten, was einschränkt, daß ich nicht *Herr* bin. *Herr* muß ich sein, daß ich das mit Gewalt ertrotze, wozu mir die Liebenswürdigkeit gebricht» (I/502). Schiller läßt seinen negativen Helden das fürchterliche Wort «ausrotten» gebrauchen, und keine Frage: Hier geht es im Verlangen, Herr sein zu wollen, um Tötungsarten, die der Machttrieb diktiert; es geht nicht nur um Herrschaftsformen. Die politische Kategorie des Tyrannen geht über in eine solche der Anthropologie, und kein Wertesystem der Welt bleibt von diesem Trieb verschont. Glaube, Kunst und Wissenschaft können in den Sog dieses Triebes geraten. Nicht ohne Grund haben Adorno und Horkheimer in ihrer «Dialektik der Aufklärung» der Devise «Wissen ist Macht» tief mißtraut.

2
«Die Verschwörung des Fiesko zu Genua»

Mit dem zweiten Drama, dem republikanischen Trauerspiel «Die Verschwörung des Fiesko zu Genua», hat sich Schiller sichtlich für das Geschichtsdrama entschieden, obschon der Untertitel «republikanisches Trauerspiel» nicht an eine ferne Vergangenheit denken läßt, sondern deutlich auf Zeitgeschichte und Gegenwart verweist.[1] Der Gegenwartsbezug wird bestätigt durch den bekannten Ausspruch gegenüber seinem Schwager Reinwald: «Republikanische Freiheit ist hier zu Lande ein Schall ohne Bedeutung, ein leerer Name – in den Adern der Pfälzer fließt kein römisches Blut» (XXIII/137). Obgleich es sich um eine beiläufige und scherzhafte Bemerkung handelt, hat man Grund anzunehmen, daß ihm das Republikani-

DIE DRAMEN UND IHRE POLITISCHEN THEMEN

sche sehr wichtig ist. Die Rede vom römischen Blut ist politische Rede, und wie schon in den «Räubern» wird Republikanertum mit der Idee des Römertums verknüpft. Das wird im Drama wiederholt durch Zitate oder Erwähnungen historischer Gestalten zum Ausdruck gebracht.[2] An der Entscheidung für das Geschichtsdrama hat Schiller noch über die abgeschlossenen Werke hinaus festgehalten; auch die in Aussicht genommene Demetrius-Geschichte ist Darstellung von Geschichtsdramatik, die mit dem Drama Fieskos beginnt. Diese Entscheidung war, wie es scheint, nicht von Anfang an vorgesehen, wie sich an den «Räubern» zeigt. Es ist denkbar, daß die von dem Mannheimer Intendanten betriebene Verlegung der «Räuber» in die frühe Neuzeit nicht nur als nachteilig angesehen wurde, weil die versteckte Gegenwart im Gewand der Geschichte als vorteilhaft erkannt wurde. Schillers historisches Drama ist kein Historiendrama, und Geschichte ist niemals das erklärte Ziel seiner poetischen Intentionen. Der Vorteil, die sich mit der Verlegung der Handlung in eine ferne Vergangenheit verbinden, sind nicht wenige. Sie betreffen noch immer die ärgerlichen Behinderungen der Publikationen durch staatliche Zensurbehörden. Im Gewand der Geschichte kann versteckt werden, was den Zeitgenossen nicht unmittelbar als Gegenwart vermittelt werden kann. Das heißt keinesfalls, daß sich Schiller als Geschichtsdichter streng an das hält, was tatsächlich geschehen ist. Er bittet sich die Freiheiten aus, die er für nötig hält, und zu einem beträchtlichen Teil sind es Rücksichten gegenüber dem Publikum, die ihm wichtig sind. Das sind nicht wesentlich neue Einsichten, sie sind schon in der «Poetik» des Aristoteles nachzulesen. Aber daneben erhalten Zeitgeschichte und Zeitkritik ein zusätzliches Gewicht, wenn sie durch verwandte Geschehnisse in der Vergangenheit als eine Art Wiederkehr des Gleichen beglaubigt werden. Die zahlreichen Anachronismen in seinen Dramen hängen mit dieser Verschränkung von realer Geschichte und Zeitgeschichte aufs engste zusammen. Sie dem Dichter vorzuhalten oder nachzurechnen zeugt von naiver Denkweise; denn sie lassen sich in der Theorie durchaus rechtfertigen als frühe Vorwegnahmen dessen, was erst in späteren Zeiten geschehen wird. Das Geschichtsdrama Schillers ist daher niemals historistisch, als käme es auf Geschichte um ihrer selbst willen an. Es ist wenig an Einmaligkeit und Unwiederholbarkeit interessiert. Als Geschichtsdramatiker kann Schiller daher von Anthropologie nicht gänzlich absehen, von der Konstanz des Menschen in allem Wandel. Das sind Züge seines Denkens, die eher an die ärztliche Herkunft denken lassen als an den Geschichtsdenker des Einmaligen und Unwiederholbaren. Aber zugleich gilt für die Dramen von der «Verschwörung des Fiesko zu Genua» bis zu «Demetrius», daß sie nicht aufhören, politische Dramen zu sein, und das heißt auch, daß trotz der geschichtlichen Stoffe versteckte Zeitgeschichte ihr eigentliches Thema ist. Auch aus diesem Grund ist die Familienthematik nicht Ziel und Zweck; sie dient der Steigerung des Pathetischen im Antagonismus von Politik und Menschlichkeit.[3] Die Verknüpfung von vergangener Geschichte und Zeitgeschichte ist für Schillers dramatisches Werk wenigstens seit dem «Fiesko» kennzeichnend. Das ist an keinem Thema deutlicher zu zeigen als an demjenigen der Verschwörung, und hier kann definitiv von Familiendramatik nicht mehr die Rede sein.[4] Verschwörungen und Rebellionen sind staatlich-politische Angelegenheiten, keine Staatsaktionen, vielmehr Aktionen gegen den Staat, aber weithin jenseits alles Familiären.

Die Vielzahl der Ausdrücke, die man für Aufstandsgeschichten verwendet, ist bezeichnend für die Beliebtheit des Gegenstandes bis hin ins späte 18. Jahrhundert. Es sind nicht synonyme Ausdrücke, die man gebraucht, aber sie sind auch nicht gänzlich voneinander verschieden. Schiller spricht sowohl von Verschwörungen wie von Rebellionen, aber auch andere Begriffe wie Komplott, Aufruhr, Aufstand oder Empörung kommen vor.[5] Gegenüber Körner spricht er von dessen «Project mit der Fronde», womit die Auflehnung eines Teils des französischen Adels gegen Mazarin gemeint ist (XXV/150). Die meisten Quellen, die Schiller herangezogen hat, sind französischer Herkunft. Die wichtigste, auch später für den «Don Karlos», ist die «Histoire de la conjuration du comte Jean-Louis de Fiesque», erschienen 1682.[6] In dem Geschichtswerk des französischen Autors Duport du Tertre wird im Titel von Verschwörungen, Meutereien und merkwürdigen Revolutionen gesprochen. Revolution ist in dieser Zeit kein festumrissener Begriff. Das Wort bezeichnet Bewegungen der Himmelskörper, politische Aufstände in begrenztem Umfang wie grundlegende Änderungen in der Denkungsart.[7] In Schillers Verschwörerdrama erklärt Fiesko, daß man ihn an die Spitze eines Komplotts gestellt habe (I/707). Er bedient sich dabei deutlich eines pejorativen Ausdrucks, und kaum je handelt es sich in diesem politischen Bereich um gänzlich wertfreie Begriffe. Verschwörungen galten lange Zeit im eigentlichen Sinne des Wortes als verpönt. So schon im Werk des römischen Geschichtsschreibers Sallust, der in der Verschwörung Catilinas den Verfall des Römischen Reiches beschlossen sieht. «Es ist wesentlich bei Sallust, daß Catilina aus dem realpolitischen Schachspiel, soweit es möglich ist, herausgelöst und dafür um so inniger in die Pathologie des römischen Volkes eingeführt ist»; so charakterisiert der klassische Philologe Klingner das Geschichtswerk «De conjuratione Catiliniae».[8] Aber zunehmend seit Beginn der Neuzeit geht es darum, über Verschwörungen nicht

DIE DRAMEN UND IHRE POLITISCHEN THEMEN

im vorhinein Verdikte auszusprechen. Es wird umgewertet und aufgewertet. Hinsichtlich der auf Umsturz bestehender Verhältnisse gerichteten Aktionen geht es mehr und mehr darum, ihnen den Charakter gemeiner Verbrechen zu nehmen. Besonders in der französischen Geschichtsschreibung ist das der Fall. Kardinal de Retz hat Verschwörungen nicht nur zum zentralen Thema seiner Geschichtsschreibung gemacht; er hat sich in der Regierungszeit Mazarins auch aktiv an Fronden beteiligt mit der Folge, daß er zeitweilig außer Landes gehen mußte. Schiller hat dessen Geschichtswerk über die Verschwörung in Genua ausgiebig herangezogen. Aber auch nach Abschluß seines Fiesko-Dramas hat er sich weiterhin für den französischen Kardinal interessiert. An Körner schreibt er am 1. Dezember 1788: «Die Sache ist die: ich habe mir schon seit mehr als einem Jahre den Charakter des Retz, des Duc d'Orleans, der Anna und des Mazarin für irgend ein Journal zurückgelegt, weil sich in allen grade soviel historisches und Charakter-Interesse, und auf der anderen Seite wieder soviel interessante modische Kleinigkeiten und Nebenzüge finden, daß eine leichte Darstellung Glück machen muß.» (XXV/150) Das Interesse für diesen Gegenstandsbereich der Verschwörungen und Rebellionen und die damit einhergehende Aufwertung ist in hohem Maße durch französische Schriftsteller und Geschichtsschreiber beeinflußt, und wenigstens bis zur Revolution war Schiller mit französischen Autoren nachhaltig befaßt. Aber auch dadurch wurden Verschwörungen und Rebellionen aufgewertet, daß ihnen, wie im Drama Fieskos, die Dignität der Tragödie zuerkannt wird. Das gesteigerte Interesse für Aufstandsgeschichten hat dazu geführt, daß sie im Jahrzehnt vor der Revolution auch in Schillers schriftstellerischer Tätigkeit allgemein ein wichtiger Programmpunkt geworden sind. Im Verlag Crusius wird 1786 in den «Gothaischen Gelehrten Zeitungen» ein Sammelwerk angekündigt, das 1788 unter dem Titel «Geschichte der merkwürdigsten Rebellionen und Verschwörungen aus den mittlern und neuern Zeiten ... herausgegeben von Friedrich Schiller» als erster Band erschien, der auch der einzige geblieben ist.[9] Obwohl Schiller erklärt hatte, die Sammlung fortsetzen zu wollen, wurde das Projekt alsbald fallen gelassen. Daran war sicher die Übernahme der Professur in Jena schuld, aber vielleicht auch das Ereignis in Frankreich. Geschichten wie diese hatten im Jahrzehnt vor der Revolution Konjunktur, und das ist gewiß nicht nur aus dem Geschäftsinteresse der Verleger zu erklären.

Trotz aller Umwertungen und Aufwertungen hat Schiller als dramatischer Dichter keineswegs einseitig Partei für Verschwörungen ergriffen. Er geht jeweils sehr unterschiedlich mit ihnen um. Das sicher lichtvollste Kapitel solcher Aufstandsgeschichten findet man im Geschichtswerk «Der Abfall der Niederlande von der Spanischen Regierung» vorgetragen. Nicht von Verschwörung oder Rebellion wird hier gesprochen, sondern von Abfall, also von Abspaltung eines Teiles aus dem Ganzen, und es ist auch nicht der große Mensch, der strahlende Held, der hier das Wort führt. Der eigentliche Held dieser niederländischen Rebellion ist das Volk. Das wird in der Einleitung in einigen bemerkenswerten Sätzen ausgesprochen: «Das Volk, welches wir hier auftreten sehen, ist das friedfertigste dieses Weltteils und weniger als alle seine Nachbarn jenes Heldengeists fähig, der auch der geringfügigsten Handlung einen höhern Schwung gibt. Der Drang der Umstände überraschte es mit seiner eigenen Kraft und nötigte ihm eine vorübergehende Größe auf, die es nie haben sollte und vielleicht nie wieder haben wird. Es ist also gerade der Mangel an heroischer Größe, was diese Begebenheit eigentümlich und unterrichtend macht ...» (IV/34). Das Volk, dem Schiller so offenkundig seine Sympathie bezeugt, ist nicht das ganze Volk; der Pöbel, worüber im Kapitel «Der Bildersturm» gesprochen wird, gehört nicht dazu. Dennoch ist die Erhebung des Volkes zum Subjekt einer Rebellion, wie sie hier stattfindet, im höchsten Grade erstaunlich. Die Aufwertung der niederländischen Rebellion als einer Sache der Menschenrechte mit dem Volk als handelndem Subjekt kann nicht zweifelhaft sein, auch wenn das Mittel zur Erreichung solcher Ziele wieder eingeschränkt wird: «Die gute Sache hatte den schlimmen Weg der Rebellion wählen müssen» (IV/68).

Um eine solche Rebellion geht es in Genua nicht. Dennoch haben wir es mit einem eminent politischen Text zu tun: «Es geht in Schillers Stück um Freiheit und Subordination, um die Verbindlichkeit von Gesetzen und die Willkür der Feudalgewalten, um Widerstandsrecht und Tyrannenmord; damit auch um politische Theorien, wie sie sich bei Machiavelli, Montesquieu oder Rousseau erörtert finden», so lautet eine Kennzeichnung des Dramas aus neuerer Zeit.[10] Die Verschwörung wird nicht im vorhinein verurteilt; aber sie wird auch keineswegs der Kritik entzogen, sondern von Anfang an ins Zwielicht gesetzt. Von selbstischen Interessen, die dem Gemeinwohl entgegenstehen, ist keiner der Verschwörer gänzlich frei. Von Schleichhandel, den man im Akt der Verschwörung zu verbergen sucht, ist die Rede; ein anderer hat es auf die Gemahlin Fieskos abgesehen; wieder ein anderer hofft durch Beteiligung an der Verschwörungsaktion seine Schulden begleichen zu können. Erst recht werden die Aktivitäten durch unseriöse Begleitumstände abgewertet. Die Verschwörung erhält den Charakter einer theatralischen Veranstaltung, die in hohem Maße dem geistigen Klima der Aktion entspricht: einem von Witz und Laune belebten Geschehen, als ginge es hier nicht um Leben und Tod, sondern um Spiel und Theater. Eine der dubiose-

DIE DRAMEN UND IHRE POLITISCHEN THEMEN

sten Figuren des Dramas, der Mohr Muley Hassan, wird im Personenverzeichnis wie folgt beschrieben: «Ein konfiszierter Mohrenkopf. Die Physiognomie eine originelle Mischung von Spitzbüberei und Laune» (I/643). Gespielt wird eine Komödie inmitten einer Tragödie, die dem Ernst der Sache vollkommen widerspricht. Zum Komödienspiel gesellt sich das Maskenspiel: es ist von symbolischer Bedeutung, sieht man auf die Vielzahl der Tricks, Täuschungen und Intrigen. Die Art, wie man die Verschwörung inszeniert, macht die Tragödie vergessen, auf die alle Aktionen der Beteiligten zulaufen. «Freund, wohinaus gehts zur Komödie?» fragt eine der Figuren des Dramas (I/715). «Wir gehen in die Komödie», heißt es an anderer Stelle (I/716). Das Theater im Theater verweist auf Tendenzen in der realen Geschichte: auf Ästhetisierungen von Politik, wofür es seit der Renaissance zahlreiche Beispiele gibt. In seinem an historischem Material reichhaltigen Buch über «Don Karlos» kommt Paul Böckmann auf diese Art von ästhetisierter Politik zu sprechen und führt hierzu aus: «es kommt ihm [dem Kardinal de Retz] nicht auf sorgfältiges Quellenstudium an, sondern auf die politische und moralische Unterrichtung über die Kunst der Konspiration, im Sinne eines Macciavelli. Fiesko ist ihm ‹un maître dans l'art de conspirer.›»[11] Die Spielernatur, als die wir Fiesko kennenlernen, ist aus dem Ästhetizismus seines politischen Denkens zu erklären.[12] Schiller zeigt an ihm ein die Neuzeit kennzeichnendes Erscheinungsbild, wie es im 20. Jahrhundert d'Annunzio auf seine Art verkörpert.

Das Ästhetentum, das Schiller mit der Gestalt Fieskos auf die Bühne bringt, steht in einem europäischen Kontext; besonders in der französischen Geschichtsschreibung, in der sich Schiller auskannte, ist es ausgeprägt. Aber Kunst ist im Verständnis dieser Historiker wie der ausübenden Politiker kein autonomes Gebilde, kein Bereich eigenen Rechts; sie ist der Politik im Gegenteil untertan – oder hat ihr untertan zu sein. Einen solchen Umgang mit Politik können wir Politisierung nennen. Mit ihr wird der Kunst das Recht nicht zugestanden, nach eigenem Ermessen und nach eigener Einsicht tätig zu sein. Sie wird vereinnahmt oder instrumentalisiert, wie die Begriffe lauten, die wir heute hierfür verwenden. Im Begriff der Staatskunst, um die es im Fiesko-Drama wie im Umfeld des Dramas geht, hat der Staat Vorrang vor der Kunst. Der Streit, ob solches sein darf, läuft letztlich auf die Frage hinaus, ob es ohne Bedenken zulässig ist, Kunst auf solche Weise als Mittel zum Zweck zu verwenden – Fragen, die vor allem durch Kants Kunstphilosophie in Bewegung geraten sind und um die Zeit, als Schillers Drama erschien, die lebhaftesten Debatten ausgelöst hatten. Der aus diesen Diskussionen sich entwickelnde Autonomie-Gedanke ist das Resultat solcher Debatten. Das alles hat Schiller offensichtlich schon mit Beginn seines dramatischen Schaffens aufgenommen und verarbeitet – nicht erst im berühmten Dezennium zwischen 1788 und 1798. «Die Verschwörung des Fiesko zu Genua» ist dasjenige Drama, das der neuen Autonomie-Ästhetik auf seine Art vorarbeitet. Der Streit um Freiheit und Eigenrecht der Kunst, der sich in Schillers republikanischem Trauerspiel abspielt und widerspiegelt, besagt nicht, daß sich Kunst aus allen politischen Fragen herauszuhalten hat. Es heißt nur, daß jeder sein eigener Herr ist, wenn man sich trifft. Daher sind die Beziehungen von Politik und Kunst, die das Drama Fieskos thematisiert, alles andere als Zutat oder Episode. Sie sind grundlegend. Diese Diskussionen über die Unterordnung der Kunst unter die Befugnisse der Politik, die im späten 18. Jahrhundert ausgetragen werden, haben erstaunlicherweise ihren Niederschlag in einem Verschwörerdrama gefunden, in dem es darum gehen soll, Freiheit wiederherzustellen. Die Politisierung der Kunst, wenn sie gelingen sollte, wäre der Rückfall in Zeiten der Unfreiheit und Tyrannei, die es mit Hilfe der Verschwörung zu beseitigen gilt. Die Anwälte einer solchen Politisierung, die dem gleichkommt, was wir das Totalitäre nennen, sind im Drama sowohl der amtierende Tyrann Andreas Doria wie der potentielle Tyrann Fiesko von Lavagna.

Der amtierende Herzog von Genua, den die Verschwörer beseitigen wollen, vertritt die politisierte Kunstauffassung in den Vorhaltungen, die er dem verbrecherischen Neffen macht, und sagt: «Du hast das schönste Kunstwerk der Regierung verletzt, das *ich selbst* den Genuesern vom Himmel holte, das mich so viele Nächte gekostet, so viele Gefahren und Blut» (I/684). Was er sagt, mag den Zuschauer für diesen Herrscher einnehmen. Aber der Sinn seiner Rede ist aus der Optik des Dramas ein anderer. Er bringt mit der Rede vom Kunstwerk der Regierung zum Ausdruck, daß er über alles regiert, auch über die Kunst. Seine Regierung ist total; sie reicht überall hin und bezieht alles ein, nicht anders, als es Fiesko seinerseits tut. Die sich gegenseitig bekämpfen, nehmen sich in ihren Auffassungen und Einstellungen nicht viel. Beide wollen sie Staatskunstwerke erbauen; sie wollen, daß die Kunst dem Staate dient und ihm untertan sei. Das gibt Fiesko den Seinen in der Unterredung mit dem Maler Romano unmißverständlich zu verstehen, und auch für ihn sind Verschwörung und Politik Kunstwerke, die einen Staatskünstler voraussetzen. Doch handelt es sich hinsichtlich solcher Kunstauffassungen, wie schon angedeutet, nicht um eine Erfindung der Genueser. Im Prozeß der Säkularisierung spricht man seit der Renaissance von Staatskunst und läßt das Sakrale in Staatsdingen zunehmend auf sich beruhen. Zwei weltliche Bestandteile – Staat und Kunst – werden zusammenge-

DIE DRAMEN UND IHRE POLITISCHEN THEMEN

bracht, damit sie sich vertragen. Die Autonomie beider Bereiche steht somit in Frage. Aber für Fiesko steht fest, daß es nur einen Bereich zu geben habe: den Staat und die Politik; die Kunst ist in seiner Auffassung ein Teil davon. Der Maler Romano wird zurückgewiesen als einer, der nur malt. Die Szene ist reich an Anspielungen auf europäische Bildungsgeschichte. Gestalten der antiken Welt – Ajax, Kleopatra, Herkules – werden beschworen. Aber auch an die politische Geschichte wird erinnert, wenn der Maler bemerkt, er hoffe, dereinst die große Linie zu einem Brutuskopf zu finden.[13] Damit wird nicht irgendeine Gestalt der antiken Welt genannt, sondern keine andere als der Mörder Caesars – ein Tyrannenmörder. Kunst und Mord werden problemlos zusammengeführt, als sei es selbstverständlich, daß die Erstere auch dem Mord, dem Tyrannenmord, das Wort redet, wenn es denn verlangt wird. Der Maler nimmt an, daß Fiesko Tyrannengegner ist und vielleicht künftiger Tyrannenmörder. Daher das Suchen nach der großen Linie, das auf ein Brutus-Porträt zielt. Er redet, so hat man doch wohl anzunehmen, Fiesko nach dem Mund; seine Kunst ist ihrer Intention nach opportunistisch. Dennoch findet sie nicht die Zustimmung der politisch Handelnden, weil sie bloß Kunst ist, nicht weltverändernde Politik. Wie sehr die Szene im Zeichen des bevorstehenden Tyrannenmords steht, bestätigen die Fragen und Einwürfe Verrinas, des tugendhaften Republikaners, der dieser Szene beiwohnt; entsprechend redet er Fiesko ins Gewissen: «Du hier, Fiesko? Der Tyrann lebt noch, Fiesko?» (I/692) Aber auch Fiesko läßt erkennen, daß er selbständige Kunst so wenig anerkennt wie sein Rivale Andreas Doria; auch für ihn ist Regierung ein Kunstwerk. Sein Hang zum Totalitären ist unübersehbar. Kunst soll sein, aber nicht in den Formen des bloß Fiktiven, sondern als etwas, das zur Wirklichkeit hinzukommt und sie verschönern hilft. Indem er sie in die Praxis einverleibt, entsteht das eigentümliche Gebilde der Staatskunst, für das ein Staatsdenker wie Machiavelli offen und empfänglich war, und wo in der neueren Schillerforschung von Ästhetisierung der Politik gesprochen wird, wird zumeist auch sein Name genannt.[14] Aber machiavellistische Spuren sind nicht als Anleihen Schillers bei dem italienischen Staatsdenker aufzufassen, sondern sind Auseinandersetzungen mit ihm in Form versteckter Anspielungen. Auf diese Weise wird ein belebender Antagonismus von Politik und Kunst in ein Verschwörerdrama eingebracht, in dem man ihn nicht vermutet. In Wirklichkeit geht es um Macht und immer wieder um Macht, die alles, auch die Kunst, zu dominieren droht.

Wenn aber Totalisierung verhindert werden soll, ist die Trennung der Bereiche in der Weise geboten, daß sie nicht nebeneinander existieren, sondern miteinander, indem sie sich treffen, anregen und voneinander profitieren. Eine Trennung der Bereiche wünscht sich auch Leonore, Fieskos Gemahlin. Doch sind ihre Wünsche ganz anderer Art. Sie will idyllisches und elysisches Dasein nicht erst in einer jenseitigen Welt, sondern schon hier und jetzt. Am Ende des vierten Aktes sucht sie ihren Gemahl auf in der Absicht, ihn künftig von allen Tücken und Intrigen dieser Welt und damit von der Politik überhaupt fernzuhalten. Sie sagt: «Laß uns fliehen, Fiesko – laß in den Staub uns werfen all diese prahlende Nichts, laß in romantischen Fluren ganz der Liebe uns leben *(Sie drükt ihn an ihr Herz mit schöner Entzückung)*. Unsre Seelen, klar wie über uns das heitere Blau des Himmels, nehmen dann den schwarzen Hauch des Grams nicht mehr an – Unser Leben rinnt dann melodisch wie die flötende Quelle zum Schöpfer ...» (I/732). Auch die Gräfin von Lavagna scheint von der Melancholie der Aufklärung gezeichnet zu sein, die sich in der Moderne fortsetzt.[15] Die Frauengestalt des Dramas ist mit Amalia in den «Räubern» geistesverwandt; die Stellung der Frau ist dieselbe und wohl in der Folge davon auch die aus ihr herleitbare Melancholie. Aber die Botschaft der Gräfin von Lavagna ist nicht die Botschaft des Dramas, und daß sich Fiesko über solche Wünsche und Illusionen hinwegsetzt, ist ihm nicht zu verdenken; es wird ihm auch aus der Sicht des Dramas nicht verdacht. Der Wunsch nach Rückzug ins Abseits der Politik, für das sich in erster Linie die Familie empfiehlt, wird bloß erwähnt; kaum geäußert, ist er vorbei und vergangen. Das heißt aber auch, daß Schillers Verschwörerdrama trotz des bürgerlichen im republikanischen Trauerspiel nicht vorrangig an Familiendramatik interessiert ist. Deutlicher kann es kaum gesagt werden, als es hier gesagt wird.[16]

In diesem theatralischen Stück, in dem Nachdenklichkeit durch Maskenspiele, Komödien und andere lärmende Szenen übertönt wird, gibt es eine durchdacht vorgetragene Sprachkritik, die im Drama Schillers Beachtung verdient. In ihr wird jede gedankenlose Rede über Tyrannen in Frage gestellt und nach Klärung der Begriffe verlangt – ein Befund, den man eher in einer wissenschaftlichen Abhandlung als in einem Theaterspiel erwartet. Diese im Drama geübte Sprachkritik ist keineswegs nebensächlich. Sie ist, wie schon gesagt, in erster Linie eine solche des Dichters, aber auch von Fiesko wird sie partiell ausgeübt, und sie zeigt, daß er auch intellektuell die überlegene Person des Dramas ist – sehr im Gegensatz zu seinem Gegenspieler, der aufgrund seiner starren Begrifflichkeit zu solchen Unterscheidungen kaum in der Lage ist. Der Tyrann als Person und die Tyrannis als System sind durchgehende Themen des Dramas. Leonore, Fieskos Gemahlin, überläßt sich ganz ihrer naiven Begeisterung für die Bekämpfung der Beseitigung von Tyrannen. Sie spricht im Plural von ihnen, als wüßte man

DIE DRAMEN UND IHRE POLITISCHEN THEMEN

schon immer, was Tyrannen sind, woran man sie erkennt und was sie zu Alleinherrschern macht. Fiesko hat gegenüber seinen Mitverschworenen das bessere Sprachbewußtsein, aber auch er spricht im Plural von ihnen. Die Tyrannen habe er in Schlummer gesungen, teilt er diesen mit (I/694); und auch sie, die Mitverschworenen, gebrauchen den Plural der verallgemeinernden Rede. Sie gebrauchen das Wort offensichtlich gedankenlos und fragen sich nicht, was Menschen zu Tyrannen macht, die man mit Recht so bezeichnet. Auf die Frage, wer denn im Verlauf der Aktion getötet werden solle, antwortet einer von ihnen: «*Die* Tyrannen!» Fiesko nimmt auf, was gesagt wurde, und erwidert: «Wohlgesprochen, *die* Tyrannen. Ich bitte euch, gebt genau acht auf die ganze Schwere des Worts. Wer die Freiheit zu stürzen *Miene macht*, oder Gewicht hat? Wer ist *mehr* Tyrann?» (I/705) Er hätte auch fragen können: Wer von ihnen ist ein richtiger Tyrann? Diese Sprachkritik an dem zur floskelhaften Rede verkommenen Begriff des Tyrannen ist bemerkenswert. Eine Herrscherpersönlichkeit einen Tyrannen zu nennen, kann folgenreich sein; eine solche Rede kann dessen Tötung zur Folge haben. Das haben die Teilnehmer an der Verschwörung noch nicht gelernt. In jedem Fall hat diese Sprachkritik einen Zug zur Belehrung, zum Lernen. Um so bedenklicher, wenn das Wort bedenkenlos gebraucht wird, wie es hier geschieht. Der gedankenlose Umgang mit dem Wort macht es zweifelhaft zu entscheiden, ob wir es in diesem oder jenem Fall wirklich mit einem Tyrannen zu tun haben – mit einer Herrscherpersönlichkeit, die mit Fug und Recht so genannt werden darf.[17] Aber der typische Tyrann, wie ihn die alte Welt kennt und beschreibt, ist offensichtlich nur noch schwer auszumachen; er entschwindet schon in Schillers frühen Dramen dem klaren Blick des Betrachters. Wer also in diesem Verschwörerdrama ist ein «richtiger», ein typischer Tyrann?

Der regierende Herzog, der im Personenverzeichnis als «ehrwürdiger Greis» aufgeführt wird, kann schwerlich als typischer Tyrann gelten. Sein verbrecherischer Neffe hat alle Anlagen, einmal ein richtiger Tyrann zu werden, aber vorerst ist er es noch nicht; er ist ein Mensch mit kriminellen Energien wie andere Verbrecher auch; und selbstverständlich ist er ein gemeiner und kein erhabener Verbrecher. Was er tut, billigt der Herzog keineswegs, infolgedessen sind ihm tyrannische Willkürakte nur partiell vorzuwerfen. Sie zeigen sein Herrschaftssystem nicht in bester Form, aber sie machen ihn nicht selbst zum typischen Tyrannen. Daß es mit der Herrschaft in Genua nicht zum besten steht, bezeugen die zwölf Abgesandten, die zwölf Handwerker, die bei Fiesko vorsprechen. Man hat ernst zu nehmen, wenn alle in den Ruf einstimmen: «Ein Tyrann! Ein Verräter des Lands und der

Regierung!» (I/679) Zwar wird der eine wie der andere Doria mit dem Bild des Verbrechers in Verbindung gebracht. Aber vom gemeinen Verbrecher dieser Art ist der erhabene Verbrecher Fiesko, wenn er es denn ist, durch Welten getrennt. Wenn also Andreas Doria der typische Tyrann nicht ist, so ist es Fiesko noch viel weniger. Auch wenn einige Züge im Charakterbild dafür sprechen könnten – sein frivoles Spiel mit Liebe und Leidenschaft, sein Hang zu Großmannssucht, Selbsterhöhung und Prahlerei wie der skrupellose Gebrauch von Mitteln, die seinen Zwecken dienen –, mit den Machenschaften des jungen Doria hat er nichts zu tun. Trotz aller Ränke, Tücken und Intrigen, die er sich zuschulden kommen läßt, wird der Stab über ihn nicht gebrochen; bis zuletzt bleiben ihm aus der Optik des Dramas die Sympathien erhalten.[18] Ungeachtet seiner Machtbesessenheit ist er nicht ohne Gewissen. Das zeigen die Monologe, die ihre Funktion verlieren, wenn man sie lediglich als Äußerungen seines Schauspielertums verstehen wollte. Der erste dieser Monologe schließt den zweiten Akt; es ist derjenige, in dem sich sein Gewissen regt. Er zeigt uns Fiesko, *«der nachdenkend auf- und niedergeht»*; das bloß Naive der Denkungsart hat er hinter sich gelassen. Er hat die Fähigkeit zu sentimentalischem Menschentum; wenigstens zeigt er Ansätze zu einem solchen. Der Fiesko dieser Szene ist ein wissend gewordener Mensch; er ist nicht ausschließlich der spontan und unbesonnen Handelnde. Da ist von verdächtigen Brüdern die Rede, von üppigen Phantomen der Seele, von Sirenentrillern und von der Livrei des ewigen Lügners. Seelisches Leben in Aufruhr ist ausgespannt zwischen Himmel und Hölle, zwischen antiken Göttern und christlichen Symbolen. Seinen Protagonisten, mit dem sich Schiller keineswegs identifiziert, hat er mit einem Sprachvermögen ausgestattet, das ihm seinerseits als Dichter alle Ehre macht. Auch wenn man diese Selbstbefragung wortreich findet – an seiner Aufrichtigkeit in diesem Moment zu zweifeln besteht kein Grund. Ihrer poetischen Struktur nach sind Monologe Gespräche mit sich selbst. Aber innerhalb solcher Monologe sind diejenigen Partien die bewegendsten, in denen der Sprechende zum fiktiven Dialog übergeht, in denen Gespräche im Selbstgespräch hergestellt werden. So sind denn Anredeformen für den Fortgang dieses Monologs bezeichnend. Die Anrede richtet sich an den Tyrannen im eigenen Inneren, dem befohlen wird unterzugehen. Der nächste große Monolog zu Beginn des dritten Aktes enthüllt das vorausgegangene Selbstgespräch nicht als Lüge und Heuchelei, sondern zeigt, daß Tyrannentum nichts Eindeutiges ist, sondern aus Ambivalenzen besteht. Aufs Ganze gesehen scheint diese Nachdenklichkeit gegenüber dem durchgehenden Machtstreben nicht sonderlich ins Gewicht zu fallen – eine vorübergehende Aufwallung und nicht

DIE DRAMEN UND IHRE POLITISCHEN THEMEN

mehr. Aber auch im Verhalten Verrinas gibt es etwas derart Momentanes, und es sind gerade diese Momente, die Beachtung verdienen. Im Wandel der Denk- und Herrschaftsformen behauptet das Überkommene, zu denen auch tyrannisches Verhalten gehört, noch lange sein Recht. Das Neue und Vorwärtsweisende ist nur in Ansätzen vorhanden.

Diese vorwärtsweisenden und auf Wandel gerichteten Züge in dem im Gang befindlichen Veränderungsprozeß werden im Drama einzig durch Fiesko gefördert und vorangebracht. Am Bild des Tyrannen, das er zu klären sucht, war es zu zeigen. Aber zu zeigen ist es erst recht am Tyrannenmord als ein aus der Antike überkommenes, vielfach fragwürdig gewordenes Rechtsmittel. In der auf Beseitigung eines Tyrannen zielenden Verschwörungsaktion bleibt es keineswegs unbehelligt. Das Drama und mit ihm seine Hauptfigur entwickeln Positionen gegen den Mord. Das betrifft vor allem die Tötungsarten in politischer Absicht. In dieser Einstellung unterscheidet sich Fiesko von allen seinen Mitverschwörern. Einige von ihnen sind mit Vorschlägen zur Stelle. Zynisch und rücksichtslos äußern sie sich über diese für sie keineswegs heikle Frage. Einer von ihnen würde gern die Kirche als Ort eines solchen Vollzugs vorsehen; er sagt: «In drei Tagen ist Hohe Messe in der Lorenzokirche. Beide Doria halten dort ihre Andacht. In der Nähe des Allerhöchsten entschläft auch Tyrannenangst. Ich sagte alles» (I/705). Ein anderer dieser Mitstreiter denkt an eine andere, schon fast traditionelle Tötungsart; und auch dieser Vorschlag läßt an Zynismus nichts zu wünschen übrig! «Besser, Fiesko läßt Oheim und Neffen zu einem Gastmahle laden, wo sie dann, zwischen den ganzen Groll der Republik gepreßt, die Wahl haben, den Tod entweder an unsern Dolchen zu essen, oder in gutem Zyprier Bescheid zu tun. Wenigstens bequem ist diese Methode» (I/705).[19] Von solchen Vorschlägen will Fiesko nichts wissen. Ihm sind derartige Tötungsvorschläge suspekt; und auch Verrina ist mit ihnen nicht einverstanden: Er will, daß mit offenem Visier gekämpft werde, und sagt: «Ein offenes Herz zeigt eine offene Stirn. Meuchelmord bringt uns in jedes Banditen Brüderschaft. Das Schwert in der Hand deutet den Helden» (I/706). Der eiserne Republikaner unterscheidet sich in der Wahl der Tötungsart deutlich von seinen Mitstreitern. Er will durchaus, daß getötet werde; er will den Tyrannenmord, nur eben mit offenem Visier. Darauf verfügt Fiesko: «Beide Doria werden in ihren Palästen überfallen, ermordet: In allen Gassen wird Lärm geschlagen, die Sturmglocken werden gezogen» (I/707). Aber will er wirklich, daß getötet wird? Die Anweisungen, die er zum Töten gibt, muß er schon deshalb geben, um sich seinem Rivalen gegenüber nicht vollends verdächtig zu machen. Nach vollzogenem Umsturz begibt sich Fiesko als Sieger zu Andreas

Doria, um sich diesem zu zeigen. Aber er tut ihm nichts, sondern läßt ihn am Leben: Der Tyrannenmord findet nicht statt. Fiesko will ohne Frage Macht erringen und Herrschaft ausüben. Aber er ist kein skrupelloser Machiavellist, und offensichtlich alles andere als ein unerbittlicher Verfechter des Tyrannenmords. Von den Anweisungen zur Tötung der Dorias, die nicht ausgeführt wurden, abgesehen, liegen ihm Tötungsabsichten gänzlich fern. Daß er die eigene Gemahlin getötet hat, ist nicht willentlich geschehen. Fiesko nimmt diese Tötung nicht teilnahmslos hin, obgleich er sie sofort in sein Verlangen nach Prunk und Gepränge einbezieht. Er will nunmehr Herrschaft mit anderen teilen, seine neue Würde, diejenige des Herzogs von Genua, demokratisch legitimieren. So ist die Krönungsszene in einer bemerkenswerten Interpretation unlängst erläutert worden: «Schillers Protagonist rechtfertigt seine fürstliche Macht nachträglich nach Art eines Plebiszits aus der offiziell eingeholten breiten Zustimmung der Beherrschten (V, 12)»; und mit Beziehung auf Max Webers Kennzeichnung charismatischer Herrschertypen heißt es in diesem Zusammenhang: «In ihm findet sich so der politische Weg präfiguriert, den Napoleon Bonaparte und Louis Napoleon beschritten haben».[20] Ob Fiesko sich wie ein Alleinherrscher oder Gewaltherrscher in Genua gebärden wird, ist nicht erwiesen, weil er noch gar nicht zu herrschen begonnen hat. Aber ein Tyrann im vollen Sinne des Wortes ist Fiesko nach errungenem Sieg über die Dorias noch nicht. In der Bezugnahme auf Max Weber geht es um das Kapitel über die charismatischen Herrschertypen, in die auch Napoleon Bonaparte einbezogen wird.[21] Max Weber spricht vom Typus charismatischer Herrschaft. Es ist aber durchaus fraglich, in welchem Sinn man diese Kategorie auf Schillers Fiesko übertragen kann. Das Charismatische ist für den Genueser eine Option, eine andere ist das Republikanertum. Für Schillers Drama ist das Nebeneinander verschiedener Herrschaftsformen bezeichnend, und für eine von ihnen haben sich seine Protagonisten aufgrund ihres Kenntnis- und Wissensstandes zu entscheiden, falls es nicht am Ende die Triebe in ihnen sind, die den Ausschlag geben. Fiesko kann von der Anlage des Dramas her für diese oder jene Herrschaftsform sein. Die verschiedenen Fassungen sind keine Willkürakte; sie sind von der Anlage des Dramas her legitim, obwohl man die Bedeutung des «Theater-Fiesko» nicht überschätzen sollte.[22]

Als ein Aufruf zum Tyrannenmord kann Schillers Verschwörerdrama schwerlich gelesen werden, wenn man zu dem Ergebnis kommt, daß die Auffassung des Republikaners mit der Optik des Dramas nicht übereinstimmt. Dafür spricht auch Verrinas unmenschliches Verhalten der eigenen Tochter gegenüber. Er benutzt sie als Mittel zu seinen politischen Zwecken.

DIE DRAMEN UND IHRE POLITISCHEN THEMEN

Das bürgerliche Trauerspiel, das sich abseits der politischen Bühne im Hause des Republikaners ereignet, steht so gut im Zeichen der Tyrannis wie das republikanische Trauerspiel Fieskos. Das aus dem antiken Schrifttum noch immer herüberwirkende Virginia-Motiv, ursprünglich gegen tyrannische Übergriffe eines Herrschers gerichtet, nimmt in der Person des Vaters tyrannische Züge an. Schon in diesem Drama Schillers wird das Tyrannische zum Tyrannischen in uns. Tyrannenmord, um den es aus der Sicht des Republikaners vorrangig gehen sollte, wird problematisiert. Das Drama hat kaum begonnen, da steht für Verrina fest, daß aus dem früheren Freund und Gesinnungsgenossen ein Tyrann geworden ist, den es zu beseitigen gilt. Schon zu Eingang des dramatischen Geschehens erscheint der Republikaner mit einem Trauerflor am Arm, und Fiesko erkennt sofort, was damit gemeint ist. Verrina hält mit seinen Vorwürfen nicht lange zurück und erklärt: «Wo bist du hingekommen, Fiesko? Wo soll ich den großen Tyrannenhasser erfragen? Ich weiß eine Zeit, wo du beim Anblick einer Krone Gichter bekommen hättest – Gesunkener Sohn der Republik!»; und Fiesko kommentiert: «Dieser Republikaner ist hart wie Stahl» (I/654). Daß Verrina so denkt und später entsprechend handelt, zeugt wenigstens von Voreiligkeit. Er ist mit seinem Urteil oder der Verurteilung schon fertig, ehe Fiesko überhaupt zu regieren begonnen hat. Erst recht wird die Starrheit seines Denkens nach festen unwandelbaren Prinzipien offenkundig. Eines dieser Prinzipien heißt Tugend, fast wie in der römischen Antike oder bei Machiavelli. Er macht sie in der Öffentlichkeit wie in der Familie gleichermaßen geltend. Verrina ist ein Tugendwächter, ein Eiferer und Ideologe, wie es sie später im revolutionären Frankreich geben wird. Die aus solchem Denken herleitbare Tat, die Beseitigung Fieskos, ist Meuchelmord, kein Tyrannenmord, obwohl er selbst sie so und nicht anders versteht. Die Tat wird mit keinem Verschwörer beraten oder abgestimmt. Auch Wilhelm Tell wird dies nicht tun, aber seinem Alleingang liegen gänzlich andere Motive zugrunde. Es ist die Schäbigkeit des Tötens in politischer Absicht, die Verrinas Tat so verwerflich erscheinen läßt. Ohne nähere Begründung, aber «mit fürchterlichem Hohn» stößt er – im Drama, nicht in der realen Geschichte – den früheren Gesinnungsgenossen ins Meer und läßt ihn verenden wie einen Hund. Diesem Tötungsakt fehlt alles, was als Sieg oder Triumph verstanden werden könnte. Die Folgerung liegt nahe, daß es das Drama vordringlich auf die Verwerflichkeit des politischen Mordes, hier des Tyrannenmordes, abgesehen hat, bei aller Gegnerschaft zu Willkürherrschaft und Tyrannentum. Verrina hält unbeirrt und unerschütterlich am antiken Erbe des Tyrannenmords fest. Das zeigt sich am regierenden Herzog Andreas Doria, den er getötet sehen möchte, wie an der ausgeführten Tat, der Tötung seines Mitstreiters. Ob aber Fiesko in Genua eine Willkürherrschaft ausüben und wie er mit dem Leben anderer umgehen wird, ist so unbewiesen wie unbeweisbar.

Die Schilderung der Tötungsszene wäre allerdings ungenau, wollte man ein Hemmnis des Republikaners außer acht lassen, das es gibt, ehe getötet wird. Die Tötung Fieskos ist seit langem beschlossene Sache; sie ist eine Konsequenz im Denken Verrinas. Aber dann wird diese Konsequenz jäh und unerwartet durchbrochen. Der Rivale Fieskos macht einen letzten Versuch, seinen früheren Mitstreiter von der Annahme der Herzogswürde abzubringen, um ihn in das Lager der Tyrannenfeinde zurückzuführen; und was Verrina mit dieser Bitte vorbringt, ist ja nicht ein Wort oder ein Satz, sondern eine Folge von flehentlichen Bitten, die von sprachlosen Ausdrucksformen begleitet werden. Das Todesurteil, das er an seinem früheren Freund vollstreckt, ist schimpflich, verwerflich und schäbig. Aber die Artikulierung flehentlicher Bitten, die dem Akt der Tötung vorausgehen, machen ihm alle Ehre – welche Szenen! Ich kann nicht finden, daß sie von Forschern und Interpreten über Gebühr beachtet wurden. Was aber geschieht? Im Verlauf dieses letzten Gesprächs begeben sich beide Rebellen zum Meer, und Fiesko bemerkt beiläufig: «aber ich weiß nicht, warum ich folgen muß» (I/750). Verrina ist nicht mehr der alte. Es wird von ihm gesagt: *«hält still, mit Wehmut»*, und Wehmut ist eine kultiviertes Wort aus dem Wortschatz der Innerlichkeit.[23] Der Repubikaner fordert Fiesko auf, ihn zu umarmen. Er weint; diese von Härte geprägte Natur weint. Verrina nennt ihn Freund und fordert ihn auf, den Purpur wegzuwerfen: «Wirf diesen häßlichen Purpur weg, und ich bins» – und er setzt nach: «Fiesko – ich bin ein Kriegsmann, verstehe nicht wenig auf nasse Wangen – Fiesko – das sind meine ersten Tränen – Wirf diesen Purpur weg» (I/750). Aber damit nicht genug! Er setzt abermals nach und gibt nicht auf: «Ich werde *nicht* knien – Fiesko. (*Indem er niederkniet*). Es ist mein erster Kniefall – Wirf diesen Purpur weg» (I/751). Rationale Aussagen, auf die man sich verlassen kann, gelten nicht mehr. Die Psychologie macht, was sie will; sie produziert nur noch schwer verstehbare Widersprüche. An diesem politischen Kopf, der sich auf starre Prinzipien festgelegt hat, werden Seiten des Menschlichen erkennbar, die bisher an ihm nicht wahrgenommen wurden. Die Intensität dieses Bittens, Flehens und Kniens spricht dagegen, daß hier alles nur gespielt wird. Der starre Republikaner ist nicht nur derjenige, der er immer war. Er ist plötzlich, obschon nur vorübergehend, ein ganz anderer. Diese sehr vorübergehende Anwandlung von Menschlichkeit hat ihre Entsprechung in Fieskos erstem Monolog. Die

DIE DRAMEN UND IHRE POLITISCHEN THEMEN

Anwandlungen sind hier wie dort nur als etwas rasch Vorübergehendes zu bemerken. Aber was nur momentan vorhanden ist, ist gleichwohl vorhanden; man kann daran anschließen, damit es sich bildet und fortentwickelt: das Republikanische in der Natur Fieskos und das Menschliche in derjenigen Verrinas. Beide Figuren sind aufeinander bezogen, und nur in dieser Figuration erfüllen sie die ihnen vom Autor zugedachte Aufgabe. Wer nur auf Charakterstudien sieht, sieht vorbei.

Aber die Entfaltung republikanischen Denkens kennt in diesem Drama noch andere Repräsentanten. Zu sprechen ist über die Szene, in der zwölf Handwerker vorsprechen, um Fiesko zum Widerstand gegen die Herrschaft der Dorias zu gewinnen. Sie sind nicht als Volk abzutun, das man beliebig manipulieren kann.[24] Daß sie nach der Erzählung der Tierfabel durch Fiesko der starken Herrscherpersönlichkeit zustimmen, ist nicht verwunderlich; denn sie haben sich eine solche ja gewünscht. Aber nichts deutet darauf hin, daß sie ihre republikanischen Errungenschaften – sie haben Sitz und Stimme im Senat – aufgeben. Ihr Widerstand gegen die Dorias, die sie der Willkürherrschaft anklagen, hat eine andere politische Qualität als diejenige der Sacco und Kalkagno. Der Widerstand dieser Handwerker hat eine anderes Niveau. Sie lassen an dem nicht rütteln, was zu den Gepflogenheiten im Senat gehört, und sind empört, wenn der amtierende Herzog dort in Purpur erscheint, da die Ratsherren üblicherweise die schwarze Kleidung tragen (I/679). Sie sind erbost über die ausländischen Truppen, die der Herzog, offensichtlich ohne ihre Zustimmung, ins Land gerufen hat. Das ist aus zeitgeschichtlicher Sicht nicht primitive Fremdenfeindlichkeit, sondern entspricht eher progressivem Denken, wie es später in Kants Schrift «Zum ewigen Frieden» seinen Ausdruck finden wird. Söldner und Söldnerheere sind problematisch geworden; an ihre Stelle sollen Soldaten des Vaterlandes treten, die eine vaterländische Aufgabe erfüllen, nicht aber das Handwerk des Tötens betreiben. In der «Wallenstein»-Trilogie wird das Motiv aufgenommen und vertieft. Die zwölf Handwerker beklagen sich über Verstöße und Provokationen des Herzogs, und wie sie es vorbringen, hört es sich nicht an, als hätten sie dies alles erfunden, als seien ihre Klagen aus der Luft gegriffen. Sie entsprechen in allem ihrer republikanischen Gesinnung; und sie wissen sehr gut, daß Fiesko der einzige in diesem Stadtstaat ist, der die Dinge wenden kann. Daher setzen sie auf ihn und bringen ihm nicht schon im vorhinein das Mißtrauen entgegen, wie es für Verrina von Anfang an kennzeichnend ist. Sie halten den Grafen von Lavagna für einen klugen Mann und für einen angesehenen Edelmann. Auch sie machen den Versuch, auf den sich Fiesko und Verrina eingelassen haben: das Genialisch-Große und Charismatische mit dem Republikanischen und Demokratischen, in dem es um Mehrheitsverhältnisse geht, zu verbinden, und sie machen den Versuch, diese Verbindung zustande zu bringen. Sie vertreten eine andere Bildungs- und Wissensstufe als die korrupten Verschwörer im Gefolge Verrinas; daß Fiesko ihnen die Tierfabel erzählt und nicht den Verschwörern, die wir schon kennen, ist kein Zufall. Neuere Forschung hat der Tierfabel unterschiedliche Beachtung geschenkt. Man hat sie einesteils mit Hobbes und seiner Staatsphilosophie in Verbindung gebracht, zum andern mit Machiavelli.[25] Wörtlich wird hierzu gesagt: «Die beiden Tiere (Löwe und Fuchs) stehen für ‹Majestät› und ‹Tücke›, Stärke und Klugheit, Gewalt und List: für jene Verbindung also, die bei Machiavelli (*Il principe*, 18. Kapitel) die ideale Beschaffenheit eines Machthabers markiert. Machiavellisch ist auch, was Fiesko unternimmt. Das Drama ist ein *Verschwörungs-Stück* ... – *wie so viele Haupt- und Staatsaktionen seit der Renaissance*».[26] Aber Schillers Sinn für Mehrdeutigkeit sollte davor bewahren, die Hauptfigur des Dramas auf eine bestimmte Staatsanschauung festzulegen. Es soll ja nicht bestritten werden, daß Spuren machiavellistischen oder machiavellischen Denkens in diesem Drama entdeckt werden können, die sich zumeist in Anspielungen verstecken. Aber Schiller kennt weder typische Figuren im Sinne der Typik Max Webers noch Charaktere, die sind, wie sie sind. Seine Figuren sind auf Wandel und Veränderung angelegt. Sie können häufig auch die ganz anderen sein. Daher wird man Bezugnahmen, auf Hobbes wie auf Machiavelli als Möglichkeiten staatspolitischen Denkens gelten lassen dürfen, nicht aber als Festlegung auf das Weltbild eines dieser Denker. Wichtiger jedoch als die genannten Staatsdenker aus früheren Jahrhunderten ist ein anderer Denker, ich meine Rousseau. Er ist nicht nur Hauptfigur, sondern auch dem Dichter die für das Drama wichtigste Person – derjenige zugleich, von der die Idee des Dramas ausgegangen ist.

Was man einmal als die Rousseau-Legende Schillers bloßzustellen gedachte, ist inzwischen selbst zur Legende geworden.[27] Daß Schiller in mehrfacher Hinsicht mit den Lehren Rousseaus nicht übereinstimmt, wird nicht übersehen. Das betrifft vor allem den Naturbegriff Rousseaus, den Schiller vielfach kritisch beurteilt, nicht weniger seine Auffassung von Kunst. In der großen Abhandlung «Ueber naive und sentimentalische Dichtung» ist die Distanzierung von zentralen Ideen des Genfers weitreichend. Es heißt hier: «Rousseau, als Dichter wie als Philosoph hat keine andere Tendenz als die Natur entweder zu suchen, oder an der Kunst zu rächen» (V/730). Aber das ist nicht das Ganze. Die Hochschätzung des politischen Denkers ist eine Tatsache, und sie ist nicht wegzuinterpretieren. In neuerer Zeit ist vor allem in der Kommentierung des «Don Karlos» die Nähe Schillers zu Rousseau in Staatsdingen aufgezeigt worden. Es wird betont, «welch lebhaften Eindruck die von Sturz veröffentlichten *Denkwürdigkeiten* auf Schiller gemacht und wie sehr sie seine Vorstellungen von Rousseau durch Jahre hindurch bestimmt haben».[28] Im Fortgang dieser eindringenden Untersuchungen heißt es: «So wird man annehmen dürfen, daß Schiller sich nicht nur mit dem Bericht von Sturz über Rousseau begnügt, sondern frühzeitig nach dessen Werken gegriffen hat; auch wenn darüber kaum direkte Zeugnisse vorliegen. Daß ihm der *Contrat social* vertraut war, verraten *Die Worte des Glaubens* von 1797... Manche von Posas Worten gewinnen ihr Profil erst vor diesem Hintergrund...»[29] Aber schon in den zwanziger Jahren des vorigen Jahrhunderts hatte derselbe Schillerforscher geltend gemacht, wie sehr die Reden einzelner Figuren von den Ideen des *Contrat social* erfüllt seien.[30] Keine Frage: Die nachhaltigsten Anregungen, ein Drama Fieskos zu schreiben, gehen auf Rousseau zurück, und die Rede vom «erhabenen Verbrecher» ist bei weitem nicht die wichtigste Aussage.[31] Vor allem hat Schiller den zentralen Gedanken aus den von Sturz herausgegebenen *Denkwürdigkeiten* Rousseaus aufgenommen: den Gedanken des dramatischen Gegensatzes zwischen Größe und Charisma einerseits und republikanischer Freiheit zum andern. Dieser Antagonismus ist den Sätzen mitgegeben, die man herkömmlicherweise zitiert findet, wenn von Schillers Fiesko-Drama die Rede ist: «Plutarch hat darum so herrliche Biographien geschrieben, weil er keine halbgroße Menschen wählte, wie es in ruhigen Staaten Tausende giebt, sondern große Tugendhafte und erhabene Verbrecher. In der neuen Geschichte gab es einen Mann, der seinen Pinsel verdient, und das ist der Graf von Fiesque, der eigentliche dazu erzogen wurde, um sein Vaterland von der Herrschaft der Doria zu befreien» (I/970). In diesen Hinweisen Rousseaus sind große Menschen und republikanische Freiheit keine Gegensätze; sie schließen sich nicht aus, während Schiller daraus den Antagonismus macht, der das tragische Scheitern bewirkt. Beachtung verdient die Szene der zwölf Handwerker. Sie wenden sich an Fiesko, damit er mithilft, die Stadt vom Tyrannen zu befreien, indem er die Regie dieser Befreiung übernimmt. Sie sind überzeugte Republikaner, aber auch nicht übermäßig ängstlich, daß sich der von ihnen erkorene Regisseur unverzüglich an die Stelle des gestürzten Tyrannen setzt. Und höhere menschliche Bildung erweist sich in ihrem Fall daran, daß sie für Frieden eintreten und Krieg verabscheuen. Auch dagegen hat der regierende Herzog verstoßen, weil er mit umgürtetem Schwert den Sitzungssaal betreten hat. «Ein Schwert! Das Zeichen des Kriegs! Im Zimmer des Friedens!» sagt einer von ihnen (I/679). Sie wollen, daß der Tyrann in ihrem

Staatswesen aus seinem Amt entfernt und vertrieben wird, und wenn sie seine Beseitigung wollen, so doch nicht seine Ermordung. Nirgends deuten sie dies an. Sie sagen: «In Stücken mit dem Andreas! In tausend Stück den steinernen und den lebendigen!», damit meinen sie das steinerne Denkmal des Herzogs und den lebenden Körper (I/679). Mit diesem Ausruf schließen die Handwerker die Tötung der lebendigen Person ein, die sie als Tyrann und Verräter bezeichnen. Aber eigene Interessen und Vorteile, wie sie für die Verschwörer um Verrina und Fiesko bezeichnend sind, sind nicht erkennbar. Insofern befinden sie sich gegenüber jenen auf einer höheren Stufe des politischen Bewußtseins. Fiesko aber, wie schon gezeigt, sucht ohne politischen Mord auszukommen, wenn er den regierenden Herzog am Leben läßt, dessen Stelle er selbst einzunehmen gedenkt. Es sind also Stufen der politischen Bildung, die sich abzeichnen. Auf der höchsten dieser Stufen haben wir uns Fiesko zu denken, trotz aller Vorbehalte gegenüber seiner Person. Der Mord an Fiesko ist, so gesehen, ein Rückfall in barbarische Zeiten, in vorzivilisatorische Verhältnisse, wenn man bedenkt, daß der Hauptfigur, dem wirklichen oder vermeintlichen Tyrannen, die Sympathie des Autors bis zum Ende hin erhalten bleibt. Tyrannenmord wird in diesem Drama Schillers nicht völlig ausgeschlossen. Aber in der vorwaltenden Tendenz mit Fiesko als ihrem Wortführer arbeitet das Drama der noch vorhandenen Praxis dieser politischen Institution entgegen. «Die Verschwörung des Fiesko zu Genua» ist als republikanisches Trauerspiel kein Drama, das den Tyrannenmord eindeutig bejaht. Sichtbar wird am Ende eine tragische Konstellation, die darin beruht, daß derjenige beseitigt wird, der am ehesten die Abschaffung dieses politischen Mordes bewirken könnte, und noch im Scheitern der beiden republikanischen Repräsentanten wird diese Tendenz erkennbar; denn Tötungen gibt es in diesem Drama, wie in anderen Dramen, in so großer Zahl, damit es sie eines Tages nicht mehr gibt.

3
«Don Karlos»

Auch im nächsten der historischen Dramen, «Don Karlos», geht es um Verschwörung, und der spanische König Philipp II., in dessen Reich sie in Gang gesetzt wird, weiß darüber Bescheid; er spricht von dem Aufruhr, der in seinen Niederlanden wächst (II/40). Aber gegenüber der Verschwörung in

DIE DRAMEN UND IHRE POLITISCHEN THEMEN

Genua ist diejenige in Spanien gänzlich anderer Art, schon allein hinsichtlich der Mitteilungsform, in der wir als Zuschauer hiervon Kenntnis erhalten. Was über den Aufruhr im Weltreich Philipps II. gesagt wird – und ohne Frage sind es bedrohliche Vorgänge –, wird in hochpoetischer Form gesagt. Die Verssprache des Dramas bietet im Rückblick auf die vorausgegangenen Stücke keine Vergleichsmöglichkeiten. Nun scheint sich auch Schiller, wie Goethe als Verfasser der «Iphigenie», auf den Weg zum deutschen Klassizismus zu begeben. Aber die feierliche Sprache in Goethes Griechendrama scheint dem Inhalt vollkommen angemessen zu sein. Das kann man von Schillers «Don Karlos» nicht sagen. Die Verschwörung des Marquis Posa weist gegenüber derjenigen Fieskos ein sehr viel höheres Niveau in menschlicher wie in intellektueller Hinsicht auf. Aber in der Sache geht es nunmehr, im Spanien des 16. Jahrhunderts, sehr viel grausamer zu als im provinziellen Stadtstaat Genua. Mord, und fast stets ist es politischer Mord, ist in diesem absolutistischen Herrschaftssystem eine fast alltägliche Angelegenheit. Den Staat, in dem dies geschieht, könnte man mit modernen Begriffen gut und gern einen Polizeistaat, eine Diktatur oder ein totalitäres Staatswesen nennen. Gegenüber der Art, wie man im Reich Phillips II. Menschenrechte mit Füßen tritt, sind die Verstöße gegen die republikanischen Anstandsregeln, von denen die Handwerker in Genua berichten, eine Bagatelle. Hier geht es zu wie einige Jahrhunderte zuvor in der Schweiz des Landvogts Geßler. Die schöne Form und die mörderischen Inhalte! Die Widersprüche, die auf diese Weise zustande kommen, sind schockierend, so gern wir uns der Schönheit dieser Verse überlassen möchten. Dennoch gibt es in diesem düsteren Drama einige lichtvolle Seiten, auch und gerade in der Beschaffenheit der Verschwörung. Zwar muß auch sie geheim und hinter dem Rücken des Königs betrieben werden, weil es anders nicht geht. Aber unlautere Motive wie selbstische Interessen spielen im Vorhaben und Vorgehen des Marquis Posa keine Rolle. Mag auch er von der Neigung, über andere zu bestimmen und sie nach seinem Bilde zu formen, nicht frei sein – ein Machtmensch von der Art Fieskos oder Wallensteins ist er nicht. Die Verschwörung, an der er maßgeblich beteiligt ist, ist nicht innenpolitisch motiviert wie diejenige in Genua. In «Don Karlos» geht es um imperialistische Interessen, die sich zu Beginn der Neuzeit abzuzeichnen beginnen. Es sind solche der spanischen Regierung gegenüber den Niederlanden, der Herrschaft eines Herrenvolkes über ein unterworfenes Volk. Zum erstenmal im Denken Schillers verbindet sich der Begriff Herrschaft mit Fremdherrschaft. Das Stichwort, das hier wie später gilt, heißt Befreiung von ihr. Das ist nicht dasselbe wie die Befreiung von einer Tyrannis, die von den eigenen

Landsleuten ausgeübt wird. Abwehr und Widerstand, wenn sie fremden Eindringlingen gelten, sind intensiver, heftiger und von einer anderen Beschaffenheit als der Widerstand gegenüber den Regenten des eigenen Landes. In der Debatte des Jahres 1793 über Widerstandsrecht, die durch Kants «Gemeinspruch»-Aufsatz ausgelöst worden war, spielt der Widerstand gegen das Fremde so gut wie keine Rolle. Der Marquis von Posa will ein Volk von Fremdherrschaft befreien, das gar nicht sein eigenes Volk ist.

Schon über der Arbeit an der «Geschichte des Abfalls der Vereinigten Niederlande von der spanischen Regierung» ist Schiller dieser Gedanke der Fremdherrschaft aufgegangen, die nach Befreiung verlangt. In der Einleitung des Geschichtswerkes ist diese Motivik voll entfaltet. Von der «Habsucht fremder Könige» wird gesprochen (IV/36) und davon, daß einem Fremdling die Krone aufgedrungen wird (IV/36); von fremdem Blut ist die Rede (IV/39), von fremdem Boden an anderer Stelle (IV/41); und immer erneut erhält das Wort Fremdling eine pejorative Nebenbedeutung (IV/51). Es wird kritisch notiert, aber ganz aus der Sicht der Niederländer, wenn fremde Truppen ins Land gerufen werden (IV/64). Von vornherein wird Fremdherrschaft in Schillers Geschichtswerk als tyrannische Herrschaft verstanden. Mit dem Gebrauch von Begriffen wie Despotismus oder Tyrannei wird im Eingangskapitel nicht gespart, wenn es mit Beziehung auf das Volk der Niederländer heißt: «Die schwere Zuchtrute des Despotismus hängt über ihm, eine willkürliche Gewalt droht die Grundpfeiler seines Glücks einzureißen, der Bewahrer seiner Gesetze wird sein Tyrann ... Eine Tyrannei ohne Beispiel greift Leben und Eigentum an. Der verzweifelnde Bürger, dem zwischen einem zweifachen Tode die Wahl gelassen wird, erwählt den edlern auf dem Schlachtfeld. Ein wohlhabendes üppiges Volk liebt den Frieden, aber es wird kriegerisch, wenn es arm wird» (IV/35). Keine Interpretation des «Don Karlos» kann von dem später verfaßten Geschichtswerk absehen. Das Ziel des eigentlichen Unternehmens, der im Gang befindlichen Verschwörung, ist hier wie dort dasselbe: Es geht um Befreiung von Fremdherrschaft, und ein Edelmann als der verantwortlich Handelnde setzt sich für die Befreiung eines ihm fremden Volkes ein. Das ist ein humaner Gedanke, wie er rein und unverstellt kaum anders zum Ausdruck kommen kann, als es hier geschieht. Aber er ist nicht von den Gefährdungen zu isolieren, die sich in ihm verbergen. Humanes Denken kann jederzeit in Inhumanität umschlagen, wenn man es zu realisieren sucht.[1] Max Kommerell spricht in einem seiner berühmten Essays über Schiller von der Tragödie der Mittel und will damit sagen, daß die Idee im Vollzug der Handlung nur allzu oft an ihnen scheitert.[2] Diese Umschläglichkeit mit dem Resultat des tragischen

DIE DRAMEN UND IHRE POLITISCHEN THEMEN

Scheiterns einer Handlung schränkt die Bedeutung des Idealismus beträchtlich ein, den man noch immer mit Schillers Dramenstil verbindet.[3] Die Idee des Dramas, die Posa zu realisieren sucht, zielt vorrangig auf die Befreiung der Niederlande von der spanischen Herrschaft unter Philipp II., und es ist eine Idee des humanen Denkens, die ihn erfüllt und begeistert. Sich über diese Fragen in Rede und Gegenrede zu verständigen setzt voraus, daß der Herrscher, mit dem die Verständigung angestrebt wird, nicht der übliche Tyrann ist, wie man ihn aus den Lehrbüchern der politischen Philosophie seit Platon und Aristoteles kennt. Auf der Seite des «Ideenträgers» erfordert die angestrebte Verständigung, daß Tyrannenmord vermieden wird, der das Ende jeder Verständigung bedeuten würde. Aus diesem Grund war die Gestalt des spanischen Königs im Drama zu verändern im Gegensatz zur Geschichtsschreibung und zur Publizistik der Zeit. Hier bleibt Philipp II. weiterhin derjenige, der für diese Tyrannei verantwortlich ist, für die Vertreibung und Auswanderung der Bürger in ferne Länder; von Blutgerüste ist die Rede hinsichtlich derjenigen, denen die Flucht versagt bleibt. Daß Fremdherrschaft als Tyrannenherrschaft verstanden wird, gibt dem Begriff des Tyrannentums eine neue Bedeutung. Der personale Bezug tyrannischer Herrschaft steht nicht mehr im Vordergrund gegenüber einem Herrschervolk, das Fremdherrschaft ausübt und Selbstbestimmung verweigert. So bleibt denn Philipp II. im Geschichtswerk weiterhin der typische Tyrann, als der er auch im Porträt Merciers vorgestellt worden war, das 1786 in Schillers Zeitschrift «Thalia» erschien. In diesem Beitrag heißt es: «Ich will ein Gemälde seines abergläubischen und schrecklichen Despotismus entwerfen – alle Bestandteile dieses grausamen Charakters, die uns in der Geschichte durchschauern, will ich in *ein* Bildnis zusammen schmelzen und den Abscheu, der *mich* durchdrungen hat, allgemein machen» (IV/7). Dagegen erhalten wir im Drama ein sehr anderes Bild. Philipp II. ist in «Don Karlos» keineswegs der typische Tyrann, als der er uns später im Geschichtswerk vorgestellt wird. Daß er sich auf die Unterredung mit Posa einläßt und daß der spanische Edelmann vorübergehend dem Thron am nächsten steht, spricht gegen das gängige Bild vom Tyrannen. Der König des Dramas ist seelischer Regungen fähig, wie die frei erfundene Szene bestätigt, in der Graf Lerma, der Oberste der königlichen Leibgarde, den Umstehenden mitteilt: «Der König hat geweint», und die es soeben gehört haben, fragen «mit betretnem Erstaunen» zurück: «Der König hat geweint?» (II/181) Solche Ansätze und Anwandlungen des Menschlichen kennen wir aus dem Drama Fieskos; sowohl an der Hauptfigur wie an ihrem Gegenspieler Verrina werden sie gezeigt. Aufgrund solcher Ansätze, wie sie uns im Drama vorgestellt werden, erscheinen Bildungen und Entwicklungen zur Menschlichkeit möglich. Daß wir es aufgrund solcher Szenen nicht mit einem typischen Tyrannen zu tun haben, wird an der zentralen Bedeutung erkennbar, die der Unterredung zwischen dem König und Posa zukommt. Es geht in dieser das Drama beherrschenden Szene um Argumente, die den anderen überzeugen sollen – um Verständigungsverhältnisse, wie Jürgen Habermas in seinem Buch «Der philosophische Diskurs der Moderne» mit Bezug auf Schillers «Briefe über die ästhetische Erziehung des Menschen» sagt: «Schillers ästhetische Theorie zielt freilich nicht auf eine Ästhetisierung der Lebensverhältnisse, sondern auf eine Revolutionierung der Verständigungsverhältnisse.»[4] Einzig auf Argumente, auf Überzeugung und gewiß auch auf Überredung ist die Rhetorik des Maltesers gerichtet. Dieser Versuch, durch Redeformen zum Ziel zu gelangen, schließt die Absicht ein, jede Art von Tötung zu vermeiden. An keiner Stelle dieses großen Dramas, wo immer Schiller seinem Abgesandten der Menschheit das Wort erteilt, sind Tötungsabsichten zu unterstellen. Dieser Anwalt der Menschenrechte will eine Staatsform beseitigt sehen, in der es Hinrichtungen, Folter und Menschenopfer gibt. Aber er will sich offensichtlich nicht der Mittel bedienen, die in diesem Staat an der Tagesordnung sind: Er will nicht töten.[5]

Im dichterischen Weltbild Schillers verträgt sich das tragische Scheitern Posas mit der hoffnungsfrohen Geschichtsphilosophie, wie sie in der zeitlich benachbarten Jenaer Antrittsvorlesung zum Ausdruck kommt, offensichtlich sehr gut. Auch deshalb ist Tyrannenmord kein Thema dieser Tragödie. Trotz der in Gang befindlichen Verschwörung setzt ihr Anführer auf Verständigung mit dem spanischen König, obwohl dieser nicht mehr derjenige ist, der alles beherrscht. Er setzt auf den Einzelnen, der im Machtapparat der Inquisition nichts gilt. Die Art, wie sich der Widersacher dieses Regimes, also Marquis Posa, für den Einzelnen verwendet, entspricht den Menschenrechtserklärungen, wonach jeder Einzelne ein Recht auf Leben hat. Sie entspricht aber auch den Forderungen der neuen Philosophie Kants, wie sie in den Schriften der achtziger Jahre niedergelegt sind. Schon 1785 war in der «Grundlegung der Metaphysik der Sitten» zu lesen: «Gesetzt aber, es gäbe etwas *dessen Dasein an sich selbst* einen absoluten Wert hat, was, als *Zweck an sich selbst*, ein Grund bestimmter Gesetze sein könnte, so würde in ihm, und nur in ihm allein, der Grund eines möglichen kategorischen Imperativs, d.i. praktischen Gesetzes, liegen. Nun sage ich: der Mensch, und überhaupt jedes vernünftige Wesen, *existiert* als Zweck an sich selbst *nicht bloß als Mittel* zum beliebigen Gebrauche für diesen oder jenen Willen, sondern muß in allen seinen, sowohl auf sich selbst, als auch auf andere vernünftige Wesen gerichteten Handlungen jederzeit *zugleich als Zweck* betrachtet werden» (IV/59). Diese Bestimmung des Menschen, Zweck an sich selbst zu sein, kehrt 1788 in der «Kritik der praktischen Vernunft» wieder, wenn es im dritten Hauptstück heißt: «In der ganzen Schöpfung kann alles, was man will, und worüber man etwas vermag, auch *bloß als Mittel* gebraucht werden; nur der Mensch, und mit ihm jedes vernünftige Geschöpf, ist *Zweck an sich selbst*» (IV/210). In Schillers späterem Aufsatz über Lykurg und den Staat Spartas werden dessen unverkennbar tyrannische Gesetzgebung wie seine Praxis mit Entschiedenheit verworfen. Auch hier geht es um die Dialektik der Mittel zum Zweck und darum, ob der Einzelne einem Ganzen – des Staates oder einer Glaubensinstitution – aufgeopfert werden darf oder nicht, im physischen wie im übertragenen Sinn. Wörtlich heißt es in dieser Abhandlung Schillers: «Alles darf dem Besten des Staats zum Opfer gebracht werden, nur dasjenige nicht, dem der Staat selbst nur als ein Mittel dient. Der Staat selbst ist niemals Zweck, er ist nur wichtig als eine Bedingung, unter welcher der Zweck der Menschheit erfüllt werden kann, und dieser Zweck der Menschheit ist kein andrer, als Ausbildung aller Kräfte des Menschen, Fortschreitung» (IV/815). Ausgestattet mit einer Philosophie des Einzelnen wie dieser begibt sich Posa zur Audienz des Königs und erklärt, daß der bestehende Staat nicht der seine sein könne, weil dieser darauf gerichtet sei, im Geschlecht der Menschen das Einzelne zu vertilgen.[6] In seinem Denken werden die Rechte des Einzelnen mit den Rechten eines sich selbst bestimmenden Volkes zusammengedacht; und daß dies möglich sein müsse, wird in den «Briefen über Don Karlos» ausgeführt. Hier heißt es: «Hohes, wirkendes Wohlwollen gegen das Ganze schließt keineswegs die zärtliche Teilnahme an den Freuden und Leiden eines einzelnen Wesens aus» (II/240). So die Theorie. Aber die Praxis in der Tragödie «Don Karlos» sieht anders aus. Eben diesen Einzelnen, seinen nächsten Freund, verliert Posa zunehmend aus dem Auge. Er verfügt selbstherrlich – und gewiß auch despotisch – über ihn, enthält ihm vor, was er vorhat, so daß dieser meint, von seinem Freunde dem Staate aufgeopfert zu werden. Der kühn denkende Stratege, das geheime Haupt der Verschwörung, bedient sich eben derjenigen Mittel, die er selbst außer Kraft zu setzen sucht. Aus diesem Grund wird er von seinen späteren Interpreten arg gescholten – so sehr, daß man den Anwalt der Menschenrechte nicht wiedererkennt, als der er für mehr als ein Jahrhundert gegolten hatte. Mit interpretatorischer Lust wird das vielfach zu idealische Bild zu demontieren und zu dekonstruieren versucht.[7]

Die Kritik an dem Verschwörer Posa beginnt schon im 19. Jahrhundert, und auch der junge Max Kommerell, dem wir später die erhellenden

Einführungen in Schillers dramatisches Werk verdanken, beteiligt sich an ihr.[8] In seinem Buch «Der Dichter als Führer in der deutschen Klassik», das den Verschwörergestalten Schillers keineswegs abweisend gegenübersteht, kommt er am Ende zu einem bitteren Urteil über den Verrat Posas an seinem Freund: «In Posa erfüllte sich das Verhängnis, das wir in den Philosophischen Briefen sich vorbereiten sahen: Zweifellos ist dieser Jüngling nicht mehr sehr ferne von seinem entsetzlichen Gegenbild, dem Großinquisiteur ... Schiller mutet uns zu, nach dem Verrat am Freunde, dem Verrat an dem fast verzweifelt liebenden König und dem Verrat am menschlichen Gefühl überhaupt, ohne welches auch der höchste Gedanke kein Staubkorn bewegt, seinen Heiligen doch zu bewundern.»[9] Den Anstoß zu rigoroser Umdeutung dieser Gestalt hat in der Schillerforschung ein amerikanischer Germanist gegeben, der Posa unbedenklich zum Despoten seiner Ideen erklärte.[10] Thomas Mann hat diese Umdeutung nicht ohne Unmut, aber höflich im Ton, zurückgewiesen und erklärt, daß Schiller mit Posas liberal-revolutionärem Idealismus viel zu solidarisch gewesen sei, «als daß er nur hätte wünschen können, mit dieser Figur zu zeigen, daß Schwarmgeisterei zum Verderben führt».[11] Die Geschichte der neueren Posa-Kritik ist hier nicht in den Einzelheiten nachzuzeichnen. Sie mündet ein in die Vergleiche mit Robespierre. Allen Ernstes wird behauptet: «Aber gemeinsam ist beiden Gestalten die fanatische Verfolgung ihrer politischen Ziele, die über persönliche Rücksichten hinweggeht. Die Schuld des Marquis ist nicht nur die tragische Verkennung der politischen Lage und des Königs, sondern auch die moralische Differenz zwischen seinen Absichten und den Wegen, auf denen er sie verfolgt».[12] Diese Umdeutung findet teilweise ihre Stütze in Schillers «Briefen über Don Karlos», einer geistvollen Kritik an der von ihm selbst geschaffenen Figur.[13] Mit diesen Briefen wollte Schiller Vorstellungen korrigieren, die in Posa nur den strahlenden Helden, den Ritter ohne Furcht und Tadel, sehen möchten, wie im zweiten dieser Briefe ausgeführt wird: «Der Charakter des Marquis Posa ist fast durchgängig für zu idealisch gehalten worden; inwiefern diese Behauptung Grund hat, wird sich dann am besten ergeben, wenn die eigentümliche Handlungsart dieses Menschen auf ihren wahren Gehalt zurückgeführt hat» (II/227). Schiller läßt es in seiner Kritik an deutlichen Worten nicht fehlen. Sie gehen in den Vorwurf ein, wonach Posa denjenigen Menschen gleiche, die mit den Individuen schalten «als nur immer der selbstsüchtigste Despot» (II/259). Und die eigentümliche Paradoxie, die Schiller an Posa aufzeigt, wonach positives Wollen negative Resultate hervorbringt, wird in dem Satz zum Ausdruck gebracht: «Wahre Größe des Gemüts führt oft nicht weniger zu Verletzungen fremder Freiheit als der

Egoismus und die Herrschsucht, weil sie um der Handlung, nicht um des einzelnen Subjekts willen handelt» (II/259). Abermals die Hervorkehrung des Einzelnen, des einzelnen Subjekts! Aber es gibt in diesen Briefen auch gegenteilige Aussagen, die keine Zweifel an der Hochschätzung der von ihm geschaffenen Figur lassen: «Mit offnen Sinnen, mit allen Kräften der Jugend, allem Drange des Genies, aller Wärme des Herzens in das weite Universum geworfen, sieht er den Menschen im Großen wie im Kleinen handeln ... So erzeugt sich in ihm allmählich eine zusammengesetzte und erhabene Vorstellung des Menschen im *Großen und Ganzen*, gegen welche jedes einengende kleinere Verhältnis verschwindet. Aus sich selbst tritt er jetzt heraus, im großen Weltraum dehnt sich die Seele ins Weite» (II/233). Daß man so mit verwandten Worten über Robespierre sprechen könnte, darf man bezweifeln. Die Kritik Schillers, die Posa in diesen Briefen widerfährt, berechtigt uns nicht, ihn einen Despoten zu nennen, als wäre er ein Herrscher, der despotisch über ein Volk regiert; und noch weniger berechtigt sie uns, ihn mit einer Gestalt wie Robespierre in Verbindung zu bringen. Mit solchen Vergleichen wird der tragische Gehalt des Dramas hoffnungslos verfehlt. Robespierre ist ein Ideologe, wie wir heute sagen würden; Posa ist das nicht. Er will etwas zum Wohle vieler und vergreift sich in den Mitteln zu seiner Herbeiführung, indem er die Selbstbestimmung des anderen, des nächsten Freundes, mißachtet. Er bringt das Einzelne nicht in Einklang mit dem Ganzen. Posa mißachtet, ohne es ausdrücklich zu wollen, was aus der Sicht Schillers von der Zeit her geboten war, den Menschen niemals als Mittel oder als Werkzeug zu benutzen. Er tut, was die tragisch Scheiternden bei Schiller meistens tun: Er verstrickt sich in das Geflecht der Mittel zum Zweck. Bezeichnenderweise hat Schiller selbst in den «Briefen über Don Karlos» diesen Ausdruck gebraucht. Im elften Brief heißt es: «Es lag in meinem Plan, daß er sich in dieser Schlinge verstricken sollte, die allen gelegt ist, die sich auf einerlei Wege mit ihm befinden» (II/262). Gemeint ist, wie aus dem Zusammenhang hervorgeht, die Schlinge des Despotismus. Eben diese Verstrickung im Geflecht der Mittel zum Zweck hat in der Schillerforschung Max Kommerell in einigen prägnanten Sätzen formuliert: «Denn keine Tat verwirklicht die Idee ohne sie zugleich zu verleugnen. Mensch sein ist nicht nur Handelnkönnen, sondern Handelnmüssen, Handelnmüssen im Stoff der Welt mit sittlichen Mitteln, und also handelnde Untreue an der Idee. Menschensein ist die Tragödie der Mittel».[14] Der Begriff Despotismus in den «Briefen über Don Karlos» wird für den Sachverhalt gebraucht, der hier beschrieben wird. Es ist ein tragischer Sachverhalt, in den Posa gerät, sofern er ein Handelnder ist. Dieser Blick auf den handelnden Menschen im allgemeinen ist von vorrangiger Bedeutung; der staatspolitische Gehalt im Begriff des Despoten hat damit wenig oder nichts zu tun. Auf Robespierre übertragen: Er ist keine tragische Person; seine unrühmliche Bereitwilligkeit, Todesurteile auszusprechen und Hinrichtungen anzuordnen, macht ihn zu Vergleichen mit Schillers Dramenfigur gänzlich ungeeignet. Bleibt noch ein Wort über eine der anregendsten Debatten zu sagen, die es im letzten Jahrzehnt zu Schillers «Don Karlos» gegeben hat. Sie wurde ausgelöst durch das reichhaltige Buch «Die Brüder des Marquis Posa» von Hans-Jürgen Schings.[15] In ihm wird aufgedeckt, was der Forschung bis dahin so gut wie unbekannt geblieben war: daß sich in Schillers Drama ein Illuminatendrama verbirgt und daß der Anwalt der Menschenrechte in seinen Idealen wie in seinen Verfehlungen als ein Abbild dieses Geheimbundes aufzufassen sei. Die bekenntnishafte Aussage Schillers zu diesem Sachverhalt findet man im zehnten der «Briefe über Don Karlos»; hier heißt es: «Ich bin weder Illuminat noch Maurer, aber wenn beide Verbrüderungen einen moralischen Zweck miteinander gemein haben, und wenn dieser Zweck für die menschliche Gesellschaft der wichtigste ist, so muß er mit demjenigen, den Marquis Posa sich vorsetzte, wenigstens sehr nahe verwandt sein» (II/257). Diese Sätze hätten hellhörig machen müssen. Sie wurden aber bis zum Erscheinen des genannten Buches weithin überlesen. Aufgedeckt wird hier auch, daß Schiller wiederholt von Illuminaten umgeben und umworben war und daß der verehrte Lehrer an der Karlsschule, Jakob Friedrich Abel, zu den Oberen des Ordens in Württemberg gehörte. Die gegen die Illuminaten vorgebrachte Kritik, die Schiller als Verfasser der «Briefe über Don Karlos» aufnimmt, hängt eng mit den Aktivitäten des Jesuitenordens und dem Verbot dieses Ordens im letzten Drittel des 18. Jahrhunderts zusammen, aber auf eine widerspruchsvolle Art; denn ein Ergebnis des genannten Buches ist auch, daß über der Bekämpfung des Jesuitismus seine Methoden auf den weltlichen Orden der Illuminaten durchschlagen, der den ersteren zu bekämpfen suchte; allgemeiner gesagt, daß der Kampf gegen den Despotismus in den verschiedensten Lebenskreisen seinerseits Despotismus freigesetzt hat. Hohe und hehre Zwecke werden durch die Mittel diskreditiert, mit denen diese Zwecke erreicht werden sollen. Diese Dialektik im Verhältnis der Mittel zum Zweck und die damit verbundene Kompromittierung der Zwecke ist der Leitfaden, der daran denken läßt, daß diese im Drama Schillers dargestellte Dialektik ihre Vorlage in Erfahrungen hat, die er in seiner nächsten Umgebung schon seit seiner Karlsschulzeit machen konnte. Zu den Praktiken der Illuminaten gehörte zum Zwecke besserer Menschenkenntnis das Ausforschen der Mitschüler, auch der nächsten Freunde. Im Reglement des

Ordens war vorgesehen, daß die Eleven auch die Kunst der Verstellung lernen sollten, besonders um im Ausforschen des Anderen erfolgreich zu sein. Menschenkenntnis, etwas durchaus Wünschenswertes, ist Mittel zum Zweck, um zu einer besseren Gesellschaftsordnung zu gelangen. Aber der Mensch als Mensch wird in diesem Überwachungssystem übergangen und vergessen. Es sei an dieser Stelle angemerkt, daß Schiller seinen Menschenrechtsanwalt mit einer Weltläufigkeit ausgestattet hat, die man im eher provinziellen Zuschnitt des Illuminatenordens nicht vorfindet. Schillers Aussage im zehnten der «Briefe über Don Karlos» besteht daher zu Recht, daß die Zwecke beider, des Illuminatenordens wie des spanischen Edelmannes, «wenigstens sehr nahe verwandt sein» müssen (II/257). Der Schlüsselbegriff der Verfehlungen seitens der Illuminaten heißt Despotismus, aber doch in Ablösung von der staatspolitischen Person des Despoten als eines Herrschers, der willkürlich über seine Untertanen verfügt. Es geht im Gebrauch dieser Begriffe nicht um staatspolitische Theorien, sondern um anthropologische Gegebenheiten, um despotische Triebe in uns. Ausdrücklich wird im elften der «Briefe» ausgeführt, daß Despotismus im Verhalten des Despoten wie dessen, der wie ein Despot handelt, auf deren Inneres zurückzuführen ist – «weil der Gegenstand von beider Bestrebungen *in* ihnen, nicht *außer* ihnen wohnt» (II/259). Der wirkliche Despot gehorcht nur seinem selbstischen Ich, den selbstischen Trieben in ihm, während derjenige, der wie ein Despot handelt, den anderen im Blick behält, aber ihn nach seinem eigenen Menschenbild zu modeln sucht. Beide mißachten sie fremde Freiheit; anders ausgedrückt: sie setzen sich über die Selbstbestimmung anderer hinweg. Beide werden sie dem Einzelnen, der ihr Opfer wird, nicht gerecht. Dennoch ist hinsichtlich der menschlichen Qualitäten im einen wie im anderen Fall zu unterscheiden – wie zwischen Robespierre und Posa zu unterscheiden ist. Dieser Unterscheidung entsprechend handelt der französische Revolutionär Robespierre ganz so, wie Regenten handeln, wenn sie Despoten sind, während Posa höhere und höchst ehrenwerte Zwecke verfolgt, aber vorübergehend handelt, wie Regenten es durchgehend tun. Wenn aber im angeführten Brief über Posa gesagt wird, daß er seine Handlungen nach einem inneren Geistesbilde zu modeln sucht, so läßt diese Aussage an mythische Gestalten wie Prometheus und Pygmalion denken, aber eben auch an das Selbstverständnis Posas als Künstler, das Karl S. Guthke eindrucksvoll beschrieben hat.[16] Doch geht es dabei um ein Verständnis von Kunst und Künstlertum, in dem Übergriffe von der Art Posas jederzeit möglich sind und geschehen können, wie es ja auch geschieht. Dieses Künstlertum ist doch wohl, wie dasjenige Fieskos, kritisch zu sehen. Es ist von Schillers eigenem Kunstverständnis zu unterscheiden, das später seinen Ausdruck in dem Grundsatz findet: «Schone fremde Freiheit».[17] Aber so sehr auch die Gestalt des Marquis Posa die Geister gefangen nimmt oder in Harnisch bringt, sie auf jeden Fall voneinander scheidet, so sehr ist daran zu erinnern, daß es in diesem Drama nicht ausschließlich um diesen geht, sondern noch um anderes und andere. Das Drama ist noch nicht zu Ende, wenn es mit Posa zu Ende ist. Das führt zurück zu dem, was hier als Verwerflichkeit des Tötens in Frage steht – eine Frage überdies, in dem der französische Revolutionär und Schillers Dramenfigur durch Welten voneinander getrennt sind.

Die Schlußszenen des «Don Karlos», die kein Beitrag zum «Todesgedanken in der deutschen Dichtung» sind, sondern die Tötung des Menschen durch Menschen auf nachhaltige Weise zum Thema machen, nehmen auf ästhetische Traditionen wenig Rücksicht.[18] Sie machen deutlich, daß das Drama in der Tragödie Posas nicht sein Genüge findet. Sie hätte mit seinem Tod an ihr Ende kommen können, mit seiner Aufopferung für die Person des Freundes wie für die Sache Flanderns. Daß es in diesen Szenen nach einem kurzen Disput über den Tod Posas ausschließlich um Karlos geht, um seine Tötung und das Interesse an ihr, lenkt den Blick über Posa hinaus, und nicht nur auf Anwendung von Gewalt in einem Kulturstaat hat man in den nun folgenden Szenen zu achten, sondern auf weit mehr Tötungsarten. Sie steigern staatliches Töten ins Ungeheuerliche, sofern dem Herrscher über ein Weltreich das Einverständnis abgenötigt wird, die Tötung des eigenen Sohnes um vermeintlich höherer Zwecke willen gutzuheißen. Mit den Wechselreden zwischen zwei Mächten dieser Welt, einem König, der über ein Weltreich gebietet, und dem obersten Geistlichen eines Ordens, dem dieser König am Ende gehorchen wird, geht es um Mentalitäten des Tötens. Aber diese Gespräche, die weithin Streitgespräche sind, tragen zur tragischen Handlung, sieht man sie in Posa personalisiert, nichts mehr bei; sie erhalten fast ein Eigengewicht, wenn man nicht doch, wofür vieles spricht, in Karlos neben Posa eine gleichberechtigte Hauptfigur oder *die* Hauptfigur erkennen will. Zugleich stehen zwei konkurrierende Herrschaftssysteme gegeneinander mit dem Unterschied, daß im weltlichen System des spanischen Königs bescheidene Ansätze einer Zuwendung im Menschlichen erkennbar sind, die hoffen lassen. Eine solche Geste ist darin zu sehen, daß der König seinen Gesprächspartner in der Audienzszene vor dem von ihm nicht mehr beherrschten Machtinstrument der Inquisition warnt – «Flieht meine Inquisition» (II/128) –, und auch im Verhalten gegenüber dem eigenen Sohn fehlen menschliche Züge nicht völlig, wenn er wünscht, daß man ihn fliehen läßt. Demgegenüber ist das Herrschaftssystem der Geistlichen ein System

DIE DRAMEN UND IHRE POLITISCHEN THEMEN

der Unmenschlichkeit ohne jede Einschränkung. Auch wenn der Großinquisitor am Ende über den König wie seinen Erzfeind Posa triumphiert, sind Züge des Absterbens und des Niedergangs, schon aufgrund seines Alters, unverkennbar. Beide Herrschaftssysteme stehen gegeneinander, wenn die Unterredung beginnt. Der höchste Priester dieses Weltreichs oder doch einer ihrer Großen, neunzigjährig und schon nicht mehr von dieser Welt, nimmt sich kein Blatt vor den Mund, wenn er dem König gegenübertritt. Die Unterredung nimmt einen feindseligen Ton über der Frage an, wer für die Tötung Posas zuständig gewesen sei. Die Szenen müssen Schiller in der frühesten Entstehungszeit des Dramas vor Augen gestanden haben, und es ist eminent politische Thematik vor allen Erwägungen über ein Familiengemälde in einem fürstlichen Hause oder ein Freundschaftsdrama, um die es hier geht.[19] In einem Brief an seinen späteren Schwager Reinwald, noch aus der Bauerbacher Zeit, werden Szenen wie diese in Gedanken vorweggenommen. In dem in Frage stehenden Brief heißt es: «Außerdem will ich es mir in diesem Schauspiel zur Pflicht machen, in Darstellung der Inquisition die prostituirte Menschheit zu rächen, und ihre Schandflecken fürchterlich an den Pranger zu stellen. Ich will – und solte mein Karlos dadurch auch für das Theater verloren gehen – einer Menschenart, welche der Dolch der Tragödie biß jezt nur gestreift hat, auf die Seele stoßen» (XXIII/81). Die Schärfe und Entschiedenheit des Ausdrucks fallen auf, und was sich Schiller politisch vorgenommen hat, ist ihm offensichtlich wichtiger als die Aufführung seines Stückes. Die Rede vom Dolch der Tragödie deutet auf Anklage und Bloßstellung hin. Aber die tragische Handlung eines Dramas wird durch solche Tendenzen nicht eigentlich gefördert. Es geht dabei offensichtlich sehr viel stärker um zeitgeschichtliche Bezüge als um überzeitliche Tragik.

Im Gespräch selbst stellt der Großinquisitor seinen König zur Rede, als sei nicht dieser, sondern er selbst derjenige, der hier zu gebieten habe. Der König wird vom Großinquisitor mit der Frage konfrontiert: «Weswegen haben Sie gemordet?» Gemeint ist mit dieser Frage die Erschießung Posas. Der Geistliche nimmt mit ihr ein Wort auf, das der König kurz zuvor gebraucht hat, um sich sein Gegenüber geneigt zu machen. Der König hatte dem Geistlichen zuvor mitgeteilt: «Ich habe gemordet, Kardinal ...» Die Frage des Kardinals hört sich an, als sei ihm ein Menschenleben über alles wichtig. Aber dagegen sprechen die öffentlichen Schauspiele der Menschenverbrennung, für die er verantwortlich ist. Eine der Hofdamen hatte sie mit der Bemerkung verteidigt: «Warum nicht? / Es sind ja Ketzer, die man brennen sieht» (II/22). Die irritierende Rede, als sei dem Großinquisitor Menschenleben wertvoll, wiederholt sich, wenn er dem König vorhält:

> «Wozu Menschen? Menschen sind
> Für Sie nur Zahlen, weiter nichts ...» (II/213).

Daß er seinerseits in Zahlen denkt, wenn er mit dem König über die Tötung Posas streitet, geht aus den Vorhaltungen hervor, die er diesem macht:

> «Darf *einer* Gnade finden,
> Mit welchem Rechte wurden Hunderttausend
> Geopfert?» (II/211)

Es geht um Menschen, die in großer Zahl getötet wurden – geopfert, sagt der Kardinal, als sei das nicht dasselbe. Die Zahlen sprechen für sich selbst. Wir nähern uns modernen Zeiten, in denen es wiederholt Massentötungen geben wird, wie bald nach dem Erscheinen des «Don Karlos» in Frankreich und später andernorts. Das Phantom der größeren Zahl ist diesem Denken eingeschrieben – so sehr, daß der Einzelne sehr rasch dem Blick entschwindet. Aber der Dissens zwischen König und Großinquisitor hinsichtlich der Zuständigkeit des Tötens hat einen anderen Grund. Der Geistliche macht dem Herrscher die Zuständigkeit des Tötens im Falle Posas streitig, weil es ihm nicht um Staatsdinge, sondern um Glaubensdinge geht. Für den Priester sind Menschen nicht nur Zahlen; sie sind ihm noch aus anderen Gründen wichtig, insofern nämlich, als sie fähig sind, Opfer zu sein, die Gott wohlgefällig sind. In den Augen des Priesters sind Personen wie Posa und sein Freund Karlos Staats- und Glaubensfeinde zugleich, und weil sie auch Glaubensfeinde sind, sind sie der staatlichen Tötungskompetenz zu entziehen, damit sie als Opfer für die Sache des Glaubens gebraucht werden können. Weil Posa zum Gebrauch als Opfer seitens der Geistlichkeit vorgesehen war, verweigert der Großinquisitor dem König das Recht, ihn zu töten; und was ihm im Falle des spanischen Edelmannes entgangen war, darf sich im Falle des Königssohnes nach seiner Auffassung auf keinen Fall wiederholen. Die menschlichen Regungen des Königs, den eigenen Sohn fliehen zu lassen, damit er dem Tode entgeht, redet ihm der Kardinal aus – bis der König seine Zustimmung erteilt. Sie ist in dem berühmten Schlußwort niedergelegt, das man oft bewundert hat:

> «Kardinal! Ich habe
> Das Meinige getan. Tun Sie das Ihre» (II/219).

Auch ohne das Gemeinte ausdrücklich beim Wort zu nehmen, weiß man beiderseits, worum es geht: Es darf getötet werden. Die Kompetenzen in diesen Fragen sind hiermit geklärt: Das Menschenopfer des Königssohnes kann stattfinden. Als Menschenopfer ist der Tod des Infanten aus der Sicht des Geistlichen ebenso gerechtfertigt, wie es die Verbrennungen von Ketzern sind. Den Zynismus solcher Rechtfertigungen zum Ausdruck zu bringen, bleibt im Drama dem Herzog von Alba überlassen. Nicht ganz zufällig gibt er schon früh Don Karlos zu verstehen, wie man in diesen Fragen denkt:

> «Dem menschlichen Geschlechte Menschen opfern,
> ist höhere Barmherzigkeit, mein Prinz'
> als auf Gefahr der Menschheit Menschen lieben.»[20]

Der Zynismus in der Rechtfertigung staatlichen Tötens hat seine eigene Geschichte. Sie ist bis wenigstens in das vorige Jahrhundert hinein zu verfolgen, und an Beispielen in Deutschland, Rußland, China und andernorts sollte es nicht fehlen. Schillers Drama mit dem Gewicht der Thematisierung der Tötungsarten handelt nicht von dem, was längst der Vergangenheit angehört. Sein Drama ist zumal in diesen Fragen zur Zukunft hin offen.

In «Don Karlos» kommt dem Motiv des Menschenopfers eine leitmotivische Funktion zu. Es begleitet den Gang der Handlung in den verschiedensten Bedeutungen. Mit dem realen Menschenopfer als einer ursprünglich kultischen Handlung hat die Furcht, hingeopfert zu werden, die Instrumentalisierung gemeinsam. Hier wie dort werden Menschen als Mittel zu Zwecken gebraucht, die von anderen zielstrebig verfolgt werden. Es geht dabei um das, was der Bestimmung Kants strikt widerspricht: daß der Mensch niemals Mittel, sondern immer nur Zweck an sich selbst sein dürfe. Die Prinzessin von Eboli ist überzeugt, daß sie der Politik hingeopfert werde, in einer früheren Fassung war statt dessen zu lesen, sie werde «hingeschlachtet», womit sich die Verbindung zum realen Menschenopfer von selbst ergibt. In einer Unterredung mit der Königin bittet die Prinzessin:

> «Großmütige Königin,
> Erbarmen *Sie* sich meiner. Lassen Sie –
> Um Gottes willen, lassen Sie mich nicht –
> Nicht aufgeopfert werden.»

Und die Königin erwidert:

> «Aufgeopfert?
> Ich brauche nichts mehr. Stehn Sie auf. Es ist
> Ein hartes Schicksal, aufgeopfert werden» (II/23).

Eine vermeintlich beiläufige Frauenszene am Rande des weltpolitischen Geschehens! Aber als beiläufig ist sie allenfalls auf den ersten Blick zu bezeichnen. Bei näherem Hinsehen erweist sie sich als außerordentlich aussagekräftig, sowohl hinsichtlich der Personen wie der Sache nach, und der Sache nach geht es um die Idee des Opfers, des Opferns und des Geopfertwerdens, zu dem immer auch diejenigen gehören, die die Opferung vornehmen. Um ein solches Aufgeopfertwerden geht es hier. Über Frauen wird verfügt; sie werden am Recht ihrer Selbstbestimmung gehindert. Was die Prinzessin von Eboli der Königin vorträgt, ist ernst zu nehmen. Mag sie sich auch später im Geflecht der Intrigen verstricken und kein günstiges Bild ihrer Person hinterlassen – es besteht kein Grund, ihre Klagen zu beargwöhnen. Sie weiß offensichtlich Bescheid über sich und das Leben an diesem Hof. Daß sie sich weigert, fernerhin fremdbestimmt zu sein, spricht für sie.[21] Wenn sie davon spricht, aufgeopfert zu werden, findet sie bei Elisabeth Verständnis, die ähnliche Erfahrungen geltend machen kann. Sie sieht ihre eigene Lage nicht gänzlich anders, bewegt sich aber auf einer sehr anderen Ebene, der großen Politik um vieles näher, die sie aufmerksam verfolgt. Mit keiner der Frauengestalten, die wir bisher in Schillers Dramen kennengelernt haben, ist sie zu vergleichen. Mit naiver Denkungsart, mit gesteigerter Empfindsamkeit oder gar mit Schwärmerei hat sie nichts zu tun. Von der Rebellion, die sie mit Vorbehalten bejaht, hat sie Kenntnis; die Fährnisse, die denjenigen erwarten, der handelnd in die Welt eingreift, sind ihr vertraut. Sie ist es, die die für den Handelnden zentrale Frage stellt. Sie lautet:

«Und kann
die gute Sache schlimme Mittel adeln?» (II/134)

Sie bekundet Wohlwollen gegenüber dem, was Posa im Schilde führt. Aber wie sie vieles durchschaut, so durchschaut sie auch ihn und hat ihre Zweifel. Sie stellt Fragen an ihn, mit denen sie sich, wenigstens zum Teil, von seinem Tun distanziert; und sie fragt nicht nur sich, sondern auch ihn selbst, wieviel Selbstliebe in seinem Handeln enthalten ist. Sie ist es auch, die das Wort Rebellion ausspricht, die sie nicht einfach verwirft. Schon diese Bereitschaft, sich in die Welt der Handelnden zu begeben, entfernt sie vom Typus der schönen Seele.[22] Diese Frauengestalt, und das versteht sich nicht von selbst, ist die überlegene Figur des Dramas, menschlich wie intellektuell. Mit ihr gewinnt das Frauenbild in der deutschen Klassik eine Bedeutung, die es bis dahin nicht gehabt hat, wenigstens nicht in der Literatur. Diese Frauenfigur bestimmt selbst, was sie ist und was sie sein will. Mit ihr beginnt eine literarische Reihe, der Thekla in der «Wallenstein»-Trilogie unmittelbar folgt.

DIE DRAMEN UND IHRE POLITISCHEN THEMEN

Was sich schon im Dezennium der philosophischen Studien anbahnt, mündet ein in die Reihe der Frauendramen, die mit «Maria Stuart» beginnt. Bleibt noch anzumerken, daß die säkulare Form solcher Aufopferungen, die in ihrer Bedeutung noch Erinnerungen an Sakrales und Rituelles bewahren, Staatsraison heißt. Ihre Entstehung ist aufs engste mit dem Namen des italienischen Staatsdenkers Machiavelli verbunden.[23] Wenn man in neueren Arbeiten über «Fiesko» oder «Don Karlos» von machiavellistischer Staatskunst spricht, so kann man hierfür auch Staatsraison sagen, wie es berechtigt ist, in diesem Zusammenhang an die Hinrichtung des Leutnants von Katte zu erinnern, mit der es galt, im Jahre 1730 ein Exempel um des Staates willen zu statuieren;[24] denn die Geschichte der Staatsraison ist nicht nur Ideengeschichte, sondern auch Tötungsgeschichte. Den Königssohn Friedrich in Preußen hat es nicht selbst getroffen, aber viel hätte nicht gefehlt, und es hätte den Großen nie gegeben. Was aber dem preußischen Königssohn noch eben erspart blieb, bleibt dem spanischen Königssohn in Schillers Drama keineswegs erspart. Das besagt auch, daß die Tragödie noch nicht an ihr Ende gelangt ist, wenn das Leben des Marquis Posa seine trauriges Ende gefunden hat. Sie nimmt mit Don Karlos ihren Fortgang, ehe sie in das Tötungsgespräch einmündet. Auch Karlos hat Grund, die Praxis des Aufgeopfertwerdens am spanischen Hof zur Sprache zu bringen. Er gebraucht Begriffe aus diesem Wortfeld in einem Gespräch mit dem König, das ihm gewährt wurde und fleht den eigenen Vater an, ihn nicht dem Hohn des frechen Hofgesindes schimpflich zu opfern (II/51). In einer ironischen Rede erinnert der Königssohn seinen Freund Posa an die rituellen Begleiterscheinungen des Menschenopfers und bezieht die damit verbundene Opferhandlung auf sich selbst:

> «O ja! Mir deucht, ich weiß recht gut, wie sehr
> Geblutet hat dein sanftes Herz, als du
> Dein Opfer schmücktest zum Altare» (II/184).

Das ist eine intuitive Vorwegnahme des Menschenopfers, das ihm zugedacht ist. Wenig beachtet hat man, daß in der großen Audienzszene, in der Unterredung Posas mit dem König, auch das Thema des Opfers und Geopfertwerdens zur Sprache kommt. Posa erinnert den König daran, daß auch Herrscher Menschen sind, denen nicht, wie einem Gott, Opfer dargebracht werden dürfen. Opfer werden hier als etwas angesehen, das jenseits des Menschlichen liegt. Posa fügt noch hinzu:

«Aber Ihnen
Bedeutet dieses Opfer nichts» (II/123).

Danach wendet sich das Gespräch den Niederlanden zu; von blühenden Provinzen ist die Rede und davon, daß es göttlich sein müsse, Vater dieses Volkes zu sein – bis der schroffe Umschlag mit den Worten erfolgt:

«Da stieß
Ich auf verbrannte menschliche Gebeine –» (II/124).

Es geht um reale Menschenverbrennung, um etwas von Zeit zu Zeit Wiederkehrendes. Danach dann die merkwürdig kryptischen und verklausulierten Sätze zum Opfern und Geopfertwerden:

«O schade, daß, in seinem Blut gewälzt,
Das Opfer wenig dazu taugt, dem Geist
Des Opferers ein Loblied anzustimmen!» (II/124)

Man hat Grund, in diesem Drama über den großen Ideen und Idealen die Begriffe aus dem Wortfeld des Tötens nicht zu übersehen, wie Blutgerüste, Blutsentenzen, Bluturteile, Kerkermeister, Henkershand, Henker oder verbrannte menschliche Gebeine. Aber die wichtigsten Begriffe aus diesem Wortfeld sind im Verständnis des Dramas Aufopferung in der Form der Selbsttötung und Aufgeopfertwerden um vermeintlich höherer Zwecke willen. Von Formen des Aufgeopfertwerdens, die nicht in Tötungen enden müssen, war mit Beziehung auf die beiden Frauengestalten, die Prinzessin von Eboli und die Königin Elisabeth, schon die Rede. Aber auch auf die beiden Freunde Don Karlos und Marquis Posa sind in die Aufopferungen einzubeziehen, die hier stattfinden. Es geht um solche mit tödlichem Ausgang. Aber derselbe Menschenfreund und Anwalt der Menschenrechte, der dem König die verbrannten menschlichen Gebeine vorhält, die er in Flandern gesehen hat, muß sich seinerseits vorhalten lassen, an solchen Aufopferungen beteiligt zu sein. Im neunten der «Briefe über Don Karlos» hält ihm sein Schöpfer selbst vor, daß er die eigene Aufopferung durch sein gewalttätiges und fehlerhaftes Betragen herbeigeführt habe (II/259). Wiederholt wird in diesen Briefen an das unaufhörliche Hinblicken auf höhere Zwecke erinnert. Im Hinblick auf das Verhalten Posas wird gefragt: «Wo ist bei ihm das Interesse für den Prinzen nicht dem höhern Interesse für die Menschheit untergeordnet?» (II/239) Es wird von ihm gesagt, daß er mit sich zu Rate gegangen sei, «ob er seinen Freund nicht geradezu aufopfern sollte» (II/248); und in einem grundsätzlichen Sinn wird gesagt: «Aus allen diesen angeführten Fällen erkennt man offenbar, daß das Interesse der Freundschaft einem höheren nachsteht, und daß nur durch dieses letztere ihre Richtung bestimmt wird» (II/249). Im Drama entgehen dem König diese höheren Zwecke nicht, die Posa mit seinen Plänen verfolgt. Er ist überzeugt, daß er sich für den eigenen Sohn niemals aufopfern würde, und wörtlich:

> «Der Freundschaft arme Flamme
> Füllt eines Posa Herz nicht aus. Das schlug
> der ganzen Menschheit. *Seine Neigung war
> die Welt mit allen kommenden Geschlechtern*» (II/249).

Karlos selbst ist sich solcher Neigungen und Absichten durchaus bewußt, und in der Art, wie er sich dagegen zur Wehr setzt, hat er den Dichter auf seiner Seite. Dem Staat werden in diesem Menschheitsdrama deutlich Grenzen gesetzt. Der Schutz, für den es sich ausspricht, gilt dem Einzelnen, auch wenn hier noch der Staat höhnisch über ihn triumphiert und sich über ihn hinwegsetzt. So mündet der Konflikt zwischen dem größeren Ganzen und dem Einzelnen in eine Apologie des Einzelnen ein, nur eben in der Form der Tragödie und um den Preis zweier wertvoller Menschenleben, des Prinzen wie seines Freundes. Was sein soll, wird im vierten der «Briefe» gesagt, und eben darin beruht die Apologie: «Hohes, wirkendes Wohlwollen gegen das Ganze schließt keineswegs die zärtliche Teilnahme an den Freuden und Leiden eines einzelnen Wesens aus» (II/240). Das Ganze: das sind abermals die höheren Zwecke. Sie sind seit Beginn der Neuzeit als Staatsraison ein aktuelles Problem: in den Glaubensdingen der Inquisition des 16. Jahrhunderts so gut wie im absolutistischen Staat des 18. Jahrhunderts. Diesen höheren Zwecken wird in diesem Menschheitsdrama auf bewundernswerter Weise widersprochen. Mit derart höheren Zwecken hat es auch das Menschenopfer zu tun. Über seine Bedeutung in der Kultur der Weimarer Klassik seien noch einige Bemerkungen angefügt.

Der tötende Mensch in Verbindung mit Menschenopfern ist in der Zeit der Weimarer Klassik ein wiederkehrendes Thema.[25] In demselben Jahr, in dem Schillers «Don Karlos» erscheint, also 1787, wird eine von Lessing herausgegebene Schrift seines Freundes Reimarus veröffentlicht. Sie geht mit der alttestamentarischen Erzählung, wonach Abraham von Gott geboten worden sei, seinen Sohn Isaak zu töten, scharf ins Gericht. In religionskritischer Absicht heißt es: «Hierdurch wird die Religion ... zu einem Bewegungsgrunde der gräulichsten Laster gemacht, und dem menschlichen Geschlecht ein schlimmes Beispiel zur Nachahmung gegeben, wie vermuthlich durch Abrahams Beyspiel, in dem nachfolgenden Molochsdienst und Menschenopfer so vieler Völker, wirklich geschehen seyn mag.»[26] Aber auch Goethes Schauspiel «Iphigenie auf Tauris» ist 1787 erschienen. Zwei Jahre vor Ausbruch der Revolution in Frankreich ist es deutbar als ein zukunftsfroher Entwurf der conditio humana, der sich vor allem dem Erbe der europäischen Aufklärung verdankt. In der Verhinderung des Menschenopfers, die der früheren Priesterin gelingt, ist eine höhere Stufe humanen Denkens erkennbar. In der späteren Bemerkung, daß sein Drama «verteufelt human» geraten sei, deuten sich leise Zweifel an der Gültigkeit dieses Zukunftsentwurfes an.[27] Sie verdichten sich in der Ballade «Die Braut von Korinth». Dem Wahn einer Mutter werden Natürlichkeit und Sinnlichkeit der eigenen Tochter aufgeopfert. Auch hier sind religionskritische Absichten unverkennbar; sie gelten dem Christentum oder doch bestimmten Übertreibungen im Umgang mit seinen Lehren. Über das autonome Subjekt wird hier von außen her verfügt – eine eklatante Fremdbestimmung, um die es sich handelt. Das kommt in den folgenden Versen deutlich zum Ausdruck:

> «Und ein Heiland wird am Kreuz verehrt,
> Opfer fallen hier,
> Weder Lamm noch Stier,
> Aber Menschenopfer unerhört» (IV, 1/867).

Schillers Dramen kennen eine solche Verkörperung des Humanen in der Überwindung des Menschenopfers nicht. In «Don Karlos» bleibt diese Thematik ein Bestandteil der Tragödie, und auch im späteren Drama der Maria Stuart ist sie mit der tragischen Handlung eng verbunden; auch haben sich Bedrohung und Gefährdung des Menschen im Menschenopfer nicht erledigt. Schiller steht in diesem Punkt Kleist sehr nahe, in dessen Drama solche Bedrohungen in der Lage des Menschen nach den Ereignissen in Frankreich radikalisiert werden. Er verweigert sich beharrlich allen harmonischen Lösungen; die Menschenopfer zur Erhaltung des Amazonenstaates werden in der Tragödie der Penthesilea zur Erhaltung ihres Staates als Irrweg erkannt, wie sie es am Ende mit ihrem Selbstopfer bezeugt. Die spannend erzählte Novelle «Die Verlobung in St. Domingo» gewährt Einblicke in einen Zusammenhang von Revolutionsverlauf und Menschenopfer.[28] In einem völlig neuartigen Zusammenhang zeigt sich uns das weltliterarische Motiv im zweiten Teil des Faust. Es geht hier um Menschenopfer im Dienste der Zivilisation, des wissenschaftlich-technischen Fortschritts. Die sympathischen alten Menschen mit den griechischen Namen Philemon und Baucis bekommen es zu spüren: Sie werden, da nicht mehr recht verwendbar, dem Fortschritt geopfert. Wir vernehmen ihre Schreie in einem alle klassischen Maße sprengenden Text.

DIE DRAMEN UND IHRE POLITISCHEN THEMEN

«Menschenopfer mußten bluten,
Nachts erscholl des Jammers Quaal,
Meerab flossen Feuergluten;
Morgens war es ein Canal» (XVIII, 1/319).

Die abgründigen Verse bestätigen die Tragödie, die es ist und die es sein sollte, aber das Bild des sich durch Tätigkeit ständig steigernden Faust, der sich selbst erlöst, bestätigen sie nicht.[29] In den Kommentaren wird auf die reale Geschichte der Kolonisationsarbeiten im damaligen Preußen Friedrichs II. hingewiesen. Danach seien die angeführten Verse auf den unter dem preußischen König erbauten Kanal zwischen Warthe und Netze zu beziehen, der 1570 Arbeitern das Leben gekostet haben soll.[30] Der Menschenopfer in diesem Prozeß sind viele. Kurz vor Ausbruch der ersten Weltkatastrophe, im Jahre 1913, veröffentlicht Bernhard Kellermann seinen damals vielgelesenen Roman «Der Tunnel». Im Mittelpunkt des erzählten Geschehens steht der kühne Ingenieur Allan, ein verspätetes Heroenbild. Sein Projekt sieht vor, Europa und Amerika zu verbinden, und das setzt Opfer voraus, wie sich von selbst zu verstehen scheint. Eine Bilanz des Erzählers, ganz im Sinne des Ingenieurs, ist aufschlußreich; sie lautet: «Alles in allem aber hatte der Tunnel in sechs Jahren nicht mehr Opfer gefordert als andere technische Großbetriebe. In summa 1713 Menschenleben, eine verhältnismäßig niedrige Ziffer.»[31] Die Reihe solcher Beispiele ließe sich leicht in die Gegenwart hinein verlängern; die Medizin ist auf diesem Feld besonders ergiebig; je nachdem, wie man den Beginn des zu schützenden Lebens festlegt, kann man mit einem vor diesem Zeitpunkt einzuordnenden Lebewesen zum Wohle vieler, so sagt man, handeln, und natürlich liefern auch die nicht erlaubten Humanexperimente zahlreiche anschauliche Beispiele zu diesem Thema. Die Spannung zwischen den Einzelnen und den Vielen bringt Hans Jonas in einem seiner medizinethischen Bücher zur Sprache, und in diesem Zusammenhang drängen sich ihm die Begriffe aus dem Wortfeld des Opferns wie von selbst auf; er schreibt: «Demnach ist die Unbekannte in unserem Problem das sogenannte Gemeinwohl oder das öffentliche Gut und seine potentiell überlegenen Ansprüche, denen das individuelle Gut manchmal geopfert werden muß.»[32] Im Kapitel über Humanexperimente werden die vorgebrachten Bedenken aus Höflichkeit entschärft, aber nicht zurückgenommen: «Nicht für einen Augenblick will ich medizinische Versuche an menschlichen Subjekten, gesunden oder kranken, in Vergleichsnähe mit urzeitlichen Menschenopfern rücken. Aber etwas von Opfer ist enthalten in der selektiven Aufhebung persönlicher Unverletzlichkeit und der ritualisierten Preisgabe einzelner an unnötige Risiken von Gesundheit und Leben um eines größeren sozialen Gutes willen. Meine Beispiele aus der Sphäre des massiven Opfers haben den Zweck, den Blick für diesen geheimen Aspekt unseres Themas zu schärfen...»[33] Davon war zu sprechen, weil wir es mit einem in die Gegenwart fortwirkenden Themenbereich zu tun haben. Von vergangenen Problemen kann nicht die Rede sein.

4
«Wallenstein»

Im Drama Wallensteins ist der Akt des Tötens in den dunkelsten Farben dargestellt. Aber seine Ermordung ist nicht vom Ganzen des Dramas zu isolieren. Und zu zeigen ist auch, daß es Ausblicke auf eine bessere Welt durchaus gibt, die das sehr düstere Ende relativieren. Zudem ist zu besserem Verständnis des Ausgangs von der Vorgeschichte nicht abzusehen. Das betrifft die reale Geschichte des Dreißigjährigen Krieges in Deutschland ebenso wie Schillers Umgang mit der herausragenden Gestalt der Epoche, und das ist ohne Frage Wallenstein, der überragende Feldherr dieses Krieges auf kaiserlicher Seite. Wie sehr Geschichtsschreibung und Dramendichtung aufeinander verweisen, ist wiederholt betont worden, so nachdrücklich von Golo Mann. Er bezeichnet Schillers Dramen-Trilogie als ein Wunderwerk und ist überzeugt, daß es ohne Schillers «Historiker-Existenz» nie möglich gewesen wäre.[1] Die unterschiedlichen Auffassungen aufgrund der vielfach widersprüchlichen Quellenlage haben ein schwankendes Charakterbild mit sich gebracht, wie im Prolog zum Drama gesagt wird (III/273). Doch geht es mehr noch als um die zweifellos vorhandenen Schwankungen um den Wandel des Wallensteinbildes in der Geschichtsforschung wie im Denken Schillers. Die Tendenz zu solchem Wandel ist mit der zwar nicht vollgültigen, aber doch wenigstens partiellen Rehabilitation zutreffend umschrieben, die es hier wie dort gibt. Im Anschluß an einen Brief Schillers an Goethe vom 2. Oktober 1797 heißt es in einer neueren Arbeit über Schillers Drama: »Von nun an scheint Schiller überzeugt zu sein, daß ihm die partielle Rehabilitation Wallensteins gelungen ist...«[2] Diese Entwicklung im Zeichen stetigen Wandels mit der Rehabilitation des Feldherrn ist nicht unbesehen auf das Wallensteinbild in der modernen Literatur seit dem 20. Jahrhundert zu übertragen. Das Bild ist abermals zwiespältig und schwankend. Es gibt die

DIE DRAMEN UND IHRE POLITISCHEN THEMEN

zur Erhöhung neigende Sehweise mit Betonung seiner Friedenspolitik und der Wahrung der Reichseinheit,[3] wie es die ausgeprägt geschichtskritische Sehweise gibt: im Roman Alfred Döblins und in der Charakterstudie Ricarda Huchs.[4] Dieser Entwicklung ist hier nicht nachzugehen. Aber zum Verständnis der Dramen-Trilogie Schillers sind einige zusätzliche Erläuterungen zur Vorgeschichte des Dramas in der Geschichtsschreibung unerläßlich.

Aufgrund neuerer Quellenforschung kann heute als verbürgt gelten, daß der historische Wallenstein der Verschwörer und Hochverräter nicht gewesen ist, zu dem ihn die Propaganda des Wiener Hofes gemacht hat.[5] Die Hinrichtung, die 1634 in Eger vollstreckt wurde, war in Wirklichkeit, da ist man sich heute weithin einig, ein Meuchelmord.[6] Dem Mord war die Erklärung zum «notorischen Reichsrebellen» vorausgegangen mit der Absicht, den Akt staatlichen Tötens als legal erscheinen zu lassen.[7] Aber es war eine Verurteilung ohne Anhörung und ohne Prozeß. Ein namhafter Historiker, Heinrich von Srbik, hat von einem ungeheuren Lügengebäude gesprochen, das da errichtet worden sei;[8] und daß der historische Octavio Piccolomini an der Herstellung solcher «Phantasieprodukte» maßgeblich beteiligt war, gilt als unbestritten.[9] Sichtbares Zeichen der partiellen Rehabilitation, die es auch in der Geschichtsforschung gibt, ist die Studie über Wallenstein, die Leopold von Ranke 1869 veröffentlicht hat.[10] Das Bild, das wir erhalten, ist historischer Gerechtigkeit verpflichtet. Wallenstein ist für Ranke die «außerordentliche Gestalt, die in der weitausgreifenden Bewegung dieser Epoche des Dreißigjährigen Krieges auftritt ...»[11] Er wird von ihm als weitblickend charakterisiert, als einer, der den Religionsfrieden und die Bewahrung des Reiches gewollt habe.[12] Die Ergebnisse der Umwertung im Wandel des Wallensteinbildes faßt Golo Mann am Ende seiner eindrucksvollen Biographie zusammen, indem er die partielle Rehabilitation seines Helden bekräftigt. Er räumt ein, daß Wallenstein wiederholt die Grenzen seiner Zuständigkeit überschritten und vielfach eigenmächtig gehandelt habe – und bestreitet gleichwohl, «daß von Pilsen auch nur das matteste Vorzeichen einer Rebellion, eines hochverräterischen Unternehmens ausgegangen wäre».[13] Zur Ermordung wird am Ende des Buches gesagt: «Die Exekution an dem Herzog von Friedland und alles Folgende waren ein kaiserlicher Strafakt – ein Akt, hätte man später gesagt, politischer Justiz oder runder heraus der Politik.»[14] Aber noch vor Erscheinen des Buches von Ranke hatte Schiller in seiner Geschichte des Dreißigjährigen Krieges einen solchen Wandel des Wallensteinbildes angebahnt. Sein Geschichtswerk befindet sich auf weite Strecken hin noch im Banne des schwedischen Königs Gusatv Adolf als des erklärten Helden dieses Krieges. Wallenstein verbleibt im Schatten dieser Heroengestalt. Von der tragischen Person, als die er uns im Drama entgegentritt, kann noch nicht die Rede sein. Vor allem die ersten Bücher machen uns mit einem düsteren und wenig menschenfreundlichen Charakter bekannt: «Stumm wie die Zugänge zu ihm, war auch sein Umgang. Finster, verschlossen, unergründlich, sparte er seine Worte mehr als seine Geschenke, und das wenige, was er sprach, wurde mit einem widrigen Ton ausgestoßen. Er lachte niemals, und den Verführungen der Sinne widerstand die Kälte seines Bluts» (IV/492). Züge tyrannischen Verhaltens werden nicht übergangen, und beispiellos ist die Art, wie Wallenstein über einen Soldaten richtet, der sich angeblich eines Diebstahls schuldig gemacht hat und hierfür zum Tode verurteilt wird. Obwohl sich dessen Unschuld herausstellt, beläßt es der herrische Feldherr bei dem einmal ausgesprochenen Urteil und erklärt: «‹So hänge man dich unschuldig›, sagte der Unmenschliche, ‹desto gewisser wird der Schuldige zittern›» (VI/687).[15] Aber dann folgt, fast unvermittelt, der Umschlag, der den Wandel des Bildes ankündigt. «Einsam steht er da, verlassen von allen, denen er Gutes tat, verraten von allen, auf die er baute» (IV/680). Der deutlich erkennbare Wandel ist ein solcher zum Tragischen hin, wie er sich im vielzitierten Schlußwort des Geschichtswerkes andeutet: «so fiel Wallenstein, nicht weil er Rebell war, sondern er rebellierte, weil er fiel. Ein Unglück für den Lebenden, daß er eine siegende Partei sich zum Feinde gemacht hatte – ein Unglück für den Toten, daß ihn dieser Feind überlebte und seine Geschichte schrieb» (IV/688). Mit der veränderten Einstellung zu Wallenstein am Ende des Geschichtswerkes geht eine veränderte Anteilnahme über der Arbeit am Drama einher. Zwar gibt es gelegentlich noch unwillige Äußerungen, aber eines Tages wird die Befassung mit dem Protagonisten seines Dramas in heutiger Sprache existentiell. An Körner schreibt Schiller am 15. Juni 1798: «Man sollte sich hüten, auf ein so compliciertes, weitläuftiges und undankbares Geschäft sich einzulaßen, wie mein Wallenstein ist, wo der Dichter alle seine poetischen Mittel verschwenden muß, um einen widerstrebenden Stoff zu beleben. Diese Arbeit raubt mir die ganze Gemächlichkeit meiner Existenz...» (XXIX/242).

Wie in der Geschichtsschreibung erweist sich der Wandel des Wallensteinbildes auch innerhalb des Dramas als eine partielle Rehabilitation. Es wird heute kaum noch bestritten, was in einer neueren Arbeit vermerkt wird: «daß Wallenstein nicht der skrupellose Condottiere und Hasardeur ist, der aus eigenem Antrieb zu seinem verwerflichen Handeln sich entschließt...»[16] Zu solcher Rehabilitation tragen mehrere Figuren des Dramas bei, die sich für Wallenstein verwenden. Vor anderen ist es der junge Piccolomini, der seinen General leidenschaftlich verteidigt, weil er sich um das Gemeinwohl verdient gemacht habe. In begeisterter Rede gegenüber dem von Kaiser gesandten Kriegsrat von Questenberg spricht er über die Wirkungen, die von Wallensteins Denken und Tun ausgehen:

«Und eine Lust ists, wie er alles weckt
Und stärkt und neu belebt um sich herum ...» (II/328).

Gordon, als Kommandant von Eger in das Mordkomplott verstrickt, rechtfertigt Wallensteins Handeln noch gegen Ende des Dramas unmittelbar vor der Ermordung gegenüber dem zum Mord entschlossenen Buttler in warmherzigen Worten:

«Er hat das Glück von Tausenden gegründet,
Denn königlich war sein Gemüt und stets
Zum Geben war die volle Hand geöffnet –» (II/498).

Aber die sicher folgenreichste Wandlung ist diejenige vom mürrischen General des Geschichtswerkes zur tragischen Person des Dramas, und diese Wandlung war für Schiller mit erheblichen Schwierigkeiten verbunden. Er handelt darüber in einem Brief an Goethe vom 18. November 1796: «Recht ungeduldig bin ich, mit meiner tragischen Fabel vom Wallenstein nur erst soweit zu kommen, daß ich ihrer Qualification zur *Tragödie* vollkommen gewiß bin ...» (XXIX/9). Soll er eine tragische Person sein, darf er weder als Verbrecher oder Despot noch als strahlender Held, der Gustav Adolf im Geschichtswerk lange Zeit gewesen war, dargestellt erscheinen. Aber es darf sich nicht um Schuld handeln, zu der Strafgerichte und Strafprozesse gehören. Daher der fundamentale Gegensatz zu der strafrechtlichen Vorgehensweise des kaiserlichen Hofes in Wien. Auch aus diesem Grund verlangt die Rehabilitation Wallensteins einen gemischten Charakter, wie ihn Aristoteles in seiner Poetik für erforderlich hält. In diesem Punkt war die aristotelische Poetik für Schiller sehr hilfreich, wie in einem Brief an Körner ausgeführt wird (XXXIX/82).[17] Derselbe Brief spricht von dem «unvertilgbaren Unterschied» zwischen der «neuen und der alten Tragödie»; auch über dem Studium der Sophokleischen Tragödie ist Schiller dieser Unterschied deutlich geworden. Das ist ausgesprochen im berühmten Brief an den klassischen Philologen Süvern vom 26. Juli 1800: «Ich theile mit Ihnen die unbedingte Verehrung der Sophokleischen Tragödie, aber sie war eine Erscheinung ihrer Zeit, die nicht wiederkommen kann ...» (XXX/177). Schiller faßt mithin die Tragödie nicht als ein überzeitliches Gebilde auf, nicht als ein allen Zeitverhältnissen entrücktes Phänomen. Er ist von ihrer Geschichtlichkeit überzeugt, und geschichtlich ist in ihr weniger der Mensch in anthropologischer Hinsicht; vielmehr sind es die Zeitverhältnisse, die Personen des Dramas zu tragischen Personen machen. In diesem Zusammenhang ist in Hinsicht auf die «Wallenstein»- Trilogie von einem Wandel im weiteren Sinne zu sprechen: Er betrifft die Unterschiede zwischen dem Naiven und dem Sentimentalischen, die Schiller in seiner Abhandlung auf Dichtungsarten bezieht, im weiteren auf bestimmte Denkformen, die Menschen so sehr prägen, daß von naiven oder sentimentalischen Menschen gesprochen wird. Darüber hinaus geht es mit dieser Unterscheidung um kulturgeschichtliche Bezüge, um Wandlungen im «Prozeß der Zivilisation». In der Literatur über Schillers Dramen-Trilogie besteht die Neigung, den Wallenstein des Dramas auf die naive Menschenart festzulegen.[18] Aber damit würde vorausgesetzt, daß die Hauptfigur im Gang der Handlung immer dieselbe ist und bleibt. Dieser Annahme ist zu widersprechen. Auch hier haben wir es mit einem Wandel von der einen zur anderen Denkungsart zu tun.

Einen Passus aus Schillers Abhandlung kann man unmittelbar auf Wallenstein beziehen, wie er uns in den ersten Teilen der Trilogie entgegentritt. Es heißt hier: «Ja, was noch weit mehr Schwierigkeiten zu haben scheint, selbst der große Staatsmann und Feldherr werden, sobald sie durch ihr Genie groß sind, einen naiven Charakter zeigen» (V/705). Erinnert wird in diesem Zusammenhang an Epaminondas und Julius Caesar, an Heinrich V. von Frankreich wie an Gustav Adolf von Schweden und Zar Peter den Großen von Rußland. Das Erscheinungsbild Wallensteins im «Lager» ist von dieser Art. Was man später mit Max Weber das Charismatische nennen wird, entspricht einem derart naiven Denken und Handeln.[19] Aber was sich bei Schiller mit diesem Charismatischen vergleichen läßt, hat nicht eindeutig einen guten Klang, sondern ist ambivalent. Dem Erscheinungsbild des Genies, des Staatsmannes, des Feldherrn ist Kritik beigemischt. Der Wallenstein des Lagers zeigt ohne Frage Größe, aber auf Kosten der Selbstbestimmung seiner Soldaten. Sie sind seine Kreaturen, er verfügt über sie und macht sie zum Mittel seiner Zwecke, auch wenn ihm auf diese Weise Siege zum Wohle des Ganzen gelingen. Kriege sind, wenn sie erfolgreich sein sollen, kaum anders zu führen, als es Wallenstein tut. Dennoch sind Züge des Unmenschlichen erkennbar, deren sich Wallenstein lange Zeit nicht recht bewußt ist. «Ich kann auch Unmensch sein», trumpft er gegenüber Max Piccolomini auf, der eine solche Behandlung am wenigsten verdient (II/482), und die Art, wie er ihm die Hand der Tochter verweigert, weil ihm in dieser Phase des Werdegangs die Krone Böhmens wichtiger ist als menschliche Beziehungen, entspricht gleichfalls dem Naiven der Denkungsart bei gleichzeitiger

DIE DRAMEN UND IHRE POLITISCHEN THEMEN

Unkenntnis seiner selbst. Zugleich macht die Verweigerung der Hand der Tochter deutlich, wie wenig er auf fremde Freiheit Rücksicht nimmt und mit einem ihm nächsten Menschen wie mit Dingen umgeht, die man tauschen kann:

«Nein, sie ist mir ein langgespartes Keinod,
Die höchste, letzte Münze meines Schatzes ...» (II/461).

Die Neigung, über Menschen wie über Dinge zu verfügen, läßt an Verführungen zum Tyrannentum denken; dem entspricht, daß er sich gelegentlich mit einem Großen dieser Menschenart vergleicht, mit keinem Geringeren als Julius Cäsar:

«Was tu ich Schlimmeres
Als jener Cäsar tat, des Name noch
Bis heut das Höchste in der Welt benennet?» (II/436).

Gordon, wiewohl Wallenstein wohlgesinnt, bestätigt derartige Züge tyrannischer Art, wenn er gegenüber Buttler bemerkt:

«Ward Graf und Fürst und Herzog und Diktator» (II/499).

Statt Tyrann oder Despot wird hier Diktator gesagt; das ist um diese Zeit ungewöhnlich.[20] Dennoch gehört der Wallenstein dieser Dramen nicht zur Menschenart der Tyrannen, und nur in der realen Geschichte, in der Optik des kaiserlichen Hofes zu Wien, die nicht diejenige des Dramas ist, wird die Ermordung als Tyrannmord zu legitimieren gesucht; denn die Denkungsart des Naiven mit den Verführungen zu Hybris ist nur die eine Seite im «Charakterbild» Wallensteins. In Hinsicht auf den letzten Teil der Trilogie ist kaum darüber hinwegzusehen, daß das Sentimentalische in ihm zunehmend hervortritt; und der letzte Teil der Trilogie, «Wallensteins Tod», ist nach Schillers Aussage das «eigentliche» Drama; mehrfach hat er es zum Ausdruck gebracht. So in einem Brief an Körner vom 30. September 1798: «Jetzt sind es, mit dem Prolog, drey bedeutende Stücke, davon jedes gewißermaßen ein Ganzes, das letzte aber die eigentliche Tragödie ist» (XXIX/280).[21] Aber der dritte Teil ist der in hohem Maße sentimentalische Teil. In ihm wird weniger gehandelt, sondern sehr viel mehr reflektiert, und damit ist auch gesagt, daß das Feldherrn-Genie dieses Dramas nicht auf die naive Denkungsart festzulegen ist, so wenig, wie es den durchgehend festgelegten Charakter gibt. Wenn man daher bis zum heutigen Tag immer erneut behauptet, daß Wallenstein einen moralisch fragwürdigen Charakter habe, so wird damit behauptet, daß er zu dem Charakter geworden ist, der bleiben wird. Im

Spielraum des Dramas gibt es einen solchen Charakter allenfalls unter Nebenfiguren wie der Gemahlin Wallensteins oder der Gräfin Tertzky.

In der neueren Literaturwissenschaft versteht man Schiller als Repräsentanten eines Dramenstils, in dem es vorrangig um Tat und Entscheidung geht, die sich in Monologen niederschlagen. Man versteht ihn als herausragenden «Gestalter des handelnden Menschen».[22] «Gewiß aber hat Schiller unserer Dichtung die größten und tiefsten Bilder des handelnden Lebens gegeben. Er hat die Weltgeschichte zuinnerst bejaht. Er glaubt, daß die Geschichte ... den schöpferischen Grundbestand der Welt bewahre und erneue. Insofern vertraut er auf Gott. Doch seine dichterische Sache stellt er auf den handelnden Menschen.» So Herbert Cysarz 1934 in seinem literarisch-monumentalen Schiller-Denkmal.[23] Aber der Tatmensch, der mit seinem ihm treu ergebenen Soldaten Unmögliches vollbringt, ist er gewesen, wenn er auf der Bühne erscheint, und was ihn groß gemacht hat, klingt in «Wallensteins Lager» nach. Der Wallenstein des zweiten und dritten Teils der Trilogie ist kein unbedenklich Handelnder, der nur nach vorn blickt und die Vergangenheit auf sich beruhen läßt. Er ist nachdenklich und bedenklich geworden – sehr zum Verdruß seiner Mitstreiter, die darin einen verhängnisvollen Verlauf ahnen.

> «Wenn wir alle
> So gar bedenklich wollten sein!» (II/317)

Das hält Illo seinem Feldherrn vor. Die Nachdenklichkeit des sentimentalischen ‹Charakters› mündet ein in das, was man das Zaudern dieses vermeintlichen Tatmenschen nennt. Aber längst ist man sich in der Forschung darin einig, daß in solchem Zaudern nichts schlechterdings Verwerfliches liegt. Es sei dies ein sehr anderes Zaudern als dasjenige Hamlets, hat Max Kommerell zu bedenken gegeben.[24] Und daß hier nicht die Forderungen des Handlungsdramas an Schillers Dramentext heranzutragen sind, hat Wilhelm Dilthey in seinem zu Anfang des 20. Jahrhunderts verfaßten Essay betont; in seinen Worten: «Es ist die Regel, daß Wallensteins zögerndes tastendes Vorgehen als Äußerung eines schwankenden Charakters aufgefaßt wird. Man kann Schiller nicht gründlicher mißverstehen».[25] Der «Erfinder des Idealismus», wie man ihn genannt hat, hat auch die Willensfreiheit, wie damals auf seine Weise Schopenhauer, beträchtlich eingeschränkt.[26] «Wir handeln, wie wir müssen», sagt der längst nicht mehr im Zustand der Naivität befindliche Wallenstein (II/436). Von Wählen, Entscheiden und Entschließen kann kaum noch die Rede sein, wenn der vermeintlich frei handelnde Tatmensch bekennt:

DIE DRAMEN UND IHRE POLITISCHEN THEMEN

«O! sie zwingen mich, sie stoßen
Gewaltsam, wider meinen Willen, mich hinein» (II/338).

Die gleichfalls über den naiven Weltzustand hinausgelangte Tochter äußert sich ähnlich; im Gespräch mit der Gräfin Terzky spricht sie illusionslos aus, was sie denkt: Sie spricht über Max Piccolomini und sagt:

«Sein Entschluß wird bald
Gefaßt sein, daran zweifelt nicht. Entschluß!
Ist hier noch ein Entschluß?» (II/454)

Der Wallenstein dieser Dramen wird zum Empörer hineingezwungen, der er nicht sein möchte und sein müßte. Die Bedrängnis der Situation, der sich Wallenstein gegenübersieht, liegt in der eilenden Zeit, die keinen Aufschub duldet. Der fehlgeleitete Sternenglaube fördert den Zeitverzug. In diesem Glauben zeigen sich die negativen, noch unaufgeklärten Seiten seines Denkens. Und doch ist das Hinausschieben, das Zögern und Reflektieren, die lichtvollere Seite seiner Existenz, obschon sie das Verderben beschleunigt. Im kontemplativen Zustand, in der dem Handeln abgekehrten Seite menschlichen Daseins, ist der Mensch den Möglichkeiten des Menschlichen sehr viel näher als im Handeln selbst, so daß infolge solcher Einsichten gesagt werden kann: «So ist Wallensteins Tragödie nicht die der Aktivität, sondern der Potentialität, nicht des handelnden Menschen, sondern des Möglichkeitsmenschen, dem die Geschichte als unabwendbare Notwendigkeit begegnet...»[27] Der Möglichkeitsmensch – die Moderne wirft ihre Schatten voraus. Man denkt an Robert Musil und sein Romanwerk «Der Mann ohne Eigenschaften». Der Bogen im Drama spannt sich vom naiven Tatmenschen zum sentimentalischen Möglichkeitsmenschen im Nachdenken über Tat und Untat – ein Wandel, der aber nicht wie im Entwicklungsroman den Zeitraum vieler Jahre beansprucht, sondern innerhalb kürzester Zeit im Inneren der tragischen Person vor sich geht. Die Verlagerung der Schwerpunkte von einem Zustand zum andern ist ein innerer Prozeß – ein Erkenntnisprozeß. Auf Erkenntnis zielt die Dramenform im Ganzen, für die sich Schiller entschieden hat. Sie findet ihren Ausdruck in dem aus Sophokles hergeleiteten Begriff der «tragischen Analysis». Davon handelt der an Goethe gerichtete Brief vom 2. Oktober 1797: «Der Oedipius ist gleichsam nur eine tragische Analysis. Alles ist schon da, und es wird nur herausgewickelt» (XXXIX/141). Wallenstein steht als Feldherr weiterhin zu seiner Sache, im Grunde bis an das Ende seines Lebens. Aber es gibt Stufen und Stationen, die ihn dem näherbringen, was der junge Piccolomini «Heimkehr in die Menschlichkeit» nennt. Es sind dies zugleich diejenigen Erkenntnisfortschritte, die gemäß dem Prolog geeignet sind, ihn uns auch menschlich näher zu bringen. Die Spannweite der Trilogie, die der «Prolog» andeutet, reicht von den Verbrechen des Lagers bis zu der Menschlichkeit, die der junge Piccolomini verkörpert. Das ist an einigen Szenen zu zeigen.

In einer Unterredung mit seinen Getreuen antwortet Wallenstein auf deren Vorwurf: «Es macht mir Freude, meine Macht zu kennen» (II/343). Aber daß er diese Kenntnis hat, daß er über die Verführungen der Macht schon zu diesem Zeitpunkt Bescheid weiß, darf man bezweifeln. Diese und verwandte Szenen sind von Ironie geprägt: Er kennt sich nicht hinreichend genug; wir wissen es besser. Seine Unkenntnis und Unwissenheit, was die eigene Person angeht – das betrifft noch längere Zeit seine Naivität. Aber es gibt andere Szenen, die Gegenteiliges verraten. Diejenige Aussage des Generals, die wohl die weiteste Entfernung von den Szenen des Lagers anzeigt, ist die Unterredung mit der Gräfin Terzky, in der er bekennt:

> «Es übte dieser Kaiser
> Durch meinen Arm im Reiche Taten aus,
> Die nach der Ordnung nie geschehen sollten.
> Und selbst der Fürstenmantel, den ich trage,
> Verdank ich Diensten, die Verbrechen sind» (II/429).

Eine andere Szene, die Einsicht bezeugt – nicht Entscheidung! – ist in «Wallensteins Tod» die vierzehnte des dritten Aufzugs. Wallenstein geht mit sich zu Rate und weiß, woran er ist:

> «Du hasts erreicht, Octavio – Fast bin ich
> Jetzt so verlassen wieder, als ich einst
> Vom Regenspurger Fürstentage ging.
> Da hatt ich nichts mehr als mich selbst – doch was
> *Ein Mann* kann wert sein, habt ihr schon erfahren.
> Den Schmuck der Zweige habt ihr abgehauen,
> Da steh ich, ein entlaubter Stamm!» (II/471)

Den Bewußtseinswandel Wallensteins, um den es sich handelt, als Erkenntnisprozeß zu bezeichnen, wird in der Forschung hier und da bestätigt, wenn Begriffe wie Lernprozeß oder Selbsterkenntnis gebraucht werden;[28] und natürlich ist auch die Absage an den Sternenglauben eine Station in diesem Erkenntnisprozeß. Aber die vielleicht wichtigste betrifft den Tod des jungen Piccolomini und das, was er für Wallenstein bedeutet. Die Klage, der sich er

DIE DRAMEN UND IHRE POLITISCHEN THEMEN

und Thekla in unterschiedlicher Weise überlassen, ist eine Totenklage, eine Gattung der antiken Literatur:

«Die Blume ist hinweg aus meinem Leben,
Und kalt und farblos seh ichs vor mir liegen.
Denn *er* stand neben mir, wie meine Jugend ...» (II/530).[29]

Auf eine menschlich so bewegende Art hat man den an militärisches Denken gewöhnten Feldherrn bisher nicht vernommen. Die für Max Piccolomini demütigende Verweigerung der Hand der Tochter ist mit dieser Klage vergessen und, wie man finden kann, widerrufen. Nicht weniger bewegt vernimmt man die Totenklage Theklas am Ende des vierten Aufzugs:

«Was ist das Leben ohne Liebesglanz?
Ich werf es hin, da sein Gehalt verschwunden» (II/520).

Beide Totenklagen scheinen das trostlose Ende zu bestätigen, von dem man in der Literatur über Schillers Wallenstein wiederholt lesen kann. Die Erinnerung an einen geliebten Menschen, seine Verinnerung im Gedicht wie in Klagen allgemeiner Art über den Weltzustand, weisen in der Tradition der Antike dennoch über das ganz und gar Trostlose hinaus, über das bloß augenblickshafte Leben ebenso wie über die Brutalität des Tötens.[30] Aber an Thekla und ihrem Klagelied ist noch anderes zu zeigen. Das ist ihr Mündigwerden als dasjenige einer jungen Frau. Die Selbstbestimmung, läßt Schiller uns sagen, kann auch das andere Geschlecht beanspruchen. Sie ist kein männliches Privileg. Thekla läßt sich nicht abbringen, den Hauptmann persönlich zu hören, der über den Tod des Geliebten berichten kann, und Wallenstein stimmt ihr zu, obschon Mutter und Tante sie davon abzubringen suchen. Wallenstein nimmt damit die «Philosophie der Selbstbestimmung» (Diltheys Ausdruck) in sein von militärischem Denken geprägtes Weltbild auf. Daß er der von der Tochter verlangten Selbstbestimmung zustimmt, ist vielleicht der wichtigste Bestandteil dieses Erkenntnisprozesses. Eine Szene weiblicher Selbstbestimmung also, eine grandiose Szene!

Der Schlußakkord dieser Totenklagen gilt dem Verlust des Schönen auf der Erde; in den Worten Wallensteins:

«– Was ich mir ferner auch erstreben mag,
Das Schöne ist doch weg, das kommt nicht wieder» (II/531).

Thekla beschreibt diesen Verlust mit fast denselben Worten, wenn sie mit Beziehung auf den Tod des Geliebten sagt: «– Das ist das Los des Schönen auf der Erde!» (II/520).[31] Aber deutlich zu machen ist auch, daß das Schöne immer auch das Menschliche meint. Der Prolog verspricht, Wallenstein uns, den Zuschauern, menschlich näherzubringen, und eben dies geschieht dadurch, daß er sich dem jüngeren Freund annähert, dessen Tod er beklagt. Max Piccolomini ist deutbar als die Verkörperung dieses Menschlichen; Jacob Burckhardt hält die Erfindung dieser Figur für «das Höchste, was der Dichter hervorgebracht hat.»[32] In mehrfacher Hinsicht, obschon nicht durchgehend, hören wir aus den Worten des jungen Piccolomini die Stimme Schillers heraus. Das ist der Fall, wenn Max im Dialog mit Thekla zu bedenken gibt:

«Nicht
Das Große, nur das Menschliche geschehe» (II/490).

Das ist auch im Sinne Goethes gesagt, der das Wesentliche des «Wallenstein»-Dramas zutreffend erfaßt, wenn er eines Tages – im Brief an Schiller vom 18. März 1799 – seine Eindrücke auf das Ganze hin mitteilt: «Freylich hat das letzte Stück den großen Vorzug daß alles aufhört politisch zu seyn und blos menschlich wird ja das historische selbst ist nur ein leichter Schleyer wodurch das reinmenschliche durchblickt» (XXXVIII,1/54). Der Erkenntnisprozeß ist eingespannt in einen weitausgreifenden Wandel von den Verbrechen des Lagers bis hin zum Versuch des Dichters, uns seine Hauptfigur menschlich näher zu bringen. Dieser Prozeß reicht, wie schon gesagt, über das Individuelle weit hinaus, das gleichwohl seinen Wert und seine Bedeutung behält. Wenn Max Piccolomini will, daß nur das Menschliche geschehen soll, so will er auch, daß es überall geschehe: im persönlichen Bereich wie in den gesellschaftlichen Verhältnissen des Zeitalters. In jedem der Geschichtsdramen seit «Wallenstein» ist trotz des historischen Gewandes Zeitgeschichte freizulegen: die doppelte Optik der zeitlichen Bezüge. Die Forschung hat sich lange Zeit einseitig mit der individuellen Person Wallensteins befaßt, mit seiner Erhebung oder Verdammung, als sei die Zeitgeschichte belanglos. Die Studie von Dieter Borchmeyer über Wallensteins Melancholie ist zum Verständnis der individuellen Person im höchsten Grade erhellend, und sie erklärt vieles.[33] Aber Wallensteins «Schicksal» auf ein endogenes Geschehen zu reduzieren, liefe auf eine eindimensionale Betrachtung hinaus, die dem mehrfachen Sinn des Dramas abträglich wäre. Auch wird im Text des Dramas der gesellschaftliche Bezug keineswegs ausgespart. Die Veränderungen im psychischen Verhalten Wallensteins, seine Absonderlichkeiten, die auf bestimmte Geschehnisse zurückgehen, sind nicht ausschließlich aus dem individuellen Charakterbild herzuleiten. Mehrere solcher Veränderungen werden angeführt. Zum ersten der Sturz aus dem zweiten Stock in früher Kindheit, der unversehrt überstanden wurde. Auf-

DIE DRAMEN UND IHRE POLITISCHEN THEMEN

grund solcher Begebenheiten befestigt sich in seiner näheren Umgebung und in ihm selbst der Eindruck, daß man es mit einem auserwählten Menschen zu tun habe. Das zweite dieser Geschehnisse ist ähnlich beschaffen. Darüber berichtet Octavio Piccolomini. Diesem Bericht zufolge habe er dem früheren Freund, also Wallenstein, vor einer Schlacht eines seiner eigenen Pferde zur Verfügung gestellt. Wallenstein sei unverletzt aus dieser Schlacht hervorgegangen, und seitdem verfolge ihn dieser mit seinem Vertrauen. Die dritte dieser Veränderungen im psychischen Verhalten steht im Zusammenhang mit der Absetzung auf dem Regensburger Reichstag, darüber gibt die Herzogin Auskunft. Sie sagt:

> «Doch seit dem Unglückstag zu Regenspurg
> Der ihn von seiner Höh herunter stürzte,
> Ist ein unsteter, ungeselliger Geist
> Argwöhnisch, finster, über ihn gekommen» (II/456).

Alle diese Berichte und Gerüchte über Veränderungen im Charakter Wallensteins bleiben unaufgeklärt und fördern die Legendenbildung. Man läßt die Ursachen auf sich beruhen und geht ihnen nicht auf den Grund. Man verhält sich in der Umgebung Wallensteins, ihn eingeschlossen, «naiv». Das trifft in erhöhtem Maße für die Herzogin zu. Sie berichtet über ihren Aufenthalt am Wiener Hof, ohne die Veränderungen zu begreifen, die sie wahrgenommen hat; sie sagt:

> «O mein Gemahl! – Es ist nicht alles mehr
> Wie sonst – Es ist ein Wandel vorgegangen» (II/336).

Dieser Wandel wird mit Bedauern vermerkt, als ob alles so sein und bleiben müßte, wie es immer war. Zwar hat man es nicht mit tiefgreifenden Veränderungen in den gesellschaftlichen Verhältnissen zu tun. Aber geändert haben sich die Umgangsformen aufgrund der veränderten Einstellung Wallenstein gegenüber, die auch seine Gemahlin zu spüren bekommt. Aber die Gründe des veränderten Verhaltens werden von ihr nicht erfaßt; sie bleibt in ihrer Naivität befangen. Das trifft nicht gleichermaßen für die Tochter zu und noch weniger für Wallenstein selbst, der den notwendigen Wandel in der Welt begreift, in seinen Erkenntnisprozeß einbezieht und die naive Denkungsart zunehmend hinter sich läßt.

Es geht also über den Wandel einzelner Personen hinaus um einen solchen im übergreifenden Sinn: um Wandel in Geschichte und Gesellschaft. Mit ihm verbinden sich Begriffe wie Jugend, Wachstum, Erneuerung oder blühendes Leben. Die Rede des jungen Piccolomini vom «duftige(n) Pfand der neuverjüngten Erde» ist kein zufällig vorkommender Ausdruck, sondern ein solcher von leitmotivischer Bedeutung (II/330): Die Reflexionen Wallensteins über das Festhalten am Altgewohnten sind nicht voreilig als Rollenspiel oder Taktik abzutun, sondern bestätigen den Sinn für das stetig sich erneuernde Leben als einem Kernstück im Ideengehalt des Dramas. Wallenstein setzt dieses Altgewohnte in sarkastischer Rede herab:

> «Das *Jahr* übt eine heiligende Kraft
> Was grau für Alter ist, das ist ihm göttlich.
> Sei im Besitze und du wohnst im Recht,
> Und heilig wirds die Menge dir bewahren» (II/416).

Sein Sarkasmus beruht in einer Art Entmythologisierung: Er zeigt an religiösen Begriffen wie «göttlich» oder «heilig» ihren fatalen Gebrauchswert. Wandel begreift Wallenstein zunehmend als Ausdruck geschichtlichen Denkens, und was er hierüber sagt, ist ganz im Sinn des Geschichtsdenkers Schiller gesagt. Für den Wallenstein des Dramas ist Wandel ein Naturgesetz: «Denn stets in Wandlung ist der Himmelsbogen» (II/410). Geschichte erscheint in diesem Geschichtsdrama immer weniger nur als Stoff. Sie wird vielmehr in dem erfaßt, was sie in Wandel, Fortschritt und Reformen erst zur Geschichte macht. Es sind die Veränderungen einer Zeitwende, für die sich Schiller als Geschichtsschreiber wie als Dramatiker interessiert. In diesem Sinn war er nach der Enttäuschung am Verlauf der Revolution in Frankreich ganz auf die Geschichte der Reformation in Deutschland gerichtet, wofür er seinen Verleger zu gewinnen suchte: «Jetzt über die Reformation zu schreiben, und zwar in einem so allgemeingelesenen Buch, halte ich für einen großen politisch wichtigen Auftrag, und ein fähiger Schriftsteller könnte hier ordentlich eine welthistorische Rolle spielen» (XXVI/158). Daß man solche Vorstellungen notwendigen Wandels mit den Ideen der Französischen Revolution in Verbindung bringen kann, wurde schon erwähnt. In neuerer Forschung wird geltend gemacht, «daß sich auch die Konzeption des *Wallenstein* der Auseinandersetzung Schillers mit der Französischen Revolution verdankt.» Zwar stehe am Ende der Dramen-Trilogie der Sieg des Legitimitätsprinzips, «aber dennoch eröffnet das Werk Perspektiven für eine Lösung, die nach Schillers Überzeugung auf die Gegenwart übertragbar wäre.»[34] Eine solche Übertragung des dramatischen Geschehens auf die Gegenwart, gemeint ist die Zeit Schillers, ist zumal durch den «Prolog» gerechtfertigt. Von einer Tragödie der verhinderten Selbstbestimmung hat man mit Beziehung auf die «Wallenstein»-Trilogie gesprochen, die als Schillers Antwort auf die Französische Revolution zu verstehen sei.[35] Selbstbe-

DIE DRAMEN UND IHRE POLITISCHEN THEMEN

stimmung ist gegen jede Art von Fremdbestimmung gerichtet, und was für den Einzelnen gilt, gilt auch für ganze Völker. Diese Kollektivierung der Selbstbestimmung ist für Schiller seit seiner «Geschichte des Abfalls der Niederlande von der spanischen Regierung» ein vertrauter Gegenstandsbereich. Damit verbunden ist die Abwehr jeder Fremdherrschaft durch die Regierung eines Volkes über ein anderes. Das Wort Befreiung ist aus diesem Gegenstandsbereich nicht wegzudenken; seine Geschichte ist mit den Kriegen, die man die Befreiungskriege nennt, noch keineswegs zu Ende. In Schillers Geschichtsverständnis wird durch dieses neuartige Denken über Selbstbestimmung und Fremdbestimmung die weltbürgerliche Absicht Kants nicht einfach eliminiert. Aber mit dem Begriff der Selbstbestimmung im kollektiven Sinn werden Weltbürgerlichkeit und Universalgeschichte zu Denkformen, denen nicht mehr ausschließliche Geltung zuerkannt wird. Das Eigene erhält unter bestimmten Gesichtspunkten Vorrang vor dem Fremden, das Schiller seit seiner Schrift über den Abfall der Niederlande in vielfältiger Weise thematisiert

Das Fremde und Andere gegenüber dem Eigenen wird in der deutschen Erzählliteratur des 19. Jahrhunderts in sehr unterschiedlicher Weise zur Sprache gebracht. Das Fremde wird in Schutz genommen gegenüber jeder Form nationaler Überheblichkeit, die auf Ausgrenzung des Fremden und Anderen gerichtet ist. Gustav Freytags Roman «Soll und Haben» ist ein Text, der wegen der zahlreichen Zurücksetzungen des Fremden zunehmend kritisch gelesen wird.[36] Gegen solche Formen ausgrenzenden Denkens richten sich einige Autoren des Spätrealismus, die wie Storm in seiner Novelle «Draußen im Heidedorf» mit den Fremden sympathisieren.[37] In umfassender Weise geschieht dies, und fast stets in kritischer Absicht, im Spätwerk Fontanes.[38] In Schillers Dramen erscheint das Fremde in sehr unterschiedlicher Darstellung. Es ist zunächst das Andere, dem wir Achtung und Rücksicht schulden. Das ist deutlich ausgesprochen in den Kalliasbriefen, der Vorstufe seiner Schönheitslehre, wenn dort gesagt wird: «*Schone fremde Freiheit*» (XXVI/216). Gegenüber diesem humanen Begriff des Fremden als dem Anderen, dem wir mit Zuwendung begegnen, gibt es den ganz anderen und weithin pejorativen Begriff des Fremden im staatspolitischen Kontext. Er verbindet sich mit Vorstellungen von Macht und Herrschaft über andere, es seien dies einzelne Menschen oder ganze Völker. Für Wallenstein ist das Fremde als Fremdherrschaft und fremde Macht in dem Maße suspekt, in dem er sich dem Staatsdenken Schillers annähert. Gegen fremde Macht, die mit Fremdherrschaft einhergeht, verwahrt er sich um des Reiches willen. Er sagt zu einem seiner ihm treu ergebenen Generale:

«Es soll nicht von mir heißen, daß ich Deutschland
Zerstücket hab, verraten an den Fremdling,
Um meine Portion mir zu erschleichen.
Mich soll das Reich als seinen Schirmer ehren ...» (II/342).

und fügt hinzu:

«Es soll im Reiche keine fremde Macht
Mir Wurzel fassen ...» (II/343).

Was Schiller Wallenstein an dieser Stelle sagen läßt, ist im höchsten Grade beachtenswert, obwohl man sich in der Forschung um das hier Gesagte nicht sehr gekümmert hat. Die Verächter des Feldherrn hätten eigentlich Grund, ihre fertigen Urteile zu überdenken. Wallensteins Äußerungen als Taktik und Rollenspiel abzutun, kann nicht überzeugen. Fremdling und fremde Macht sind Ausdrücke, die sich von nun an in nahezu allen Dramen wieder finden; und mehr noch sind es Motive des Dramas, die den Geschehnisablauf in hohem Maße bestimmen. Aber unbefriedigend bleiben auch Rückführungen dieser Aussagen auf die historische Zeit, in der das Drama spielt. Mir ist keine Arbeit bekannt, die Wallensteins Aussage über Deutschland und seine in Gefahr befindliche Zerstückelung in den Gang der Interpretation als maßgeblich einbezieht. Nur gilt es aber zu bedenken, daß die Abwehr der Zerstückelung des Reiches wie jeder Art von Fremdherrschaft in nahezu allen nun folgenden Dramen thematisiert wird; die Appelle «Seid einig, einig, einig» hängen damit aufs engste zusammen. Wallensteins Abwehr fremder Macht verbindet ihn mit Johanna von Orleans wie mit den Eidgenossen gleichermaßen, und keiner der hier genannten Dramenfiguren wird verdacht, daß sie solches tut. Ganz im Gegenteil: Ihr Tun zeichnet sie aus und läßt vieles, was gegen sie vorzubringen wäre, in günstigem Licht erscheinen. Hinter den neuen Motiven hat man nicht so sehr ein historisches als vielmehr ein zeitgeschichtliches Interesse zu vermuten. Aber das Fremde erhält im Drama noch eine darüber hinausgehende Bedeutung. Sie bezieht sich auf Soldaten, die Söldner in einem Heer sind, in dem Menschen aus aller Herren Länder zusammenkommen, ohne doch in dem Land heimisch zu werden, in dem sie als Söldner ihren Dienst tun. Der Soldat ist, so gesehen, ein fremdbestimmtes Wesen, Fremdkörper und Relikt einer Zeit, die über ihn hinweggeht. Die Söldner in Schillers «Wallenstein» sind Heimatlose, wie der maßgeblich an der Ermordung beteiligte Buttler, ein aus Schottland gebürtiger Offizier. Er bringt es selbst in fast bewegenden Worten zum Ausdruck:

«Fremdlinge stehn sie da auf diesem Boden,
Der Dienst allein ist ihnen Haus und Heimat,
Sie treibt der Eifer nicht fürs Vaterland,
Denn Tausende, wie mich, gebar die Fremde» (II/322).

Fremdbestimmung als ein ursprünglich philosophischer Begriff erklärt auch, daß die am Mord unmittelbar Beteiligten durchweg fremdländische Namen tragen. Sie heißen Buttler, Gordon, Macdonald oder Deveroux. Sie kommen aus Irland, Schottland, England, Frankreich oder anderen europäischen Ländern, und alle haben sie aufgrund dieser Herkunft ein eher oberflächliches als verantwortungsbewußtes Verhältnis zum Töten. Sie nehmen es damit nicht so genau; denn es gehört zu ihrem Handwerk. Es handelt sich mithin nicht um irrationale Aversionen, die Schiller aus der Sicht heutiger Fremdenfeindlichkeit zu unterstellen sind; auch geht es nicht um Fremdlinge im allgemeinen, sondern um Söldner, für die es am Ende gleichgültig ist, für wen sie ihr Leben einsetzen oder aufs Spiel setzen. «Und setzet ihr nicht das Leben ein...» – dieser Vers aus dem Reiterlied ist nicht als Ermutigung zum Leichtnehmen des Lebens oder des Todes zu verstehen. Es ist ironische Rede, sofern im Gesagten das Gegenteil gemeint ist. Es sollte sich verbieten, daß man Schiller im Reiterlied aus «Wallenstein Lager» eine Verherrlichung des Krieges oder des Kriegshandwerks unterstellt. Das Reiterlied gibt die Mentalität des Lagers wieder, nicht Schillers Begeisterung für Kriegsgesänge.[39]

Wallensteins Eintreten für das Reich, das Heilige Römische Reich Deutscher Nation, in dem das Drama spielt und in dem es auch entstanden ist, verbindet sich mit einem emphatischen Gebrauch von Begriffen wie Deutschland und Vaterland. Von Vaterland wurde am Ende des 18. Jahrhunderts wiederholt dort gesprochen, wo man das aus Soldaten fremder Länder zusammengesetzte Söldnerheer abgeschafft sehen möchte, um statt dessen die Verdienste für das Vaterland zu feiern, wie in Thomas Abbts bekannter Schrift.[40] Sie verdankt ihre Entstehung in hohem Maße der Begeisterung für den aufgeklärten Staat Friedrichs II., die auch Johann Wilhelm von Archenholtz, den früheren Offizier der friedericianischen Armee, zum Historiker gemacht hatte.[41] Auch an Kants Schrift «Zum ewigen Frieden» ist zu erinnern, in der von Staatsbürgern in Waffen gesprochen wird, die ihr Vaterland gegen Angriffe von außen sichern (VI/198). Ihre Vorrede beginnt mit dem denkwürdigen Satz, der sich auf den Titel der Schrift «Zum ewigen Frieden» bezieht: «Ob diese satirische Überschrift auf dem Schilde jenes holländischen Gastwirts, worauf ein Kirchhof gemalt war, die *Menschen* überhaupt, oder besonders die Staatsoberhäupter, die des Krieges nie satt werden können, oder wohl gar nur die Philosophen gelte, die jenen süßen Traum träumen, mag dahin gestellt sein» (VI/195). Kants Schrift ist 1795 erschienen, ein Jahr bevor Schiller sich für den Wallenstein-Stoff entschied. Man ist heute geneigt, Schiller als weltbürgerlichen Universalhistoriker zu kennzeichnen, der von nationaler Geschichtsschreibung nicht viel gehalten habe und verweist in diesem Zusammenhang gern auf den Brief an Körner von 13. Oktober 1789, in dem es heißt: «Es ist ein armseliges kleinliches Ideal, für *eine* Nation zu schreiben, einem philosophischen Geist ist diese Grenze durchaus unerträglich» (XXV/304). Aber Schillers Einstellung zu Fragen wie diesen ändert sich in der Zeit nach der Revolution, wie sich zuerst am «Wallenstein»-Drama zeigt: Weltbürgerliche und universalhistorische Geschichtsbetrachtung bleiben weithin auf die vorrevolutionäre Zeit beschränkt.[42] Eine vergleichbare Wendung zum Vaterländischen gibt es im Denken Hölderlins.[43] Man spricht in der neueren Forschung von der abendländischen oder vaterländischen Wendung Hölderlins.[44] Der von der Mentalität des Lagers sich entfernende Wallenstein versteht sich als Bewahrer des Reiches, fast wie in Rankes Essay aus dem Jahre 1869. Zwei Begriffe sind hierfür kennzeichnend, die weit mehr auf die Entstehungszeit des Dramas verweisen als auf die historische Zeit, in der es spielt. Vom Zerfall der alten festen Form spricht Schiller im Prolog und meint damit das «Heilige Römische Reich Deutscher Nation», das sehr bald nach Erscheinen der «Wallenstein»-Trilogie sein Ende finden wird. Wallenstein legt sichtlich Wert auf die schon angeführte Versicherung:

> «Es soll nicht von mir heißen, daß ich Deutschland
> Zerstücket hab, verraten an den Fremdling» (II/342).

Es sollte sich verbieten, Schillers Herausstellung des Vaterländischen, wie sie seit dem «Wallenstein» nicht mehr zu übersehen ist, als eine Vorschule des Nationalismus zu verstehen.[45] Nationalstaatliches Paradigma und Nationalismus sind sehr stark geprägt von militärischen Mentalitäten, und sie sind eroberungsfreudig. Selbst ein so skeptischer Autor wie Fontane ist wenigstens bis zu Beginn des neuen Reiches von solchen Mentalitäten nicht frei. Noch 1872 schreibt er im Rückblick auf die Epoche der Kriege seit 1864: «Es waren, wie die besten, so auch die interessantesten Jahre meines Lebens. Drei Kriege und welche! Alles an den Fenstern vorüber: Dänen, Kroaten, Turkos».[46] Ein solches Kriegsdenken liegt Schiller gänzlich fern. Seine Auffassungen richten sich auf ein von Fremdbestimmung freies Land, das Expansions- und Eroberungszüge negiert. Aber der offensichtlich höchste Wert in

DIE DRAMEN UND IHRE POLITISCHEN THEMEN

seinem politischen Denken kommt dem Wort Frieden zu. Er ist auch in seinem Wallenstein-Drama das zentrale Thema.

Daß es in der Laufbahn des historischen Wallenstein Friedensverhandlungen gegeben hat und daß er noch lange vor dem Westfälischen Frieden an der Herstellung eines solchen nachhaltig interessiert war, wird in der neueren Geschichtswissenschaft wiederholt unterstrichen. So von Hellmut Diwald in der Einleitung zur Neuauflage der Schrift Rankes: «aber sein oberstes Ziel war der Reichs- und Religionsfriede. Die Ergebnisse der Geschichtsforschung lassen daran keine ernsthaften Zweifel».[47] Vielfach verbinden sich solche Feststellungen mit dem Hinweis, daß seine Friedenspläne nicht ganz selbstlos waren und daß er stets den eigenen Vorteil im Blick hatte, als ob das in anderen Fällen so gänzlich anders wäre! Aber die Friedensabsichten Wallensteins in Schillers Drama haben sich deswegen nicht erledigt, sie gehören im Gegenteil zu seinen zentralen Themen. In Hinsicht auf das überragende Interesse Schillers an diesem Thema wirken die Fragen zahlreicher Interpreten, ob denn der Wallenstein des Dramas den Frieden wirklich gewollt habe, ein wenig kleinlich. Gewiß ist Schillers Wallenstein für lange Zeit der General, der auch Unmensch sein kann. Aber zuletzt hat er sich zu einem Menschen gewandelt, der auch für Schönes empfänglich ist. Der historische Wallenstein bleibt zeit seines Lebens der geborene Kriegsfürst, der sich gelegentlich auch für Friedensideen interessiert.[48] In Schillers Drama gibt es zu Anfang den Kriegsfürsten des Lagers und gegen Ende denjenigen, den man den Friedensfürsten nennt, wie Buttler verärgert berichtet:

«Sie sehn im Herzog einen Friedensfürsten
Und einen Stifter neuer goldner Zeit» (II/522).

Und wie immer man diesen Ausdruck deuten möchte – es bleibt für die dargestellte Wandlung im Drama bezeichnend, wie weit sich die Hauptfigur von dem Kriegsfürsten entfernt hat, so daß eine Bezeichnung wie diese in Umlauf gesetzt werden kann. Abermals ist geltend zu machen, daß nicht alles auf die individuelle Person ankommt. Stets geht es darüber hinaus um einen Bereich jenseits alles Individuellen, um eine Art Staatsdrama. Frieden ist in der Optik des Dramas jenseits aller individuellen Bezüge mehr als nur ein staatlich-politisches Vertragswerk, mehr auch als nur ein Zustand, der zurückkehrt, wenn ein Krieg zu Ende ist. In diesem Drama, und so vor allem im Sinne Schillers, ist Frieden ein idealer Weltzustand eigentlichen Menschseins, wie er sein sollte. Frieden ist im Denken Schillers immer auch ein Teilbereich des Weges, der von Arkadien nach Elysium führt, der am Anfang war und an Ende sein wird oder sein sollte, wie in der Abhandlung «Über naive und sentimentalische Dichtung» ausgeführt wird: «Der Zweck selbst ist überall nur der, den Menschen im Stand der Unschuld, d. h. in einen Zustand der Harmonie und des Friedens mit sich selbst und von außen darzustellen» (V/745).[49] Von diesem erhöhten Interesse her sind auch die Friedensschlüsse auf der zeitgeschichtlichen Ebene am Ende des 18. Jahrhunderts zu bewerten: Sie verdienen diesen Namen nur, wenn sie nicht insgeheim als Waffenstillstand auf Zeit gedacht sind, wie Kant sarkastisch bemerkt (VI/196). Aus solcher Sicht ist das Thema des Friedens zu erläutern. In der Frage seiner Herbeiführung stehen sich Wallenstein und der kaiserliche Hof schroff gegenüber, und die Aussage des Feldherrn erscheint glaubwürdig, wenn er sagt:

> «Dieser Krieg verschlingt uns alle,
> Östreich will keinen Frieden, darum eben,
> Weil *ich* den Frieden suche, muß ich fallen» (II/477).

Die Glaubwürdigkeit dieser Aussage wird durch Max Piccolomini bekräftigt; seinem Vater hält er vor:

> «Ihr seid es, die den Frieden hindern, ihr» (II/332).

Er vor anderen macht sich zum Anwalt des Friedens, wie er der Anwalt dessen ist, was hier Menschlichkeit genannt wird. Die Verse, in denen der Begriff gebraucht wird, sind erschließend:

> «O schöner Tag! wenn endlich der Soldat
> Ins Leben heimkehrt, in die Menschlichkeit ...» (II/331).

Heimkehr – man denkt an Hölderlins Ode «Heimkunft» – erhält eine über die alltägliche Rede hinausreichende Bedeutung. Sie besagt, daß sich jemand auf dem Weg in einen Zustand befindet, in dem Frieden und Menschlichkeit identische Begriffe sind. Max Piccolomini wie Wallenstein befinden sich auf diesem Weg. Aber sie werden ihr Ziel nicht erreichen, der Tragödie entsprechend. Schillers Drama ist eingespannt zwischen den Polen Krieg und Frieden, zwischen der im Krieg jederzeit möglichen Unmenschlichkeit und der Möglichkeit, die den Frieden voraussetzt. Ein Drama der Menschlichkeit, individuell verstanden, und ein Menschheitsdrama im überindividuellen Sinn zugleich. In Hinsicht auf den Wandel, der Wallenstein auf diesen Weg gebracht hat, scheint er im Spielraum des Dramas der Einzige zu sein, der fähig sein könnte, den Frieden herbeizuführen. Um so bestürzender nimmt sich das Ende aus, und dieses Ende ist ungeheuerlich: die schäbige und hinterhältige Ermordung als ein Werk vieler, obschon dieses Ende von der realen Geschichtsschreibung her vorgezeichnet ist.

DIE DRAMEN UND IHRE POLITISCHEN THEMEN

In der Befassung mit Schillers «Wallenstein» – sie ist längst unübersichtlich geworden – scheint dieses Ende kaum der Erklärung bedürftig. Man läßt es vielfach auf sich beruhen, sofern man es nicht doch eben als gerechte Strafe versteht, die hier einem Hochmütigen zuteil wird. Aber der Titel des letzten Teiles der Trilogie heißt «Wallensteins Tod», und das Ende, die Ermordung, ist mit dem dritten Teil aufs engste verknüpft. Der Titel hört sich dezent an; zutreffender hieße es: Wallensteins Ermordung. Sie kommt auch nicht abrupt zustande, sondern wird von langer Hand vorbereitet. Wenn das Drama beginnt, beginnt es mit Aussagen Buttlers, eines heimatlos gewordenen Offiziers.[50] Wir lernen ihn kennen als einen Wallenstein fast blind ergebenen Getreuen. Später, von Octavio Piccolomini durch Verleumdungen Wallensteins bedrängt, wechselt er die Seite, und es ist ein Wechsel, kein Wandel von innen her.[51] Er ist in der fatalen Mentalität des Lagers groß geworden und verbleibt auch dann noch in ihr, wenn er sich von Wallenstein losgesagt hat. Dabei spielt eine durch Wallenstein verfügte Zurücksetzung keine geringe Rolle. In der Art, wie er sich von nun an als treibende Kraft den am Plan der Ermordung Beteiligten zur Verfügung stellt, verharrt er in Schicksalsvorstellungen, die Wallenstein hinter sich gelassen hat. Er redet sich in ein Handelnmüssen hinein, das an eine Zwangsneurose denken läßt, als sei er nicht mehr Herr seiner selbst:

«Was hälfs ihm auch, wenn mir für ihn im Herzen
Was redete – Ich muß ihn dennoch töten» (II/510).

Tötung als Folge unterlassener Selbstbestimmung – so könnte man seine von ihm selbst beschriebene Zwangslage bezeichnen. Mit Tyrannenmord hat dieser Seitenwechsel nichts zu tun. Dennoch gibt es, von «Wilhelm Tell» abgesehen, kein anderes Drama Schillers, das ein Recht auf Widerstand so gerechtfertigt erscheinen läßt wie dieses. Nach vollzogenem Seitenwechsel ist Buttler von seinem Vorhaben nicht mehr abzubringen, obgleich er jede staatspolitische Begründung schuldig bleibt. Wenn die Dramen nach dem Ende von «Wallensteins Lager» beginnen, ist er als ergebener Diener seines Herrn zur Stelle. Auch im dritten Teil, in «Wallensteins Tod», ist dies der Fall, aber nunmehr mit veränderten Absichten. Den am Mord Beteiligten teilt er mit, daß Wallenstein schon von zwanzigtausend seiner ehedem Getreuen verlassen worden sei, und fügt hinzu:

«Wir müssen mehr tun, Landsmann! Kurz und gut!
– Wir müssen ihn töten»

«Töten» rufen die Angeredeten erschrocken aus und wiederholen das schwerwiegende Wort, aber Buttler setzt nach: «Töten sag ich» (II/524). Noch einmal bekräftigt Buttler im Gespräch mit Gordon seine Tötungsabsichten, indem er sein Getriebensein zum Ausdruck bringt. Doch geht es auch hier keineswegs nur um individuelle Psychologie, sondern darüber hinaus um ein aus der Zeit herleitbares Denken, in besonderem Maße hinsichtlich der Einstellungen zum Töten. Hierzu die aufschlußreichen Erläuterungen in einem Beitrag von Hans-Jürgen Schings: «Doch wo sich das Kalkül am sichersten wähnt, da schlägt das Gegen-Kalkül zurück, wo die instrumentelle Vernunft die feinsten Fäden gesponnen, am tiefsten verletzt hat, entbindet sie tödliche Gegenkräfte, besiegelt sie ihren eigenen Bankrott. Buttler steht für diesen Zusammenhang, verkörpert in seiner Person, was die politisch-machiavellistische Vernunft sich da selbst als ‹Verknüpfung der Begebenheiten› zubereitet hat».[52] Mit dem Begriff «machiavellistische Vernunft» sieht man sich auf Einstellungen zum Töten verwiesen, die man nicht erst seit dem 16. Jahrhundert partiell zu legitimieren sucht.[53]

Eine heute in der Geschichtswissenschaft weithin vergessene Schrift von Walter Platzhoff trägt den Titel: «Die Theorie von der Mordbefugnis der Obrigkeit im XVI. Jahrhundert»,[54] und dieser Titel verheißt nichts Gutes. Die Schrift wird eingeleitet mit dem Satz: «Das XVI. Jahrhundert ist für die Geschichte des politischen Meuchelmords von ganz besonderer Bedeutung.» Die Mordaktionen, von denen diese Schrift handelt, werden schon im einleitenden Kapitel mit dem Begriff der Staatsraison in Verbindung gebracht. Das ist ein legitimer Begriff: Friedrich Meinecke spricht von einer Idee.[55] Aber es gibt in diesem Ideengeflecht auch dunklere Seiten; sie betreffen die erleichterte Einstellung zum Töten im Namen des Staates und um des Staates willen. Die Hinrichtung des Leutnants von Katte aus staatspolitischen Rücksichten wurde bereits erwähnt.[56] Diese Praxis des politischen Mordes habe von Italien ihren Ausgang genommen. «Virtuosen des Verbrechens» wie Cesare Borgia und Katharina de Medici werden in diesem Zusammenhang genannt. Aber im Zentrum solcher Untersuchungen steht zumeist die Gestalt des Staatsdenkers Niccolò Machiavelli und sein erfolgreiches Buch «Il Principe».[57] Gewidmet ist es dem Renaissancefürsten Lorenzo de Medici. Mit der Idee der Staatsraison verbindet sich das Bestreben des Staates und seiner Repräsentanten, politische Morde um eben dieser Idee willen zu rechtfertigen. Daß dieser «Brauch» weithin auf die romanischen Länder beschränkt geblieben sei, wird ausgeführt. In Deutschland, beziehungsweise im Heiligen Römischen Reich Deutscher Nation, seien solche Tötungen kaum nachweisbar, und auch Ferdinand II., Wallensteins

Kaiser in der realen Geschichte, habe davon nichts wissen wollen. Dennoch habe derselbe Kaiser die Mordaktion des Jahres 1634 in Eger gebilligt.[58] Zur Herstellung der tragischen Fabel wäre dieses Ende in Eger entbehrlich gewesen. Aber Schiller hat die Kunstform der Tragödie nicht als ein der Zeit entrücktes Modell der Darstellung aufgefaßt, sondern zeitkritische Absichten damit verbunden. Sie war ihm, recht verstanden, nicht Ziel und Zweck um ihrer selbst willen, sondern auch Mittel zum Zweck, zeitkritische Motive zu intensivieren: hier die Verwerflichkeit des Tötens in politischer Absicht. Aber anzumerken bleibt auch, daß die Ermordung vom Geschichtsverlauf her vorgegeben war, und davon abzugehen, hätte als Beschönigung ausgelegt werden können. So ist denn nicht zu leugnen, daß wir es mit einem sehr düsteren Ende zu tun haben, in der realen Geschichte wie in Schillers Drama.

An diesem Ende hat Hegel bekanntlich Anstoß genommen: «Der unmittelbare Eindruck nach der Lesung Wallensteins ist trauriges Verstummen über den Fall eines mächtigen Menschen unter einem schweigenden und tauben Schicksal. Wenn das Stück endigt, so ist Alles aus, das Reich des Nichts, des Todes hat den Sieg behalten; es endigt nicht als eine Theodizee ... es steht nur Tod gegen Leben auf und unglaublich! abscheulich! der Tod siegt über das Leben! Dies ist nicht tragisch, sondern entsetzlich! Dies zerreißt das Gemüt, darauf kann man nicht mit erleichterter Brust springen».[59] Neuere Forschung hat sich gelegentlich diesem Urteil angeschlossen, ihm aber auch vielfach widersprochen, wie Hans-Jürgen Schings in seinem Aufsatz «Das Haupt der Gorgone» mit dem Bemerken, Hegel habe «dem richtigen Befund die falsche Deutung» gegeben. Aber auch er ist der Auffassung, es sei ein Drama ohne Trost.[60] Soll man es bei einer Feststellung wie dieser wirklich belassen? Selbst moderne Literatur kennt noch eine Schicht jenseits des ganz und gar Trostlosen, auf die Kafka in einer seiner Aufzeichnungen verweist: «Ist es möglich etwas Untröstliches zu denken? Oder vielmehr etwas Untröstliches ohne den Hauch eines Trostes? Ein Ausweg läge darin, daß das Erkennen als solches Trost ist.»[61] Ein Erkennender ist Wallenstein am Ende des Dramas ohne Frage, auch wenn er nicht weiß, was mit ihm geschehen wird. Dieser «Trost» des Erkennens ist dem Drama mitgegeben. Aber anderes kommt hinzu. Was im «Prolog» angekündigt worden war, ist tatsächlich geschehen: Die Hauptfigur dieser Dramen-Trilogie wurde uns menschlich näher gebracht. Das Reich des Nichts hat Wallenstein hinter sich gelassen. Eine Theodizee der Tragödie im Sinne klassischer Ästhetik entspricht nicht Schillers Intentionen. Es spricht vieles dafür, daß er noch als Geschichtsschreiber den Verlauf des Dreißigjährigen Krieges theodizeehaft aufgefaßt hat.⁶² Gegen ein solches Denken spricht nunmehr ein Geschichtspessimismus, der dem entspricht, was der vermeintliche Idealist Max Piccolomini in bitteren Worten zum Ausdruck bringt:

«Betrug ist überall und Heuchelschein
Und Mord und Gift und Meineid und Verrat» (II/449).

Von Entsetzen sprechen mit Beziehung auf Schillers «Wallenstein» sowohl Hegel wie Humboldt, obschon mit unterschiedlicher Bewertung dieses Eindrucks.⁶³ Aber auch Entsetzen ist eine ästhetische Kategorie, und besonders in der literarischen Moderne ist sie das, wie in Rilkes «Aufzeichnungen des Malte Laurids Brigge»: «Die Existenz des Entsetzlichen in jedem Bestandteil der Luft» (VI/776). Das Entsetzliche ist nichts Inhumanes, da es nur die Abwesenheit des Humanen bezeugt.⁶⁴ Die Schäbigkeit der von langer Hand vorbereiteten und inszenierten Ermordung Wallensteins ist von anderer Art. Sie ist der Einbruch des Inhumanen, das Entsetzen auslöst. Von Strafaktionen im Drama muß nicht die Rede sein, von solchen in der realen Geschichte sehr wohl.

Daß Schiller Entsetzen mit der Tötungsart, einem Meuchelmord, bewirken wollte, ist keine Frage. Im Entsetzen kann man eine Variation dessen sehen, was man das Theater der Grausamkeit genannt hat.⁶⁵ Im dargestellten Entsetzen verbirgt sich allem Vermuten nach Entsetzen über die Hinrichtung des französischen Königs wie über die Tötungsexzesse unter der Herrschaft Robespierres. Schillers «Wallenstein» ist ein Drama, das auf Wandel und Veränderung setzt, nicht auf Revolution mit den Begleiterscheinungen von Gewalt und Tötung. Aber es ist auch alles andere als ein Erzeugnis des ancien régime. Widerstand wird nicht ausdrücklich verworfen, und wenn Wallenstein sich zur Ruhe begibt, um einen langen Schlaf zu tun, hat er nicht abgedankt, sondern bleibt widerstandsbereit. Aber nirgends im Spielraum des Dramas sind Wallenstein Tötungsabsichten zu unterstellen. Wie später in «Wilhelm Tell» werden Ideengehalte der Revolution – Wandel und Veränderung gesellschaftlicher Verhältnisse – bejaht, aber in der Realisierung solcher Ideen sind Drama und Zeitgeschichte diametral entgegengesetzt. Politik und Menschlichkeit nähern sich an. Aber die Tragik der Tragödie beruht darin, daß die Vereinigung der Gegensätze scheitert. In einem Brief an Goethe vom 9. November 1798 gebraucht Schiller mit Beziehung auf die Liebeshandlung des Dramas den Begriff des «Freymenschlichen» und erklärt, dieses sei «von dem geschäftigen Wesen der übrigen Staatsaction völlig getrennt, ja demselben, dem Geist nach, entgegengesetzt» (XXX/2).⁶⁶ Aber das Scheitern der Zusammenführung der Gegensätze ist kein Schei-

DIE DRAMEN UND IHRE POLITISCHEN THEMEN

tern für immer. Die Schlußszene mit der Erhebung Octavio Piccolominis in den Fürstenstand ist deutbar als Kritik am Aufstiegsdenken, wenn dieses bloß äußerlich verstanden wird – erstaunlich in einer Zeit, in der Aufstieg alles ist, wie es die zahlreichen Erzählungen in Form des Bildungsromans bezeugen. Die tragische Paradoxie im Koordinatensystem des Steigens und Stürzens ist unverkennbar: Der seinem Sturz entgegengehende Feldherr gewinnt menschlich, während der in die Mordpläne eingeweihte Staatsmann Piccolomini aufsteigt und menschlich verliert.[67] Seine Erhebung in den Fürstenstand gerät in das Zwielicht eines bedenkenlosen Opportunismus.[68] An der aufsteigenden Linie wird ihre Kehrseite gezeigt. Die Krise des Helden kündigt sich an. Insofern ist die Person Wallensteins nicht einfach die Fortsetzung Fieskos und seines unbändigen Verlangens nach Größe, welche es auch sei. Die Zurückdrängung des großen Menschen in einer Zeit, in der er in Goethe wie in Hegel seine Bewunderer findet, ist bemerkenswert. Schiller geht seine eigenen Wege. Die Heldenverehrung des schwedischen Königs Gustav Adolf ist Ansatz geblieben; sie ist nirgends Gestalt geworden.

Über Schillers «Wallenstein»-Trilogie war so ausführlich zu sprechen, weil sie sich als ein Werk von zentraler Bedeutung erweist, als ein Muster auch für die nun folgenden Dramen. Mit «Wallenstein» wird nicht einfach fortgesetzt, was das Jugendwerk, «Don Karlos» eingeschlossen, gebracht hatte. Die Ereignisse in Frankreich, die Tötungsexzesse der Jakobiner, die Hinrichtung des französischen Königs und erst recht die nachfolgenden Revolutions- und Eroberungskriege haben zusammen mit dem Studium der Kantischen Philosophie eine Umorientierung des Denkens bewirkt, eine Revolution der Denkungsart, wie man in der Sprache der Zeit sagte. Die davon herleitbare neue «Verfahrungsweise des poetischen Geistes» (Hölderlins Ausdruck) ist an der «Wallenstein»-Trilogie deutlich erkennbar. Sie betrifft in hohem Maße das, was hier als die doppelte Optik der zeitlichen Bezüge bezeichnet wird. Zeitgeschichte und Zeitkritik werden im Gewande des Milieus einer vergangenen Zeit versteckt und verrätselt. Historie ist nicht der Zielpunkt, auf den alles zuläuft, sondern ein Mittel zu höheren Zwecken. Der Prolog, der diese Zeitbezüge mit dem Verweis auf die damalige Gegenwart Frankreichs deutlich beim Namen nennt, steht stellvertretend auch für die folgenden Dramen. Die vermeintliche Flucht ins zeitlos Schöne ist eine Unterstellung und ein Mißverständnis des «Horen»-Programms obendrein. Im letzten der abgeschlossenen Dramen, im Schauspiel «Wilhelm Tell», gewinnen diese Zeitbezüge an Brisanz und Intensität. Das veränderte Geschichtsverständnis ist aus der neuen Dramenform nicht wegzudenken. Weltbürgerlichkeit und Universalgeschichte haben sich nicht erledigt, aber sie sind nicht mehr das A und O alles geschichtlichen Denkens. Das Eigene, in der philosophischen Sprache als Selbstbestimmung gedacht, gewinnt in Verbindung mit Begriffen wie Vaterland oder Patriotismus erhöhte Bedeutung; das Fremde wird nicht ausgegrenzt und als etwas Feindliches abgetan. Aber in Verbindung mit Begriffen wie Fremdbestimmung und Fremdherrschaft wird es zunehmend kritisch wahrgenommen. Tyrannentum und ihre Darstellung im Drama erweisen sich im Hinblick auf die Ereignisse in Frankreich als nicht mehr vordringlich, wie sich an der Person des französischen Königs zeigt. Aber die Beunruhigung durch die Hinrichtungen und Todesurteile aufgrund staatlicher Regulativen hat zugenommen, und der eingangs zitierte Brief, die Empörung über die Hinrichtung des französischen Königs, gewinnt erschließende Bedeutung für das dramatische Schaffen. Im Zusammenhang der zeitgeschichtlichen Bezüge gerät auch die Todesstrafe in das Blickfeld der Betrachtung. Die Tragödie «Maria Stuart» gehört schon deshalb in das hier in Frage stehende Problemfeld. Dem Stoff nach geht es nunmehr um englische Geschichte, aber es zeigt sich rasch, daß Frankreich in der Vielzahl der Zeitbezüge präsent bleibt.

5
«Maria Stuart»

Schillers «Maria Stuart» mit der Gattungsbezeichnung «Ein Trauerspiel» war lange Zeit an unseren Schulen und Universitäten als ein Läuterungsdrama eingeführt, und als ein solches wird es vielfach auch heute noch verstanden. Mit einem Drama dieser Art wird es in einem einflußreichen literaturwissenschaftlichen Werk der Nachkriegszeit, in Benno von Wieses Buch «Die deutsche Tragödie von Lessing bis Hebbel», in Verbindung gebracht. «Durchaus *an der Wende von Geschichtsdrama und Läuterungsdrama* steht ‹Maria Stuart›. Ein geschichtlicher Sensationsprozeß, der in einem einzigen beladenen Augenblick zusammengefaßt wird, gipfelt in einem königlichen Sterben.»[1] Wie sehr diese Charakterisierung des Dramas auf religiöse Zusammenhänge verweist, ist schon dem Einleitungskapitel desselben Buches zu entnehmen, wenn hier von einer Vereinigung von Geschichtsdrama und religiösem Erlösungsspiel gesprochen wird.[2] Von der Nähe zur französischen Tragödie und dem christlichen Märtyrerdrama spricht derselbe Forscher in seiner ausgreifenden Biographie über Schiller.[3] Daß dieses vermeintlich re-

DIE DRAMEN UND IHRE POLITISCHEN THEMEN

ligiöse Drama mit der Märtyrertragödie des Barockzeitalters wenig zu tun hat, wäre zu zeigen. Es überrascht nicht, wenn Zuordnungen dieser Art von der jüngeren Forschung mit verhaltenem Mißmut wahrgenommen werden. «Läuterung ist das Stichwort», erklärt Karl S. Guthke, «das den Kritikern von jeher allzu leicht von der Zunge geht.»[4] Man sieht einseitig auf das Individuelle, wenn man von Läuterungsdrama spricht. Das ist ähnlich der Fall, wenn man «Maria Stuart» in erster Linie als Seelendrama gelten läßt, um es zugleich in die Nähe von Goethes «Iphigenie» zu bringen. Aber auch diese Bezeichnung wird heute eher distanziert als zustimmend gebraucht, und verhaltenen Mißmut gibt es auch hier, wenn Gert Sautermeister feststellt: «Man übersieht Politisches und verewigt Seelisches, macht beides der Form oder einer transzendentalen Idee dienstbar.»[5] Sodann die strenge Form! Und keine Frage, daß Schiller dieser Seite seiner Dramatik, zumal in «Maria Stuart», viel Sorgfalt gewidmet hat. Man bewundert die Architektonik, die Symmetrien, die in nahezu jeder Szene sich bezeugende Klassizität: «Die Tragödie der schottischen Königin ist technisch das vollkommenste, das regelmäßigste, das klassischste Bühnenwerk Schillers. Sie ist es dank der Symmetrie des Aufbaus, der sinn- und spannungsreichen Konfiguration der Gestalten ...»[6] Das sind nicht wenige Superlative, die hier zur Kennzeichnung Schillerscher Formkunst gebraucht werden. Aber die zahlreichen Mordgeschichten, die Hinrichtungen und Blutgerüste, von denen dasselbe Drama handelt! «Hier ist Gewalt und drinnen ist der Mord» (II/633). Was die schottische Königin zu ihrer Beschützerin sagt, steht für das Ganze. Es ist ähnlich wie in Goethes Trauerspiel «Die natürliche Tochter» oder in Schillers vermeintlich antiker Tragödie «Die Braut von Messina»: Je abgründiger der Verlauf der Handlung, desto stärker das Verlangen nach strengen und strengsten Formen! Aber bezieht man die Mordgeschichten in die Betrachtung ein, wie es sich gehört, ist man unversehens der Moderne sehr viel näher als dem klassizistischen Weltbild. Von der Rettung durch Formen spricht Hugo Friedrich mit Blick auf die Poesie der Moderne.[7] Läuterungsdrama wie Seelendrama sind vorrangig auf die individuelle Person gerichtet; an ihr ist die Forschung vor allem interessiert. Die Neigung der schottischen Königin zum Sinnlichen, ihre Anfälligkeit für Triebhaftes wie ihr Sichvergessen im Wortstreit mit der englischen Königin Elisabeth sprechen in hohem Maße für individuelle Psychologie, die sich wie von selbst aufdrängt; und zumal im Blick auf das Seelendrama bestätigt sich das Musterhafte der klassischen Form: die kunstvoll gefügten Symmetrien und Kontraste. Aber der auf diese Weise bewirkten Einseitigkeit wird in neuerer Zeit vielfach widersprochen. Man stellt fest: «Für die meisten Interpreten ist aber das Geschichtlich-Politische in der *Maria Stuart* höchstens von zweitrangiger Bedeutung, eine Folie für die innere Entwicklung Marias zur ‹Erhabenheit› oder zur ‹ästhetischen Totalität›.[8] Mit anderen Worten: Hier wird auf beunruhigende Weise etwas verdrängt, und diese Verdrängung darf als eine weit zurückreichende Eigenart der Interpreten verstanden werden. In diesen auf das Individuelle ausgerichteten Deutungen und Analysen werden die brisanten Rechtsprobleme ebenso übergangen wie die vielfach dubiosen Praktiken der Staaten, die nicht selten mit ihren Untertanen schalten und walten, wie es ihnen beliebt, den geltenden Staatsauffassungen entsprechend. Diese Interpreten sind von der Kunstmäßigkeit und Klassizität des Dramas so beeindruckt, daß sie über die zahlreichen Fälle von Mord, Hinrichtung oder anderen Tötungsdelikten kein Wort verlieren, als habe dergleichen in einem klassischen Drama nicht vorzukommen.

Gegen die Einseitigkeit der Betrachtungsweise ist einzuwenden, daß sich das individuelle Denken und Tun fast Szene für Szene mit Geschichte und Zeitgeschichte verknüpft. Das zeigt sich vor allem an der Wandlung der schottischen Königin, die man als einen Vorgang von zentraler Bedeutung erkennt. Sie lebe, heißt es in diesem Zusammenhang, von Anfang an unter dem Damoklesschwert der Hinrichtung, vollziehe aber kurz vor ihrem Tod eine innere Wandlung.[9] Diese Wandlung wird von mehreren Interpreten als eine solche zur schönen Seele hin interpretiert.[10] Man ist sich einig darin, daß es sich nicht um eine langfristige Entwicklung handelt, sondern um ein Anderssein innerhalb kürzester Zeit. Diese Wandlung ist weithin so beschaffen wie diejenige Wallensteins auch, von der die Rede war. Sie kommt zustande aufgrund einer Erkenntnis, die in hohem Maße Selbsterkenntnis ist. Wie Wallenstein auch wird sich die schottische Königin der Verbrechen bewußt, deren sie sich schuldig gemacht hat. Maria Stuart sieht sich im Rückblick und im Nachdenken über sich selbst in Verbrechen involviert, gleichviel, ob sie die Ermordung Darnleys betrieben hat oder nur geschehen ließ. Hier wie dort geht es um Verbrechen und um ihre Erkenntnis im Bewußtwerden eigener Schuld. Selbsterkenntnis, um die es sich handelt, ist identisch mit Selbstbestimmung, mit der Erkenntnis der Bestimmung des Menschen. Aber die aus solcher Erkenntnis herleitbare Wandlung ist weniger eine solche des Charakters; sie ist von allgemeiner Art und von den Zeitverhältnissen nicht zu trennen. Die Praktiken des Staates gehen mit dem Einzelnen vielfach leichtfertig um, wenn es zum Nutzen des Staates gerechtfertigt erscheint. Das Schlüsselwort heißt abermals Staatsraison, in neueren Arbeiten über Schillers Dramen wird es wiederholt gebraucht.[11] Im Text des Dramas wird hierfür Staatsvorteil gesagt. Zur englischen Königin sagt Leicester – «*lebhaft einfallend*»:

DIE DRAMEN UND IHRE POLITISCHEN THEMEN

«Burleigh!
Der denkt allein auf deinen Staatsvorteil ...» (II/615).

Der Einzelne erleidet Gewalt, die von den Regierenden nach eigenem Ermessen ausgeübt wird, und selbstverständlich wird gefoltert. Hanna Kennedy, die frühere Amme der schottischen Königin, führt Klage über das, was dem Einzelnen ohne Ansehen der Person zugefügt wird: «Man tritt uns mit den Füßen» sagt sie, ein metaphorischer Ausdruck, den man in der Zeit Schillers wiederholt auf die Menschenrechte anwendet.[12] Aber daß Menschen im übertragenen Sinne des Wortes mit Füßen getreten werden, heißt nicht, daß der eine dem anderen privat und persönlich etwas antut; was hier geschieht, geschieht von Staates wegen. Der Einzelne, auch Könige oder Königinnen, werden durch willkürlich ausgeübte Gewalt erniedrigt, wie es in einer Herrschaft des Tyrannentums nicht selten vorkommt. Die Willkür des Vorgehens, wie es in Schillers Dramen gezeigt wird, bedeutet nicht, daß wir es mit einem gesetzlosen Zustand zu tun haben. «Maria Stuart» spielt in einem Rechtsstaat, der sich dennoch als ein Unrechtsregime erweist. Wie auch sonst nimmt Schiller in seinen Dramen Herrschaftsformen vorweg, die das zwanzigste weit mehr als das neunzehnte Jahrhundert bestätigt. Abermals erweist sich Geschichte als etwas wiederkehrend Typisches, wenn auch die Umstände im einzelnen andere sind. In dem Beitrag von Barbara Neymeyr heißt es zutreffend und nachdrücklich: «Zugleich prangert Schiller eine Herrschaftsform an, die politische Willkürentscheidungen aus subjektiv-individuellen Beweggründen begünstigt. Über die für die höfische Sphäre typischen intriganten Machenschaften hinaus rückt hier die Problematik eines Unrechtsregimes ins Blickfeld.»[13] Das Drama ist zu großen Teilen ein Rechtsdrama, aber in stärkerem Maße ein Drama der Rechtskritik, die sich der Manipulierung des Rechts widersetzt.

Manipuliert wird das Recht im Spielraum des Dramas von den Herrschenden, die über Macht verfügen: von der englischen Königin Elisabeth und ihren Getreuen. Sie ordnet das Recht der Macht unter. Die Amme der schottischen Königin, die durchschaut, was hier gespielt wird, spricht es aus:

«Nicht Englands Parlament ist Euer Richter.
Macht ists, die Euch hier unterdrückt, vor diesen
Anmaßlichen Gerichtshof dürft Ihr Euch
Hinstellen mit dem ganzen Mut der Unschuld» (II/562).

Beide Frauen auf der Gegenseite der Mächtigen, Maria Stuart wie ihre frühere Amme, stattet Schiller mit juristischen Kenntnissen aus, die er sich selbst verschafft hat: Vor allem die schottische Königin erweist sich in Rechtsfragen als sachkundig und kompetent. Sie insistiert auf ihrem Königsrecht und hält dem Berater ihrer Gegnerin zutreffend vor:

> «Verordnet ist im englischen Gesetz,
> Daß jeder Angeklagte durch Geschworne
> Von seinesgleichen soll gerichtet werden.
> Wer in der Committee ist meinesgleichen?» (II/573)

Ihren Widersachern ist sie in der Argumentation überlegen.[14] Sie bestreitet die Rechtmäßigkeit des Verfahrens wie der Richter-Auswahl und bestreitet erst recht die Prinzipien, die der hier ausgeübten Rechtspraxis zugrunde liegen:

> «Eben darum
> Mißtraut Euch, edler Lord, daß nicht der Nutzen
> Des Staats Euch als Gerechtigkeit erscheine» (II/575).

Der Strafrechtslehrer Klaus Lüderssen hat in seinem Buch über Schiller und das Recht diese Vorhaltung der schottischen Königin als Titel übernommen.[15] Desselben Argumentes bedient sich der frühere Günstling der Königin Elisabeth, wenn er ihr und ihren Helfern vorwirft:

> «Hier ist nicht
> Die Rede von dem Recht, nur von dem Vorteil» (II/595).

Nutzen und Vorteil statt Recht – an anderer Stelle wird Staatsvorteil gesagt, und abermals könnte solcher Vorteil Staatsraison heißen. Das Urteil steht im vorhinein fest; es muß nur noch die Begründung gesucht und gefunden werden. Das ist eine Rechtsverdrehung im eigentlichen Sinne des Wortes: Gegenüber der normalen Rechtspraxis, daß Ermittlung und Prozeßführung gewesen sein müssen, ehe ein Urteil gefällt wird, steht hier das Urteil am Anfang des eingeschlagenen Rechtsweges fest, wie denn die verzweifelte Klage am Anfang steht, die Maria Stuart einbringt:

> «O dieses unglücksvolle Recht! Es ist
> Die einzge Quelle aller meiner Leiden» (II/567).

Das Schuldbekenntnis, das Maria ablegt, ändert nichts daran, daß sie hinsichtlich des Prozeßverfahrens gegenüber ihrer Rivalin im Recht bleibt, die ihrerseits nicht bereit ist, Schuld auf sich zu nehmen. Das Todesurteil, das über sie gefällt wird, ist ein Fehlurteil, in der Sprache der Juristen ein Justizmord. Der Strafrechtler Udo Ebert läßt daran keine Zweifel: «Mit der mehr als fragwürdigen Behauptung, der Überbringer ihres Hinrichtungsbefehls, der Staatssekretär Davison, habe eigenmächtig gehandelt..., versucht sie, die Schuld an dem Justizmord von sich abzuwälzen...»[16]

Die Kritik an der katastrophalen Lage des Rechts in diesem Land geht einher mit einer vehementen Kritik an der Sprache, die in eine Kritik an der Rhetorik einmündet. Sie läßt an die Kritik denken, die Fiesko am Gebrauch des Tyrannenbegriffs übt. Wie sich das Recht als manipulierbar erweist, so auch die Sprache, auf die jede Rechtsprechung angewiesen ist. Burleigh, der Anwalt der englischen Königin, bedient sich bezeichnenderweise militärischer Begriffe, wenn er auf das Vermögen der Rednerkunst zu sprechen kommt. Er spricht vom Sieg, den Leicesters Rednerkunst erfochten habe, als gehe es um Waffengänge wie im Krieg (II/638). Die Sprache als Instrument in Rechtsdingen ist eine Sprache der Gewalt, wenigstens hier. Die schottische Königin durchschaut solche Indienstnahmen und verwirft sie:

> «Ich höre staunend die Gewalt des Mundes,
> Der mir von je so unheilbringend war –» (II/574).

Und sie fürchtet, den kunstfertigen Rednern nicht gewachsen zu sein. Auch erkennt sie, wie sehr ihr eigenes Geschick an Worten hängt; das Wortgefecht mit ihrer Gegnerin bringt es an den Tag. Bezeichnenderweise gebraucht der Anwalt der Königin Elisabeth diesen Begriff in einer Unterredung mit Maria Stuart. Eine eigentümlich heillose Welt wird in diesem hochklassischen Drama erkennbar. Sprache als eine Äußerungsform des Humanen, die dem Menschen verliehen ist, um eben dieses Humane zu bezeugen, kann ganz anders sein. Als Rednerkunst kann sie Waffe sein, die man in Wortgefechten verwendet. Man erinnert sich der Anmerkung Hölderlins zu seiner «Antigone»: Vom wirklichen Mord aus Worten ist dort die Rede (V/270), und etwas dieser Art geschieht auch in Schillers Drama. Aber zur Beruhigung, daß das ja alles weit zurückliegt und daß inzwischen die Aufklärung vieles zum Besseren gelenkt habe, besteht kein Anlaß. Die doppelte Optik der zeitlichen Bezüge gilt auch hier: Die historische Ebene ist eines, und die zeitlichen Bezüge als die Gegenwart Schillers sind ein anderes. Sie betreffen abermals Frankreich, wie es schon im Prolog zum «Wallenstein»-Drama der Fall gewesen war.

Schillers «Maria Stuart» handelt von englischer Geschichte, aber Frankreich ist von Anfang an präsent. In der Eingangsszene des Dramas werden im

Gefängnisraum der schottischen Königin ihre Geheimsachen durchsucht. Man entdeckt französische Schriften und ein königliches Stirnband, reich an Steinen und durchzogen mit den Lilien von Frankreich (II/551), und auch das letzte Wort im Drama, das wir vernehmen, gilt mit Beziehung auf den Grafen Leicester diesem Land:

> «Der Lord läßt sich
> Entschuldigen. Er ist zu Schiff nach Frankreich!» (II/686).

Mortimer kommt von dort, und Leicester, wie erwähnt, geht dorthin. Frankreich ist das Land, in dem Maria Stuart ihre Kindheit verlebt hat, und in diesem Land möchte sie auch begraben sein (II/676). Für sie ist es das Land ihres Glaubens, aber auch ein Land der Prachtentfaltung. Ihre Amme spricht gegenüber dem Bewacher vom üppigen Hof der Mediceerin, in der ihr Schützling in der «Freuden Fülle» aufgewachsen sei (II/552). Aber Frankreich ist auch das Land, von dem man im Spielraum des Dramas weiß, daß es dort 1572 die Bartholomäusnacht gegeben hat, und als Drahtzieherin des Massakers macht man dieselbe Herrscherin verantwortlich, die für die englische Königin in Schillers Drama ein Beispiel dafür ist, wie man gegebenenfalls mit seinen Feinden umzugehen hat.[17] «Die Bartholomäusnacht sei meine Schule», sagt Elisabeth und fügt hinzu:

> «Die Kirche trennet aller Pflichten Band,
> Den Treubruch heiligt sie, den Königsmord...» (II/625).

Von dieser in Frankreich eingeführten Tötungsart wird noch in anderem Zusammenhang gesprochen; der Vertraute der Königin Elisabeth, ihr Großschatzmeister Burleigh, gibt hierüber eine schaudernde Auskunft:

> «Zu Reims, dem Bischofssitz des Kardinals,
> Dort ist das Rüsthaus, wo sie Blitze schmieden,
> Dort wird der Königsmord gelehrt...» (II/590).

Die wiederholte Rede vom Königsmord, den man ins Werk zu setzen gedenkt, ist Anlaß, an die doppelte Optik der zeitlichen Bezüge zu erinnern: an den Mord, dem die schottische Königin am Ende zum Opfer fallen wird, wie an den Königsmord, den es am 21. Januar 1793 im Verlauf der Französischen Revolution in Paris gegeben hat. Auf eine ältere Arbeit über Schillers Drama ist in diesem Zusammenhang zu verweisen: auf eine Programmschrift des Königlich Humanistischen Gymnasiums in Speyer aus dem Jahre 1906. Ihr Verfasser, Albert Kennel, macht darauf aufmerksam, daß im Königsmordprozeß des Jahres 1793 das Urteil wie in Schillers Drama bereits gesprochen ist, wenn der Prozeß beginnt.[18] Es ist dort Saint-Just, der bekanntgibt, daß hier nicht zu richten, sondern hinzurichten sei, und entsprechend äußert sich Burleigh in Schillers Drama:

«Gerichtet ist schon längst. Hier ist kein Urteil
Zu *fällen*, zu *vollziehen* ists» (II/652).[19]

Die Versuche Condorcets, so wird in dieser Schrift ausgeführt, die Vollstreckung hinauszuzögern, werden mit den Bestrebungen Leicesters verglichen. Shrewsbury, der sich zunehmend als Anwalt der schottischen Königin zu erkennen gibt, bezweifelt die Rechtmäßigkeit der Stimmenmehrheit, wie dies gleichermaßen und fast wörtlich einer der Anwälte Ludwigs XVI. getan hat.[20] Diese in Speyer 1906 beigebrachten Analogien lassen den Schluß zu: «Elisabeths Berater sprechen in der Tat die Sprache des Konvents»;[21] oder anders gesagt: In «Maria Stuart» wird dem französischen Königsmord-Prozeß in literarischer Form der Prozeß gemacht. Im Gewand des historischen Dramas versteckt Schiller hochbrisante Zeitbezüge. Die doppelte Optik dieser Bezüge versteht sich als eine Art Geheimsprache, die es zu entziffern gilt, und das dürfte den Zeitgenossen des Dichters, die manche Wendung aus den französischen Protokollen noch im Ohr gehabt haben mögen, leichter gefallen sein, als es dem heutigen Leser und Zuschauer des Dramas möglich ist. Als eine Quelle, durch die Schiller Einzelheiten des vom Konvent in Gang gebrachten Prozesses vermittelt wurden, wird die «Unpartheyische vollständige und aktenmäßige Geschichte des peinlichen Processes gegen Ludwig XVI.» von dem Historiker Ernst Ludwig Posselt angeführt. Dieser Historiker, den Schiller auch im Zusammenhang seines Malteser-Projekts konsultiert hat, ist beachtenswert.[22] Ähnlich wie Archenholtz war er ein Verehrer des preußischen Königs Friedrichs II., den er 1786 in einer Schrift gewürdigt hatte; und ähnlich wie dieser blieb er den Ideen der Französischen Revolution zugewandt. In den von ihm herausgegebenen «Europäischen Annalen», um die es hier geht, blieb Frankreich weiterhin dasjenige Land, über das vorzugsweise berichtet wurde. Er war in Karlsruhe zum badischen Hofhistoriographen ernannt worden und wurde 1795, vermutlich aus politischen Gründen, seines Amtes enthoben. Cotta hatte ihn als Sekretär einer «Europäischen Staatszeitung» vorgesehen und versucht, Schiller als Mitherausgeber zu gewinnen, ohne hinsichtlich solcher Pläne erfolgreich gewesen zu sein. Daß sich Schiller solchen Plänen versagte, hängt vermutlich damit zusammen, daß ihn andere Projekte bedrängten. Aber daß es seitens des Verlegers zu solchen Plänen kommen konnte, zeigt an, daß sich Schiller mit Historikern, die auch bedeutende Zeithistoriker waren, in gutem Einvernehmen befand.²³ Das gilt auch von dem Historiker Johann Wilhelm von Archenholtz, mit dem Schiller schon seit seiner Dresdner Zeit gut bekannt war; besonders in der von ihm seit 1780 herausgegebenen Zeitschrift «Minerva» konnte er sich über wichtige Zeitereignisse gut informieren.

Königsmord war indessen nicht der Begriff, dessen man sich am Hof der englischen Königin Elisabeth wie im Konvent der Französischen Revolution bediente. Hier wie dort ist von Todesurteil und Hinrichtung die Rede, mithin von Todesstrafe als einer Form staatlichen Tötens. Schiller hatte sich in seinem 1790 veröffentlichten Aufsatz «Die Gesetzgebung des Lykurgus und Solon» deutlich gegen dieses Strafmittel ausgesprochen. Die Ablehnung der Strafe verbindet er mit der Beschreibung der unbarmherzigen Gesetzgebung Drakos, die es in Athen gegeben hatte, ehe Solon durch seine weisen Gesetze die Verhältnisse zum Besseren wendete. In dem genannten Beitrag heißt es hierüber: «*Drako* hieß dieser gefürchtete Bürger – ein Mann ohne Menschengefühl, der der menschlichen Natur nichts Gutes zutraute, alle Handlungen bloß in dem finstern Spiegel seiner eigenen trüben Seele sah ... Alle Verbrechen strafte er ohne Unterschied mit dem Tode, den Müßiggang wie den Mord, den Diebstahl eines Kohls oder eines Schafs wie den Hochverrat und die Mordbrennerei.» Die Ablehnung der Todesstrafe im Anschluß an dieses düstere Porträt faßt Schiller in dem prägnanten Satz zusammen: «Einen Menschen aus den Lebendigen vertilgen, weil er etwas Böses begangen hat, heißt ebensoviel, als einen Baum umhauen, weil *eine* seiner Früchte faul ist» (IV/821). Daß wir es mit einer dezidierten Erklärung gegen die Todesstrafe zu tun haben, bestätigt der Jurist Udo Ebert in seinem schon genannten Beitrag mit dem Bemerken: «Schiller lehnt, einer in der Aufklärung verbreiteten Tendenz entsprechend, die Todesstrafe ab ...»²⁴ Diese gegen die Todesstrafe gerichtete Kritik im literarischen Text ist auf dem Hintergrund der Debatte zu sehen, die durch die Schrift «Dei delitti e delle pene» von Cesare Beccaria ausgelöst worden war. Sie war in erster Auflage und in italienischer Sprache 1766 erschienen und wurde 1798 in einer zweiten Auflage der deutschen Übersetzung herausgebracht. Übersetzer und Herausgeber der Neuauflage war der Kantianer Johann Adam Bergk.²⁵ Der Arzt und Schriftsteller Johann Benjamin Erhard, der mit Schiller zeitweilig in einem regen Gedankenaustausch gestanden hatte, hatte sie wohlwollend und mit Zustimmung besprochen.²⁶ Er befand sich auch hinsichtlich dieser Frage im Gegensatz zu Kant, der die Schrift des Italieners in seiner «Metaphysik der Sitten» schroff verworfen hatte: «Hiegegen hat nun der Marchese *Beccaria*, aus teilnehmender Empfindelei einer affektierten Humanität ... seine Behauptung der *Unrechtmäßigkeit* aller Todesstrafe aufgestellt ... (IV/457). In diesem Punkt wie in der Frage des Widerstandrechts erklären sich dezidierte Kantianer gegen Kant. Wiederholt ist in Schillers «Maria Stuart» von Königsmord die Rede. Dennoch gilt das dem Drama eingeschriebene Entsetzen nicht ausschließlich dem Königsmord, weil es um den Körper eines Königs oder einer Königin geht, sondern der Praxis staatlichen Tötens überhaupt. Daher die vehemente Desavouierung solcher Tötungsgebräuche auch hier.

Ein reichhaltiges Wortfeld des Tötens begleitet den Gang der Handlung – inmitten dieses Humanitätszeitalters, wie frühere Literarhistoriker gern sagten. Schon die Eingangsszene bereitet auf dieses Wortfeld mit Ausdrücken wie Blutgerüste, Mörder, Henkerbeil, Kerkerhaft oder Greueltat vor. Die im Vollzug der Todesstrafe unentbehrliche Person des Henkers ist aus diesem klassischen Drama nicht wegzudenken. Wenn sie genannt wird, wird auch der Richtplatz genannt, der ein öffentlicher zu sein hat, damit die schaulustige Menge auf ihre Kosten kommt. Um eine allseits gute Sicht zu gewährleisten, müssen Blutgerüst und Schafott auf erhöhtem Podest aufgerichtet werden, mit der Folge, daß die Delinquenten den Ort ihrer Hinrichtung nur über Stufen erreichen können. Daß dem Akt des Tötens vielfach Folterungen vorausgehen, wird nicht verschwiegen. Es versteht sich von selbst, daß die mit Blut zusammenhängenden Ausdrücke wiederholt von den Figuren des Dramas gebraucht werden. Der frühere Günstling der englischen Königin, Graf Leicester, wird gelegentlich der blutigste Verfolger der schottischen Königin genannt (II/571). Sie wiederum wird angeklagt, an einer Bluttat beteiligt gewesen zu sein. Die spanische Maria, eine Halbschwester der Königin Elisabeth, wird als die Blutige bezeichnet, und daß von Blutgier gesprochen wird, hängt wiederum mit der Schaulust der Menge bei Hinrichtungen zusammen. Personen treten auf, von denen wenigstens heutige Zuschauer nicht mehr viel wissen. Man ist auf Hinweise und Kommentare angewiesen. Vom Herzog von Norfolk ist die Rede, dem besten Haupt der Insel, wie gesagt wird. Er sei der schottischen Königin unterm Henkersbeil geopfert worden (II/553). In diesem Zusammenhang wird der wallisische Gelehrte William Parry erwähnt, der «Böswicht Parry», wie im Text des Dramas gesagt wird (II/553). Von ihm heißt es in einem Kommentar zum Drama: «Der walisische Rechtsgelehrte William Parry gehörte zu jenen Katholiken, die, bestärkt durch eine päpstliche Bannbulle, die Ermordung Königin Elisabeths planten. Als Anführer einer Verschwörung wurde er 1585 hingerichtet.»[27] Um Maria Stuart für sich einzunehmen, erinnert Mortimer die schottische Königin an Lady Gray, auch sie war ein gekröntes Haupt (II/570). In einem der Kommentare erhalten wir folgende Auskunft: «Jane

Gray, Enkelin der jüngeren Schwester Heinrichs VIII., und daher nach dem Tod Edward VI. und gemäß seiner Thronfolgeordnung am 10.7.1553 zur Königin erklärt. Sie wurde wenige Tage später im Tower gefangengesetzt und 1554 hingerichtet.»[28] In derselben Szene wird auch Anne Boleyn genannt, die Mutter der Königin Elisabeth. Sie wurde «wegen angeblichen Ehebruchs am 19.5.1536 hingerichtet»[29]. Wiederholt wird in diesen Kommentaren nicht von «normalen», sondern von grausamen oder martervollen Hinrichtungen berichtet. Von zwei der an einer Verschwörung gegen Elisabeth Beteiligten – von Babington und Tichborne – wird in den Kommentaren gesagt, daß ihre Häupter auf Londons Brücke aufgespießt worden seien – mit der Bemerkung: «Die abgeschlagenen Köpfe von Verschworenen wurden häufig auf der Londoner Brücke zur Warnung aufgespießt und hingen dort oft jahrelang».[30] Wenn man im Hinblick auf die Vielzahl der Tötungen einwenden sollte, daß man derartige Vorkommnisse nicht nach unseren heutigen Maßstäben verurteilen dürfe, so ist solchen Einwänden entgegenzuhalten, daß sie der Auffassung Schillers mit Gewißheit nicht entsprachen, zumal seine eigene Zeit im Blick auf die Tötungsexzesse in Frankreich nicht sehr viel anders beschaffen war. Davon abgesehen wollte Schiller selbstverständlich seine Leser und Zuschauer gegen die «Kunst», diejenige der Staatskunst, aufbringen. Ein Lobredner solcher Praktiken, die man auch Staatsraison nannte, war er zu keiner Zeit, und schon gar nicht nach 1789.

Im Hinblick auf zentrale Fragen wie Widerstandsrecht und Tyrannenmord in Schillers Dramen erweist sich das Trauerspiel «Maria Stuart» als weniger ergiebig, als es auf den ersten Blick scheinen könnte. Widerstand wird problemlos, wie es scheint, geübt, wenn von Verschwörungen die Rede ist, und das ist häufig der Fall. Aber von ihnen wird eher beiläufig gesprochen; sie werden nicht zu einem zentralen Thema des Dramas gemacht. Noch weniger kann von einem Drama des Tyrannenmords gesprochen werden, von einem Justizmord, wie schon erwähnt, sehr wohl, als der sich das auf Todesstrafe erkannte Urteil erweist. Obwohl die zum Tode verurteilte Königin Schuld auf sich geladen hat und auf sich nimmt – Tyrannei im eigentlichen Sinn dieses Wortes hat sie nicht ausgeübt. Von ihrer Gegnerin kann das in gleicher Weise nicht gesagt werden, und der ihr kritisch gegenüberstehende Shrewsbury spricht es unmißverständlich aus:

> «Denn dich umgibt nicht mehr die herrliche
> Gerechtigkeit, die alle Herzen dir
> Besiegte! *Furcht,* die schreckliche Begleitung
> Der Tyrannei, wird schaudernd vor dir herziehn ...» (II/653).

Wie sich diese Tyrannei noch einmal entwickeln wird, bleibt offen, und Widerstand gegen sie ist nicht das Thema. Demgegenüber erhält die Verwerfung staatlichen Tötens mit der Tendenz zum Märtyrerdrama erhöhte Bedeutung. Aber seit der Arbeit an «Don Karlos» geht das Interesse an Tyrannei mit demjenigen an Fremdherrschaft einher, und Fremdherrschaft heißt immer auch Fremdbestimmung, die zur geforderten Selbstbestimmung in unüberbrückbarem Gegensatz steht; dabei geht es, wie ausgeführt, sowohl um den individuellen Bereich wie um denjenigen eines ganzen Volkes, das sich jeder Art von Fremdherrschaft, aus der Optik des Dramas mit Recht, widersetzt, weil sie als etwas Unmenschliches erfahren wird. Wenn man die Wandlung der Maria Stuart als Läuterung bezeichnet, so könnte sie mit gleicher Berechtigung als ein Prozeß der Erkenntnis, der Einsicht und des Einverständnisses mit sich selbst verstanden werden. Eben dieser Prozeß schließt Anerkennung von Schuld ein, woran es ihre Rivalin fehlen läßt. Selbstbestimmung und Fremdbestimmung im individuellen Bereich korrespondieren mit denselben Begriffen im staatlichen Bereich, und man erfaßt nur die halbe Wahrheit, wenn man einzig das individuelle Läuterungsdrama gelten läßt. Für diesen allgemeinen und überindividuellen Bereich steht hier das Rechtsdrama als ein Drama vehementer Rechtskritik. Innerhalb dieser Rechtsthematik verdient der Begriff des Völkerrechts Beachtung. Abermals ist es die mit vorzüglichen Rechtskenntnissen ausgestattete Amme der schottischen Königin, die in den ersten Szenen des Dramas auf der Geltung des Völkerrechts insistiert. Maria Stuart, argumentiert sie, sei als eine Hilfeflehende und Vertriebene nach England gekommen und sehe sich nun in enger Kerkerhaft gefangen – «wider Völkerrecht und Königswürde» (II/554). Die Berufung beider Frauen auf das Völkerrecht besagt, daß sie Rechtssprechung nach fremdem Recht ablehnen, zumal die unterstellten Verbrechen in einem anderen Land stattgefunden haben. Die schottische Königin hält es dem englischen Großschatzmeister vor:

«Ich atme
Die Luft in einem englischen Gefängnis.
Heißt das in England leben, der Gesetze
Wohltat genießen? Kenn ich sie doch kaum» (II/573).

Beide Frauen insistieren auf dem je Eigenen gegenüber dem Fremden. Es sind solche Gegensätze von Selbstbestimmung und Fremdbestimmung, die zur romantischen Tragödie «Die Jungfrau von Orleans» überleiten, in der wir diese Motivik sehr viel stärker ausgeprägt finden. Fremdbestimmung im überindividuellen Sinn heißt jetzt auch, daß man sich mit einem fremden Joch, mit einer Fremdherrschaft, konfrontiert sieht, die im Verständnis Schillers Tyrannenherrschaft bedeutet. Darüber hinaus sieht man sich auf neuartige Konstellationen verwiesen. Die Desavouierung staatlichen Tötens steht nicht mehr im Vordergrund der Handlung. Eine Problematik des Tötens um des Vaterlandes willen zeichnet sich ab. Sie kann als Vorstufe zum bejahten Tyrannenmord in «Wilhelm Tell» verstanden werden.

6
«Die Jungfrau von Orleans»

Die romantische Tragödie «Die Jungfrau von Orleans» gehört aufgrund ihrer Wirkung unter den Zeitgenossen zu den erstaunlichsten Dramen, die Schiller je auf die Bühne gebracht hat. Zwar hat es auch damals kritische Stimmen gegeben, die mancherlei auszusetzen fanden.[1] Aber sie fallen kaum ins Gewicht gegenüber den Beifallsstürmen und Huldigungen, die ihm vor allem nach der Uraufführung im September 1801 in Leipzig und zwei Jahre später in Berlin zuteil wurden. Schiller selbst hat die dritte der Leipziger Inszenierungen gesehen. Es gibt hierüber einen Bericht der Mutter des Dichters, der wiedergibt, was ihr von ihrem Sohn mitgeteilt worden war. In diesem Bericht heißt es: «und nach dem ersten Act rief Alles zusammen ‹Vivat, es lebe Friedrich Schiller!› und er mußte hervortreten und sich bedanken. Als er aus der Comödie ging, nahmen alle die Hüte vor ihm ab und riefen: ‹es lebe Schiller, der große Mann.›»[2] Nicht weniger emphatisch liest sich der Bericht des Musikschriftstellers Johann Friedrich Rochlitz: «Es tut jedem, der selbst Verdienste zu schätzen, wohl, zu erfahren, wenn sie auch von andern anerkannt werden; deshalb setze ich hinzu, daß das Publikum diesen Dichter auf eine Weise aufnahm, wie noch nie einen ... Beim Hinausgehen hatten besonders die Studierenden eine doppelte Kolonne gebildet; als Schiller kam, geboten sie Ruhe, entblößten sämtlich die Häupter und ließen ihn so still durch die Menge gehen.»[3] Es kann nicht genügen, die Erfolge und Huldigungen nur zu erwähnen. Man muß sie erklären können oder doch wenigstens um Erklärungen sich bemühen; denn sie nehmen sich gegenüber der weithin geschwundenen Resonanz in unserer Zeit einigermaßen rätselhaft aus. Offensichtlich ist dieses Stück Schillers dasjenige, das uns von allen Dramen am fernsten steht. Daher noch einmal: Wie kommt das?

DIE DRAMEN UND IHRE POLITISCHEN THEMEN

Wie erklären sich die Beifallsstürme damals und wie das in hohem Maße geschwundene Interesse heute?

Von Befremdlichkeit, die von dieser Jungfrau ausgeht, womit sowohl die Person wie das Stück im ganzen gemeint ist, sprechen heutige Interpreten wiederholt. «Kaum eine moderne Interpretation wagt eine Wertung, die sich mit der enthusiastischen Aufnahme des Stückes nach 1801 in Verbindung bringen ließe. Vielmehr dringen in die Deutungen häufig auch kritische Urteile ein, die z.T. bereits von zeitgenössischen Kritikern und den Romantikern gefällt wurden.» So Gerhard Sauder in seiner umsichtigen Deutung des Dramas, die sehr viel mehr erwägt und bedenkt, als es üblicherweise der Fall ist.[4] Heutige Forschung könne nicht verbergen, macht Karl S. Guthke geltend, daß ihr «Die Jungfrau von Orleans» «befremdend, verwirrend und unzugänglich vorkommt. Nicht selten reagiert sie ratlos auf ‹Widersprüche› und ‹Rätsel› im Text.»[5] Auch Unmut wird laut, und es ist heutigen Einstellungen und Auffassungen zuzuschreiben, wenn es geschieht. Deutlich distanziert spricht derselbe Interpret von der «Amazone mit Christuskomplex», der überdies das geflügelte, aber darum nicht sympathischer gewordene Wort in den Mund gelegt wird «Was ist unschuldig, heilig, menschlich gut/ Wenn es der Kampf nicht ist ums Vaterland ...?»[6] Aber vielleicht liegt gerade in dem, was uns befremdlich vorkommt, der zeitgeschichtliche Sinn, der für die Zeitgenossen noch offen zu Tage lag, aber für uns Heutige nicht mehr recht erkennbar ist. Und nicht nur in diesem Drama, nicht nur in der romantischen Tragödie «Die Jungfrau von Orleans», ist Vaterland in ein geflügeltes Wort eingebunden. Auch in «Wilhelm Tell» ist dies der Fall, und hier ohne Frage in erhöhtem Maße. Aber weil uns Vaterland und Vaterländisches heute altmodisch und durch Geschichte beschädigt vorkommen, ist Schiller nicht vorzuhalten, daß er es als literarisches Motiv gebraucht. Es gibt in seinen Dramen seit «Wallenstein» eine Intertextualität eigenen Rechts. Schon in «Wallenstein» werden Motive des Vaterländischen intoniert. In der «Jungfrau von Orleans» ebenso wie in «Wilhelm Tell» sind diese Motive zu volltönenden Stimmen geworden. Was die Motive zu bedeuten haben, von denen die Jugenddramen nichts wissen, ist deutlich zu machen. Es gibt daher neben der Befremdlichkeit, die Schillers Drama in uns hervorruft, noch eine Befremdlichkeit anderer Art – diese nämlich, daß man unbekümmert erklärt, die Motive hätten nichts zu bedeuten. Das tut oder tat Gerhard Storz, der einer geschichtslosen Artistik das Wort redet und frank und frei erklärt: «Die patriotische Deutung früherer Zeiten, nämlich, Schiller wolle in diesem Drama zur kampfesfreudigen Vaterlandsliebe ausrufen, ist zu grobschlächtig, als daß es mehr denn bloß der Erwähnung bedürfte.»⁷ Aber so leicht lassen sich Geschichtsdenken und Geschichtsdrama nicht aus der Welt schaffen. Es gibt einen geschichtlichen Kontext, demzufolge die Engländer im vierzehnten Jahrhundert in Frankreich als fremde Eroberer eingefallen sind. Vaterland steht gegen die Eroberer und bedeutet Widerstand gegen sie; und es gibt am Ende des 18. und zu Beginn des 19. Jahrhunderts einen zeitgeschichtlichen Kontext, zu dem Kriege gehören, die man Eroberungskriege nennt, Vaterland heißt auch hier: Widerstand gegen die fremden Eroberer, die als Eindringlinge in verschiedene Länder einfallen, Gebiete annektieren oder auf andere Weise an sich bringen; nur sind es jetzt die Franzosen, die nunmehr die Rolle der Eindringlinge übernommen haben – dieselben Landsleute, die damals die Opfer solcher Eroberungen gewesen sind. Zwar kommt das Wort Vaterland in den frühen Dramen gelegentlich vor, wenn Karl Moor in der Szene an der Donau elegisch seine Vaterlandserde beschwört. Aber es bildet sich später ein neuartiger Motivzusammenhang. Das Eigene wie das Fremde verweisen auf Selbstbestimmung, die einzelnen Menschen wie ganzen Völkern obliegt. Das Vaterland, das Schiller meint, wenn er das Wort in seinen Dramen seit «Wallenstein» gebraucht, ist ein philosophisches Vaterland, wie es Helmut Koopmann in dem Aufsatz «Bestimme dich aus dir selbst!» beschrieben hat. Selbstbestimmung und Fremdbestimmung sind wiederkehrende Begriffe, und daß es auch politische Begriffe sind, wird ausdrücklich betont.⁸ An den Dramen seit «Wallenstein» das Patriotische hintergehen zu wollen, heißt auch, daß man die Selbstbestimmung als das philosophische Fundament seiner Dramen hintergeht. Stets ist das Geschichtliche auf seinen zeitgeschichtlichen Sinn zu befragen. Das gilt auch für die Vielzahl der religiösen Motive, mit denen wir es zu tun haben.

Dieses religiöse Umfeld ist so dicht und intensiv besetzt, daß man meinen könnte, Schiller habe sich aus der eigenen Zeit zurückgezogen, um ein zeitentrücktes Drama religiösen Charakters zu verfassen; und so auch ist es interpretiert worden, vor anderen von einem maßgeblichen Schillerforscher wie Benno von Wiese: «‹Die Jungfrau von Orleans› ist das parabolisch-legendäre Drama von der Fremdheit des Transzendenten inmitten einer eitlen, unreinen, herabziehenden Welt, von seinem tragischen Schicksal in dieser Welt und von seiner dann übertragisch vollzogenen Versöhnung und Wiedervereinigung mit dem eigenen Ursprung.»⁹ Abermals fragt man sich: Galten einem so verstandenen Drama die stürmischen Ovationen, die ihm 1801 in Leipzig und danach in Berlin dargebracht wurden? Es ist aber zuzugeben, daß einiges für die hier angeführte Deutung zu sprechen scheint. Wiederholt redet Johanna eine übermenschliche Erscheinung als hohe Him-

DIE DRAMEN UND IHRE POLITISCHEN THEMEN

melskönigin an. Sie versteht sich als Abgesandte Gottes, als Gottes Jungfrau, und auch von ihrer Umgebung wird sie so verstanden. Sie soll nach dem Willen des Königs die Fahne tragen, die als heilig bezeichnet wird. Dunois als einer der Nächsten des Königs trägt es ihr an:

> «Dich suchen wir, Johanna. Alles ist
> Bereit, der König sendet uns, er will,
> Daß du vor ihm die heilge Fahne tragest ...» (II/779).

«Ein Götterkind der heiligen Natur» wird sie von demselben Abgesandten des Königs genannt. Schon zu Lebzeiten wird sie in die Nähe einer Heiligen gerückt, wenn Agnes Sorel, die Geliebte des Königs, den unsichtbaren Gott anbetet:

> «Laß mich! Es ist der Freude Drang, der mich
> Zu deinen Füßen niederwirft – ich muß
> Mein überwallend Herz vor Gott ergießen,
> Den Unsichtbaren bet ich an in dir ...» (II/776).

Glauben und religiöse Vorstellungen im allgemeinen werden keineswegs geringgeschätzt, schon gar nicht werden sie herabgesetzt und verspottet. Sie sind im anthropologischen Verständnis Schillers etwas zum Menschsein Gehörendes, und wo man nur Beweisbares gelten lassen möchte, wird Aufklärungskritik geübt – wie im berühmten Brief an den Herzog von Augustenburg vom 13. Juli 1793: «Die Aufklärung deren sich die höhern Stände unsers Zeitalters nicht mit unrecht rühmen, ist bloß theoretische Kultur, und zeigt, im ganzen genommen, so wenig einen veredelnden Einfluß auf die Gesinnung, daß sie vielmehr bloß dazu hilft, die Verderbniß in ein System zu bringen, und unheilbarer zu machen» (XXVI/263). Auch Erscheinungen des Wunderbaren, wie sie an Menschen erfahren werden können, werden nicht im vorhinein diskreditiert oder verächtlich abgetan. Für alles, was jenseits einseitiger Rationalität unser Interesse zu beanspruchen vermag, erweist sich diese romantische Tragödie Schillers offen und empfänglich. Aber die Kritik an der Aufklärung ist nicht gegenaufklärerischer Tendenzen zu verdächtigen. Sie versteht sich eher als Vorwegnahme dessen, was man im 20. Jahrhundert im Anschluß an Theodor W. Adorno und Max Horkheimer als Dialektik der Aufklärung bezeichnen wird.[10] In diesem Sinn und nicht als Gegenaufklärung ist die Kritik an Voltaire zu verstehen, die schon in der Abhandlung «Ueber naive und sentimentalische Dichtung» intoniert worden war, dort im Kapitel über die Satire, und was er gegen den vielfach noch hochgeschätzten Schriftsteller vorbringt, hört sich nicht gerade schmeichelhaft an, wenn es dort heißt: «Aber seinem Spott liegt überall zu wenig Ernst zum Grunde, und dieses macht seinen Dichterberuf mit Recht verdächtig. Wir begegnen immer nur seinem Verstande, nicht seinem Gefühl. Es zeigt sich kein Ideal unter jener luftigen Hülle und kaum etwas absolut Festes in jener ewigen Bewegung» (V/727). Das ist ganz aus dem Geist der ästhetischen Erziehung heraus gesagt, und so, gegen die Einseitigkeit des bloß Theoretischen und Rationalen, kann auch das Drama «La Pucelle d'Orléans» verstanden werden, das 1762 erschienen war, sich aber vielerorts noch hoher Wertschätzung erfreute.[11] Seine kritische Einstellung zu diesem Werk Voltaires bringt Schiller auch in einem Brief an Wieland vom 17. Oktober 1801 zum Ausdruck; er schreibt: «Sie werden mir zugeben, daß Voltaire sein möglichstes gethan, einem dramatischen Nachfolger das Spiel schwer zu machen. Hat er seine Pucelle zu tief in den Schmutz herabgezogen, so habe ich die meinige vielleicht zu hoch gestellt. Aber hier war nicht anders zu helfen, wenn das Brandmal, das er seiner Schönen aufdrückte, sollte ausgelöscht werden» (XXXI/65). Das sehr bald nach dem Abschluß der Tragödie entstandene Gedicht «Das Mädchen von Orleans» bestätigt die im Brief an Wieland zum Ausdruck gebrachte Sympathie für seine dramatische Person – trotz der befremdlichen Züge, die heutige Leser und Zuschauer aufgrund der Tötungsbereitschaft an ihr wahrnehmen. Diese Sympathie – im Brief an Wieland wie im Gedicht – ist selbstverständlich auf das Drama zu übertragen. Ohne Frage ist das Gedicht den Kritikern der Pucelle zugedacht, in Schillers Zeit gehörte der Weimarer Herzog Carl August nicht zu ihnen; im 20. Jahrhundert wird sich George Bernard Shaw in der Nachfolge Voltaires hinzugesellen. Daß der zum Ausdruck gebrachten Sympathie vorwiegend politische und nicht vorwiegend religiöse Motive zugrunde liegen, wird noch zu zeigen sein.[12] Aber Sympathie bedeutet keineswegs, daß sich Schiller mit seiner Figur identifiziert. Auch spricht sehr viel gegen eine einseitige Fixierung auf die individuelle Hauptperson dieses Dramas. Gegen eine solche Deutung spricht auch, daß das Drama in der Darstellung einer individuellen Gestalt nicht ihr Ziel findet. Das Tötungsgebot, das Johanna aus ihrer Berufung herleitet, kann unmöglich als eine religiöse Bestimmung verstanden werden; und geltend zu machen ist auch, daß religiöses Leben keineswegs einseitig positiv dargestellt wird. Wie es eine Aufklärungskritik gibt, so gibt es in diesem Drama auch eine Religionskritik im Sinne der Aufklärung.

Kritisch ist zu sehen, daß christlicher Glaube jederzeit, wie im Falle von Johannas Vater, in Aberglauben und Hexenwahn umschlagen kann. Der christliche Glaube zeigt sich im Spielraum des Dramas nirgends rein und unvermischt, sondern vielfach mit heidnischen Vorstellungen durchsetzt.

DIE DRAMEN UND IHRE POLITISCHEN THEMEN

Die Götter der antiken Religion sind noch immer nicht vergessen, obschon das Christentum in den Ländern, in denen wir uns innerhalb dieses Dramas befinden, längst zur Staatsreligion geworden ist. Der Erzbischof spricht von der Gottheit des Schwertes, die es in der christlichen Religion nicht gibt, und Johanna ihrerseits, die sich mit der Himmelskönigin verbündet wähnt, spricht vom Racheschwert ihres Gottes, als sei es nicht der christliche Gott, sondern die Gottheit irgendeiner Religion. Was man von der Tragödie «Die Braut von Messina» festgestellt hat, gilt auch hier: daß Schiller in diesem Drama die Religionen mischt.[13] Christlicher Glaube, der seinen Schwerpunkt im Jenseits hat, wird von Johanna als eine betont diesseitige Religion aufgefaßt, wenn sie im Monolog gesteht:

«Ach, ich sah den Himmel offen
Und der Selgen Angesicht!
Doch auf Erden ist mein Hoffen,
Und im Himmel ist es nicht!» (II/775)

Über Gott und Götter wird vielfach gedankenlos gesprochen, als dominiere im Spielraum des Dramas ein Synkretismus, der religiös unverbindlich wirkt. Das ist der Fall, wenn sich Johanna als Kriegerin des höchsten Gottes versteht, womit unterstellt wird, daß es außer dem höchsten Gott noch andere Götter gibt (II/761). Die Personen des Dramas, die von Gott und Göttern reden, scheinen vielfach nicht recht zu wissen, wovon sie reden. Sie wissen wenig von sich, wenn sie glauben, und verharren auf unterschiedliche Weise im Naiven ihrer Denkungsart, wie Schiller in seiner Abhandlung eine bestimmte Bewußtseinslage beschreibt, die der Selbstverständigung des Menschen über sich selbst vorausgeht. Es ist dieselbe Konstellation, die wir aus den vorausgegangenen Dramen kennen: daß ein Übergang vom Naiven zur Reflexion im Sinne der sentimentalischen Bewußtseinsform stattfindet, die Wandel einschließt. «Es gehört zu den sentimentalischen Zügen von Johannas Charakter, daß sie über ihre Gefühlslage verständig zu reflektieren vermag», liest man in einer neueren Textanalyse, in der Biographie von Peter-André Alt.[14] Das aber betrifft nicht allein die Titelfigur des Dramas, sondern Bewußtseinsverhältnisse im Ganzen, die über die personale Bedeutungsebene hinausführen.

Die überpersönlichen Geschehnisse des Dramas betreffen Gegenstandsbereiche wie Heimat und Vaterland, Eintracht und Zwietracht, Krieg und Eroberung, Versöhnung und Frieden – und immer erneut, wie auch hier, die mit dem Fremden zusammenhängenden Wortverbindungen wie der fremde König, fremdes Inselvolk, Fremdling oder fremdes Joch. Einige dieser Bereiche – Eintracht, Versöhnung, Frieden – sind nichts Vorhandenes. Sie sind im Spielraum des Dramas Ziele, die es zu erreichen gilt. Es geht darum, Zwietracht zu beseitigen und die Herzen zu vereinigen (II/716). Die paradoxe Situation beruht darin, daß man Frieden zu erreichen sucht, indem man vorübergehend dem Krieg sein Recht läßt, daß man Menschlichkeit erstrebt, aber Unmenschlichkeit für geraume Zeit in Kauf nimmt oder nehmen muß. Diese Paradoxie äußert sich in Widersprüchen, die sich ausschließen sollten. Es sind nicht solche, die im Charakter eines Menschen angelegt sind, sondern weit mehr Widersprüche im «Charakter» der Welt, die so ist, wie sie ist, eben widerspruchsvoll. Daß es mit der Hauptfigur über alle individuellen Bezüge hinweg um überpersonale Zusammenhänge geht, um solche historisch-politischen Charakters, wird sogleich zu Eingang des Prologs erkennbar. Die Szene beginnt nicht mit Erlebnissen religiöser Ekstase, sondern mit dem Erscheinen eines kriegerischen Dingsymbols, dem Erblicken eines Helms, den Johanna unverzüglich begehrt und der sie zu ihrer Sendung befreit. Dieses Erblicken geschieht spontan wie eine im Naturrecht gründende Reaktion auf unnatürliche Verhältnisse, obschon Rechtskenntnisse bei dem einfachen Hirtenmädchen nicht vorauszusetzen sind. Daß das Begehren des Helms als etwas ganz und gar Natürliches verstanden werden soll, bezeugt die Verbundenheit der jungen Frau mit der Natur, in der sie aufgewachsen ist; und es ist Widerstand, der sich in ihr, naturhaft und unverbildet, regt – Widerstand gegen die Engländer, die als Eroberer in das Land, in ihr Vaterland, eingedrungen sind. Es ist auch nicht irgend ein Krieg, wie es ihn unter rivalisierenden Staaten gibt, sondern ein Eroberungskrieg, der von den Engländern in Gang gebracht worden ist. Die Spannungen und kriegerischen Verhältnisse zwischen Frankreich und England in der Zeit, in der das Drama entstand und aufgeführt wurde, sind den Zeitgenossen Schillers anders gegenwärtig gewesen als späteren Zuschauern. Damit aber erhält das Fremde – die fremden Eroberer, das fremde Inselvolk, das fremde Joch – abermals zentrale Bedeutung, wie schon am «Wallenstein»-Drama zu zeigen war. Und abermals ist dieses Fremde vor Mißverständnissen zu schützen – vor dem, was man heute Fremdenfeindlichkeit nennt. Schillers dargestellte Aversion gegen das Fremde hat damit nichts zu tun. Es geht um die Freiheit anderer, um die Rücksicht, die es auf die Freiheit anderer zu nehmen gilt. Das Fremde erhält seine pejorative Bedeutung dort, wo man solche Rücksichten gegenüber der Freiheit anderer nicht walten läßt, sondern mißachtet, indem man andere – und das sind in staatlicher Hinsicht andere Völker – mit Unterdrückung und Fremdherrschaft heimsucht. Unterdrückung und Fremdherrschaft sind im Verständnis Schillers immer auch Tyrannenherr-

DIE DRAMEN UND IHRE POLITISCHEN THEMEN

schaft. Im Spielraum des Dramas sind es die Franzosen, die von den in das Land eingedrungenen Engländern unterdrückt werden, indem man ihre Städte belagert und die Herrschaft über das ganze Land anstrebt. Diese Herrschaft wird von Johanna und anderen als Fremdherrschaft erfahren, die Eindringlinge werden fremdes Inselvolk genannt, die Franzosen einen «fremdgebornen Herrn» aufzwingen wollen (II/723). Kaum daß das Drama begonnen hat, lehnt sich das Hirtenmädchen dagegen auf, die «Fesseln eines fremden Volks» zu tragen (II/699). Dieses Fremde in der Vielfalt seiner Bezüge abgewendet zu haben, sieht der König als das Verdienst der kriegerischen Jungfrau an, die sie aus dem Hirtenmädchen geworden ist. Ausdrücklich erkennt er diese Verdienste Johannas an, wenn er sich ihr zuwendend, sagt:

> «Hier steht die Gottgesendete, die euch
> Den angestammten König wieder gab,
> Das Joch der fremden Tyrannei zerbrochen!» (II/789)

Diese Motive der Fremdherrschaft sind nicht zu übergehen, obgleich man in den auf Legende, Transzendenz und Artistik ausgerichteten Deutungen lange Zeit so getan hat, als seien sie nicht vorhanden. Zwar geht es in diesem Drama nicht um Tyrannenmord, wohl aber um Tyrannei, die einem Volk von einem fremden Volk aufgezwungen wird. Das sind Themen und Motive von beträchtlicher Brisanz. Sie sind damals alles andere als ferne und vergangene Geschichte. Die Schillerforschung in der Zeit nach dem Zweiten Weltkrieg, sieht man einmal von der marxistischen Literaturwissenschaft der früheren DDR ab, die in diesem Punkt nicht ohne Verdienste ist, hat sich diesen Fragen weithin verschlossen und vorrangig religiöse Ästhetik wahrgenommen, um nur ja aller geschichtlich-politischen Thematik aus dem Wege zu gehen. Was hat man aber davon, wenn man gesagt bekommt, in diesem Drama Schillers werde Geschichte in Legende verwandelt?[15] Und vernachlässigt hat man erst recht Idee und Motiv des Vaterländischen.[16]

Abermals ist zu betonen, was schon im Kapitel über die «Wallenstein»-Trilogie gesagt wurde: daß es sich nicht darum handeln kann, mit der vaterländischen Wendung Schillers das nationalstaatliche Denkmuster des 19. Jahrhunderts neu zu beleben, wie es die ältere Schillerforschung im Kaiserreich getan hat. Immerhin hat sie das Verdienst, diese Thematik nicht einfach ausgeblendet zu haben, wie in neuerer Zeit geschehen. Zu beanstanden ist an dieser älteren und zum Teil auch an neuerer Forschung gleichwohl, daß sie die vaterländische Thematik im Sinne der nationalstaatlichen Idee des

DIE DRAMEN UND IHRE POLITISCHEN THEMEN

19. Jahrhunderts ausgenutzt hat.[17] Mit ihr aber hat Schiller wenig zu tun. Seine Idee des Vaterländischen schließt Befreiung von Fremdherrschaft ein, die für ihn mit tyrannischer Herrschaft gleichbedeutend ist. Mit Befreiung wiederum ist Widerstand gefordert – Widerstand gegen Tyrannentum. «Führe dein Heer hinweg von meines Vaterlandes Boden», sagt Johanna zu dem englischen Kriegsherren Lionel in einer Szene, die zu einer Liebesszene tendiert und dennoch von politischen Motiven bestimmt bleibt; und sie fügt hinzu: «Frankreich wird nimmer Englands Fesseln tragen» (II/804). Fesseln und Ketten – es geht um Unterdrückung und Unmenschlichkeit, die jede Tyrannei mit sich bringt. Mit Widerstand und Befreiung von Fremdherrschaft ist Selbstbestimmung gefordert, hier die Selbstbestimmung eines Volkes, durch die es besser gelingen kann, das soziale Los seiner Bürger zu verbessern, wie im Drama am Beispiel der Leibeigenschaft und ihrer Abschaffung gezeigt wird. Die Einbeziehung dieser sozialen Motivik ist bemerkenswert, ungeachtet des Anachronismus, um den es sich handelt. Die zeitgeschichtliche Bedeutung dessen, was die Historiker Bauernbefreiung nennen, ist sicher nicht zu hoch zu veranschlagen. Leibeigenschaft gab es in der realen Geschichte um 1800 nur noch in begrenztem Ausmaß, ehe sie 1807 im Gefolge der Steinschen Reformen in Preußen abgeschafft wurde. Im übrigen gehört die Abschaffung zu den Errungenschaften der Französischen Revolution, an die man wohl zu denken hat, wenn Schiller sie, wie hier, als Motiv verwendet. Dennoch ist das soziale Denken beachtenswert, mit dem Schiller seine Dramenfigur ausstattet. Johanna bringt die Abschaffung der Leibeigenschaft in Verbindung mit den Schwachen und Obdachlosen eines Landes, und sie ist der Meinung, daß nur der eingeborene König, nicht der fremde Eroberer Erbarmen für die genannten Personen findet. Es ist diese Idee des Vaterländischen mit Bezug auf die zu verbessernde soziale Lage der Bürger, die den vielzitierten Versen mitgegeben ist, die Schiller seine Hauptfigur sagen läßt:

> «Was ist unschuldig, heilig, menschlich gut,
> Wenn es der Kampf nicht ist ums Vaterland?» (II/747).

Das Vaterländische ist menschlich gut, weil es eine Staatsidee voraussetzt, die Fremdherrschaft als tyrannische Herrschaft ablehnt, zum Widerstand gegen sie aufruft und Fremdbestimmung jeder Art ausschließt, gleichviel, ob sie von außen kommt oder im Inneren eines Landes gegen die eigenen Landsleute ausgeübt wird. Das Vaterländische ist, so verstanden, eine «Spielart» des humanen Denkens, eine Form der Humanitätsidee im Sinn der Weimarer Klassik. Sie ist mit der gedankenlosen Verknüpfung von Humanität und Na-

DIE DRAMEN UND IHRE POLITISCHEN THEMEN

tionalität seit der Gründung des deutschen Kaiserreiches nicht zu verwechseln; denn sie ist tragisch, weil die Herstellung menschlicher Lebensverhältnisse vorübergehend auf Unmenschlichkeit angewiesen bleibt. Aber dieser tragischen Dialektik ist sich Johanna lange Zeit nicht bewußt, weil das Sendungsbewußtsein nicht das wahre Bewußtsein ist – dasjenige, das Selbstkenntnis einschließt. Es ist durchaus zutreffend, wenn gesagt worden ist: «Und Johannas Sendungsbewußtsein beruht auf der Unkenntnis ihrer selbst».[18] Ihr Tötungsgebot ist mit diesem Sendungsbewußtsein und mit dem Erblicken des Helms spontan gegeben. Es ist dies gleichsam eine naturrechtliche Gegebenheit, noch vor jeder Reflexion. Die Wirkung solchen Denkens zeigt sich in erschreckender Weise in der Montgomery-Szene, in der die zarte Jungfrau nach antikem Vorbild nicht Gnade und Erbarmen walten läßt, sondern den in ihre Hände gefallenen Engländer rücksichtslos tötet. Diese Szene ist nicht dadurch erklärt, daß man auf die Lykaon-Szene in der «Ilias» verweist.[19] Sie verliert durch diesen Hinweis nichts vom Schrecklichen ihrer Bedeutung. Johanna erweist sich in der Ausübung ihres Sendungsbewußtseins als eine chauvinistische Furie. Aber das entspricht nicht der Optik des Dramas, aus der ihre Wandlung nicht wegzudenken ist. Mit ihr setzt der Erkenntnisprozeß ein, der mit der Einsicht in die Tragik des Geschehens endet. In der Art, wie sie dem Engländer gegenübertritt, äußert sie sich durchaus noch unreflektiert. Auf eine wenig durchdachte Weise spricht sie von Gott, auf den sie sich beruft. Aber erste Bedenken regen sich. Im anschließenden Monolog wird sie nachdenklich. Noch aber verharrt sie im Glauben, lediglich ein Werkzeug Gottes – oder irgendeines Schlachtengottes zu sein, wenn sie sagt:

> «und immer irrend in der zitternden Hand regiert
> Das Schwert sich selbst, als wär es ein lebendger Geist» (II/744).

Noch jagt sie einem Phantom hinterher. Aber der Erkenntnisprozeß ist nicht mehr aufzuhalten. Er hat sehr viel zu tun mit dem Erkennen der menschlichen Bestimmung und mit dem Innewerden des Humanen. Das ist vor allem an der Lionel-Szene zu zeigen.

Diese Szene, der zehnte Auftritt des dritten Aufzugs, ist insgesamt die vierte Begegnung mit einem männlichen Angehörigen des gegnerischen Heeres. Die Begegnungen mit Montgomery, dem Feldherrn Talbot und dem schwarzen Ritter sind vorausgegangen. Aber das nunmehr in Frage stehende Zusammentreffen mit Lionel ist gänzlich anderer Art. Die Begegnung mit diesem englischen Kriegsherrn wird beherrscht von einer Poetik des spontanen Sicherblickens mit weitreichenden Folgen. Die Szene beginnt mit erklärter Gegnerschaft und mit der beiderseitigen Bereitschaft, den jeweils anderen zu töten. Es kommt zu einem Handgemenge, in dessen Verlauf Johanna die Oberhand gewinnt. Was nunmehr folgt, spielt sich jenseits der Sprache ab: «*Johanna ergreift ihn von hinten zu am Helmbusch und reißt ihm den Helm gewaltsam herunter, daß sein Gesicht entblößt wird, zugleich zückt sie das Schwert mit der Rechten*». Aber sie schlägt nicht zu, und die sprachlos-visuelle Handlung nimmt ihren Fortgang: «*In diesem Augenblick sieht sie ihm ins Gesicht, sein Anblick ergreift sie, sie bleibt unbeweglich stehen und läßt dann langsam den Arm sinken*» (II/770). Augenblick, Gesicht, Anblick – jeder dieser Ausdrücke aus dem Wortfeld des Sehens hat Gewicht. Daß in dieser Szene nicht getötet wird, hängt mit der Poesie des Sicherblickens zusammen. Im darauffolgenden Monolog, der Raum für Reflexionen läßt, überdenkt sie das Geschehene. Sie macht sich Vorwürfe, versagt zu haben, und ihre Folgerungen sind weitreichend:

> «Sollt ich ihn töten? Konnt ichs, da ich ihm
> Ins Auge sah? Ihn töten! Eher hätt ich
> Den Mordstahl auf die eigne Brust gezückt!
> Und bin ich strafbar, weil ich menschlich war?
> Ist Mitleid Sünde?» (II/774)

Wieder, wie schon in anderem Zusammenhang, wird Menschlichkeit erkennbar. Sie war in der vorausgegangenen Handlung auf das Vaterland bezogen, nunmehr wird sie mit dem Angesicht des Menschen in Verbindung gebracht, mit einer Wahrheit des Menschen, die im gegenseitigen Sicherblicken offenkundig wird. Solche Wandlungen und Veränderungen im Inneren des Menschen durch den Anblick eines anderen sind dem Zeitalter Schillers vertraut. An die Physiognomik Lavaters ist zu erinnern, aber auch an die Art, wie Kleist diese Poetik des Sicherblickens intensiviert. Penthesilea sagt, sie fühle sich beim Anblick Achills im Innersten getroffen. Ein Versunkensein im Blick des jeweils anderen findet statt mit der Folge, daß die im Innersten Getroffenen sich von ihrer Umgebung absondern und anders werden, als sie es zuvor gewesen sind. Stets handelt es sich dabei um Äußerungsformen des Unbewußten, die geeignet sind, das Ich zu sich selbst zu bringen. Besonders im romantischen Ritterschauspiel «Das Käthchen von Heilbronn» hat man diese Szenerie des Sicherblickens mit dem Mesmerismus in Verbindung gebracht, und abwegig ist das keineswegs.[20] Für Schiller war das Heilverfahren der Hypnose keine terra incognita. Schon in seiner Dresdner Zeit hatte er mit Ärzten Bekanntschaft gemacht, die sich in diesen damals neuen Methoden auskannten, und während seiner Reise in die schwäbische Heimat 1793 hat er den berühmtesten dieser Ärzte, Eberhard Gmelin, in Heilbronn besucht.[21] Wenn in Schillers romantischer Tragödie von Wundern und von Wunderbarem die Rede ist, die am Menschen wahrgenommen werden, so hat man sicher auch an diese neuartigen Entdeckungen auf dem Gebiet des Magnetismus und der Elektrizität zu denken, die damals in aller Munde waren.[22] Entscheidend bleibt, daß sich Schriftsteller dieses Zeitalters wie Kleist, E.T.A Hoffmann, aber auch Schiller für Wahrnehmungen des Unbewußten aufgeschlossen zeigen und humanes Denken auf diese Weise erweitern. Im Geschehnisablauf sind mit dieser nicht ausschließlich rational erklärbaren Begegnung Wende und Wandlung der Jungfrau in Waffen eingeleitet. Johanna reflektiert ihre eigene Schuld und erfaßt den Zwiespalt, in den sie sich verstrickt sieht: daß sie Menschlichkeit für ihr Land bewirken wollte und dennoch unmenschlich gehandelt hat, indem sie das Tötungsgebot als einen Auftrag des Himmels verstand. Eine Dialektik von Blindheit und Erkennen wird offenkundig, die sich zunehmend von den Vorstellungen entfernt, aus denen heraus sie erfolgreich in die Weltgeschichte eingriff und Siege für ihr Land erfocht. Wie sehr es sich um einen Prozeß des Erkennens auch hier handelt, wird von den Personen ihrer Umgebung wie von ihr selbst bestätigt. Die Schwester ermahnt sie: «Erkenne dich!» Johanna erschrickt, besinnt sich und gesteht:

«Ich war entschlafen unterm Zauberbaum
Und bin erwacht, und ihr steht um mich her,
Die wohlbekannten traulichen Gestalten?» (II/787)

Deutlicher noch spricht sie unmittelbar vor ihrem Tod aus, was in ihr vorgegangen ist:

«ich bin verbannt und flüchtig,
Doch in der Öde lernt ich mich erkennen» (II/797).

Die Selbsterkenntnis schließt ein, daß sie das Schwert nicht mehr trägt; das Tötungsgebot hat für sie keine Geltung mehr. Das Dingsymbol ihres zweiten Siegeszuges ist die Fahne, und nicht mit einem geschliffenen und pointierten Wort, sondern im Sprachlosen endet das Drama: *«Die Fahne entfällt ihr; sie sinkt tot darauf nieder.... Auf einen leisen Wink des Königs werden alle Fahnen sanft auf sie niedergelassen, daß sie ganz davon bedeckt wird»* (II/812). Apotheose und opernhaftes Ende verdecken die tragischen Prämissen ihres Sieges wie ihres Falles.

Die Einsicht drängt sich auf, daß die Tötungsproblematik in unserem Drama «Die Jungfrau von Orleans» anders beschaffen ist als in den vorausgegangenen Dramen. Was man in den letzteren als Desavouierung des Tötens bezeichnen kann, ist in den Hintergrund getreten. Zwar entspricht das von Johanna angenommene Tötungsgebot nicht der Botschaft des Dramas; es ist ein Glaube der Hauptfigur, an dem sie selbst nicht festhält; denn im zweiten Siegeszug ist er gegenstandslos geworden und wird indirekt widerrufen. Aber die darauf zurückführbaren Tötungsakte werden nicht in gleicher Weise desavouiert wie die schäbige Ermordung Wallensteins oder die gnadenlose Hinrichtung der Maria Stuart auf Geheiß der Königin Elisabeth. In beiden vorausgegangenen Dramen gehen die Tötungen auf eine Obrigkeit zurück: dort auf die Zustimmung oder den Befehl des Kaisers Ferdinand, hier auf die durch Elisabeth herbeigeführte Todesstrafe. Es hätte für Schiller naheliegen können, daß er die dargestellte Desavouierung des Tötens fortsetzt, indem er sich an die Tatsachen der realen Geschichte hält: an die Verbrennung der Jeanne d'Arc auf dem Scheiterhaufen. Er hätte damit aufnehmen können, was in einigen Szenen des «Don Karlos» gezeigt wird: wie man im Spanien Philipps II. Ketzer verbrennt, um der Schaulust der Menge entgegenzukommen. Aber nichts dergleichen geschieht; und über eine weitere Abweichung von der realen Geschichte ist zu sprechen. Die historische Jeanne d'Arc hat vor ihren Richtern gestanden, keinen Menschen getötet zu haben. Schiller aber belastet sie mit dem Tötungsgebot, das sie letztlich sich selbst gegeben hat. Es wird deutlich, wie wichtig Schiller diese Tötungsproblematik geworden ist. Die Abweichungen von der realen Geschichte zeigen, wie wichtig ihm jetzt anderes war, als die Schäbigkeit des Tötens und Mordens zu brandmarken. Wer sich aufmacht, den widerrechtlich eingedrungenen Feind aus dem Lande zu vertreiben, kann nicht mit Humanitätsappellen aufwarten. Er muß sich, wohl oder übel, auf Unmenschliches einlassen, wenn der Krieg Einzug gehalten hat. Johannas Tötungsgebot ist ein Ausfluß ihrer Rebellion. Sie ist eine Rebellin und macht von dem ungeschriebenen Widerstandsrecht Gebrauch, wie es andere tun, die ausgezogen sind, um Tyrannen zu beseitigen. Schillers Drama «Die Jungfrau von Orleans» ist ein Drama aus der Perspektive von unten her. Nicht um Tötungsbefehle von Herrschern, die von oben her denken und handeln, geht es jetzt, sondern um Aktivitäten gegen die Oberen, wenigstens aus der Sicht des früheren Hirtenmädchens. Es sind fundamentale Unterschiede, die das Drama von den früheren Dramen trennt. Der Widerstand, den Johanna leistet, ist auf Abschüttelung von Fremdherrschaft gerichtet, auf einen gewissermaßen gerechten Krieg, und sie selbst ist am Ende eine eher heroische als tragische Gestalt, die in Fragen des Widerstands durch ihr Handeln Vorbild wird. Das Drama erhält eine Appellfunktion, durch die es sich vom streng Tragischen entfernt. In mehrfacher Hinsicht, aber auch aufgrund dieser Appellfunktion und der Züge zu Oper und Festspiel kann das Drama als ein Vorgriff auf «Wilhelm Tell» verstanden werden.[23] Und natürlich haben die geschichtsphilosophischen Betrachtungen, wonach der Weg zu Vollendung des Menschen oder der Menscheit von Arkadien durch die gespaltene Welt nach Elysium führt, Gewicht.[24] Nur sollte man solche bewußtseinsgeschichtlichen und letztlich abstrakten Geschichtsmodelle nicht von dem «Grundanliegen» des Dramas isolieren: dem kriegerischen Widerstand gegen Fremdherrschaft mit der Vielzahl seiner Menschlichkeitsprobleme.

Daß den Dramen Schillers nicht nur oder am wenigsten mit Formkunst, Ästhetik und überzeitlicher Geschichtsmetaphysik beizukommen ist, zeigt sich an dieser romantischen Tragödie noch in anderer Weise. Beiläufig und oft wenig beachtet wird in ihr Poesie thematisiert: Dichtung wird Gegenstand der Dichtung. Der König, kein Tyrann, aber ein schwacher Regent, hat sich mit seinem Hof der Poesie verschrieben. Er ist auf die Pflege der alten Troubadourdichtung bedacht und will, daß «Reine Minne» wiederkehrt (II/705). Er gibt sich ganz diesen Liebhabereien hin, ohne den Zeitumständen, daß der eingedrungene Feind sein Land mit Krieg überzieht, im mindesten Rechnung tragen. In der Art, wie Johanna dieser Nachlässigkeit entgegenwirkt, handelt sie offensichtlich in Übereinstimmung mit der Botschaft, die von diesem Drama ausgeht. In Hinsicht auf die Pflichten, die einem Herrscher obliegen, handelt der französische König verantwortungslos; so sollen wir diese Szenen doch wohl verstehen. Reine Dichtung, die nichts als diese sein will, wird in der Sicht des Dramas nicht gebilligt. Sie wird der Unverbindlichkeit im Sinne einer sozialen Fehlleistung überführt. Ungeachtet der militärischen Lage verkündet dieser König sein Lob der Poesie:

> «Drum soll der Sänger mit dem König gehen,
> Sie beide wohnen auf der Menschheit Höhen!» (II/704)

Wer diesen zum geflügelten Wort gewordenen Ausspruch für bare Münze nimmt und in ihm Schillers Dichtungsauffassung, seine vermeintlich reine Ästhetik, bestätigt sehen möchte, hat sich geirrt.[25] Das ist die Meinung des Königs, die nicht einfach als eine Dichtungsauffassung Schillers zu zitieren ist. Aber zu bedenken bleibt, ob die Botschaft des Dramas angesichts der hier obwaltenden Umstände nicht den Worten Johannas zu entnehmen ist, wenn sie sagt:

> «Doch frei aus ihrem Kerker schwingt die Seele
> Sich auf den Flügeln eures Kriegsgesangs» (II/806).

Kriegsgesang? Dichtung in Diensten der Politik? Man muß nicht befürchten, daß Schiller mit diesem Dichtungsverständnis seiner Heldin den eigenen Dichterberuf politischen Machthabern unterstellt. Er gibt hier keine Rechte preis und widerspricht auch nicht dem, was Hölderlin in seiner Ode «Dichterberuf» fordert: daß Göttliches nicht dienstbar sein dürfe.[26] Aber der Krieg, dem sich Johanna, nunmehr als Fahnenträgerin, zur Verfügung stellt, wird gegen Unterdrückung und fremde Eroberer geführt, damit Menschlichkeit wieder möglich werden kann. Die Kriegsgesänge, für die sie eintritt, dienen diesem Ziel. Autonomie der Dichtung schließt politische Ästhetik nicht aus, mit der wir es zu tun haben, wenn der König über seiner schon etwas veralteten Liebhaberei seine Pflichten vergißt. Krieg und Kriegsgesänge werden bejaht – im Sinne eines Ausnahmerechts, damit Menschlichkeit und autonome Kunst wieder sein dürfen, wie es sich ähnlich in «Wilhelm Tell» zeigen wird.

Der Abstand zu den zeitlosen oder zeitentrückten Deutungsmustern der Nachkriegszeit, die Schillers romantische Tragödie ins Legendäre verweisen oder als zeitlose Kunst um der Kunst willen zu verstehen suchen, kann deutlicher kaum bezeichnet werden, als es hier geschehen ist. Handelt es sich um eine Einzelmeinung oder gibt es so etwas wie eine communis opinio hinsichtlich ihrer zeitgeschichtlichen Deutung? Es scheint, daß wenigstens die Richtung zu einer solchen sich abzuzeichnen beginnt. Nur einige Beispiele seien angeführt. Der historischen Deutung und mehr noch der zeitgeschichtlichen Bezüge auch innerhalb der damaligen marxistischen Literaturwissenschaft wird in einer neueren Deutung (von Gerhard Sauder) verhältnismäßig breiter Raum eingeräumt. Über die Ergebnisse dieser Arbeiten wird in sachlicher Weise referiert, als sei da mancherlei beachtenswert. Es wird gesagt, die Vertreter dieser Literaturwissenschaft seien der Ansicht, Schiller habe sein Publikum unter Führung des einfachen Hirtenmädchens zum Widerstand und zur Erhebung gegen Napoleon anfeuern wollen. Die Hinweise sind dem Verfasser Anlaß, den Abstand zu den zeitentrückten Deutungsmustern der ersten Nachkriegsjahrzehnte im letzten Jahrhundert zu überprüfen.[27] Und auch in dieser, zuerst 1979 veröffentlichten Interpretation wird der zeitgeschichtlichen «Lesart» der Vorrang gegeben, wenn es abschließend heißt: «Lesenswert bleibt die *Jungfrau von Orleans* als befremdendes Dokument einer Gegenposition zur eigenen Zeit.»[28] Auch der Verfasser einer der letzten repräsentativen Biographien, Peter-André Alt, läßt am zeitgeschichtlichen Sinn des Dramas keine Zweifel. Anknüpfend an das Postulat des eingebornen Königs, für das Johanna eintritt, wird gesagt: «Das ideale Herrscherbild der Rede trägt hier moderne Züge, die jene nationalen

DIE DRAMEN UND IHRE POLITISCHEN THEMEN

Motive ahnen lassen, denen sich Preußen später im napoleonischen Krieg verschreiben wird: einzig der mit den besonderen Verhältnissen seines Landes vertraute Souverän ist es, der die Leibeignen in die Freiheit führt... Der politische Ideengehalt der schwungvollen Rede verweist damit auf Schillers Gegenwart, die anbrechende Ära Napoleons und die sich formierende patriotische Bewegung, die in Frankreich, bald auch in Preußen zur Zeit der seit dem Sommer 1793 tobenden Koalitionskriege mächtig wirksam wird.»[29] Auch Rüdiger Safranski widmet in seinem Schillerbuch den zeitgeschichtlichen Bezügen im Vorfeld der Befreiungskriege breiten Raum.[30] Darüber ist in anderem Zusammenhang noch ausführlich zu sprechen. Im nächsten Drama, in der Tragödie «Die Braut von Messina», in dem sich Poetisches in erhöhtem Maße bezeugt, nicht selten in einem fast feierlichen Ton, geht es gleichwohl um politische Thematik und zeitgeschichtliche Bezüge. Sie sind die Voraussetzung der hochpoetischen Formkunst. Der einseitige Blick auf den vermeintlichen Wetteifer mit der antiken Tragödie führt am Verständnis des Dramas vorbei. Das Familiendrama im antiken Gewand mit der Vielzahl seiner Anleihen an antiker Mythologie ist keineswegs ein in zeitloser Welt spielender Text, sondern in mehrfacher Hinsicht politische Ästhetik, die nicht auf den ersten Blick wahrzunehmen ist, sondern erst erschlossen sein will. Mit dem vorausgegangenen Drama, der «Jungfrau von Orleans», und dem nachfolgenden «Wilhelm Tell» verbindet sie mancherlei.

7
«Die Braut von Messina»

Über die begeisterte Huldigung, die es anläßlich der Erstaufführung seines Trauerspiels «Die Braut von Messina» im März 1803 im Weimarer Hoftheater gegeben hat, berichtet Schiller selbst in einem Brief an Körner vom 28. März 1803: «Vor 9 Tagen ist die Braut von Meßina hier zum erstenmal gegeben und vorgestern wiederholt worden. Der Eindruck war bedeutend und ungewöhnlich stark, auch imponierte es dem jüngern Theil des Publicums so sehr, daß man mir nach dem Stücke im Schauspielhauß ein Vivat brachte, welches man sich sonst hier noch niemals herausnahm» (XXXII/25). Aber er fügt hinzu, daß man bezüglich der Chöre und des vorwaltend Lyrischen in diesem Stück geteilter Meinung gewesen sei. Und geteilter Meinung hinsichtlich des Stückes im ganzen ist man bis zum heutigen Tag geblieben. Keines seiner Dramen hat so widersprüchliche Reaktionen bewirkt wie dieser Text, und sicher geht man nicht zu weit in der Annahme, daß der Eindruck des Befremdlichen heute überwiegt. Auf den Bühnen unserer Theater ist es nur noch selten anzutreffen; ein Sorgenkind der Schiller-Deutung hat es Wolfgang Schadewaldt genannt.[1] Die Widersprüche, die Befremdlichkeit bewirken, betreffen die Anteile des Antiken wie des Modernen, das Schicksalsdrama, mit dem wir es zu tun haben sollen, oder die vermeintliche Geschichtslosigkeit, in die sich Schiller verirrt habe; schließlich die heldische Tat, als die man vielfach den Freitod Don Cesars in einem Drama versteht, in dem es keine Hauptperson gebe, wie auch gesagt wird.[2] Daß das Drama von der hier verfolgten Problemlage her nicht zu übergehen ist, bedarf kaum der Rechtfertigung. Den Zusammenhang mit «Wilhelm Tell», vor allem hinsichtlich zahlreicher gemeinsamer Motive, hat man in neuerer Zeit wiederholt betont.[3] Ein Drama, von dem man überzeugt ist, daß es sich in hohem Maße am Drama der Griechen orientiert, wird mit einem anderen in Verbindung gebracht, von dem man meinen könnte, man habe es mit einem Volksstück zu tun. Im Vergleich der Dramen untereinander, wenigstens seit «Wallenstein», kommt Unterschiedliches zum Vorschein, das man leicht übersieht, wenn man meint, das Drama ganz aus sich selbst und ohne alle zeitgeschichtlichen Bezüge verstehen zu sollen. Diese Vorgehensweise, Schillers Dramen wechselseitig im intertextuellen Sinn zu deuten, drängt sich besonders im Fall des Trauerspiels «Die Braut von Messina» auf. Das betrifft vor allem den Bezug zum Drama der Griechen.

Am Anfang dieser Bezüge steht Sophokles – die Entdeckung, die Goethe über der Arbeit am «Wallenstein» am 2. Oktober 1797 mitgeteilt wird (XXIX/141). In der Folgezeit sind ihm die aristotelische Poetik wie die Dramen von Aischylos und Euripides gleichermaßen wichtig geworden. Diese Bezugnahmen haben stetig an Intensität gewonnen, so daß er 1803 gegenüber Iffland, nicht ohne Selbstbewußtsein, bemerkt: «Bei der Braut von Messina habe ich, ich will es Ihnen aufrichtig gestehen, einen kleinen Wettstreit mit den alten Tragikern versucht...» (XXXII/32).[4] Dennoch lassen uns selbst Äußerungen wie diese nicht darüber hinwegsehen, daß er sich in solchen Bezugnahmen des zeitlichen Abstandes stets bewußt blieb; von einer Übernahme der hier in Frage stehenden Dramenform kann nicht die Rede sein, und schon gar nicht ist der erwähnte Wettstreit Selbstzweck oder Spiel um des Spieles willen. Den hohen Ernst, der das Drama so nachhaltig prägt, hat man wiederholt betont, und er betrifft die Inhalte in erster Linie: die geschichtlichen Bezüge und die Weltgeschichte der Zeit. Am deutlichsten ausgesprochen ist der zeitliche Abstand in dem schon erwähnten Brief an

DIE DRAMEN UND IHRE POLITISCHEN THEMEN

den klassischen Philologen Süvern vom 26. Juli 1800: «Ich theile mit Ihnen die unbedingte Verehrung der Sophokleischen Tragödie, aber sie war eine Erscheinung ihrer Zeit, die nicht wiederkommen kann...» (XXX/177). Auch in der Besprechung von Goethes «Iphigenie» wird der zeitliche Abstand mit dem Bemerken zum Ausdruck gebracht: «Was für ein glücklicher Gedanke, den *einzig möglichen* Platz, den Wahnsinn, zu benutzen, um die schönere Humanität unsrer neueren Sitten in eine griechische Welt einzuschieben...» (V/966). Formen der griechischen Tragödie werden aufgenommen und in Bewußtseinsformen der Moderne überführt. In diesem Verfahren werden neue Akzente zugunsten der letzteren gesetzt. Das zeigt sich am Modell der tragischen Analysis: Etwas schon Geschehenes soll «herausgewickelt» werden. Es soll eingeordnet, gedeutet und in seiner Bedeutung erkannt werden. Das Geschehene – «alles ist schon da» – ist das noch Unaufgeklärte – vergleichbar dem Zustand des Naiven einer Kulturwelt, in der das, was zu leisten ist – das Herauswickeln – noch nicht getan wurde. Das klassische Modell der tragischen Analysis verweist auf unterschiedliche Kulturstufen, die sich in der Abhandlung «Ueber naive und sentimentalische Dichtung» wiederfinden. Ohne Frage ist mit dem Herauswickeln eine Bewußtseinstätigkeit gemeint, ein Akt des Erkennens. Ein zentraler Motivbereich ist schon in der «Wallenstein»-Trilogie das Schicksal oder das, was man so nennt und woran Wallenstein lange Zeit glaubt. Im Hinweis eines seiner Getreuen – «In deiner Brust sind deines Schicksals Sterne» – deutet sich an, was im Akt des Herauswickelns geleistet wird: eine Art «Entmythologisierung» des Schicksals, das Wallenstein als eine bloße Deutung einzusehen lernt. Es gibt keinen Grund zu der Annahme, im späteren Trauerspiel «Die Braut von Messina» würde dieser Akt der Entmythologisierung zurückgenommen. Es ist im Gegenteil geboten, zwischen der Schicksalsgläubigkeit der Personen und dem Verständnis von Schicksal in der Optik des Dramas zu unterscheiden. Im Hinblick auf solche Unterschiede des Wissens und Bewußtseins ist im Gebrauch von Zitaten Vorsicht geboten, damit man nicht für ein Wort Schillers ausgibt, was lediglich dem Bewußtseinsstand einer seiner Personen zuzuschreiben ist. Solche Unterschiede des Wissens und Bewußtseins erhalten in der «Braut von Messina» schon dadurch erhöhtes Gewicht, daß es die Hauptperson nicht mehr gibt, die es in den Dramen seither, vielleicht mit Ausnahme der «Maria Stuart», gegeben hat.[5] Diese unerläßliche Unterscheidung zwischen Figurenrede und der Botschaft des Dichters betrifft vor allem den in diesem Drama zentralen Gehalt, der Schicksal heißt.

Beatrice, diese verängstigte und lange Zeit aus der Familie ausgeschlossene unglückliche Person, beklagt ihr «Schreckensschicksal», wie sie es nennt (II/861). Für die Fürstin von Messina, Beatrices Mutter, ist Schicksal ein numinoses Wesen, eine Art Dämon, der über Menschen verfügt und gebietet und dem man hilflos ausgeliefert ist. Wenn die Tochter nach ihrem langen Versteck heimgekehrt ist, ist die Mutter überzeugt, daß alle Trennungen beendet seien; das Schicksal, meint sie, sei nunmehr befriedigt, als handele es sich um eine Person, die Menschen etwas zufügt (II/891). Vor allem aber sind die Chöre von dem Walten und Wirken eines solchen Schicksals überzeugt. Der apodiktische Ton, der anderes nicht gelten läßt, ist bezeichnend:

> «Es ist gesprochen, du hast es vernommen,
> Das Schlimmste weißt du, nichts ist mehr zurück!
> Wie die Seher verkündet, so ist es gekommen,
> Denn noch niemand entfloh dem verhängten Geschick» (II/901).

In Reimversen vorgebracht, die kein Vorbild in der attischen Tragödie haben, machen die Chöre eine Kluft offenkundig, die dem Drama von Anfang an mitgegeben ist. Sie sprechen in Versen nach, was ihnen in der antiken Tragödie vorgesprochen worden ist; sie sind bloß Nachbeter und am wenigsten als Sprachrohre Schillers zu verstehen, auch wenn sie sich einer von Pathos erfüllten Sprache bedienen: Kaum je ist aus ihrer Rhetorik die Stimme des Dichters herauszuhören. Hierfür ein Beispiel:

> «Wenn die Wolken getürmt den Himmel schwärzen,
> Wenn dumpftosend der Donner hallt,
> Da, da fühlen sich alle Herzen
> In des furchtbaren Schicksals Gewalt.
> Aber auch aus entwölkter Höhe
> Kann der zündende Donner schlagen,
> Darum in deinen fröhlichen Tagen
> Fürchte des Unglücks tückische Nähe» (II/895).

Welcher Wohlklang der Verse! Aber man nehme ihn nur ja nicht wörtlich! Daß da in einem dichterischen Text Zitatfähiges gesagt wird, das nicht mit Schiller identisch ist, das ist in dieser Form neu. Tückisches wird in den zitierten Versen wahrgenommen, die vom Walten des Schicksals sprechen, wie es Isabella, die Fürstin des Landes, wahrnimmt, wenn sie bemerkt:

> «Mit meiner Hoffnung spielt ein tückisch Wesen» (II/875).

Solche Schicksalsgläubigkeit haben zahlreiche Interpreten für bare Münze genommen; sie haben das Gesagte wörtlich verstanden, als enthalte es die Botschaft, die wir vernehmen sollen: So noch einmal und mit kräftigen Worten in einem der großen Schillerbücher des Gedenkjahres 1959: «Ein landfremdes stolzes Herrschergeschlecht, schon von seinen Vorfahren her in Schuld verstrickt, fällt dem Schicksal anheim und richtet sich selbst zugrunde... Der Schicksalsfluch, unter dem das Geschlecht steht, wird vom Dichter symbolisiert in der Chiffre der heidnischen ‹Rachegötter›».[6] Sollen wir wirklich annehmen, Schiller habe dergleichen je geglaubt? Schicksalstragödie, heidnische Rachegötter und Schuldverstrickung stehen hier merkwürdig unaufgeklärt nebeneinander.[7] Was man aber Schicksal nennt und was vor allem die Chöre so nennen, ist von Menschen gemacht oder veranlaßt. Das zeigen die Träume, von denen ausgeht, was die Personen des Dramas als Schicksal wahrnehmen.

Es sind vor allem zwei Träume, aus denen sich Zwietracht, Streit und Mord herleiten. Sie sind auf Entzifferung der Zukunft gerichtet und in diesem Punkt mit dem Sternenglauben Wallensteins strukturverwandt. Aber auch zum Orakel des griechischen Dramas gibt es Beziehungen. Beide, Orakel und Träume, suchen Zukunft zu deuten. Man kann diese über die Zeiten hin fortwirkenden Denkmuster als anthropologische Konstanten auffassen mit Unterschieden des Glaubens in Antike und christlicher Kultur. Isabella spricht zu ihren Söhnen von beiden Träumen, die in die Schicksale ihres Hauses vermeintlich hineingewirkt haben, zuerst von demjenigen ihres verstorbenen Gemahls:

> «Da wurde eurem Vater eines Tages
> Ein seltsam wunderbarer Traum» (II/864).

Er sieht zwei Lorbeerbäume und dazwischen eine Lilie, die plötzlich zur Flamme wird und das ganze Haus in einer ungeheuren Feuersflut verschlingt. Beunruhigt von diesem Traum vertraut er sich einem sternkundigen Araber an, der ihm ein Orakel war, wie gesagt wird. Die Deutung dieses Wahrsagers wird mit der Voraussage einer Tötung verknüpft, wonach die beiden Söhne wie der ganze Stamm vergehen, wenn der Gattin eine Tochter geboren werden sollte. Für diesen Fall hat der regierende Herrscher Messinas den Befehl erteilt, die Neugeborene unverzüglich ins Meer zu werfen – eine Kindstötung, wie es sie im alten Sparta gegeben hat. Der zweite Traum wird von Isabella geträumt, und auch hier werden Traum und Orakel als Zukunftsmodelle verstanden, die aufeinander verweisen:

«Auch mir ward eines Traumes seltsames
Orakel ...»

So heißt es im Text (II/864). Auch Isabella vertraut sich einer Person an, die bereit ist, diesen Traum zu deuten. Diesmal ist es ein Mönch, bei dem sie Rat und Hilfe sucht. Sie hat von einem Kind geträumt, dem sich Löwe und Adler zu Füßen legen, ohne ihm etwas anzutun. Die Deutung verheißt der Fürstin, daß sie von einer Tochter genesen werde, der es eines Tages gelingen wird, die im Streit befindlichen Söhne, ihre Brüder, zu versöhnen. Daß es sich um völlig entgegengesetzte Träume und Deutungen handelt, ist offenkundig. Träume werden so verstanden, wie man die Orakel im alten Griechenland verstand. Dadurch festigt sich der Eindruck, daß Träume Schicksal sind. Zugleich sind sie Anlaß, von dem aus das Geschehene schicksalhaft, wie es scheint, seinen Ausgang und Fortgang nimmt. Der erteilte Tötungsbefehl aufgrund des vorausgegangenen Traumes hat zur Folge, daß die Fürstin sich entschließt, ihr Kind in einem Kloster zu verstecken. Um Leben zu bewahren, muß sie dies tun. Gleichwohl stiftet ihr Tun Verwirrung. Sie bringt damit etwas Geheimnisvolles in das vermeintlich schicksalhafte Geschehen, wodurch Mißtrauen verbreitet und in der verborgen gehaltenen Tochter Angst erzeugt wird. Die Fürstin verfügt in der Form von Fremdbestimmung über die eigene Tochter, die dadurch zum Spielball und zum Werkzeug unterschiedlicher Interessen wird. Der Diener Diego, der eigenmächtig handelt, indem er der Tochter die Teilnahme an der Beisetzung des Vaters ermöglicht, tut dies seinerseits. Eben dadurch bekommen beide Brüder ihre noch unerkannte Schwester zu sehen. Der Ablauf des Geschehens scheint vorgezeichnet. In der Folge solcher Verwirrungen, die von Menschen bewirkt werden, kommt es zur Ermordung des älteren Bruders und zur Selbsttötung des Jüngeren, der das Ende besiegelt. Eine befohlene, aber verhinderte Tötung steht am Anfang, der faktische Tod beider Brüder am Ende. Aber was wie unaufhaltsam abrollendes Schicksal zu sein scheint, ist von Menschen gemacht und ist Schuld – keine tragische Schuld, sondern eine solche, die zu Kritik am Denken und Tun dieser Personen herausfordert.

Da der Ablauf des lückenlos verzahnten Geschehens von Träumen ausgeht, könnte man meinen, daß der Mensch nicht für das verantwortlich ist, was er träumt – daß Träume unschuldig sind. Aber nicht von den Träumen her nimmt das Unglück seinen Lauf, sondern von den Deutungen, die sich mit ihnen verbinden. Diese Deutungen sind mit der Übernahme einmal geglaubter, aber jetzt nicht mehr glaubwürdiger Orakel unverbindlich geworden; der daraus abgeleitete Befehl, die eigene Tochter zu töten, ist Ausfluß eines Denkens, das jeder rechtlichen Grundlage entbehrt. Auch sind Träume, wie schon gesagt, nicht einfach Zeugnisse unschuldigen Lebens, wenigstens nicht hier. Die Träume des verstorbenen Fürsten sind Niederschlag eines kriegerischen und barbarischen Denkens, während die Träume der Fürstin auf Lebenserhaltung gerichtet sind: Sie will die Tötung der eigenen Tochter verhindern, was ihr ja auch gelingt, obgleich um den Preis der Söhne. Die Träume der Eheleute deuten auf Spaltungen hin, denen die Gegensätze von Töten und Lebenserhaltung entsprechen. Mutter und Tochter wollen die Selbsttötung des jüngeren Sohnes oder Bruders verhindern, was ihnen nicht glückt. Der Dualismus, den das Drama aufdeckt, ist total. Alle Versuche, ihn außer Kraft zu setzen, um Vereinigung und Versöhnung zu bewirken, scheitern. Insofern ist Schillers Erläuterung im Brief an Körner völlig zutreffend, daß «das Interesse nicht sowohl in den handelnden Personen, als in der Handlung liegt, so wie im Oedipus des Sophocles ...» (XXXI/36). Aber die Verlagerung des Interesses von den handelnden Personen auf die Handlung bedeutet nicht, daß die Handelnden von Schuld und Verantwortung freizusprechen sind. Die Hauptschuld der Personen beruht darin, daß sie allem Nachdenken über das eigene Dasein aus dem Wege gehen. Daher gibt es auch die Wandlung nicht, die Wallenstein, Maria Stuart oder Jeanne d'Arc für sich in Anspruch nehmen können. Die Brüder handeln naiv, in blinder Leidenschaft, und wenigstens die männlichen Personen überlassen sich dem «wilden Despotismus der Triebe», wie eine Wendung im berühmten Brief an den Herzog von Augustenburg lautet (XXVI/263). Daher finden sich in diesem Drama auch keine Personen, mit denen sich Leser oder Zuschauer identifizieren könnten. Doch gibt es Unterschiede. Sie betreffen solche zwischen männlicher und weiblicher Lebenswelt, zwischen Tötungsabsicht und den Fakten des Tötens auf männlicher Seite einerseits und dem Willen zur Erhaltung und Bewahrung des Lebens unter den weiblichen Personen andererseits. Der Chor, der erkennbar macht, was an Besinnung und Nachdenklichkeit unterblieben ist, spricht es aus:

> «Wir haben uns in des Kampfes Wut
> Nicht besonnen und nicht beraten,
> Denn uns betörte das brausende Blut» (II/830).

Die zweifellos am schmerzlichsten von dem Geschehen betroffene Herrscherin, die Fürstin Isabella, kommt der geforderten Selbsterkenntnis am nächsten, wenn sie im Blick auf ihren toten Sohn sagt:

> «lernt die Lügen kennen,
> Womit die Träume uns, die Seher täuschen!
> Glaube noch einer an der Götter Mund!» (II/896)

Aber als eine Art Widerruf solcher Einsichten hat man zu verstehen, wenn sie später erklärt:

> «Alles dies
> Erleid ich schuldlos, doch bei Ehren bleiben
> Die Orakel und gerettet sind die Götter» (II/901).

Beide, Mutter und Tochter, wollen das Leben, und sei es auch dasjenige des Brudermörders. Sie bestätigen damit indirekt den diesem Drama zugrunde liegenden Dualismus von Tötungswillen und Lebenswillen. Aber was sie wollen, bleibt Ansatz und wird überlagert von den gänzlich anderen Interessen der männlichen Personen. Oder könnte es sein, daß Don Cesar aufgrund seines Sühnetodes als die Hauptperson des Dramas zu gelten hat? So in der Tat ist diese Dramenfigur lange Zeit in der Schillerforschung verstanden worden.

Es liegt nahe, an ein vor hundert Jahren erschienenes Buch über Schiller zu erinnern, das diese Traditionslinie mit hochgemuten Worten hervorkehrt. In ihr wird dieser rabiate Sproß aus süditalienischem Herrschergeschlecht förmlich gefeiert. Ich meine den damals in gebildeten Kreisen hochgeschätzten Eugen Kühnemann. In seinem 1905 veröffentlichten Buch über Schiller ist Don Cesar der alles überragende Held des Dramas. Es heißt hier, und man muß das zitieren: «Es ist das Große der Szene, wie der Gedanke der Schuld, die ohne Weigern ihre Sühne will, hier riesenhaft herauswächst ... Die Sicherheit dieses Verantwortungsbewußtseins gibt Don Cesar den Zug der Größe. Mit seelischer Wahrheit wird sie aus seinem Stolz entwickelt. Er wird zum Stolz des seiner Gerechtigkeit gewissen Mannes. Cesar könnte nicht durchs Lebens gehen mir gebücktem Haupt. Er kann sein Haupt nur erhoben tragen im Gefühle seines Rechts vor jedermann.»[8] Das liest oder las man gern. Die Welt wird mit solcher Rhetorik wieder in Ordnung gebracht. Gleichwohl ist es aus heutiger Sicht eine verfehlte Deutung. Brudermord, dieses entsetzliche Verbrechen, wird durch Stolz vergessen gemacht, und hier noch obendrein von Recht zu reden ist vollends verfehlt. Ein gutes halbes Jahrhundert später, im Schillerjahr 1959, sind derart erhabene Deutungen noch nicht gänzlich abgeklungen. Man spricht vom festlichen Tod Don Cesars.[9] Der schon genannte Beitrag des Gräcisten Wolfgang Schadewaldt enthält wertvolle Erläuterungen zu Schillers Schaffensweise und zu seinem Wettstreit mit den Griechen. Aber auch er hält an der Deutung fest, die den Freitod Don Cesars als große Tat vorbehaltlos bejaht: «Es ist deutlich, wie Schiller mit dem ganz im Geiste des modernen sittlichen Selbstbewußtseins behandelten Freitodes des Don Cesar seinem Stück jene Manifestation des ‹deutlichen Bewußtseins ... einer erhabenen Ordnung› gegeben hat, die er in seinem Aufsatz von 1792 *Über die tragische Kunst* bei den Griechen vermißte.» Die Sühne des Brudermörders, seine Selbsttötung, würden hergeleitet aus dem ‹Gedanken der Fähigkeit des Menschen zur absoluten Selbstbestimmung.›[10] Die Hinweise zur Selbstbestimmung werden so wiedergegeben, als vernähmen wir die Stimme Schillers in dem, was hier gesagt wird, und der Kenner des Griechentums fügt noch hinzu: «Ja, der versöhnende Freitod des Don Cesar bringt sogar die Erhöhung der beiden Brüder zu Gottheiten. Sie werden neue Dioskuren sein, tröstend und stärkend, wie die Zwillinge Kastor und Polydeukes ...»[11] Was hier gesagt wird, bezieht sich auf die folgenden Worte Don Cesars:

> «Wenn alle Welt dich herzlos kalt verhöhnt,
> So flüchte du dich hin zu unserm Grabe,
> Und rufe deiner Söhne Gottheit an,
> Denn Götter sind wir dann ...» (II/909).

Tröstend und stärkend! Das führt trotz Freitod und vermeintlicher Tragik ganz nahe heran an ein fast glückliches Ende. Aber die Desillusionierung des Brudermörders hat längst in der Forschung Einzug gehalten. Der zeitgeschichtlich motivierte Geschichtspessimismus des späten Schiller kündigt sich an. Man interessiert sich, etwas vereinfacht gesagt, in stärkerem Maße für den «Realisten» als für den sogenannten «Idealisten».

Die Rede von der realistischen Wendung des späten Schiller geht zurück auf einen 1930 veröffentlichten Aufsatz, der gegenüber der idealistischen Deutung Don Cesars und seines selbstgewählten Todes Zweifel anmeldet, die sich aber in erster Linie auf das Kunstwollen Schillers richten, auf das künstlerische Gelingen dieser idealistischen Tat. Sein Verfasser, Hermann Gumbel, findet die Wandlung zum Idealisten im selbstgewählten Sühnetod nicht überzeugend; er findet die Erhabenheit dieses Opfertodes «bis in den innersten Kern hinein vergiftet.»[12] Das ist eine bemerkenswerte Wahrnehmung; sie hätte hellhörig machen können. Demgegenüber – und das ist aufregend – bezweifelt neuere Forschung den Idealismus Schillers, mit der sich Don Cesar zu guter Letzt vermeintlich über Tod und Verderben erhebt. Man bezweifelt das von Schiller gewollte Heldentum dieser Figur. Wegweisend in diesem Prozeß der Umwertung ist ein 1959 erschienener Aufsatz des amerikanischen Literaturhistorikers Stuart Atkins, auch insofern bemerkenswert, als der Anstoß, vielleicht nicht zufällig,[13] von außen kommt. In Frage gestellt wird hier jede Art von Nachahmung griechischer Tragödie, erst recht aber die Vorstellung von einer Schicksalstragödie. An die Desillusionierung des Schicksals in «Wallenstein» wird erinnert; es wird die Auffassung vertreten, Schicksal werde in diesem Drama mit leidenschaftlichem Subjektivismus gleichgesetzt.[14] Und bemerkt wird auch, daß Schiller für dieses Drama «eine ganze Familie unsympathischer Charaktere erfand».[15] Das schließt den jüngsten Sohn, also Don Cesar, schon deshalb ein, weil er unter den unsympathischen Personen der unsympathischste ist. Es wird noch deutlicher an anderer Stelle ausgesprochen: «Daß Schillers ‹Klassizismus› in diesem Werk die Vorstufen des Barock und der Aufklärung hinter sich gelassen hat, wird vielleicht dadurch am deutlichsten, daß er keinem Charakter jene ‹Würde› oder ‹dignitas› verleiht, die ihm bislang für einen tragischen Helden wesentlich erschienen war.»[16] Das Ergebnis dieser Untersuchung ist, recht besehen, sensationell. Es läßt von dem Dichter der «Braut von Messina», dem man eine Schicksalstragödie nach dem Muster der Alten oder der Romantiker angedichtet hat, so gut wie nichts mehr übrig. Hier wird in Schillers Drama antizipierend Desillusionierung betrieben, fast wie im französischen Roman des 19. Jahrhunderts. Der hochstilisierte Idealismus mit Verklärung des Sühnetodes wird in Frage gestellt. Der das Wort von der reinigenden Kraft des Todes in die Welt hinausposaunt, ist eine Dramenfigur Schillers, nicht Schiller selbst, wie denn auch das Schlußwort nicht unbedingt als Schillers «Meinung» auszugeben ist, sondern als ein Ausspruch des Chores, der vielfach bloßgestellt wird:

«Das Leben ist der Güter höchstes *nicht*,
Der Übel größtes aber ist die *Schuld*» (II/912).

Schon aufgrund solcher Umstände, daß Textstellen in den Dramen nicht mehr so unbefangen wie bisher als Zitate Schillers auszugeben sind, könnte man diese als Dramen der Kühnheit bezeichnen, wie es geschehen ist.[17] Ob Schillers ärztlichem Denken ein solches Wort zugeschrieben werden kann, wonach ihm das Leben nicht als der Güter höchstes bedeuten soll, ist mehr als fraglich. Daß aber der Chor den vermeintlich heroischen Heldentod absegnet, fällt anzunehmen nicht schwer. Wenige Jahre später nimmt Herbert Seidler die «Enthüllung» des amerikanischen Literaturhistorikers auf, indem er sie bestätigt und bekräftigt.[18] Die Läuterung, wie man wieder einmal sagt, wird gründlich bestritten. Die leidenschafterfüllte Eifersucht auf den getöteten Bruder wirke bis in die letzte Stunde hinein; die Ansprüche auf die

Schwester als seine Geliebte hält er auch nach vollzogener Einsicht aufrecht, und man müsse wohl annehmen, daß ihn der in Frage stehende Inzest nicht beeindruckt. Aufgrund einer solchen Darstellungsweise kommt der Verfasser dieses Beitrags zu dem Ergebnis: «Alles ist rein persönlich gehalten, die eifersüchtige Wildheit des Schlusses macht es ganz unmöglich, an einen beginnenden Läuterungsweg zu denken.»[19] Die bezeichnete Umwertung ist in die Schiller-Handbücher neueren und neuesten Datums eingegangen. In einem dieser Sammelwerke hat Karl S. Guthke mit klaren Worten ausgesprochen, was als Schillers «Meinung» zu gelten habe; er sagt: «Man kann nur schließen, und dieser Schluß setzt sich in neueren Versuchen, mit dem Sorgenkind zu Rande zu kommen, immer mehr durch, daß alles Operieren mit dem Begriff Schicksal im transzendenten Sinne sich in Kreisbahnen bewegt und so in die Irre führt».[20] Von anhaltender Eifersucht, Selbstmitleid und sublimer Egozentrik ist die Rede.[21] Im zweiten dieser Handbücher vernimmt man verwandte Töne.[22] Der Prozeß der Umwertung, der stattgefunden hat, ist erstaunlich; ein weiteres Beispiel sei angeführt: die Bestätigung solcher Auffassungen in der Biographie von Peter-André Alt: «Zwar stirbt Cesar im Gestus des erhabenen Helden, der mit ‹freiem Geist› (V. 2727) über sich selbst verfügt, jedoch kann kein Zweifel bestehen, daß sein Tod den Kreislauf der Gewalt, der das Geschehen bestimmt, nicht unterbricht, sondern fortzeugt ... Der Selbstmord des Helden ist kein Akt der Autonomie, sondern erfolgt im Bann des Bruderkonflikts ... Die moralische Selbstbestrafung gerät zu einer Inszenierung, in der das moderne Subjekt seine absoluten Geltungsansprüche zum Ausdruck bringt. Unter ihrem Diktat vollzieht sich die Verherrlichung des egoistischen Kalküls in der symbolischen Figur des Opfers ...»[23]

Die Idee des Selbstopfers, die auch in der christlichen Überlieferung ihren Ort hat, kann nicht im vorhinein und in jedem Fall als glaubwürdig gelten. Offensichtlich nimmt man am Sterben der Maria Stuart keinen Anstoß, und Schiller hat alles getan, es glaubwürdig erscheinen zu lassen. Man glaubt ihr das, was sie denkt und tut, während diese Glaubwürdigkeit im Falle Don Cesars in neueren Deutungen in Zweifel gezogen wird – nicht als Kritik an Schiller, sondern als Schillers Kritik an ihr. Mit der in Zweifel gezogenen Glaubwürdigkeit des Brudermörders werden aber auch Einsicht und Selbsterkenntnis zweifelhaft. Sein Handeln erweist sich als bloß äußerlich. Während man von der schottischen Königin sagt, sie finde zu ihrer Selbstbestimmung, muß der vermeintlichen Heldentat Don Cesars abgesprochen werden, daß sie aus einem solchen Akt hervorgegangen ist. Aber schon im ersten Drama Schillers, schon in den «Räubern», gibt es eine solche Konstellation. Die Erhabenheit, in die Räuber Moor den Gedanken des Selbstopfers kleidet, wird von einem seiner Kumpane am Ende des Dramas in Zweifel gezogen. Er sagt: «Laßt ihn hinfahren! Es ist die Großmannssucht. Er will sein Leben an eitle Bewunderung setzen» (I/617). Das Verlangen nach Größe wird in Großmannssucht überführt. Es wird desillusioniert – und mit ihr der Idealismus, den man Schiller angedichtet hat. Es ist der anthropologisch und psychologisch geschulte Blick des ausgebildeten Arztes, der solche Desillusionierung vornimmt und den wie immer beschaffenen Idealismus nicht so eindeutig erscheinen läßt, wie es vielfach geschehen ist und zum Teil noch geschieht.

Diese Deutungen, denen in letzter Zeit kaum noch widersprochen wurde, sind auf einer Ebene zu bestätigen, die bisher kaum in den Blick gekommen ist. Es ist dies ein Bereich jenseits aller personalen Bezüge, in dem es nach dem schon erwähnten Ausspruch Schillers weniger um Handelnde als vielmehr um Handlung geht, mithin auch nicht um Charaktere, sondern um eine überpersonale Welt, mit Ländern, Landschaften und einem sie umgebenden Meer, mit dem sich immer erneut Begriff und Vorstellung des Ungeheuren verbinden. Das vermeintlich zeit- und geschichtslose Drama erhält auf dieser Ebene deutlich erkennbare Konturen in Raum und Zeit wie in Geschichte und Geographie.[24] Süditalien, vor allem Sizilien, erweist sich deshalb als ein so geeigneter Schauplatz der Handlung, weil wir es nicht mit einem fest umgrenzten Land und seinen Bewohnern zu tun haben, sondern mit einer Vielzahl von Völkern, Kulturen und Religionen, mit einem Gemisch des Verschiedenartigen. Die Menschengruppen und Völker leben auch nicht friedlich nebeneinander; sie bekämpfen sich in einem nicht endenwollenden Kampf der Kulturen. Ein verbindliches Weltbild kann nicht entstehen; was entsteht, ist ein Nebeneinander des Verschiedenartigen, ein Sammelsurium von Menschen, die sich nicht viel angehen. Die Mischung der Religionen, die das Drama vorführt, ist in der Optik des Dramas kritisch aufzufassen. Man eignet sich zu beliebigem Gebrauch an, was jeweils angeboten wird – Orakel etwa, die einmal etwas Geglaubtes gewesen sind; nun aber sind sie es nicht mehr. Nun hantiert man mit ihnen wie mit bedeutungslos gewordenen Versatzstücken. Schicksal wird in tückischen Wesen personifiziert, aber nirgends ist die Aufklärung wahrnehmbar, die das Spuk- und Phantomhafte solcher Schicksalsgläubigkeit beim Namen nennt. In einer derart von Wahngebilden durchsetzten Welt leben die einen wie die anderen, und es ist ein Unrechtsstaat, in dem sie leben und sich vertilgen. Menschlichkeit ist nirgends in Sicht. In dieser weithin rechtlosen Welt gibt es nur ein Recht, das sich durchsetzen läßt: das Recht des Stärkeren – wie später im Kampf ums Dasein. Auch eine oberste Instanz, die für Recht sorgt, gibt es nicht. Man muß es sich selbst verschaffen, wie es der Fürst von Messina und in Fortsetzung seiner Herrschaft seine Söhne tun. Auf diese Weise gelangen Motive in den Spielraum des Dramas, die seit «Wallenstein» aus Schillers Dramen nicht mehr wegzudenken sind. Die Geschichtslandschaft ist eine solche im symbolischen Sinn, die viele Zeitalter umfaßt. Aber diese Zeitalter unterscheiden sich wenig voneinander, sieht man auf Eroberungen und Raubzüge, damals wie in der Gegenwart, in der das Drama aufgeführt wird. Es ist eine eigentlich trostlose Welt, hart am Rande des Nichts, und natürlich gewährt auch das Vorbild der antiken Kultur nicht den Halt, den man sich wünschte. Aber Sizilien mit Palermo, Messina und Syrakus ist noch in anderer Hinsicht eine symbolische Landschaft. Es ist das klassische Land des Tyrannentums, und das Trauerspiel «Die Braut von Messina» ist ein eminent politisches Drama, ein Drama des Tyrannentums, auch wenn das Tyrannische nicht in gleicher Weise beim Namen genannt wird wie im nächsten Drama, dem Schauspiel «Wilhelm Tell».

Ein Tyrann ist auch der verstorbene Fürst von Messina gewesen. An die mit Gepränge inszenierte Beisetzung ist zu erinnern. In Form der tragischen Analysis wird ans Licht gebracht, was alles schon geschehen ist. Die Herrschaft des Fürsten beruhte vornehmlich im Gebrauch von Gewalt, in Frauenraub wie im Raub von Ländereien, die er durch Eroberungskriege an sich gebracht hat; sie beruhte in ungesetzlichen Voraussetzungen. Er selbst wird gerühmt als einer,

> «Der mächtigwaltend dieser Stadt gebot,
> Mit starkem Arme gegen eine Welt
> Euch schützend, die euch feindlich rings umlagert» (II/825).

Die Gerechtigkeit, die er als Herrscher von Messina geübt hat, wird «furchtbare Gerechtigkeit» genannt (II/826). Begriffe wie des «Joches Eisenschwert» oder «strenges Machtgebot» (II/826) sind bezeichnend für die Art seines Herrschertums. Wir befinden uns, modern gesprochen, in einem absolutistischen Staat und nicht einmal in einem solchen des aufgeklärten Absolutismus. Hier ist – offenbar seit altersher – der Untertan nichts wert und der regierende Fürst alles. Daß man sich die in Frage stehende Herrschaft als eine solche des Tyrannentums zu denken hat, kann nicht zweifelhaft sein. In der neueren Forschung hat Rolf-Peter Janz das Tyrannentum dieser Familie beim Namen genannt; in seinen Worten: «Die Affektstürme, denen Don Cesar ausgeliefert ist, gleichen denen, die die Tyrannen im barocken Trauerspiel heimsuchen».[25] In diesem Drama wird Tyrannentum nicht mehr problematisiert wie in den früheren Dramen oder der Ballade «Die Bürgschaft.» Diese Problematisierung ist, offenbar unter dem Eindruck der Zeitereignisse, der Einsicht gewichen, daß es eben diese Herrschaftsform unverhüllt und ohne alle Bemäntelung zu zeigen gilt, wie es ja auch geschieht. Don Manuel, der offenbar Neigungen hat, neue Anfänge zu setzen, beschreibt die Herrschaft des eigenen Vaters, ohne ein Blatt vor den Mund zu nehmen:

> «es herrschte noch im Lande
> Des Vaters Macht, und beugete gewaltsam,
> Der Jugend starren Nacken in das Joch-...» (II/845).

Wie der Vater mit den ihm Nächsten – hier mit der eigenen Gemahlin – umgeht, ist Tyrannenart. Sie sagt es selbst gegenüber ihrem jüngeren Sohn:

> «Der von des Argwohns ruheloser Pein
> Und finster grübelndem Verdacht genagt
> Auf allen Schritten mir die Späher pflanzte ...» (II/865).

Zug um Zug hat Schiller Diktaturen und Polizeistaaten in Geschichte und Gegenwart vorgeführt, als seien sie unvergänglich und ewig. Und der Chor, sehr abweichend von seinem Gebrauch sonst, markiert die Stimme der Mitläufer und Opportunisten. Was Schiller mit diesem Chor sagt, ist visionär. Er ist in der Art seines Mitläufertums so widerwärtig, daß man an der Ästhetik dieser dargestellten Widerwärtigkeit Gefallen findet. Aber derselbe Chor, der Herrscher und Alleinherrscher zu rühmen weiß, zeigt sich abweisend, wenn er an das fremde Geschlecht erinnert, das eines Tages in Messina eindrang, um hier eine tyrannische Herrschaft über die Einheimischen aufzurichten. Seit dem Geschichtswerk «Der Abfall der Niederlande von der spanischen Regierung» wird Fremdherrschaft als tyrannische Herrschaft verstanden; und Zeitgeschichte im Gewande des Geschichtsdramas abermals. Und da diese Motivik des Fremden von den Interpreten wenig beachtet wurde, wird darüber etwas ausführlicher zu sprechen sein.[26]

Die neuere Geschichtswissenschaft hat mit sichtlichem Wohlgefallen vermerkt, daß Schiller in seinen Dramen Ereignisse der verschiedensten Nationen behandelt, aber Themen der deutschen Geschichte ausspart.[27] Es fragt sich nur, ob wirklich die Wahl der Länder Vorrang hat, oder ob nicht weit mehr der Themenkreis Fremdbestimmung und Fremdherrschaft für ihn im Vordergrund stand, zu dem dann die jeweiligen Schauplätze zu suchen waren, die ihrerseits kein vorrangiges Interesse beanspruchen. Frankreich in der Zeit der englischen Eroberungskriege ist ein derart idealer Schauplatz, eben

DIE DRAMEN UND IHRE POLITISCHEN THEMEN

weil es sich um Eroberungskriege handelt, aber Italien, besonders Süditalien mit Sizilien, ist ein derart idealer Schauplatz nicht minder. Der Zugriff vom Meere her durch kundige Seefahrer und listige Seeräuber – die Korsaren unseres Dramas – eignet sich vorzüglich zur Behandlung solcher Themen. Hier waren Jahrhunderte vor unserer Zeitrechnung Griechen, Phönizier, Karthager und viele andere Völkerschaften eingedrungen, hatten sich die Länder untertan gemacht und mit Krieg überzogen, die tyrannischen Herrschaftsformen eingeschlossen, die sich in dieser Weltgegend nacheinander etablierten. Gut ein Jahrtausend nach der Zeitwende wurden die Länder – Sizilien wie Unteritalien – von Normannen erobert, deren Erben die Staufer wurden. Daß mit der Vielzahl dieser Eroberer nicht nur Tod und Verderben verbreitet, sondern auch Kunst und Wissenschaft gefördert wurden, bezeugt der an Kultur wie moderner Verwaltung interessierte Stauferkaiser Friedrich II., in späterer Zeit vielfach verehrt und bewundert.[28] Auch diese Herrschaft blieb Episode im Gang der sich fortsetzenden Eroberungskriege. Später haben sich Spanier, Habsburger und Franzosen des Landes bemächtigt; und auch daran ist zu erinnern, daß seit dem Ende des 18. Jahrhunderts Napoleon an Eroberungskriegen in diesem Land Gefallen fand, daß es mithin eine Kontinuität von Eroberungskriegen und diktatorischen Herrschaftsformen gegeben hat, die Schillers Tragödie «Die Braut von Messina» nicht einfach als ein geschichtsloses Drama erscheinen lassen, wie vielfach behauptet wird.[29] Doch geht es jetzt weniger um die Geschichte eines bestimmten Zeitalters als vielmehr um das Kontinuum von Geschichtsverläufen, in denen alles auf Eroberung gerichtet ist – auf Eroberung und auf das Recht des Stärkeren. Daß diesen tyrannischen oder auch imperialistischen Herrschaftsformen durch die Aufklärung ein Ende bereitet würde, war im 18. Jahrhundert die Hoffnung vieler – eine Hoffnung, die auch hinter Schillers frühen Dramen steht. Aber im Verlauf der neunziger Jahre, nach der Hinrichtung des französischen Königs, war zur Kenntnis zu nehmen, daß sich fortsetzt, was man beendet glaubte; denn an französischen Eroberungen in Italien hat es in dieser Zeit nicht gefehlt: 1796 die Feldzüge in Italien mit Siegen über die Österreicher und Piemonteser, 1800 der Sieg über Österreich abermals, diesmal bei Marengo – und so fort! Die «Braut von Messina» ist ein symbolisches Geschichtsdrama, sofern es dieses Kontinuum von Eroberungskriegen zeigt, für das Italien steht. Anders gesagt: Das symbolische Geschichtsdrama schließt Zeitgeschichte abermals ein. Das Interesse richtet sich weniger auf das Einmalige und Besondere als auf das, was sich fortsetzt und wiederholt.

Aus dieser Kontinuitätsgeschichte ist die Motivik des Fremden nicht wegzudenken. Sie äußert sich auf der individuellen Ebene als Selbstbestimmung beziehungsweise unterbliebene Selbstbestimmung, die Fremdbestimmung heißt; auf der geschichtlich-politischen Ebene begegnen wir ihr als Fremdherrschaft, die mit Tyrannei aufs engste zusammenhängt. Dementsprechend sind Ausdrücke aus diesem Wortfeld in großer Zahl anzutreffen. Ein wiederkehrender Ausdruck ist das fremde Geschlecht. Den Chören sind die Fürsten von Messina, Vater und Söhne, ein solches. Sie sind einesteils die Stimme ihres Herrn, dem sie sich zugeordnet fühlen, und sind gleichzeitig ihre Gegner und Feinde als Fremde: Sie treten mitunter für den regierenden Fürsten ein, aber meistens sind sie gegen ihn und die ganze Familie:

> «Warum ziehn wir mit rasendem Beginnen
> Unser Schwert für das fremde Geschlecht?» (II/831)

Aber auch die Mitglieder der Fürstenfamilie fühlen sich gegenüber den Einheimischen und Untertanen als ein fremdes Geschlecht. Wenn Don Cesar zur Selbsttötung ansetzt, erinnert ihn seine Mutter daran, was er ihr damit antut:

> «Lebe mein Sohn! Laß deine Mutter nicht
> Freundlos im Land der Fremdlinge zurück ... » (II/909).

Was sich auf der politischen Ebene abspielt, spiegelt sich im Familienkreis wider. Beatrice fühlt sich von der eigenen Mutter in ein fremdes Leben ausgesetzt (II/855). Der eigene Bruder, Don Manuel, ist ihr ein Fremdling. Aufgrund solchen Fremdseins werden menschliche Beziehungen verhindert. Selbstbestimmung kommt nicht zustande; die Personen innerhalb der Familie verfügen über andere: der verstorbene Fürst, indem er die Frau raubt, die er zu seiner Ehefrau macht; die Fürstin, indem sie über die Tochter gebietet und sie in einem Kloster versteckt; der älteste Sohn, der tut, was der Vater getan hat, er setzt den Frauenraub fort. Die Fürstin wird zum Werkzeug des gebietenden Herrschers, die im Kloster versteckte Tochter zu einem solchen der Mutter, obschon hier der Wille, Leben zu bewahren, zugrunde liegt. Jeder ist hier jedem ein Fremdling; sie sind einander entfremdet und sind ihrerseits selbstentfremdet. Einer der Brüder sagt es in der episodischen Phase der Versöhnung, in der sich Erkennen andeutet, freilich nicht hinsichtlich der eigenen Schuld, die Don Cesar den Dienern zuschiebt, und der andere der Brüder stimmt zu:

> «Die unser Herz in bitterm Haß entfremdet» (II/839).

Aber nicht nur haben sie sich einander entfremdet; mehr noch sind sie sich selbst fremd geworden, fast im Sinne dessen, was Hegel später Selbstentfremdung nennen wird.[30] Aber wichtiger als die Geschichte dieser Begriffe ist ihre Verdeutlichung in den Personen des Dramas, wenn sie von Natur sprechen. Natur wird immer wieder als Bedrohung des Menschen gezeigt und dargestellt; sie wird mit dem Ungeheuren in Verbindung gebracht. Isabella tut es, indem sie von dem über ihrem Hause waltenden Verhängnis spricht, das sie in der ungeheuren Not sich spiegeln sieht, wenn sie sagt:

«Vom Berge stürzt der ungeheure Strom
Wühlt sich sein Bette selbst und bricht sich Bahn ...» (II/871).

Solche Naturvorstellungen erinnern auffällig an Goethes Trauerspiel «Die natürliche Tochter» – und an die Art, wie er solche Vorstellungen aus einer seiner Quellen herausliest, worüber er im Brief an Schiller vom 9. März 1802 berichtet: «Im Ganzen ist es der ungeheure Anblick von Bächen und Strömen, die sich, nach Naturnothwendigkeit, von vielen Höhen und aus vielen Thälern, gegen einander stürzen ...» (XXXIX,1/211). Von ungeheurem Anblick ist in diesem Brief die Rede und an anderer Stelle von der ungeheuren Empirie. Goethes Trauerspiel wurde am 2. April 1802 in Weimar uraufgeführt; die Uraufführung der «Braut von Messina» war am 19. März desselben Jahres vorausgegangen. Nicht nur die zeitliche Nähe beider Dramen ist bemerkenswert.[31] Auch sonst verbindet sie mancherlei. Beide sind hochsymbolische Dramen und klassizistisch nur auf den ersten Blick; beide vermitteln sie ein Bild der ungeheuren Natur, das mit der Naturverehrung in den Zeiten des Sturm und Drang nur noch wenig zu tun hat. Die Personen des Dramas, voran Isabella, gehen naiv und unreflektiert mit dieser anderen Natur um. Sie wird dämonisiert, wenn Schicksalsglaube und Naturglaube zusammentreffen, wenn sie die in dem vom Berg herabstürzenden Strom das ihren Kindern vorgezeichnete Verhängnis erkennen wollen (II/871). Damit sind mancherlei Selbsttäuschungen verbunden, wie in Isabellas Rede:

«Nur die *Natur* ist redlich! Sie allein
Liegt an dem ewgen Ankergrunde fest,
Wenn alles andre auf den sturmbewegten Wellen.
Des Lebens unstet treibt ...» (II/835).

Der Chor denkt nicht anders. Er spricht nach, was in der Herrscherfamilie vorgesprochen wurde. Er ist bloß Echo ohne eigene Stimme und ist in Illusionen befangen. Diese Illusionen werden mit schneidender Ironie desillusioniert, wenn einer dieser Chöre, an Beatrice gerichtet, sagt:

«Glückliche, trittst du
In eine götterbegünstigtes, glückliches Haus» (II/860).

Was die Chöre sagen, ist im Hinblick auf entgegengesetzt Gesagtes Lüge, aber sie wissen wohl nicht, daß sie lügen, und zum Entgegengesetzten gehört, daß sie beide, die Chöre und die Fürstin, die Natur in ihren wilden Trieben benannt haben. Was sie offenlegen, sind Widersprüche, die sie nicht erkennen oder nicht erkennen wollen. In den vorausgegangenen Dramen verbleibt den Personen, die zu Einsicht und Erkenntnis gelangen, noch ein Rest des Heldischen erhalten. Im Drama «Die Braut von Messina», das keine Hauptperson kennt, ist hiervon nichts mehr zu entdecken. Nur dem Leser oder Zuschauer bleibt es vorbehalten, die wahren Zusammenhänge zu durchschauen; vor allem an den Chören wird gezeigt, worauf es ankommt. Sie werden in der Optik des Dramas einer Kritik ausgesetzt, die sich immer erneut auf das bezieht, was zu erkennen wäre, aber nicht erkannt wird.

Über die eigentümlichen Widersprüche, die in den Reden der Chöre offenkundig sind, ist man sich heute in der Forschung weithin einig. Wiederholt werden ihnen Rollen des banalen Sprechens zugewiesen. Sie trivialisieren wahre Dinge wie das Schöne und sind Spiegelbilder einer Kultur, in der nichts Verbindliches mehr gilt. Die Kultur, die hier allenfalls noch gedeiht, ist eine solche aus zweiter Hand. Zum Unverbindlichen gesellt sich das Unentschiedene, das Unvermögen, sich für eine Seite oder Sache zu entscheiden. Aber mit der Kultur des Zauderns, die man Wallenstein gern zugestehen kann, hat das nichts zu tun, auch nichts mit der eher tragischen als verwerflichen Ambivalenz der Dinge. Der Chor läßt das eine wie das andere gelten, ohne recht zu wissen, was er gelten läßt:

«Laßt es genug sein endet die Fehde
Oder gefällts euch, so setzet sie fort» (II/838).

Diese Chormitglieder sind Opportunisten und Mitläufer der öffentlichen Meinung, einen festen Standort haben sie nicht. Daher sind ihnen auch ethische Grundsätze ein Buch mit sieben Siegeln. Einer aus ihren Reihen sagt: «Schön ist der Friede!» und sagt auch, daß der Mensch im Frieden verkümmert. Sie haben Kenntnis vom Tötungsbefehl des verstorbenen Tyrannen. Aber widersetzt haben sie sich ihm nicht, und auch gegen die sich fortzeugenden Kriege unternehmen sie nichts. Sie preisen ihn als die in diesem Fürstentum geltende Norm, obwohl sie gegen das Fürstengeschlecht sind, das sie als fremde Herrschaft verachten. Einer von ihnen sagt:

«Aber der *Krieg* auch hat seine Ehre,
Der Beweger des Menschengeschicks...» (II/851).

Man darf ganz sicher sein, daß Schiller hier wie im Reiterlied aus «Wallensteins Lager» nicht sagt, was er meint, sondern seine Personen sagen läßt, was dem eigenen Denken widerspricht. Aber der Chor deckt auf diese Weise hinsichtlich der Motivik des Fremden auch vieles auf. Die Sprecher in den Chören wissen gut Bescheid. Zwar stellen sie sich, wie es für Opportunisten und Kollaborateure kennzeichnend ist, den neuen Herrschern bereitwillig zur Verfügung. Trotzdem bleibt ihnen die neue Herrschaft ein fremdes Geschlecht, und nur mit Widerwillen führen sie das Schwert im Dienst der in ihr Land eingedrungenen Eroberer. Das ist, wenigstens im Ansatz, Selbstkritik. Der erste aus dem Chor, der hier spricht, äußert feindseliges Verhalten gegenüber der Fürstenfamilie, dem fremden Geschlecht, wie gesagt wird. Aber sie sind selbst schuld, wie diesem Sprecher aus einem der Chöre bewußt wird: Sie haben die Eindringlinge gastlich aufgenommen, haben sich nicht gewehrt und keinerlei Widerstand geleistet; nun dürfen sie sich eigentlich nicht wundern, wenn sie Knechte und bloße Untertanen geworden sind. Mit anderen Worten: Sie haben sich opportunistisch verhalten und haben Eindringlinge gewähren lassen. Dieses opportunistische Verhalten wird von demselben Sprecher ein anderesmal zum Ausdruck gebracht, aber nunmehr eher rechtfertigend als kritisch:

«Die fremden Eroberer kommen und gehen,
Wir gehorchen, aber wir bleiben stehen» (II/832).

Man läßt also gewähren was geschieht; den Eindringlingen wird nichts entgegengesetzt, so wenig wie der Praxis und Leichtfertigkeit des Tötens.

«Aber wenn sich die Fürsten befehden,
Müssen die Diener sich morden und töten» (II/830).

In einem Brief an Körner vom 10. März 1803 hat Schiller ausgeführt, der Chor solle «die ganze Blindheit, Beschränktheit, dumpfe Leidenschaftlichkeit der Masse darstellen» (XXXII/20).[32] Die Einstellung des Sichduckens, des wehrlosen und widerstandslosen Hinnehmens, kann unmöglich die Botschaft des Dramas sein. Indirekt wird Widerstand gutgeheißen, wenn die Einstellung eines der Chöre nicht für bare Münze genommen werden darf, sondern aus der Optik des Dramas als Kritik. Den fremden Eroberern wird nicht das Recht auf Grund und Boden der Einheimischen zugestanden. Es geht hier nicht nur um Erkenntnis und Einsicht, sondern um eine neue

Sicht des Handelns. Es wird zum Widerstand aufgerufen. Die fremden Eroberer, die Tyrannen, gegen die man sich als Einheimischer hätte wehren müssen, sind zu einem der Hauptthemen des Dramas geworden.[33] Weil Widerstand unterbleibt und unterblieben ist, ist Schillers antikisierendes Trauerspiel «Die Braut von Messina» insgeheim ein Widerstandsdrama.

8
«Wilhelm Tell»

Das letzte abgeschlossene Drama, das Schauspiel «Wilhelm Tell», ist das einzige Drama Schillers, das an der Tragödie vorbeigeht. Es ist auch das einzige Drama, das die Gattungsbezeichnung «Schauspiel» zu Recht trägt, sieht man auf das Ende des Geschehens. Daß man mit der Bezeichnung «Schauspiel» auch Begriffe wie Festspiel, Volksstück, Idylle oder ästhetischer Staat verbindet, ist ebenfalls neu, von der romantischen Tragödie «Die Jungfrau von Orleans» allenfalls abgesehen. Die Sonderstellung, die dem Drama zukommt, ist unverkennbar. Mit ihr treten auch die Unterschiede zu früheren Dramen deutlicher hervor. Dagegen gibt es mit den Dramen seit «Wallenstein» weit mehr Übereinstimmung als Unterschiede. Die neuen Themen sind jetzt weithin auch die neuen Themen in «Wilhelm Tell». Es sind dies Einheit und Einigkeit in politischer Hinsicht, immer bezogen auf das Land, das auch hier mit emphatischer Bedeutung Vaterland genannt wird, im weiteren die Motivik des Fremden, auch hier verbunden mit Abwehr von Eindringlingen, die Fremdlinge genannt werden. Aber auch innerhalb der neuen Dramatik kommt dem Tell-Drama eine Sonderstellung zu. Sie betrifft die Tötungsart, die wir dargestellt finden, es handelt sich um einen Tyrannenmord. Fest steht von vornherein: Von gemeinem Mord kann nicht die Rede sein. Läßt man sich auf die Argumente ein, die im Drama selbst vorgebracht werden, vor allem auf dasjenige der Notwehr, so hätte man es mit einem Fall von Totschlag zu tun. Aber viel, wenn nicht alles, spricht dafür, daß es sich um einen «klassischen» Fall von Tyrannenmord handelt, der im Programm der Weimarer Klassik eigentlich nicht vorgesehen war. «Wilhelm Tell» ist nach der «Verschwörung des Fiesko zu Genua» das einzige Drama, das sich auf einen solchen Mordfall einläßt und diesen noch obendrein bejaht. Man hat Grund zu fragen, wie sich dieser Sachverhalt erklärt. Daß man dabei nach zeitgeschichtlichen Gründen Ausschau hält, liegt nahe.

DIE DRAMEN UND IHRE POLITISCHEN THEMEN

Eine Sonderstellung kommt dem Drama auch hinsichtlich seiner Familiendramatik zu, die das Stück von der ersten bis zur letzten Szene begleitet. Sie ist im Rückblick auf die vorausgegangenen Dramen kein neues Thema; fast in jedem Stück gibt es sie. Aber die wenigsten dieser Dramen sind deshalb als Familiendramen zu bezeichnen. Vielfach blickt man in eine gespaltene Welt. Dafür sorgen die feindlichen Brüder in den «Räubern» wie im Trauerspiel «Die Braut von Messina»; gespalten und zerrissen ist das «Familiengemälde in einem fürstlichen Hause», dasjenige am spanischen Hof Philipps II.: Vater und Sohn werden am Ende zu Todfeinden, und die Eheleute wissen wenig von Eintracht und Einigkeit.[1] Das Verhältnis zwischen der Familie als dem Ort, an dem sich Menschlichkeit noch am ehesten zu regen vermag, und der politischen Welt mit ihren Ränken und Intrigen ist von Grund auf zerstört. Die Familie ist eingespannt in den Antagonismus von Politik und Menschlichkeit, am schlimmsten dort, wo feindliche Brüder wüten und den Frieden des Hauses hintertreiben. Am ehesten ist der Frieden des Hauses, wie man meinen könnte, in den Häusern des Bürgertums zu erhoffen wie demjenigen des Musikus Miller, und daß er Musik als Beruf ausübt, scheint solche Hoffnungen und Erwartungen zu bestätigen. Aber wie sich zeigt, endet das Drama nicht in Familienglück und häuslichem Frieden, sondern im Freitod zweier junger Menschen. Die gesellschaftlichen Verhältnisse durch tyrannisch regierende Fürsten tragen nicht wenig zu Tod und Katastrophe bei. Die Familie wird zu einem Bereich tragischen Geschehens und gewinnt ihren menschlichen Rang, indem sie sich der Fürstenwillkür widersetzt und scheitert. Im Schauspiel «Wilhelm Tell» sind Ansätze zu Familienglück und häuslichem Frieden sehr viel weiter gediehen, und einzig in der tyrannischen Herrschaft der Landvögte sind Familie und Häuslichkeit bedroht. Die Brutalität, mit der einer der Landvögte in das Haus eines Eidgenossen einbricht und vor Vergewaltigung nicht zurückschreckt, zeigt die Gefährdungen an, denen sich die Schweizer im Spielraum dieses Dramas gegenübersehen: Nur durch Tötung des «Einbrechers» und aufgrund von Notwehr kann Tell die Familie retten und beschützen. Er kommt Baumgarten, dem dies widerfahren ist, zu Hilfe. Die Tat oder die Untat des Hausfriedensbruches ist eine solche des kaiserlichen Burgvogts mit dem sprechenden Namen Wolfenschießen. Baumgarten hat ihn erschlagen und begründet den Totschlag, der nicht Tyrannenmord ist, als Notwehr. Aber er kommt dem Tyrannenmord durch Tötung eines tyrannisch sich verhaltenden Beamten sehr nahe. Seine Begründung ist eine solche des geltenden Rechts, auf dem er insistiert. Auf eine Frage der Umstehenden antwortet er:

«Mein gutes Hausrecht hab ich ausgeübt
Am Schänder meiner Ehr und meines Weibes» (II/920).

Das geltende Recht haben die Landvögte und die Burgvögte gebrochen, wir befinden uns in einem Unrechtsstaat, wie schon der Staat der Königin Elisabeth in «Maria Stuart» bezeichnet worden war.[2] Das alles spielt sich ab, wenn das Drama beginnt. Was schon in der ersten Szene gezeigt wird, ist keine Idyllik der Alpenwelt, sondern gestörte Idyllik, eine Welt des gebrochenen Rechts.[3] Die Familien in diesem Drama sind intakt; sie sind untereinander und innerhalb einer Familie einig. Die Gefahr der Zerstörung von Menschlichkeit, für die die Familie steht, ist eine solche von außen her. Was Tell zur Beseitigung solcher Gefahren beizutragen sucht, ist auf die Bewahrung des häuslichen Friedens gerichtet. Tell sieht sich aber außerstande, in diesem Staat zu leben, in dem seine Familie wie die Familien seiner Mitbürger nicht in Frieden leben können. Er denkt nicht politisch, sondern sucht das private Leben der Seinen wie seiner Mitbürger vor Übergriffen der Staatsgewalt zu schützen. Mit gelehrten Begriffen könnte man sagen: Er ist ein Humanist, ohne mit der gelehrten Bildung ausgestattet zu sein, wie sie für Humanisten seit Erasmus selbstverständlich war. Dieser volksmäßige Humanismus, wie ihn Tell verkörpert, ist der Humanitätsidee der Weimarer Klassik eigentlich fremd.

Fremd auch insofern, als Wilhelm Tell Adelskultur und höfisches Leben so fern sind, wie sie es nur sein können. Es fehlen ihm zur Teilhabe an einer solchen Kultur alle Voraussetzungen, was Bildung und Herkommen angeht. Sein archaischer Beruf, derjenige des Jägers, lenkt den Blick auf eine Welt, die es vordeutend allenfalls in der Tragödie «Die Jungfrau von Orleans» gibt. Das Hirtenmädchen Johanna und ihre Welt – das ist weithin auch diejenige Wilhelm Tells und seiner Landsleute. Das Milieu des Dramas ist dasjenige einer ländlichen Bevölkerung, wie sich das auch in der Versammlung auf dem Rütli zeigt. Der Anteil des Volkes war in keinem der vorausgegangenen Dramen Schillers so reichhaltig und umfassend wie in diesem Stück, das man im Blick auf seinen sozialen Status ein Volksstück nennen könnte und auch genannt hat. Schiller selbst nimmt auf dieses Volksmäßige in seinem Brief an Wilhelm von Wolzogen vom 27. Oktober 1803 Bezug mit der Bemerkung: «... auch bin ich leidlich fleißig und arbeite an dem Wilhelm Tell, womit ich den Leuten den Kopf wieder warm zu machen denke. Sie sind auf solche Volksgegenstände ganz verteufelt erpicht ...» (XXXII/81). «Die Räuber» wie «Die Verschwörung des Fiesko zu Genua» waren mit einzelnen Volksszenen ausgekommen. Mit dem Hirtenmädchen, der Jungfrau von

Orleans, geht das Drama Schillers über die bis dahin zugelassenen Stände, auch über den dritten Stand, weit hinaus. Auch die Landleute der Kantone sind einfache Menschen aus dem Volk. Aber das Drama bleibt nicht auf diese Welt beschränkt. Der Versammlung ist die Szene auf dem Edelhof des Freiherrn von Attinghausen vorausgegangen. Sie wird bestritten von diesem und dem Neffen Ulrich von Rudenz, und zum Adel gehört auch die Lichtgestalt der Berta von Bruneck, einer reichen Erbin, wie im Personenverzeichnis gesagt wird. Sie wird hier nach Gertrud und Hedwig, den Ehefrauen Werner Stauffachers und Wilhelm Tells, aufgeführt, ehe die Bäuerinnen Armgard, Mechthild, Elsbeth und Hildegard nur mit ihren Vornamen genannt werden. Schon diese Szene macht deutlich, daß wir nicht nur an das niedere Volk denken sollen, wenn Volk gesagt wird. Mit diesem Begriff ist hier das ganze Volk in allen seinen Klassen und Schichten gemeint, jenseits aller Klassengegensätze. Daß man auf dem Rütli zusammenkommt, um vereint zu sein, das ist die Botschaft, die man mit nach Hause nimmt. Sie zielt auf Überwindung der Klassengegensätze und bringt damit Ideengehalte der Französischen Revolution vor der Revolution zur Sprache.

Aber nicht einfach Darstellung des Volkes ist das Kernstück der Versammlung auf dem Rütli, sondern Darstellung des in sich einigen Volkes. Diese Einigkeit gilt es herzustellen über alle Klassen hinweg; und insofern es darum geht, kommt es nicht allein auf Wiederherstellung alten Rechtes an, sondern weit mehr darauf, eine neue Gesellschaft mit neuem Recht zu schaffen.[3] Einigkeit, auf die das Denken der Eidgenossen gerichtet ist, verbindet sich mit den Motiven des Vaterlandes, eines solchen, in dem man nicht auf Eroberung fremder Gebiete sinnt. Diese auf das Vaterland gerichteten Beschwörungen gehören zu den am häufigsten zitierten Stellen in diesem Text. Es ist der Pfarrer Rösselmann aus Uri, der als erster auf die Einigkeit des neuen Bundes setzt, wenn er auf dem Rütli ausruft:

«Laßt uns den Eid des neuen Bundes schwören.
– Wir wollen sein ein einzig Volk von Brüdern,
In keiner Not uns trennen und Gefahr» (II/964).

Aber vor anderen ist es der dem Adel angehörende Freiherr von Attinghausen, dem Einigkeit über alles geht, und es ist auch eine Mahnung, die er an seinen politisch labilen Neffen richtet:

«Ans Vaterland, ans teure, schließ dich an,
Das halte fest mit deinem ganzen Herzen» (II/947).

Mit diesen Ausrufen, Mahnungen und Appellen werden Themen und Motive zur Sprache gebracht, die wir erstmals in der «Wallenstein»-Trilogie vernommen haben, ehe wir sie in den missionarisch verkündeten Botschaften des Hirtenmädchens von Orleans erneut vernehmen. In «Wilhelm Tell» sind Eintracht und Einigkeit das erreichbare und schließlich auch erreichte Ziel, nicht zu trennen von dem mit neuem Sinn erfüllten Begriff des Vaterlandes. Es ist nicht dasjenige, für das man es im 19. Jahrhundert gehalten hat, sondern ein anderes. Das Vaterland dieses Dramas ist ein demokratisch-republikanisches Vaterland – dasselbe, das Thomas Abbt in der schon erwähnten Schrift und Hölderlin in dem gleichfalls erwähnten Gedicht feiern, indem sie den Tod fürs Vaterland rechtfertigen. Mit der Abwehr von Fremdbestimmung zugunsten von Selbstbestimmung geht es um ein Motivgeflecht, das man in den frühen Dramen vor dem Erscheinen der «Wallenstein»-Trilogie vergeblich sucht.[4] Ich meine abermals die Motivik des Fremden, das auch «Maria Stuart» und «Die Braut von Messina» zur Sprache bringen, obschon nicht in der Dichte und Intensität wie in «Wilhelm Tell».

Von Fremdem, das es abzuwehren gilt, ist zuerst in den Ermahnungen die Rede, die der Freiherr von Attinghausen an seinen zur Abtrünnigkeit entschlossenen Neffen richtet. Er warnt vor dem Zauber, der vom Fremden ausgehen kann, und bedauert:

> «– O unglückselge Stunde, da das Fremde
> In diese still beglückten Täler kam,
> Der Sitten fromme Unschuld zu zerstören!» (II/948)

Wir wundern uns nicht, wenn dieses Fremde benannt wird, damit man es zurückweist und, wenn es sein muß, mit dem Schwert bekämpft. Auf dem Rütli ist es Stauffacher, der sich gegen das Fremde – gegen fremdes Joch und fremde Herrschaft – verwahrt. Er meint deutlich den Ersatzherrscher, den Landvogt, den er herabsetzend einen Knecht nennt. Vom Boden der Schweiz wird gesprochen, von tausendjährigem Besitz oder von deutscher Erde. Alle diese Ausdrücke scheinen sich späterem völkischen Denken anzunähern, könnte man meinen. Die formelhafte Rede «Blut und Boden» ist ein Ausdruck solcher Ideologien. «Nehmt mich auf in euern Bund», bittet Berta von Bruneck die Eidgenossen, und diese erwidern spontan: «Das wollen wir mit Gut und Blut» (II/1029). Dennoch sind solche Berufungen der Eidgenossen auf ihren Boden, auf deutsche Erde oder auf Vaterland von allem völkischen Denken zu unterscheiden. Hier geht es nicht um Abwehr alles Fremden, um ein Sich-Verschließen und Sicheinmauern, auch nicht um Ausgrenzungen gegenüber dem, was nicht das Eigene und Bodenständige ist, sondern um Abwehr fremder Herrschaft, um Tyrannenherrschaft. Diese Abwehr ist gleichbedeutend mit Widerstand, der den Eindringlingen und Fremdlingen entgegenzusetzen ist, und sie hat ihre philosophische Grundlage, ist nicht nur politisch motiviert. Auch auf das Schauspiel «Wilhelm Tell» ist zu beziehen, was Schiller am 18./19. Februar 1793 schreibt: «Es ist gewiß von keinem Sterblichen Menschen kein größeres Wort noch gesprochen worden, als dieses Kantische, was zugleich der Innhalt seiner ganzen Philosophie ist: Bestimme dich aus dir selbst... Diese große Idee der Selbstbestimmung strahlt uns aus gewißen Erscheinungen der Natur zurük...» (XXVI/191). Fremdbestimmung, und in Verbindung damit Fremdherrschaft, ist die Verfehlung dieser politischen Leitidee. Die Neubestimmung des Menschen als Selbstbestimmung ist subjektiven Charakters. Aber aus Fremdbestimmung wird Fremdherrschaft, und von der individuellen zur kollektiven Fremdbestimmung ist es nur ein Schritt. Dieser Bedeutungswandel vom Individuellen zum Kollektiven vollzieht sich nicht nur im Denken Schillers. Das heißt auch, daß ein ganzes Volk seine Selbstbestimmung durch Übergriffe Fremder verlieren kann. Mit der Eroberungslust und mit Eroberungskriegen geht es um moderne Tyrannei. Die zeitgeschichtlichen Bezüge sind kaum zu übersehen. Zum Vaterlandsdenken in Schillers Dramen von «Wallenstein» bis «Wilhelm Tell» gehört Widerstand gegen die Tyrannei, anders als im sogenannten völkischen Denken. Tyrannische Herrschaftsformen aber sind die zentralen Motive, um die sich das Geschehen im Drama gruppiert.

Die Deutlichkeit, mit der in «Wilhelm Tell» tyrannische Herrschaft dargestellt wird, ist anders beschaffen als in den vorausgegangenen Dramen; sie ist in dieser Deutlichkeit neu. In den «Räubern» begegnet sie uns in der Existenzform eines verbrecherisch veranlagten Menschen, des jungen Grafen Franz von Moor, der sich selbst richtet. In dem republikanischen Trauerspiel «Die Verschwörung des Fiesko zu Genua» vermißt man den typischen Tyrannen, der keinen Zweifel daran läßt, daß es sich um einen solchen handelt. Allenfalls in «Don Karlos» ist Tyrannei in der Form des perfekten Polizeistaates anzutreffen. Aber alle Aktivitäten Posas sind darauf gerichtet, durch Redeformen eine Besserung der Verhältnisse zu erreichen. In den folgenden Dramen stehen tyrannische Herrschaftsformen nicht mehr im Vordergrund, aber schon in der «Jungfrau von Orleans» sehen wir sie als Fremdherrschaft am Werke in der Form von Aktivitäten fremder Eroberer. «Wilhelm Tell» läßt am Bestehen einer typischen Tyrannenherrschaft nicht die geringsten Zweifel. Hier wird nicht die Erkennbarkeit tyrannischer Herrschaftssysteme zum Problem gemacht. Die Frage, haben wir es wirklich mit einem Tyrannen zu tun, stellt sich nicht; sie ist schon beantwortet, ehe der Tyrann des Dramas, also der Landvogt, die Bühne betritt. In diesem Drama herrschen klare Verhältnisse. Wie schon in «Maria Stuart» befinden wir uns in einem Staatswesen, in dem das Recht nichts mehr gilt: Es ist manipulierbar geworden. Wir dürfen das Staatswesen einen Unrechtsstaat nennen. Die Herrschaft, in die wir Einblick erhalten, ist tyrannische Herrschaft; fast ist es der klassische Fall einer solchen. Dementsprechend sind die Begriffe aus dem Wortfeld des Tyrannentums zahlreich. Von Tyrannenmord ist nicht die Rede, wohl aber wird von Tyrannenhaß, von Tyrannenjoch, von Tyrannenschwert oder auch von den Grenzen tyrannischer Macht gesprochen. Der Gebrauch der genannten Begriffe entspricht dem, was wir dargestellt finden: Gesetze werden an den Menschen vorbei erlassen; Menschenrechte werden mit Füßen getreten. Wir haben es mit einer pervertierten Rechtswelt zu tun, mit Mord und Totschlag. Es gibt Schikanen der Herrschenden, die Entwürdigungen des Menschen sind; von Folterknechten wird gesprochen; Unmenschlichkeit ist an der Tagesordnung. Unmenschlich ists, mit eines Vaters Angst zu spielen, hält Berta von Bruneck dem Landvogt vor, und Unmenschlichkeit gibt es vor allem dort, wo die Fronvögte zur Zwangsarbeit antreiben. Die Botschaft des Dramas, lesen wir es richtig, ist doch wohl diese, daß Tyrannei nicht ein für allemal der Vergangenheit angehört, sondern jederzeit wiederkehren kann. Sie hat sich durch Aufklärung nicht erledigt. Dies und nichts anderes wollte Schiller seinen Lesern mitteilen.

Was wir auf der Bühne zu sehen bekommen, sind Handlungen seitens der Machthaber, die Entsetzen bewirken und zugleich deutlich machen, daß Widerstand gegen das Regime geboten ist mit dem Ziel, es zu beseitigen. Alles wie geschaffen, um ein Verschwörerdrama in Gang zu setzen, in deren Machenschaften sich Schiller aufs beste auskannte. Aber die realistische Wendung, die man in den späteren Dramen wahrgenommen hat, findet nicht statt.[5] Anders als in der realen Geschichte, die Schiller in den Geschichtswerken von Johannes von Müller und Aegidius Tschudi dargestellt fand, hat er Tyrannenmord und Verschwörung voneinander getrennt, und das hat mit Realismus eigentlich wenig zu tun.[6] Schiller hat die Tat Tells als die Tat eines Einzelgängers verstanden, der mit politischen Verschwörungen, die im Mord enden, nichts zu tun haben will. Er hat diese Trennung in einem Brief an Iffland ausdrücklich gerechtfertigt mit den Worten: «So z.B. steht der Tell selbst ziemlich für sich in dem Stück, seine Sache ist eine Privatsache, und bleibt es, bis sie am Schluß mit der öffentlichen Sache zusammengreift» (XXXII/89). Wenn sich die Eidgenossen auf dem Rütli versammeln, so geloben und beschwören sie mancherlei. Aber sie sind keine Verschwörer, wie

DIE DRAMEN UND IHRE POLITISCHEN THEMEN

es Fiesko, Posa und weithin auch Wallenstein sind. Das kommt auch daher, daß die Rütlileute sehr anders denken und handeln, als es unter Revolutionären im allgemeinen üblich ist. Daß man sich auf dem Rütli über Stände und Klassen hinweg zu *einem* Volk vereinigt, kann man mit den Ideen der Französischen Revolution in Verbindung bringen. Aber die Vermeidung von Blutvergießen ist eine Absage an dieselbe Revolution, sofern es dabei um ihre «Durchführung» geht. Der Plan, Blutvergießen zu vermeiden, ist ein zentrales Motiv des Dramas und ein Paradox obendrein. Ohne den Tyrannenmord ausdrücklich zu benennen, wird er gerechtfertigt und in Rechnung gestellt, und daß es bei einem solchen nicht völlig ohne Blutvergießen abgeht, weiß man im Kreis der Eidgenossen durchaus. Die Probleme werden auf dem Rütli verhandelt. Die Eidgenossen sind allesamt bewaffnet, wenn sie sich hier treffen, aber an kriegerischen Handlungen sind sie nicht interessiert. Daß kein Blut fließen soll, entspricht der im Drama durchgehaltenen Trennung von Verschwörung und Tötung, und das bedeutet zugleich, daß Schiller das politische Verschwörerdrama hinter sich läßt. Er setzt in diesem Punkt nicht fort, was spätestens mit dem Drama Fieskos begonnen worden war. Unter den Eidgenossen auf dem Rütli tritt Walter Fürst am nachdrücklichsten dafür ein, daß es bei dem Vorsatz bleibt, den Umsturz ohne Blutvergießen zu bewerkstelligen. Später ist er auf seine Landsleute stolz, daß ihnen dies tatsächlich gelungen ist. Er sagt:

«Wohl Euch, daß Ihr den reinen Sieg
Mit Blute nicht geschändet!» (II/1016)

Das Drama wahrt eine gewisse Nähe zum Realismus und zur realen Welt, wenn es die Bedenken nicht verschweigt, den Umsturz ohne Blutvergießen durchzuführen. Stauffacher bringt sie vor und denkt dabei in erster Linie an den Landvogt:

«Nur mit dem Geßler fürcht ich schweren Stand,
Furchtbar ist er mit Reisigen umgeben,
Nicht ohne Blut räumt er das Feld ...» (II/964).

Das Motiv der Vermeidung von Blutvergießen hat insofern einen realistischen Sinn, als sie die Praxis der Revolutionäre in Paris strikt verwirft; das Drama ist antijakobinisch. Daran ist nicht zu zweifeln.[7] Aber symbolisch ist die Trennung der Pläne des Umsturzes von der Tötung des Tyrannen. Diese Trennung ist in der Praxis revolutionärer Tathandlungen kaum denkbar. Sie ist der gegen die reale Geschichte gerichtete Kunstgriff, den Schiller für nötig hielt und den er stets verteidigt hat.

Rebellionen waren im Drama Schillers bisher eine Sache von Personen hohen Standes gewesen. Wilhelm Tell ist weder der Rebell, der sich an der Vorbereitung zum Umsturz beteiligt, noch ist er seiner Herkunft nach eine Person hohen Standes. Er ist auch kein Verschwörer und politischer Kopf, der selbst nach Herrschaft strebt. Der Tell dieses Schauspiels ist kein Mensch, der sich nur für private Dinge interessiert und an nichts anderes denkt. Er kommt seinen Nachbarn und Landsleuten zu Hilfe, wenn sie in Not geraten sind, wie am Beispiel Baumgartens zu zeigen war. Es entspricht seinem Verständnis der Privatsache, wenn er die Beseitigung des Tyrannen lange Zeit als eine solche versteht. Daher ist die Privatsache, die er verfolgt, nichts Selbstisches oder Unsoziales. Daß sich aber beide Bereiche, Staatlichkeit und Häuslichkeit, nicht strikt trennen lassen, zeigt sich am Beispiel der Notwehr, wie ja auch die Tat Baumgartens, der den Hausfriedensbrecher Wolfenschießen erschlagen hat, eine Tat der Notwehr ist. Aber wenn sich Tell vornimmt, den Landvogt zu beseitigen, so verhindern Absicht und Wollen die Inanspruchnahme des Begriffs der Notwehr. In einem anregenden Aufsatz in der «Schweizerischen Zeitschrift für Strafrecht» hat der Strafrechtslehrer Günther Spendel überzeugend ausgeführt, daß schon die Vorsorge, in der Apfelschuß-Szene einen zweiten Pfeil in den Köcher zu stecken, der dem Landvogt zugedacht wäre, falls der erste Schuß auf das eigene Kind mißlingen sollte – daß schon dieses Vorhaben als Vorsätzlichkeit aufzufassen sei und der Notwehr als einem jederzeit spontanen Handeln widerspricht. Er führt zum Beweis der Richtigkeit seiner Auffassung an, daß die Verse aus dem Monolog das Gesagte bestätigen und bemerkt, daß zwar nicht gemeiner Mord oder Meuchelmord vorliege, aber die Notwehr wegen der Vorsätzlichkeit nicht geltend gemacht werden könne.[8] Die hier in Frage stehenden Verse sind diejenigen aus dem 3. Auftritt des 4. Aufzugs, die Tell als einen Menschen zeigen, der über die bevorstehende Tat nachdenkt:

> «Des Feindes Leben ists, worauf er lauert.
> – Und doch an *euch* nur denkt er, lieben Kinder,
> Auch jetzt – Euch zu verteidigen, eure holde Unschuld
> Zu schützen vor der Rache des Tyrannen
> Will er zum Morde jetzt den Bogen spannen!» (II/1005)

Die Tat, die Tell vorhat, nennt er nunmehr beim Namen, er nennt sie Mord. Aber schon vorher hatte er diesen Gedanken im Monolog ausgesprochen:

> «Sie alle ziehen ihres Weges fort
> An ihr Geschäft – und meines ist der Mord» (II/1005).

DIE DRAMEN UND IHRE POLITISCHEN THEMEN

In der oben angeführten Textstelle geht die Ichaussprache Tells in ein Sprechen in der dritten Person über, womit Distanz und Besonnenheit zum Ausdruck gebracht werden. Aber trotz aller Berufungen auf Notwehr, die vorausgegangen sind – auch der im Monolog reflektierende Tell nennt die Tat, die er vorhat, Mord und kommt damit der Beurteilung des Juristen entgegen, dessen abschließende Würdigung der ungeheuren Tat die folgende ist: Nicht Meuchelmord liegt vor, aber auch Notwehr ist es nicht. Doch auch dabei beläßt es der Jurist als Interpret des Dramas nicht, sondern kommt Tell noch ein gutes Stück entgegen. Er ist im Begriff, eine Rechtfertigung des Tyrannenmords als eine vertretbare Form des Widerstandrechts, dieses als ultima ratio verstanden, vorzunehmen. Diese Rechtfertigung – weit weg von Kant – zielt auf die Tat des Grafen Stauffenberg und seiner Mitverschwörer, noch einmal mit den Worten des Juristen: «Es fragt sich jedoch, ob Tell nicht ein Selbsthilferecht in Form eines *Widerstandrechts* geltend machen kann... Der Landvogt wollte also sein Regime des Unrechts und der Unfreiheit befestigen und verstärken, eine Tyrannis begründen, die die Eidgenossen wehrlos machen sollte. Bei einer solchen ‹Perversion der Rechtsordnung› werden Widerstand und Gewalt gegen die Obrigkeit, sonst Unrecht, ihrerseits zum Recht. Die Fronten haben sich ‹verkehrt›. Wie das Attentat des Obersten Graf Schenk von Stauffenberg auf den Despoten Hitler und seine Kamarilla als letzter Ausweg aus einem verbrecherischen Regime, so ist Tells Tötung des Tyrannen Geßler als letztes Mittel gegen Gewaltherrschaft gerechtfertigt... Selbst für die rechtliche Betrachtung der dichterischen Gestaltung des Stoffes ist Tell kein ‹Meuchelmörder›...»[9]

Wer aber ist Tell, und wer ist er nicht erst nach der Tat, sondern schon zuvor, wenn er im Monolog reflektiert, was geschehen soll? Schiller hat alles getan, um zu verhindern, daß man es sich mit der Tat Tells zu leicht macht, indem man den Mord als Tat eines Volkshelden problemlos feiert. Und er hat nicht wenig getan, damit der Mord nicht als eine Tat angesehen wird, die sich von selber versteht. Die Tat Tells ist nur verstehbar als ultima ratio, die schon fast eine Verzweiflungstat genannt werden kann, und als etwas Äußerstes wurde die Tat des Tötens auch in der Widerstandsbewegung vom 20. Juli 1944 aufgefaßt. Der Monolog ist auf dem Hintergrund der Problematik aus dem Drama nicht wegzudenken. Aber er ist durch die Popularität des Stücks gleichwohl ins Gerede gekommen. Dennoch hat er poetisch das Gewicht des «Wallenstein»-Monologs, der mit den Worten beginnt:

«Wärs möglich? Könnt ich nicht mehr, wie ich wollte?» (II/414)

Tells Monolog ist ein Monolog vor der Tat, und er ist ein Monolog des Tötens, wie er in dieser Form in Schillers Dramen einmalig ist; denn zumeist sind es die großen Handelnden, die wie Fiesko, Posa oder Wallenstein getötet werden, falls es nicht die Selbsttöter sind, die sich selbst richten, sich opfern, um wiedergutzumachen. Die Verwerflichkeit des Tötens, die in fast allen vorausgegangenen Dramen ihren Ausdruck gefunden hatte, wird zurückgenommen; die Tat Tells wird bejaht, daran gibt es keine Zweifel. Was er im Monolog erkennt, ist die Voraussetzung seiner Tat, die er von der Verwerflichkeit des Tötens auszunehmen sucht. Die polizeistaatlichen Schikanen, die in die Idylle der Alpenwelt eingebrochen sind, liefern die Beweise; denn wie an der Bejahung des Tyrannenmordes nicht zu zweifeln ist, so ebenso wenig am Vorhandensein einer tyrannischen Herrschaft, in der es eine Fürsorge der Herrschenden für die von ihnen Regierten nicht mehr gibt. Tell erkennt klar und deutlich, daß seine Nächsten bedroht bleiben, wenn der Rechtsbrecher am Leben bleibt, der Menschenrechte durch sein Tun verhöhnt. Verhöhnt wird hier das, was man in der Sprache der Weimarer Klassik gern das Rein-Menschliche nennt. Goethe hatte diesen Ausdruck mit Beziehung auf den Wallenstein der letzten Stunden gebraucht. Erst am Verschwinden dieses Reinmenschlichen, wie es im privaten Familienkreis seinen Ausdruck findet, wird das Ausmaß staatlicher Unmenschlichkeit erkennbar. Schon im Monolog ist Tell nicht mehr der naive Jägersmann, der er einmal war. Er ist es nach der Tat noch weniger. Der Wandel vom naiven zum sentimentalischen Menschentum gibt es also auch hier – wie in «Wallenstein», in «Maria Stuart» oder in der romantischen Tragödie «Die Jungfrau von Orleans». Was Tell vor der Tat beschlossen hat, hat er beim Namen genannt: Er hat Mord gesagt. Nach der Tat möchte er sich mit Parricida nicht auf eine Stufe gestellt sehen – und muß doch erkennen: Mord ist Mord, trotz aller Unterschiede. Erkennen muß er auch, daß seine Landsleute seine Tat als Befreiung von tyrannischer Herrschaft feiern – und kann nicht einmal in der eigenen Familie, um derentwillen doch vor allem die Tat geschehen ist, ungeteilte Zustimmung finden. Er sieht sich mit Bedenken und Nachdenklichkeit konfrontiert. Die eigene Ehefrau findet das, was er getan hat, keineswegs so selbstverständlich, wie er angenommen hatte. Sie ist entsetzt, wie er das Leben des eigenen Kindes hat aufs Spiel setzen können. An der Versammlung auf dem Rütli hat er nicht teilgenommen, weil er der Verschwörer nicht sein wollte, der er vielleicht durch seine Teilnahme geworden wäre. Aber auch jetzt bleibt er von ihnen getrennt, weil er mit einem Mord weiterleben muß, der von nun an auf ihm lastet, auch wenn er politisch wie juristisch gerechtfertigt sein sollte. Der Handelnde sei immer einsam, hat Max Kommerell in einem seiner berühmten Essays formuliert.[10] Aber Tell ist unter allen Figuren Schillers in besonderem Maße einsam. Nirgends wird es so deutlich wie in einer versteckten Geste, die man leicht übersieht. Er will nicht mehr der Jäger sein, der töten muß, und so legt er die Armbrust in den Schrank, damit sie dort verwahrt bleibt. Spätestens hier wird erkennbar: Dieser vermeintlich ganz unschuldige Jäger aus der Alpenidylle ist der tragische und tragisch schuldig gewordene Mensch in einem Drama, das gleichwohl keine Tragödie sein sollte. So auch sieht es der Jurist, der hier mit seinen Ausführungen über die Notwehr angeführt wurde. Dieser Mörder und Volksheld erscheine am Ende der Tat nicht triumphierend und nicht als Held, sondern als tragische Gestalt: «Das Schicksal hat ihn in Gewissensnöte gestürzt und vor Entscheidungen gestellt, die ganz ohne Fehl zu treffen fast über die Kraft des einzelnen geht.»[11]

Dennoch gibt es das Festliche und Opernhafte in den Schlußszenen des Dramas, wenngleich sie nicht Triumphgesänge sind. Schiller mußte die Tragödie im strengen Sinn umgehen, wenn er nicht den Appellcharakter seines Schauspiels preisgeben wollte. Aber auch das partiell glückliche Ende war nicht zu verdunkeln. Es gibt hierfür einen gewichtigen Grund. Wenn man «Wilhelm Tell» ein Festspiel nennt, so ist der Grund zum Feiern nicht allein im gelungenen Einigungswerk zu sehen, sondern weit mehr in dem, was diese Einigung erst ermöglicht hat. Es ist das Recht, dem hier eine Feier zuteil wird – sehr im Gegensatz zu «Maria Stuart» als dem Drama, das die Manipulierbarkeit des Rechts vorführt. Aber während das Drama der Königinnen im Unrecht endet, führt der Weg in «Wilhelm Tell» vom Unrecht zum wiederhergestellten Recht, das man sich aus der Vereinigung von altem und von neuem Recht zu denken hat. Es sieht zunächst so aus, als käme es in diesem Drama nur auf die Wiederherstellung des alten Rechts an, das den Eidgenossen einmal verbürgt worden war, ehe es ihnen wieder genommen wurde. Aber es ist der lange Zeit am alten Recht hängende Freiherr von Attinghausen, der das Wort in der Sache führt – derselbe, der später nicht nur seine Standesgenossen, sondern alle Eidgenossen auf neuen Bund und neues Recht einschwören wird:

> «Das Alte stürzt, es ändert sich die Zeit
> Und neues Leben blüht aus den Ruinen! (II/998)

Alle diese Aussagen werden in festlicher Symbolik in Szene gesetzt. Man schwört nicht in Amtsstuben, sondern unter freiem Himmel, womit eine neue Unmittelbarkeit der Rechtsverhandlungen eingefordert wird. So war es schon in der Vorrede zur «Braut von Messina» ausgesprochen worden.

Die Rechtswelt, in die wir blicken, zeichnet sich dadurch aus, daß sie Rache als Zeichen einer niederen Kulturstufe hinter sich läßt. Ein höchster Richter und ein höchstes Recht werden beschworen. Dieses höchste Recht, als Naturrecht verstanden, erhält sakrale Züge. Das wird in feierlichen Worten zum Ausdruck gebracht:

> «Doch Gott
> Ist überall, wo man das Recht verwaltet,
> Und unter seinem Himmel stehen wir» (II/954).

Eine Art Rechtstheologie zeichnet sich ab. Der bedrohten Rechtswelt um 1800 wird eine Idee oder Utopie des Rechts entgegengestellt, die sein könnte und sein sollte. Aber sie bleibt Idee, die vor der realen Welt nur schwer zu bestehen vermag. Allem jetzt Erreichten, vor allem dem Einigungswerk der Eidgenossen, liegt ein Tötungsakt zugrunde, der Mord genannt werden muß, auch wenn es sich um Tyrannenmord handelt.

Die Handlung mit ihrer Tendenz zu Tragik und Tragödie gebietet es, daß man diese Seite über dem am Ende Erreichten nicht übersieht oder vergißt. Die interpretatorischen Festgesänge, mit der man die Idee der Idylle endlich am Ziel sieht und den geschichtsphilosophischen Dreitakt von der Einheit über die gespaltene Welt zur wiederhergestellten Einheit bestätigt findet, verfälschen das politische Bild, zu dem der Vollzug eines Tyrannenmords gehört. Das Ungeheuerliche dieser Tat wird in der Art, wie man Idylle, Festspiel oder ästhetischen Staat herausstellt, zur Nebensache, die man vergessen kann. Das ist erst recht der Fall, wenn man den Dramenschluß mit der Erfüllung der Zeiten und dem ästhetischen Staat in Einklang gebracht sieht.[12] Trotz gegenteiliger Versicherung gewinnt man den Eindruck, als sei Schiller darauf gerichtet, ästhetische Theorien im dramatischen Text zu veranschaulichen.[13] Am Anfang dieser Schönheitslehre steht, wie ausgeführt, ein Mord, der Königsmord in Paris seitens der radikalen Jakobiner, die von den dafür Verantwortlichen als Todesstrafe vollzogen wird. Die ästhetische Erziehung ist deutbar als eine Antwort auf eine solche Tat, und das heißt auch, daß in dieser Schönheitslehre beschlossen liegt, Todesstrafe wie Tyrannenmord durch ästhetische Erziehung zu verhindern. Daß der ästhetische Staat als Ergebnis dieser Erziehung auch durch Mord, und sei es durch Tyrannenmord, erreichbar sei, steht nicht in den «Briefen über die ästhetische Erziehung des Menschen». In der Idee dieser Erziehung verbirgt sich die Hoffnung, daß mit ihr auch das Töten aus der Welt verschwinden möge. In der Hinrichtung des französischen Königs wird die Verwerflichkeit des Tötens in der Form des politischen Mordes ebenso dargestellt wie in der Schäbigkeit der

Ermordung Wallensteins. Der ästhetischen Erziehung des Menschen als Idee und pädagogischer Prozeß ist ein nicht geringer Rest an Aufklärungsoptimismus verblieben. Aber das Schauspiel «Wilhelm Tell» enthält trotz der Umgehung der Tragödie geschichtspessimistische Tendenzen, die zum Ausklang des Dramas in Widerspruch zu stehen scheinen. Daß das glückliche Ende erst durch Mord ermöglicht wurde, sollte nicht so rasch vergessen werden, wie es geschieht, wenn man sich nach vollzogenem Mord unverzüglich dem ästhetischen Staat zuwendet. Im Gedicht «Der Antritt des neuen Jahrhunderts», das um 1800 entstanden ist, lesen wir die Verse:

«Das Jahrhundert ist im Sturm geschieden,
Und das neue öffnet sich mit Mord» (I/458).

Daß sich das Jahrhundert mit Mord öffnet, wird mit dem Ausdruck des Entsetzens vermerkt. Das sind geschichtspessimistische Töne, über die man nicht hinweghören kann. Nun aber wird Mord bejaht, das ist nicht weniger geschichtspessimistisch. Daher ist zu fragen, ob die Schönheits- und Erziehungslehre im Blick auf «Wilhelm Tell» noch uneingeschränkt Geltung beanspruchen darf. Diese Lehre hatte ihre Stoßrichtung in der Verwerflichkeit des Tötens, des politischen Mordes, gleichviel, ob wir es mit Todesstrafe oder Tyrannenmord zu tun haben. In «Wilhelm Tell» aber wird getötet. Dieses Faktum, das die Hauptfigur nicht glücklich macht, ist durch ästhetische Theorien nicht zu überspielen. Wenn man bedenkt, daß «Wilhelm Tell» an unseren Schulen im allgemeinen in den Mittelklassen behandelt wird, weil man es für leicht und eingängig hält, sieht man deutlich, was man diesem Text angetan hat. In Wirklichkeit ist «Wilhelm Tell» nicht das leichteste, sondern das tiefsinnigste und schwierigste Drama, das uns Schiller hinterlassen hat.[14] Daß dieser Text das Leichtgewicht nicht ist, für das man es vielfach gehalten hat, ist nicht schwer zu erweisen. «Wilhelm Tell» fügt sich nicht mühelos in das Humanitätszeitalter ein, wie man die Weimarer Klassik gelegentlich genannt hat. Denn noch einmal: Hier wird getötet, und Tötung wird bejaht. In der Kultur des humanen Denkens kann man «Wilhelm Tell» nur belassen, wenn man dem, was hier geschieht, eine Ausnahmeklausel einfügt und zugibt, daß es Zeiten geben kann, in denen um der Humanität willen Humanität suspendiert werden muß, damit sie möglichst rasch wiederhergestellt werden kann. Diese Ausnahmeklausel ist sowohl für Schillers Schauspiel in Anspruch zu nehmen wie für den versuchten Tyrannenmord am 20. Juli 1944. Daher sollte man die ästhetischen Staatstheorien wie die geschichtsphilosophischen Idyllentheorien nicht überschätzen. Denn die zeitgeschichtlichen Bezüge fordern weit mehr ihr Recht als alle auf das Drama bezogenen Theorien.

DIE DRAMEN UND IHRE POLITISCHEN THEMEN

Es gibt sie in vielerlei Gestalt und mit Beziehung auf mehrere Länder und Staaten, die aber untereinander durch ihre Teilhabe mit dem Zeitalter der Revolution verbunden sind. Hier ist vorab auf die Vereinigten Staaten von Amerika zu verweisen und besonders auf die Menschenrechtserklärung von 1776, die seitdem als Vorbild in aller Munde ist, sieht man auf die an Politik interessierten Intellektuellen in ganz Europa. Nicht nur auf Frankreich blieb der Revolutionsbegriff am Ende des 18. Jahrhunderts beschränkt. Er war schon vor Ausbruch der Revolution auf Amerika bezogen. Vielfach hat man den Ereignissen in Amerika weit mehr Interesse und mehr Zuneigung entgegengebracht als der Revolution in Frankreich nach Beginn der Terrorherrschaft und nach der Hinrichtung des französischen Königs. Diese Auffassung ist deutlich dem Brief Schillers an den Historiker Johann Wilhelm von Archenholtz vom 10. Juli 1795 zu entnehmen, dem er empfiehlt, sich alsbald der amerikanischen Sache anzunehmen; wörtlich heißt es: «Ist Ihnen noch nicht die Idee gekommen, ein kurzes, gedrängtes Tableau von dem amerikanischen Freyheitskrieg aufzustellen? Ich kenne nichts in der neuern Geschichte, was unter der Hand eines guten Meisters so allgemein anziehend werden könnte; denn die französische Revolution ist wenigstens vor der Hand noch nicht reif für die historische Kunst» (XXVIII/8).[15] Das Interesse an Amerika hatte in der Zeit, in der Schiller als Schriftsteller hervortrat, Konjunktur.[16] Auch Johann Benjamin Erhard, von dessen Verbindung zu Schiller eingangs die Rede war, hatte sich nicht nur für die Revolution in Frankreich interessiert, sondern für diejenige in Amerika nicht minder. Die amerikanische Revolution habe ihn in ihren Bann geschlagen, heißt es im Nachwort zu dessen Revolutionsschrift.[17] Obschon Amerika für viele Europäer ein fernes und fremdes Land war, so war die Neue Welt doch alles andere als eine exotische Welt, weil es weiterhin, kulturell wie politisch, eine Vielzahl von Verbindungen, vor allem zum Mutterland England, gab. Die neue Menschenrechtserklärung ist den Amerikanern aber nicht vom Himmel gefallen. Ideen von John Locke sind in diese Erklärungen eingegangen. Amerika als ein neues Staatswesen mit neuen Rechtsordnungen hatte seine Herkunftsorte in der Alten Welt, vorwiegend in den von England und Frankreich ausgehenden Staatstheorien. Neben der Alten Welt gab es nun die Neue Welt, und so ist es nicht abwegig, sich vorzustellen, daß etwas davon in die Versammlung auf dem Rütli eingegangen ist. Aber es ist am Text nicht nachweisbar. Bedenkenswert ist diese Verbindungslinie dennoch. Es kommt hinzu, daß man an der Amerikanischen Revolution auch deshalb Gefallen fand – und das gilt in erhöhtem Maße auch für Schiller –, weil sie als Revolution ohne die Gewaltexzesse ausgekommen war, die es in

DIE DRAMEN UND IHRE POLITISCHEN THEMEN

Frankreich gegeben hatte. Der Revolution ohne Blutvergießen war man hier sehr viel näher gekommen.

Gegenüber den vielfach unbestimmten Bezügen zu Amerika erweisen sich diejenigen zu Frankreich in «Wilhelm Tell» als sehr viel nachhaltiger und intensiver. Es geht zunächst um Widerspiegelungen der Französischen Revolution in Schillers Drama, und diese im Text nachweisbaren Bezüge werden heute nicht mehr ernsthaft bestritten. Aber als gleichermaßen unbestritten kann gelten, daß diese Bezugnahmen antijakobinisch gemeint sind, wo immer es um Praxis und Durchführung der Revolution geht. Die Vermeidung des Blutvergießens in Schillers Drama, die keineswegs als ein Nebenmotiv anzusehen ist, hat eine eher symbolische als eine realistische Bedeutung; sie ist der deutlichste Ausdruck der Ablehnung, die dem jakobinischen Terror entgegengebracht wird. Diese Ablehnung ist völlig unmißverständlich.[18] Hier ist alle Sympathie mit der Praxis der Revolution einer brüsken Ablehnung gewichen. Es grenzt an Geschichtsklitterei, falls es sich nicht tatsächlich um eine solche handelt, Schillers Schauspiel «Wilhelm Tell» als ein Spiegelbild der Französischen Revolution zu sehen mit dem König als dem Tyrannen, den es aus der Welt zu schaffen gilt. Das betrifft bestimmte Auffassungen, wie sie in Frankreich während der Revolutionszeit verbreitet waren: wonach Wilhelm Tell als Revolutionär im Geiste der Revolution gefeiert wurde. Der Tell im französischen Schauspiel Lemierres, der in den Revolutionsjahren in zahlreichen Aufführungen verbreitet war und gefeiert wurde, ist nicht Schillers Tell, sondern dessen Gegenbild.[19] Tell ist bei Schiller weit mehr treusorgender Familienvater als Revolutionär. Aber solche Vereinnahmungen sind aus der Zeitgeschichte herzuleiten. Anders verhält es sich mit heutiger Forschung, und hier ist der Auffassung Hans Mayers in seinem Buch «Wendezeiten» nachdrücklich zu widersprechen wenn es dort heißt: «Der Töter des Landvogts Geßler verkörpert das dritte wesentliche Element des revolutionären französischen Geschehens: die Rechtfertigung des Tyrannenmordes».[20] Ohne Frage werden in Schillers Drama Ideen der Französischen Revolution bejaht. Aber zwischen den ideellen Gehalten und der Praxis des Blutvergießens wird in den angeführten Unterstellungen nicht unterschieden. Das ist hermeneutisch unverzeihlich. Es ist völlig abwegig, den Tyrannenmord im Drama mit dem Königsmord in Verbindung zu bringen und in «Wilhelm Tell» die Praxis der Revolution einschließlich der Hinrichtung des Königs bestätigt zu sehen. Die Deutung wird durch das von Schiller in Aussicht genommene Memoire zugunsten des französischen Königs bestätigt, wovon eingangs die Rede war, und dagegen spricht Schillers Drama «Wilhelm Tell». Die Trennung von Verschwörung und Tyrannenmord entspricht der Trennung der ideellen Gehalte der Revolution von der Praxis ihrer Durchführung. Da diese Praxis verworfen wird, ist die Hinrichtung des französischen Königs nicht auf «Wilhelm Tell» anwendbar. Die Eidgenossen sind mit den Jakobinern nicht zu vergleichen und in keinerlei Verbindung zu bringen. Die Zeitbezüge, die das Drama mit der Bejahung der ideellen Gehalte der Französischen Revolution aufdeckt, sind nur partiell für «Wilhelm Tell» in Erwägung zu ziehen; zu einem anderen Teil beziehen sie sich nicht auf die Zeit der Revolution, sondern auf die ihr vorausgehende Zeit wie auf die nachrevolutionäre Ära, wenn man die Schweiz als Bezugsfeld einbezieht, wie es von der Zeitlage her geboten ist.

Und hier schon sei es gesagt: Die zweifellos wichtigsten Zeitbezüge gelten der damaligen Schweiz. Es gibt sie in dreifacher Hinsicht: als Geschichte Tells und der Tellsage am Ausgang des Mittelalters; als Ideal und Idol deutscher Republikaner seit der zweiten Hälfte des 18. Jahrhunderts und als Helvetische Republik, die es von 1798 bis 1803 gegeben hat. Sage, Mythos und Geschichtsschreibung, die sich mit dem Namen Wilhelm Tells verbinden, sind in der älteren Literatur ergiebig erörtert worden; sie interessieren hier nur am Rande. Demgegenüber sind die Bezüge zeitgeschichtlicher Art im Zusammenhang der vorliegenden Betrachtung von größter Bedeutung zum Verständnis des Dramas. Die Schweiz als Ideal republikanisch-demokratischen Denkens ist ein wichtiges Kapitel in der deutschen Literatur von der Aufklärung bis zur Romantik hin. Namhafte Schriftsteller wie Goethe, Wieland, Hölderlin oder Kleist haben dem Land durch Reisen, längere Aufenthalte oder durch ihre Werke gehuldigt. Reisen in die Schweiz waren mehr und anderes als die üblichen Bildungsreisen im Zusammenhang der eigenen Aufstiegsgeschichte. Sie dienten in hohem Maße einem politischen Zweck, und Rousseau hat zu solchem Interesse nicht wenig beigetragen. Die Schweiz war in dieser Zeit ein bevorzugtes Thema der deutschen Literatur – ein in jeder Hinsicht gelobtes Land. Das ist beispielhaft am Werk eines deutschen Schriftstellers und Arztes zu ersehen, den man aus der Hölderlin-Forschung kennt. Es ist dies Johann Gottfried Ebel, aus Schlesien gebürtig; später hat er die Schweiz zu seiner Wahlheimat gemacht und war hier hochgeschätzt. An ihn hat Hölderlin in einem Brief vom 10. Januar 1797 geschrieben: «Ich glaube an eine künftige Revolution der Gesinnungen und Vorstellungsarten, die alles bisherige schaamroth machen wird. Und dazu kann Deutschland vielleicht sehr viel beitragen» (VI, 1/229). Ebel war wie Hölderlin ein begeisterter Anhänger der Französischen Revolution gewesen, hatte sich auch längere Zeit in Paris aufgehalten, ehe er Frankreich enttäuscht den Rücken kehrte.[21] Seine Begeisterung für republikanische

DIE DRAMEN UND IHRE POLITISCHEN THEMEN

Staatswesen hat er nunmehr auf die Schweiz übertragen, die er von Reisen in den Jahren 1790–1792 kannte. Unmittelbar danach, im Jahre 1793, veröffentlichte er seine Reisebeschreibung unter dem Titel «Anleitung auf die nützlichste und genussvollste Art zu reisen» mit deutlich ausgeprägtem Interesse auch für die naturwissenschaftlichen Aspekte der Landschaftsbeschreibung, wie dies vor allem in der späteren Ausgabe dieses Reiseführers von 1804 zum Ausdruck kommt.[22] Aus seiner Begeisterung für Land und Leute wie für die Alpenwelt machte er kein Hehl, und er ließ keine Zweifel, daß die Menschen dieses Landes als eine Art Idealvolk anzusehen seien. Er findet vor allem den deutschen Teil des helvetischen Volks «als Beispiel einer friedliebenden, tugendhaften, für ‹den heiligen Genius der Humanität kämpfenden Menschenschlags.›»[23] Für die Schweiz findet er Worte höchsten Lobes und erklärt: «Nur hier allein bestehen Hirtenvölker und Volksregierungen.»[24] Die zum Ausdruck gebrachte Sympathie berührt sich unverkennbar mit derjenigen, die Schiller seinem «Wilhelm Tell» mitgegeben hat. Später ist Johann Gottfried Ebel in der Schweiz ansässig geworden und hat 1805 das Zürcher kantonale Bürgerrecht erworben. Aber die für den politisch-zeitgeschichtlichen Kontext des «Wilhelm Tell» sicher wichtigste Veröffentlichung ist das zweibändige Werk «Schilderungen der Gebirgsvölker der Schweiz», erschienen 1798.[25] Es geht hauptsächlich um die Kantone Appenzell und Glarus, von denen in der Vorrede gesagt wird, daß von ihnen die Freiheit der übrigen Eidgenossenschaft ausgegangen sei.[26] An der Darstellung selbst besticht die Vielzahl der Gesichtspunkte, das Interesse an Geschichte, Geographie und Geologie wie für Sitten und Gebräuche der Menschen. Aber das Hauptinteresse gilt dem Republikanismus der Eidgenossen, dem idealen Volk Europas. Schiller hat dieses Werk Ebels gekannt und benutzt; es war in seiner eigenen Bibliothek vorhanden. An der Verehrung, die Hölderlin für die Schweiz hegte, ist ebenso zu erinnern wie an die Hauslehrertätigkeit im Hause Gonzenbach in Hauptwil gegen Ende des Jahres 1800. Von hier aus schreibt er am 23. Februar 1801 einen der herrlichsten Briefe aus seinem neuen Domizil: «Diß und die große Natur in diesen Gegenden erhebt und befriediget meine Seele wunderbar. Du würdest auch so betroffen, wie ich, vor diesen glänzenden, ewigen Gebirgen stehn, und wenn der Gott der Macht einen Thron hat auf der Erde, so ist es über diesen herrlichen Gipfeln» (VI, 1/414). Einige Jahre zuvor, von 1797 bis 1799, war Hölderlins Freund Casimir Ulrich Boehlendorff als Hauslehrer in der Schweiz tätig gewesen, ein Begeisterter dieses Landes auch er. In dem von Karl Ludwig Woltmann herausgegebenen Magazin «Geschichte und Politik» hat Boehlendorff seine große Abhandlung zur Geschichte der Helvetischen Republik veröffentlicht. Die Kritik an Frankreich und den französischen Truppen, die das Land besetzt hielten, charakterisiert Bernhard Böschenstein wie folgt: «Boehlendorffs eindrucksvolle Schilderung der Gefechte um Bern (2. Buch) und seine leidenschaftliche Verurteilung der erpresserischen, wirtschaftlich aussaugenden, mit hohlen Phrasen ideologischer Verführung operierenden französischen Eroberungspolitik (4. Buch) zeigen ihn als Verfechter schweizerischer Unabhängigkeit und republikanischer Loyalität.»[27] Mit diesen Hinweisen sieht man sich auf die dritte der zeitgeschichtlichen Bezüge, die Schweiz betreffend, verwiesen: auf die Helvetische Republik.

Eine Helvetische Republik hat es von 1798 bis 1803 gegeben, als eine Art Ableger der Französischen Revolution. Sie ist zu besserem Verständnis des Schauspiels «Wilhelm Tell» erst spät entdeckt worden. Die großen Schillerbücher des Gedenkjahres 1959 wissen von ihrer Existenz so gut wie nichts. Einer derjenigen, der zu später Stunde auf den zeitgeschichtlichen Hintergrund des Dramas aufmerksam gemacht haben, ist Thomas Höhle, damals, 1987, Professor in Halle. Der Verfasser dieses wichtigen Beitrags mit dem Titel «Die Helvetische Republik (1798–1803) als zeitgeschichtlicher Hintergrund der Entstehung und Problematik von Schillers ‹Wilhelm Tell›» legt dar, daß der Gründung dieser Republik ein revolutionärer Akt zugrunde liege. Diese bürgerliche Revolution sei aber sehr bald durch den Einmarsch französischer Truppen in ihrer Entwicklung gestört worden. Zunehmend sei die Schweiz zu einem Ausbeutungsobjekt französischer Eroberungspolitik geworden. Die damalige Schweiz, wird weiter ausgeführt, habe sich in einem Zweifrontenkrieg befunden: gegenüber den konservativen Koalitionären einerseits und den französischen Eindringlingen andererseits. Über die Beziehungen zwischen diesem staatlichen Unicum und Schillers Drama heißt es in diesem Zusammenhang: «Ein zentrales Problem der Helvetischen Republik wie der Dichtung Schillers war die Ablehnung einer ausländischen Einmischung und Unterdrückung.»[28] Hier wird ausdrücklich gesagt, daß es sich um fremde Einmischung, um eine solche von außen, handelt, um fremde Eroberer. Diese Ausdrücke ergeben keinen Sinn, wenn man die zeitgeschichtlichen Bezüge auf die Französische Revolution ausrichtet. Schillers Schauspiel hat es auch und nicht zuletzt mit der Helvetischen Republik zu tun, von Bonaparte zunächst favorisiert und später liquidiert. Diese zeitgeschichtlichen Bezüge sind in neuere Interpretationen des Dramas eingegangen, nachdrücklich anläßlich eines Kolloquiums, das es 1992 in Johannesburg gegeben hat. Der Verfasser eines Beitrags über «Wilhelm Tell», Hans-Jörg Knobloch, führt abschließend aus: «Zwar waren die französischen Truppen mit dem Schlachtruf ‹Vive Guillaume Tell› in die Schweiz eingedrungen und waren auch von den revolutionär Gesinnten unter den Schweizern enthusiastisch begrüßt worden, aber sie kamen nicht als Befreier, sondern auch als Besatzer und Plünderer. Die bürgerkriegsähnlichen Kämpfe, die sich daraus zwischen Anhängern und Gegnern der Revolution entwickelten, wurden schließlich im März 1803 von Napoleon durch die ‹Mediationsakte› beendet. De facto bedeutete sie auch das Ende der Helvetischen Republik, obwohl sie auf dem Papier noch bis 1815 bestehen blieb.»[29] Zitiert wird in diesem Beitrag auch Schillers Brief an seinen Schwager Wilhelm von Wolzogen vom 27. Oktober 1803, der das eigene Drama in Verbindung mit diesen Geschehnissen in der Schweiz in Verbindung bringt. Es geht um die folgende Passage: «Aus Regensburg habe ich kürzlich wieder ein schönes Geschenk, wie das erste war, erhalten. Die Actien stehen also nicht schlecht, auch bin ich leidlich fleißig und arbeite an dem Wilhelm Tell, womit ich den Leuten den Kopf wieder warm zu machen gedenke. Sie sind auf solche Volksgegenstände ganz erpicht und jetzt besonders ist von der schweizerischen Freiheit desto mehr die Rede, weil sie aus der Welt verschwunden ist» (XXXII/81).[30] Der für das Verschwinden der Freiheit Verantwortliche, der hier namentlich nicht genannt wird, ist aber kein anderer als der mit seinen Eroberungsfeldzügen befaßte Bonaparte, wie er damals noch hieß. Spätestens hier ist über die Hintergrundsfigur in dieser Betrachtung zu Schillers Dramen zu sprechen, um die es in den folgendem Kapitel geht. Weshalb das so ist und was die ohne Frage weltgeschichtliche Persönlichkeit Napoleon Bonapartes für den Dramatiker Schiller seit etwa 1796 bedeutet, ist zu erörtern.

V
NAPOLEON ANTE PORTAS:
DAS VERSCHWEIGEN EINER GEGNERSCHAFT

In Schillers Brief an seinen Schwager Wilhelm von Wolzogen vom 27. Oktober 1803 wird derjenige, der für das Verschwinden der schweizerischen Freiheit verantwortlich ist, namentlich nicht genannt; der Name Bonapartes wird, wie man den Eindruck haben kann, ostentativ ausgespart; und das ist auch sonst der Fall. Schon hier sei es vorweggenommen: Die Aussparung des Namens hängt mit Schillers Gegnerschaft zu dem französischen Diktator aufs engste zusammen – mit einer verschwiegenen Gegnerschaft, um die es sich offensichtlich handelt. Das konsequente Verschweigen des Namens in Schillers biographischen wie literarischen Zeugnissen bringt erhebliche Schwierigkeiten in der Vorgehensweise mit sich. Philologische Arbeit besteht in hohem Maße darin, daß man die namentlichen Erwähnungen zusammenträgt, sichtet und ordnet, um aus solchen Zeugnissen einen Befund zu erstellen. Das ist hier aufgrund der fehlenden Erwähnungen nicht möglich. Es gibt keine direkten und unmittelbaren Belege. Man muß die Ergebnisse aus dem vorhandenen Material erschließen. Die Methode, auf die man sich verwiesen sieht, ähnelt dem, was man in der Jurisprudenz einen Indizienbeweis nennt, ein in philologischer Arbeit weithin fremder Begriff. In der Rechtswissenschaft ist er legitim; er schließt bloß Erschlossenes nicht aus und kann gegebenenfalls manchen unsicheren Zeugenaussagen vorzuziehen sein. In heutigen Enzyklopädien wird er wie folgt definiert: «Der moderne Strafprozeß kennt keine festen Beweisregeln und läßt daher nach dem Grundsatz freier Beweiswürdigung eine Verurteilung auf Grund eines Indizienbeweises zu.»[1] Etwas ist uns nicht direkt und unmittelbar gegeben; wir müssen es erschließen.[2] Das bedeutet auch, daß nicht jede Aussage von sich aus schlüssig und überzeugend sein kann. Die Evidenz liegt in der Vielzahl der erschlossenen «Beweisstücke». Aber man macht es sich zu leicht, wenn man in der Schillerforschung nur deshalb über Napoleon nicht spricht, weil Schiller seinerseits

NAPOLEON ANTE PORTAS: DAS VERSCHWEIGEN EINER GEGNERSCHAFT

über ihn nicht spricht; und erstaunlich ist schon, daß die Konsequenz des Verschweigens so wenig Erstaunen erregt hat. Das im folgenden zu betretende Gebiet ist also in hohem Maße eine terra incognita, sieht man von einigen Einzelstudien als Ausnahmen ab, die es in neuerer oder neuester Forschung gibt.

Es handelt sich daher im Gedankengang dieser Arbeit nicht um einen Beitrag zur Napoleon-Literatur im üblichen Sinn, weil die Aussagen nicht, wie sonst, als Aussagen Schillers belegt werden können, sondern erschlossen werden müssen. In keinem dieser Teile ist Napoleon eine Vordergrundsfigur, um die sich alles dreht. Er gehört im historischen Kontext zum Hintergrundwissen – eine Hintergrundsfigur, die als diese die Analyse der Dramen begleitet und in dem Zusammenhang verschiedener Themen und Motive zu bringen ist. Wer sich aber im Hintergrund aufhält, ist zumeist nur undeutlich erkennbar. Aber eine historische Persönlichkeit nur deshalb übergehen, weil sie schwer erkennbar ist, könnte bedeuten, daß man sich nur deshalb um Einsichten bringt, weil sie nicht offen zu Tage liegen. Das Wort Hintergrundsfigur soll nicht mißverstanden werden, und nicht früh genug sind alle Versuche zurückzuweisen, Napoleon in einer Dramenfigur verkörpert oder verschlüsselt zu sehen. Schiller hat zu keiner Zeit Schlüsselromane in Dramenform verfaßt. Das schließt nicht aus, daß gelegentlich einzelne Züge im Bild der historischen Persönlichkeit Bonaparte in diese oder jene Dramenfigur eingegangen sind oder sein können. Im ganzen aber geht es hinsichtlich der hier in Frage stehenden Bezüge weniger um Figuren als vielmehr um Ideen, Themen und Motive vorwiegend politischer Art. Sie sind um so bemerkenswerter, als es sie vor der Rückkehr zum Drama mit «Wallenstein» nicht gibt; und sie dringen erst in der Zeit in Schillers Dramen ein, in der Bonaparte die politische Weltbühne betreten hat. Der Hauptteil der aufzuzeigenden Bezüge mit Bonaparte als Hintergrundsfigur gilt diesem Teil. Es sind Themen wie Frieden, Vaterland oder Fremdherrschaft. Daß die Figur des Tyrannen, des Alleinherrschers, erneut Geltung gewinnt, wird deutlich. Es handelt sich mithin um Ideen, Themen, Motive und – wie am Beispiel des tyrannischen Herrschers zu zeigen sein wird – um Figuren, die allesamt die Gegnerschaft Schillers bezeugen. Aber mit diesem Erweis ist die Frage nicht beantwortet, wie wir es uns zu erklären haben, daß der Name des Korsen konsequent verschwiegen wird. Auch die Beantwortung einer anderen Frage steht noch aus, was denn als Grund dieser Gegnerschaft auszumachen sei. Fragen wie diese müssen um so mehr überraschen, als in der Person Goethes die völlig entgegengesetzte Einstellung zur Person des im Aufstieg begriffenen Bonaparte wahrzunehmen ist. Diese Wahrnehmung,

Goethes Bewunderung für Napoleons Erfolge, ist alles andere als neu. Sie gehört seit langem zum tradierten Goethebild, was nicht ausschließt, daß immer neue Einzelheiten in diesem nicht ganz selbstverständlichen Verhältnis entdeckt werden.[3] Über die völlig entgegengesetzten Einstellungen Goethes und Schillers zu Napoleon ist zunächst zu sprechen. Aufschlußreich in diesem Zusammenhang ist der Brief Goethes an Schiller vom 9. März 1802. In diesem Brief wird der Name Bonaparte von Goethe genannt. Aber er kommt in dieser weitläufigen und weltläufigen Korrespondenz nicht noch einmal vor.

Die geistige Situation, die dem Brief zugrunde liegt, hat man sich nicht zu heiter und frohgemut vorzustellen, wie das im 19. und bis weit in das 20. Jahrhundert hinein geschieht, wenn im hohen Ton von Weimarer Klassik gesprochen wird. Beide Briefpartner sind mit Tragödien von unerbittlicher Entschiedenheit befaßt: Goethe mit dem Trauerspiel «Die natürliche Tochter», Schiller mit der antikisierenden Tragödie «Die Braut von Messina». Diese Dramen sind nicht als «Kunststücke», losgelöst von der «Stimmungslage» ihrer Autoren, zu lesen. In Goethes Trauerspiel wie in Schillers vermeintlich antikem Drama weht ein scharfer geschichtspessimistischer Wind, den man in dieser Zeit häufig zu spüren bekommt. Gut ein Jahrzehnt später wird in Schopenhauers Philosophie, im ersten Band seines Hauptwerkes «Die Welt als Wille und Vorstellung», eine verwandte Tonlage zu vernehmen sein. Aber sowohl der Brief Goethes wie mehrere Gedichte Schillers aus dieser Zeit bestätigen diese geschichtspessimistische Tonlage – sehr im Gegensatz zur zukunftsfrohen Antrittsvorlesung Schillers im denkwürdigen Jahr 1789. In diesem Brief Goethes sind nicht einige markante Stellen hervorzuheben. Er ist im ganzen und ohne jede Auslassung zu zitieren. Der Wortlaut ist dieser: «Es ist gegenwärtig hier gerade eine lustige und gesellige Epoche und ich bin meist Mittag, oder Abends auswärts. Dagegen kann ich noch keine productiven Momente rühmen, die sich überhaupt immer seltner machen.

Ich bin über des Soulavie memoires historiques et politiques du regne de Louis XVI gerathen, ein Werk das einen nicht los läßt und das durch seine Vielseitigkeit einnimmt, wenn gleich der Verfasser mitunter verdächtig erscheint. Im Ganzen ist es der ungeheure Anblick von Bächen und Strömen, die sich, nach Naturnothwendigkeit, von vielen Höhen und aus vielen Thälern, gegen einander stürzen und endlich das Uebersteigen eines großen Flusses und eine Ueberschwemmung veranlassen, in der zu Grunde geht wer sie vorgesehen hat, so gut als der sie nicht ahndete. Man sieht in dieser ungeheuern Empirie nichts als Natur und nichts von dem, was wir Philosophen so gern Freyheit nennen möchten. Wir wollen erwarten ob uns Bonaparte's Persönlichkeit noch ferner mit dieser herrlichen und herrschenden Erscheinung erfreuen wird.

Da ich in den wenigen Tagen schon vier Bände dieses Werks durchgelesen habe, so weiß ich freylich sonst nicht viel zu sagen. Das schöne Wetter hat mich einigemal hinaus in das Freye gelockt, wo es auch noch sehr feucht ist.

Leben sie recht wohl und sagen mir gelegentlich etwas von den weimarischen Zuständen und in wie fern Ihnen einige Arbeit glückt.

Jena, den 9. März 1802   G.» (XXXIX,I/210)

Der Brief Goethes fügt sich seiner Tonlage nach gut in das Ganze dieser einzigartigen Korrespondenz ein: Das Persönliche wird nicht gänzlich ausgespart, aber eine dominierende Stellung wird ihm nicht eingeräumt. Dominierend ist vielmehr das literarische Leben in der Vielzahl seiner Aspekte, die Erfahrung mit Lektüre und immer erneut das eigene Werk, hier die Arbeit am Trauerspiel «Die natürliche Tochter». Philosophie wird beiläufig erwähnt, eher distanziert; sie ist nicht der Trost, auf den es in solcher Lage ankäme. Keine Consolatio Philosophiae! Denn letztlich vermag sie wenig gegenüber dem Naturgeschehen, das tut, was es will. Die geschichtspessimistischen Schatten, die über dem Brief liegen, vermag sie nicht zu bannen. Der fatalistische Ton ist ausgeprägt. Eine verwandte «Stimmung» in Goethes Brief deutet sich an in dem Bemerken, daß der Weltlauf wie ein übermächtiger Strom alles mit sich fortreißt und der Einzelne wenig gegen dieses Naturgeschehen auszurichten vermag. Wie eine kleine Spitze gegenüber dem der Philosophie verbundenen Freund liest sich der Nebensatz: «was die Philosophen so gern Freyheit nennen». Ausgesprochen unfreundlich ist die Bemerkung nicht zu verstehen; denn Goethe bezieht sich ein; er sagt: «wir Philosophen». Aber auch dem geschichtspessimistischen Ton wird alle Schärfe genommen im Blick auf dasjenige Phänomen der Zeitgeschichte, das Zuversicht ausstrahlt: kein anderes als die wie ein Meteor aufgeschossene Persönlichkeit des französischen Diktators. Diese Zuversicht verbindet sich für Goethe unweigerlich mit dem Namen Bonapartes. Bonaparte wird mit dem Bild einer «herrlichen und herrschenden Erscheinung» in Verbindung gebracht. Es bleibt noch anzumerken, daß die von dem Korsen ausstrahlende Hoffnung und Zuversicht keineswegs auf Goethe beschränkt bleibt. Wir befinden uns in einer Zeit, in der der Friedensschluß von Lunéville noch nicht weit zurückliegt, und mit diesem Ereignis verband sich für nicht wenige das Bild Bonapartes als eines Friedensbringers und Friedensstifters. Von Wieland wie von Herder, aber vor allem von Hölderlin gibt es begeisterte Äußerungen. An Knebel schreibt Herder am 30. November 1799: «Was sagen Sie zu den neuen Consuls? Ich habe große, große Hoffnung, wenn sie sich erhalten: und das werden sie!»[4] Goethes Stimme ist nur eine im allgemeinen Jubelchor.

Aber Schiller hat in diesen Chor nicht eingestimmt. Er hat Goethes mit Bonaparte verbundene Hoffnung gänzlich unerwähnt gelassen; und offensichtlich hat er sie nicht geteilt. Auf Goethes Erwähnung Bonapartes ist er im nächsten Brief mit keinem Wort eingegangen. Das ist Golo Mann als einem, der sich in Schillers Dichten und Denken vorzüglich auskennt, nicht entgangen. Er hat sich hierüber in einem seiner immer noch lesenswerten Essays aus dem Anfang der sechziger Jahre des vorigen Jahrhunderts wie folgt geäußert: «Der Briefwechsel mit Goethe reicht, wenn man ihn auf die Biographie Napoleons bezieht, vom Jahre von Toulon bis zum Jahre von Austerlitz; aber nur ein einziges Mal wird in diesen tausend Briefen der Name des Korsen genannt, von Goethe, nicht von Schiller.»[5] Golo Mann sieht diese außerordentliche Korrespondenz merkwürdigerweise zwischen zwei Siegesdaten Napoleons eingespannt, indem er nur die Orte nennt, an denen der Korse seine Siege errungen hat, nicht die Jahreszahlen, die er einfach als bekannt voraussetzt. Zum ersten Toulon. Die Stadt war 1793 von französischen Royalisten den Briten zur Besitznahme überlassen worden, aber noch in demselben Jahr war sie von Truppen des jungen Bonaparte zurückerobert worden. Im Werdegang Schillers ist 1793 das Jahr seiner Empörung über die Hinrichtung des französischen Königs, aber auch der Debatten um das Widerstandsrecht, von dem diese Betrachtung ausgegangen ist. Die zweite Ortsbestimmung, die Golo Mann anführt, heißt Austerlitz, östlich von Brünn in der heutigen tschechischen Republik gelegen. Es ist der Ort der Dreikaiserschlacht, wie sie genannt wird, in dem Franz II. von Österreich und Zar Alexander I. von Rußland von dem längst aufgestiegenen Bonaparte vernichtend geschlagen wurden. Schiller hat diese Niederlage der Gegner des späteren Kaisers nicht mehr erlebt. Sie hat im Dezember 1805 stattgefunden, aber immerhin noch in seinem Todesjahr; und wie schon gesagt: Golo Mann wundert sich, daß in diesem weltgeschichtlich bewegten Zeitraum der Name des späteren Napoleon nur einmal genannt wird – «von Goethe, nicht von Schiller». Man könnte einwenden, daß man von der Art, wie Schiller die Erwähnung Bonapartes im Brief Goethes übergeht, kein Aufhebens machen muß. Es könnte sich ja um eine Nachlässigkeit oder eine Unaufmerksamkeit handeln, die nichts weiter zu bedeuten haben. Aber das ist hier mit Gewißheit auszuschließen, denn die Feststellung Golo Manns ist um eine Aussage von nicht geringer Bedeutung zu ergänzen: Der

NAPOLEON ANTE PORTAS: DAS VERSCHWEIGEN EINER GEGNERSCHAFT

Name Bonapartes oder Napoleons kommt in keinem der uns überlieferten Briefe Schillers vor, und man darf folgern: Das Verschweigen ist kein Zufall, sondern hat Methode. Dem Verschweigen des Namens liegt eine Gegnerschaft zugrunde, und hierüber gibt es nun doch einen zuverlässigen Beleg – nicht von Schiller unmittelbar, sondern von seiner literaturkundigen und hochgebildeten Schwägerin Karoline von Wolzogen. In ihrer zweibändigen Schiller-Biographie, die 1830 erschien, führt sie aus, und die Zuverlässigkeit ihrer Aussage ist nicht in Frage zu stellen: «Zu dem Eroberer [Napoleon] hatte Schiller nie Neigung und Vertrauen, nie hoffte er, daß irgend etwas Gutes der Menschheit durch ihn werden könne. Seiner freien Seele war der Hauch der Tyrannei durchaus zuwider. Als alle Welt voll war von dem Ruhme Napoleons, und des Feldherrn Genie und die ungeheure Wirkung desselben auch manchen guten Kopf und manches edlere Gemüt mit Zauberkraft magisch umspann, da sein Name die allgemeine Losung war, stimmte Schiller in den allgemeinen Beifall und Jubel nicht ein; er war des ewigen Redens über den Helden der Zeit müde, und wir hörten ihn sagen: ‹Wenn ich mich nur für ihn interessieren könnte; Alles ist ja sonst tot – aber ich vermag's nicht; dieser Charakter ist mir durchaus zuwider – keine einzige heitere Äußerung, kein einziges Bonmot vernimmt man von ihm›» (XLII/356). Dem steht entgegen, was Schiller gegenüber Cotta gesagt haben soll, und es ist angebracht, die Aussage im Wortlaut wiederzugeben: «Sehr oft denke ich ... an unseren verewigten Freund, der bei einem Anlaß Bonaparte als die selten erhabene Erscheinung schilderte, die man täglich mehr an ihm bewundern kann» (XLII/355). An dieser überlieferten Quelle sind Zweifel angebracht. Wenn sich Schiller tatsächlich so geäußert haben sollte, so sind Vorsicht und taktische Motive in Rechnung zu stellen. Daß Cotta zu den Bewunderern Bonapartes gehörte, ist anzunehmen. Zum Frieden von Lunéville erbat er sich von Schiller ein jubilierendes Gedicht, dem sich der Dichter verweigerte.

Die weltgeschichtliche Persönlichkeit des französischen Herrschers, der schon um diese Zeit als ein Alleinherrscher bezeichnet werden kann, kann unterschiedlicher nicht wahrgenommen werden, als es durch das Weimarer «Dioskurenpaar» geschieht. Über das Thema Goethe und Napoleon gibt es eine schon fast unübersehbar gewordene Literatur; und es gibt nach 1806, nach Jena und Auerstedt, harte und härteste Fakten, als französische Truppen plündernd in das klassische Weimar einfielen. Über Schiller und Napoleon hat sich die Forschung nur selten geäußert, weil es keine Äußerungen Schillers über den Korsen gibt. Keinesfalls nimmt man im Verhältnis Goethes zu Napoleon nur Bewunderung und Begeisterung wahr. Das Bild, das er sich von ihm macht, ist komplex und ständig im Wandel begriffen. Überdies findet die persönliche Begegnung in Erfurt 1808 nach Schillers Tod statt. Daß die Freundschaft zerbrochen wäre, wenn man schon diese Frage stellt, ist unwahrscheinlich. Der Franzose bleibt für Goethe in hohem Maße und auf lange Zeit hin der Bändiger der Revolution, die für ihn das «schrecklichste aller Ereignisse» war (XII/308). Im Hinblick auf dieses Schreckliche bleibt Napoleon für Goethe derjenige, der für Ordnung sorgt und als Feldherr glänzende Siege erringt. Aber alle diese Verdienste im einzelnen sind zweitrangig gegenüber der Erhöhung und Erhebung in Bereiche jenseits des Allgemein-Menschlichen. Diese Neigung zur Erhöhung geht bei Goethe einher mit unterschiedlichen Formen der Mythisierung, und auch Schiller wird mit den Jahren zunehmend in einen solchen Bereich des Mythischen entrückt. Die aus der Bildwelt des Dichters nicht wegzudenkende Figur heißt Prometheus. Sie begleitet das literarische Werk seit früher Zeit und kehrt im Festspiel «Pandora» verändert und verwandelt wieder. Hans Blumenberg hat sie in den Schlußpartien seiner ausgreifenden «Arbeit am Mythos» auf die Formel gebracht: «Prometheus wird Napoleon, Napoleon Prometheus».[6] Aber schon das Festspiel läßt Distanz zu dieser mythologischen Figur erkennen, die sich nach der Niederlage von Jena und Auerstedt auf den mythisierten Kaiser überträgt und ihn gelegentlich hier und da einer Art Entmythologisierung aussetzt. Die Äußerungen ändern sich, und hin und wieder ist die mythische Erhöhung einem scherzhaft spöttischem Ton gewichen. Da kann es schon vorkommen, daß Goethe den Korsen beiläufig auch einmal einen Tyrannen nennt:

> «Gott Danck! daß uns so wohl geschah,
> Der Tyrann sitzt auf Helena ...» (XI, 1, 1/166).

Schon diese stichworthaften Hinweise zeigen, daß die Kluft, die beide Wortführer der Weimarer Klassik in ihren Auffassungen über Napoleon trennt, unüberbrückbar ist. Wir dürfen annehmen, daß an den Stein des Anstoßes aus Schillers Sicht auch im persönlichen Gespräch nicht erinnert wurde – daß man, mit anderen Worten, gegenseitige Rücksicht walten ließ. Das Wissen, das uns auf diese Weise zukommt, verändert unser Bild dieser Freundschaft. Sie wurde in der älteren Forschung als eine Art Heiligtum gefeiert, wie es der österreichische Professor Jakob Minor anläßlich der hundertsten Wiederkehr dieses denkwürdigen Jahres 1794 getan hat: «Nichts aber kann uns zu lauterem Preise des waltenden Glückssternes ermuntern, als die Betrachtung des steilen und mühevollen Weges, auf dem die Beiden durch Hindernisse, Verkennungen, Mißverständnisse der mannigfachsten Art end-

NAPOLEON ANTE PORTAS: DAS VERSCHWEIGEN EINER GEGNERSCHAFT

lich sich zusammenfanden.»⁷ Soll heißen: Das alles liegt weit zurück. Doch sind verwandte Töne auch im 20. Jahrhundert noch vielfach zu vernehmen. Aber Bedenken, ob eine solche Sakralisierung der Wirklichkeit entspricht, regen sich zunehmend. Daß es Spannungen gab und daß eine Kluft sie trennte, ist oft betont worden;⁸ Hans Pyritz ist gar geneigt, den ehedem feierlichen Freundschaftsbund auf eine bloße «Wirkungsgemeinschaft» zu reduzieren.⁹ Um dieselbe Zeit lesen wir in einer Abhandlung über Goethes Kritik an Schillers «Wallenstein» den Satz: «Die geradezu fundamentale Verschiedenheit des Goetheschen und Schillerschen Dichtertums läßt sich natürlich auf Schritt und Tritt und an Hand beinahe jedes einzelnen Werkes belegen. Nirgendwo aber klaffen die Gegensätze zwischen ihnen so tief und sind so folgenschwer wie in ihrem Verhalten zur Geschichte.»¹⁰ Die unüberbrückbare Kluft zwischen Goethe und Schiller in Hinsicht auf ihr Verhältnis zu Bonaparte bietet keinen Anlaß zu Bilderstürmerei, und auf eine bloße «Wirkungsgemeinschaft» sollte das Bündnis aufgrund der hier in Frage stehenden Differenz nicht reduziert werden. Aber wie immer man die Spannungen einzuschätzen geneigt ist – man kann nicht leugnen, daß es sie gibt und daß mit der völlig entgegengesetzten Einstellung zu Napoleon eine weitere hinzutritt. Die Spannung, die es aufzuzeigen gilt, tendiert nicht zu Destruktion. Sie läßt im Gegenteil Bewunderung darüber aufkommen, daß es zu einem Bruch nicht gekommen ist und daß es für mehr als ein Jahrzehnt das Zusammenwirken zweier grundverschiedener Naturen gegeben hat. Beide hatten sie es, was das beiderseits erwünschte Zusammenwirken angeht, mit einem zerbrechlichen Instrument zu tun, und offensichtlich waren sie sich dieser Zerbrechlichkeit bewußt. Daß Goethe im Brief nie wieder auf Napoleon zu sprechen kommt und daß Schiller nicht nachsetzt und auf der Gegenposition beharrt, zeugt von Takt und Diskretion beiderseits. Die Spannung, die mit dem Namen des französischen Alleinherrschers bestätigt wird, erweist sich als eine Produktivkraft eigener Art – als eine Arbeitsgemeinschaft, die in der bewahrten Kultur gegenseitiger Rücksichtnahme Achtung verdient.

Natürlich ist zu fragen, wie man sich dieses konsequente Schweigen und Verschweigen Schillers zu erklären hat. Sicher mußte es gegenüber einem Herrscher, der über so viel Macht verfügte wie Napoleon, darum gehen, jede öffentliche Gegnerschaft tunlichst zu vermeiden. Solche Rücksichten war Schiller gegenüber seiner Familie wie seinem Herzog schuldig. Das Äußerste, Tötung oder Hinrichtung, hatte er, wie später im Falle Andreas Hofers, des Nürnberger Verlegers Johann Philipp Palm oder des Herzogs von Enghien, gewiß nicht zu befürchten, aber Unannehmlichkeiten, wenn er seine Gegnerschaft öffentlich bekannt gemacht hätte, wären nicht auszuschließen gewesen. Wichtiger ist es, darauf hinzuweisen, daß eine öffentlich gemachte Gegnerschaft seiner Poetik von Grund auf widersprochen hätte. Tagespolitische Einmischungen hatte er sich im Programm der «Horen» selbst verboten. Aber keineswegs verboten hatte er sich politische Themen generell, wenn sie nicht tagespolitischer Art waren. Die Vermeidung solcher Stellungnahmen schließt dargestellte und versteckte Zeitgeschichte keineswegs aus. Aber auch sie ist nicht unmittelbar und für jeden erkennbar zu ersehen, sondern im Gewand historischer Dramatik versteckt. Sie wird damit in größere Zusammenhänge eingebunden, die mit Parteinahmen zum Tagesgeschehen nicht zu verwechseln sind. Schillers Geschichtsdramatik basiert auf einer Art Geheimsprache, die ganz anders zum Nachdenken anregt als jedes offene Bekenntnis. Geheimsprachen, Geheimbünde und geheime Gesellschaften erfreuten sich damals großer Beliebtheit, und sie waren aufgrund der Zeitverhältnisse geboten, wenn es unerwünschte Nachstellungen und Verfolgungen zu vermeiden galt.[11] In einem Brief an Iffland aus späterer Zeit hat Schiller seine Freude an «Geheimhaltung» deutlich ausgesprochen. Er schreibt am 19. November 1800: «Was ich Ihnen von dem Schauspiele, die *Maltheser*, schrieb, bitte ich nicht weiter zu sagen, und mir zu verzeihen, wenn ich Ihnen den Gegenstand meines jezt unter Händen habenden Stücks noch verschweige. Wenn es auch nur eine leere Einbildung ist, so habe ich doch gefunden, daß ich mit lebhafterm Interesse arbeite, wenn niemand das Geheimniß weiß, und es ist mir geglückt, dieses bei meiner jetzigen Arbeit zu beobachten. Sobald aber der letzte Strich daran geschehen, erhalten Sie das Stück und das Geheimniß» (XXX/211). Wenn Schiller nach der Pause Vaterländisches in vielfacher Weise in seinen Dramen zur Sprache bringt, meistens am Beispiel anderer Länder wie England, Frankreich oder die Schweiz, so wird damit eine Übertragung auf das eigene Land keineswegs ausgeschlossen.[12] Indem er das Eigene im Fremden versteckt, setzt er sich als Schriftsteller nicht dem Verdacht aus, für das eigene Land Propaganda zu betreiben. Wenn Schiller so beharrlich den Namen Bonapartes verschweigt, so ganz offensichtlich nicht nur aus Vorsicht und Rücksicht, etwa gegenüber dem Herzog von Weimar. Die Unterdrückung des Namens auch dort, wo deutlich Bonaparte gemeint ist, scheint sich als eine Eigenart des Zeitstils zu erweisen. Auch andere Schriftsteller sind als Gegner des Korsen anzuführen, die seinen Namen aussparen. Es gibt einen Text Kotzebues, der so verfährt. Im Jahr der Befreiungskriege veröffentlicht er eine Flugschrift, die sich schon ihres unverständlich langen Titels wegen als eine satirische, gegen Napoleon gerichtete Schrift zu erkennen gibt. Der Anlaß dieser Publikation ist Freude über die Niederlage des Franzosen in Rußland – also Schadenfreude. Barbara Beßlich geht in der spannend erzählten Geschichte der Mythologisierung Napoleons im 19. Jahrhundert auf diesen wenig bekannten Text ein und erläutert ihn.[13] Die literarische Qualität dieser pamphletartigen Flugschrift ist gering zu veranschlagen. Demgegenüber bezeugt sich in E.T.A. Hoffmanns aufregendem Text «Die Vision auf dem Schlachtfelde bei Dresden» ein literarisches Niveau hohen Grades. Die Gegnerschaft zum französischen Eroberer ist offenkundig. Aber der Gebrauch des Tyrannenbegriffes genügt, um den Leser wissen zu lassen, um wen es geht. Und ein letztes Beispiel, das den Zeitstil des unterdrückten Namens bestätigt, sei angeführt. Es betrifft einen der nächsten Gesinnungsfreunde Schillers, keinen anderen als Wilhelm von Humboldt. In dem vermutlich letzten Brief, den er an seinen Freund in Weimar geschrieben hat, im Brief am 22. Oktober 1803, kommt er auf Napoleon, damals noch Bonaparte, zu sprechen. Aber ganz im Zeitstil der Napoleongegner wird auch hier der Name unterdrückt. Humboldt vergleicht sich und die geistige Welt, in der er zu Hause ist, mit der ganz anders beschaffenen Welt dessen, dem das Herrscherliche über alles geht, und schreibt in Abgrenzung von diesen herrscherlichen Lebensformen einen fast bekenntnishaften Brief mit dem Blick auf seine eigene Lebenswelt. «Der Maßstab der Dinge in mir bleibt fest und unerschüttert; das Höchste in der Welt bleiben und sind die – Ideen. Diesen habe ich ehmals gelebt, diesen werde ich jetzt und ewig getreu bleiben, und hätte ich einen Wirkungskreis wie der, der jetzt eigentlich Europa beherrscht, so würde ich ihn doch immer nur als etwas jenem Höheren Untergeordnetes ansehn, und das ist meine wahre Meynung.» (XL,1/141) Im Stil der Napoleon-Gegner spricht Humboldt von dem, der jetzt Europa beherrscht, und im Kommentar der Nationalausgabe wird der Name genannt: gemeint sei Napoleon oder, wie es 1803 noch heißen müßte: Bonaparte (XL,2/194). Aber das Verschweigen kann nur Anlaß sein, die Gründe zu erkunden. Es kommt darauf an, die Ansatzpunkte freizulegen, die eine Gegnerschaft im literarischen Text nahelegen. Im Zusammenhang der vorangegangenen Analyse der Dramen ist der Name Napoleons gelegentlich genannt worden, wenn er auch in der einschlägigen Forschung vorkam. Diese Hinweise gilt es aufzunehmen und weiterzuführen.

Doch soll der Eindruck nicht aufkommen, als würden hier Entdeckungen gemacht, von denen noch nie die Rede war. Besonders in der älteren Forschung zu Beginn des 20. Jahrhunderts hat man wiederholt, obgleich nicht oft, in Geschichtswissenschaft und Literaturwissenschaft auf das unwegsame Problemfeld aufmerksam gemacht. In der zweibändigen Biographie von Karl Berger, die zuerst 1904 erschienen ist, wird Schillers Gegnerschaft zu dem französischen Eroberer durchaus wahrgenommen, wenn gesagt wird: «Seit Campo Formio (1797) galt Napoleon Bonaparte, der siegreiche junge Heerführer, den meisten als Friedensstifter, und als Menschheitsbeglücker und Freiheitsbringer wurde er in schwungvollen Gedichten gefeiert. Unter denen aber, die dem Zauber des dämonischen Bannes sich nicht gefangen gaben, war Schiller ... Er selbst sollte es nicht mehr erleben, wie die letzten Wellen der französischen Revolution die Reste des heiligen römischen Reiches deutscher Nation fortschwemmten ... Aber er sah noch den ‹republikanischen Helden› zur schrecklichen Enttäuschung aller Träumer zum allesbeherrschenden Tyrannen sich auswachsen, er sah den unersättlichen Staatenzertrümmerer nach Krone und Purpur greifen ... »[14] Im Bericht über den Besuch der Madame de Staël wird die Todfeindschaft «des gewaltigsten Mannes der Zeit» erwähnt, womit Bonaparte gemeint ist.[15] Eine innere Beziehung zwischen dem Drama und den politischen Ereignissen wird nicht hergestellt: das Drama Tells und der Verlust der Schweizer Freiheit stehen unverbunden nebeneinander. In dem großen Werk Hermann August Korffs, «Geist der Goethezeit», das seit den zwanziger Jahren des vorigen Jahrhunderts zu erscheinen begann, wird Politisches aus Gründen einer rein geistesgeschichtlichen Betrachtung nur am Rande erwähnt, und bekanntlich wird das Ereignis der Französischen Revolution überhaupt nicht erwähnt. Eine solche Geringschätzung wird Napoleon nicht zuteil. Aber Korff sieht in ihm einen vergleichbaren Typus: «Wallenstein ist ein Napoleon: Napoleon und Wallenstein aber gehören zu dem gleichen Typus dämonischer Unersättlichkeit.»[16] Daß beide Gestalten, die fiktive und die historische, nach ihrem Verhältnis zum Tragischen durch Welten getrennt sind, wird übersehen. Wie von der Geistesgeschichte Korffs werden von der Deutungsgeschichte der sogenannten Werkimmanenz Auskünfte zum historischen Kontext der Literatur nur ausnahmsweise erteilt. Solche Tendenzen treten in den ersten Jahren nach dem Zweiten Weltkrieg, in denen man von politischer Literatur im allgemeinen nichts wissen wollte, um vieles deutlicher hervor als in der Zeit der Weimarer Republik. In der ausgreifenden Biographie von Benno von Wiese, die vor bald fünfzig Jahren erschien und damals als ein Jahrhundertwerk aufgenommen wurde, wird der Name Napoleons nach Ausweis des Registers zweimal beiläufig erwähnt. Wir erfahren in einem Nebensatz, «daß Wieland die Rolle Napoleons schon frühzeitig mit erstaunlichem Scharfblick erkannt habe»;[17] und im Kapitel über das Fragment «Demetrius» lesen wir: «Die Analogie zu Napoleon ... liegt immerhin nahe ... wir dürfen zum mindesten annehmen, daß die für ‹De-

NAPOLEON ANTE PORTAS: DAS VERSCHWEIGEN EINER GEGNERSCHAFT

metrius› so wichtige Frage nach der Legitimität der Herrschaft für Schiller nicht zuletzt durch das Auftreten Napoleons auf der europäischen Bühne erhöhte Bedeutung gewonnen hatte».[18] Auch in der heutigen Forschung ist Napoleon – sehr anders als im Falle Goethes – keine historische Persönlichkeit, auf die man im Umgang mit Schillers Dramen zu achten hätte. In neueren Büchern über Schiller, so in denjenigen, die im letzten Gedenkjahr erschienen sind, kommt sein Name nicht vor. Anlässlich des 200. Todesjahres erschien ein repräsentativer Band mit Vorträgen eines Kolloquiums in Princeton. Der Name Napoleons wird hier dreimal beiläufig erwähnt; aber die Erwähnungen sind nicht der Rede wert.[19] Wie überall gibt es Ausnahmen: Peter-André Alt mit seiner umfassenden Biographie in zwei Bänden und ihm folgend Rüdiger Safranski in seinem 2004 veröffentlichten Schillerbuch. Vor allem der erstere geht in seiner ausgreifenden Schillerbiographie wiederholt auf Bonaparte ein, und seine Hinweise sind stets beachtenswert. Aber auch er läßt seine Leser im Zweifel, welche Bedeutung der noch im Aufstieg begriffenen Herrscherpersönlichkeit für Schillers Denken und für seine Dramen zuzuerkennen ist. In einer gelegentlichen Bemerkung deutet sich Unsicherheit an, wenn gesagt wird: «Selbst wenn sich Schiller gründlicher für Napoleon als geschichtliche Figur interessiert haben sollte, wäre ihm einzig eine perspektivisch gebrochene Darstellung jenseits direkter zeitgeschichtlicher Aspekte möglich gewesen».[20] Jenseits zeitgeschichtlicher Aspekte! Das wohl nicht! In meiner Sicht hieße es besser, daß er das Herrschaftssystem Napoleon Bonapartes als Zeitbezüge in seine Dramen einbezogen hat. Neben Peter-André Alt geht Rüdiger Safranski in seinem Schillerbuch wiederholt auf Napoleon ein; der Verfasser läßt keinen Zweifel, daß der französische Herrscher für Schiller ein Stein des Anstoßes war. Wie es in Wallensteins Lager zugeht, wird mit den neuen «Umgangsformen» in der Armee Napoleons verglichen, und es heißt: «Hier gelten, wie später in der Armee Napoleons, nicht die alten Hierarchien, sondern die neuen Karrieren.»[21] Deutlicher herausgearbeitet sind die Napoleon-Bezüge in der ‹Jungfrau von Orleans›; hier heißt es, wie ich meine zutreffend: «Hätte Schiller nicht den Aufstieg Napoleons erlebt, er wäre wohl nicht auf die Idee gekommen, die Machtergreifung eines inspirierten Bauernmädchens, das aus dem Himmel oder aus dem Nichts kommt, auf die Bühne zu bringen. Das Phänomen Napoleon gehört zur *dunklen Totalidee*, die Schiller zur ‹Jungfrau von Orleans› hingeführt hat.»[22] Noch weniger werden Zweifel daran gelassen, daß man bezüglich der Schweiz an die von Bonaparte gemachte Schweiz zu denken hat, an die Helvetische Republik: «Napoleon hatte 1799 das Land besetzt, den Staatsschatz in Bern geraubt, die alte Kantonalverfassung beseitigt und eine willfährige Regierung eingesetzt. In den Urkantonen, die schon in der Tell-Geschichte eine rühmliche Rolle gespielt hatten, war auch diesmal der Widerstand gegen die französische Herrschaft besonders hartnäckig.» Bezüge zur Französischen Revolution werden hergestellt, und es wird gefragt: «Aber waren Tell und die Verschworenen des Rütli-Bundes wirklich Revolutionäre? Waren sie vielleicht sogar Jakobiner wie sie im Buche stehen?»[23] Die Fragen sind so gestellt, daß sie keine positive Antwort erwarten lassen. Wenn es aber nicht um Bezüge zur Französischen Revolution geht und Bonaparte gleichwohl in die Interpretation einzubeziehen ist – wie hat man sich diese Einbeziehung vorzustellen? Das bleibt auch auf diesen dem «Tell»-Drama gewidmeten Seiten weithin offen. Nicht so Schillers Gegnerschaft zu Napoleon; sie stellt Safranski nicht in Frage, wo immer von dem französischen Alleinherrscher die Rede ist. Von den genannten Autoren abgesehen, bleibt alles weithin beim alten. Man sieht im Blick auf neues und neuestes Schrifttum wenig Anlaß, über Napoleon zu sprechen, wenn man über Schiller spricht.

Weithin vergessen ist heute, daß man sich in der damals noch jungen marxistischen Literaturwissenschaft der früheren DDR seit der Mitte der fünfziger Jahre intensiv mit dem Phänomen Napoleon in seiner Bedeutung für Schillers Dramen beschäftigt hat. Daran zu erinnern gebietet die historische Gerechtigkeit; diese keineswegs unergiebigen Arbeiten wurden nur sporadisch, wenn überhaupt, zur Kenntnis genommen. Das erhöhte Interesse an Napoleon in Schillers Dramen erklärt sich aus zwei Gründen. Zum ersten deshalb, weil die marxistische Literaturwissenschaft sehr viel nachhaltiger an historischen Bezügen interessiert war als die damals weithin geschichtslose Werkimmanenz in der alten Bundesrepublik; und zum zweiten: Der Französischen Revolution wurde für das Verständnis der Weimarer Klassik eine fundamentale Bedeutung zuerkannt – mit manchen ideologischen Verbiegungen; das ist wohl wahr. Aber auch die Literaturwissenschaft der damaligen Bundesrepublik war davon nicht frei. Die Verbiegungen bestanden hier darin, daß man die Französische Revolution nicht zur Kenntnis nahm, wenn man über Weimarer Klassik sprach. Es lag für die damalige marxistische Literaturwissenschaft nahe, sich nach anhaltender Befassung mit dem Ereignis der Revolution für den Bändiger und Überwinder der Revolution zu interessieren. In dieser Blickwendung von der Revolution zum nachrevolutionären Zeitalter im Zeichen Napoleons haben sich namentlich Ursula Wertheim und Edith Braemer beteiligt.[24] Aber zweifellos hat sich Hans-Günther Thalheim am intensivsten mit diesem Gegenstandsbereich befaßt, und nicht wenige seiner Beiträge hierzu liest man noch heute mit Gewinn, wenn man die Vorurteile von damals hinter sich läßt. Eigentlich alle Dramen Schillers seit dem Auftauchen Napoleons hat er in das von ihm abgesteckte Problemfeld einbezogen. Es gibt Einsichten und Aussagen, die man, auch aus heutiger Sicht, nicht als überholt bezeichnen muß. Der damals junge Gelehrte will in der Gestalt des russischen Usurpators im «Demetrius» keineswegs die Gestalt Napoleons verkörpert sehen und bemerkt: «Wohl aber sind Züge Napoleons, seines Auftretens und Wirkens, als das Besondere und zugleich Politisch-Aktuelle in den Charakter des Demetrius eingegangen.»[25] Er sieht verwandte Themen und Motive in diesem Fragment, wie sie in der romantischen Tragödie «Die Jungfrau von Orléans» zu finden sind, und führt hierzu aus: «Gemeinsam ist beiden Dramen die Parteinahme für die nationale Unabhängigkeit der Völker und für die Berechtigung der gewaltsamen Vernichtung des feindlichen Eroberers. In der *Jungfrau von Orleans* gestaltet der Dichter die Unüberwindlichkeit eines Volkes, das sich innerlich und äußerlich einig wird im Kampf gegen den Unterdrücker der nationalen Selbstständigkeit; im *Demetrius* wird deutlich, daß kein Volk von despotischer Intervention gegen seine Natur unterdrückt werden kann»;[26] und zusammenfassend heißt es an anderer Stelle zur Bedeutung für Schiller im allgemeinen: «Schiller ist immer ein entschiedener Gegner Napoleons gewesen, anders als seine Gedichte ... werden die großen Dramen aus dieser Zeit ... zu wichtigen weltanschaulichen und ästhetischen Mitteln der Vorbereitung der Nation auf die künftigen Gefahren und die Befreiungskriege ...»[27] Auch die Kluft, die sich mit Blick auf den «fremden Eroberer» zu Goethe auftut, wird gesehen, und es wird bezweifelt, ob Goethe das Fragment wirklich im Sinne Schillers zu Ende zu führen in der Lage war.[28] Es besteht aus meiner Sicht kein Grund dazu, dem was hier gesagt wird, zu widersprechen. Auf diese Napoleon-Bezüge, die doch nicht einfach aus der Luft gegriffen sind, gehen die vorhandenen Schiller-Handbücher, die sich beide als repräsentativ geben, nur am Rande ein. In dem alles Historische und Politische ausschließenden Buch von Gerhard Storz geht es vorrangig um den *Dichter* Friedrich Schiller; und so kommt denn auch der Name Napoleon konsequenterweise nirgends vor. Aber gut zwanzig Jahre später wird der Beitrag Thalheims in einem wichtigen Aufsatz Fritz Martinis gebührend genannt, und daß es geboten sein könnte, auf die welthistorische Persönlichkeit aufmerksam zu machen, wird akzeptiert mit dem Bemerken: «Schiller bezog wohl Gegnerschaft gegen Napoleon, aber er muß gleichzeitig in ihm mit Faszination die Größe des politisch handelnden Menschen bewundert haben, die zum Grundthema seines dramatischen Werkes gehörte.»[29] Die Gegnerschaft zu Napoleon wird im Anschluß an den genannten Aufsatz aus dem Jahre 1955 gleichfalls bestätigt. Aber für die Behauptung von der «gleichzeitigen» Faszination von der Größe dieses Herrschers gibt es nicht den Hauch eines Belegs. Daß diese Behauptung richtig ist, ist völlig unwahrscheinlich. Sie ist eine andere Klassik-Legende als diejenige, von der man vor einigen Jahrzehnten sprach.

Noch durchaus im Sinne von Indizienbeweisen, die wenig im einzelnen erbringen, aber doch aufs Ganze gesehen ins Gewicht fallen, ist im Folgenden über einige Gesinnungsfreunde zu sprechen, die mit Schiller die Gegnerschaft zu Bonaparte gemeinsam haben.

VI.
GESINNUNGSFREUNDE

Über einige Persönlichkeiten der Zeitgeschichte, deren Gegnerschaft zu Napoleon außer Frage steht, ist in diesem Zusammenhang noch zu sprechen. Damit werden keine Beweise geliefert. Wer mit Gegnern einer Person verkehrt, muß selbst nicht deren Gegner sein. Aber im Verfahren eines Indizienbeweises kommt es auf möglichst viele Aspekte an, die der Wahrheit dienlich sein könnten. Über Germaine de Staël zunächst, die Tochter Jacques Neckers, des letzten Finanzministers der vorrevolutionären Regierung in Frankreich.[1] Über ihr bewegtes Leben, ihre wiederholten Partnerwechsel wie über ihre zahlreichen Reisen durch Europa muß zu diesem Zweck nicht detailliert Auskunft erteilt werden. Weltläufigkeit und Sprachgewandtheit waren ihr angeboren. Sie hatte sich für die Ideen und Ideale der Französischen Revolution begeistert, und sie war nach ihrem Ende eine dezidierte und überzeugte Republikanerin geworden.[2] Vor allem aber war sie eine französische Schriftstellerin von europäischem Rang, die sich in den verschiedensten Gattungen der Literatur betätigte. Früh hatte sie die Aufmerksamkeit Goethes mit ihrem Essay «Sur les fictions» auf sich gezogen, der davon sehr angetan war. Kurz vor ihrem Eintreffen in Weimar, im Spätherbst des Jahres 1803, war der Briefroman «Delphine» erschienen, ein Erzählwerk mit deutlich autobiographischen Zügen. Die Schrift «De l'Allemagne», die sie weltbekannt gemacht hat, hat sie, 1766 geboren, in schon fortgeschrittenen Jahren, nämlich 1810, veröffentlicht. Napoleon hatte dafür gesorgt, daß der größte Teil der ersten Auflage vernichtet wurde, so daß das Buch drei Jahre später in London erneut erschien, wohin die Verfasserin emigriert war, um den Verfolgungen Napoleons zu entgehen.[3] Dessen Aufstieg hatte sie zunächst mit Wohlwollen und Hoffnung begleitet. Aber diese Phase in ihrem Verhältnis zum französischen Alleinherrscher war von kurzer Dauer. Als er zum Konsul aufgestiegen war und sich danach hatte zum Diktator ernennen lassen, war es mit der Achtung seiner Person vorbei. Gelegentlichen Versuchen von ihrer Seite, die gespannten Beziehungen zu entschärfen, war keinerlei Erfolg beschieden, zumal es für Napoleon nicht nur die politischen Gegensätze waren, die ihn hinderten, in ein näheres Verhältnis mit ihr einzutreten. Er war auf intellektuelle Frauen wie auf solche, die sich in Politik einmischten, nicht gut zu sprechen. So waren die gegenseitigen Beziehungen auf einem Tiefpunkt angelangt. Als französische Schriftstellerin wurde sie von Napoleon aus dem Land ihrer Sprache verbannt, und als auch ein eingereichtes Gnadengesuch zu keiner Rücknahme des Bannspruchs geführt hatte, brach sie im Herbst 1803 mit Kind und Kegel wie mit ihrem Lebensgefährten Benjamin Constant zu einer Deutschlandreise auf. Das erklärte Ziel war das hochliterarische Weimar und die Bekanntschaft mit den dort residierenden «Dichterfürsten» Goethe und Schiller.

Für eine solche Bekanntschaft brachte Benjamin Constant gegenüber seiner Partnerin zweifellos die besseren Voraussetzungen mit. Constant hatte in Erlangen studiert und sich seit den Anfängen seines Studiums eingehend mit der deutschen Literatur und Philosophie vertraut gemacht. Nachhaltig hatte er sich mit Religionsfragen befaßt, besonders mit den Werken Herders und Schleiermachers. Später war er als Kammerherr in die Dienste des Herzogs von Braunschweig getreten. Er gilt in der Forschung als ein intimer Kenner des deutschen Geisteslebens.[4] Aber auch mit Napoleon und seinen Herrschaftsformen hatte er sich früh bekannt gemacht, und er war zeitweilig zu einem Parteigänger des Direktoriums geworden; eine Zeitlang gehörte er zum Tribunat Napoleons, aus dem ihn dieser wegen seiner oppositionellen Einstellung bald wieder entfernte. So wurde er sehr rasch, wie Germaine de Staël auch, zu einem dezidierten Gegner des Korsen. Ihren Höhepunkt erreichte diese Gegnerschaft mit der 1814 veröffentlichten Schrift «De l'Esprit de conquête et de l'Usurpation», womit zwei zentrale Begriffe in der Herrschaftsform Napoleons schon im Titel der Schrift genannt werden.[5] In dieser Schrift, «einem flammenden Pamphlet gegen Napoleon, das in ganz Europa Aufsehen erregte», wird die von Napoleon ausgeübte Despotie deutlich beim Namen genannt, und als Verfasser der Schrift läßt Constant nicht die geringsten Zweifel, daß diese Herrschaft auf eine Militärdiktatur zurückzuführen sei. Der Aufstieg des Kaisers, das wird deutlich zum Ausdruck gebracht, sei ohne die Hilfe der Armee nicht zu denken. Im Geist der Eroberung sieht Constant nichts Vorwärtsweisendes, sondern im Gegenteil den vollendeten Anachronismus. Spätestens seit dem Scheitern Napoleons handelt es sich mithin um eine auch theoretisch fundierte Gegnerschaft zur damals herrschenden Diktatur, und schon um die Zeit der Deutschlandreise, im Herbst 1803, war sie ausgeprägt.

GESINNUNGSFREUNDE

Die beiden Deutschlandbesucher aus Frankreich kamen nicht in eine ihnen unvertraute Welt. Vor allem Benjamin Constant beherrschte die deutsche Sprache vorzüglich. Es gab während des Aufenthaltes in Weimar zahlreiche Einladungen an den Hof; Weihnachten 1803 verbrachten beide Gäste in Goethes Haus am Frauenplan. Mag sein, daß man beiläufig oder zwischen Tür und Angel auch einmal über französische Politik gesprochen hat. Aber hätte man sich eingehender mit Napoleons Herrschaft auseinandergesetzt, wären die Gespräche vermutlich in die Literaturgeschichte durch Veröffentlichungen der einen oder anderen Seite eingegangen. Über solche Gespräche ist nichts bekannt, und es ist auch nicht anzunehmen, daß es sie gegeben hat. Über Politik in Gesellschaft zu sprechen war verpönt, und am wenigsten war Goethe ein Freund solcher Sitten. Schiller seinerseits hat vermutlich nichts ferner gelegen, als das Geheimnis seiner Gegnerschaft vor Personen wie diesen preiszugeben. Frau von Staël hat von den zahlreichen Einladungen den Eindruck gewonnen, daß man sich in Weimar ausschließlich für Literatur und Philosophie interessiert habe und von den politischen Veränderungen, zumal in Frankreich, keine Kenntnis nehme. So auch hat sie es in ihren späteren Veröffentlichungen mitgeteilt: «Voller Glauben an die Vervollkommnungsfähigkeit des Menschengeschlechts, kümmern sie sich nicht um die Gegenwart. Sie sagen, daß der Menschengeist in einer Spirallinie fortschreite, daß wir im Augenblick rückwärts gingen, doch daß das den Fortschritt nicht hindern werde, und mit dieser Idee völlig zufrieden, machen sie sich wieder ans Werk. Es sind so friedfertige und abstrakt denkende Philosophen, daß sie bis auf wenige Ausnahmen, fast mit jeder Regierung auskommen könnten.»[6] Aber man darf bezweifeln, daß es sich so verhält. Beide Dichter waren wenigstens in ihren literarischen Arbeiten mit Themen und Motiven zur Französischen Revolution befaßt: Goethe mit dem Trauerspiel «Die natürliche Tochter», Schiller mit seinem Tyrannendrama «Wilhelm Tell». Besonders er war durch Lektüre von Zeitschriften wie «Minerva» oder die Monatsschrift «Europäische Annalen» über den Lauf der Dinge in Frankreich gut informiert. Aber wichtiger als die französischen Gäste waren unter den Gegnern Bonapartes zwei namhafte Persönlichkeiten in preußischen Diensten.

Die Begegnung mit dem aus Berlin gebürtigen Freiherrn von Gentz, wie er sich als österreichischer Staatsmann nennen durfte, ist von ganz anderer Art. Zwar ist auch Schiller ihm gegenüber nicht vom Prinzip seiner Geheimhaltung abgewichen, was das Verschweigen seiner Gegnerschaft zu Napoleon angeht. Auch in den Briefen, die er mit Gentz gewechselt hat, wird Bonaparte nicht namentlich erwähnt. Aber anders als im Umgang mit

Frau von Staël wußten beide Persönlichkeiten offensichtlich, woran sie waren – woran jeder von ihnen hinsichtlich des anderen war. Von seiner Berliner Zeit her war Gentz durch Humboldt in Weimar eingeführt und empfohlen worden. Aber er stand nicht wie dieser mit den beiden Wortführern der Weimarer Klassik gleichermaßen auf vertrautem Fuß. Sein Verhältnis zu Goethe war von Anfang an durch Distanz und Zurückhaltung geprägt und nahm später, im Vorfeld der Befreiungskriege, zeitweise feindselige Züge an. Um so bemerkenswerter ist die Hochschätzung, Bewunderung und Verehrung, die er Schiller entgegenbrachte. Die Gründe liegen in der Verwandtschaft der politischen Auffassungen, und wenn nicht alles trügt, so hat dieser wache politische Kopf, gemeint ist Gentz, Schillers Aversion gegenüber dem französischen Diktator aus dessen Dramen früh herausgelesen. Das betrifft in hohem Maße die romantische Tragödie «Die Jungfrau von Orleans» und ihre versteckten Zeitbezüge. Mit Schiller teilt Gentz das erhöhte Interesse an Frankreich und seiner politischen Philosophie, aber auch das gespannte Verhältnis zu diesem Land, wie es sich im Zusammenhang der napoleonischen Eroberungspolitik ergeben hatte. Gentz war mit einer Frau hugenottischer Herkunft verheiratet und kannte sich in der französischen Kultur und Geschichte, besonders der neueren und neuesten Zeit, vorzüglich aus. Von der zögerlichen Politik Preußens tief enttäuscht, kehrte er seinem Land den Rücken und trat in österreichische Dienste. Er wurde alsbald Metternichs nächster Berater am Wiener Hof. Als Schriftsteller war er auf zahlreichen Gebieten der Geschichte, der Philosophie und besonders der politischen Theorie aufs beste ausgewiesen. Er gehörte zu den großen Mitwissern Europas und war in politischen Fragen stets vorzüglich informiert.[7] Als Übersetzer Burkes hatte er sich früh einen Namen gemacht, und auch auf diesem Feld, in der Beurteilung der Französischen Revolution post festum, dürften Gentz wie Schiller weithin eines Sinnes gewesen sein. Schiller ist auf diesen agilen, wachen und beredsamen Autor wiederholt durch Humboldt aufmerksam geworden, der ihn in seinen Briefen häufig erwähnt oder empfiehlt. Aber mit Sicherheit hat Schiller von dem jungen Publizisten, der Gentz zunächst war, schon früher gehört; denn an der von Kant entfachten Debatte über das Widerstandsrecht im Spätherbst 1793 hat er sich beteiligt. Daß Schiller ihn schon kannte, ehe die Korrespondenz mit Humboldt in Gang kam, geht daraus hervor, daß Gentz 1794 zu den Autoren gehörte, die Schiller als Mitarbeiter seiner neuen Zeitschrift zu gewinnen suchte. Gentz war in seinen politischen Auffassungen durchaus ein Vertreter des Widerstandsrechts und, obschon unter Bedingungen, ein Rebell noch dort, wo sein Denken zunehmend konservative Züge annahm.

GESINNUNGSFREUNDE

Sich ein gerechtes Bild des politischen Schriftstellers zu verschaffen, ist nicht leicht; denn aufgrund seines Wirkens im Dienste Metternichs ist er ein Etikett nicht wieder losgeworden, das ihm vor allem von «linker» Seite angeheftet worden war: dasjenige des Konterrevolutionärs. Ein Reaktionär ist er aus solcher Sicht ohnehin. Sein Charakterbild schwankt wie dasjenige Wallensteins. Daß er einmal ein begeisterter Sympathisant der Französischen Revolution gewesen war, wird darüber leicht vergessen. Zwei unverdächtige Persönlichkeiten haben in neuerer Zeit für ihn gezeugt und ihn partiell verteidigt oder Partei für ihn ergriffen: Golo Mann in seiner unmittelbar nach dem Zweiten Weltkrieg veröffentlichten Monographie und Hannah Arendt in einem Kapitel ihres Buches über Rahel Varnhagen. Sie vor allem hat die offenkundigen Widersprüche seines Denkens nicht gegen ihn ausgespielt, sondern in ein in weiten Teilen von Respekt zeugendes Porträt eingebracht, wenn sie schreibt: «Gentz will alles Bestehende konservieren; aber er ist kein Konservativer, und kein Konservatismus hat sich je auf ihn berufen. Die Reaktion verteidigte er als Aufklärer, sein Stil, seine Argumentation wirkten so ‹liberal›, daß es des liberalen Varnhagen bedurfte, um ihn als großen Schriftsteller zu entdecken. Aber Gentz war keinesfalls ein Liberaler, und kein Fortschrittler hat je ein Stück Brot von ihm nehmen mögen. Er ist der letzte Romantiker, der, als alle Freunde längst brav, fromm und philiströs geworden sind, für sich immer noch nicht die Konventionen anerkennen will, deren politischen Ausdruck er verteidigte. Aber Gentz ist auch kein Romantiker; denn es ist ihm ja gelungen, in der Welt etwas darzustellen, einen Kontakt zur Wirklichkeit zu finden ohne sacrificium intellectus und ohne Konversion. Er ist vieldeutig, weil er nichts als die Wirklichkeit will, weder das Gute, noch das Böse, sondern die Realität ohne Vorbehalt.»[8] Auch Friedrich Meinecke, unter den Historikern der Weimarer Republik einer der großen Liberalen, stellt ihm in «Weltbürgertum und Nationalstaat» ein ansprechendes Zeugnis aus und schreibt: «In Gentzens politischer Gedankenwelt dominieren auch alle die Fragen, die uns hier beschäftigen. Er entwickelte den feinsten Sinn für den Zusammenhang von Nationalkultur und Nationalstaat und konnte ihn, als er ihn in England vor Augen sah, ergreifend lebendig darstellen. Er kämpfte für Eigenleben und Eigenrecht der Nationen und Staaten und hat das Problem, wie dieses Eigenrecht wieder einzuschränken sei durch das Gesamtrecht der europäischen Staatengemeinschaft, ernst erwogen.»[9] Das hat auch Schiller als dramatischer Schriftsteller getan, und der Ausgangspunkt, wohl für beide, ist die Selbstbestimmung des Menschen im Sinne Kants, ausgeweitet auf Nationen und Staaten.

Die Beziehungen beider Schriftsteller zueinander sind einseitig. Schiller hat den Berliner Publizisten als politischen Schriftsteller, Übersetzer und Herausgeber von Zeitschriften geschätzt; um eine Freundschaft im engeren Sinne handelt es sich nicht. Die Beziehungen sind offensichtlich, wenigstens was Gentz angeht, politisch motiviert. Aber die Bewunderung, die der Jüngere dem philosophischen Dramatiker entgegenbringt, ist erschließend. Zu einer persönlichen Begegnung, einer Einladung zu Schiller, ist es im November 1801 gekommen – zu einem Souper, das bis nach Mitternacht gedauert hat. Eine Aufführung von «Wallensteins Tod», zu der Schiller den Berliner Schriftsteller eingeladen hatte, war vorausgegangen.[10] Über diese Begegnung hat Golo Mann in seinem Buch über Gentz reflektiert, und was er hierüber beibringt, ist ein Kabinettstückchen historischer Erzählkunst. Die Erzählung hat folgenden Wortlaut: «Er [Gentz] verstand sich mit den Romantikern, ohne zu ihnen zu gehören; er verstand sich auch mit den Klassikern, den alten Göttern der deutschen Literatur, die in Weimar, drei Tagereisen von Berlin, ein altmodisch-meisterliches Leben führten: Einmal fand er sie alle um Goethes Tisch versammelt, Goethe, Herder, Wieland, Schiller, diese Göttersoirée erschien ihm ‹froide et presque insipide›. Dagegen kam er von Schiller, dem philosophischen Dramatiker und Essayisten, während fünf Stunden nicht los, und was die beiden über Idee und Geschichte, Recht der Völker und Recht der Herrschaft, Freiheit und Ordnung, auch wohl über Bonaparte und Europa sich zu sagen hatten, muß zum Höchsten, was die Kultur der Wechselrede je irgendwo auf Erden hervorbrachte, gehört haben. Abends führte Schiller ihn in das herzogliche Theater, wo man sein Meisterwerk, ‹Wallensteins Tod›, gab; in seiner Loge sah man den majestätischen Dichter und den eleganten, nervösen Publizisten sich über die Rampe beugen, sich das Opernglas reichen und miteinander tuscheln.» Diesem erzählerischen Kunststückchen mit Beziehung auf Schiller und den Besuch von Gentz in Weimar im November 1801 fügt Golo Mann noch hinzu: «Schlechter vertrug er sich mit Goethe.» In diesem steckten, meinte Gentz, zwei verschiedene Menschen: eine Art Mephistopheles und das Dichtergenie.[11] Dieser Unterscheidung zwischen den beiden Weimarer Dichtern entspricht weithin die gegenklassische Wendung im Dresdner Künstlerkreis um Heinrich von Kleist. Sie richtet sich in erster Linie, wenn nicht ausschließlich, gegen Goethe, aber nicht eigentlich und nirgends erkennbar gegen Schiller.

Gentz hat Schiller über alles geschätzt, verehrt und bewundert. Daß er im hochgeschätzten Dichter immer auch den politischen Denker vor Augen hatte, der in den brisanten Zeitfragen ähnlich dachte wie er selbst, kann kaum zweifelhaft sein. Einen von Bewunderung eingegebenen Brief hatte

GESINNUNGSFREUNDE

er schon im Dezember 1797 an Schiller geschrieben: «Nicht der entfernteste Gedanke eines innern Verdienstes das groß genug wäre, um Ihre Aufmerksamkeit an sich zu ziehen, nicht einmal die Hoffnung, durch die beiliegende Schrift die vortheilhafte Idee die Sie Sich vielleicht von mir gebildet haben, zu verstärken, leitete mich bei dem Schritt Ihnen, verehrungswürdiger Mann, das kleine Produkt zu überreichen. Es war einzig und allein der Wunsch, mich auf irgend einem Wege zu Ihnen zu drängen, irgend eine Verbindung, sey es auch nur die vorübergehende, die ein Brief und eine Antwort stiften, unter uns zu schaffen, mir wieder einmal sagen zu können, daß etwas, das von meinem Geiste ausging, einem so außerordentlichen Geist als der Ihrige auf einige Augenblicke beschäftigte. Aus diesem, und nur aus diesem Gesichtspunkte bitte ich Sie, dieses Schreiben zu beurtheilen. Wenn der einzige Mensch, der eine Mittelsperson zwischen Ihnen und mir abgeben könnte, wenn Humboldt Ihnen je gesagt hat, in welchem Grade ich es fühle, was sie unserm Vaterlande sind, und durch dieses der Menschheit einst seyn werden, so müßten Sie wenigstens überzeugt seyn, daß es Niemanden so wohl ansteht, als mir, mich mit voller Wahrheit zu nennen / Ihren treuen und dankbaren / Verehrer Gentz» (XXXVII, 1/199).[12] Die Verträglichkeit zwischen Vaterland und Menschheit beziehungsweise Weltbürgertum ist bemerkenswert. Hinsichtlich des beigefügten Schreibens handelt es sich um ein Memorandum, das Gentz dem neuen preußischen Monarchen Friedrich Wilhelm III. übersandt und in dem er diesen aufgefordert hatte, sich an liberale Prinzipien zu halten und sich von Friedenspolitik unter Beibehaltung eines starken Heeres leiten zu lassen; und entgegen der späteren Praxis unter Metternich rät er dem König, seinen Bürgern Pressefreiheit zu gewähren. Ein zweiter von Bewunderung zeugender Brief bezieht sich auf die Berliner Aufführung der «Jungfrau von Orleans» vom Spätherbst 1801, die mit so stürmischen Ovationen aufgenommen worden war. Gentz berichtet Schiller über diese Aufführung in einem ausführlichen Brief vom 3. Januar 1802. Er vermeidet es, auf den Text selbst und seine künstlerische Gestaltung einzugehen und beschränkt sich statt dessen auf eine Beschreibung der schauspielerischen Darbietung. Er scheut sich nicht, von einer «unaussprechlich-elenden Besetzung» zu sprechen (XXXIX, 1/160). Aber immer wieder dringen in die rezensionsartige Besprechung der Aufführung Töne der Bewunderung ein, die Schiller gelten. Rückblickend auf die persönliche Begegnung in Weimar, von der die Rede war, lesen wir: «Sie haben höchst wunderbar auf mich gewirkt»; oder wir lesen an anderer Stelle: «Mit Erstaunen sah, und fast mögte ich hinzusetzen, begriff ich, daß es ein Gemüth geben kann, das selbst solche Werke, wie die Ihrigen sind, mit vollkommenster Freyheit hervorbringt» (XXXIX,1/157); oder es heißt: «Was mich an ihrem Geist am meisten ergötzt und erquickt hat, ist das, daß er in einer so großen Tiefe eine so ausnehmende Klarheit zu behaupten, und einen so großen Reichthum einen so wundervollen Zusammenhang, eine so beruhigende Ordnung und Methode zu bringen weiß»; und an anderer Stelle desselben Briefes, der eigentlich sein Schwergewicht in der Besprechung der Berliner Aufführung hat oder haben sollte: «Es ist, seitdem ich Sie kennen lernte, eins der ersten Bedürfnisse meiner innern und bessern Existenz geworden, mich von Ihnen nie mehr ganz getrennt denken zu dürfen; und wenn Sie mich berechtigen, an eine gewiße Verbindung zwischen uns fortdauernd zu glauben, so erzeigen Sie mir eine Wohlthat, die mich zu einer nicht gemeinen Dankbarkeit verpflichtet» (XXXIX, 1/158). Und ein letztes Bespiel für den Stil der Bewunderung sei angeführt. Im September 1803 hat sich das Gerücht verbreitet, daß Goethe und Schiller künftig gemeinsam die Jenaer Literaturzeitung herausgeben würden. Gentz bittet Schiller, ihn selbst als künftigen Mitarbeiter ansehen zu wollen, falls es sich so verhält, wie man sagen hört; und wieder ist eine Sache nur Anlaß, Verehrung und Bewunderung zu bezeugen. Das geschieht mit Hilfe einer Rhetorik, in der sich ein Publizist wie Gentz als versiert erweist: «Ihr hoher Geist, nicht bloß der, der aus Ihren Werken weht, auch der, den Ihre mir ewig-unvergeßlichen Gespräche entfalteten, umschwebt mich oft in Stunden des Nachdenkens und des ruhigen Genusses. Von Ihnen nicht ganz vergessen zu seyn, ist einer der grösten Wünsche meines Lebens. Sie früher oder später einmal wieder zu sehen, und zu hören, ist einer der schönsten Träume der Zukunft für mich» (XL,1/121). Einen Hinweis verdient die Schrift, die Gentz 1806 ohne Verfassernamen und mit dem fingierten Verlagsort St. Petersburg veröffentlicht hat. Sie erschien unter dem Titel «Fragmente aus der neuesten Geschichte des politischen Gleichgewichts in Europa», herausgebracht von dem Leipziger Verleger Hartknoch, und gehört sicher zu den schärfsten antinapoleonischen Schriften, die es damals gab. Mit Entschiedenheit wendet sie sich gegen jede Form von Hegemonie in Europa, wie sie durch Napoleon aufgerichtet worden war. An die Stelle eines solchen auf militärischen Grundlagen beruhenden Herrschaftssystems setzt Gentz ein europäisches Staatensystem ohne Hegemonie und nimmt mit solchen Plänen und Entwürfen schon in hohem Maße vorweg, was Metternich nach dem Wiener Kongreß als seine Politik betreiben wird. Goethe hatte die Schrift von Gentz zugesandt erhalten und wußte sehr gut, mit wem er es als Verfasser zu tun hatte. In den «Tag- und Jahresheften» geht er auf die Schrift ein und bezeichnet sie dort als «*Gegengewichte* von Gentz» (XIV/176). Man mag dem zum österreichischen Staatsmann gewordenen Gentz, berechtigt oder nicht, mancherlei vorwerfen, aber Mangel an Mut mit Sicherheit nicht, jedenfalls nicht mit Berechtigung. Den Wagemut seines Verfassers hat Golo Mann mit dem Bemerken kommentiert: «Der Schritt war kühn; wäre er damals in die Hände der Franzosen gefallen, kein Zweifel, daß man ihn erschossen hätte, wie jenen Nürnberger Buchhändler, der gewagt hatte, eine gegen den Kaiser gerichtete Broschüre zu verkaufen.»[13]

Der dritte Gesinnungsfreund Schillers aus dem Umfeld der Napoleon-Gegner, der seinerseits den beiden Wortführern in Weimar gleichermaßen verbunden war, ist Wilhelm von Humboldt. Es ist vermutlich kein Zufall, daß beide Dichter einen ihrer letzten Briefe an ihn geschrieben haben. In ihrer späten Lebenszeit und in der Nähe des Todes denken sie beide an ihn, den gemeinsamen Freund, und sicher ist es einer der herrlichsten Briefe, die Goethe je geschrieben hat: «Verwirrende Lehre zu verwirrtem Handel waltet über die Welt, und ich habe nichts angelegentlicher zu tun als dasjenige was an mir ist und geblieben ist wo möglich zu steigern und meine Eigentümlichkeit zu kohobieren, wie Sie es, würdiger Freund, auf Ihrer Burg ja auch bewerkstelligen.» So Goethe in seinem am 17. März 1832 geschriebenen Brief.[14] Schillers hier zu nennender Brief mit dem Datum des 2. April 1805, geschrieben einen Monat vor seinem Tod, ist nicht weniger denkwürdig, eine Freundschaftsbekundung großen Stils: «Ich könnte es vor dem Himmel nicht verantworten, theurer Freund, wenn ich die schöne Gelegenheit, die sich mir darbietet, Ihnen ein Wort des Andenkens zu sagen, unbenutzt ließe. Ist es gleich eine unendlich lange Zeit, daß ich Ihnen nicht eine Zeile gesagt, so kommt es mir doch vor, als ob unsre Geister immer zusammen hiengen, und es macht mir Freude zu denken, daß ich mich auch nach dem längsten Stillstande, mit gleichem Vertrauen wie da wir noch zusammen lebten, an Ihr Herz legen kann. Für unser Einverständnis sind keine Jahre und keine Räume. Im Wirkungskreis kann Sie nicht so sehr zerstreuen, und der meinige nicht so sehr vereinseitigen und einschränken, daß wir einander nicht immer in dem Würdigen und Rechten begegnen sollten» (XXXII/206). Beide Briefe, zu ganz verschiedenen Zeiten geschrieben, sind denkwürdige Zeugnisse dieser einzigartigen Briefkultur. Sie lesen sich, als sei derjenige, an den sie gerichtet sind, der Dritte in diesem Freundschaftsbund; und dieser Eindruck drängt sich erst recht auf, wenn man sich das Zustandekommen der Freundschaft zwischen Goethe und Schiller in den Junitagen des Jahres 1794 vergegenwärtigt. Es sieht ganz so aus, als sei dieser Freundschaftsbund, wie man ihn nennt, nach dem ersten Zusammentreffen in der Naturforschenden Gesellschaft noch nicht als besiegelt zu betrachten.

Die Vermutung hat viel für sich, daß von Humboldt und seiner Ehefrau die Initiative ausgegangen ist, das Bündnis, das es werden sollte, zu befestigen; und dabei blieben die Freunde nicht unter sich. Offensichtlich hat das Dabeisein der Ehefrauen Schillers und Humboldts nicht wenig zum guten Ausgang beigetragen, und diese Besiegelung des Freundschaftsbundes im Hause Humboldts war mit Gewißheit nicht eine Sache zu zweit.[15] Goethe hat dies seinerseits in dem autobiographischen Bericht «Glückliches Ereignis» bestätigt. Aber die Zeit, in der das freundschaftliche Verhältnis Humboldts zu Goethe wie zu Schiller beginnt, ist vornapoleonische Zeit. Es ist die Zeit des weithin nicht gestörten Einklangs der drei Freunde. Daß es nach Schillers Tod und in der Vorgeschichte der Freiheitskriege einige Verstimmungen seitens Humboldts gegenüber Goethe gegeben hat, wird noch zu erörtern sein. Er scheint Goethes sperrige Zurückhaltung in der Zeit der Befreiungskriege und ihrer Vorbereitung nicht selten mit Verdruß wahrgenommen zu haben. Um sie geht es hier nicht vorrangig, aber sie ist im Gedankengang dieser Betrachtung auch nicht gänzlich auszugrenzen.

Ein Lebensbild dieses bedeutenden preußischen Reformers, der der deutschen Universität im 19. Jahrhundert rasch zu Weltgeltung verhalf, ist hier nicht zu erstellen. Was ihm gelungen und mißlungen ist, muß weithin außer Betracht bleiben; und auch die Wirkungen, die vor allem nach dem Ausscheiden aus dem preußischen Staatsdienst von dem Gelehrten und Sprachforscher ausgegangen sind, sind hier nicht zu würdigen, so sehr ihn gerade diese Seite seiner Tätigkeit auszeichnet. Aber bemerkenswert ist zunächst die Zeit seines Zusammenwirkens mit beiden Freunden während seiner Jenaer Jahre. Es ist dies die Zeit seiner weitesten Entfernung von Staat und Staatsdienst. Nach kurzer Zeit scheidet er aus ihm aus und schreibt seine Abhandlung über die Grenzen des Staates. Dieser Essay mit dem Titel «Ideen zu einem Versuch, die Grenzen der Wirksamkeit des Staats zu bestimmen» ist 1792 entstanden und in Auszügen mit veränderten Überschriften in der «Berlinischen Monatsschrift» wie in Schillers Zeitschrift «Neue Thalia» erschienen. Die durch die Französische Revolution veränderten Staatsverfassungen sind deutlich der Anlaß. Ihnen gegenüber werden Grundgedanken der Weimarer Klassik, der sich Humboldt schon um diese Zeit verbunden weiß, geltend gemacht. Hauptprinzip der Abhandlung ist das für Humboldt nicht hintergehbare «Lebensprinzip der Individualität», seine Selbstbestimmung. Vorbehalte oder Mißtrauen gegenüber den Staaten sind im sogenannten «Ältesten Systemprogramm des deutschen Idealismus» wie in Schillers «Briefen über die ästhetische Erziehung des Menschen» ähnlich formuliert. Aber deutlich ist auch die Nähe zu Schillers staatspolitischem Aufsatz «Die

GESINNUNGSFREUNDE

Gesetzgebung des Lykurgus und Solon», erschienen 1790. Auch hier gibt es die Distanzierung gegenüber dem Staat zugunsten des Individuums, wenn es heißt: «Der Staat selbst ist niemals Zweck, er ist nur wichtig als eine Bedingung, unter welcher der Zweck der Menschlichkeit erfüllt werden kann, und dieser Zweck der Menschlichkeit ist kein anderer als Ausbildung aller Kräfte des Menschen, Fortschreitung» (IV/815). Von Staatsfrömmigkeit kann nicht die Rede sein. Aufgrund solcher Gleichklänge wäre es durchaus geboten, den Freundschaftsbund der Weimarer Klassik zu einem Dreierbund zu erweitern und sich Humboldt hinzuzudenken. Der Humanismus, dem sich der junge Humboldt verschreibt, ist von traditioneller Art; er trägt Züge des klassischen Gelehrten-Humanismus, wie man ihn seit der frühen Neuzeit kennt; und er zielt auf Selbstvervollkommnung, auch wohl auf Selbstgenuß im Zeichen der Bildung und Ästhetik. Er hat sein Schwergewicht in der antiken Kultur. Humboldt gilt im Kreis der «Horen»-Mitarbeiter als ihr kompetenter Kenner, ein Nachfahre Winckelmanns, für den das Griechentum höchste Werte bewahrt. Dem «Horen»-Projekt Schillers hat sich dieser Griechenkenner mit Leib und Seele verschrieben. Der Eifer – und manchmal ist es auch Übereifer –, mit dem er Schillers Zeitschriftenplan begleitet, ist bemerkenswert. Er ist am Gedeihen des Projekts wie kaum ein anderer Mitarbeiter beteiligt, auch durch eigene Beiträge, die er liefert; der Aufsatz über Pindar ist einer der ersten, die er beisteuert. Wilhelm von Humboldt ist in dieser Hinsicht ein tätiger Freund der Klassiker in Weimar. Fast drei Viertel der Korrespondenz mit Schiller sind dem Horen-Projekt gewidmet. Diese sehr ungleichen Proportionen, die man wahrnimmt, lassen einen Vergleich des Briefwechsels zwischen Goethe und Schiller nicht recht zu. Dem brieflichen Gedankenaustausch mit Schiller – und das trifft weithin auch für denjenigen mit Goethe zu – fehlt die Stetigkeit, auch wohl die literarische Absicht, die den Briefwechsel zwischen Goethe und Schiller durch die Jahre hin auszeichnet. Es fehlt ihm, was die eigene Tätigkeit angeht, das literarische Gesicht dieser Korrespondenz aufgrund der poetischen Praxis beider Autoren, obgleich er selbst eine Vielzahl von eigenen Gedichten, vor allem Sonette, verfaßt hat. Nach Humboldts Weggang von Jena tragen verschiedene Umstände dazu bei, daß der briefliche Gedankenaustausch erlahmt und zu erliegen droht. Das betrifft sowohl die zahlreichen Auslandsaufenthalte in Frankreich, Spanien und Italien als auch den Wiedereintritt in den preußischen Staatsdienst mit Übernahme des Gesandtenpostens beim Heiligen Stuhl in Rom, 1802, später, nach Schillers Tod, in Prag, Wien und London. Die diplomatische Tätigkeit, die er von nun an ausübt, ist mit wiederholten Abordnungen zu Friedensverhandlungen in der Vorgeschichte des Wiener Kongresses verbunden. Aber trotz der vor allem auf seiten Humboldts sporadisch gewordenen Korrespondenz gibt es einige Glanzstücke in ihr. Zwei von ihnen seien angeführt. Zum ersten der Brief-Essay über «Wallenstein» vom September 1800, wie man diesen ungewöhnlichen Brief genannt hat.[16] 16 großformatige Seiten im Druck der Nationalausgabe! Schon der Umfang ist einzigartig. Von Hegels wenig verständnisvollem Einblick in das große Dramenwerk unterscheidet sich Humboldts Niederschrift, wie sich Tag und Nacht unterscheiden, obwohl Schillers Freund keineswegs verschweigt, was Hegel zu den apodiktischen Ausrufen verführt: «und unglaublich! abscheulich! der Tod siegt über das Leben! dies ist nicht tragisch, sondern entsetzlich!»[17] Humboldt spricht seinerseits von starrem Entsetzen, vom Zerreißen jeder angeregten Stimmung, von der furchtbaren Idee der Dichtung und ihrem Schauder erregenden Hintergrund – und rechtfertigt gleichwohl die «Größe der tragischen Wirkung» (XXXVIII, 1/323). Zum zweiten, was die Glanzstücke angeht, die Einleitung zur Erstausgabe dieses Briefwechsels, sein Essay «Ueber Schiller und den Gang seiner Geistesentwicklung», der auf höchstem Niveau die wissenschaftliche Befassung mit Schillers Künstlertum einleitet. Aber nicht auf das Verhältnis beider Autoren sind diese Ausführungen gerichtet, sondern auf Schillers Gesinnungsfreunde, sofern es dabei um die Einschätzung Napoleons geht. Und auch hier ist Gleichklang. Das betrifft den politischen Teil dieser Korrespondenz. Hier ist noch einmal auf die einzige und einzigartige Einbeziehung des französischen Herrschers einzugehen, auf die schon in anderem Zusammenhang aufmerksam gemacht wurde.

In Frage steht der doch wohl letzte Brief, den Humboldt an Schiller geschrieben hat: der Brief vom 22. Oktober 1803, auch dies ein ungewöhnlicher Brief, als ginge es darum, zusammenzufassen und abzuschließen. Fast unvermittelt und unerwartet geht der beruhigte Duktus des Schreibers in eine fast bekenntnishafte Aussage über, in eine Art Lebensfazit, und in diesen bekenntnishaften Lebensrückblick wird unversehens der französische Konsul und General, damals noch Bonaparte, einbezogen. Es ist dies der schon zitierte Passus, der mit den Worten beginnt: «Der Maßstab aller Dinge in mir bleibt fest und unerschüttert ...» Der Brief schließt mit den bewegenden Worten, ohne daß der Schreibende die Bedeutung seiner Aussage ermessen konnte: «... für Sie braucht man das Schicksal nur um Jahre zu bitten. Die Kraft und die Jugend sind Ihnen von selbst gewiß!» (XL,I/142) Die hierarchische Ordnung, die hier hergestellt wird, ist unmißverständlich. Was immer der Schreibende vom Beherrschen halten mag – die Ideen, für die er lebt, müssen übergeordnet bleiben, und Ideen, sicher in Erinnerung an Platon, sind das A und O seines Denkens. Diese hierarchische Ordnung ist weniger wichtig als die Einstellung zu Bonaparte. Die Art, wie Humboldt von ihm spricht, läßt nicht erwarten, daß er ihn schätzt oder verehrt – schon gar nicht wie Goethe. Hierfür gibt es mehrere Zeugnisse. Während seines Aufenthaltes in Paris ist Humboldt dem im Aufstieg begriffenen Konsul mehrfach begegnet, und was wir hierüber wissen, bestätigt die für Humboldt unerfreuliche Erscheinung. Es gibt hierüber eine Niederschrift im Tagebuch von 1797. Sie beginnt mit einer Beschreibung des äußeren Erscheinungsbildes: «Er ist klein und mager; hat einen kleinen Kopf und wie ich zu bemerken glaubte selbst für seine Figur kleine und feine Hände. Sein Gesicht ist mehr länglicht, als rund und sehr mager.» Danach einige Bemerkungen über die Kleidung: «Angezogen war er sehr einfach, blauer Rock und Ueberrock, bis beinah auf die Finger herunterhängende Aermel, Stiefeln und Sporn. Er trägt einen Zopf und ist gepudert.» Das abschließende Urteil hört sich eher abweisend als wohlwollend an: «Manchmal bekommt indess sein Gesicht, vorzüglich wenn er es in Bewegung setzt, auch etwas Hartes, und Schneidendes» (V/47). Für die Forschung steht fest, daß Mißfallen und Mißtrauen sein Verhältnis zu dem späteren Kaiser prägten. So der Historiker Siegfried A. Kaehler in seiner Studie «Wilhelm Humboldt und der Staat»: «Der Überwinder und künftige Vollender der Revolution erregte viel weniger die Aufmerksamkeit Humboldts als ihr Theoretiker, der ci-devant abbé Emanuel Joseph Sieyès. Gerade der Theoretiker der Revolutionspolitik mußte durch seine Ideen den Theoretiker der Reform nachhaltiger anziehen als der in der Wirklichkeit lebende Tatmensch.»[18] Deutlicher zeigten sich Einstellung und Ablehnung gegenüber dem Beherrscher Europas, der er geworden war, in den gegen Napoleon gerichteten Verhandlungen in Paris und Châtillon, als es mit dem Regiment des Kaisers zu Ende ging. Humboldt, der als preußischer Delegierter an mehreren dieser Verhandlungen teilgenommen hat, vertrat gegenüber Napoleon, unterstützt von preußischen Gegnern des Franzosen wie Blücher, Boyen oder Gneisenau, die harte Linie. In Hinsicht auf einen künftigen Frieden war er gegenüber Napoleon nicht zu großzügigem Vergeben und Vergessen bereit. Nach der Flucht des gescheiterten Herrschers von Elba soll Humboldt in einer Beratung leitender Staatsmänner mit Beziehung auf den Korsen gesagt haben: «Kein Friede und kein Waffenstillstand mit ihm».[19] Die Übereinstimmung mit Schiller in der Gegnerschaft zu Napoleon kann hinfort nicht zweifelhaft sein. In dieser Zeit haben sich Goethe und Humboldt wohl am weitesten voneinander entfernt, obschon es zu Dissonanzen oder gar zu einem Bruch nicht gekommen ist.[20] Die Gegnerschaft zu Napoleon ist wenig bekannt, wie man denn in Humboldt zu einseitig den Weltbürger wahrnimmt, der er war und stets geblieben ist. Aber das darf nicht darüber hinwegsehen lassen, daß es gleichermaßen den Patrioten Wilhelm von Humboldt gegeben hat. Was im Gang dieser Betrachtung wiederholt als vaterländische Wendung bezeichnet wurde, ist in seinem Denken, zumal in der Vorgeschichte der so genannten Befreiungskriege, nicht weniger ausgeprägt als im Falle Schillers.

In einem seiner frühen Briefe an Schiller hatte Humboldt zu bedenken gegeben, ob es nicht angezeigt sein könnte, dereinst den Wohnort zu wechseln. Im Brief vom 25. August 1795 lesen wir: «Ueberhaupt sagt mir doch unsere Trennung aufs neue, daß Sie nicht in Jena leben sollten... Ihnen würde eine größere, lebendigere Stadt doch mehr Stoff von außen zuführen...» (XXXV/304). Humboldt hätte hinzufügen können, eine Stadt wie Berlin biete sich hierzu vor anderen Städten an. Er konnte nicht ahnen, hätte er diesen Vorschlag, was Berlin angeht, ausgesprochen, daß sein Freund eines Tages diesen Rat ernsthaft in Erwägung ziehen würde, wie es Schiller gegen Ende seines Lebens getan hat. Um die Zeit, als er an «Wilhelm Tell» arbeitete, hatte er ähnliche Gedanken. An Humboldt schreibt er am 7. Februar 1803: «... oft treibt es mich in der Welt nach einem andern Wohnort und Wirkungskreis umzusehen, wenn es nur irgendwie leidlich wäre, ich gienge fort» (XXXII/12). Schillers Berliner Reise im Frühsommer 1804 war keine Veranstaltung bloß dem Scheine nach, kein Versuch, auf diese Weise seine Haushaltslage aufzustocken. Nach allen vorhandenen Zeugnissen zu schließen, waren ernsthafte Erwägungen im Spiel, und hätte es die bald tödliche Krankheit nicht gegeben, die ihn auch während dieser Reise bedrängte, so hätte wohl manches anders laufen können. Schiller war einer Einladung des längst zu höchstem Ansehen gelangten Theaterdirektors Iffland gefolgt, der einmal, vor mehr als zwei Jahrzehnten, in Mannheim den ersten Franz Moor auf der Bühne verkörpert hatte. Dennoch war die Reise nach Berlin mehr als eine Theaterreise, obschon es sich sein Gastgeber nicht nehmen ließ, eine größere Zahl an Dramen Schillers zur Aufführung zu bringen. In Wirklichkeit war es die Triumphreise seines Lebens, zu der ihn seine Ehefrau und seine zwei Söhne begleiteten. Es waren Tage ohne Beispiel und Vergleich. Unter den Dramen war es die romantische Tragödie «Die Jungfrau von Orleans», die anläßlich dieser Aufführung die Besucher wortwörtlich von den Stühlen riß; es gab Ovationen, wie er sie so wohl noch nicht erlebt hatte; am Spalier, das abzuschreiten war, ließ er den ältesten Sohn teilnehmen. Wo wäre solches zuvor einem deutschen Dichter je beschieden gewesen! Und keine Frage: Dasselbe Drama, das uns Heutige eher in Verlegenheit setzt als zu Beifallsstürmen hinreißt, wurde damals offensichtlich wie eine Offenba-

GESINNUNGSFREUNDE

rung hingenommen, wie in Szene gesetzte Aktualität. Kein Historiendrama also, sondern ein hochaktuelles Stück. Aber die Aktualität beruht in der Politik, die es versteckt, in einem Zeitgespräch, zu dem es auffordert. Die politisch getönten Ovationen lassen aber auch darauf schließen, daß nicht nur der Theaterdichter in das schon bedrohte Berlin gekommen war, sondern ein Schriftsteller, der die Zeit in Gedanken und Szenen erfaßte. Man wird in politischer Hinsicht gewußt haben, woran man war. Etwas Weiteres und gewiß nichts Unpolitisches kommt hinzu. Zweimal wurde Schiller von dem Königspaar empfangen, dem er einige Jahre zuvor schon einmal in Weimar vorgestellt worden war. Nun sah er beide Königsleute zum zweitenmal. Am 13. Mai wurden dieser Rebellenfreund und «Widerständler» zur ersten Audienz in das Charlottenburger Schloß eingeladen. An einem mehrjährigen Aufenthalt zeigte sich Schiller interessiert, und so überreichte der preußische Minister von Beyme ein Angebot, ehe es zu einer zweiten Einladung kam, zu einem Frühstück in Sanssouci. Sehr viel hatte nicht gefehlt, und es wäre bald so weit gekommen: Schiller, der Dichter der Nation, die es noch gar nicht gab, in der Nähe des preußischen Königsthrons. Zur Übersiedlung ist es nicht gekommen. Aber die Reise war auch keine Reise ins Leere. Humboldt war nicht zugegen, er war noch in Rom. Hätte es aber den bezeichneten Ortswechsel gegeben, um noch für kurze Zeit im Konjunktiv zu verbleiben, hätte sich das gemeinsame Wirken beider vor allen Augen abgespielt und der Öffentlichkeit in der späteren Geschichte wäre deutlich geworden, daß dieses «Gespann» Humboldt und Schiller heißen muß, blickt man auf das, was sich nach Jena und Auerstadt in Preußen tat; erst in Königsberg, danach in Berlin. Gemeinsam haben sie große Ideen in die geistige Welt gebracht, ohne daß man das Geringste von den Verdiensten des großen Reformers abzuziehen hat, um die es sich im Falle Humboldts und seiner Universitätsgründung handelt. Alles im Zeichen eines antinapoleonischen Denkens. Aber auch ohne dieses nie stattgefundene Zusammenwirken von der Niederlage nach Jena und Auerstadt bis zur Gründung der Berliner Universität im Jahre 1809/10 gehören sie mehr als nur in einem Sinne zusammen, der große Reformer, der als Sprachforscher und Philologe für Dichtung wie wenige offen und empfänglich war, und der Dichter, der die aufziehende Wissenschaft wie wenige verstand, ohne ihr zu verfallen. Es ist daher angezeigt, die Berliner Reise Schillers als eine symbolische Reise zu verstehen, an der sich die Richtung zeigt, in die er dachte. Sie ging nach Berlin, mitten hinein in das Zentrum der preußischen Reformen, und es war der Erzfeind des französischen Kaisers, der Reichsfreiherr vom Stein, der dafür sorgte, daß das wohl wichtigste Amt, das damals zu vergeben war, die Sektion für Kultus und Unterricht, an Humboldt vergeben wurde.

Daß Schiller 1803, zwei Jahre vor seinem Tod, einen Wechsel des Wohnortes erwägt und daß sich mit der Reise nach Berlin in Frühsommer 1804 verwandte Gedanken verbinden, gibt zu denken. Sie haben allem Vermuten nach ihren Grund in dem hingeschwundenen Ruhm der Philosophenstadt Jena um diese Zeit wie in der Überlegung, daß die Entscheidungen nunmehr in der preußischen Hauptstadt fallen und Weimar wie Jena zu Nebenschauplätzen geworden sind, und das heißt auch, daß die Politik Vorrang vor anderem erhalten hat. Dieses Sichwegsehen von Weimar hat sicher auch damit zu tun, daß man sich die Übereinstimmung im Denken und Dichten zwischen Goethe und Schiller nicht mehr so innig und intensiv vorzustellen hat, wie sie ein Jahrzehnt zuvor gewesen war. Was als Befreiungskriege in die Geschichte eingegangen ist, ist noch nicht geschehen. Aber man bereitete sich auf sie vor. In diesem Punkt gehen die Auffassungen Goethes und Schillers auseinander wie in der Einschätzung Napoleons als Universalmonarch oder fremder Eroberer. Bringt man Schiller wie Humboldt mit diesen Kriegen in Verbindung, so hat man erst einmal den ideologischen Firnis zu entfernen, der seit langem die ursprünglichen Ideen verdunkelt und verfremdet hat. Befreiung heißt erst einmal und noch für längere Zeit: Befreiung der Stadt oder des Staates vom Tyrannen, dem fremden Eroberer. Befreiung also als ein in jedem Betracht legitimes Phänomen, wenn man einem Grundgedanken des philosophischen Zeitalters, denjenigen der Selbstbestimmung, Rechnung zu tragen sucht. Daß Schillers Denken seit «Wilhelm Tell» auf diese Ideenwelt gerichtet ist, hat man zu sehr verschiedenen Zeiten wahrgenommen und ausgesprochen, so mit dem Pathos des 19. Jahrhunderts in der im Gedenkjahr 1859 erschienenen Biographie von Emil Palleske. Hier heißt es in einem die Besprechung des «Wilhelm Tell» beschließenden Abschnitt: «Mit diesem Drama hatte Schiller sein Volk gegen Napoleon gewaffnet, so weit ein Dichter es waffnen kann. Wenige Jahre nachher stand es auf, Stein entfesselte die Volkskraft und entflammte die Fürsten, und Schill und York handelten ohne Rütlibeschlüsse. Und die ewigen Rechte, die droben hangen unveräußerlich? Schon sind sie im Herzen der Völker und schon fühlen gerechte Fürsten, daß nur in ihnen der Wall der Ordnung ruht. Wenn aber einmal die Prophezeihung Attinghausen's für Deutschland erfüllt ist, dann wird man auch im Vaterland Schiller's Tell so in Ehren halten, wie man in der Schweiz schon heute ihn ehrt.»[21] So auch, und doch gänzlich anders im Ausdruck, in einem politischen Lexikon, das demokratisches Denken und Widerstandsdenken bevorzugt würdigt und im Artikel über Schiller gleichfalls den Bogen von «Wilhelm Tell» zu den Befreiungskriegen schlägt. In diesem, in seiner Auswahl ungewöhnlichen Lexikon wurde Schiller als politischer Dichter aufgenommen, und der hier in Frage stehende Passus lautet: «Die (politische) Intelligenz Deutschlands und Europas stand vor der Entscheidung, in ihm [gemeint ist Napoleon] den Vollstrecker der Ideen von 1789 zu sehen ... oder den Ursurpator, der nun die Eigenständigkeit der Völker auszulöschen drohte. Während Goethe zwischen beiden Positionen schwankte, ergriff Schiller erstmals wieder eindeutig politisch Partei – gegen Napoleon. Im «*Wilhelm Tell*» (1804) ... rechtfertigte Sch. den Aufstand der Schweizer Eidgenossen gegen die Habsburger Anfang des 14. Jahrhunderts – und trug damit zu ideologischen Vorbereitung der deutschen Befreiungskriege gegen Napoleon 1813/14 bei.»[22] Blickt man von dieser Aussage noch einmal auf den «Dreierbund» zurück, wie er um 1794/95 sich abzuzeichnen schien, so wird man ihn jetzt, sieht man auf die Ereignisse, die wir als Befreiungskriege bezeichnen, auf das Zusammenwirken von Schiller und Humboldt zu beschränken haben, aber doch eben im Zeichen von Aufstand, Volksaufstand und Widerstand. Was aber ist im Zeichen des Widerstands und der geistigen Erneuerung geschehen, das Schiller und Humboldt verbindet?

Es geht im Hinblick auf das Zusammenwirken beider Schriftsteller um eine Kultur der Niederlage im Zeichen der geistigen Erneuerung, der sie vorarbeiten, ehe es 1806 die Niederlage von Jena und Auerstedt geben wird. Das ist im Hinblick auf die Universitätsgründung in Berlin zunächst als Verdienst Wilhelm von Humboldts zu würdigen. Einige dieser «Erfolgsrezepte», die aus seiner Leistung nicht wegzudenken sind, seien genannt. Zunächst die Trennung von Schule und Universität im Hinblick auf die fundamental unterschiedliche Lehrmethode. Es sind dies die Arbeitsweisen zweier Institutionen, die einander zuarbeiten und dennoch Trennung voraussetzen. Nun «zahlt» sich aus, was man in Jena und Weimar vorausgedacht hat. Hier wurde – an Saale wie an Ilm – der Begriff Bildung bereitgestellt, der in den weitesten Bereichen der Wissenschaft wie in der Pädagogik Geltung beansprucht; ein Komplex geistigen Lebens, mit dem man seit dieser Epoche zu arbeiten versteht. Bildung als etwas, das im Erziehungsbereich, weder in Lehre noch in Ausbildung, gänzlich aufgeht, sondern sich mehr als etwas Zusätzliches gegenüber Lehre, Ausbildung und methodisch betriebener Wissenschaft erweist, sondert sich als etwas schwer Definierbares von diesen weithin praktischen Bereichen ab. Sie ist etwas, das zu diesen Bereichen hinzukommen muß, damit daraus ein Ganzes entsteht, wie es der Historiker Otto Voßler in einem Aufsatz über Humboldt formuliert hat: «Das Ideal der

Wissenschaft und das der Menschenwürde und Menschenkraft schmelzen in eines zusammen, die Bildung.»[23] Humboldt nennt dieses, was mehr sein muß als das nur Praktische, das noch nicht Abgeschlossene in Lehre wie in Forschung, Bildung. Als dieses noch nicht Abgeschlossene ist der aus der Naturwissenschaft hervorgegangene Bildungsbegriff auf Forschung übertragbar. Forschung ist etwas Unabgeschlossenes und darin der Bildung verwandt. Dieses noch nicht Abgeschlossene, das Humboldt als Bildungsreform glänzend erfaßt, hat Schiller vorgedacht. Seine Jenaer Antrittsvorlesung, gehalten im Revolutionsjahr 1789, ist eine Vorstufe der späteren Universitätsidee, die der Gründung der Berliner Universität mitgegeben ist. Sein philosophischer Kopf ist eine Metapher der neuen Universitätsidee – eine Vorwegnahme dieser Idee. Schillers auf die Universität gerichtetes Denken sieht auf Fortschritt; das muß so sein. Aber als Dichter, der sich nicht verleugnet, wenn er es mit Wissenschaft zu tun hat, stellt er ihr die Tragödie zur Seite, die vor Wissenschaftsgläubigkeit bewahrt, wie es sie geben wird. Er sieht, worauf es in den Wissenschaften ankommt und sieht zugleich, daß sie Gegengewichte braucht, wenn sie nicht zu einer Macht neben der politischen Macht werden will. Im Erstdruck zur Erzählung «Der Verbrecher aus verlorener Ehre» findet sich ein Passus, in dem einer modernen auf naturwissenschaftlichen Grundlagen beruhenden Medizin das Wort geredet wird, als hätte man es mit einem Vorläufer Rudolf Virchows zu tun: «Die Heilkunst und Diätetik, wenn die Ärzte aufrichtig sein wollen, haben ihre besten Entdeckungen und heilsamsten Vorschriften von Kranken- und Sterbebetten gesammelt. Leichenöffnungen, Hospitäler und Narrenhäuser haben das hellste Licht in der Phisiologie angezündet. Die Seelenlehre, die Moral, die gesetzgebende Gewalt sollten billig diesem Beispiel folgen, und ähnlicherweise aus Gefängnissen, Gerichtshöfen, und Kriminalakten – den Sektionsberichten des Lasters – sich Belehrungen holen» (V/1156). Die Wissenschaften werden in ihrer Bedeutung für Fortschritt und Wohlfahrt des Menschen erkannt, aber Schiller sieht auch, daß sie ihre eigenen Wege gehen und die Künste nicht benötigen, um sich zu entfalten. In dem berühmten Brief an den Herzog von Augustenburg vom 13. Juli 1793 spricht er aus, was ihn besorgt macht: «Selbst die spekulirende Vernunft entreißt der Einbildungskraft eine Provinz nach der andern, und die Grenzen verengen sich, jemehr die *Wissenschaft* die ihrigen erweitert» (XXVI/260). Schiller sieht die Wissenschaften wie andere Geschäfte in die arbeitsteilige Welt eingebunden – in eine solche, die den Abspaltungen und Zersplitterungen wenig entgegenzusetzen hat. Es gehört zur Hellsicht seines Denkens, daß er Rang und Bedeutung der neuen Wissenschaften wahrnimmt, ohne ihren Denkformen kritiklos Folge zu leisten. Er sieht deutlich das wissenschaftliche Zeitalter heraufziehen, das er nicht zu hintergehen sucht, und sieht eben deswegen die ästhetische Erziehung, die Erziehung durch Kunst, für um so dringlicher an. In allen diesen Fragen denkt Humboldt wie Schiller, ohne den die neue Universität in Berlin nicht geworden wäre, was sie ist.

Der beispiellose Aufstieg dieser Universität und danach der deutschen Universität im Ganzen und mit ihr einhergehend der nicht weniger beispiellose Aufstieg der Wissenschaft, voran die Medizin, ist eine Theodizee großen Stils. Niederlage, Niedergang und Verfall mußten sein, damit neues Licht erstrahlen und das Land, wenigstens für geraume Zeit, auf unerwartete Weise erhellen kann. Selten hat eine militärische Niederlage wie diejenige, die auf Napoleons Siege zurückgeht, so hohe Kultur hervorgebracht. An dieser Kultur einer Niederlage, als einer Art Theodizee, sind zahlreiche hochstehende Persönlichkeiten beteiligt, darunter mehrere, die aus dem Kulturzentrum Jena-Weimar, noch vor der Niederlage Napoleons, nach Berlin gekommen waren. Die Verlagerung dieser Kultur aus dem Zentrum Weimar/Jena nach Berlin zu Anfang des 19. Jahrhunderts und noch zu Schillers Lebzeiten ist eines der denkwürdigsten Ereignisse in der Geschichte der deutschen Kultur wie in der deutschen Wissenschaftsgeschichte. Diese Geschichte ist von dem, was wir Weimarer Klassik nennen, nicht zu trennen. Die Vielzahl der Mitwirkenden an dieser Aufstiegsgeschichte darf aber nicht darüber hinwegsehen lassen, daß es ein Einzelner war, Wilhelm von Humboldt und kein anderer, der im Bereich der Bildung sehr vorübergehend das Heft in die Hand nahm. In der Geschichte Preußens aus der Sicht eines Außenstehenden, des englisch-australischen Historikers Christopher Clark, liest sich das so: «Mit der Erneuerung des Bildungssystems wurde Wilhelm von Humboldt beauftragt, ein Mitglied einer pommerschen Militärfamilie, der im aufgeklärten Berlin der 1770er und 1780er Jahre aufgewachsen war. Zu seinen Hauslehrern hatten der Befürworter der Judenemanzipation, Christian Wilhelm von Dohm, und der fortschrittliche Jurist Ernst Ferdinand Klein gezählt. Auf Steins Drängen hin wurde Humboldt am 20. Februar 1809 zum Leiter der ‹Sektion Kultus und des öffentlichen Unterrichts› im Innenministerium ernannt.»[24] Und der Reichsfreiherr vom Stein, füge ich hinzu, war um diese Zeit der wohl prominenteste Gegner Napoleons, den es in der preußisch-deutschen Reformbewegung gab. Was die neue Universität auszeichnete, war dies, daß der Gründung der Universität eine Idee der Universität zugrunde lag, und Ideen waren Humboldts universales Thema. Aber die berechtigte Herausstellung eines Einzelnen, hier Wilhelm von Humboldts, darf wiederum nicht dazu führen, daß man die Mitwirkenden übersieht: Schleiermacher, Fichte, Süvern, aber Schiller doch eben auch. Der Bogen, der von der Weimarer Klassik zur Neugründung der Berliner Universität zu schlagen ist, betrifft eben nicht nur Kultur und Wissenschaft. Er betrifft auch Widerstand und Widerstandsrecht, denen Schillers Dramen das Wort reden – eine Widerstandsdramatik, die in ihrer Wirkung auf die Zeitgenossen über seinen Tod hinaus nicht ihresgleichen hat. Damit ist diesem Erbe von Anfang an das Widerstandsthema mitgegeben. Daher ist der Rede, die Kultur der Weimarer Klassik wie die aus ihr hervorgegangene Universitätsidee hätten dem Einbruch der Barbarei nichts entgegenzusetzen gehabt, zu widersprechen. Die Gründung der Berliner Universität und die Erneuerung des geistigen Lebens in Preußen zu Beginn des 19. Jahrhunderts hängen ohne Frage mit der Kultur von Weimar und Jena aufs engste zusammen. Aber sie sind keine Akte unpolitischen Denkens und von Widerstand gegen Depotismus und Eroberungskrieg nicht zu trennen. Das gilt für Schiller in erhöhtem Maße. Die von diesem Gründungsgeist wegführenden Entwicklungen sind späteren Datums. Zunächst aber geht es um eine zusammenfassende Darstellung der neuen Themen in Schillers Dramen, die sich aus der veränderten politischen Konstellation ergeben.

VII
DER FREMDE EROBERER UND
DIE NEUEN THEMEN

Zu den Themen und Motiven, die wiederholt zu Vergleichen mit Bonaparte geführt haben, gehört das charismatische Feldherrntum. Man sieht es am auffälligsten in Wallenstein verkörpert, und so ist man denn rasch zu Vergleichen oder Gleichsetzungen bereit und macht aus dem Feldherrn des Dreißigjährigen Krieges den in der Gegenwart agierenden Bonaparte. In den dreißiger Jahren des vorigen Jahrhunderts hat ein in der Schillerforschung angesehener Interpret (Kurt May) solche Versuche gewagt und in Wallenstein Bonaparte erkennen wollen. Wörtlich heißt es in diesem Zusammenhang: «Das Wallenstein-Bild des Prologs entfaltet sich aus der Charakteristik der historischen Person, die in das historische Drama eingehen soll, und diese Gestalt und ihre Epoche wird von vornherein in Bezug zur geschichtlichen Situation des Dichters in seinem Zeitalter gedeutet. Der Dichter des Jahres 1798 fühlt sich in einem erhabenen Moment der Zeit, in dem die Tiefe der Menschheit aufgeregt wird vom Kampf gewaltiger Naturen, der entbrannt ist um Herrschaft und Freiheit als der Menschheit große Gegenstände. Unausgesprochen weist die gewaltige Natur des kaiserlichen Feldherrn auf den Mann, dessen große Taten damals Europa erfüllten mit den Namen Lodi, Arcole, Venedig, Ägypten, den Mann, von dem Schiller nach dem Zeugnis seines Freundes Hoven schon 1793 gesagt hatte, daß er kommen werde und den Sturm beschwören, die Zügel der Herrschaft auf dem Kontinent ergreifen und mit unumschränkter Gewalt die neue Ordnung errichten. Das Gegenwärtige soll sich im Vergangenen spiegeln und dieses sich in jenem neu beleben. Wallenstein, um 1800 gedeutet, ist also Vergangenheit und Gegenwart ineins, und der Sturz des Feldherrn sagt damit auch das Ende des Kaisers voraus.»[1] Grundsätzlich ist zu dieser zweifellos interessanten Überlegung zu bemerken, was in anderem Zusammenhang schon bemerkt worden ist: Jede Verkörperung Napoleons in einer Dramenfigur Schillers ist bedenklich, weil Schiller seine

Personen immer nur im Wandel zeigt, daher allenfalls eine bestimmte Phase dieses Personseins in Frage kommen kann, eine bestimmte Seite im ideen- oder problemgeschichtlichen Zusammenhang. Dennoch ist es berechtigt, bei den hier behaupteten Napoleon-Bezügen zu verweilen und sie nicht im vorhinein und generell zurückzuweisen. Der Prolog, der die Trilogie eröffnet, wird oft sehr allgemein und unbestimmt auf Frankreich und die Französische Revolution bezogen. Aber Historiker haben zutreffend darauf aufmerksam gemacht, daß wir es diesem Prolog zufolge mit der nachrevolutionären Zeit, mit den Koalitions- und Revolutionskriegen zu tun haben.[2] Es ist also durchaus zutreffend, daß Schillers Wallenstein-Drama auf die Zeit der Eroberungskriege verweist, in der sich Bonaparte zum Diktator ernennen läßt. Wenn innerhalb des Dramas der dem Feldherrn wohlwollende Gordon sagt, daß Wallenstein unter anderem auch Diktator geworden sei, so darf man davon ausgehen, daß diese herrscherliche Bezeichnung nicht zufällig in das Drama gelangt ist. Eines aber darf als gesichert gelten: daß es zum Dramenstil Schillers gehört, Zeitgeschichte im Geschichtsdrama zu verstecken.

Von einem Charakter, der immer so bleibt, wie er war, wird hier nicht ausgegangen. Aber bestimmte Züge einer historischen Person können durchaus in einer Dramenfigur zu erkennen sein. Ein Beitrag aus dem letzten Gedenkjahr ist in diesem Zusammenhang bemerkenswert. Der Hölderlinforscher Jochen Schmidt macht auf eine Zeitlage aufmerksam, die nicht als einmalig und unwiederholbar angesehen werden muß, und gibt zu erwägen: «Gerade dann, wenn es keine feste Ordnung mehr für die Menschen gibt, fixieren sie ihr Orientierungsverlangen auf eine Führerpersönlichkeit. Schiller hat das mit einem über das spezifische Geschehen seines Dramas hinausreichenden Klarblick gesehen, denn diese Diagnose trifft ja nicht nur auf die Faszination zu, die Wallenstein in den Wirren des Dreißigjährigen Krieges ausübte. Sie gilt ebenso für die Faszination, die von Napoleon ausging. Wie Wallenstein durch Krieg und Chaos emporstieg, so eilte Napoleon während der Entstehungszeit des Wallenstein-Dramas aus den nachrevolutionären Kriegen dem Gipfel seiner Laufbahn zu.»[3] Aber der zitierte Beitrag muß nicht auf den ganzen Wallenstein bezogen werden. Der Vergleich überzeugt weit mehr, wenn man ihn auf eine bestimmte Phase seines Auftretens im Drama bezieht. In dem zitierten Passus werden die Zeit des Dreißigjährigen Krieges und die Zeit der Eroberungskriege im nachrevolutionären Frankreich angeführt, die das Verlangen nach Führerpersönlichkeiten geweckt haben. Aber auf eine dritte Zeitlage ist im Vergleich aufmerksam zu machen: auf die Zeit der Weimarer Republik, in der ein berühmter Begriff Max Webers die Runde macht. Es ist dies derjenige des Charisma, der charismatischen Führerpersönlichkeit.[4] Max Weber hat diesen Ausdruck nicht selbst in die Begriffsgeschichte eingeführt, sondern von dem Theologen, dem Kirchenrechtslehrer Rudolf Sohm, übernommen. Aber er hat an diesem Begriff ohne Frage Gefallen gefunden. Angewandt hat er ihn zuerst auf die Ausstrahlungskraft, die sich aus seiner Sicht mit der Person des Dichters Stefan George verbindet. In der George-Biographie von Thomas Karlauf wird der Begriff als Untertitel diskussionslos übernommen.[5] Der Begriff wird erst spät im Gang der chronologischen Darstellung erwähnt, nicht in der Vorrede und nicht in den ersten Teilen des Buches. Das Kapitel, in dem wir mehr über Herkunft und Bedeutung des Begriffs erfahren, heißt «Die Charismatische Herrschaft». Wir lesen die folgenden Sätze: «Vor diesem Hintergrund tauchte im Juni 1910 wie aus dem Nichts der Charisma-Begriff auf. Weber verwendete ihn erstmals in dem bereits zitierten Brief an die Studentin Dora Jellinek in dem er sich über das ‹Erlösungs-Bedürfnis› des ‹Maximin-Cultus› verbreitete ... Jetzt wird ‹Charisma› zum Schlüsselbegriff, zum Ausgangspunkt einer neuen Herrschaftssoziologie, zur ‹Zentralachse von Webers Geschichtsphilosophie›. Und es ist kein Zufall, dass er den Begriff zum ersten Mal im Zusammenhang mit George gebrauchte. Die Spur führte nach Berlin – zu Georg Simmel».[6] Aber Max Weber hat das mit dem Begriff Charisma Gemeinte keineswegs auf die Poetenwelt beschränkt. In «Wirtschaft und Gesellschaft» beschreibt er bald danach einen Herrschertypus, den er mit dem Charisma-Begriff in Verbindung bringt. In diesem Zusammenhang bezieht er Napoleon in seine Herrschaftstypologie ein.[7] Max Weber legt Wert darauf, daß dieser idealtypische Herrscher wertfrei verstanden wird. Aber es ist längst deutlich geworden, daß seine mit diesem Begriff verbundene Herrschaftssoziologie der charismatischen Führerpersönlichkeit viel Sympathie entgegenbringt. In der neueren Schillerforschung hat man den Charisma-Begriff Max Webers gelegentlich schon auf Fiesko angewandt und vordeutend auf Napoleon bezogen. Es geht um die Szene, in der sich Fiesko um die Stimme des Volkes bemüht, und um die Überlegungen, die Rolf-Peter Janz in seiner Interpretation des republikanischen Trauerspiels daran knüpft. Mit den folgenden Sätzen bringt er den hier in Frage stehenden Herrschaftstypus mit dem späteren französischen Kaiser in Verbindung: «Schillers Protagonist rechtfertigt seine fürstliche Macht nachträglich nach Art eines Plebiszits aus der offiziell eingeholten breiten Zustimmung der Beherrschten (V, 12). In Fiesco findet sich so der politische Weg literarisch präfiguriert, den Napoleon Bonaparte und Louis Napoleon beschritten haben.»[8] Mit größerer Berechtigung darf die geistige Verwandtschaft zwischen der Person des Charismatikers und Wallenstein erwogen werden. Aber wie schon gesagt: Nicht der ganze Wallenstein, sondern nur derjenige des Lagers legt den Vergleich nahe.

Daß Napoleon zu seinen Soldaten ein Verhältnis entwickelt hat, das damals völlig neuartig war, darf als bekannt vorausgesetzt werden. Neuartig war die Aufwertung des Soldatenstandes im ganzen. Soldaten wurden immer weniger die Außenseiter der Gesellschaft, als die sie lange Zeit gegolten hatten, und diese Besserstellung vergalten sie ihrem Herrn und Meister doppelt und dreifach. Sie brachten ihm Verehrung und Liebe entgegen, eine in hohem Maße abgöttische Liebe, so daß eine Art Symbiotik entstehen konnte. Der Historiker Michael Freund kommt auf dieses neuartige symbiotische Verhältnis in seiner Schrift «Napoleon und die Deutschen» zu sprechen und schreibt: «Mochte Napoleon Despot sein. Der Genius des Krieges bestand darin, daß seine Soldaten freie Menschen waren und daß die Freiheit, die angebetete Freiheit, mit ihm kämpfte.»[9] Die großen Erfolge, die der damals noch junge Feldherr verbuchen konnte, führt man auf dieses symbiotische Verhältnis zurück. Es wurde vorbildlich für die preußischen Militärreformer um Scharnhorst und Gneisenau. Sie übernahmen von den Franzosen, was gut an dem neuartigen Umgang mit den Soldaten war, so die Abschaffung entehrender Strafen.[10] Daß unbedingte Ergebenheit und blinder Gehorsam deswegen nicht einfach der Vergangenheit angehörten, ist einzuräumen. Das neuartige Verhältnis zu seinen Soldaten schloß für Napoleon nicht aus, sie in den zahlreichen Kriegen unbedenklich für seine Zwecke zu verschwenden. In der Vorwegnahme späterer Ausdrucksweisen waren sie ihm letztlich nicht viel mehr als eben Menschenmaterial, bei dem es sehr wohl auf die Zahl der Soldaten ankam, die ihm zur Verfügung stand. Es spricht vieles dafür, daß Schiller das charismatische Feldherrntum am Beispiel Napoleons, damals noch Bonapartes, nicht entgangen ist. Aber wenn es sich so verhält, so ist einschränkend zu vermerken, daß er seinerseits nicht gleichermaßen fasziniert war, wie viele andere seiner Zeitgenossen. Wenn es in Schillers Dramen Phänomene des Charismatischen gibt, so beziehen sie sich meist nicht auf Dichter oder politische Führerpersönlichkeiten, an die Max Weber zunächst gedacht hatte, sondern auf Feldherrn wie auf den Wallenstein in «Wallensteins Lager»; aber auch nur auf diesen, nicht auf den Wallenstein der Trilogie im ganzen. Was ihn am charismatischen Feldherrntum interessierte, war derjenige General, der unbedingte Ergebenheit und blinden Gehorsam erwartete. Wallensteins Soldaten hören auf ihn und sind ihm blind ergeben. Sie sind seine Kreaturen und werden durch die bloße Existenz des Charismatikers ihres Selbstseins beraubt. Schillers Kritik an solchem Feldherrntum, die den ähnlich agierenden Bonaparte ein-

DER FREMDE EROBERER UND DIE NEUEN THEMEN

schließt, hat ihr Fundament in der philosophischen Idee, die ihm ein und alles war: in der Selbstbestimmung des Menschen. Kommt noch hinzu, daß die Soldaten Wallensteins Söldner sind, Fremde in einem ihnen fremden Land, von außen hereingeholt, ohne Beziehung zu einem Vaterland. Sie sind solche, die zur Ausübung des Tötens angeworben wurden. Hinter der Darstellung des «Lagers» steht das Postulat der preußischen Reformer. Ihr Wirken fällt in eine spätere Zeit, und was sie wollten, wurde erst nach Schillers Tod realisiert. Aber das Postulat der allgemeinen Wehrpflicht war ihm von anderer Seite vertraut: so aus Kants Schrift «Zum ewigen Frieden», die 1795 erschienen war. Wenn es also im Denken Schillers um charismatisches Feldherrntum geht, dann geschieht dies stets anders als bei Max Weber; es geschieht in einem kritischen Sinn. «Wallensteins Lager» enthält Kriegsgesänge, und man könnte meinen, aus Schillers Dichtertum spräche die Stimme eines verhinderten Militärs. Aber damit würden diese Texte mit Gewißheit verfehlt. Denn über den Szenen des «Lagers», überstrahlt vom Abgott der Soldaten, also von Wallenstein, steht das unhintergehbare Wort aus dem «Prolog»: «Sein Lager nur erkläret sein Verbrechen.» Menschen ihr Selbstsein zu verwehren, wie es in einem Heer üblich und vielleicht auch notwendig ist, gehört nach Aussage des Prologs zu den Verbrechen. Folglich ist kein Satz, kein Wort, keine Silbe als ein Loblied auf das Soldatentum zu deuten, also auch das Reiterlied nicht.[11]

Die Motive des Feldherrntums, des militärischen Befehlshabers, der auf Gehorsam insistiert, um nicht Opfer fremder Krieger zu werden, hat Schiller in einem historischen Stoff, der Fragment geblieben ist, behandelt. Es ist dies das Fragment «Die Malteser». Die Geschichte betrifft die Verteidigung der Feste Malta im Jahre 1563 durch die Ordensritter der Malteser und ihres Großmeisters La Valette. Seit der Arbeit an «Don Karlos» ist Schiller der Stoff vertraut; Posa ist Angehöriger dieses Ordens.[12] Der Plan, den Stoff dramatisch zu bearbeiten, nimmt ihn in Anspruch, ehe er sich für Wallenstein entscheidet. Aber auch nach der Entscheidung für den Feldherrn des Dreißigjährigen Krieges läßt ihn der Stoff nicht los. Doch handelt es sich nicht um charismatisches Feldherrntum in kritischer Absicht wie im Fall Wallensteins, sondern um einen militärischen Befehlshaber im positiven Sinn – um einen solchen, der die Ritter seines Ordens nicht als Mittel zu seinen Zwecken benutzen will. La Valette will seine Ritter nicht zur Aufgabe ihres Selbstseins verführen, sondern ihre Einsicht für das gewinnen, was zu tun bleibt: das Fort bis zum letzten Mann zu verteidigen.[13] Er will sie für Widerstand gewinnen. Es geht mithin nicht um charismatisches Feldherrntum, sondern um die Abwehr fremder Eroberer, denen Widerstand zu leisten ist.

DER FREMDE EROBERER UND DIE NEUEN THEMEN

La Valette will überzeugen und erweist sich in diesem Punkt als ein Verwandter des Maltesers Marquis von Posa. Diese Ordensgeschichte der Malteser wurde zu Anfang der neunziger Jahre im nächsten Umkreis der Weimarer Klassik oder vielmehr des deutschen Idealismus mit ihrem damaligen Hauptsitz in Jena diskutiert. Anlaß war eine Geschichte, die schon 1726 in Frankreich und in französischer Sprache erschienen war. Ihr Verfasser war der Geschichtsschreiber René Aubert de Vertot; von diesem Werk hatte der aus dem Jenaer Philosophenkreis bekannte Friedrich Immanuel Niethammer eine Übersetzung besorgt, die 1792/93 erschien. Schiller hatte hierzu eine Vorrede verfaßt; und er machte aus seiner Sympathie für Orden und Ordensmeister keinen Hehl. Das Interesse gilt einem Herrschaftstypus, der in seine Dramen noch nicht Eingang gefunden hatte. Keine Verführung zur Macht, kein Charisma, aber Bereitschaft zum Widerstand und Sinn für das Ganze des Ordens, für die Insel wie für das, was man Gemeinwohl nennt. Wenn es in manchen Dramen wie «Maria Stuart» den sogenannten positiven Helden nicht mehr gibt – hier ist das Gegenteil der Fall. La Valette ist ein Held, indem er zum Widerstand mahnt und seine Ritter von der Verteidigung des Forts zu überzeugen sucht. Was das Werk Vertots für die Zeitgenossen attraktiv machte, ist nicht ganz leicht zu ersehen. Aber vielleicht nicht ganz zufällig erscheint die Ordensgeschichte in dieser Zeit, und wie hinsichtlich des charismatischen Führers sieht man sich erneut auf Bonaparte verwiesen. Das von Niethammer übersetzte Werk Vertots war in derselben Zeit erschienen, in der Fragen des Widerstandsrechts leidenschaftlich diskutiert wurden, wovon eingangs ausführlich die Rede war. Fünf Jahre später erhält das Thema Malta mit Bezug auf Napoleon eine unvermutete Aktualität. Am 6. Juli 1798 tauchten französische Schiffe vor der Küste Maltas auf. Unter Führung Bonapartes wurde das berühmte Fort erstürmt. Widerstand wurde kaum geleistet. Die Ordensritter hätten, so wird uns versichert, mit Ideen der Französischen Revolution sympathisiert. Widerstand oder nicht – das ist hier die Frage! Des Themas nahmen sich zwei Historiker in ihren Schriften an. Sie setzten den angeblichen Widerstand in Vergleich zu einem zeitgeschichtlichen Ereignis von weitreichender Bedeutung; dem Kongreß in Rastatt, den es dort im Dezember 1797 gegeben hatte. Die Historiker, die Schiller schon für sein Drama «Maria Stuart» zu Rate gezogen hatte, waren Johann Wilhelm von Archenholtz, der Herausgeber der Zeitschrift «Minerva», und Ernst Ludwig Posselt, der Herausgeber der Monatsschrift «Europäische Annalen» (1795–1807).[14] Aber damit wird eine neue Seite in der Reihe der Indizienbeweise aufgeschlagen. Es geht um Vaterland und Patriotismus als dem nächsten Thema im Bezugsfeld Napoleons.

DER FREMDE EROBERER UND DIE NEUEN THEMEN

Der Anlaß, davon zu sprechen, ist der folgende. Über die Einnahme Maltas durch Bonaparte und seine Truppen hatte Archenholtz in der Zeitschrift «Minerva» berichtet, in dem Beitrag «Kurze historische Darstellung von der Einnahme und Revolution von Malta durch die Franzosen im Jahr 1798».[15] Ernst Ludwig Posselt hatte ein Gleiches in seiner Zeitschrift, den «Europäischen Annalen», getan. Aber schon in einem der nächsten Hefte der «Minerva» hat Archenholtz den ausgebliebenen Widerstand seitens der deutschen Fürsten zum Gegenstand einer kritisch-polemischen Erörterung gemacht. In ihr wird Widerstand angemahnt, und es wird beanstandet, daß er ausgeblieben sei. Es ist das Verdienst Barbara Bauers, den Aufsatz von Archenholtz aus den Archiven in die Forschung zurückgeholt zu haben.[16] Zu sprechen ist über den Aufsatz «Bonaparte und der deutsche Patriotismus», und dieser gegenüber Bonaparte überaus kritische Text ist in mehrfacher Hinsicht bemerkenswert. Bonaparte wird Kunstraub in den von ihm eroberten Gebieten, vor allem aber Eroberung fremder Gebiete vorgeworfen. In hochpolemischer Form und mit schneidender Ironie wird das Feldherrn-Genie bloßgestellt: «Soviel beiläufig von dem Feldherrn *Buonaparte*, dessen Name in künftigen Zeitaltern weniger bey den Kriegern, als bey den Kunstfreunden unsterblich seyn dürfte; als Erfinder des sinnreichen Mittels, die Greuel des Kriegs auch auf die Wegnahme von Kunstschätzen auszudehnen ...»[17] Der Begriff «der fremde Eroberer» wird nicht gebraucht, würde aber die Essenz dieser kritischen Stellungnahme gut zum Ausdruck bringen. Aber das Kernstück dieser Polemik ist der Kongreß von Rastatt, in dem Österreich und die deutschen Fürsten zuließen, daß Bonaparte mit ihnen machte, was er wollte. Man muß sich den vorausgegangenen Aufsatz über die widerstandslose Preisgabe Maltas hinzudenken, um im Verhalten der deutschen Delegierten in Rastatt eine Wiederholung dessen zu erkennen, was dort geschehen war. Unter den hier genannten Historikern war vor allem Archenholtz ein von Schiller sehr beachteter Autor. Er war als Hauptmann der friedericianischen Armee mit der europäischen Aufklärung bekannt geworden. Aber er war auf dieser Position nicht stehen geblieben, sondern hatte die Zeitläufte aufmerksam verfolgt und kommentiert. Wie viele seiner Zeitgenossen hatte er mit den Ideen der Französischen Revolution sympathisiert und sich zu Anfang der neunziger Jahre für geraume Zeit in Paris aufgehalten, wo er sich nach den üblichen Enttäuschungen wieder zurückzog. Er war ein Gegner Bonapartes von Anfang an. Zwar gibt es gelegentlich Anzeichen einer gewissen Faszination, aber das bleibt Episode. Der Tenor seiner Einschätzung des Korsen weicht in dem genannten Aufsatz nicht wesentlich ab. Schiller kannte ihn schon von seiner Dresdner Zeit her und hat seine Publikationen aufmerksam verfolgt. Man darf sicher sein, daß ihm der Aufsatz «Bonaparte und der deutsche Patriotismus» nicht entgangen ist. An den Historiker hatte Schiller am 10. Juli 1793, noch vor der Zeit des beginnenden Zusammenwirkens mit Goethe, geschrieben: «Ist Ihnen noch nicht die Idee gekommen, ein kurzes, gedrängtes Tableau von dem amerikanischen Freyheitskrieg aufzustellen? Ich kenne nichts in der neuern Geschichte, was unter der Hand eines guten Meisters so allgemein anziehend werden könnte; denn die französische Revolution ist wenigstens vor der Hand noch nicht reif für die historische Kunst» (XXVIII/8). Mit anderen Worten: Schiller traute diesem Historiker etwas zu; und wenn man seine Vorliebe für den amerikanischen Freiheitskrieg kennt, so wird dieser Eindruck noch verstärkt. Das Bild seiner wissenschaftlichen Persönlichkeit, das wir aus einer unlängst erschienenen Schrift gewinnen, ist ansprechend.[18] Was aber bedeutet das Vaterländische im Wortfeld dieser Aufklärer? Im Aufsatz über Bonaparte und den Patriotismus bekennt sich Archenholtz freimütig zu letzterem und wendet sich unmißverständlich gegen diejenigen, die eine Zerstückelung des Reiches zulassen, wie Schiller und sein Wallenstein es gleichermaßen tun. In dem angeführten Aufsatz heißt es hinsichtlich dieser Frage: «Gesunken ist diese Nation in den Augen der ganzen Welt, so daß man sich jetzt fast schämen muß ein Deutscher zu seyn. Mit dem Wort *Rastadt* ist jetzt die Idee von National-Demüthigungen aller Art, von Hohn und Schmach verbunden...»[19] Einen Widerspruch zum Aufklärertum dieses Historikers muß man in solchen Ausdrucksformen vaterländischen Denkens so wenig sehen wie in den Schriften des aus der Aufklärung herkommenden Schriftstellers Thomas Abbt. Vaterland und Patriotismus sind diesen Autoren vertraute Begriffe, man muß sie mit Nationalismus oder gar mit Chauvinismus nicht verwechseln. Beide Begriffe, die in dieser Zeit von Schriftstellern und Philosophen der Aufklärung gebraucht werden, sind mit der Gedankenwelt des Republikanismus vereinbar. Klopstocks Vaterlandsliebe hindert ihn nicht, an den Ideen der Französischen Revolution Gefallen zu finden, und in Kants Gemeinspruch-Aufsatz liest man die schon eingangs zitierten Sätze: «Eine Regierung, die auf dem Prinzip des Wohlwollens gegen das Volk als eines *Vaters* gegen seine Kinder errichtet wäre ... ist der größte denkbare Despotismus ... Nicht eine väterliche, sondern eine *vaterländische Regierung* ... ist diejenige, welche allein für Menschen, die der Rechte fähig sind ... gedacht werden kann» (VI/145). Weitere Beispiele anzuführen, fiele nicht schwer. Aber sie auf Schiller zu beziehen, scheint sich nicht von selbst zu verstehen. Zwar wird von Vaterland in den frühen Dramen hin und wieder gesprochen. Karl Moor gebraucht das Wort in einer

Anwandlung elegischer Stimmung zu Beginn des vierten Aktes in der Nähe des Schlosses seiner Väter. Aber politische Motive sind diesen Ausrufen nicht zu entnehmen. Für die spätere Zeit vor der Revolution in Frankreich haben Vaterland und Nation wenig zu bedeuten. Das politische Denken dieser Zeit ist weltbürgerlich geprägt; die Äußerung im Brief an Körner vom 13. Oktober 1789 hat zeitsymptomatische Bedeutung: «Es ist ein armseliges kleinliches Ideal, für *eine* Nation zu schreiben; einem philosophischen Geist ist diese Grenze durchaus unerträglich» (XXV/304). Aber das wird sich ändern. Der Bewußtseinswandel hängt offensichtlich mit Erfahrungen der Revolution und der nachrevolutionären Zeit auf engste zusammen.

Zwei Motive drängen sich auf, wenn es darum geht, die Gründe für diesen Bewußtseinswandel zu erkunden. Zum ersten Schillers Reise in die alte Heimat im Jahre 1793. Sie hat ohne Frage im Denken vieles in Bewegung gebracht, und vielleicht hat das emphatische Bekenntnis zum Weltbürgertum nicht so wenig mit der notwendig gewordenen Emigration zu tun, mit der von den Umständen erzwungenen Heimatlosigkeit. Das zweite Motiv weist sehr viel deutlicher auf die nachrevolutionäre Zeit in Frankreich hin: auf die Bedrohung des eigenen Vaterlandes, des Herzogtums Württemberg, durch französische Truppen. In diesem Zusammenhang sind einige Briefe an seinen Verleger Cotta sehr aufschlußreich. In diesen Briefen wird liebevoll von Vaterland gesprochen, wenn es im Brief vom 15. August 1796 heißt: «Ich sehne mich nach neuen und erfreulichen Nachrichten von Ihnen und dem Vaterlande» (XXVIII/284). So auch am 18. August desselben Jahres: «Möchte es Ihnen und dem lieben Vaterland indeßen nicht schlimm ergangen seyn» (XXVIII/288); und so auch am 12. Oktober: «Leben Sie recht wohl, und mögen Sie im lieben Vaterland einmal wieder zur Ruhe kommen» (XXVIII/308). Hier ist der Gegensatz am deutlichsten erkennbar, der in den folgenden Jahren Schillers vaterländisches Denken begleiten und in den Dramen seinen dichterischen Ausdruck finden wird. Aber gerade gegenüber Körner, dem er einige Jahre zuvor seine Ablehnung nationaler Geschichtsschreibung mitgeteilt hatte, schlägt er noch vor der Reise in die alte Heimat vaterländische Töne an und schreibt am 28. November 1791 aus Jena: «Könnt ich es mit dem übrigen vereinigen, so würde ein nationeller Gegenstand doch den Vorzug erhalten. Kein Schriftsteller, so sehr er auch an Gesinnung Weltbürger seyn mag, wird in der *Vorstellungsart* seinem Vaterland entfliehen» (XXVI/113). Emphatischer wird das Bekenntnis zum eigenen Vaterland in einem Brief vom 17. Juli 1793, wiederum an Körner, zum Ausdruck gebracht. Noch aus Jena schreibt Schiller: «Die Liebe zum Vaterland ist sehr lebhaft in mir geworden, und der Schwabe, den ich ganz abgelegt zu haben glaubte, regt sich mächtig. Ich bin aber auch eilf Jahre davon getrennt gewesen, und Thüringen ist das Land nicht, worin man Schwaben vergeßen kann» (XXVI/271). «Mein Vaterland» – das ist nun, 1793, ein Ausdruck, den man noch wenige Jahre zuvor nicht für möglich gehalten hätte. Es sind Erfahrungen nach der Reise in das Schwabenland, die er für wichtig genug hält, um sie in einem Brief an den großzügigen Herzog von Augustenburg für mitteilenswert zu halten. Er schreibt am 11. November 1793: «In dem Zeitraum, der zwischen Absendung dieses und des vorhergehenden Briefes verflossen ist, habe ich mein Vaterland nach einer vieljährigen Verbannung aus demselben wieder gesehen, ich bin Vater eines Sohnes geworden und habe langwierige Anfälle meiner alten Kranckheit ausgestanden» (XXVI/295). Es sind also zeitgeschichtliche Vorkommnisse politischer Art, die ihn nun häufiger und emphatischer «Vaterland» sagen lassen als je zuvor; und wenn es in der frühen Zeit der Despotismus im Innern des Landes war, der ihn entsetzte, so ist es nunmehr ein solcher fremder Herrschaftsformen, der ihn das Fürchten lehrt. Der Ausgangspunkt des neuen Despotismus ist im nachrevolutionären Frankreich zu suchen. Über den Niederschlag solcher Erfahrungen wurde gesprochen, als über die einzelnen Dramen zu sprechen war. Um eine zusammenfassende Würdigung dieses Themenbereiches soll es nunmehr gehen.

Vaterland und Patriotismus sind seit der «Wallenstein»-Trilogie überraschend neue Themen seiner Dramatik. Schillers Wallenstein erscheint auf der Bühne als ein Feldherr, der das Reich – das damalige Heilige Römische Reich Deutscher Nation – nicht zerstückelt sehen mochte. In der «Jungfrau von Orleans» sind Worte über Vaterland zu vernehmen, die heutige Interpreten befremden, und es ist die sendungsbewußte Prophetin Johanna, die Schiller Worte wie die folgenden sagen läßt:

> «Was ist unschuldig, heilig, menschlich gut,
> Wenn es der Kampf nicht ist ums Vaterland?» (II/747)

Verwandte Worte vernehmen wir in «Wilhelm Tell». Es ist der ehrwürdige Freiherr von Attinghausen, der den hohen Ton wählt, wenn «Vaterland» gesagt wird:

> «Ans Vaterland, ans teure, schließ dich an,
> Das halte fest mit deinem ganzen Herzen» (II/947).

Der Appell, um den es sich handelt, gilt hier dem Vaterland; an anderer Stelle vernehmen wir Appelle zur Einigkeit, aber beide Appelle sind aufeinander zu beziehen. Als Aufrufe zur Einigkeit sind sie zugleich solche zum Widerstand, wenn fremde Eroberer von außen her das eigene Land bedrohen, wie es in der «Braut von Messina» der Fall ist. Ein Wort des Chores scheint diese Auffassung zu widerlegen. Der Chor rät, daß man sich ruhig verhalten, daß man sich ducken solle, wenn solche Gefahren im Anzuge sind – fast so wie in Brechts «Galilei» der ersten Fassung. Aber fast stets sagt der Chor das Gegenteil von dem, was das Drama meint. Hier wird also indirekt zum Widerstand aufgerufen. Mit anderen Worten: Appelle zur Einigkeit sind Appelle zum Widerstand. Vaterland und Aufrufe zur Einigkeit – in «Wallenstein», in der «Jungfrau von Orleans», in der «Braut von Messina» wie in «Wilhelm Tell» – sind neue Themen. Es gibt im schriftstellerischen Werdegang Schillers eine Wendung, die es zu erklären gilt. Ich bin der Auffassung, daß diese Wendung ohne das Auftreten Napoleons in Europa und in Deutschland nicht recht erklärbar ist.

«Vaterländische» oder «abendländische» Wendung sind Begriffe, die jedem vertraut sind, der sich im Werk Hölderlins auskennt, besonders aber im Spätwerk des Dichters. Das Hesperische, die Liebe zum Griechentum, hat sich nicht erledigt, aber es wird durch «Germanien» überhöht, wie es in der Rede «Mein ist das Vaterland» zum Ausdruck kommt. Hölderlin selbst spricht in den Anmerkungen zur «Antigonä» von vaterländischer Umkehr. Der hier in Frage stehende Passus lautet: *«Die Art des Hergangs in der Antigonä ist die bei einem Aufruhr, wo es, so fern es vaterländische Sache ist, darauf ankommt, daß jedes, als von unendlicher Umkehr ergriffen, und erschüttert, in unendlicher Form sich fühlt, in der es erschüttert ist. Denn vaterländische Umkehr ist die Umkehr aller Vorstellungsarten und Formen»* (V/271). Die Wiederkunft Hölderlins – ein Ausdruck Wilhelm Michels, der die Rede von der vaterländischen Wendung nicht ohne völkische Töne verbreitet hat – hängt mit dieser Betonung des Vaterländischen aufs engste zusammen.[20] Aber schon für Norbert von Hellingrath wird Hölderlins Vaterländischwerden zum entscheidenden Kennzeichen der späten Dichtung, wovon die berühmte Vorrede zum vierten Band handelt.[21] Von Zuwendung zum Vaterländischen wird in dieser Vorrede gesprochen. Aus solcher Auffassung heraus ist die Ode «Der Tod fürs Vaterland» zu verstehen. Sie beginnt mit den Versen:

«Du kömmst, o Schlacht! schon woogen die Jünglinge
   Hinab von ihren Hügeln, hinab in's Thal ...» (I/299).

Ihre Entwürfe gehen in das markante Jahr 1797 zurück. Das Gedicht ist vor Unterstellungen völkischen Gepräges in Schutz zu nehmen. In einem Kommentar des Gedichts wird gesagt: «Die Liebe zum Vaterland» gilt der republikanischen Sache aufgrund der Errungenschaften der Revolution, aber am

Begriff des Patriotismus muß man nicht Anstoß nehmen. Die republikanische Grundlage in der Idee des Vaterlandes ist für Hölderlin so wichtig wie für Schiller. Aber im Verhältnis zu Napoleon scheiden sich die Geister. Derselbe Kongreß in Rastatt, der zu Ende des Jahres 1787 stattfand, ist für Schiller wie für andere als eine Art Ausverkauf des alten Reiches und als ein Mangel an Patriotismus verworfen worden; für Hölderlin und seine Freunde war er ein Zeichen der Hoffnung auf eine neues politisches Leben mit Napoleon als demjenigen, der fähig sein könnte, es zu bewirken. Zu den Bevollmächtigten der Fürstenstaaten, die das neue Vertragswerk besiegelten, gehörte auch Hessen-Homburg, vertreten durch seinen ersten Staatsbeamten Isaak von Sinclair, den Freund Hölderlins, der einige Jahre später alles getan hat, um die Lage des kranken Dichters zu erleichtern. Hölderlin selbst hat sich im November und Dezember desselben Jahres in Begleitung Sinclairs dort aufgehalten, beide in Erwartung einer Wende in deutschen Staatsgebieten, damit sich die Ideen der Revolution so weit als nur eben möglich realisieren. Das herausragende dichterische Zeugnis solcher Hoffnungen auf weitgehende Umgestaltung deutschen Lebens ist das Fragment gebliebene Gedicht «Die Völker schwiegen, schlummerten...», das Werner Kirchner 1962 veröffentlicht hat. Zu einigen Versen des unvollendet gebliebenen Gedichts führt er aus: «Wenn die Heere mit der kochenden See verglichen werden, so sind mit den großen Geistern im kochenden Getümmel die Revolutionsgenerale gemeint, von denen ja auch Napoleon einer war: sie werden ohne weiteres Meergöttern gleichgesetzt.»[22] Es ist klar: der Krieg des revolutionären Frankreich gegen die alten Mächte ist für Hölderlin und seine Freunde Großes und Erhabenes. In allen ist die Hoffnung, die man auf den jungen Feldherrn Bonaparte setzt; und indem man den Kongreß im badischen Rastatt feiert, feiert man immer auch den, der ihn einberufen hat, keinen anderen als den späteren Napoleon. Schon hier erscheint dieser mythisch überhöht als einer, der wie aus den schönsten Zeiten des Altertums in unsern jungen Tagen der Freiheit erwacht sei.[23] Dem Gedicht, das den Umsturz im Zeichen Rastatts feiert, entspricht die Ode «Der Frieden», und zunehmend wird das Kriegerische, das sich mit der Person Bonapartes verbindet, von Friedensmusik überhöht, ehe man trotz des resoluten Vorgehens in ihm den Friedensbringer und Friedensfürsten feiert. Abermals ist man sich im Verlangen nach Frieden weithin einig, aber wiederum scheiden sich die Geister, wenn es dabei um Bonaparte geht. Friedensideen und Friedensschlüsse – das ist der dritte Bezugspunkt im Bereich der neuen Themen. In dieser allgemeinen und alles rationale Denken überflutenden Begeisterung läßt sich Schiller nicht beirren; er läßt sich seine nüchterne und illusionslose

Einstellung nicht nehmen. Der Ort in Lothringen, der zahlreiche Deutsche alle Nüchternheit vergessen läßt, heißt Lunéville. Hier wurde im Februar 1801 das Vertragswerk besiegelt, auf das man nicht nur in Deutschland weitreichende Hoffnungen gesetzt hatte.

Friedensideen und Friedensschlüsse – mit diesen Begriffen ist an zwei ganz unterschiedliche Geschehnisse zu erinnern. Zuerst also die Friedensideen. Sie sind nicht ablösbar von einer in dieser Zeit erschienenen Schrift Kants, von seiner Schrift «Zum ewigen Frieden», und sie ist selbstverständlich, wie kaum anders zu erwarten, eine Friedensschrift mit Zügen utopischen Denkens, die dennoch die Zeitgeschichte im Blick behält, in der sie entstand. Das ist schon in den einleitenden Passagen unverkennbar. Die Rede ist von Friedensschlüssen als einem sehr irdischen Geschehnisablauf, und Friedensschlüsse sind der andere Teil der Zeitgeschichte, an die hier zu erinnern ist. Kant spricht von ihnen mit ironischer Distanz. Er gibt zu bedenken, was sehr bedauerlich sei: daß sie sich nur allzu oft als bloße Waffenstillstände herausgestellt hätten. Ebenso bedenkenswert wie bedenklich ist aber die Zahl der Orte, die in der Geschichte dieser Friedensschlüsse zu historischen Orten geworden sind. Es sind dies in zeitlicher Reihenfolge Basel (1795), Leoben (1797), Campo Formio (1797), Rastatt (1798), Lunéville (1801), Amiens (1802), Preßburg (1805), Tilsit (1807), Erfurt (1808), um nur einige zu nennen. Mit nicht wenigen dieser Orte sind, zumal in Deutschland, weitreichende Zukunftsträume verknüpft. Sie haben ihre Grundlage in einer alle Stände und Klassen übergreifenden Friedenssehnsucht. Bonaparte ist wenigstens seit Mitte der neunziger Jahre zum Friedensbringer und Friedensstifter geworden, auf den sich unabsehbare Hoffnungen richten. Zu diesen Begeisterten gehört für eine geraume, aber nicht zu kurze Zeit auch Wieland, von Haus aus Skeptiker, Ironiker und aller Schwärmerei abhold. Aber Frieden geht ihm – und gewiß nicht nur ihm – über alles. Darin ist er mit Schiller eines Sinnes. Nur über der Frage, was denn Bonaparte damit zu schaffen haben könnte, ist man entgegengesetzter Meinung. Die Friedenssehnsucht dieses Erzkanzlers der Aufklärung, als der er für viele seinesgleichen gilt, beschreibt Friedrich Sengle in seiner Biographie des Dichters anschaulich und nachdenklich: «Gewiß, Wieland hat kein persönliches Verhältnis zu Napoleon wie Goethe; der Kaiser ist für ihn kein geheimnisvoll verwandter Dämon, keine Riesenmonade, kein Mythus. Aber zu einem klaren inneren Widerstand gegen den Diktator gelangt er erst in den letzten Jahren seiner Herrschaft ... Der Schlüssel zu diesem Verhalten liegt ... darin, daß er in dem französischen Kaiser den Friedensstifter erhofft: Er ist ihm ein zweiter Augustus. Friede ist immer mehr der einzige Gesichtspunkt, mit dem Wieland auf die politische Welt blickt, und es gibt kaum einen Brief, in dem seine Friedenssehnsucht nicht zum Ausdruck käme ...»[24] Aus dieser Friedenslandschaft des frühen 19. Jahrhunderts ist Bonaparte nicht wegzudenken. Für nicht wenige ist er der Friedensbringer schlechthin; und auch im Brief Goethes, von dem wir ausgegangen sind, um der Gegnerschaft Schillers gegenüber Napoleon auf die Spur zu kommen, ist dies der Fall. Freude und Zuversicht im Blick auf Bonaparte hatte Goethe in diesem Brief zum Ausdruck gebracht. Aber ein gesteigertes Maß an Freude, Hoffnung und Zuversicht hatte sich schon ein Jahr zuvor mit dem Frieden von Lunéville verknüpft, den es zwischen Österreich als dem Rechtswahrer des noch bestehenden Heiligen Römischen Reiches Deutscher Nation und Frankreich gegeben hat, abgeschlossen am 9. Februar 1801. In ihm wurde festgeschrieben, was schon im Frieden von Campo Formio vereinbart worden war: die Abtretung linksrheinischer Gebiete, über die bereits in Rastatt verhandelt worden war. Es ist schon gesagt worden, daß Hölderlin und seine Freunde auf diesen durch Bonaparte bewirkten Frieden gesteigerte Hoffnungen gesetzt hatten. Das herausragende dichterische Zeugnis dieser Friedenspolitik und der damit verbundenen euphorischen Erwartungen ist Hölderlins großangelegte Hymne «Friedensfeier», die wir mit der Entdeckung der Reinschrift erst seit der Mitte der fünfziger Jahre des vorigen Jahrhunderts als abgeschlossenes und vollendetes Gedicht kennen.

Ihr Erscheinen war eine Sensation. Aber sie beschränkte sich weitgehend auf das Gebiet der Dichtungsgeschichte, um diesen Begriff mit Absicht zu gebrauchen. Die politischen Implikationen des Gedichts ließ man weithin auf sich beruhen. In den sich anschließenden Interpretationen war der Name Napoleons von Anfang an ins Spiel gebracht worden. Das ist durch den klassischen Philologen und Mythenforscher Karl Kerényi geschehen. In einem zuerst 1955 veröffentlichten Aufsatz konnte man den Satz lesen, der als ein Weg zum Verständnis des Gedichts gedacht war: «Der Jüngling Bonaparte wird als Fürst zum Gastmahl geladen.»[25] Der damals junge Literaturhistoriker Beda Allemann, ein Schüler Emil Staigers, nahm die Napoleonthese des klassischen Philologen begeistert auf und führte sie in seinem Sinne weiter.[26] Damit begann das, was man den Streit um Hölderlins «Friedensfeier» nennt. Dem Verständnis war die eindeutige Festlegung Napoleons auf den Fürsten des Fests nicht förderlich, weil sie der poetischen Vieldeutigkeit dieser gerade nicht eindeutig gemeinten Gestalt abträglich war. Aber mit der Ablehnung jeder Eindeutigkeit entschwand der siegreiche Bonaparte dem Blick weithin, und mit ihm Politik und Zeitgeschichte als Folie und Hintergrund. Als man 1955 in der Woche nach Pfingsten in Tübingen zusammenkam, um alles zu besprechen und den Streit zu schlichten, waren die Anwälte der Napoleonthese nicht als Referenten, sondern nur als Diskutanten vorgesehen. Von einer Ausnahme abgesehen, blieben die literaturinternen Interpreten unter sich, die «Anwälte» der Christus-These, als sei *er* der Fürst des Festes, eingeschlossen. Der Friede als das große Leitthema der Hymne wurde als ein abstraktes naturhaftes Geschehen mit religiöser Dimension aufgefaßt, das jederzeit und gleichsam außerhalb der Zeit geschieht oder geschehen kann. Die Verbannung nahezu jedes politischen Gedankens aus dem vorwiegend dichtungsgeschichtlichen Diskurs ist offenkundig. Hölderlins Hymne «Friedensfeier» wird zum religiösen Gedicht ausgeweitet. Die Anlässe, die sich mit den Ortsnamen Rastatt und Lunéville verbinden, kommen im Fortgang der Debatte kaum noch vor. Mehr noch versuchte der Hauptredner dieser Veranstaltung, der als Hölderlinforscher anerkannte Paul Böckmann, diese Auslassung der politischen Motive mit dem Hinweis zu rechtfertigen, daß Hölderlin das Thema des Friedens auch vor dem Friedensschluß von Lunéville behandelt habe. Die Kernsätze dieser auf Entpolitisierung gerichteten Interpretation sind diese: «Es geht nicht um die Feier des Friedens als politisches Ereignis, sondern als einer neu erfahrenen Macht des Göttlichen, die das Dasein festlich verklärt. Schon vor dem Abschluß des Friedens von Lunéville im Februar 1801 hatte Hölderlin zu Weihnachten 1800 von dem Frieden, ‹der jetzt im Werden ist› geschrieben: ‚er wird vieles bringen, was viele hoffen, aber er wird auch bringen, was wenige ahnden.› In solchem Sinn gibt das Gedicht zu erkennen, inwiefern dem Frieden eine nur von wenigen geahnte religiöse Bedeutung zukommt...»[27] Als ob nicht auch das Sprechen von Frieden vor Lunéville in Erinnerung an Rastatt politisch gemeint sein könnte! Daß politische Motive in diesem Frühsommer 1956 in Tübingen nicht gänzlich von der Bildfläche verschwanden, ist vor allem dem Vortrag von Meta Corssen zu danken. Sie ließ keine Zweifel am politischen Gehalt, wenn sie gleich eingangs erklärte: «Die Dichtung wurzelt in dem befreienden und beglückenden Erlebnis des Friedensschlusses von Lunéville im Jahre 1801, in dem neuen Aufblühen der Menschheitshoffnungen des Dichters.»[28] Man hat Grund hinzuzufügen: Nicht nur des Dichters Hölderlin, sondern vieler Menschen unter den gebildeten Deutschen dieser Zeit. Im Gang ihres Vortrags sucht die Verfasserin des genannten Beitrags behutsam die Bedeutung zu umgrenzen, mit der Bonaparte in das Verständnis des Gedichts einzubeziehen sein könnte. Sie spricht von der Freundesgestalt, der kein anderer als der Gott des Friedens sein könne; wörtlich heißt es in diesem Zusammenhang: «... und fast scheint es, als spiegele sich in ihm das Antlitz Napoleons. Nicht, daß er selbst Napoleon wäre, dann könnte er nicht zum Gott erklärt werden – aber wenn wir daran denken, welche Bedeutung Hölderlin dem ‹Helden› seiner Zeit für das Erwachen der neuen Welt zumaß – in der Ode an die Prinzessin Auguste, in dem Gedicht ‹Dem Allbekannten› –, so scheint es nicht unmöglich, daß er, als er den Frieden von Lunéville als Beginn einer neuen Epoche feierte, seiner, der ja diesen Frieden geschlossen hatte, auf die Art hat gedenken wollen, daß er dem Friedensgott Züge von ihm verlieh.»²⁹ Es kann kein Zweifel sein, daß der junge Bonaparte als der für den Frieden von Lunéville Verantwortliche in das Verständnis einzubeziehen ist, ohne ihn auf irgendeine Gestalt des Gedichts festzulegen. Daß er im Gedicht nicht genannt wird, ist kein Argument gegen eine solche Einbeziehung. Ganz im Gegenteil: Das Vermeiden der Namensnennung entspricht aus ganz unterschiedlichen Gründen der poetischen Verfahrensweise – derjenigen Hölderlins wie in verwandter Art derjenigen Schillers.

Hölderlins Begeisterung für den Frieden von Lunéville und mit ihm für den Friedensbringer Bonaparte ist keineswegs als Schwärmerei abzutun. Er teilt diese Begeisterung, in der viel Hoffnung auf ein neues Leben in Deutschland mitschwingt, nicht nur mit seinen Freunden, sondern auch mit Schriftstellern wie Herder und Wieland und zahlreichen Gebildeten im damaligen deutschen Sprachgebiet. Man sah in dem ungestümen und vielerorts siegreichen General nach stürmischer Zeit den Friedensbringer, der das deutsche Leben wieder in geordnete Bahnen leiten werde. Und so auch sahen es die Verleger, die sich eine publizistische Wirkung versprachen, wenn man das Ereignis gebührend würdigt und im Gedicht feiert. Gleich zwei von ihnen – Cotta und Göschen – wandten sich an Schiller mit der Bitte, ein Gedicht auf diesen Frieden zu verfassen. Der letztere erbat sich ein solches im Brief vom 16. Februar 1801 mit den folgenden Worten: «Ich möchte gern ein Gedicht von einem Bogen auf den Frieden mit mir möglichster Schönheit drucken aber es müste von einem Manne wie Sie seyn» (XXXIX,1/19). Schiller lehnte diese Bitte deutlich und unmißverständlich ab und schrieb am 26. dieses Monats: «Gerne lieber Freund wollte ich Ihren Wunsch wegen des Gedichtes erfüllen, wenn ich nicht eine ähnliche Proposition von Cotta schon dreimal abgeschlagen hätte. Auch fürchte ich werden wir Deutschen eine so schändliche Rolle in diesem Frieden spielen, daß sich die Ode unter den Händen des Poeten in eine Satyre auf das deutsche Reich verwandeln müßte» (XXXI, 10). Die Ablehnung hinsichtlich solcher Bitten betreffen den Frieden von Basel (1795) und von Campo Formio (1797). Ganz aus der Stimmung der Zeit heraus hatte Cotta wegen eines solchen Gedichts in seinem Brief vom 17. Oktober 1794 angefragt und dabei sehr weit ausgeholt:

«Der FriedensNachrichten werden bei uns so viele und ihre Glaubwürdigkeit so stark, daß man wol nicht mehr daran zweifeln kan, wir werden bald die goldene FriedensSonne aufgehen sehen. Um die allgemeine Freude zu vermehren, wünschten wir, daß sich Euer Wolgeborn entschliessen möchten, ein Gedicht auf den Frieden zu verfertigen: wir würden keine Kosten dabei scheuen Ihnen Ihre Mühe zu belohnen ...» (XXXV/79). Ohne zu sagen, wie er in der Sache denkt, lehnt Schiller die Anfrage mit dem Bemerken ab, daß es ihm an der nötigen Stimmung fehle – und schreibt: «Zu dem Gedicht auf den Frieden kann ich Ihnen keine wahrscheinliche Hofnung machen, denn da ich seit vielen Jahren nichts poetisches gemacht, und zu Poesien am meisten Stimmung erfodert wird, so ist ein Mensch, der so ganz von seinem Körper abhängt wie ich, äusert unzuverläßig für solche Dinge, die in einer bestimmten Zeit fertig seyn müssen. Auch erfodern die Horen jetzt meine ganze Thätigkeit ...» (XXVII/85). Nach dem Friedensschluß von Campo Formio (1797) wiederholt Cotta seine Bitte um ein Gedicht aus diesem Anlaß: «Können Sie uns etwas senden, so machen Sie uns doch dise Freude. Ein FriedensGedicht!» (XXXVII, 1/178) Wieder antwortet Schiller ausweichend.[30]

Es ist deutlich geworden, daß Schiller mit der Ablehnung von Friedensgedichten aus gegebenem Anlaß nicht Frieden überhaupt ablehnen will. Ganz im Gegenteil bleibt er in den Dramen seit «Wallenstein» trotz kriegerischem Widerstand und Tyrannenmord dem Frieden in einer Weise zugewandt, die über Friedensschlüsse als politische Vertragswerke weit hinausreicht. Er denkt in diesem Punkt nicht grundsätzlich anders als Hölderlin. Auch für Schiller verbinden sich mit dem Friedensbegriff idealistische und utopische Züge, wie sie sich im Drama Wallensteins, besonders in den Vorstellungen des jungen Piccolomini, andeuten. Dennoch könnte es sein, daß dem Verleger Cotta aus Anlaß des Friedens von Lunéville ein Gedicht übersandt wurde. Aber es ist nicht anzunehmen, daß es den Wünschen des Verlegers Cotta entsprach. Denn das in Frage stehende Gedicht ist kein Gedicht der Hoffnung und der Zuversicht, schon gar nicht der Freude. Es geht um das Gedicht «Der Antritt des neuen Jahrhunderts», das uns in verschiedenen Fassungen und mit verschiedenen Überschriften überliefert ist. Wenn es auf den am 9. Februar in Lunéville abgeschlossenen Friedensvertrag zu beziehen ist, dann bringt es die Ablehnung poetisch zum Ausdruck, die den Verlegern in mehreren Briefen mitgeteilt worden war. Ob auch das Gedicht mit dem nicht auf Schiller zurückgehenden Titel «Deutsche Größe» gleichfalls mit dem Frieden von Lunéville in Verbindung zu bringen ist, ist mehr als fraglich.

DER FREMDE EROBERER UND DIE NEUEN THEMEN

Das für Schillers Einstellung zu Napoleon sehr aussagekräftige Gedicht ist im Sommer 1801 entstanden, mehrere Monate nach Abschluß des Friedens von Lunéville. Aber was Schiller seinem Verleger nunmehr, am 19. Juni 1801, übersendet, ist nicht als eine späte Erfüllung solcher Wünsche zu verstehen. Es ist alles andere als ein Gedicht der Freude über Frieden, sondern dessen Gegenteil. Hier wird nicht gejubelt, sondern geklagt und angeklagt. In poetischer Form ist es die wohl deutlichste Absage an die friedlose Zeit, die Napoleon durch seine Eroberungskriege in die Welt gebracht hat. Ein Friedensgedicht ist es ohne Frage, aber ein solches ohne alle Illusionen. Der Sprecher des Gedichts bekennt sich indirekt zum Frieden, indem er die schrankenlose Kriegswut verdammt, und abermals können kaum Zweifel aufkommen, an wen man, fragt man nach dem Anlaß, zu denken hat. Im Hinweis auf zwei Flüsse wird uns gesagt, woran wir sind. Es sind dies der Nil, vorgestellt im Bild des Nilgottes, und der alte Rhein. Mit dem Flußgott sieht man sich auf den mißglückten Ägyptenfeldzug verwiesen, hinsichtlich des deutschen Flusses auf die Abtretung der linksrheinischen Reichsgebiete an Frankreich, vorbereitet in Rastatt und besiegelt in Lunéville, im Februar 1801. Es spricht für den Weitblick Schillers, daß er es nicht bei einer einseitigen Parteinahme beläßt. Er bezieht die Briten, die Gegner Bonapartes, ein. Beide, die einen wie die anderen, sind europäische Großmächte, die auf Expansion setzen. Die Kriege, die Schiller in diesem Gedicht im Auge hat, wenn er von unbeschränkter Kriegswut spricht, sind Eroberungskriege. Der geschichtspessimistische Ton ist unüberhörbar, ebenso der wiederholte Bezug auf die alte Welt, als sei dies alles nicht völlig neu, sondern als wiederhole sich nur, was alles sich in Hellas und Rom schon begeben hat. Schiller, der Dichter der Freiheit – als dieser wird er zu Beginn des 20. Jahrhunderts in Büchern wie denjenigen des ehedem vielgelesenen Eugen Kühnemann herausgestellt. Aber die abschließenden Verse unseres Gedichts sprechen eine andere Sprache. Sie lauten:

«Freiheit ist nur in dem Reich der Träume,
Und das Schöne blüht nur im Gesang» (I/459).

Wer in dieser Aussage Wirklichkeitsflucht wahrnimmt, sieht vorbei. Verwandte Redeformen bringen sich in Erinnerung. So im Gedicht «Nänie», das mit den Worten beginnt «Auch das Schöne muß sterben» und am Ende wiederholt, was eingangs schon angeklungen war:

«Daß das Schöne vergeht, daß das Vollkommene stirbt» (I/242).

DER FREMDE EROBERER UND DIE NEUEN THEMEN

Es muß zu denken geben, daß das «Klaglied», wie das Wort im angeführten Gedicht lautet, auf Lyrik nicht beschränkt bleibt; auch im Drama, in «Wallensteins Tod», finden wir es, wie in der Klage Theklas nach der erhaltenen Kunde vom Tod des Geliebten:

> «– Da kommt das Schicksal – Roh und kalt
> Faßt es des Freundes zärtliche Gestalt
> Und wirft ihn unter den Hufschlag seiner Pferde –
> – Das ist das Los des Schönen auf der Erde!» (II/520)

Es ist die geschichtspessimistische Tonlage, die sich in Lyrik und Drama bemerkbar macht, und es ist bezeichnend, daß sie ihren Ausdruck in Bildern und Figuren der antiken Welt findet.

Aus Schillers Antwort auf die Anfrage Göschens wegen eines Gedichts anläßlich des Friedensschlusses von Lunéville geht hervor, daß die geschichtsfreudige und geschichtsphilosophische Zuversicht der Antrittsvorlesung einer von Grund auf veränderten Weltsicht gewichen ist. Was er selbst denkt, läßt Schiller im Drama Wallensteins den jungen Piccolomini sagen, und was da gesagt wird, ist offensichtlich im Sinne Schillers gesagt:

> «Betrug ist überall und Heuchelschein
> Und Mord und Gift und Meineid und Verrat» (II/449).

Und das heißt auch: Nicht nur aus Anlaß des Lunéville-Gedichts «Der Antritt des neuen Jahrhunderts» ist hier über diese Tonlage zu sprechen, die dem Spätwerk seit «Wallenstein» eingeschrieben ist. Aus Schillers späten Dramen seit «Wallenstein» ist die geschichtspessimistische Tonlage nicht mehr wegzudenken, die das Bild seines Dichtertums keineswegs verdunkelt; denn dieser Geschichtspessimismus ist von großer intellektueller Leuchtkraft, wie sich am Lunéville-Gedicht zeigt.[31] Die aus der europäischen Aufklärung herleitbare Geschichtsfreudigkeit, die in der Antrittsvorlesung den Grundton ausmacht, dürfe nicht als Maßstab für alle Phasen seines Schaffens verstanden werden, bemerkt Wolfgang Riedel in einer neueren Arbeit mit Recht und fügt hinzu: «Auch in politischen Fragen wurde er, je älter, je mehr ‹Realist›!»[32] Das darf nicht mißverstanden werden. Schillers Geschichtspessimismus ist alles andere als Altersdrübsinn. Er ist nicht biologisch bedingt, und Realismus ist sicher eine wenig spezifische Kennzeichnung dessen, was hier vorliegt. Peter-André Alt spricht im Hinblick auf das Gedicht «Der Antritt des neuen Jahrhunderts» von einem düsteren Bild der europäischen Staatenlandschaft und erinnert an den kurz vorher gelungenen Abschluß des Geschichtswerkes über den Dreißigjährigen Krieg mit seiner theodizeehaften Deutung des Westfälischen Friedens; er fügt hinzu: «Knapp zehn Jahre später heißt es, erheblich skeptischer, unter Anspielung auf das Attentat gegen den im Konflikt mit Frankreich auftretenden Vermittler Zaren Paul I. ... ‹Das Jahrhundert ist im Sturm geschieden./ Und das neue öffnet sich mit Mord.›»[33]

Aber ein düsteres Bild vermittelt nicht nur das ausgeführte Gedicht, sondern die späte Lyrik im ganzen. Ernst Osterkamp hat diesen Wandel lyrischen Sprechens in einer erhellenden Studie über Schillers lyrische Antike aufgezeigt. Er findet die in ihnen dargestellte Moderne erstaunlich.[34] Tragische zerklüftende Schrecknisse, Widersprüche und Disharmonien – das sind einige ihrer Züge.[35] Von einer Entidealisierung der Antike, die sich vor allem in den Distichen bemerkbar mache, wird gesprochen.[36] Sodann die Wahrnehmung der geschichtspessimistischen Weltsicht, die sich in diesen Gedichten niederschlägt! Wörtlich heißt es in diesem Zusammenhang: «Die lyrische Verwandlung der Antike in den Alltag der Geschichte transformiert sie zugleich zum Experimentierfeld des Geschichtspessimismus. Schillers letzte Gedichte mit antiker Thematik – ‹Kassandra› und ‹Das Siegesfest›, entstanden 1802 und 1803 – sind Miniaturtragödien, in denen jeder Blick in die Zukunft ein Blick in den potenzierten Schrecken ist.»[37] «Kassandra» – alles andere als eine Ballade – spricht zu uns wie ein Gedicht aus einer anderen Welt. Ernst Osterkamp erinnert an einen Brief Schillers an Körner, in dem dieser bemerkt hatte, der Stoff des Gedichts eigne sich vielleicht zur Tragödie (XXXI/160) – und fügt hinzu: «Was die vom Gott mit ihrer Sehergabe geschlagene Kassandra sieht, ist die Universalität des künftigen Schreckens; die Welt zerteilt sich nicht mehr, wie einst in ‹Brutus und Cäsar›, in alternative Möglichkeiten, in rechts und links, sondern rechts und links ist nun dasselbe».[38] Wie im Gedicht «Der Antritt des neuen Jahrhunderts» wird der Blick in die Zukunft durch Mord verdüstert:

> «Und den Mordstahl seh ich blinken
> Und das Mörderauge glühn,
> Nicht zur Rechten, nicht zur Linken
> Kann ich vor dem Schrecknis fliehn» (I/360).

Mit balladischer Lyrik hat das Gedicht nichts zu tun. Es fehlt jede Handlung, die immer auch für Bewegung sorgt. Nichts dergleichen geschieht hier. Verdeutlicht wird eine Situation in der Aussageform der Rollenlyrik, in der die einer weitblickenden Person verliehene Sehergabe, die nur Düsteres erkennt, beschrieben wird. Das Gedicht gehört schon deshalb nicht zur Gruppe der Balladen, weil 1797, in dem Jahr, in dem die meisten von ihnen

DER FREMDE EROBERER UND DIE NEUEN THEMEN

entstanden sind, für einen derart düsteren Blick alle Voraussetzungen fehlen. Ein Umschlag aus der Stimmungslage der Antrittsvorlesung in den Geschichtspessimismus der späten Jahre muß bald nach Abschluß des Balladenjahres erfolgt sein: um die Wende von 1797 zu 1798, bezeichnet mit dem Ortsnamen von Rastatt und etwas später mit demjenigen von Lunéville. Daher ist «Kassandra» den Gedichten zuzuordnen, die den Blick in das neue Jahrhundert freigeben. Beide Gedichte sind Kassandra-Gedichte.

Die Blickwendung, die eine veränderte Weltsicht einschließt und die geschichtspessimistische Sehweise fördert, ist den Dramen seit «Wallenstein» eingeschrieben. Aber für die frühen Dramen trifft das nicht zu. Sie sind tragische Dramen, aber trotz ihrer Tragik nicht geschichtspessimistisch. Der Kleinstaat, in dem der hilflose Reichsgraf von Moor regiert, ist reif zum Untergang. Doch mit dem Scheitern hat sich der Versuch einer erneuten Rebellion, besser vorbereitet und mit besserem Wissen ausgestattet, nicht erledigt. Die zukunftsfrohe Geschichtsphilosophie der Antrittsvorlesung verträgt sich durchaus mit der Tragödie und dem Opfertod beider Freunde in «Don Karlos». Die Tage des Tyrannen scheinen gezählt zu sein, wenn es Unterredungen wie diejenigen zwischen dem spanischen König und dem begeisternden Marquis von Posa geben kann. Aber richtig ist auch, daß der Geist dieser Vorlesung nicht zum Maßstab des Ganzen gemacht werden darf. Von der Geschichtsfreudigkeit der Antrittsvorlesung haben sich im Grunde alle Dramen seit «Wallenstein» entfernt. Und es sind nicht nur die Mittel, die so ehrwürdige Ideen, wie es sie in «Don Karlos» gibt, verraten; denn zugleich gilt es, wie schon gezeigt, den Nihilismus von diesem Dramenwerk fernzuhalten, den Hegel ihm unterstellt; Schillers Geschichtspessimismus ist kein Nihilismus. Der Weg, den Wallenstein vom Feldherrn des Lagers bis zur Totenklage über den jüngeren Freund geht, ist von der Idee der Menschlichkeit geprägt, die sein sollte. Die Mordbefugnis, die in «Wallensteins Tod» erteilt wird, bedeutet Negation solcher Ideen. Und zukunftsoffen ist auch, was mit der Tochter Wallensteins in die Welt gelangt: die Selbstbestimmung und Selbstfindung einer Person weiblichen Geschlechts, der hinfort nicht vorenthalten werden kann, was dem männlichen Geschlecht als etwas Selbstverständliches zuerkannt wird. Mit der Selbstbestimmung des Menschen und ihrem Gegenteil, der Fremdbestimmung, ist eines der wichtigsten Glieder in der Kette der Indizienbeweise genannt. Das Stichwort dieser «Beweiskette» ist der fremde Eroberer, wie ein wiederkehrender Herrschertypus vom Chor in der «Braut von Messina» bezeichnet wird.

Es spricht für Schiller, daß seine Gegnerschaft zu Napoleon nicht aus irrationalen Aversionen oder Ressentiments herzuleiten ist. Sie hat ihr Fundament in der Philosophie der Zeit, genauer in derjenigen Kants. Dadurch erhält das Drama das intellektuelle Niveau, das ihm von Anfang an mitgegeben ist. Mit dem genannten Fundament ist die philosophische Idee der Selbstbestimmung gemeint, der Bestimmung des Menschen, wie auch gesagt wird. Darüber haben in jüngster Zeit namhafte Philosophen Bücher geschrieben. Volker Gerhardt mit dem Titel «Selbstbestimmung» und dem Untertitel «Das Prinzip Individualität»;[39] und Reinhard Brandt mit dem Titel «Die Bestimmung des Menschen bei Kant».[40] Hier wird gezeigt, daß Kant nicht der Erfinder dieser Idee ist, sondern daß der evangelische Theologe Johann Joachim Spalding 1748 mit seiner Schrift «Betrachtungen über die Bestimmung der Menschen» den Anstoß zu der Epochendebatte gab.[41] Daß in der Geschichte dieser philosophischen Idee der Begriff schon früh als Kollektivbegriff verwendet wird, ist vielfach zu belegen: Vom Prinzip der Individualität ausgehend, wird das Wort auf ganze Völker übertragen. Auf Rousseau wird verwiesen, über den Otto Voßler in einer Studie ausführt: «Daß die Nation sich selbst bestimmt, indem sie sich ihr Gesetz selbst gibt, heißt nun keineswegs, daß etwa ein Mehrheitsbeschluß das Gesetz macht. So wie der Einzelpersönlichkeit ihr wahrer Wille, insbesondere ihr Gewissen, das Sittengesetz diktiert, so diktiert der Kollektivpersönlichkeit der wahre unverfälschte Kollektivwille, das Kollektivgewissen, das Gesetzesgebot».[42] Auch der Verfasser des Buches über Selbstbestimmung bei Kant läßt keine Zweifel daran, daß das Individualitätsprinzip der Selbstbestimmung sich in Kollektive ausweitet. Vom «Kollektivbegriff der Geschichte» wird in diesem Zusammenhang gesprochen.[43] Aber noch eine andere, auch für Schillers Dramenwerk erschließende Aussage ist der Geschichte dieser Idee zu entnehmen: daß Selbstbestimmung im Sinne Kants nichts Vorgegebenes ist. Man wird mit ihr nicht geboren, sondern es kommt darauf an, im Gang des je eigenen Lebens zu ihr zu gelangen. Dieses Werden der Person – nicht ihr Vorgegebensein – war an den Figuren Schillers zu zeigen. Sie sind keine Charaktere im Sinne von Charakterrollen, wie man sie unter Theaterleuten schätzt. Sie sind nicht festgelegt, sondern machen Erfahrungen mit sich, die Wandel bewirken. Den Gedanken der Selbstbestimmung auf die Figuren des Dramas zu übertragen ist der neueren Schillerforschung inzwischen ein vertrauter Gedanke. Helmut Koopmann hat in dem wichtigen Aufsatz «Bestimme dich aus dir selbst» die nicht nur zulässige, sondern unerläßliche Übertragung auf die Dramen aufgezeigt. Grundsätzlich noch etwas schwankend, ob es in der Idee der Selbstbestimmung vorwiegend oder ausschließlich um Ästhetik und ästhetische Erziehung gehe, läßt Koopmann dennoch keine Zweifel daran, daß die Ausweitung ins Politische in den Dramen vom Ansatz seines Denkens her mitgegeben ist, wenn im Blick auf Wilhelm Tell gefragt wird: «Ist es nicht schon Thema des ‹Wilhelm Tell›? Die Leseradresse zeigt, daß Schiller nicht einen historischen Fall abhandelt, sondern den Appellcharakter des Beispiels betonen wollte ...»; und das Politische unter Einschluß des Gegenbegriffs, der Fremdbestimmung, noch stärker betonend, heißt es in diesem Zusammenhang: «Schillers Autonomie-Denken bedeutet im politischen Kontext die *Selbstbestimmung ganzer Völker gegenüber jeglicher Fremdbestimmung.*»[44]

Wie schon am Beispiel der vaterländischen Wendung werden nun in das Drama eingegangene Ideen wie diese durch das Erscheinen Bonapartes verständlich und erklärbar. Sie werden durch seine Expansionen und Eroberungslust bedrängend und bieten sich eben dadurch zur Aufnahme und Umsetzung in das Drama an. Das ist erst recht der Fall, wo es um die Gegenbegriffe zur Selbstbestimmung geht, um Fremdbestimmung und Fremdherrschaft, es handle sich dabei um individuelle oder um kollektive Zusammenhänge. Das Vaterländische ist nur die Bekräftigung des Eigenen gegenüber fremder Herrschaft und gegenüber Eroberungen von außen her. Zugleich sind die Bekräftigungen des Eigenen in der Idee des Vaterlandes als Anstoß zum Widerstand zu interpretieren. Die romantische Tragödie «Die Jungfrau von Orleans» wie das Schauspiel «Wilhelm Tell» sind Widerstandsdramen, aber anders als die vorangegangenen Stücke arbeiten sie den Tötungsarten nicht mehr unbedingt entgegen, sondern schließen Tötung, wenn es denn sein muß, ein. Das ist neu. In dem Trauerspiel «Die Braut von Messina» wird der ausbleibende Widerstand gerügt, wie das schon im Fragment «Die Malteser» der Fall gewesen war. Die Abwehrhaltung gegenüber dem Fremden beruht nicht auf Ressentiments oder irgendeiner anfechtbaren Völkerpsychologie, sondern versteht sich als Gegenbild zur philosophischen Idee der Selbstbestimmung. Ihrem doppelten Charakter gilt es, wie schon ausgeführt, zu bedenken: die Fremdbestimmung in individueller Hinsicht und diejenige im kollektiven Sinn, die in den Begriff der Fremdherrschaft einmündet. Daß es diesen doppelten Charakter gibt, hat zur Folge, daß in der Betrachtung über Schillers Dramen mit Napoleon als Hintergrundsfigur die der Frau zuerkannte Selbstbestimmung in denselben Motivbereich gehört. Die Entdeckung der Selbstbestimmung der Frau und die Gegnerschaft zur Fremdherrschaft Napoleons gehören auf merkwürdige Weise zusammen.

Aber die eigentliche Brisanz der philosophischen Selbstbestimmung liegt für den Dramatiker Schiller in ihrer Negation: in der Fremdbestimmung

durch andere und von außen her. Diese Fremdherrschaftsmotive bleiben in
«Don Karlos» noch weithin im Hintergrund. Von Posa, der sich in Flandern
aufgehalten und umgesehen hat und der dem König die verbrannten Gebeine vorhält, die er dort so zu sehen bekam, werden diese Motive nicht thematisiert. Er tritt für die Befreiung der Niederlande von der spanischen
Herrschaft ein, aber darüber hinaus erfahren wir nichts Näheres. Fremdherrschaft oder gar Fremdbestimmung im Anschluß an den philosophischen Begriff der Selbstbestimmung des Menschen haben hier noch nichts
zu bedeuten. Das Drama wird trotz der düsteren Herrschaft der Inquisition
von dem Gedanken geleitet, daß sich Freiheit und freie Rede eines Tages
verwirklichen lassen; es ist im tiefsten Grund, wie ausgeführt, ein geschichtsfreudiges Drama, eine im Grunde optimistische Tragödie. Das ändert sich
im Geschichtswerk «Geschichte des Abfalls der Vereinigten Niederlande
von der spanischen Regierung», das 1788 erscheint. Hier zum ersten Mal
werden in Schillers literarischem Werk Begriffe aus dem Wortfeld des Fremden fast leitmotivisch gebraucht: als Fremdherrschaft eines Volkes über ein
anderes Volk. Schon hier ist Volk, das sich dagegen auflehnt, als handelndes
Subjekt vorhanden. Ausdrücke wie «Habsucht fremder Könige», «Fremdling», «fremdes Blut» oder «fremder Boden» begleiten die Darstellung. Sie ist
ganz auf das einem Volk Eigene und «Nationelle», wie Hölderlin sagt, gerichtet. Schon im Geschichtswerk, das noch weithin vor der Befassung mit
der Kantischen Philosophie und noch vor der Revolution und vor dem
Auftreten Napoleons abgeschlossen wird, ist das Motiv des Fremden ausgeprägt, wenn es heißt: «Friesland überhaupt hat unter allen Provinzen der
Niederlande am wenigsten von dem Einbruche fremder Völker, von fremden Gebräuchen und Gesetzen gelitten, und durch eine lange Reihe von
Jahrhunderten Spuren seiner Verfassung, seines Nationalgeists und seiner Sitten behalten, die selbst heutzutage nicht ganz verschwunden sind» (IV/48).
Begriffe wie «Einbruch fremder Völker», «fremde Gebräuche» und «Nationalgeist» fallen auf. Ihr Gebrauch ist hier noch ohne das philosophische
Fundament von Selbstbestimmung und Fremdbestimmung zu denken. Aber
die Zeit nach der Revolution bringt beides: das Studium der Kantischen
Philosophie und ihrer tragenden Begriffe wie die Einbrüche fremder Völker
mit Bonaparte an ihrer Spitze. Diese Motivik des Fremden wird nicht von
Bonaparte hergeleitet, aber sie wird als etwas in der Geschichte der Niederlande Erfahrenes auf Frankreich und Bonaparte übertragen. Was schon einmal war, kehrt in verwandter Form wieder: der fremde Eroberer in der
Weltgeschichte, wie sie war und wie sie ist. Das konnte im Verständnis Schillers um so müheloser geschehen, als mit der Erfahrung des Fremden – des

Einbruchs fremder Völker wie des fremden Eroberers – immer zugleich Begriffe aus dem Wortfeld des Tyrannentums und der Despotie gebraucht wurden. «Die schwere Zuchtruhe des Despotismus», «Eine Tyrannei ohne Beispiel», «die mutlosen Heere gegen den Tyrannen», «der Thron vormaliger Tyrannen» sind einige dieser Ausdrücke. Die Abwehr des Fremden wie diejenige des Tyrannen hat man sich identisch zu denken. So gesehen, sind Tyrannen und Weltbeherrscher fast ein und dasselbe. Eine Bemerkung in der Einleitung zum «Abfall der Niederlande» ist bezeichnend: «Die batavische Tapferkeit deckt die Ohnmacht der Weltbeherrscher auf, wie der schöne Mut ihrer Enkel den Verfall der spanischen Monarchie dem ganzen Europa zur Schau stellt» (IV/46). Schon vom Geschichtswerk «Der Abfall der Niederlande» her ist die Gegnerschaft zu Weltbeherrschern, fremden Eroberern und den aus solchen Herrschaftsformen hervorgehenden Tyrannen vorgezeichnet. Sie war nunmehr auf den von Schiller nie bewunderten Bonaparte zu übertragen, den er kaum anders als einen Tyrannen wahrzunehmen vermochte.

Tyrannen und Despoten hatten zu Beginn der Neuzeit, bei Machiavelli wie bei Hobbes, viel von der Bedeutung verloren, die ihnen ehedem, besonders in der Alten Welt, zugekommen war, aber sie waren in den Staatstheorien französischer Denker wie Montesquieu und Rousseau nicht dem Blick entschwunden. Während der Französischen Revolution hatte man sich wiederholt der Begriffe als Kampfbegriffe bemächtigt.[45] Der französische König bekam es als einer der ersten zu spüren. Aus der Sicht der Jakobiner, Saint-Justs wie Robespierres, war er fraglos der Tyrann, der seiner gerechten Strafe der Todesstrafe, zuzuführen sei, wie es auch geschah.[46] Aber bald danach wurde Robespierre seinerseits zum Tyrannen erklärt und entsprechend behandelt, also hingerichtet. Auch sonst wurden die Begriffe in diesen stürmischen Zeiten keineswegs eindeutig gebraucht. Mit dem Plan, ein Memoire für Ludwig XVI. zu verfassen, bringt Schiller zum Ausdruck, daß für ihn ein König nicht schon deshalb als Tyrann zu verurteilen ist, weil er ein König ist. Der typische Tyrann entschwindet dem Blick, auch in den Dramen, ehe «Wilhelm Tell» alles Interesse beansprucht. Auch in der Debatte zum Widerstandsrecht des Jahres 1793 war der Tyrann trotz des Widerspruchs gegen Kant nicht in voller Größe zurückgekehrt. Er blieb eine Randgestalt im Verlauf dieser Debatte; am wenigsten hatte ihn Feuerbach in seiner Schrift «Anti-Hobbes» aus dem Auge verloren. An diesem Befund ändert sich bei Schiller mit der Rückkehr zum Drama am Ende der neunziger Jahre wenig. An Wallenstein sind tyrannische Züge nicht zu übersehen, und besonders der Charismatiker, der Feldherr des Lagers, zeigt sie überdeutlich. Wenn er später von Gordon ein Diktator genannt wird, so werden Züge dieser Art bestätigt. Aber mit diesem Ausdruck wird nicht ein Herrschaftstypus bezeichnet, sondern eine Dienststellung, die er zeitweilig inne gehabt hat, ohne daß man ihn im ganzen aufgrund seines Wirkens so, nämlich als Diktator, zu bezeichnen hätte. Im Gang der Handlung entfernen wir uns zunehmend vom Tyrannendrama, das es, einiger Züge wegen, hätte werden können, immer in Erinnerung an das erschließende Wort im «Prolog»: «Sein Lager nur erkläret sein Verbrechen.» In der romantischen Tragödie «Die Jungfrau von Orleans» ist der dort auftretende französische König zwar ein schwacher König, aber alles andere als ein Tyrann. Ein tyrannischer Gestus im Verhalten der Königin Elisabeth ist wahrzunehmen, aber er wird nicht thematisiert und zu einem Tyrannendrama entwickelt. Wie schon gesagt: Tyrannentum und Tyrannengestalt entschwinden dem Blick. Von ihnen ist am ehesten in Verbindung mit Fremdherrschaft die Rede. Das ist auch in «Wilhelm Tell» der Fall, aber im Wortgebrauch um vieles intensiver als zuvor. Auf diese Zeit, auf die Zeit um 1800, beziehen sich die folgenden Ausführungen, die man als «Wiederkehr des Tyrannen» bezeichnen könnte. Sie beziehen sich auch auf die Wiederkehr des Tyrannen, des Diktators, des Alleinherrschers, als der Bonaparte in der nachrevolutionären Zeit, in Frankreich wie in Deutschland, wahrgenommen wurde.

Diese Wiederkehr beschreibt Hella Mandt in dem Artikel «Diktatur» der «Geschichtlichen Grundbegriffe». Sie erinnert an Robespierres leidenschaftliche Zurückweisung der Vorwürfe, er sei selbst zum Diktator oder Tyrann geworden, obschon ihm diese Zurückweisung in Gang der Geschehnisse nicht mehr hilfreich war. Zur Erinnerung an diesen Begriffskrieg wird in dem genannten Beitrag ausgeführt, wie einige Begriffe aus dem Wortfeld der Tyrannentums wieder annehmbar werden. Mit Beziehung auf Robespierre wird gesagt: «Dem gleichen Ruf der Volksvertreter sah sich vier Jahre später am 18. Brumaire NAPOLEON BONAPARTE konfrontiert, und es fehlte nicht viel, daß auch ihm das Schicksal seines Vorgängers bereitet wurde. Aber Napoleon befand sich im Angriff, wo Robespierre sich nur noch verteidigte, und in der Tat ging es beim Staatsstreich des 18. Brumaire um die Frage, ob dem jungen General die Diktatur übertragen werden sollte. Freilich vermied auch er den Terminus, und im vorbereitenden Stadium wurde er nicht müde zu wiederholen, daß er weder Caesar noch Cromwell sein wolle. Dennoch schleuderte ihm die Majorität der ‹Fünfhundert› mit ebenso viel Pathos das ‹A bas le dictateur› wie das ‹A bas le tyran› entgegen... So wurde die Periode von Napoleons Kaisertum zur letzten Blütezeit der Begriffe ‹Tyrann› und ‹Despot›...»[47] Ein Tyrann war Bonaparte von den Franzosen genannt worden. Doch machte er als Diktator von dem Kampfbegriff des Tyrannen auf seine Weise Gebrauch. Wenn er sich mit seinem Heer nach Italien begibt, kommt er keineswegs als fremder Eroberer ins Land, sondern als einer, der nicht nur die Stadt vom Tyrannen befreien will, sondern das ganze Land. Bonaparte kommt mit propagandistisch gut zubereiteten Aufrufen und Proklamationen. Wir lesen 1796 am Ende eines solchen Sätze wie diese: «Völker Italiens, die französische Armee naht sich, um Eure Ketten zu lösen. Das französische Volk ist der Freund aller Völker. Schenkt ihm Euer Vertrauen. Euer Eigentum, Eure Religion und Eure Rechtsordnung sollen respektiert werden. – Wir führen den Krieg als großherzige Feinde, und wir haben es nur auf die Tyrannen abgesehen, die Euch versklavt haben.»[48] Wenige Monate später hält einer seiner erbitterten Gegner, Benjamin Constant, eine flammende Rede gegen ihn. Er kenne, wie es in einer seiner Schriften heißt, nur zwei Geißeln der Menschheit, den Geist der Eroberung und denjenigen der Usurpation; und beide sind auf Bonaparte beziehbar.[49] Es fehlt also nicht an Beispielen, wonach Bonaparte, noch zu Lebzeiten Schillers, in Frankreich wie andernorts ein Tyrann genannt worden war. Und nicht nur in Frankreich waren die Begriffe aus dem Wortfeld des Tyrannentums mit Beziehung auf Bonaparte erneut in Gebrauch gekommen.

Auch in Deutschland wird der Begriff des Tyrannen sehr bald mit seinem Namen verbunden. In einer antinapoleonischen Schrift aus dieser Zeit wird Bonaparte ein Despot genannt, «dessen Herrschaft ... mit dem Tage aufhören würde, wo er anfing, gerecht zu werden und die Herrschaft der Gesetze und der Menschlichkeit Schrecken und Tyrannei verbanneten.»[50] Tyrann oder Despot sind zumal im Umfeld der preußischen Reformer selbstverständliche, fast stereotyp gebrauchte Bezeichnungen, die man für Bonaparte gebraucht. Friedrich Schleiermacher schreibt 1806 an einen Freund, daß er seine Kirche in Halle nicht benutzen könne, da sie zur Zeit als Magazin der preußischen Armee diene. Er sei darüber sehr verärgert, weil er in ihr seine studentische Gemeinde aufmuntern wolle; dennoch freue er sich «auf den nun doch wohl unvermeidlichen Krieg gegen den Tyrannen», womit Napoleon gemeint ist, ohne daß der Name genannt würde.[51] Mit Gedanken und Plänen der preußischen Reformer war unter den Schriftstellern der Zeit kaum einer so gut vertraut wie Ernst Moritz Arndt. Die patriotische Sprache seiner Schriften wirkt heute vielfach befremdlich oder verstimmend. Dennoch sollte man mit der Zuordnung zu völkischen Traditionen vorsichtig umgehen. Er hat republikanisches und demokratisches Denken nicht aufgegeben, wenn er sich patriotisch gibt, und er ist ein treu ergebener Anhänger des energischsten unter den preußischen Reformern, des Freiherrn vom Stein, wie es seine Schrift über die Wanderungen mit diesem bezeugt.[52] Mit Napoleon ist er wiederholt befaßt, ausführlich in den Beschreibungen des russischen Feldzugs innerhalb der Schriften, die zwischen 1805 und 1818 unter dem Titel «Geist der Zeit» erschienen sind. Die Kennzeichnung Napoleons als eines Tyrannen ist am deutlichsten ausgesprochen und begründet in dem Kapitel «Der Emporgekommene». Wiederholt nennt ihn Arndt den Fürchterlichen, ganz so, wie man Tyrannen fürchterlich nennt. Er bezeichnet ihn an anderer Stelle einen tyrannischen Mann und spricht vom Despotenkunstwerk, gemeint sind die Verfassungen, die ganz auf den Willen des Einzigen ausgerichtet seien. In dem hier in Frage stehenden Text heißt es: «Diese neue Verfassung war ganz für den Dienst berechnet und eingerichtet. Verfassung hieß noch immer, was der Wille des Einzigen gewesen oder was doch mit einem oder zwei Schlauköpfen, die auch nach Herrschaft strebten, entworfen war.»[53] Zu einem nicht geringen Teil verstehen sich diese Ausführungen als Beiträge zur Geschichte des Tötens. Arndt verweilt ausführlich bei der Ermordung des Herzogs von Enghien und nennt diese Tat «die häßlichste Verletzung des Völkerrechts, die durch den Ausgang ein unauslöschliches Brandmal in Bonapartes Charakter geworden ist.»[54] Überzeugend und eindrucksvoll ist die Kennzeichnung dieser Diktatur: «Bonaparte fing als kleiner Soldat an, der Feldherr hat den Kaiser gemacht. Er hat seinen Anfang und seine erste Kunst nicht vergessen, und dies ist auch die einzige, welche er recht versteht.»[55] Dieser Geist des Militärischen wirke auch in Kunst und Wissenschaft hinein. Die Diktatur als Militärdiktatur – das ist eine des Nachdenkens würdige Kennzeichnung der Herrschaft, die Arndt in dieses Kapitel einfügt: «Der Soldat ist ihm das erste, und auch in den Wissenschaften würdigt er alles nur in dieser Hinsicht, der Staat ist ein despotischer Soldatenstaat und in einem solchen geht das Zarteste und Höchste des Menschen nicht auf. Das menschliche Wort hat keine Freiheit, Kunst und Wissenschaft können nur im reinsten Ätherelement der Freiheit am menschlichsten blühen ...»[56]

Es geht hier um das Bild Bonapartes, sofern es von den Zeitgenossen – oder doch von mehreren unter ihnen – sehr früh als dasjenige eines Tyrannen wahrgenommen wurde, unerachtet seiner Siege, seines erfolgreichen Feldherrntums und seines Ordnungswillens im Rechtsbereich. Dieses Bild ist im Kreis der preußischen Reformer ständig präsent. Die Einstellung zu ihm, soweit in seinem Erscheinungsbild Züge von Tyrannenherrschaft wahrgenommen werden, ist zunehmend vom Willen zum Widerstand geprägt. In diesem Zusammenhang ist Heinrich von Kleist nicht zu übergehen, sowohl als Schriftsteller wie als Staatsbürger, der den Reformern nahesteht. Anders als Schiller macht Kleist aus seiner Gegnerschaft zu dem Korsen kein Hehl. Er greift ihn offen an und veröffentlicht Schreiben gegen ihn, die in der Schärfe ihrer Ausdrucksformen kaum zu überbieten sind. Auch in seinen Briefen kennt er gegenüber dem französischen Diktator keine Rücksicht und keine Vorsicht. Er sagt oder schreibt unumwunden, was er denkt, und es ist ein auf Beseitigung der Person gerichtetes Denken. Im Brief an den Freund Otto Rühle von Lilienstern vom Dezember 1805 liest man den Satz: «Warum sich nur nicht Einer findet, der diesem bösen Geiste der Welt die Kugel durch den Kopf jagt» (IV/352). Welche Sätze in einem Brief dieses hochkultivierten Briefzeitalters! Aber sind sie etwas gänzlich anderes als der erwogene Pfeilschuß des Schweizers in der Hohlen Gasse? Beide, Kleist wie Schiller, sind herausragende Dichter um 1800, und beide erwägen sie auf ihre Weise in literarischer Form die Tötung eines Tyrannen, der im Falle Kleists deutlich Napoleon heißt. Beide Male ist von Tyrannenmord die Rede, wie man den anstößigen Satz im Brief Kleists deuten kann. Sind solche Abwägungen nicht gegen eine Kultur wie diese gerichtet, die man Weimarer Klassik nennt? Was über erlaubte Vaterlandsliebe hinausgeht und die Tötung anderer im Zusammenhang von Eroberungskriegen in Kauf nimmt, nennt man vielfach Nationalismus, zu dem verwandte Ausdrücke wie Imperialismus, Weltpolitik oder Weltherrschaft gehören. Gegenüber beiden Dichtern ist der Vorwurf des Nationalismus gemacht worden. Und um einen Vorwurf handelt es sich ohne Frage, wenn man heute Nationalismus sagt. Von Kleists Nationalismus wurde in einem Beitrag aus dem Jahre 1966 gesprochen;[57] und sowohl «Wilhelm Tell» als auch das Gedicht mit dem späteren, nicht auf Schiller zurückgehenden Titel «Deutsche Größe» hat man damit in Verbindung gebracht.[58] An Schillers «Wilhelm Tell» – man traut seinen Augen nicht – hat man die «Tendenz eines durch Fremdenfeindlichkeit fundierten Nationalismus» herausgelesen.[59] Hier werden Literatur und Ästhetik des Widerstandes gegen tyrannische Herrschaft genau so verkannt wie von den auf Vaterländerei ausgerichteten Interpreten. Daß Kleist wie Schiller in Napoleon den Tyrannen im Blick haben, ist keine Frage, gleichviel, um welche Nationalität es sich handelt. Die Gegnerschaft gilt in beiden Fällen dem Tyrannentum, nicht irgendeiner Nationalität. Daher ist auch bei Kleist der Widerstand gegen Tyrannentum in Erinnerung zu bringen und nichts sonst. Im «Katechismus der Deutschen», hier im dritten Kapitel mit der Überschrift *«Von der Zertrümmerung des Vaterlandes»*, wird auf die Frage «Was ist deinem Vaterlande jüngsthin geschehen?» die folgende Antwort erteilt: «Napoleon, Kaiser der Franzosen, hat es, mitten im Frieden, zertrümmert, und mehrere Völker, die es bewohnen, unterjocht»

(III/481); und im fünften Kapitel wird in der Frage, ob denn ein zertrümmertes Reich wiederhergestellt werden solle, der stereotype Begriff des fremden Eroberers gebraucht als ein anderer Ausdruck für das, was Tyrannen tun. In Kleists geharnischter Ausdrucksweise heißt es im Kapitel «*Von der Wiederherstellung Deutschlands*»: «Aber sage mir, wenn ein fremder Eroberer ein Reich zertrümmert, mein Sohn, hat irgend jemand, wer es auch sei, das Recht, es wiederherzustellen?» (III/483) Zusammenfassend: Es gibt keine Bezugnahme Kleists auf Napoleon, die nicht zugleich als eine Bezugnahme zu einem Tyrannen verstanden werden könnte.

Selbst die großen Bewunderer des französischen Kaisers, Beethoven wie Goethe, kommen nicht gänzlich ohne den Tyrannenbegriff aus, wenn sie sich über Napoleon äußern. Der Dichter und der Musiker haben diese Bewunderung gemeinsam; sonst aber trennt sie mancherlei. Das betrifft vor allem die politischen Auffassungen und die Einstellung zur Französischen Revolution. Von Beethoven hat Busoni gesagt, er sei der erste Demokrat in der Musik. Aber die Hochschätzung großen Menschentums, des Heroischen und des ins Mythische gesteigerten Herrschertums, bleibt davon unberührt. In diesem Punkt steht der Schöpfer der «Eroica» und der «Geschöpfe des Prometheus» dem Weimaraner Goethe sehr viel näher als dem Dichter des Liedes «An die Freude». Die Bewunderung für Napoleon ist dem «Zug der Zeit» geschuldet. Aber eines Tages, und es ist kein beliebiger Tag, erhält die Bewunderung einen Riß. Es gibt ihn am Tage der Kaiserkrönung, am 4. Dezember 1804. Beethoven hatte vorgehabt, die 3. Sinfonie dem bewunderten Bonaparte zu widmen. Aber als er von der Kaiserkrönung erfuhr, soll er das Widmungsblatt zerrissen und gesagt haben: «Ist der auch nichts anderes, wie ein gewöhnlicher Mensch! Nun wird er auch alle Menschenrechte mit Füßen treten, und seinem Ehrgeiz fröhnen». Und Menschenrechte mit Füßen treten – das tun nur Tyrannen.[60] Daß Goethe den Begriff des Tyrannen mit Beziehung auf Napoleon nach dessen Verbannung eher scherzhaft als belastend gebraucht – «Gott sei Danck! Daß uns so wohl geschah / Der Tyrann sitzt auf Helena ...» (XI, 1,1/166) – wurde in anderem Zusammenhang erwähnt. Weit wichtiger als das Tyrannische ist ihm das Dämonische, ein Phänomen von schwer deutbarer Ambivalenz, das ebenso nach oben wie in die Niederungen des Gemeinen weist. In dieses Dämonische wird im Spätwerk auch Napoleon einbezogen. In der Forschung findet man zumeist die bekannten Sätze aus «Dichtung und Wahrheit» zitiert, die mit dem lateinischen Spruch enden: «Nemo contra deum nisi deus ipse» (XVI/822). Daß man hinsichtlich dieses Dämonischen an die historische Gestalt Napoleons zu denken habe, hat die neuere, vornehmlich dem Alterswerk gewidmete Forschung geltend gemacht; aber geltend gemacht hat sie auch: «er (Goethe) hat sich damals keineswegs an ihn verloren.»[61]

Dagegen ist das auf Napoleon bezogene Tyrannentum an einem Text zu zeigen, mit dem zugleich auf ein Zentrum seiner Gegner verwiesen wird, auf ein solches der gegenklassischen Wendung, sofern es dabei um Goethe geht. Dresden um 1810! In dieser Stadt, der sächsischen Hauptstadt, in der zeitweilig Kleist, Caspar David Friedrich, Adam Müller und andere gegen den auf dem Gipfel seiner Erfolge befindlichen Kaiser der Franzosen agierten, führt ein Text, der schon auf das große Gemetzel vorausweist, das es in Kürze bei Leipzig geben wird. Die Rede ist noch einmal und nunmehr ausführlich von E.T.A. Hoffmanns kurzer Erzählung mit dem Titel «Die Vision auf dem Schlachtfelde bei Dresden», ein nachdenklicher Beitrag zur Geschichte des Tötens, aber auch zur Geschichte des Tyrannentums. Siebenmal wird auf wenigen Seiten der Begriff gebraucht, der unverkennbar auf Napoleon zu beziehen ist. Die Erzählung wird wie folgt eingeleitet: «Auf den dampfenden Ruinen des Feldschlößchens stand ich und sah hinab in die mit blutigen Leichen, mit Sterbenden bedeckte Ebene. Das dumpfe Röcheln des Todeskampfes, das Gewinsel des Schmerzes, das entsetzliche Geheul wütender Verzweiflung durchschnitt die Lüfte, und wie ein ferner Orkan brauste der Kanonendonner, die nicht gesättigte Rache furchtbar verkündend» (I/27). Die Schlachtbeschreibung mündet ein in die Vision einer finsteren Gestalt. Mit ihr entfernt sich die Beschreibung des Entsetzlichen von den Konturen der wirklichen Welt. Es sind die Leichname, die zu reden beginnen und die Gestalt zur Rede stellen, um die es geht. «Rache! – Rache – unsere Qual über dich, blutiger Mörder!» (I/27) Kein heldisches Gehabe, sondern Weltgeschichte von unten gesehen, aus der Sicht der Opfer, und das Ganze dieser Schlachtbeschreibung als Vorübung zu dem, was in und um Leipzig geschehen wird. Von keinem Feldherrn ist die Rede, statt dessen von einem blutigen Mörder, der seiner gerechten Strafe zugeführt werden sollte. Der für diese Tötungen Verantwortliche wird nicht beim Namen genannt. Der Erzähler erkennt ihn gleichwohl; er erkennt den Tyrannen. Dieser selbst aber gibt sich als Tod zu erkennen. Feldherr, Tyrann und Tod werden eins in der Gestalt, die hier zur Rede gestellt wird. Und immer wieder Gerippe, Leichname und zischendes gärendes Blut werden in der von der Gestalt des Tyrannen ausgehenden Vision wahrgenommen. In ihr ist ein Drache erkennbar, ein exotisches Tier, das seine spitzen und glühenden Krallen in die Gestalt des Tyrannen einbohrt, und wenn mit Sprache Vernichtung bewirkt werden kann, so geschieht es hier. «Entarteter, Verworfener! – die Erde ist nicht deine Heimat, die dir Ruhe gibt, denn nur dem Menschen, den du frech verhöhntest, ist es vergönnt, in ihrem Schoße zu ruhen, bis er, durchstrahlt vom ewigen Lichte, emporkeimt zum höheren Sein, aber im öden Raum ist dein Sein, ewige Qual» (I/29). In der Form einer Vision, in der die wirkliche Welt überspielt wird, gerät die Abrechnung des Erzählers in metaphysische Dimensionen. Er bietet Himmel und Hölle auf, um den zur Rede Gestellten den Aufenthalt im Hier und Jetzt zu verleiden. Der Text ist dennoch eine Art Friedensschrift, die sich die Früchte des Friedens von den Gegnern des hier Angeklagten erhofft: dem russischen Zaren und dem preußischen König. Der Tyrann aber, der hier als Tod vorgestellt wird, ist in erster Linie oder ausschließlich derjenige, der für die zahlreichen Tötungen, für die Gefallenen dieses Krieges, verantwortlich ist. Wenn man aber von Napoleons Größe spricht, spricht man nur selten von seinen Beiträgen zur Geschichte des Tötens. Der tötende Mensch also! Und wie oft hier Tyrann gesagt wird: «Aber der Tyrann senkte sein Haupt noch tiefer herab... und er faßte den Tyrannen mit den spitzigen Krallen... Da schrie der Tyrann... Nun umschlang... der Drache den Tyrannen und überall gingen aus seinem Leibe spitzige glühende Krallen hervor, die er wie Dolche in das Fleisch des Tyrannen schlug... Da wand der Tyrann, wie durch namenlose Folter verrenkt das Haupt empor... ‹Ach, nur Linderung, nur Trost aus meinem Jammer›, heulte der Tyrann... Da trug das Ungeheuer den Tyrannen tiefer herab... Sie schauten mit tiefem Entsetzen die Marter des Tyrannen... Der Tyrann schaute um sich im wahnsinnigen Verlangen...»

Von solchen Benennungen des Tyrannen, womit Napoleon gemeint ist, fällt die Rückkehr zu Schiller nicht schwer. Mit der Intensivierung dieser Benennung im Schauspiel «Wilhelm Tell» hat die Rückkehr des Tyrannen im Zeichen Napoleons begonnen. So intensiv war das Wort allenfalls im Jugenddrama «Die Verschwörung des Fiesko zu Genua» gebraucht worden. Schon in «Don Karlos» hatte es an Bedeutung verloren, obwohl wir uns in einem Reich der Despotenwillkür befinden. Erst recht im «Wallenstein», der nicht frei von Zügen ist, die den tyrannischen Gestus verraten. Aber niemals sollen wir glauben, es gehe auf der Bühne um Darstellung eines Tyrannen und gar um ein Tyrannendrama. Die fremden Eroberer in der romantischen Tragödie «Die Jungfrau von Orleans» könnten so verstanden werden. Aber der Begriff wird kaum je gebraucht. Erst in «Wilhelm Tell» kann an der Wiederkehr des Tyrannen nicht mehr gezweifelt werden. Mit Begriffen wie «so verabscheut ist die Tyrannei», «die festen Schlösser des Tyrannen fallen», «ob der tyrannischen Gewalt», «Fand ich den gleichen Haß der Tyrannei», «Nein, eine Grenze hat Tyrannenmacht», «Laßt die Rechnung der Tyrannen anwachsen», «Der über ein Land tyrannisch waltet», «die

Tyrannen zu verjagen», «da der Vaterland ein Raub noch ist der fremden Tyrannei», «Ich habe meine eigne auszufechten mit dem Tyrannen», «Unter den Trümmern der Tyrannenmacht», «Und brecht den Bann der Tyrannei zusammen», «Zu schützen vor der Rache des Tyrannen». Die Häufigkeit solchen Wortgebrauchs hat nichts mit der Geschichte zu tun, mit der Historie, die hier dargestellt wird. Sie ist nur aus der Zeitgeschichte heraus zu erklären. Keine Frage: Schillers Tyrannenbegriff hat unerwartet eine neue Aktualität erhalten; er ist in die politische Gegenwart zurückgekehrt. Ein solcherart tyrannisches Herrschaftssystem vergegenwärtigte die erste Strophe des Widmungsgedichts, das Schiller nach Abschluß seines Tyrannendramas dem Kurfürsten von Mainz, Carl Theodor von Dalberg, dem älteren Bruder des Mannheimer Intendanten, mit einer Prachthandschrift des Dramas übersandte. Die erste Strophe erinnert mit ihrer Beschreibung des politischen Elends, wie es in tyrannischen Herrschaftssystemen das übliche ist, an die geschichtspessimistische Lyrik der späten Zeit, wenn am Ende der ersten Strophe gesagt wird, es sei dies kein Stoff zu freudigen Gesängen. Die zweite Strophe entfernt sich von dieser geschichtspessimistischen Stimmungslage und stimmt in den Ton des Schauspiels «Wilhelm Tell» ein, indem er zum Äußersten aufruft, zu Widerstand und gar zu Mord als Tyrannenmord. Ausdrücklich rechtfertigt ihn diese Strophe; sie feiert, was hier geschieht, und bescheinigt denen, die den Zwang abwerfen, ausdrücklich Menschlichkeit, die sie ehrt. Das ganze Gedicht hat folgenden Wortlaut:

«Wenn rohe Kräfte feindlich sich entzweien,
Und blinde Wut die Kriegesflamme schürt,
Wenn sich im Kampfe tobender Parteien
Die Stimme der Gerechtigkeit verliert,
Wenn alle Laster schamlos sich befreien,
Wenn freche Willkür an das Heilge rührt,
Den Anker lößt, an dem die Staaten hängen,
– Das ist kein Stoff zu freudigen Gesängen!

Doch wenn ein Volk, das fromm die Herden weidet,
Sich selbst genug, nicht fremden Guts begehrt,
Den Zwang abwirft, den es unwürdig leidet,
Doch selbst im Zorn die Menschlichkeit noch ehrt,
Im Glücke selbst, im Siege sich bescheidet,
– Das ist unsterblich und des Liedes wert.
Und solch ein Bild darf ich *dir* freudig zeigen,
Du kennst, denn alles Große ist *dein* eigen» (I/402).

Dem Kurfürsten von Mainz fühlte sich Schiller freundschaftlich verbunden. Ihm hatte er das gedruckte Exemplar des «Wilhelm Tell» widmen wollen, also vor aller Augen und öffentlich. Aber der auf diese Weise geehrt werden sollte, wehrte auf eine verklausulierte Art ab und schrieb: «Sehr schätzbar war mir die zugedachte Ehre! Aber Schillers erhabene Muse huldige der Tugend und keinem sterblichen; dies ist der Wunsch Ihres Freunds Carl» (XL, I/222). Hierzu heißt es im Kommentar der Briefe etwas unbestimmt: «Dalbergs freundliche Ablehnung entsprach offenbar seinem (aus politischen Rücksichten gehegten?) Wunsch, seine Rolle als Freund und Förderers Schillers nicht öffentlich zu machen ...» (XL, II/321). Geht man aber den politischen Rücksichten des Reichsfürsten nach, so steckt Schillers beabsichtigte Widmung voller Bezüglichkeiten. Dalberg war noch 1797 für eine Fortsetzung des Kampfes gegen Frankreich eingetreten, danach aber auf die Seite Napoleons übergeschwenkt. Über seinen Gesinnungswandel lesen wir: «Seine 1806 vollzogene Berufung Kardinal Feschs, des Onkels Napoleons I., zum Koadjutor leitete zur Gründung des Rheinbundes über, in dem D. als Fürstprimas von Deutschland fungierte; 1810 wurde er dann noch von Napoleon zum Großherzog von Frankreich erhoben. Bei dem am 17.7.1811 in Paris durchgeführten Nationalkonzil diente D. dem Korsen als willfähriges Werkzeug und erlebte schließlich mit dessen Sturz auch das Ende der eigenen kurzdauernden weltlichen Herrschaft».[62] Aber schon 1803, noch vor Abschluß des «Wilhelm Tell», hatte Dalberg die Richtung gewechselt. Sollten sich in Schillers Drama Bezüge zu Bonaparte verstecken, so könnte die beabsichtigte Widmung als nachdenkliche Mahnung an den sich Napoleon nähernden Freund verstanden werden.

An diesem Punkt der Betrachtung wird es unerläßlich, über die Lebenszeit Schillers hinauszublicken in das 19. wie in das beginnende 20. Jahrhundert hinein. Es wird nötig, die Rezeption seiner Dramen in diesen Zeitaltern einen Blick zu gönnen. Es genügt, wenn wir uns auf «Wilhelm Tell» beschränken, weil in diesem Stück die Probleme des Widerstands und des Widerstandsrechts am dichtesten und deutlichsten zur Sprache gebracht werden und das Tyrannenthema in den Tyrannenmord einmündet, wie dies in keinem Drama zuvor geschehen war. Aber die Wiederkehr des Tyrannen hat unvorhergesehene Konsequenzen: Das Interesse für Widerstand gegen Tyrannei schwindet, und der gestürzte Napoleon, eben noch als Tyrann bekämpft, kehrt als großes Individuum in die Bewußtseinsgeschichte des 19. Jahrhunderts zurück. Die Nachwirkung seines Wirkens wird zur Wirkungsgeschichte, wie sie Hans Blumenberg in der Formel andeutet: «Napoleon wird Prometheus, Prometheus Napoleon.» Mag die Neuordnung Europas, trotz Niederlage und Verbannung, dem Korsen mancherlei zu verdanken haben – bestimmend wird im sich verfestigenden Menschenbild das Bild seines Aufstiegs, seiner militärischen Siege und Niederlagen, als seien auch die letzten noch Siege seines ausgreifenden Herrschertums. Mit dem Mythos Napoleon wird menschliche Größe zum beherrschenden Bild, an dem man sich im Gefolge von Geschichtsphilosophie und Geschichtswissenschaft orientiert. Das schwindende Interesse am Widerstand und Tyrannentum geht einher mit dem wachsenden Interesse für die großen Individuen der Weltgeschichte; und mehr noch geht es einher mit Bewunderung, die man ihnen entgegenbringt. Schillers Dramen liegen nicht auf dieser Linie der Bewußtseinsgeschichte des 19. Jahrhunderts.

VIII

SCHWINDENDES INTERESSE AN WIDERSTAND UND WACHSENDES INTERESSE AN MENSCHLICHER GRÖSSE

In ihrem Buch «Tyrannislehre und Widerstandsrecht» hat die Verfasserin Schiller nicht erwähnt. Das leuchtet ein, wenn man bedenkt, daß in diesem Buch nur diskursive Texte, vornehmlich solche der politischen Philosophie, behandelt werden. Fiktionales wird nicht berücksichtigt, und was Schiller zu diesem Thema beizutragen hat, gehört fast ausschließlich in diesen Bereich. Hätte man ihn dennoch in eine solche Untersuchung einbezogen, so hätte das Thema des Widerstandsrechts, der Rebellion und des Tyrannenmords über die theoretischen Erörterungen hinaus ein glänzendes Schlußkapitel erhalten. Am Ergebnis hätte sich freilich nichts geändert. Die Verfasserin des genannten Buches nimmt es in der Einleitung vorweg und begründet es im Hauptteil. Sie spricht einleitend von einem Prozeß zunehmender Erblindung gegenüber dem Phänomen der Tyrannis und des Widerstandes gegen sie und sieht darin das Ergebnis eines deutschen Sonderwegs, eines Abweichens von Positionen, wie sie für die Demokratien des Westens kennzeichnend seien.[1] Ein solches Erblinden für Fragen des Tyrannentums und des Widerstandsrechts wird gezeigt an Hegels Rechtslehre, an Treitschkes Geschichtsschreibung und an Max Webers Herrschaftstypologie. Für diese Resultate werden zwei geschichtliche Traditionslinien vorrangig verantwortlich gemacht. Zum ersten die lutherische Obrigkeitslehre und das auf Kant zurückgehende Staatsdenken, die gemeinsam eine sich verfestigende Staatsfrömmigkeit bewirkt haben. Zweitens eine Form des historischen Denkens, das Tyrannentum und Widerstandsrecht als historisch bedingte Erscheinungen auffaßt. Auf Tyrannenmord wie auf Widerstand gegen ihn wird zurückgeblickt als auf etwas, das einmal sein mußte, nunmehr aber als überwunden gelten kann. Man wiegt sich in Sicherheiten, für die es keine Beweise gibt. Tyrannenherrschaft als etwas ein für allemal Gewesenes: Es wird noch zu zeigen sein, daß die Rezeptionsgeschichte von Schillers «Wilhelm Tell» ähnlich verläuft.

SCHWINDENDES INTERESSE AN WIDERSTAND

Um politische Theorien in der idealistischen Geschichtsphilosophie geht es zunächst, näherhin um Hegel und Preußen, wohin es diesen aus Schwaben kommenden Philosophen verschlagen hatte. Das Werk der preußischen Reformer aufgrund der Niederlage von Jena und Auerstedt ist der Ausgangspunkt. Die eigentümliche Zwischenlage, die sich herausgebildet hat, wird charakterisiert als eine solche feudaler Reaktion und demokratischer Revolution mit dem Ergebnis eines bürokratischen Absolutismus, der die Entwicklung im beherrschenden Staat der deutschen Staaten in hohem Maße geprägt hat.² Die daraus entstandene Regierungsform hat in einer Souveränität ihr Schwergewicht, die unkontrolliert bleibt. Von Despotismus muß nicht gesprochen werden. Er werde auch nicht am Rande zum Gegenstand von Erörterungen gemacht;³ dem Widerstandsrecht ergeht es nicht anders.⁴ Es wird gezeigt, daß Begriffe aus dem Wortfeld der Tyrannis zunehmend dem Blick entschwinden. Im historischen Prozeß der Selbstverwirklichung des Geistes ist sie überflüssig geworden.⁵ Abschließend und zusammenfassend heißt es: «Hegels politische Philosophie lehrte ihre Anhänger, die Geschichte, insbesondere die eigene deutsche in dieser Perspektive zu sehen. Sie hat damit ihren eigenen Beitrag zu jener von Kant begründeten Tradition der ‹Glückseligkeitsverachtung› geleistet, die Max Scheler am Ende des Ersten Weltkrieges als charakteristischen Zug politischen Denkens in Deutschland diagnostizierte ...»⁶

Das zweite Beispiel, das den Prozeß zunehmender Erblindung gegenüber Tyrannentum und Widerstandsrecht erörtert, betrifft den Historiker Heinrich von Treitschke und mit ihm die Mentalitätsgeschichte des späteren 19. Jahrhunderts in Deutschland. Ausführungen über Realpolitik, womit an Rochaus epochemachendes Werk erinnert wird, leiten das Kapitel ein.⁷ Realpolitik, die sich Bismarck auf seine Weise zu eigen machen wird, läßt schon von ihren ideologischen Voraussetzungen her ein nachhaltiges Interesse an den bezeichneten Fragen gar nicht erst aufkommen. Treitschke erörtert solche und verwandte Probleme in seinen Vorlesungen über Politik. Ihr Ziel hat die von ihm propagierte Realpolitik zunächst in der Herbeiführung der deutschen Einigung. Der Weg, der am raschesten dazu führt, ist dem Historiker der liebste. So sehr ist dies der Fall, daß selbst drückender Despotismus nicht nur hingenommen, sondern am Ende noch willkommen geheißen wird. Treitschke wird in diesem Zusammenhang mit dem Satz zitiert: «diese Ideen sind es auch, die mich mit den vielen verwerflichen und entsetzlichen Meinungen des großen Florentiners versöhnt haben», und hinsichtlich des Florentiners hat man selbstverständlich an Machiavelli zu denken.⁸ Aber nach der Reichsgründung, haben sich die lässigen Einstellungen gegenüber Tyrannis und Widerstandsrecht keineswegs erledigt; sie haben im Gegenteil noch bedenklichere Ausmaße angenommen. «Tyrannis als Herrschaft genialer Machtmenschen» heißt das Kapitel, in dem die Problematik solcher Einstellungen erörtert wird. Zwar fallen die Stellungnahmen zu Fragen des Despotismus bei Treitschke nicht einseitig positiv aus, aber auch nicht einseitig negativ, wenn wir den Satz lesen: «Ein solcher Herrscher, der nur durch sein Genie und durch sein gutes Schwert durch Glück und Geld emporgekommen ist, steht ganz auf sich selbst allein. In ihm zeigt sich eine Wahlverwandtschaft mit dem großen Künstler, der ebenfalls ein souveränes Ich ist... In dem Tyrannen tritt uns das Individuum in seiner Größe wie in seiner himmelstürmenden Frechheit entgegen.»[9] Das sind in mehrfacher Hinsicht bedenkliche Aussagen, ausgesprochen von einem deutschen Universitätsprofessor, der Tyrannentum verharmlost und Größe über alles setzt. Es verwundert nicht, daß dem Historiker der Begriff des Cäsarismus leicht von den Lippen geht, den Oswald Spengler für seine Zwecke verwenden wird.[10] Treitschkes Ausführungen über Tyrannis und Cäsarismus machen deutlich, daß ihn der Verfall von Herrschaftsformen mit der Tendenz zu Tyrannei weniger interessierte als der mit Kraftgefühl ausgestattete Souverän, den man bewundert.[11] In dem Abschnitt «Die Frage des Widerstandsrechts» innerhalb des Kapitels über Treitschke heißt es in dem genannten Buch: «In Treitschkes Haltung zur Frage des Widerstandsrechts verbinden sich die politischen Traditionen der deutschen idealistischen Philosophie Kants und Hegels mit denen des lutherischen Protestantismus zu einem dreifach theoretisch begründeten Nein.»[12] Das schwindende Interesse an Widerstand und Tyrannentum zeigt sich am Beispiel des italienischen Staatsmannes Cavour, von dem es bei Treitschke heißt: «Was hier im Hinblick auf Cavour gesagt ist, trifft nicht minder auf die Tyrannenherrscher aus dem Geschlecht der Medici zu wie auf den faschistischen Diktator des 20. Jahrhunderts.»[13]

Das dritte Beispiel, an dem die Erblindung gegenüber Tyrannentum und Widerstandsrecht erörtert wird, betrifft die Soziologie Max Webers und seine Herrschaftstypologie. Sie wird als Fortsetzung dessen verstanden, was schon an den Beispielen Hegels und Treitschkes gezeigt wurde. «Der von der politischen Philosophie Kants und Hegels eingeleitete, von Treitschke mit ungleich größerer unmittelbarer Wirksamkeit auf die öffentliche Meinung seiner Zeit vorangetriebene Prozeß der ‹Erblindung gegenüber den Werten des zivilen Daseins› in der deutschen politischen Theorie des 19. Jahrhunderts findet im politischen Denken Max Webers seine Fortsetzung...»[14] Die Rede ist von Machtstaatsdenken, Weltpolitik und Staatsraison als einem Denken, das sich jedem Glückseligkeitsverlangen seiner Bürger schroff widersetzt. Der Soziologe Max Weber nimmt einen erbarmungslosen, ja tödlichen Kampf der Werte in unserer Welt wahr. Historische Größe im Zeichen von Weltmachtpolitik, wie sie sich im deutschen Kaiserreich herausbildet, ist ausgeprägt. Große Politik ist für ihn Politik im Dienste großer Machtinteressen – eine solche, «die den großen Leidenschaften, welche die Natur in uns legte», entspringt.[15] Große Politik, große Leidenschaft, große Instinkte – es leuchtet ein, daß in einer solchen Gedankenwelt wenig Raum ist für Fragen des Widerstandsrechts oder gar des Tyrannenmords. Im Zusammenhang dieser Herrschaftstypologie wird auch diejenige Herrschaftsform zur Sprache gebracht, von der mit Beziehung auf Schillers Dramen wiederholt die Rede war. Es ist dies der charismatische Führertypus, über den abermals zu sprechen ist. Der fast sakrale Ton in der Sprache Max Webers, wenn er diesen Herrschaftstypus beschreibt, fällt auf und befremdet zugleich. Da wird gesagt, charismatische Herrschaft ruhe auf der «außeralltäglichen Hingabe an die Heiligkeit oder die Heldenkraft oder die Vorbildlichkeit einer Person und der durch sie offenbarten oder geschaffenen Ordnungen».[16] Die sprachliche Ausdrucksweise läßt starke persönliche Anteilnahme vermuten. Von politischen Führern und ihrer Gefolgschaft wie von Propheten und ihren Jüngern ist die Rede, von solchen, «die aus persönlicher Hingabe und Begeisterung die Herrschaft des genuin charismatischen Führers tragen, solange der charismatisch Begnadete von seinem Gott oder seiner magischen oder Heldenkraft nicht verlassen wird und seine Führung Wohlergehen für die Beherrschten bringt.»[17] Voreilige Schlüsse werden in dem hier referierten Buch nicht gezogen. Es wird vorsichtig argumentiert, und dem Soziologen wird zugute gehalten, daß er «den» Typus der charismatisch-plebiszitären Führerschaft, der im Jahre 1933 an die Regierung kam, nicht vor Augen gehabt haben könne. Dennoch gibt es in dieser Erörterung der charismatischen Führerschaft einen Einwand, der Beachtung verdient. Karl Löwith macht geltend, daß Max Weber mit seiner Herausstellung charismatischer Führertypen den Weg zum diktatorischen Führerstaat gebahnt habe.[18] Davon war deshalb zu sprechen, weil aufgrund des erhöhten Interesses am charismatischen Herrschertypus auch für Max Weber Fragen des Mißbrauchs politischer Herrschaft letztlich nebensächlich und zweitrangig werden. Die Verfasserin des Buches über «Tyrannislehre und Widerstandsrecht» gelangt zu dem ernüchternden Schluß: Die politische Theorie im Deutschland des 19. Jahrhunderts «erwies sich als unfähig, die Frage des Mißbrauchs politischer Herrschaft in ‹Diagnose› und ‹Therapie› angemessen zu erörtern»[19] – sehr im Gegensatz zu Schiller, der mit seinem Schauspiel «Wilhelm Tell» sehr wohl eine Antwort auf solche historischen Herausforderungen gegeben hat. Aber die Geschichte seiner Rezeption hinsichtlich solcher Fragen entspricht, von wenigen Ausnahmen abgesehen, der Geschichte des politischen Denkens, wie sie hier skizziert wurde. Auch hier geht es im Verständnis des «Wilhelm Tell» im Deutschland des 19. Jahrhunderts in hohem Maße um ein Erblinden gegenüber Fragen des Widerstandsrechts und des Tyrannenmords.

Als Ausnahmen können Aufführungen gelten, die der politischen Brisanz des Stückes gerecht zu werden suchen und einem adäquaten Verständnis des Textes nahe kommen. Der Dresdner Aufführung im Revolutionsjahre 1848 ist ein derart adäquates Verständnis zuzuerkennen. Über diese Aufführung berichtet die «Allgemeinen Preußische Zeitung» in ihrer Ausgabe vom 23. März 1848: «Vor einigen Tagen las man an den Mauern unseres Opernhauses die Worte angeschrieben: ‹Übermorgen *Wilhelm Tell* ... Den Wünschen des Volkes ist entsprochen worden. Die heutige Aufführung ... des *Tell* wurde dadurch zu einem Volksfest›», wozu es in einer rezeptionsgeschichtlichen Darstellung kommentierend heißt: «Am Dresdner Hoftheater brach am 1. April minutenlanger, stürmischer Beifall aus bei Stauffachers Worten ‹Eine Grenze hat Tyrannenmacht›, ja, der Schauspieler wurde genötigt, die große Freiheitsrede auf dem Rütli zu wiederholen!»[20] Aber gegenüber den wenigen Ausnahmen bis 1945 sind die meisten Aufführungen von Tendenzen bestimmt, die der «eigentlichen» Essenz des Dramas nicht gerecht werden. Sie suchen den äußerst brisanten Gehalt zu verdrängen. Diese Verdrängung der eigentlichen Essenz geschieht dadurch, daß man das Drama aufgrund vorhandener Motive zum Vaterlandsdrama macht, als seien Widerstand und Tyrannenmord allenfalls Nebenmotive, sofern sie überhaupt Beachtung finden; oder auch dadurch, daß man seitens staatlicher Stellen Verbote ausspricht, weil erkannt wird, daß man es mit einem staatsgefährlichen Drama zu tun hat – eine keineswegs abwegige Meinung. Die vaterländische «Lesart» ist in der Rezeptionsgeschichte des 19. Jahrhunderts vorherrschend. Sie kann zahlreiche Zitate für sich in Anspruch nehmen, aber indem sie die brisanten Motive umgeht, verfälscht sie den Text.[21] Diese Aussparung des Brisanten hat zweifellos mentalitätsgeschichtliche Gründe, und vielleicht kann man mit Rolf Hochhuth sagen: «Noch heute bestürzt bei Lektüre des Stückes, daß es auf fast jeder Seite zum Widerstand aufruft. Widerstand gegen jede Bedrückung, egal, ob sie von einem Landesfeinde ausgeht oder von einem Feind im Innern.»[22] Aber harte Tatsachen wie diese überhört man gern. Es gibt Interpretationen zu Schillers «Wilhelm Tell», noch aus jüngster Zeit, in denen die ästhetisch anstößigen Begriffe umgangen werden, als entspräche es den Regeln des literarhistorischen Anstands, sie in wissenschaftlichen Arbeiten nicht zu gebrauchen. In einem repräsentativen Buch zum Schillergedenkjahr 1959 (von Gerhard Storz) werden einmal beiläufig die Wörter Tyrannenmord und Tyrannenmörder verwendet.[23] Von Widerstand ist nicht die Rede, und noch gut zwei Jahrzehnte später hat sich an dieser Einstellung gegenüber der politisch brisanten Thematik vielfach wenig geändert. In der Untersuchung innerhalb eines repräsentativen Sammelbandes mit Interpretationen zu Schillers Dramen kommt das Wort Widerstand nicht vor. Schillers Schauspiel «Wilhelm Tell» wird noch am Ende der siebziger Jahre des vorigen Jahrhunderts als Widerstandsdrama nicht wahrgenommen, von Tyrannenmord mit seiner in die Antike zurückreichenden Tradition gar nicht zu reden.[24]

Aber eine ganz andere «Lesart» in der Rezeptionsgeschichte des Dramas kommt seinem adäquaten Verständnis um vieles näher. Es ist dies die «Lesart» des Verbots. Daß ein Drama der «klassischen deutschen Literatur», ein Drama Schillers, in der Geschichte seiner Rezeption vom Verbot nicht nur bedroht, sondern zu verschiedenen Zeiten regelrecht betroffen war – davon weiß man in Deutschland, selbst unter Fachgelehrten, nicht sehr viel. Nicht wenigen hat erst der Marbacher Katalog zur Ausstellung «Klassiker in finsteren Zeiten» die Augen geöffnet.[25] Zu sprechen ist über das von Hitler angeordnete Verbot des «Wilhelm Tell» gegen Ende des Krieges. Aber neuere Forschung hat noch anderes erbracht: eine Kontinuität nämlich von Verboten, die bald nach Schillers Tod einsetzt und sich über mehr als ein Jahrhundert hin wiederholt. Verboten wurde Schillers «Wilhelm Tell» zuerst von der französischen Besatzung in der napoleonischen Zeit. Betroffen waren von diesen Verboten Aufführungen in Hamburg und Lübeck, und verboten wurde auch das Erstlingsdrama «Die Räuber», das man im Frankreich der Revolution einmal auf den Schild gehoben hatte.[26] Nach der Ermordung des Schriftstellers August von Kotzebue im Jahre 1819 und der französischen Juli-Revolution von 1830 verschwand Schillers Widerstandsdrama von den Bühnen des preußischen Hofes. Man fürchtete, irgendein Unberufener könnte womöglich in die Tat umsetzen, was im Bühnenspiel dargeboten wird.[27] Erneute Anlässe zu Verboten gab es in der Weimarer Republik in Wiesbaden, Koblenz, Essen und Bochum, nunmehr im Zusammenhang der Besetzung des Ruhrgebiets durch französische Truppen.[28] Aber das von Hitler selbst ausgehende Verbot des «Wilhelm Tell» ist ein Kapitel für sich.[29] Dieses Verbot, das Schiller ehrt, schlug wie ein Blitz aus heiterem Himmel in die verödete Kulturlandschaft dieser Jahre ein; denn in den ersten Jahren der deutschen Diktatur war «Wilhelm Tell» wie kein anderes Drama Schillers gefeiert worden. An einigen Veranstaltungen, die ihm als Huldigung zugedacht waren, hat Hitler teilgenommen.[30] Die Umdeutung des Widerstandsdramas zum Vaterlandsdrama, die in seiner Rezeptionsgeschichte schon seit dem 19. Jahrhundert zu verfolgen war, wäre vermutlich nicht unterbrochen worden, hätte es nicht den Attentatsversuch des Schweizer Theologiestudenten Maurice Bavaud gegeben. Der junge Theologe wurde wegen dieses Versuchs, dem man seitens der Behörden auf die Spur gekommen war, schon 1939 zum Tode verurteilt. Aber erst im Mai 1941 wurde das Urteil – die Hinrichtung aufgrund der verhängten Todesstrafe – vollstreckt. Das von Hitler verfügte Verbot, Schillers letztes vollendetes Drama an Schulen zu behandeln oder auf deutschen Bühnen aufzuführen, hängt in hohem Maße mit diesem Vorkommnis zusammen. Fragt man in dieser verqueren Rezeptionsgeschichte nach dem, was man das adäquate Verständnis des Textes nennen kann, so wird man sagen dürfen, daß der das Verbot verfügende Diktator einem solchen Verständnis sehr nahe gekommen ist. Den Ablauf dieses fehlgeschlagenen Tyrannenmords hat zuerst Rolf Hochhuth geschildert.[31] Aber den literarisch dilettantischen Epilog zu diesem Teil der Rezeptionsgeschichte des «Wilhelm Tell» liefert Hitler selbst in Verlautbarungen, die man hochtrabend seine Tischgespräche genannt hat; hier heißt es: «Wir haben nur ein Unglück: daß wir bisher nicht den Dramatiker gefunden haben, der in die deutsche Kaisergeschichte hineingeht. Ausgerechnet Schiller mußte diesen Schweizer Heckenschützen verherrlichen. Die Engländer haben ihren Shakespeare, dabei haben sie in ihrer Geschichte nur Wüteriche oder Nullen.»[32]

Die Ereignisse, die am 20. Juli 1944 zum Versuch eines sozusagen klassischen, obschon mißlungenen Tyrannenmordes führten, gehören nicht unmittelbar in die Rezeptionsgeschichte von Schillers «Wilhelm Tell». Sie sind reale Geschichte, nicht Literaturgeschichte. Dennoch gibt es zwischen dem Attentäter der Verschwörung, dem damaligen Obersten der deutschen Wehrmacht, Claus Graf von Stauffenberg, und dem George-Kreis, dem er als einer der Nächsten des Dichters angehörte, einen inneren Zusammenhang, in dem auch Schiller seinen Ort hat. Dafür spricht auch die Pädagogik des Tätertums, für die Schiller, der Gestalter des handelnden Menschen, als Vorbild in Anspruch genommen wurde. Vor allem über den Literarhistoriker Max Kommerell und sein Schillerbild ist eine Verbindung zwischen ihm selbst und dem Täter Claus von Stauffenberg herzustellen. Beide waren sie von George hochgeschätzt, sie selbst waren zeitweise eng befreundet. Einige der an Kommerell gerichteten Briefe Stauffenbergs zeugen von einer fast schwärmerischen Freundschaft. Aber auch Kommerell war von der Person des jüngeren Freundes beglückt, nennt ihn «Haupt der Sage» und widmet ihm Gedichte, die Überschriften wie *Kyffhäuser* oder *Heldenweihe* tragen.[33] Sofern Schiller mit seinem Werk in diese Ideenwelt hineinwirkt, ist es vorrangig der Typus des Verschwörers, der in diesem zu Widerspruch und Rebellion neigenden Kreis geschätzt war. «Der Verschwörer» heißt ein Abschnitt im Schiller-Kapitel des Buches «Der Dichter als Führer in der deutschen Klassik» von Max Kommerell. Verschwörertum, das der junge Literaturhistoriker feiert, gilt hier vornehmlich dem Erstlingsdrama «Die Räuber». Das Wort selbst, die Überschrift dieses Abschnitts, wird emphatisch beschworen: «der *Verschwörer* wird die Mitte all seines Dichtens und Sinnens, ein *Verschwörer* wird Schiller selbst mit seinem echtesten Ich. Und so wenig wie in dieser zwar aufwühlenden, aber nie aufbauenden Jugend *Tat* des Führers zu erkennen – so viel *Kraft* des Führers ist in ihr, und sie ist dieselbe, ob sie Lebensketten sprengt und Freundschaftsbünde schließt, oder ob sie in zornigen Kampfreden sich bäumt gegen Gesetz und Staat.»[34] Eberhard Zeller, der Verfasser von Büchern über den 20. Juli wie über den Grafen Stauffenberg und ehemaliger Schüler des Eberhard-Ludwigs-Gymnasiums in Stuttgart wie die Freunde Kommerell und Stauffenberg auch, berichtet von einer Schulaufführung des «Tell»-Dramas zu Beginn der Weimarer Republik, in der Stauffenberg begeistert die Rolle des Werner Stauffacher übernommen habe. Dieser Bericht hat offensichtlich zum Ziel, einen inneren Zusammenhang zwischen dem Tyrannenmord in Schillers Drama und der Tat Stauffenbergs herzustellen. Aber der Weg vom George-Kreis und der partiellen Schiller-Verehrung in diesem Kreis zur Tat des 20. Juli 1944 ist kein direkter Weg. In seinem Buch «Der Dichter als Führer» geht Kommerell auf das Drama des Tyrannenmords überhaupt nicht ein, und was in den späteren Essays über Schiller ausgeführt wird, ist eher zeitlos-psychologisch als unmittelbar aktuell.

Der Weg von der Ideenwelt des George-Kreises zur Tat des Grafen Stauffenberg schließt Umwege ein; denn eine Nähe dieser Ideenwelt zu dem Aufbruchserlebnis des Jahres 1933 ist bei nicht wenigen Mitgliedern des Kreises erwiesen, wie in Peter Hoffmanns Biographie über Stauffenberg nachzulesen ist. Seine Einsichten mahnen zu vorsichtigem Urteil, wenn wir lesen, daß einige Freunde sehr bald nach der sogenannten Machtergreifung zu den Nationalsozialisten übergegangen seien; so Ernst Bertram, Walter Elze, Kurt Hildebrandt, Ludwig Thormaehlen, Woldemar Graf Uxküll, Albrecht von Blumenthal oder Rudolf Fahrner.[35] Auch Claus Graf von Stauffenberg gehörte zu denjenigen Mitgliedern des Kreises, die den Aufbruch zunächst begrüßt hatten. So jedenfalls ist es in Margret Boveris Buch nachzulesen: «Am 30. Januar 1933 ist der 25-jährige Reiter-Leutnant Klaus

Graf v. Stauffenberg in Bamberg in voller Uniform an der Spitze eines Zuges marschiert und hat seiner Freude über die Machtergreifung Ausdruck gegeben.»[36] Widerspruch und frühe Opposition gab es vor allem dort, wo die neuen Herren ihrer Brutalität freien Lauf ließen wie in der Pogromnacht vom 9. auf den 10. November 1938. Eberhard Zeller hat die Umkehr aufgrund unveröffentlichter Quellen eingehend geschildert.[37] Aber es dauerte noch vier Jahre, ehe es die von nicht wenigen ersehnte Tat – oder den Versuch einer solchen – gab, die Befreiung bringen sollte. In einem Bericht Rudolf Fahrners über die Begegnung Stauffenbergs mit einem Schulfreund im Jahre 1942 heißt es: «In dem sich daran anschließenden Gespräch unterhielten wir uns länger über die Frage, was geschehen müßte, um der nach unserer Auffassung völlig verfehlten deutschen Innen- und Außenpolitik eine grundsätzlich andere Wendung zu geben, und um der Maßlosigkeit der Hitlerschen Ideen zu steuern. Am Ende dieses Gespräches sagte Stauffenberg zu ihm. Es gibt nur eine Lösung: sie heißt: töten.»[38] Der Vergleich mit der Tat Wilhelm Tells drängt sich auf. Hier wie dort ist es die Tat eines Einzelnen, demgegenüber die Verschwörung als zweitrangig erscheint. Beide Male hat man Grund, trotz Mord vom Ethos einer solchen Tat zu sprechen, und es ist wohl ein Tätertum dieser Art, das inspirierend die Gedanken des jungen Grafen bewegt hat. Was in dieser Gedankenwelt Tat bedeutet, wird im Epilog zur George-Biographie von Thomas Karlauf reflektiert, indem er einen lange Zeit Getreuen des Dichters, Friedrich Gundolf, im Zitat anführt: «Alles was George sinnt und singt, ist tat und geschieht um der tat willen.»[39]

Dem schwindenden Interesse an Widerstand, Widerstandsrecht und Tyrannentum im 19. Jahrhundert entspricht die steigende Bedeutung, die man dem großen Individuum in der Weltgeschichte zuspricht. Man zeigt sich nachsichtig gegenüber den Handelnden und Herrschenden dieser Welt, wenn man, wie gemeint wird, durch Größe der Persönlichkeit sich entschädigt sieht. Diese Korrelation, daß Nachsicht gegenüber dem tyrannischen Gestus der wachsende Sinn für menschliche Größe entspricht, ist nicht neu. Die Geburt dieses Menschentypus unter den Herrschenden ist eine solche aus dem Geist der Renaissance. Machiavelli wie Hobbes waren der starken Herrscherpersönlichkeit auf ihre Weise gewogen. Aber nach den Veränderungen im Gefolge der Revolutionskriege in Frankreich gewinnt das Phänomen der menschlichen Größe neues Ansehen und neues Gewicht, nicht zuletzt im Zusammenhang der Erfolge und der Siege Napoleons. Mehrere Schriften über die Größe des Menschen erscheinen in dieser Zeit.[40] Die Bedeutung der Begriffe zur Bezeichnung des Phänomens gelten dem Außerordentlichen, dem Übergroßen im Bild des Menschen, als die sie in Geschichte, Philosophie und «schöner Literatur» hervortreten. «Dies ist die Zeit der Könige nicht mehr», läßt Hölderlin seinen Empedokles sagen. Der Ausspruch der Dramenfigur deutet auf die Krise der Erbmonarchie hin und macht gleichzeitig deutlich, wie sehr sich Bild und Gestalt des großen Menschen mit den großen Herrschergestalten der Weltgeschichte verbinden. Stets geht es in solcher Herrscherlichkeit um das aus der Menge herausragende Individuum, um den Einzelnen, der sich von den Vielen abhebt. Wenn wir von großen Menschen in Verbindung mit Herrschaft sprechen, haben wir es für lange Zeit vornehmlich mit Königen und Kaisern zu tun, denen wir in besonderen Fällen den Beinamen «der Große» oder «die Große» hinzufügen. Die Auszeichnung, die diesen Herrschergestalten auf solche Weise zukommt, ist nicht an Geschlecht oder Religion gebunden. Es gibt sie so gut in den heidnischen wie in den christlichen Zeitaltern. Die Auszeichnung, die einige Herrscher durch den Beinamen der oder die Große erhalten, gilt vorwiegend den großen Tätern, den Handelnden der geschichtlichen Welt. Größe wird auch den die Zeiten überragenden Künstlern wie Rembrandt, Goethe oder Beethoven zugesprochen. Aber es ist eine Größe anderer Art, und niemals erhalten Künstler den Beinamen der Große, wie er für die Herrschergestalten der Weltgeschichte kennzeichnend ist. Daß die Großen in Kunst und Wissenschaft gesondert betrachtet werden, ist Jacob Burckhardt als dem Verfasser der «Weltgeschichtlichen Betrachtungen» wichtig. Er sieht Größe dieser Art mit Seelengröße verbunden, und Seelengröße sei unter den großen Tätern äußerst selten.[41] Die Notwendigkeit einer solchen Unterscheidung ist zum Verständnis «wahrer Größe» unerläßlich. Künstlerische Größe oder Größe in den Wissenschaften ist im allgemeinen nicht mit Herrschaftsansprüchen verbunden. Seelengröße aber vermißt man dort, wo sich Großes und Böses in ein und derselben Person treffen. Einer der bösen Großen ist der zentralasiatische Herrscher Timur, den wir als poetische Figur aus Goethes «Westöstlichem Divan» kennen. Ein Vorkämpfer des Islam, drang er bis Syrien und Indien vor. Einige Jahrhunderte später ging er durch Christopher Marlowe als «Tamburlaine the Great» in die Geschichte der englischen Literatur ein. Das Böse dieses weltgeschichtlichen Individuums hat Marlowe mit einem barocken Zusatz zum Ausdruck gebracht. Die Rede ist von Tamburlaine, «der als skythischer Hirte geboren, durch seine außergewöhnlichen und wunderbaren Eroberungen einer der gewaltigsten und mächtigsten Herrscher wurde und wegen seiner schrecklichen Tyrannei im Krieg den Beinamen ‹Geißel Gottes› erhielt.»[42] Größe bedeutet hier so viel wie Raubtier-Größe, Begriffe, die an Spenglers Ausdrucksweise erinnern.[43] Es ist klar, daß ein solcher Begriff von Größe im Bild des Menschen weithin außerhalb der sittlichen Weltordnung wahrgenommen wird; und klar ist fernerhin, daß die so verstandene Größe in nicht geringem Umfang an der Geschichte des Tötens Anteil hat. Von der vielfach fragwürdigen Größe der Handelnden und Herrschenden war in anderem Zusammenhang schon die Rede. Nunmehr geht es um die geistige Situation der Zeit um 1800. Dreh- und Angelpunkt der um diese Zeit veränderten Welt ist die Erscheinung Napoleon Bonapartes, eines Herrschers neuer Art, aber sicher auch von deutlich höherem intellektuellem Niveau als viele seiner Vorgänger.

Historische Größe ist seit altersher mit der Idee des Königtums und der monarchischen Staatsform aufs engste verknüpft. Der Bruch mit dieser tausendjährigen Tradition wird mit der Hinrichtung Ludwigs XVI. erneut offenkundig, nachdem es schon 1649 in England die Hinrichtung Karls I. wegen Tyrannei und Anstiftung zum Bürgerkrieg gegeben hatte. Um so erstaunlicher ist die Wiederkehr des monarchischen Prinzips in Frankreich nach wenigen Jahren der Unterbrechung, nunmehr noch überboten durch die Ernennung des Monarchen zum Kaiser. Die zahlreichen Gegnerschaften Napoleons, die am wenigsten Gegnerschaften des monarchischen Prinzips sind, müssen, zumal in Deutschland, nicht überraschen. Zu ihnen gehören als Haupt dieser Gegner der Reichsfreiherr vom Stein; des weiteren, und vielfach in Verbindung mit ihm, Ernst Moritz Arndt, Joseph Görres, Heinrich von Kleist, der Dresdner Künstlerkreis und, wie ausgeführt, der Freiherr von Gentz, auch Wilhelm von Humboldt – und viele andere. Diese und andere Gegnerschaften sind die Folgen einer rücksichtslosen Eroberungspolitik Napoleons. Einige derjenigen, die den Kaiser aufgrund einer solchen Politik bewundert hatten, gerieten nach seinem Scheitern vorübergehend in die Defensive. Die Gegner Napoleons im Umfeld der Befreiungskriege warfen ihnen vor, ihr Vaterland verraten zu haben. Es wird, obschon nur vorübergehend, abgerechnet.[44] Aber Feindseligkeiten dieser Art verschwinden rasch. Erstaunlich ist die Wiederkehr des noch eben auf eine einsame Insel Verbannten im Gedächtnis der Deutschen. Es handelt sich nicht um gelegentliche Elogen, wie sie in Italien Manzoni und in Frankreich Stendhal verfaßt haben, sondern um eine sehr bald nach dem Tod des französischen Kaisers einsetzende Mythengeschichte, die man nicht hätte für möglich halten sollen. Sie beansprucht zu ihrer Entfaltung wenigstens den Zeitraum eines Jahrhunderts und kommt, sieht man auf den George-Kreis, erst nach dem Zweiten Weltkrieg zum Erliegen. Die Lektüre des Buches von Barbara Beßlich, die diese Wiederkehr beschreibt, ist atemberaubend; sie ist kaum zu fassen. «Mythische Monster an ihren Grenzen», «Zweiter Pharao und falscher Prometheus», «Erinnerte Größe an kleine Zeiten», «Charismatische

Variationen und politische Indienstnahme» sind bezeichnende Kapitel-Überschriften des Buches. Diese Mythengeschichte reicht in der Literatur von Goethe bis George, um mit beiden Dichtern nur die wichtigsten «Grenzsteine» zu bezeichnen. In Oden, Hymnen und Sonetten, in Dramen und Erzählungen, fast keine Gattung der Literatur ist auszunehmen, huldigen die Schriftsteller des frühen wie des späteren 19. Jahrhunderts dem poetischen Idol Napoleon. Doch sind diese Huldigungen in «schöner Literatur» mit zahlreichen Einschränkungen zu lesen, aber das anzuführen, ist hier nicht der Ort.

An der Mythisierung Napoleons und mit ihr an derjenigen des großen weltgeschichtlichen Individuums ist die Geschichtsphilosophie im Deutschland des 19. Jahrhunderts maßgeblich beteiligt. Sie ist es vor allem, was Napoleon angeht, durch die Philosophie Hegels, und hier hat man es mit mehreren seiner philosophischen Texte zu tun, vorrangig mit der Philosophie der Geschichte. Aber schon nach Abschluß der «Phänomenologie des Geistes» und unmittelbar vor der Schlacht von Jena und Auerstedt ist die Neigung zur Mythisierung Napoleons ausgeprägt. Schon um diese Zeit bezieht Hegel den vor allem durch Schelling bekannt gewordenen Begriff der Weltseele auf den von Sieg zu Sieg eilenden Kaiser der Franzosen.[45] An seinen Freund Niethammer schreibt Hegel in dieser stürmischen Zeit: «Der Kaiser, diese Weltseele, sah ich durch die Stadt zum Rekognoszieren hinausreiten; – es ist in der Tat eine wunderbare Empfindung, ein solches Individuum zu sehen, das hier auf einem Punkt konzentriert, auf einem Pferd sitzend, über die Welt übergreift und sie beherrscht. Den Preußen ... war freilich kein besseres Prognostikon zu stellen – aber von Donnerstag bis Montag sind solche Fortschritte nur diesem außerordentlichen Manne möglich, dem es nicht möglich ist, nicht zu bewundern».[46] Die in diesem Brief sich andeutende Apologie des großen Individuums im weltgeschichtlichen Verlauf, die sich auch in der Jenenser Rechtsphilosophie nicht verleugnet, setzt sich in den «Vorlesungen über die Philosophie der Geschichte» fort. Besonders die reichhaltige Einleitung gibt hierüber Auskunft. Hegel nennt die großen Handelnden, um die es ihm in erster Linie geht, die geschichtlichen Menschen und macht damit deutlich, welches Verständnis von Geschichte diesen Vorlesungen zugrunde liegt; wörtlich heißt es: «Die geschichtlichen Menschen, die *welthistorischen Individuen* sind diejenigen, in deren Zwecken ein solches Allgemeines liegt.» Und wie von selbst drängt sich der Begriff des heroischen Menschen auf, wenn im Fortgang dieser Erörterungen gesagt wird: «Dies sind die großen Menschen in der Geschichte, deren eigene partikuläre Zwecke das Substantielle enthalten, welches Wille des Weltgeistes ist. Sie sind insofern *Heroen* zu nennen, als sie ihre Zwecke und ihren Beruf nicht bloß aus dem ruhigen, geordneten, durch das bestehende System geheiligten Lauf der Dinge geschöpft haben, sondern aus einer Quelle, deren Inhalt verborgen und nicht zu einem gegenwärtigen Dasein gediehen ist ...» (XII/45). Hier wie im Ganzen dieser Vorlesungen ist der Ton der Apologie unüberhörbar. Staatsoptimismus wird zum Leitmotiv, wie Karl Löwith in seinen Burckhardt-Studien dieses Geschichtsdenken genannt hat.[47] Die großen Individuen in erster Linie haben Verbindung zum Weltgeist; sie sind mit einem anderen Ausdruck seine Geschäftsführer (XII/45). Als diese sind sie nahe daran, in weltliche Heiligengestalten überzugehen. Diese Erhöhung, die an eine weltliche Heiligsprechung denken läßt, wird am Ende dieser Einleitung noch einmal mit den folgenden Worten bekräftigt: «Denn die Weltgeschichte ist die Darstellung des göttlichen, absoluten Prozesses des Geistes in seinen höchsten Gestalten ... Die Weltgeschichte zeigt nur, wie der Geist allmählich zum Bewußtsein und zum Wollen der Wahrheit kommt; es dämmert in ihm, er findet Hauptpunkte, am Ende gelangt er zum vollen Bewußtsein» (XII/73). Die großen Individuen der Weltgeschichte sind im Verständnis Hegels nicht nur die Täter, sondern auch die Leidenden, wodurch sie fast in die Nähe der «Weltgeschichtlichen Betrachtungen» Jacob Burckhardts geraten. Das Schicksal dieser welthistorischen Individuen sei meistens kein glückliches: «Zum ruhigen Genusse kamen sie nicht, ihr ganzes Leben war Arbeit und Mühe, ihre ganze Natur war nur ihre Leidenschaft. Ist der Zweck erreicht, so fallen sie, die leeren Hülsen des Kernes, ab. Sie sterben früh wie Alexander, sie werden wie Cäsar ermordet, wie Napoleon nach St. Helena transportiert» (XII/47). Daß hinsichtlich solcher Apologien stets auch an Napoleon gedacht wird, bestätigt die abschließende Würdigung seines Wirkens in dem Kapitel «Aufklärung und Revolution» innerhalb der Vorlesungsfolge über die Philosophie der Geschichte. Hegel spricht von der fürchterlichen Tyrannei, die das absolute Bedürfnis einer Regierungsgewalt dargetan habe, und fährt fort: «*Napoleon* richtete sie als Militärgewalt auf und stellte sich dann wieder als ein individueller Wille an die Spitze des Staates; er wußte zu herrschen und wurde im Innern bald fertig. Was von Advokaten, Ideologen und Prinzipienmännern noch da war, jagte er auseinander, und es herrschte nun nicht mehr Mißtrauen, sondern Respekt und Furcht. Mit der ungeheuren Macht seines Charakters hat er sich dann nach außen gewendet, ganz Europa unterworfen und seine liberalen Einrichtungen überall verbreitet. Keine größeren Siege sind je gesiegt, keine genievolleren Züge je ausgeführt worden» (XII/533). Die Vorstellung von Größe in Politik und Geschichte verbindet sich mit Begriffen wie Militärgewalt, Unterwerfung und Sieg. Es gibt zahlreiche Gegensätze, die Hegels Geschichtsphilosophie von Rankes Historismus trennen. Dennoch haben sie so wenig nicht gemeinsam. Gemeinsam haben sie mit Unterschieden die ihnen eigentümliche Geschichtstheologie, und erst recht die Verehrung für das große Individuum der Weltgeschichte; denn auch die großen Historiker des deutschen Historismus haben sich solche Vorstellungen zu eigen gemacht.

Die Feststellung, daß es sich so verhält, ist eine Binsenwahrheit. Die Großen – das sind über Jahrhunderte hin und bis an die Schwelle der Moderne heran – die geschichtlichen Menschen, wie sie Hegel nennt, die Monarchen und verwandte Herrschaftstypen. Ihnen wendet man sich in der klassischen Geschichtsschreibung zu und bevorzugt im Denken und Darstellen die Großen dieser Welt wie Alexander, Caesar, den preußischen König Friedrich oder später auch Bismarck, den Kanzler des von ihm gegründeten Reiches. Caesar wird für einen so überragenden Geschichtsdenker wie Theodor Mommsen Maß und Norm politischen Handelns schlechthin; über Friedrich II. von Preußen, den Großen, haben so unterschiedlich veranlagte Autoren wie Johannes von Müller oder Thomas Carlyle, beide bewundernd, geschrieben, und selbstverständlich gilt Rankes Studie über Wallenstein einem Großen dieser Welt. Sie alle schreiben über große Feldherrn, große Staatsmänner und über Herrscher, die ihre Welt durch Eroberungen erweitert haben. Das Recht, das man den Großen meistens zugute hält, ist vielfach das nicht codifizierte Recht des Stärkeren: «Sie hoben die Bedeutung des großen Menschen, der heroischen Persönlichkeit eines Alexander oder eines Napoleon, in epochalen Umbrüchen hervor», bemerkt Georg Iggers in seiner kritischen Studie zur Geschichte des Geschichtsdenkens in Deutschland.[48] Napoleon hat man in die Geschichte dieses Denkens einzubeziehen – fast so, als wäre er ein deutscher Held. Auch Ranke wird den großen Korsen in seinen späteren Jahren vor Herabsetzungen und Vorwürfen in Schutz nehmen.[49] So auch Heinrich von Treitschke, der in den Schriften seit den sechziger Jahren zu einem amoralischen Machtästhetizismus gelangt sei und im demokratischen Tyrannen nach dem Modell Napoleons I. und Napoleons III. die souveräne Persönlichkeit bewundert habe, wie Hella Mandt in ihrem Buch über Tyrannislehre und Widerstandsrecht ausführt.[50] Max Lenz, preußischen Denkmustern nachhaltig verpflichtet, schreibt seine Bücher über sein Idol Bismarck wie über Napoleon gleichermaßen wohl nach der Devise: Größe ist Größe.[51] Noch lange Zeit, eigentlich bis 1945, ist Geschichtsschreibung in Deutschland monumentale Geschichtsschreibung, die Nietzsche in seiner kritischen Studie zum deutschen Historismus anführt.[52]

Für sie alle, von Johannes von Müller bis zu den entschiedenen Bismarckianern des späten 19. Jahrhunderts, ist der Gegensatz zwischen den wenigen Regierenden und der großen Zahl der Regierten fundamental. Er gilt als rechtmäßig in der ein für allemal so eingerichteten Geschichte. Dieser sozusagen naturgegebene Gegensatz liegt der Geschichtsphilosophie Hegels zugrunde, und er gilt selbstverständlich auch für Ranke. In seiner «Weltgeschichte» (1883) findet sich das Diktum: «Nicht die allgemeinen Tendenzen entscheiden in dem Fortgang der Geschichte, es bedarf immer großer Persönlichkeiten, sie zur Geltung zu bringen.»[53] Der Blick auf das Große und auf menschliche Größe muß nicht generell anstößig sein. Aber Züge ideologischen Denkens können den Blick trüben, wie sich am Beispiel Heinrich von Treitschkes zeigt. Die in Frage stehenden Sätze in den «Preußischen Jahrbüchern» sind ein Ausfluß seines auf große Männer gerichteten Geschichtsdenkens: Ihnen müssen Privilegien zuerkannt werden, die ihnen zukommen. Härte, schmutzige und halbtierische Arbeit müsse nun einmal sein, so daß ungeniert gefolgert werden kann: «Die Millionen müssen ackern und schmieden und hobeln, damit einige Tausend forschen, malen und regieren können.»[54]

Das klassische Beispiel einer solchen Hochschätzung großer Männer ungeachtet gelegentlich despotischer Übergriffe ist seit dem 19. Jahrhundert bis weit in das zwanzigste hinein der römische Staatsmann und Schriftsteller Julius Caesar, der schon durch Shakespeare im literarischen Gedächtnis der europäischen Völker seinen Ort bis zum heutigen Tag behalten hat. Historiker wie Literaturhistoriker sind in diesem Punkt zumeist eines Sinnes, und von Anfang an ist unverkennbar, daß man es hinsichtlich dieser weltgeschichtlichen Persönlichkeit nicht nur mit Politik zu tun hat, sondern immer auch mit ihrer Ästhetisierung. Menschliche Größe ist in hohem Maße eine ästhetische Kategorie, nicht nur in der Literatur. Das Beispiel des römischen Staatsmannes bietet sich in diesem Zusammenhang auch deshalb an, weil sich mit seinem Namen Formen politischen Denkens verbinden, die durch die Erscheinung Napoleons an Aktualität gewonnen haben. Was in dem Sammelwerk «Geschichtliche Grundbegriffe» unter dem Stichwort «historische Größe» abzuhandeln gewesen wäre, wird hier unter dem Oberbegriff «Caesarismus» mit Verwendung von untergeordneten Ausdrücken wie Napoleonismus, Bonapartismus, Führer, Chef, Imperialismus erörtert.[55] Die historische Person Napoleons dient als eine Art Leitbild hinsichtlich solcher Begrifflichkeit. Der in wenigen Jahren zum Kaiser aufgestiegene Herrscher wird mit Begriffen der Revolution in Verbindung gebracht, in deren Gefolge sein Aufstieg beginnt, ehe nach Beendigung der Revolution der Gang der Geschichte in alte und vertraute Bahnen zurückkehrt. Für die Typik dieser Herrschaftsform, der Abschaffung traditioneller Monarchien, wird Cromwell als Wegbereiter genannt, als Fortsetzung dieses Herrschaftstypus, die mit dem ausgreifenden Eroberungswillen Napoleons weithin Bewunderung bewirkt hat. Innerhalb der Moderne ist Caesarismus vor allem durch Spenglers spekulative Geschichtsphilosophie verbreitet. Er verbindet die Begriffe Napoleonismus und Caesarismus miteinander. Beide bezeichnen sie für ihn die Heraufkunft von Epochen formloser Gewalten, die in das Zeitalter der Riesenkämpfe übergehen.[56] Das ist vom eigenen Thema her nicht ausführlich zu erörtern, betrifft aber die sich ausweitende Geschichte des großen Menschen innerhalb der Moderne. Für sie bleibt über mehr als ein Jahrhundert der römische Staatsmann Caesar das bewunderte Vorbild. Er wird in hohem Maße zum Prototyp historischer Größe in Person. Das Schulbeispiel liefert einer der herausragenden Gelehrten der Geschichtsschreibung des 19. Jahrhunderts, kein anderer als Theodor Mommsen.

Zu den Elementen, die Geschichtswissenschaft als Wissenschaft verbürgen, gehört neben der Quellenkritik die vielberufene Objektivität. Sie ist eine Forderung, der jeder Historiker gerecht zu werden sich bemühen soll. In seiner Darstellung der Französischen Geschichte ist Ranke darauf gerichtet, die Ereignisse «jenseits der gegenseitigen Anklagen der Zeitgenossen und der oft beschränkten Auffassung Späterer, durch ursprüngliche und zuverlässige Kunde zur Anschauung des Objektiven der großen Tatsachen» zu gelangen (XXV/XXVI/IX); und in der «Englischen Geschichte» findet sich der vielzitierte Satz: «Ich möchte mein Selbst gleichsam auslöschen, und nur die Dinge reden, die mächtigen Kräfte erscheinen lassen» (XV/109). Theodor Mommsen, der von der Jurisprudenz zur Historik gelangt war, sind solche Forderungen nicht fremd; und daß politische Weltanschauung oder Konfession in die geschichtliche Darstellung nicht hineinzureden haben, hat er im Streit um die Voraussetzungslosigkeit der Geisteswissenschaften geltend gemacht.[57] Aber sein Sprechen über Caesar ist an den traditionellen Erwartungen historischer Objektivität nicht zu messen. Hier werden die Grenzen wertneutraler Historik beträchtlich überschritten. Daß dies geschieht, ist im dritten Band der «Römischen Geschichte» nachzulesen, in dem Kapitel, in dem er mit der Überschreitung objektiver Geschichtsschreibung auch die Grenzen der Sprache zu überschreiben sich anschickt. Im Text Mommsens heißt es: «das Geheimnis der Natur, in ihren vollendetsten Offenbarungen, Normalität und Individualität miteinander zu verbinden, ist unaussprechlich. Uns bleibt nichts als diejenigen glücklich zu preisen, die dieses Vollkommene schauten...»[58] Oder an anderer Stelle: «Wie der Künstler alles malen kann, nur nicht die vollendete Schönheit, so kann auch der Geschichtsschreiber, wo ihm alle tausend Jahre einmal das Vollkommene begegnet, nur darüber schweigen.»[59] Mommsens Rang als politisch denkender Geschichtsschreiber steht nicht in Frage, und in mehr als einer Hinsicht vertritt er nicht den Typus des deutschen Historikers, für den Bismarck zum Idol deutscher Geschichte geworden ist, sondern eher dessen Gegenbild, wie sich nicht nur in seinem deutlichen Widerspruch zu Treitschke innerhalb des von diesem entfachten Antisemitismusstreites zeigt.[60] Aber in seiner Einschätzung des großen Individuums hält er sich weithin an die ungeschriebenen Regeln deutscher Historik, die in hohem Maße auch noch der Linie des George-Kreises entsprechen, und in diesem Kreis ist er, nicht zuletzt wegen seiner Erhöhung und Erhebung Caesars, hochgeschätzt. Friedrich Gundolf bringt es in seinem eigenen Buch über Caesar unmißverständlich zum Ausdruck: «Die philosophische Deutung seiner [Caesars] Tat durch Hegel und die wissenschaftliche Erforschung und Darstellung seines Werkes durch Mommsen sind die beiden mächtigen Beiträge dieses Zeitalters zur künftigen Geschichte des Caesarischen Ruhms, beide noch Erbschaft Napoleons.»[61]

Dieses Buch Gundolfs mit dem lapidaren Titel «Caesar» und dem Untertitel «Geschichte seines Ruhms» als dasjenige eines Professors für neuere deutsche Literatur über eine Gestalt der römischen Geschichte versteht sich als das Werk eines in großem Menschentum versierten Gelehrten, der sich nicht an Facheinteilungen gebunden sieht, sondern eben dieses Menschentum als sein eigentliches «Fach» in Anspruch nimmt. Es sind dies neben anderen Caesar, Friedrich II., der Hohenstaufer, Dante, Shakespeare, Goethe, Napoleon und George selbst, die sich im Kreis um diesen Dichter der unbegrenzten Verehrung erfreuen. Einigen von ihnen hat der Heidelberger Literarhistoriker verehrungsvoll seine eigenen Bücher gewidmet. Aber schon hier ist anzumerken, daß er, wie George und die Mitglieder des Kreises, damit nur fortsetzt, was das 19. Jahrhundert erbracht hat. Die Heldenverehrung des George-Kreises bleibt, ästhetisch verfeinert, dem deutschen Historismus treu verbunden. Wie im George-Kreis die Lobredner des großen Individuums und der menschlichen Größe in jeder Gestalt den Hauptströmungen der Mentalitätsgeschichte des 19. Jahrhunderts entsprechen, so auch diejenigen des heroischen Menschentums. Heldentum und Heldenverehrung lebten hier noch weit über das 19. Jahrhundert hinaus fort. Von einer Krise des Helden, von der man gesprochen hat – spätestens in Kleists «Penthesilea» ist sie erkennbar – kann hier keine Rede sein. Es versteht sich in Hinsicht auf dieses Menschenbild von selbst, daß auch Napoleon in den

SCHWINDENDES INTERESSE AN WIDERSTAND

Kreis der Verehrer oder der Verehrten einbezogen wird. Für Gundolf sind in Rang und Qualität zwischen Napoleon und Caesar keine Unterschiede angezeigt, und so spricht der Verfasser des Caesarbuches gleichermaßen in hohem Ton auch über Napoleon. Neben zahlreichen Erwähnungen wird ihm gegen Ende des Buches ein eigenes Kapitel gewidmet. Die geistige Verwandtschaft zwischen ihm und Caesar wird in der Weise beschworen, daß über den einstigen französischen Kaiser gesprochen wird, als sei er wie selbstverständlich der antiken Heldenschar zuzuordnen. Zwar habe er sich jünglingshaft und vorübergehend auch einmal an die Französische Revolution verloren. Aber dann heißt es: «Sonst hat er seine antike Welt schon als Knabe in der Seele gehegt, mit dem Geist gesucht und früh gefunden, sie schon völlig im Wort besessen, ehe er sie mit der Tat im ganzen Europa nicht nur zeigte, sondern aufzwang – er für sich allein ein Gesamt antiker Kräfte gegenüber der andren Menschheit.»[62] Auf das Napoleonbuch des zum Kreis gehörenden Berthold Vallentin wird aufmerksam gemacht. Caesar und Napoleon werden in Gundolfs Buch genannt, aber wiederholt auch im George-Kreis, als gehörten sie unverbrüchlich zusammen wie Brüder im Geist, als gäbe es kaum Unterschiede zwischen den Personen und den Zeiten. Erst Nietzsche, heißt es am Ende des Buches, habe die Wesen der Vorzeit, gemeint sind die Heroengestalten der Geschichte, beschworen und in die Gegenwart zurückgebracht. Aber so eindeutig ist Nietzsches Napoleonbild keineswegs, während es im Kreis Georges ungebrochen fortlebt.[63] Die Art dieser Verehrung Napoleons geht offenkundig auf George selbst zurück, auf persönliche Motive des Dichters.[64] Nicht nur Berthold Vallentin hat die Gestalt des Korsen in mythische Ferne gerückt, auch Graf Stauffenberg, obwohl er es mit einem lebenden Tyrannen zu tun hatte, hat an der ungebrochenen Verehrung Napoleons festgehalten. Auf der Burg Sahleck hatte er 1938 einen Vortrag ganz im Geiste Georges gehalten und ausgeführt, «man müsse statt Napoleon zu schmähen» dafür dankbar sein, dass der zeit- und heimatlose Korse «seinen kaiserlichen Wandel einer kleingewordenen Welt neue Maßstäbe setzte und dem deutschen Volk ungewollt zum Befreier wurde ...»[65] Es fällt schwer, diese Rede im Hinblick auf ein und dieselbe Person mit dem Versuch der befreienden Tat eines Tyrannenmordes in Einklang zu bringen. Aber Widersprüche gibt es auch sonst. Um dieselbe Zeit, als Stauffenberg seinen Vortrag über Napoleon hielt, veröffentlichte einer der Getreuen Hitlers, der Reichsleiter Philipp Bouhler, sein Buch über den französischen Kaiser: keineswegs herabsetzend, sondern eher auf ein Vorbild für künftige Taten gerichtet.[66] Die Anhänger und die Gegner Hitlers in ein und derselben Verehrung dieser Person vereint! Die Ausstrahlung, die von der Gestalt des französischen Herrschers und Beherrschers ausgegangen ist, ist in der neueren europäischen Geschichte einzigartig. Man muß gut anderthalb Jahrhunderte nach Schillers Lebenszeit im Blick behalten, um zu ermessen, daß sein literarisches Werk auch gegen manche Tendenzen gerichtet war, die kein gutes Ende genommen haben. Die vielfach unbegrenzte, unkritische und gedankenlose Verehrung für die großen Individuen in der Welt, nicht selten jenseits ethischer und moralischer Maßstäbe, ist eine dieser Tendenzen, gegen die sich Schillers Dramen darstellend verwahren. Schiller hat menschlicher Größe immer erneut ihre Grenzen gezeigt – wie man finden kann, auf eine Art, die auf Denkformen der Moderne vorausweist. Das ist abschließend mit einigen Hinweisen zu begründen.

IX
ZUR KRITIK MENSCHLICHER GRÖSSE

Kritik am großen Individuum der Weltgeschichte, am Ideal und Idol des großen Menschen wie am tradierten Heldenbild, beginnt außerhalb der Geschichtsphilosophie und der Geschichtsschreibung in der «schönen Literatur», und sie beginnt früh. An Kleists «Penthesilea» hat man vor anderen Texten dieser Zeit zu denken, an den nicht mehr heldischen Achill als einen der ersten Antihelden der deutschen Literatur, ehe Büchners halbe Helden folgen, falls dieser Begriff in seinem Fall überhaupt noch zu gebrauchen ist. Aber auch an die gänzlich anders beschaffenen Einsprüche Adalbert Stifters ist zu erinnern. In der Vorrede zum Erzählzyklus «Bunte Steine» lesen wir: «Es ist einmal gegen mich bemerkt worden, daß ich nur das Kleine bilde, und daß meine Menschen stets gewöhnliche Menschen seien. Wenn das wahr ist, bin ich heute in der Lage, den Lesern ein noch Kleineres und Unbedeutenderes an zu bieten, nämlich allerlei Spielereien für junge Herzen» (II,2/9). Sodann die Krankengeschichten, die dem alten Heldenbild und jedem Idol menschlicher Größe entgegengesetzt sind! Man kann auf Goethes Briefroman «Werthers Leiden» zurückgehen, und es sind eben keine tatenfrohen Aktivitäten, die Großes verheißen, sondern Leiden und gar solche psychischer Art. Erst also die von Goethe dargestellten Leiden, ein Jahrhundert später diejenigen Ferdinand von Saars oder Arthur Schnitzlers. Zeitlich gesehen zwischen ihnen hat Conrad Ferdinand Meyer seinen Ort, der als Erzähler viel Sinn für die Tatkräftigen bezeugt, aber für die Leidenden nicht minder. Seine Erzählung «Die Leiden eines Knaben» ist ein Text, der nicht von Tätergröße handelt, sondern von der Natur des leidenden Menschen. Sie alle von Kleist bis zu C. F. Meyer sind Vorboten der literarischen Moderne, aber die Erhöhungen und Erhebungen zum Mythos des großen Menschen sind es nicht. Als solche Vorboten sind sie mit den Idealen des George-Kreises nur schwer vereinbar, und mit der Heldenverehrung Thomas Carlyles haben sie nichts mehr zu tun. Aber ehe auf Schiller zurückzukommen ist, nunmehr auf seine Kritik menschlicher Größe, ist in diesem Zusammenhang noch auf einen Autor einzugehen, der nicht den «Schöngeistigen» zugehört, sondern der Zunft der Geschichtsschreiber. Aber diesen gegenüber steht er quer zur Zeit, er ist Gesprächspartner Nietzsches und sein Widerpart gleichermaßen.[1] Die Rede ist von Jacob Burckhardt und seinen «Weltgeschichtlichen Betrachtungen». Überraschend ergeben sich Verbindungslinien zurück zu Schiller; zu dessen Geschichtsdenken wie zu dessen Kritik menschlicher Größe. Auch die Abneigung gegenüber Napoleon und der mit seinem Namen einhergehenden Mythengeschichte haben sie gemeinsam. Beide sind sie auf die jederzeit mögliche Wiederkehr des Tyrannen vorbereitet, den sie nicht aus dem Auge verlieren und mit dem sie immer erneut befaßt sind. Sie haben es beide in ihrem Denken mit diesem allgegenwärtigen Erscheinungsbild zu tun.

Jacob Burckhardts «Weltgeschichtliche Betrachtungen», acht Jahre nach seinem Tod im Jahre 1897 aus dem Nachlaß veröffentlicht, sind in der Geschichtswissenschaft des 19. Jahrhunderts ein ungewöhnliches Werk. Sein Verfasser ist keiner der herrschenden Richtungen und Strömungen des Faches verpflichtet. Von den Geschichtsschreibern des 19. Jahrhunderts, aber erst recht von den Geschichtsphilosophen unterscheidet er sich fundamental darin, daß das Verhältnis der Wenigen zu den Vielen, und das heißt in hohem Maße: der Regierenden zu den Regierten, anders gesehen wird, als es in dieser Zeit üblich ist. Der Blick des Betrachters ist nicht vorrangig oder gar ausschließlich nach oben hin gerichtet; er bezieht die Vielen als diejenigen ein, die an der Geschichte leiden, fast schon ein wenig so, wie dies ein bedeutender Schriftsteller der Moderne – ich meine Joseph Roth – sehen wird.[2] Der Basler Historiker ist keineswegs für Abschaffung der Großen dieser Welt. Er hält sie für lebensnotwendig. Aber wichtiger als die historische Größe ist ihm Größe im Bereich der Künste und der Wissenschaften, man könnte sagen: überall dort, wo nicht getötet, erobert oder unterjocht wird. Daß dem Verfasser dieser Betrachtungen Größe im Bereich der Künste und der Wissenschaften ganz anders wichtig ist als Größe sonst, geht aus der gehobenen Tonlage hervor: Sie ist innig und warmherzig, wenn gesagt wird: «Zunächst sind Forscher, Entdecker, Künstler, Dichter, kurz die *Repräsentanten des Geistes* gesondert zu betrachten: Sie haben für sich das hier allgemeine Zugeständnis, daß ohne das große Individuum nicht vorwärts zu kommen wäre, daß Kunst, Poesie und Philosophie und alle großen Dinge des Geistes unleugbar von ihren großen Repräsentanten leben und die allgemeine zeitweilige Erhöhung des Niveaus nur ihnen verdanken...»[3] Demgegenüber ist für Burckhardt politische Größe egoistisch, sie suche Vorteile auszubeuten.[4]

ZUR KRITIK MENSCHLICHER GRÖSSE

Gegenüber den politisch und militärisch Mächtigen mache man den intellektuell Großen (Denkern, Künstlern, Philosophen) die Anerkennung bei Lebzeiten vielfach streitig. Skepsis und Vorbehalt gegenüber politischer Größe sind ausgeprägt; in diesem Punkt unterscheidet sich Burckhardts Kritik deutlich von den Historikern seiner Zeit: «Dem XIX. Jahrhundert ist nun eine spezielle Befähigung zur Wertschätzung der Größen aller Zeiten und Richtungen zuzuerkennen.» Wodurch es geschehe, daß man noch dem Fremdartigsten gerecht zu werden versuche. Als ein Herrscher, dem der Beiname der Große gegeben wurde und in dem Größe und Grausamkeit zusammengehen, wird der russische Zar Peter der Große angeführt; obwohl er sein Volk zwang, eine ihm fremde Kultur anzunehmen, nenne man ihn den Großen; sein Despotismus sei diesem Beinamen nicht abträglich.[5] Ein Gleiches wird dem später im George-Kreis gefeierten Stauferkaiser Friedrich II. attestiert; wir erhalten kein sehr ansprechendes Bild: «Nun aber taucht mit Kaiser Friedrich II. und seinem unteritalischen Reich der moderne, zentralisierte Gewaltstaat auf, beruhend auf normannischer Tyrannenpraxis und mohammedischen Vorbildern ... wer nicht zu rechter Zeit zahlt, muß auf die Galeeren; in steuerverweigernde Gegenden legt man deutsche oder sarazenische Garnisonen. Dazu kommen ein genaues Katasterwesen, geheime Polizei, Zwangsanleihen, Erpressungen, Verbot der Ehe mit Fremden ohne spezielle Erlaubnis ...» Abschließend der Satz: «Man möge nur keine liberalen Sympathien mit diesem großen Hohenstaufen haben.»[6] Das ist ein neuer Ton in der deutschen Historiographie. Hier wird geurteilt und im übertragenen Sinne gerichtet, was Ranke bekanntlich nicht sehr schätzte. Geschichtsbetrachtung wird, wenn es denn sein muß, in Geschichtskritik überführt. So vorzugehen, drängt sich dem Basler Historiker auf, wenn Despotismus und Tyrannentum das Denken zu dominieren drohen; und auf Despoten ist er nicht gut zu sprechen. Diesem ausgeprägten Sinn für despotische Übergriffe in der Geschichte ist es zuzuschreiben, daß er Napoleon in diesen Betrachtungen nicht übergeht, sondern ihn als einen Despoten beim Namen nennt.

Mehrere Male, und jedesmal im Zusammenhang mit Alleinherrschaft und Despotentum, kommt Burckhardt in den «Weltgeschichtlichen Betrachtungen» auf die französischen Herrscher des Namens Napoleon zu sprechen; in diesem Zusammenhang heißt es: «Nun hat man es mit den *Staatsstreichen* zu tun. Ein solcher ist die Beseitigung einer für konstitutionell geltenden, aus Krisen übrig gebliebenen Staatsrepräsentation durch militärische Macht, unter beifälligem oder gleichgültigem Verhalten der Nation, wie sie Caesar 49 v. Chr., Cromwell 1653 und die beiden Napoleons wagten.»[7] Größe und Macht – das sind für den Verfasser fast identische Begriffe. Sie lassen das

Große als bedenklich und problematisch erscheinen, auch als böse. Das berühmte Diktum, daß die Macht – und mit ihr das Große – böse sei, wird in diesem Zusammenhang als ein Ausspruch Johann Georg Schlossers angeführt. Nicht zufällig wird mit Bezug auf Ludwig XIV. und Napoleon vermerkt, daß die Macht an sich böse sei: «Schwächere Nachbarn werden unterworfen und einverleibt oder irgendwie sonst abhängig gemacht, nicht, damit sie selbst nicht mehr feindlich auftreten, denn das ist die geringste Sorge, sondern damit sie nicht ein anderer nehme oder sich ihrer politisch bediene; man knechtet den möglichen politischen Verbündeten eines Feindes.»[8]

Nicht im berühmten Kapitel über die historische Größe, sondern im folgenden «Über Glück und Unglück in der Weltgeschichte» finden sich einige Bemerkungen, die geeignet sind, die vielfach übertriebenen Verehrungen und Verklärungen historischer Größe einzuschränken, um statt dessen den Blick auf die Vielen zu lenken, die über so viel Anbetung der Großen gern übersehen werden. Der Abschnitt innerhalb des Kapitels beginnt mit dem lakonischen Satz: «Sehr beliebt ist in den jetzigen Zeiten das Urteil nach der *Größe.*»[9] Jacob Burckhardt denkt hier anders als seine Fachkollegen nach zwei Seiten hin: Er läßt trotz vielfach geübter Kritik die Großen und ihre Verdienste im Gang der Weltgeschichte gelten. Aber er bezieht die Vielen ein und denkt nicht nur an die wenigen Regierenden eines Landes. Eine neue Sehweise kündigt sich an, die erst im 20. Jahrhundert erfaßt und entwickelt wird. Auf die von der Geschichtsbetrachtung Ausgeschlossenen geht Jacob Burckhardt mit einigen Sätzen ein, die Beachtung verdienen. Die einseitige Sicht auf die «politische Macht herrschender Völker und Einzelner» sei erkauft worden durch das Leiden von Unzähligen, und wörtlich: «allein man veradelt das Wesen des Herrschers seiner Umgebung nach Kräften und legt in ihn alle möglichen Ahnungen derjenigen Größe und Güte, welche später sich an die Folgen seines Tuns angeknüpft hat. Endlich setzt man voraus, der Anblick des Genius habe verklärend und beglückend auf die von ihm behandelten Völker gewirkt».[10] Historische Größe wird relativiert. Sie trifft auf die Skepsis eines Historikers, die der Geschichtsschreibung des 19. Jahrhunderts weithin fremd ist; und weithin fremd ist ihr der Blick nach unten hin, zu denen, die Burckhardt die «Unzähligen» nennt. Von ihnen sagt er im Fortgang seiner Betrachtungen: «Mit den Leiden der Unzähligen aber verfährt man als mit einem ‹vorübergehenden Unglück› äußerst kühl; man verweist auf die unleugbare Tatsache, daß dauernde Zustände, also nacheriges ‹Glück›, sich überhaupt fast nur dann gebildet haben, wenn schreckliche Kämpfe die Machtstellung so oder so entschieden hatten; in der Regel beruht Herkommen und Dasein des Urteilenden auf so gewonnenen Zu-

ZUR KRITIK MENSCHLICHER GRÖSSE

ständen, und daher seine Nachsicht.»[11] Diese Blickwendung von den Herrschenden zu den «Unzähligen», die an der Geschichte leiden, rechtfertigen wohl die Aussage, Burckhardt sei anders als die anderen Historiker, er sei unter ihnen isoliert.[12] In solcher Relativierung historischer Größe bei gleichzeitiger Blickwendung zu den «Unzähligen», die an der Geschichte leiden, steht er Wegbereitern der Moderne sehr viel näher als den eigenen Fachgenossen seiner Zeit. Aber er steht auch dem Geschichtsdenken Schillers eigentümlich nahe, und manchmal auf frappierende Weise. Schiller und seinem kritischen Denken sind die abschließenden Betrachtungen vorbehalten.

«Schiller als Dichter und Deuter der Größe» heißt ein Vortrag Wolfgang Kaysers, der nicht zufällig aus festlichem Anlaß gehalten wurde.[13] Vieles spricht dafür, das dichterische Werk Schillers mit einer solchen Überschrift zu charakterisieren; und sofern mit ihr der Rang künstlerischer Werke gemeint ist, wird in hohem Maße Zustimmung zu erwarten sein. Um Größe in diesem Sinn geht es in dem genannten Vortrag wohl auch, aber weit mehr um dargestellte Größe im Werk, um das große Individuum, das handelnd in die Politik eingreift, um Veränderungen zu bewirken. Besonders der junge Schiller ist von dem Phänomen fasziniert, wie sich beispielhaft an der «Egmont»-Rezension zeigt. Mit der Darstellung Goethes ist Schiller nicht in allem einverstanden; er hätte sich durchaus etwas mehr Größe gewünscht und macht geltend: «In der Geschichte ist Egmont kein *großer* Charakter, er ist es auch in dem Trauerspiele nicht» (V/934). Menschliche Größe wird in erster Linie am Helden, der Hauptfigur, wahrgenommen, wenn gesagt wird: «Ein großer Mann soll er nicht sein, aber auch erschlaffen soll er nicht; eine relative Größe, einen gewissen Ernst verlangen wir mit Recht von jedem Helden eines Stückes; wir verlangen, daß er über dem Kleinen nicht das Große hintansetze, daß er die Zeiten nicht verwechsele» (V/936); und mit deutlich kritischem Akzent heißt es an anderer Stelle dieser Rezension, «daß er [Goethe] ihm endlich nicht einmal so viel Größe und Ernst übrig läßt, als unsrer Meinung nach unumgänglich erfodert wird, diesen Menschlichkeiten selbst das höchste Interesse zu verschaffen» (V/935).

Sinn für Größe, nicht unbedingt für den großen Menschen, verbindet sich mit dem Studium der Geschichte. Begeistert wird von ihrem Verlauf und von ihren Fortschritten in der Jenaer Antrittsvorlesung des Jahres 1789 gesprochen. Im Zeichen der Größe, die Geschichte auszeichnet, wird der philosophische Kopf gegen den Brotgelehrten ausgespielt, und bezogen auf den Ersteren heißt es im Text dieser Vorlesung: «Das Kleine selbst gewinnt Größe unter seiner schöpferischen Hand, da er dabei immer das Große im Auge hat, dem es dient, wenn der Brotgelehrte in dem Großen selbst nur das Kleine sieht» (IV/753). Was Geschichte für Schiller bedeutet, kaum daß er sich auf sie eingelassen hat, kommt besonders in den Briefen an Körner zur Sprache, so am 15. April 1786: «Täglich wird mir die *Geschichte* theurer. Ich habe diese Woche eine Geschichte des Dreißigjährigen Kriegs gelesen, und mein Kopf ist mir noch ganz warm davon» (XXIV/45); und abermals das Große betonend, heißt es in dem Brief vom 13. Januar 1788, wiederum an Körner: «Bei einem großen Kopf ist jeder Gegenstand der Größe fähig. Bin ich einer, so werde ich Größe auch in mein historisches Fach legen ...» (XXV/6). Größe in der Geschichte ist nicht zu trennen von den Gegenständen, mit denen es der Historiker wie der in der Geschichte Handelnde zu tun haben. Im Prolog zur «Wallenstein»-Trilogie werden die großen Gegenstände in feierlichen Worten beschworen, und wie sehr hier auf das Große hin gedacht wird, ist den vielzitierten Versen desselben Prologs über der Menschheit große Gegenstände zu entnehmen. Aber in der Art, wie über große Gegenstände in der Geschichte gesprochen wird, erhält der Begriff Größe nichts Bedenkliches, zumal Menschen, von den gewaltigen Naturen abgesehen, weithin außer Betracht bleiben. Erst mit den großen Individuen, die handelnd in die Geschichte eingreifen, um bestimmte Ziele zu erreichen oder zu verhindern, werden die Probleme virulent, die das Drama begleiten. Sie gelten vorrangig dem handelnden Menschen im Drama, den es nach Größe verlangt. Die Sympathie des Autors mit solchem Verlangen ist in nicht wenigen Dramen unverkennbar. Aber in keinem von ihnen ist die Sympathie ohne jede Einschränkung zu verstehen. Zur dargestellten Größe und dem Verlangen nach ihr gehört Kritik. Sie äußert sich in sehr unterschiedlicher Weise.

Der Blick richtet sich auf diejenigen Figuren vor allem, die ihren Durst nach Größe nicht verschweigen, gleichviel, ob sie sich der Gunst des Dichters erfreuen dürfen oder nicht. An die beiden so grundverschiedenen Brüder im ersten Drama ist zu erinnern. Das Verlangen nach Größe ist bei beiden offenkundig. Karl Moor hält es mit Plutarch und dessen Biographien großer Männer. Das ist nicht verachtenswert, obschon seine Auffassungen in diesem Punkt nicht unproblematisch sind, wie sich zeigt, wenn ihn einer seiner Kumpane in die Nähe von Großmannssucht rückt. Aber vom Denken und Tun des Jüngeren trennt ihn dennoch eine Welt. Gleichwohl teilen sie den Drang nach Größe, wie denn beide Brüder, trotz aller Unterschiede, den Hang zu tyrannischem Gebaren gemeinsam haben. Daß auch Franz Moor in diese Galerie von Menschen einzubeziehen ist, denen es nach Größe verlangt, ist aus dem Gang der europäischen Aufklärung herzuleiten. Waren Verbrecher noch im 18. Jahrhundert aus der menschlichen Gattung ausge-

ZUR KRITIK MENSCHLICHER GRÖSSE

schlossen worden, so interessiert man sich sehr bald aus verschiedenen Gründen für sie. Besonders dem politischen Verbrecher, der vordem vielfach nicht mit Gnade rechnen konnte, kommen die mildernden Umstände zugute, nicht weniger die psychologischen Interessen, wie sich am Beispiel Schillers, seiner Erzählung «Der Verbrecher aus verlorener Ehre», zeigt. Von einer Blickwendung von der Tat auf den Täter, die hier stattfinde, hat der Rechtsphilosoph Erik Wolf gesprochen.[14] Trotz der dargestellten Infamie des Charakters ist eine partielle Aufwertung Franz Moors unverkennbar. Das Beispiel der beiden unterschiedlichen und feindlichen Brüder zeigt, daß menschliche Größe im Feld der Geschichte und Politik nichts Eindeutiges und nichts eindeutig Gutes bedeuten müssen, nicht so selten ist menschliche Größe zum Bösartigen hin mit der Neigung zu tyrannischem Herrschaftsgebaren gleichzusetzen.

Menschliche Größe im herrscherlichen Gewande zu erlangen ist insgeheim das Ziel im Handeln Fieskos, was immer ihm republikanische Regierungsformen bedeuten mögen. Die beiden großen Monologe lassen daran keine Zweifel. In ihrer Aussage völlig entgegengesetzt, geht es in beiden Selbstgesprächen dem Wortsinn nach um menschliche Größe: um den Verzicht auf sie oder das ausdrückliche Bekenntnis zu ihr. Die tyrannischen Züge im Handeln Fieskos sind mit diesem Verlangen aufs engste verknüpft. Aber menschliche Größe wird nicht im vorhinein beargwöhnt oder verworfen; sie ist im Gegenteil zum Gelingen einer Rebellion und zur Herstellung einer republikanischen Staatsordnung unerläßlich. Unter allen nach menschlicher Größe verlangenden Helden Schillers ist die Sympathie des Dichters mit dem Genueser sicher am ausgeprägtesten; denn nur von wenigen Ausnahmen abgesehen, ist man der Ansicht, daß Verrina im Recht und der Tyrannenmord berechtigt sei.[15] Mit dem bürgerlichen Trauerspiel «Kabale und Liebe» entfernt sich Schiller vom Feld der Geschichte und verlegt die Haupthandlung in ein kleinbürgerliches Milieu. Dennoch ist in diesem Zusammenhang eine Szene beachtenswert, in der menschliche Größe eine deutlich pejorative Bedeutung erhält. Im Streitgespräch zwischen dem Präsidenten und seinem Sohn Ferdinand wird dem Sohn eine glänzende Laufbahn in Aussicht gestellt. Der Präsident versichert ihm: «Der Fürst sprach von Geheimenrat – Gesandschaften – außerordentlichen Gnaden. Eine herrliche Aussicht dehnt sich vor dir» (I/773). Aber Ferdinand findet an solchen Verheißungen wenig Gefallen und sagt, daß er dies nicht wolle – «Weil meine Begriffe von Größe und Glück nicht ganz die Ihrigen sind –» (I/774). Er bringt damit zum Ausdruck, daß er an der vom Karrieredenken orientierten Einstellung des Vaters nichts hält und gibt damit dem Begriff Größe eine deutlich negative Färbung. Nicht menschliche Größe im Sinne gesellschaftlicher Besserstellung, sondern die Sprache des Herzens hat es ihm angetan. Aber der intrigante Sekretär Wurm schränkt in nihilistischer Absicht nicht nur die Bedeutung menschlicher Größe ein, sondern verhöhnt noch obendrein das, was er Seelengröße nennt. Gegenüber dem Präsidenten bezeichnet er dessen Sohn als Träumer und Phantasten; er sagt: «Die Grundsätze, die er aus Akademien hieher brachte, wollten mir gleich nicht recht einleuchten. Was sollten auch die phantastischen Träumereien von Seelengröße und persönlichem Adel an einem Hof, wo die größte Weisheit diejenige ist, im rechten Tempo, auf eine geschickte Art, groß und klein zu sein» (I/799). Das Wort Seelengröße wird Jacob Burckhardt später in den «Weltgeschichtlichen Betrachtungen» gebrauchen – in eindeutig positiver Bedeutung und als Gegenbegriff zum vielfach anfechtbaren Begriff der menschlichen Größe. Seelengröße aber ist vor allem für Luise alles andere als Träumerei. Sie vor allem, und nicht so sehr Ferdinand, verkörpert in ihrer Person, was Menschheit und Menschlichkeit bedeuten. Im Futur spricht sie von einer Zeit, die kommen werde – einer Zeit, «wenn Menschen Menschen sind». Schon hier, im bürgerlichen Trauerspiel der frühen Zeit, gibt es den tragischen Antagonismus, der für Schillers Dramen konstitutiv wird. Er beruht darin, daß menschliche Größe, die sein muß, um Geschichte voranzubringen, dem Menschlichen abträglich ist. Das eine verträgt sich nicht mit dem anderen. Wir blicken in eine tragisch gespaltene Welt.

Gegenüber den handelnden Hauptpersonen in den frühen Dramen, dem zum Räuber gewordenen Karl Moor und dem Genueser Grafen Fiesko von Lavagna, ist der Abgesandte der Menschheit, der spanische Edelmann Marquis von Posa, von dem Verlangen nach Größe nicht in gleichem Maße beseelt. Selbstische Interessen stehen nicht im Vordergrund seines Handelns. Was er erstrebt, erstrebt er auf weite Strecken hin nicht für sich und nicht zu eigenem Nutzen; und er erstrebt es nicht einmal für sein eigenes, sondern für ein ihm fremdes Land. Er will es vom Joch der Tyrannei befreit sehen, und der Gefahr, dabei der Macht zu erliegen, die ihn hierzu verführt, scheint er nicht ausgesetzt zu sein. Während die Brüder Moor wie Fiesko dazu neigen, über der Verfolgung ihrer Weltverbesserungspläne tyrannischer Herrschaft anheimzufallen, ist Posa, wenigstens bis zur Audienzszene, der strahlende Held wie eh und je. Er wirkt bis dahin wie eine Symbolfigur der Aufklärung, in der die großen Ideen dieser geistigen Bewegung ihren Ausdruck finden, und zweifellos ist Posa den Helden der vorausgegangenen Dramen an Intellektualität, Weltkenntnis und Begeisterungsfähigkeit überlegen. Schon zu Schillers Lebzeiten hat man ihn als reinen Idealisten verstanden. Posa handelt aus der Optik des Dramas und mit Zustimmung des Dichters nicht nur legitim, sondern vorbildhaft, obwohl er gegen Recht und Gesetz handelt. Daß er vom Recht des Widerstands Gebrauch macht und als Verschwörer agiert, ist nicht Anlaß zu Kritik menschlicher Größe, die es geben wird, doch besorgt muß man bis hin zur Audienzszene nicht sein. Dann aber kommt es zum Riß, zum Bruch mit seinem bis dahin bezeugten Denken und Tun. Der König stattet ihn mit ungewöhnlichen Machtbefugnissen aus, und in der Beschaffenheit der Macht liegt die Verführung zur Macht. Ihr erliegt er, wenigstens partiell. Es kommt zu Übergriffen und zur Überheblichkeit, wie sich an seinem Verhalten gegenüber Karlos zeigt. Diese Kritik ist partiell, sie hält sich in Grenzen. In den «Briefen über Don Karlos», in denen sie sich mitunter sehr heftig äußert, wird sie am deutlichsten zur Sprache gebracht. Aber er wird nicht verurteilt, und keineswegs wird der Stab über ihn gebrochen. Seine Verfehlungen werden mit Despotentum in Zusammenhang gebracht. Es ist aber nicht der Despotismus der Herrschenden und Regierenden, sondern der Despotismus in uns, das Verfügen über den anderen, der damit nicht mehr Zweck an sich selbst ist und den Geboten der Menschlichkeit entspricht, sondern Mittel zum Zweck. Die Frage der Königin trifft ins Zentrum seiner Antriebskräfte:

«Und kann
Die gute Sache schlimme Mittel adeln?» (II/134)

Sie ist es, die innerhalb des Dramas die kritischen Fragen an Posa stellt, und es sind durchaus solche, die der Fraglichkeit menschlicher Größe gelten. Sie sagt:

«Ich fürchte,
Sie spielen ein gewagtes Spiel» (II/170).

Später äußert sie gegenüber dem selbstherrlich gewordenen Posa eine Kritik, die weithin derjenigen Schillers in den «Briefen über Don Karlos» entspricht. Unumwunden spricht sie aus, was sie denkt:

«Mögen tausend Herzen brechen,
Was kümmert Sies, wenn sich ihr Stolz nur weidet» (II/176).

Posa ist nicht der Machtmensch, der Fiesko ist. Es ist auch nicht so sehr der Drang nach Macht und Herrschertum, wie er sich in den Herrscherpersönlichkeiten Fieskos und Wallensteins regt. Dennoch gibt es die unvermutet despotischen Züge, die ihn, wenigstens zeitweise, vom Menschlichen entfernen.

Es gebe in Schillers Dramen keine Darstellung menschlicher Größe, hat Gottfried Willems unlängst bemerkt; wörtlich heißt es in diesem Beitrag: «Auch wenn Schiller immer einmal wieder von Sympathie für seine Figuren spricht, und davon, wie das Publikum zur Anteilnahme an ihren Schicksalen bewegt werden könne, steht er doch ebensowenig hinter seinen Helden wie hinter deren großen Ideen, den Helden in der Welt der Gedanken. Er steht jedenfalls niemals hinter ihrer Heldenrolle, hinter der Größe, zu der sie sich aufwerfen», und hinzugefügt wird der bemerkenswerte Satz: «Es gibt bei ihm lediglich eine Solidarität mit dem menschlichen Elend, in das sie sich so verstricken ...»[16] Solidarität – oder auch Sympathie – wird in «Don Karlos» in erster Linie der Titelfigur entgegengebracht. Es ist sehr wohl zu erwägen, ob wir in ihr nicht auch die Hauptfigur vor uns haben. Der Ausdruck «Solidarität» ist im vorliegenden Fall vielleicht demjenigen der Sympathie vorzuziehen, weil Solidarität die spezifische Anteilnahme besser zum Ausdruck bringt – diejenige des Arztes vielleicht mehr noch als diejenige des Dichters; denn hinsichtlich dieser Figur haben wir es weniger mit Schiller als Gestalter des handelnden als vielmehr des leidenden Menschen zu tun. Auf den letzteren kommt Schiller in den theoretischen Schriften zum Drama wiederholt zu sprechen, und niemals, führt er aus, zielt die Darstellung leidenden Menschentums auf Darstellung von Leiden um ihrer selbst willen, so wird zu Eingang der Abhandlung «Über das Pathetische» mit Nachdruck betont (V/512). Kurz und bündig wird der Zweck dargestellten Leidens in dem Diktum ausgesprochen: «Das erste Gesetz der tragischen Kunst war Darstellung der leidenden Natur. Das zweite ist Darstellung des moralischen Widerstandes gegen das Leiden» (V/515). In dem Aufsatz Max Kommerells über Schiller als Gestalter des handelnden Menschen sind wichtige Elemente seiner Dramenform erfaßt. Aber Schiller auf diese Darstellung festlegen zu wollen, wäre bedenklich. Die theoretischen Schriften, die in den neunziger Jahren im Zusammenhang seiner Kant-Lektüre entstehen, sagen darüber so gut wie nichts. Sie sprechen hier und da von Handlung, wie Aristoteles in der «Poetik» von der Nachahmung einer Handlung spricht. Aber eine Theorie des handelnden Menschen enthalten sie nicht. In den theoretischen Schriften steht weniger der handelnde als der leidende Mensch im Blickfeld der Betrachtung. Aber häufig sind die Dramen nicht einfach die Umsetzung dessen, was die theoretischen Schriften vorgeben. Demzufolge ist der Vorrang des leidenden gegenüber dem handelnden Menschen in einigen Dramen bemerkenswert; so in «Don Karlos», hier sieht man vorrangig auf die im Titel bezeichnete Hauptfigur, weniger auf die Gestalt Posas. Diese Sehweise ist besonders im Hinblick auf die letzten Teile des Dramas gerechtfertigt. Leiden hat hier eine konkret medizinische Bedeutung, die den späteren theoretischen Schriften nicht unbedingt entspricht. In medizinischer Hinsicht geht es im Drama vor allem um die psychiatrischen Symptome in der Person des Infanten, die in hohem Maße aus der Familienkonstellation herzuleiten sind. Begriffe der Seelenkunde wie Gemütsverfassung, Gemütslage oder Seelenzustand beziehen sich in den «Briefen über Don Karlos» zwar nicht ausschließlich auf den Prinzen. Dennoch hat man in dieser Hinsicht in erster Linie an ihn zu denken, wie es schon im Bauerbacher Entwurf vorgegeben ist, wenn von «Familienverhältnissen in einem fürstlichen Hause» gesprochen wird oder davon, daß der Prinz die Königin liebt. Offensichtlich soll an die krankmachende Familienkonstellation gedacht werden, die psychische Störungen verursacht, wie sie vorliegen. Daß die leibliche Mutter an der Geburt des Prinzen gestorben ist, verursacht in diesem Schuldgefühle, denen keine Verfehlungen zugrunde liegen. Es sind in hohem Maße krankhafte Selbstvorwürfe, wie sie in der Psychiatrie beschrieben werden. Don Karlos nennt sich selbst einen Muttermörder, der er in Wirklichkeit nicht ist. Die wiederholte Rede von der Gemütslage des Prinzen nehmen die «Briefe über Don Karlos» auf, so der dritte dieser Briefe: «... sein zum Wohlwollen gebildetes Herz, dem ein würdiger Gegenstand mangelt, verzehrt sich in niebefriedigten Träumen. So versinkt er allmählich in einen Zustand *müßiger Schwärmerei, untätiger Betrachtung*. In dem fortwährenden Kampfe mit seiner Lage nutzen sich seine Kräfte ab, die unfreundlichen Begegnungen eines ihm so ungleichen Vaters verbreiten eine düstre Schwermut über sein Wesen – den zehrenden Wurm jeder Geistesblüte, den Tod der Begeisterung» (II/232). Wir haben es mit der Beschreibung eines Geisteszustandes zu tun, der in stärkerem Maße psychische Krankheit betrifft als eine bloß psychologische Gefühlslage. Das Bild vom kranken Königssohn begleitet den Weg Wilhelm Meisters fast bis zum Ende hin, das ein glückliches Ende sein wird.[17] Hier handelt es sich nicht um ein Bild dieser Art. Karlos ist in Schillers Drama wirklich ein kranker Königssohn, und der eigene Vater trägt keine Bedenken, solches in herabsetzendem Ton auszusprechen:

«*Solche* Kranke
Wie du, mein Sohn, verlangen gute Pflege
Und wohnen unterm Aug des Arzts. Du bleibst
In Spanien; der Herzog geht nach Flandern» (II/51).

Auch Posa spricht freimütig vom kranken Herzen des Prinzen, und Karlos selbst ist weit entfernt, solche Beobachtungen anderer von sich zu weisen. Seine schonungslose Selbstanalyse läßt an die verzweifelte Situation Hamlets denken, wenn er von sich selbst sagt:

> «Wie Furien des Abgrunds folgen mir
> Die schauerlichsten Träume. Zweifelnd ringt
> Mein guter Geist mit gräßlichen Entwürfen;
> Durch labyrinthische Sophismen kriecht
> Mein unglückselger Scharfsinn, bis er endlich
> Vor eines Abgrunds gähem Rande stutzt» (II/20).

Es ist nicht die einzige Figur in Schillers Dramen, die den Arzt im Dichter verrät; auch an anderen Figuren zeigt es sich. Amalie von Edelreich, Leonore von Lavagna, die spanische Königin, Maria Stuart, schließlich Wallenstein und seine Melancholien sind anzuführen. Der spanische Prinz dieses Dramas ist ein Geistesverwandter des dänischen Prinzen. Diese allem Handeln abgekehrte Dramenfigur ist kein Beispiel menschlicher Größe, sondern deren Gegenteil. Aber das Drama gibt Karlos nicht preis. Es zeigt sich mit ihm solidarisch und bewahrt ihm seine Sympathie bis zum bitteren Ende. Kritik hat Schiller an nicht wenigen seiner Figuren geübt. Der unglückliche spanische Königssohn wird davon ganz und gar verschont. Mit diesen erläuternden Hinweisen ist die Frage nach der zutreffenden Titelgebung noch einmal gestellt. Zwar hat sich das Interesse auf weite Strecken hin von Karlos auf Posa verlagert. Dennoch ist nicht Posa, sondern Karlos von der ersten bis zur letzten Szene auf der Bühne gegenwärtig. Schon aus diesem Grunde besteht der Titel zu Recht – auch insofern, als es innerhalb des Dramas eine Blickwendung von Posa zur Titelfigur gibt, vom handelnden zum leidenden Menschen, vom Selbstopfer zum Menschenopfer. Der kranke Königssohn und der den König beherrschende Großinquisitor bilden eine fatale Einheit. Beide aber gehören zum Ganzen des Dramas. Daß es auch um das große Thema der unterdrückten Niederlande geht, wird nicht vergessen. Ihre Bewohner leiden gemeinsam an der Geschichte, wie sie ist. Aber um den Einzelnen als einem durch Regierungsverhältnisse krank gewordenen Menschen geht es eben auch. Deshalb dieser Titel, der zu Recht gegeben wurde.

Mit der Gestalt der Königin Elisabeth, der Gemahlin Philipps II., setzt sich die Kritik menschlicher Größe fort; denn sie ist innerhalb des Dramas eine der Personen, die sie ausübt. Wie in den «Räubern» schweift Größe in diesem Drama ins Bösartige aus, in eine Tyrannei schlimmster Art, wie sich

ZUR KRITIK MENSCHLICHER GRÖSSE

an der zur Karikatur gewordenen Figur des Großinquisitors zeigt. Er ist es, der am Ende entscheidet, was geschehen soll, der die Hinrichtung befiehlt. Im Großinquisitor dieses Weltreichs wird Größe in den Formen praktizierter Unmenschlichkeit vorgeführt; und Größe ist männliche Größe; das versteht sich aus der Zeitlage heraus von selbst: aus derjenigen des 16. wie derjenigen des späten 18. Jahrhunderts. Dieser Sachlage gegenüber erweist sich die Königin Elisabeth als eine der letzten Heldenfiguren in Schillers Dramen und als eine tragische Person obendrein. Über das, was in der letzten Szene geschieht, geht man in der Forschung merkwürdig uninteressiert hinweg, als hätte die Unterredung zwischen Karlos und der Königin nicht mehr viel zu bedeuten. Solchen Einschätzungen ist nicht zu folgen. Um eine Einmischung in die Politik seitens einer Frau geht es ohne Frage. Elisabeth hat Vorsorge getroffen, daß Karlos seine Flucht gelingen möge. Sie tut, was sonst nur Männer tun: Sie wird politisch aktiv, um sich am Ende tief in die Männerwelt verstrickt zu sehen. Aber sie ist sich auch bewußt, daß ein solches Tun im Spielraum des Dramas den Sitten nicht entspricht, die hier gelten. Gegenüber Don Karlos bringt sie es zum Ausdruck und sagt:

«Ich darf mich nicht
Empor zu dieser Männergröße wagen» (II/218).

«Männergröße» ist ein seltenes Wort. Soll heißen, daß menschliche Größe weithin Männergröße ist, die Frauen nicht zusteht. Die Königin hält sich an solche vorgegebenen Spielregeln nicht. Sie tut, was sonst nur Männer tun. Das kann als Kritik an der von Männern gemachten Geschichte verstanden werden.[18]

Kritik an menschlicher Größe in einer von Männern dominierten Welt gibt es auch in der Tragödie der Maria Stuart. Wie in «Don Karlos» und weithin auch im «Wallenstein»-Drama befinden wir uns erneut in den oberen Rängen der Gesellschaft, unter Königen beziehungsweise unter Königinnen, die einmal regiert haben oder noch regieren. Aber anders als der spanischen Königin Elisabeth wird der englischen Königin dieses Namens Männergröße nicht verwehrt, und wie es bei den männlichen Regenten in «Don Karlos» der Fall ist, erscheint sie nicht im besten Licht. Ihre Gegenspielerin, die frühere Königin von Schottland, hat mit der Welt noch keineswegs gebrochen oder abgeschlossen, wenn wir sie zu Beginn des Dramas als Gefangene kennenlernen und das Todesurteil schon gesprochen ist. Zu welchem Zeitpunkt sie sich aus der Welt der Handelnden gelöst hat, ist nicht leicht zu ermitteln. Aber es ist eine Welt, die wir in düsteren Farben vorgeführt bekommen, eine geschichtspessimistisch dargestellte Welt, in der es um die Rechtsdinge schlecht bestellt ist. Die schottische Königin spricht es mit Bitterkeit aus:

«Hier ist Gewalt und drinnen ist der Mord» (II/633).

Wir blicken in eine Rechtswelt, die man in neuerer Forschung als Unrechtsregime bezeichnet hat.[19] Aber im Blick auf historische oder menschliche Größe wird diese Welt als eine solche erkennbar, in der Seelengröße nicht gedeiht. Diesem Zustand ist es zuzuschreiben, daß sich die schottische Königin Maria Stuart aus der Welt zurückgezogen hat – so sehr, daß ihr manche Interpreten den Beinamen einer Heiligen zuerkannt haben. Und wie immer man sie hinsichtlich ihrer Vergangenheit beurteilen mag – von der Welt der Handelnden und Regierenden will sie nichts mehr wissen. Auch sie ist ein an der Geschichte leidender Mensch und innerhalb des Dramas die einzige tragische Person. In mehrfacher Hinsicht ist sie eine Verwandte des spanischen Prinzen; und wie er ist sie von Schwermut gezeichnet. Von menschlicher Größe wird das Drama nicht beherrscht, es sei denn in negativer Hinsicht, sieht man auf das vielfach menschenverachtende Verhalten der regierenden Königin Elisabeth. Insofern dies so ist, steht fragwürdige menschliche Größe in der Gestalt der regierenden Königin Elisabeth gegen Seelengröße der zum Scheiden entschlossenen Maria Stuart. Die Gegensätzlichkeit weist über diejenige von Spielerin und Gegenspielerin hinaus, die sich stets auf derselben Ebene treffen. Die Fragen von Menschheit und Menschlichkeit, um die es hinsichtlich der Person der schottischen Königin geht, liegen jenseits der Ebene des Handelns. Die Vorstellung von menschlicher Größe ist dem, was hier Menschlichkeit heißt und bedeutet, deutlich entgegengesetzt; von Größe will die schottische Königin nichts mehr wissen. Im Streitgespräch mit ihrer Rivalin spricht sie es aus:

«Nicht Größe lockt mich mehr – Ihr habts erreicht,
Ich bin nur noch der Schatten der Maria.
Gebrochen ist in langer Körperschmach
Der edle Mut – Ihr habt das Äußerste an mir
Getan, habt mich zerstört in meiner Blüte!
– Jetzt mach ein Ende, Schwester. Sprecht es aus,
Das Wort, um dessentwillen Ihr gekommen ...» (II/626).

Nicht Größe lockt mich mehr! Aber daß sie für die einstige schottische Königin einmal eine Versuchung war, wird damit zugegeben. Hier spricht eine Frau von Größe, wie sie es im Feld der Politik und der Geschichte gibt, obschon sie noch lange über das hier in Frage stehende Zeitalter hinaus ein Privileg von Männern ist, die sie machen. Daß eine Frau so sprechen kann, hängt mit ihrer früheren Stellung als Königin zusammen, mit einer Ausnahme, wie man hinzufügen muß. In dieser Zeit, in der es Größe hinsichtlich einer Person offensichtlich gegeben hat, hat sie schwere Schuld auf sich geladen; an der Ermordung des eigenen Gatten war sie möglicherweise beteiligt. Aber diese Zeit liegt hinter ihr. Jetzt ist sie auf dem Wege zu sich selbst, zu ihrer Selbstbestimmung und Menschlichkeit. Die Vereinigung von menschlicher Größe und Menschlichkeit bleibt indessen aus, kommt nicht zustande. Was zurück bleibt, wenn sie das Schafott besteigt, sind getrennte Welten. Die beiden Königinnen bleiben getrennt, und getrennt bleiben Politik und Menschlichkeit in ihrer Person. Wir nehmen Anteil an dem, was im vorausgegangenen Drama, in der «Wallenstein»-Trilogie, als Heimkehr in die Menschlichkeit bezeichnet worden war. Und keine Frage: Die umfassende Entzauberung menschlicher Größe wird an einem großen und erfolgreichen Feldherrn vorgeführt, an dem kaiserlichen General Albrecht von Wallenstein, der menschliche Größe als historische Größe höchst eindrucksvoll verkörpert.

Für eine kurze Zeit scheint Schiller zu Anfang der neunziger Jahre im Begriff gewesen zu sein, vom vorgezeichneten Weg zur Tragödie abzugehen. Der Held im alten Sinn scheint im zweiten Geschichtswerk, in der «Geschichte des Dreißigjährigen Krieges», noch einmal zurückzukehren. Es ist dies der zeitweilige Anführer der protestantischen Partei in diesem Krieg, König Gustav Adolf von Schweden. Ein Kriegsherr als Friedensfürst – das ist das Bild, das wir im zweiten Buch von diesem Feldherrn erhalten. Das ergäbe, so wird zu Anfang der neunziger Jahre in den Briefen an Körner erwogen, ein Heroenbild eigenen Stils. Der Plan zu einem Epos über Friedrich II. von Preußen mit dem späteren Beinamen der Große, mit dem Schiller einige Jahre sporadisch befaßt war, wird verworfen. Davon handelt der Brief vom 28. November 1791. Ein in mehrfacher Hinsicht beachtenswertes Dokument! Das betrifft zunächst den preußischen König Friedrich II. und die Art, wie Schiller ihn beurteilt und sich zugleich von ihm distanziert. Im Text des Briefes heißt es: «Friedrich II. ist kein Stoff für mich, und zwar aus einem Grunde, den Du vielleicht nicht für wichtig genug hältst. Ich kann diesen Karakter nicht lieb gewinnen; er begeistert mich nicht genug, die Riesenarbeit der Idealisirung an ihm vorzunehmen» (XXVI/114). Das ist, wenn man die Briefe dieser Zeit gelesen hat, keine ganz überraschende Absage. Schon im Brief vom 26. Januar 1789 hatte er an die Schwestern Lengefeld über seine Lektüre der Autobiographie des preußischen Königs berichtet und seinen Unmut nicht verschwiegen: «Ich habe in dieser Zeit die Histoire de mon temps, zwey Bände, gelesen. So glaubwürdig und zuverläßig diese Quelle ist, so muß ich dennoch gestehen, daß ihr noch manches zur befriedigenden Vollkommenheit fehlt. Die voltairische Manier zu beschreiben, und mit einem witzigen Einfall über erhebliche Details hinweg zu glitschen, ist nicht das Nachahmungswürdigste im historischen Stil» (XXV/189). Es folgen Ausführungen über Maria Theresia, die er gegenüber den wenig freundlichen Urteilen im Buch des preußischen Königs in Schutz nimmt. Es handelt sich um erstaunliche Urteile, wenn man an das einige Jahrzehnte später verfaßte literarische Porträt Goethes in «Dichtung und Wahrheit» denkt oder den mit Schiller gut bekannten Historiker von Archenholtz in die Betrachtung einbezieht. Er läßt auf ihn, den König der Aufklärung, nichts kommen. Dem ehemaligen Hauptmann in der friedericianischen Armee ist der preußische König Friedrich II. längst zum Vorbild und Leitbild geworden. In Schillers Urteilsbildung mag die Aversion gegenüber der voltairischen Manier hineinspielen. Aber noch anderes ist bemerkenswert. Es hätte ja naheliegen können, ein Buch über Friedrich II. von Preußen mit vaterländischen Motiven, die sich zu regen beginnen, zu verbinden. Das Gegenteil ist der Fall. Die vaterländische Blickwendung, die sich ankündigt, hat mit dem Bild Friedrichs II. nichts zu tun. Aber sie wird in diesem Brief mit den folgenden Sätzen intoniert: «Könnt ich es mit dem übrigen vereinigen, so würde ein nationeller Gegenstand doch den Vorzug erhalten. Kein Schriftsteller, so sehr er auch an Gesinnung Weltbürger seyn mag, wird in der *Vorstellungsart* seinem Vaterland entfliehen» (XXVI/113). Schillers Urteil über den in dieser Zeit hochgeschätzten Preußenkönig ist hinsichtlich der Vorbehalte, die er geltend macht, bezeichnend für die Vorbehalte gegenüber den großen Individuen in der Weltgeschichte generell. Ein Epos mit Gustav Adolf von Schweden als seinem Helden hat sich um diese Zeit noch keineswegs erledigt. Zuversicht auf die Fortschritte in der Geschichte, wie sie die Jenaer Antrittsvorlesung auf eindrucksvolle Weise begleitet, wirkt offensichtlich nach. Im Bild des schwedischen Königs und Feldherrn hat man sich die Welt noch einmal als eine große Einheit zu denken. Menschliche Größe und Menschlichkeit haben sich in diesem Großen der Weltgeschichte gefunden. Die Tragödie ist zeitweilig in die Ferne gerückt. Schiller denkt an ein großes episches Gedicht, wenn er an Gustav Adolf denkt, nicht an eine Tragödie. Aber das ändert sich bald. Nicht auf den schwedischen König, sondern auf den kaiserlichen Feldherrn namens Wallenstein fällt die Wahl des nächsten Werkes. Es wird wieder eine Tragödie in Aussicht genommen, eine solche in antiken Maßen. In ihr wird menschliche

Größe erneut als Problemfall verhandelt. Schillers Entscheidung für das Wallenstein-Drama fällt in die napoleonische Zeit. Seit 1793, seit der Einnahme von Toulon, hatte der junge General von sich reden gemacht, und keineswegs verbietet die Chronologie Bezugnahmen auf ihn, wie gelegentlich gesagt worden ist.[20]

Noch vor dem Eintritt in die erneute Befragung des Wunderwerks, wie Golo Mann die Wallenstein-Trilogie bezeichnet hat, sei eine Art Grundsatzerklärung vorausgeschickt. Menschliche Größe wird in dieser abschließenden Betrachtung nicht generell negiert. Das haben weder Schiller noch später Jacob Burckhardt getan. Sie muß sein, damit die Welt vorankommt gemäß der Devise des Basler Historikers: «Das Wesen der Geschichte ist Wandlung.» Keine Gestalt Schillers ist in so hohem Maße an dieser Devise interessiert wie Wallenstein; und wer sich entschlossen hat, diese Dramenfigur Schillers gleichwohl als eine Art Unperson zu behandeln, als habe Schiller solches je im Sinn gehabt, sollte dennoch zugeben, daß der große Handelnde des Dramas vielfach so spricht, wie Schiller selbst denkt; das betrifft vor allem den in der Geschichte notwendigen Wandel, und hierfür gibt es ein eindrucksvolles Zeugnis solchen Denkens. Das ist der 1790 veröffentlichte Aufsatz «Die Gesetzgebung des Lykurgus und Solon». Dort wird das sich immer gleichbleibende Regierungssystem, das alle Veränderungen abwehrt, als eine Art Schreckgespenst vorgeführt. Hier finden sich Sätze, die Schiller nicht widerrufen hat, als er sich mit Person und Werk Wallensteins befaßte; die folgenden aus diesem wichtigen Text, aus dem die Geschwister Scholl zitiert haben, als sie ihr erstes Flugblatt verbreiteten, seien angeführt: «Überhaupt können wir bei Beurteilung politischer Anstalten als eine Regel festsetzen, daß sie nur gut und lobenswürdig sind, insofern sie alle Kräfte, die im Menschen liegen, zur Ausbildung bringen, insofern sie Fortschreitung der Kultur befördern oder wenigstens nicht hemmen. Dieses gilt von Religions- und wie von politischen Gesetzen; beide sind verwerflich, wenn sie eine Kraft des menschlichen Geistes fesseln, wenn sie ihm in irgend etwas einen Stillstand auferlegen. Ein Gesetz z.B., wodurch eine Nation verbunden würde, bei dem Glaubensschema beständig zu verharren, das ihr in einer gewissen Periode als das vortrefflichste erschienen, ein solches Gesetz wäre ein Attentat gegen die Menschheit...» (IV/815). Soll heißen: Für Wandel in Staat und Gesellschaft zu sorgen ist nicht nur Menschenrecht, sondern Menschenpflicht; und keine Frage: Die Realisierung solchen Vorhabens setzt die menschliche Größe derjenigen voraus, die den Wandel zu bewirken suchen. Aber auch, was wir als menschlich anerkennen, kann ins Unmenschliche umschlagen. Insofern hat menschliche Größe mit Tragik zu tun.

Ihre Problematik am Beispiel Wallensteins wird aber nicht erst in der Trilogie erkennbar. Sie wird schon im Geschichtswerk des Dreißigjährigen Krieges intoniert; und sie wird mit deutlich negativen Akzenten versehen. An der Größe des Feldherrn und partiell des Staatsmannes werden im Geschichtswerk keine Zweifel gelassen, aber keineswegs verstummen deshalb Einwände und kritische Fragen. Die Beschreibung von Größe verliert ihre Eindeutigkeit, wie es in einer Erwähnung seines Wirkens im vierten Buch geschieht: «Berauscht von dem Ansehen, das er über so meisterlose Scharen behauptete, schrieb er alles auf Rechnung seiner persönlichen Größe, ohne zu unterscheiden, wie viel er sich selbst, und wie viel er der *Würde* dankte, die er bekleidete. Alles zitterte vor ihm, weil er eine rechtmäßige Gewalt ausübte, weil der Gehorsam gegen ihn Pflicht, weil sein Ansehen an die Majestät des Thrones befestigt war. Größe für sich allein kann wohl Bewunderung und Schrecken, aber nur die *legale* Größe Ehrfurcht und Unterwerfung erzwingen. Und dieses entscheidenden Vorteils beraubte er sich selbst in dem Augenblick, da er sich als einen Verbrecher entlarvte» (IV/673). In der abschließenden Würdigung am Ende des vierten Buches kommt Schiller noch einmal auf Wallensteins Größe ungeachtet der zahlreichen Mängel zu sprechen. Es ist dies das von Anteilnahme zeugende Urteil, das auf Annäherung an die vordem vielfach geschmähte Persönlichkeit schließen läßt: «So endigte Wallenstein in einem Alter von fünfzig Jahren sein tatenreiches und außerordentliches Leben, durch Ehrgeiz emporgehoben, durch Ehrsucht gestürzt, bei allen seinen Mängeln noch groß und bewundernswert...» (V/686). Aber noch nach diesem wohlwollenden Gutachten wird die Willkürmaßnahme des Despoten zur Sprache gebracht: die Verhängung der Todesstrafe über einen Soldaten wegen Diebstahls, die Wallenstein auch dann noch vollstrecken will, als sich herausstellt, daß sich der Soldat dieses Vergehens nicht schuldig gemacht hat. Daß der Geschichtsschreiber den General einen Unmenschen nennt, bleibt anzumerken. Aus dem Geschichtswerk werden zahlreiche Urteile in das Drama übernommen, und auch von Unmenschlichkeiten ist der Wallenstein des Dramas nicht frei.

Unter den großen Individuen, die selbst Weltgeschichte gemacht haben und also zu Dramenfiguren geworden sind, ist Wallenstein im Personenensemble Schillers sicher die bedeutendste; auch für die reale Geschichte, in diesem Fall für die Geschichte des Dreißigjährigen Krieges, trifft das zu. Immerhin hat ihm der bedeutendste unter den deutschen Historikern, Leopold von Ranke, eine eigene Studie gewidmet, und auch er hat an der historischen Größe des Feldherrn keine Zweifel gelassen. Daß Wallenstein nicht durchweg Bewunderung auf sich gezogen hat, sondern ein schwankender Charakter für lange Zeit geblieben ist, ändert daran nichts, daß er zu den Großen dieser Welt gehört. Im Personal der Dramenfiguren Schillers innerhalb der Weimarer Klassik ist Wallenstein mit der überragenden Gestalt unter den Dramenfiguren Goethes, mit Faust, vergleichbar und in jüngster Zeit auch verglichen worden;[21] und beide sind sie aufgrund ihrer Stellung im Gesamtwerk beider Dichter aufs engste miteinander verwandt. Beide haben sie in der Bildungsgeschichte der Deutschen und ihrer Mythengeschichte eine herausragende Rolle gespielt – auch insofern, als man den «Klassikern» eine Kritik ihrer Größe nicht eigentlich zugeschrieben hat. Über Schillers Kritik an seiner dichterischen Figur ist sogleich zu sprechen. Daß in den letzten Jahren auch Faust, dieser deutsche Mythos, nachhaltig entzaubert wurde, ist das erstaunliche Ergebnis jüngster Forschung.[22] Wie sehr Schillers Wallenstein als ein Großer verstanden worden ist, geht auch daraus hervor, daß die literarische Moderne am historischen Wallenstein nicht vorbeigegangen ist, und vermutlich ist es nicht abwegig anzunehmen, daß Alfred Döblin seinen Wallenstein-Roman auch gegen die deutsche Klassik geschrieben hat in der Annahme, hier sei alles, wie bisher, Idealismus und überliefertes Heldentum. Diese Annahme ist insofern zu korrigieren, als Schiller auf seinen Dramenhelden Sympathie und Kritik gleichermaßen überträgt, und nur noch in Relikten ist er ein Held alten Stils.

Diese Kritik wird auf drei verschiedenen Ebenen geübt und ist hier nicht im Detail zu beschreiben. Von den Wandlungen und Veränderungen der Kritik am historischen Wallenstein war die Rede, über den Wallenstein der Trilogie wird hinsichtlich seiner menschlichen Größe sogleich zu sprechen sein. Aber zwischen beiden Texten liegt der Prolog als ein eigentümliches literarisches Genre. Er gehört zum Ganzen der Trilogie, aber nicht zum Fiktionsraum des Dramas. Max Piccolomini kann nicht wissen, wie Schiller über den von ihm lange Zeit verehrten Feldherrn denkt. Er kennt nicht das Urteil, das einer Verurteilung gleichkommt und im Vorraum der Trilogie ausgesprochen wird, zu dem er keinen Zutritt hat. Um es zu wiederholen: Der Wallenstein dieses Prologs wird härtester Kritik ausgesetzt: Er wird des Verbrechens angeklagt; und sucht man zu ermitteln, was denn diesen Großen der Geschichte zum Verbrecher macht, so sieht man sich auf zeitlich benachbarte Texte verwiesen. Die Gegenbilder liefert La Valette im Fragment «Die Malteser». Der Großmeister des Ordens will nicht, daß über seine Ritter verfügt wird, als hätten sie kein Selbst, als habe Selbstbestimmung in dieser Welt nichts zu bedeuten. Der Wallenstein des «Lagers» ist an solchen Philosophismen nicht im mindesten interessiert. Soldaten sind weit mehr seine Kreaturen: «Wie er sich räuspert und wie er spuckt...» Davon kann Max Piccolomini nichts wissen. Darüber hinaus bleibt Wallenstein nicht der Wallenstein des Lagers. Er wandelt sich und ist schon ein anderer, als er die Bühne betritt. Im Prozeß dieser Wandlung, der auch ein Prozeß der Selbstfindung und Selbsterkenntnis ist, gewinnt er Sympathien. Sein Streben ist nicht mehr nur auf «Selbstisches» gerichtet, auf Herrschaft über seine Soldaten, die in dem Maße geschätzt sind, als sie kein eigenes Selbst mehr haben. Nun ist Wandel und Weltveränderung sein Vorhaben, vielleicht auch mit Blick auf eine böhmische Königskrone, aber nicht nur. Der Wallenstein der Dramen will Frieden, wie ihn auch Schiller will, und er will ihn nicht nur für sich, wie man annehmen darf. Wenn «Wallensteins Lager» vorbei ist und der Dramenteil «Die Piccolomini» beginnt, beginnt der Weg, der vom Verbrechen wegführt. Der als Verbrecher bezeichnet worden war, gewinnt an Menschlichkeit, und um so mehr, als er nicht blindlings in ein neues Verbrechen hineinrennt, als das man die Verhandlungen mit den Schweden bezeichnen könnte. Erst recht gewinnt er an Menschlichkeit, indem er zaudert. Es ist also nicht blanker Illusionismus, wenn Max Piccolomini von den Verbrechen nichts wahrnimmt, die Schiller Wallenstein nachgesagt hat.

Die Dramen Wallensteins nach dem Vorspiel des Lagers beginnen mit einem Gleichklang, der ein Dreiklang ist. Wallenstein und die Jüngeren, die ihm zur Seite sind, die eigene Tochter und Max Piccolomini, sind eines Sinnes. Sie sind für Wandel der gesellschaftlichen Verhältnisse, und daß sie den Feldherrn, der mehr und mehr in die Rolle des Staatsmannes hineinwächst, in diesem Bestreben unterstützen, ist bezeichnend für die Idee des neuen Lebens, dem sie sich verschrieben haben. Überdies sind sie für Frieden, der ihnen so wichtig ist wie der Wandel im Staatsleben, gleichviel, ob der Feldherr diesen Frieden «wirklich» will oder ob er noch ganz anderes will. Der Gleichklang des Anfangs bedeutet zugleich, daß menschliche Größe und Menschlichkeit sich nicht im Wege stehen; sie bilden eine Einheit. Ausdruck der noch ganz ungebrochenen Verhältnisse zu dritt ist die Art, wie sich der junge Piccolomini im Streitgespräch mit dem eigenen Vater und dem kaiserlichen Abgesandten für Wallenstein verwendet, indem er dafür eintritt, daß man ihm ein gewisses Maß an Größe im Denken und im Handeln zugesteht:

«Im Felde
Da dringt die Gegenwart – Persönliches
Muß herrschen, eignes Auge sehn. Es braucht

ZUR KRITIK MENSCHLICHER GRÖSSE

Der Feldherr jedes Große der Natur,
So gönne man ihm auch, in ihren großen
Verhältnissen zu leben» (II/329).

Menschliche Größe im politisch-militärischen Bereich wird generell von dem ganz auf Frieden gerichteten Max Piccolomini keineswegs abgelehnt. Vielmehr werde solche Größe gebraucht, argumentiert der junge Oberst, wenn jemand wie Wallenstein erfolgreich sein soll. Max Piccolomini sieht menschliche Größe und Größe im Menschlichen als etwas an, das in der Person Wallensteins eine selbstverständliche Einheit bildet. Das schließt den Friedenswillen und die Absicht ein, für Frieden im Reich und darüber hinaus in der Welt tätig zu sein. So ist der Anspruch des jungen Offiziers zu verstehen, den wir in diesem Gespräch vernehmen:

«O schöner Tag! wenn endlich der Soldat
Ins Leben heimkehrt, in die Menschlichkeit» (II/331).

Das Leben im Frieden und ohne Krieg ist für den jungen Piccolomini das höchste Erreichbare; es ist für ihn Leben im eigentlichen Sinn, und für diese Auffassung sucht er seinen Vater zu gewinnen. Daß sich Menschlichkeit im Eintreten für Frieden bezeugt, bringt er zum Ausdruck, wenn er die Heimkehr von Friedensmärschen begleitet sieht. Den jungen Piccolomini einen Schwärmer zu nennen, weil er sich so leidenschaftlich für Frieden verwendet, ist eine fragliche Sache. Dann ist womöglich auch Kants 1795 erschienene Schrift «Zum ewigen Frieden» als Schwärmerei zu bezeichnen, auf die man sich verwiesen sieht.[23] Daß hier wie auch sonst stets Menschlichkeit gesagt wird und nicht etwa Humanität, gilt es zu beachten.

Aber der Gleichklang des Eingangs, von dem die Rede war, wird alsbald gestört; die Einheit zerbricht. Wallenstein kehrt im Verlauf der Handlung eine Art von Größe heraus, die an Hochmut grenzt und andere verletzen muß, den jüngeren Freund vor allem. Wallenstein ist noch durchaus der Wallenstein des Lagers, wenn er dem jungen Piccolomini dessen Bedenken wegen des Eides verwehrt; und nicht nur verwehrt er sie ihm, vielmehr weist er ihn auf eine hochfahrende Art zurecht:

«Bist du dein eigener Gebieter
Stehst frei da in der Welt wie ich, daß du
Der Täter deiner Taten könntest sein?» (II/485)

Das ist noch einmal die Mentalität des Lagers, und wie sehr die Denkart des charismatischen Feldherrn mit der verweigerten Selbstbestimmung zusammenhängt, zeigt sich auch hier. Dem Soldaten, und selbst im Range eines Obersten, wird jedes Selbstsein und Selbstdenken verweigert. Hier werden Menschenrechte und Menschlichkeit mit Füßen getreten. Es wird bestätigt, was Wallenstein in diesem Zusammenhang von sich selbst sagt, indem er den jungen Piccolomini zurechtweist:

> «Ich kann auch Unmensch sein, wie er!» (II/482)

Verletzendes Verhalten gegenüber Max Piccolomini nehmen wir erst recht wahr, wenn Wallenstein dem jüngeren, ihm treu ergebenen Offizier die Hand der Tochter verweigert und der Tochter in gleichem Maß Selbstsein und Selbstbestimmung. Aber das ist nicht sein letztes Wort in der Sache. Daß er vielmehr den Weg fortsetzt, der ihm dem Menschlichen näher bringt, zeigt sich in mehrfacher Hinsicht. Es äußert sich in der Klage über den Tod des jüngeren Freundes, aber die Einsicht kommt zu spät. Im Prozeß der Selbstbestimmung und der Selbsterkenntnis hat er die höchste dem Menschen erreichbare Bewußtseinsstufe offensichtlich noch nicht erreicht. Zwar scheint er in den letzten Szenen der Trilogie, in «Wallensteins Tod», anders ein Wissender zu sein, als zuvor, da er, noch dem Sternenglauben anhing. Sein Sprechen wirkt prophetisch, aber Unwissen und Unbewußtes mischen sich ein. Er überläßt sich ganz seinen Eindrücken und Visionen und nimmt nicht wahr, was um ihn herum geschieht. Wir aber, die Leser und Zuschauer, wissen es sehr wohl. Daß er über unbewußte oder halbbewußte Seelenzustände noch nicht hinausgelangt ist, wird deutlich, wenn er sich seinem historischen Gedächtnis und den Erinnerungen an die Ermordung des französischen Königs Heinrichs IV. überläßt:

> «Der König fühlte das Gespenst des Messers
> Lang vorher in der Brust, eh sich der Mörder
> Ravaillac damit waffnete ...» (II/532).

Zum vollen Bewußtsein seiner Lage dringt er nicht durch, und auch der Tragik scheint er sich nicht bewußt zu sein. Auch menschliche Größe wird offensichtlich nicht in vollem Umfang und in der ihr eigentümlichen Ambivalenz erfaßt, wenn er von sich sagt:

> «Den Schmuck der Zweige habt ihr abgehauen,
> Da steh ich, ein entlaubter Stamm!»

Aber das ist nur partiell im Bewußtsein seiner Situation und seiner, wie er meint, verbliebenen Größe gesagt; denn er fährt fort:

«Doch innen
Im Marke lebt die schaffende Gewalt,
die sprossend eine Welt aus sich geboren» (II/471).

Aber offensichtlich ist im Hinblick auf den Bewußtseinszustand Wallensteins nicht ausschlaggebend, wie er über menschliche Größe denkt. Was der Jugendfreund Gordon eher beiläufig bemerkt, wiegt im Verständnis des Dramas schwerer, wenngleich auch er nicht die ganze Übersicht über das Geschehen besitzt:

«So hochbegabt! O was ist Menschengröße!» (III/497)

Mit Max Piccolomini verhält es sich anders. Über Größe und große Individuen, die er an Wallenstein bewundert hatte, hat er inzwischen anders denken gelernt als im Eingangsgespräch mit dem Vater und dem Abgesandten des Kaisers. Er hat erkennen müssen, daß dem Drang ins Große Machtstreben und Selbstherrlichkeit beigegeben sind und womöglich die dominanten Antriebskräfte ausmachen. Mit der drohenden Gebärde Wallensteins gegenüber dem jüngeren Freund «Ich kann auch Unmensch sein!» ist der Bruch eingeleitet. Damit ist eine Entzauberung menschlicher Größe verbunden. Die Einheit von Größe und Menschlichkeit erweist sich als Illusion. Die Entzauberung des ehedem von Max Piccolomini bewunderten Feldherrn erfährt er in der Auswegslosigkeit der Lage als Widerspruch in sich selbst, als Antagonismus der Kräfte im Menschen, die ihn zu zerreißen drohen:

«Das Herz in mir empört sich, es erheben
Zwei Stimmen streitend sich in meiner Brust,
In mir ist Nacht, ich weiß das Rechte nicht zu wählen» (II/489).

Die Rede des jungen Piccolomini macht deutlich, daß auch die Trennung nicht das Rechte sein kann, wenn sich Max deswegen selbst einen rohen Unmenschen nennt. Was im Drama Wallensteins Menschlichkeit genannt wird, erscheint tragisch gebrochen. Max Kommerell hat sicher recht, wenn er in einem seiner Aufsätze über Schiller bemerkt, daß im Auseinandertreten der Wege Wallensteins und des jungen Piccolomini der Grund des Tragischen liege.[24] Aber nicht nur auf Personen hat man hinsichtlich dieses Grundes zu sehen, sondern nicht weniger auf die Aktionsarten des Menschen, auf Handeln und Nichthandeln, auf Herrschen und Beherrschtwerden. Nicht nur die Personen treten auseinander, sondern auch die Lebensformen und die Geistestätigkeiten. Die Vereinigung der Bereiche, die sein sollte, aber nicht ist, ist der Grund des tragischen Scheiterns, und nur im

Scheitern sind Wallenstein und Max Piccolomini vereint. Im Scheitern aber wird menschliche Größe wenn nicht widerrufen, so doch gebrochen. Auf dem Hintergrund solcher Widersprüche, für die man in der Begriffssprache der Philosophie den Terminus Antinomie gebraucht, erscheint Schillers Dramenwerk hinsichtlich der Unauflöslichkeit seiner Widersprüche als tragisch, und es ist der junge Piccolomini, der zu dieser Einsicht in vollem Umfang gelangt, wenn er gegenüber der Geliebten scheinbar beiläufig bemerkt:

«Nicht
Das Große, nur das Menschliche geschehe» (II/491).

Aber die vermeintlich beiläufige Rede weist in ihrer grundsätzlichen Bedeutung über das Dramenwerk weit hinaus. Sie ist kennzeichnend für die Zeit der Klassik im Ganzen und besagt: Ihre Humanitätsidee hat einen tragischen Untergrund, wie es Goethe am Ende seiner autobiographischen Schrift «Kampagne in Frankreich» ausgesprochen hat: «Und mit welchem Zyklus von Tragödien sahen wir uns von der tosenden Weltbewegung bedroht!» (XIV/515)

X
HUMANITÄTSBEGRIFFE IN
KLASSIK UND MODERNE

Die abschließenden Bemerkungen gelten einigen Sprachproblemen der Weimarer Klassik. Es geht um ihre zentralen Begriffe, mehr noch um Mißbrauch und Abnutzung dieser Begriffe in der Zeit seither. Man möchte sie am liebsten vermeiden und kommt doch nicht ohne sie aus. Es geht um zentrale Ausdrücke aus dem Wortfeld des Humanismus, um Entlehnungen aus der lateinischen Sprache und ihren deutschen Entsprechungen: um Begriffe also wie «human», «Humanität» oder «Humanismus» einerseits und um Ausdrücke der deutschen Sprache wie «menschlich», «Menschlichkeit» oder auch «Menschheit» in der Bedeutung des 18. Jahrhunderts zum anderen; im weiteren um die Gegenbegriffe wie «Inhumanität» oder «Unmenschlichkeit». Allen diesen Wörtern wird in Literaturwissenschaft, Philosophie und verwandten Fächern eine herausragende Bedeutung für die Zeit zuerkannt, die wir heute gemeinhin Weimarer Klassik nennen. Eben diese Begriffe, vornehmlich diejenigen aus der lateinischen Sprache, werden seit dem 19. Jahrhundert über Gebühr strapaziert. Das geschieht seit dem Ausgang der Klassik vielfach mit der Tendenz zu ideologischen Verfestigungen und gedankenloser Redeweise. Für die Zeit selbst ergibt sich ein anderes Bild. In den literarischen Texten, in Dramen, Erzählungen und Gedichten, kommen die Begriffe aus der Gelehrtensprache kaum je vor. Man bevorzugt die deutschen Ausdrücke, die in ihrer Verwendung anders beweglich sind als der zu Festlegung und Definition neigende Humanitätsbegriff. Wenn Schiller den jungen Piccolomini von «Heimkehr in die Menschlichkeit» sprechen läßt, so handelt es sich um eine poetische Redewendung, die der Interpretation bedarf. Das trifft erst recht für einen Ausdruck zu, der in besonderer Weise ein Eigentum dieser Weimarer Kultur ist. Die Rede ist von dem, was man in dieser Zeit das Reinmenschliche nennt. Goethe verwendet den Ausdruck in einem Gedicht, das er 1827 einem Schauspieler in dessen Stammbuch schreibt:

«So im Handeln, so im Sprechen
Liebevoll verkünd' es weit:
Alle menschlichen Gebrechen
Sühnet reine Menschlichkeit» (XVIII,1/10).

Denselben Begriff verwendet er in einem Brief an Schiller vom 18. März 1799 mit Beziehung auf Wallensteins Ende: «Freylich hat das letzte Stück den großen Vorzug daß alles aufhört politisch zu seyn und blos menschlich wird ja das historische selbst ist nur ein leichter Schleyer wodurch das rein-menschliche durchblickt» (XXXVIII,1/54). Auch Schiller kennt den Ausdruck. Er findet sich an exponierter Stelle in der Ankündigung seiner Zeitschrift «Die Horen». Hier heißt es: «Aber jemehr das beschränkte Interesse der Gegenwart die Gemüther in Spannung setzt, einengt und unterjocht, desto dringender wird das Bedürfniß durch ein allgemeines und höheres Interesse an dem, was *rein menschlich* und über allen Einfluß der Zeit erhaben ist, sie wieder in Freyheit zu setzen, und die politisch getheilte Welt unter der Fahne der Wahrheit und Schönheit wieder zu vereinigen.»[1] Mit jedem der angeführten Beispiele verbinden sich unterschiedliche Tönungen des sprachlichen Ausdrucks. Auch dieses Reinmenschliche entzieht sich wie andere Redewendungen jeder eindeutigen Festlegung und macht es erforderlich, es zu erläutern und zu interpretieren.

Die aus dem Lateinischen entlehnten Begriffe werden vor allem in diskursiven Texten bevorzugt. Auch Goethe und Schiller verwenden sie vornehmlich in dieser Weise, Herder geht mit ihnen wiederholt sehr wortreich um, wie manchem seiner Kapitel in den «Briefen zur Beförderung der Humanität» zu entnehmen ist. Anders die Wortführer der Klassik, Goethe und Schiller. Sie verwenden, aufs Ganze gesehen, die hier in Frage stehenden Ausdrücke sehr sparsam, und sie vermeiden auch sakrale Überhöhungen, wie es sie seit dem 19. Jahrhundert in der Rezeptionsgeschichte in Hülle und Fülle geben wird. Goethe versagt es sich nicht, sie mit einer gewissen Lässigkeit oder auch mit einem Anflug von Humor zu gebrauchen. Im Jahre 1787, in dem sein «Humanitätsdrama» abgeschlossen wird, schreibt er aus Italien an Charlotte von Stein, er stimme mit Herder darin überein, daß die Humanität endlich siegen wird und fügt hinzu: «nur fürcht' ich, daß zu gleicher Zeit die Welt ein großes Hospital und einer des andern humaner Krankenwärter sein werde».[2] Das Drama selbst, das in diesem Jahr abgeschlossen wurde, also «Iphigenie auf Tauris», nennt er später aus der Rückschau «verteufelt human».[3] Auch Kant spricht nüchtern und ohne Feierlichkeit, wenn er die Lage des Menschen im Sinne der Humanitätsidee des Zeitalters erörtert. In der Abhandlung «Idee zu einer allgemeinen Geschichte in weltbürgerlicher Absicht» kommt er auf sie zu sprechen und bemerkt: «Aus so krummem Holze, als woraus der Mensch gemacht ist, kann nichts ganz Gerades gezimmert werden.» Isaiah Berlin hat sich die Redewendung zu eigen gemacht und in eines seiner Bücher mit dem Titel «Das krumme Holz der Humanität» übernommen.[4] Gleichwohl ist anzunehmen, daß es Tendenzen zu feierlicher Überhöhung der Begriffe schon in der Zeit der Klassik und des philosophischen Idealismus gegeben hat. Das ist aus einem Brief Goethes an Bettina Brentano aus dem Jahre 1808 zu schließen, der sich auf Friedrich Heinrich Jacobi bezieht. Offensichtlich sind es Feierlichkeit und Sakralisierung im Umgang mit den Kernworten der idealistischen Bewegung, die Goethe besorgt machen, wenn er bemerkt, die Verkünder und Botschafter der Humanität könnten dereinst zu Humanitätssalbadern werden.[5] Er sollte Recht behalten, und es sind vor allem die gelehrten Begriffe der Bildungssprache aus dem Wortfeld des Humanismus, die zu Mißbrauch verführen. Es könnte naheliegen, Grillparzers bitteres Wort auf diese begriffsgeschichtliche Entwicklung zu beziehen, wonach der Weg von der Humanität über die Nationalität zur Bestialität führe. Man muß hinzufügen, daß der Mißbrauch in der begriffsgeschichtlichen Entwicklung in erster Linie die Ausdrücke aus dem Wortfeld des Humanismus betrifft wie «Humanität», «Humanitätsidee» oder auch «Humanitätszeitalter», als ob es ein solches je geben könne.

Alle diese Ausdrücke aus der Gelehrtensprache bezeichnen weithin Allgemeines, und nur in geringem Umfang sind sie textbezogen. Sie eignen sich vorzüglich zu plakativem und instrumentellem Gebrauch, indem man sie als Mittel zu fremden Zwecken benutzt. Daß Humanität sie selbst sein und bleiben muß und sich als reine Menschlichkeit nicht mit ihren Gegenbildern vermischen sollte – diese Grundvoraussetzung ihres Selbstseins schwindet. Ihrem Wesen und ihrer Grundbedeutung nach muß sie mit ihren Gegenbildern oder doch wenigstens mit einigen von ihnen unvereinbar bleiben. Diese Erwartung entspricht der Lehre Kants, wonach der Mensch niemals als Mittel gebraucht werden dürfe, sondern immer nur Zweck an sich selbst bleiben müsse. Daß man sich seit dem 19. Jahrhundert an diesen Imperativ nicht hält, sondern den Humanitätsbegriff zu verschiedensten Zwecken benutzt, ist das ideologische Vorkommnis, das es zur Sprache zu bringen gilt. Die Idee der Humanität in der Tradition des europäischen Humanismus muß Vaterland, Patriotismus oder Nation nicht ausschließen oder negieren. Aber sie darf ihnen nicht dienstbar sein, weil es ihr zukommt, sie selbst zu bleiben. Das aber geschieht im Gefolge des nationalstaatlichen Denkens und der Anerkennung von Volk und Reich als höchsten Instanzen solchen Denkens. Es gibt spätestens seit der Reichsgründung im letzten Drittel des 19. Jahrhunderts Beschädigungen der hier in Frage stehenden Begriffe, die mit solcher Dienstbarkeit zusammenhängen. Der Jurist und spätere Goetheforscher Gustav von Loeper mit seinem 1890 gehaltenen Vortrag «Berlin und Weimar» ist hier zu nennen.[6] Er führt aus, daß die Klassik mit ihrem Kosmopolitismus den deutschen Partikularismus habe überwinden helfen. Nun aber sei der Staat durch die Reichsgründung zum «Träger humanistischer Ideen» geworden. Gefeiert wird im Festvortrag des Jahres 1890 der Prozeß der Nationalisierung mit dem Ergebnis einer deutschen Humanität. Die Verbindung des Humanen mit dem Nationalen macht Schule. Goethe und Bismarck sind andere Beispiele, und als man 1933 in der Woche nach Pfingsten in Weimar zusammenkommt, feiert man erneut, wie schon einmal, die Vermählung des Humanen mit dem Militärischen – und sagt, Freitag, den 9. Juni 1933: «Heute, da der Geist von Potsdam neu erstanden sei, sei unsere Bitte an den Genius unseres Volkes, daß der Geist von Weimar ihm zugesellt bleiben möge.»[7] Eine solche «Zugesellung» hat es nie gegeben, um nur noch einmal an die Abneigung Schillers gegenüber dem preußischen König Friedrich II. zu erinnern. Damit hat die Humanitätsidee aufgehört, sie selbst zu sein. Sie unterstellt sich der höheren Instanz in der Dreiheit von Volk, Staat und Reich. Die Idee der Humanität geht in der Nation auf. Sie gibt sich selbst auf. Nationalstolz ist am neuen Denken in hohem Maße beteiligt. Aber Stolz auf Humanität im nationalen und nationalstaatlichen Sinn ist Geschichtsklitterei. Was sich bereits 1890 abzeichnet, ist nicht eine Tragödie, sondern eine Katastrophe der Humanität – eine Menschlichkeitskatastrophe, wie man auch sagen könnte. Sie wird in ihrem ganzen Ausmaß 1914 erkennbar. Ausdrücke wie Sündenfall oder verlorene Unschuld sind seitdem zu hören, und da Humanität von den in der Wissenschaft tätigen Gelehrten ausgeübt und gehütet wird, geht es auch um Fehlentwicklungen in ihr. Sie finden im Spätherbst 1914 in dem Aufruf «An die Kulturwelt» der 93 Hochschullehrer und Künstler ihren fatalen Ausdruck.

Dieser Aufruf ist nicht aus heutiger Sicht zu beurteilen oder im vorhinein zu verurteilen. Das Aufbruchsdenken als Erlebnis einer Generation ist verstehbar. Daß sich Staatsbürger eines Landes in einem Aufruf zusammenfinden, politisch Partei ergreifen und die Parteinahme begründen, muß aus der Zeit heraus begriffen werden, auch wenn sich die Parteinahme später als bedenklich und problematisch erweisen sollte. Was auch aus heutiger Sicht nicht hinzunehmen ist, ist der Umstand, daß den in der Wissenschaft Tätigen humanes Denken nichts mehr bedeutet, wenn Kriege ausbrechen. Humanität darf nicht als Mittel der Kriegsführung benutzt werden. Es ist klar, daß mit der Beschwörung der Kulturnation zu kriegerischen Zwecken Unabsehbares geschieht. Auch wenn Begriffe aus dem Wortfeld des Humanismus nicht gebraucht werden, geht es doch um das, was mit ihnen bezeichnet wird, wenn es abschließend in dieser Verlautbarung heißt: «Glaubt, daß das Vermächtnis eines *Goethe*, eines *Beethoven*, eines *Kant* ebenso heilig ist wie sein Herd und seine Scholle.»[8] Es ist nicht zu bezweifeln, daß sprachlicher Mißbrauch vorliegt, und er beruht darin, daß mit Begriffen, die Hohes und Höchstes bezeichnen und den Menschen als Menschen auszeichnen, Unmenschliches annehmbar und hinnehmbar gemacht werden soll. Ein zynisch anmutendes Beispiel solchen Mißbrauchs, obschon nicht so gemeint, ist die Rechtfertigung des Gaskrieges um vermeintlich humaner Zwecke willen. Der Literarhistoriker Gerhard Kaiser hat die bestürzenden Geschehnisse in einem nachdenklichen Aufsatz mit dem Titel «Wie die Kultur einbrach. Giftgas und Wissenschaftsethos im Ersten Weltkrieg» in Erinnerung gebracht.[9] Die Instrumentalisierung von Humanitätsbegriffen zu kriegerischen Zwecken geht auf den in seiner Wissenschaft hochangesehenen Chemiker Fritz Haber zurück. Er war als Verteidiger des Gaskrieges der Auffassung, daß es darum gehen müsse, die Zahl der Toten so gering wie möglich zu halten, und das könne dadurch geschehen, daß sich die Zahl der kampfunfähigen Soldaten durch Einsatz von Giftgas erhöhe. Dies alles mit dem Ziel, «um die Humanität der Gaswaffe nachzuweisen».[10] In Kaisers Beitrag wird der Verfasser eines Buches über Pathologie und Therapie der Kampfstofferkrankungen (Otto Muntsch) mit der Bemerkung angeführt: «Man hat seit dem Weltkrieg manches Wort über die Humanität des Gaskrieges gehört. Wer jemals einen Gaskranken in dem beschriebenen Stadium des Höhepunktes des Lungenödems gesehen hat, der muß, wenn er noch einen Funken von Menschlichkeit besitzt, verstummen.»[11] Bestürzend ist diese Denkweise, die auf Einzelne nicht beschränkt bleibt, deshalb vor allem, weil man den Sinn dessen, was mit «Humanität» oder «Humanismus» bezeichnet werden soll, nicht mehr zu erfassen scheint, und Begriffe für Zwecke verwendet, die diesen Zwecken entgegengesetzt sind. Die Räume, in denen Unmenschlichkeit und Töten keinen Zutritt haben, verringern sich.

Etwas Weiteres geht mit der Instrumentalisierung von Begriffen aus dem Wortfeld des Humanismus einher, wie es sich im Schlußwort des «Aufrufs an die Kulturwelt» andeutet, wenn dort gesagt wird, daß Goethe, Beethoven und Kant den Deutschen ebenso heilig seien wie Herd und Scholle. Die Sakralisierung von Kulturgütern, um die es sich handelt, wirkt traditionsbildend. So in Gundolfs Goethebuch, das 1916, mitten im Krieg, erscheint. «Iphigenie auf Tauris» ist Anlaß, Humanität von der konkreten Situation des

Menschen zu entfernen. In der Art, wie Goethes Schauspiel charakterisiert wird, geht die Nationalisierung der Humanität mit ihrer Sakralisierung einher. Wir lesen den Satz: «Eine Gestalt und ein Schicksal wie die Iphigenie konzipieren zu können auf Grund der Euripideischen Vorlage, diesen Stoff so lesen und deuten zu können, das setzt eine innere Hoheit und einen menschlichen Adel ohnegleichen voraus, und darum bleibt, abgesehen von Kunst und Genie, die Iphigenie vor allem für Goethes Charakter das verherrlichende Denkmal, wie es denn das Evangelium deutscher Humanität schlechthin ist.»[12] Goethes Iphigenie als Evangelium deutscher Humanität schlechthin! Solche Redeformen bleiben auf Gundolfs Apologetik nicht beschränkt, es gibt sie auch andernorts: Es sind Zeugnisse eines Denkens, das Humanität als etwas Erreichbares und Erreichtes versteht, als ein nationales Besitztum, das sich mit Nationalstolz verbinden kann. Zentrale Begriffe des Zeitalters werden ihrer Bedeutung entfremdet; sie werden verfügbar. Es geschieht dies auch durch übermäßigen Gebrauch.

Das vierbändige Werk «Geist der Goethezeit» von Hermann August Korff bleibt imponierend in Anspruch und Weite des Blicks. Aber will man wissen, was dieses Humane nun eigentlich bedeutet, so sucht man die Antwort lieber andernorts. Der übermäßige Gebrauch der Begriffe ist vor allem in dem der Klassik und Hochklassik gewidmeten Band zu finden. Da ist die Rede von der «natürlichen Humanität von Sturm und Drang», von einer «verbindenden Kraft des Humanitätsgefühls in der Freimaurerei», von der Entwicklung der Humanität und dem natürlichen Zwang zu ihr, von «Selbstlosigkeit und Gottergebenheit als der wichtigsten Bestimmung der Humanität», von Iphigeniens Humanität und der Macht dieser Humanität über Barbaren, vom Sieg ihres Humanitätsglaubens, von den beiden Genien der sittlichen Humanität: der Frau und der Kunst, von der Idee der schönen Humanität, vom Verhältnis faustischer zu schöner Humanität – und so fort. Der Begriff Humanität wird in den literarischen Texten, in denen er kaum vorkommt, nicht interpretierend hergeleitet, sondern wird im ganzen Kapitel als etwas Vorgegebenes vorausgesetzt, wenn gesagt wird: «Die Idee der Humanität und des Humanitätsideals ist das Zeichen aller neuzeitlichen, aus der Renaissance des klassischen Heidentums erwachsenen Lebensauffassung. Es ist das Ideal, das den modernen autonomen, auf Natur gegründeten Menschen konstituiert.»[13] Humanität, wie sie hier verstanden wird, dient der Beruhigung vor stürmischen Zeiten. Begriffe wie Glückseligkeit, Versöhnung, Überwindung aller Gegensätze im Menschen oder Sieg über die Barbaren werden mit dem so verstandenen Humanitätsbegriff in Verbindung gebracht. Die Tragödie entschwindet dem Blick. Auch fehlt es nicht

HUMANITÄTSBEGRIFFE IN KLASSIK UND MODERNE

an der «Dienstbarkeit», die mit der Nationalisierung und Sakralisierung der Humanität einhergeht. Da wird von der Priesterin Iphigenie als dem Urbild klassischer Humanität von der «wesentlichen Vertiefung der deutschen Humanitätsgestaltung» gesprochen[14], und mit sakralen Redeformen wird der «Geist der Goethezeit» eingeleitet, wenn es gleich eingangs heißt: «Denn um es vorweg zu sagen: diese, der klassisch-romantischen Dichtung zugrunde liegende Weltauffassung ist nicht mehr und nicht weniger als eine *neue Form der Religion*.»[15] Sakralisierung und Nationalisierung der klassischen Humanitätsidee werden im Goethegedenkjahr 1932 in einem Maße gesteigert und übersteigert, daß peinliche Eindrücke zurückbleiben. In der Rede Julius Petersens, die als Reichsgedächtnisrede in die Geschichte eingegangen ist, lesen wir Sätze wie diese: «Es ist das deutsche Jahrhundert einer Renaissance, die in Weimar ihren Höhepunkt erreichte … Es ist das Jahrhundert der Humanität, die als Erfüllung seines Lebens wie seiner Dichtung in ihm ihren größten Künstler und Gestalter gefunden hat.»[16] Vorgetragen vor einem erlesenen Publikum des deutschen Bildungsbürgertums am 22. März 1932 in Weimar, fast ein Jahr vor Einbruch der Barbarei; und daß zwischen dem einen und dem anderen ein Zusammenhang bestehen könnte, mag wohl sein. Man hat nach 1945 davon abgesehen, diesen Zusammenhängen forschend nachzugehen. Die Aufarbeitung des Mißbrauchs und des Verbrauchs dieser Begriffe, in der sogenannten bürgerlichen wie in der marxistischen Literaturwissenschaft, steht noch aus. Manfred Fuhrmann, in seiner Zeit Latinist in Konstanz und in solchen Fragen besonders hellhörig, hat das später rückblickend bedauert. In einer 1990 veröffentlichten Schrift mit dem Titel «Die sog. Geisteswissenschaften: Innenansichten» hat er es unmißverständlich ausgesprochen und bemerkt: «In den ersten fünfzehn Jahren nach der Katastrophe wurden die Kräfte vor allem durch den Wiederaufbau beansprucht. Die dringend fällige ideologische Entrümpelung blieb an der Oberfläche. Themen wie Humanismus, Humanität, humanitas hatten Hochkonjunktur; im übrigen ging der Betrieb an den Universitäten einfach weiter mit der klassizistischen Beschränkung auf einen kleinen Kanon der Autoren und der stärkeren Bevorzugung klassischer Epochen.»[17]

Es sollte deutlich geworden sein, daß der guten alten Humanitätsidee spätestens mit dem «Oktoberaufruf der Dreiundneunzig» dieses Jahres ein arger Stoß versetzt wurde. Das Schlimmste an der Verlautbarung des Jahres 1914 ist eine Verträglichkeit des Unverträglichen. Es geht um den schwer hinnehmbaren Zusammenklang von humanem Denken und Töten. Das schließt die ungeschriebene Regel ein, daß Unmenschliches dort nichts zu suchen hat, wo Menschliches sein soll. Hinter dem Postulat steht die Erwartung, daß es einen Raum des Schrifttums geben müsse, in dem das Töten als perfekter Vollzug von Unmenschlichkeit keinen Zutritt hat. Daß Tötungen für den Einzelnen im Staatsleben hin und wieder unumgänglich sind, in Zeiten des Krieges zum Beispiel, wird nicht bestritten. Aber Humanität darf nicht dazu benutzt werden, das Töten erträglich oder annehmbar zu machen, wie es in diesem Aufruf geschieht. Unmenschliches muß von dem getrennt bleiben, was wir das Menschliche, das Humane oder die Humanität nennen. Tyrannenmord ist ein Problemfall besonderer Art, und daß er in einem Zeitalter gutgeheißen wird, daß man irritierend Humanitätszeitalter nennt, versteht sich keineswegs von selbst. Aber auch wenn er gutgeheißen wird, kann er nicht als humane Tat gefeiert, sondern nur als etwas verstanden werden, das wohl oder übel geschehen muß, damit Humanität wieder möglich wird. Humanität muß notfalls suspendiert werden, damit sie überlebt. Das Humane als Mittel, um Tötung hinnehmbar oder gar als human erscheinen zu lassen, verweist auf eine Problematik, die das moderne Humanitätsideal wenigstens seit der Aufklärung begleitet, und es sind paradoxerweise tötende oder an Tötung beteiligte Ärzte wie seinerzeit Joseph-Ignace Guillotin, die sich wiederholt von der Berufung ihres Berufes entfernen, indem sie Humanität und Tötung zusammenbringen. Lichtenberg hat das in seinem Aufsatz nicht getan, aber zugegeben, daß die Guillotine die beste aller Tötungsmaschinen sei – «wenn denn schon Köpfe abgeschlagen werden sollen.»[18] Aber noch am Ende der Weimarer Republik, wieder ein Jahr vor Einbruch der Barbarei, flackern diese Tötungsprobleme mit den einhergehenden Sprachverfehlungen erneut auf; und wieder ist es ein Arzt, der Psychiater Alfred Erich Hoche, der Humanität mit Unverträglichem zusammenbringt, indem er in Verteidigung der Todesstrafe von humaner Tötungsart spricht, die mit dieser Maschine vollzogen werde. Auf verwandte Geschehnisse in der ungeschriebenen Geschichte des Tötens ist zu verweisen. Denn um eine Sprachverfehlung mit schlimmen Folgen handelt es sich, wenn man gegen Ende des 19. Jahrhunderts das griechische Wort Euthanasie umfunktioniert und umformuliert, um einen Akt des Tötens zu verschleiern; denn dasselbe Wort, mit dem lange Zeit eine menschliche Zuwendung in der Begleitung des Sterbens bezeichnet wurde, muß herhalten, einen Akt des Tötens vergessen zu machen. In der Debatte des Jahres 1913 wird die Umformulierung vollends sanktioniert, ehe man 1920 mit Karl Binding und Alfred Erich Hoche zur Billigung vermeintlich lebensunwerten Lebens übergeht, und mit Ausdrücken aus dem Wortfeld des Humanismus ist man rasch bei der Hand, um Töten zu bemänteln.[19] Die Fortsetzung dieser Debatte über Sprachprobleme im Umfeld des Tötens ist bis in die Gegenwart zu verfolgen, wenn man von humanem Sterben spricht, obschon getötet wird. Wenn eingewandt werden sollte, dergleichen habe in literaturhistorischen Arbeiten nichts zu suchen, so ist darauf zu antworten, daß Probleme wie diese jeden angehen, der über Humanitätsbegriffe denkt und schreibt.

Im Gedankengang dieser Betrachtung wurde mit Verwunderung vermerkt, daß man sich im Umgang mit Schillers «Wilhelm Tell» so wenig über das Zusammentreffen von «Humanität» und bejahtem Tyrannenmord gewundert hat. Aber «Wilhelm Tell» ist kein Einzelfall. Es ist üblich geworden, von der Humanität des Zeitalters zu sprechen, indem man nur von dieser spricht und die Gegenbilder ausgrenzt. Man spricht nicht gern über den «Mord aus Worten» (Hölderlins Ausdruck) und läßt Tötungsarten am liebsten auf sich beruhen. Denn so sehr darauf zu sehen ist, daß man humanes Denken und Töten nicht zusammenbringt, sondern trennt, so sehr geht die allgemeine Tendenz literaturhistorischer Betrachtung dahin, sich im Text vorwiegend oder ausschließlich mit dem zu befassen, was der humanen Denkungsart entspricht. Man bringt zur Sprache, was zur Humanität im engeren Sinn gehört, zur guten Humanität, der nur noch das Wahre und Schöne hinzuzufügen ist, um an dieser Dreiheit, die man in Verfassungstexten deutscher Ländern antrifft, seine helle Freude zu haben. Diese zur Redefloskel verkommene Dreiheit als ein anderes Erscheinungsbild harmonischer Humanität ist eine Fiktion, und eine verhängnisvolle obendrein, weil Menschlichkeit in ihrer Bedeutung nur zutreffend zu begreifen ist, wenn man sie auf dem Hintergrund der zahlreichen Bedrohungen begreift, denen sie entgegenarbeitet. Was man das Humane nennt, ist nicht zu isolieren, sondern auf dem Hintergrund dargestellter Unmenschlichkeit zu interpretieren. Die äußerste Form praktizierter Unmenschlichkeit von den «Räubern» bis «Wilhelm Tell» aber beruht darin, daß getötet wird. Über eine Vielzahl von Tötungsarten wäre zu reden, aber gesprochen wird darüber in der Forschung nicht gerade im Übermaß. Das «Paradebeispiel» ist «Maria Stuart», wie gezeigt wurde. Zunehmend gewinnt man im Durchdenken des Dramas den Eindruck, daß über die Humanität der Weimarer Klassik nicht zu sprechen ist, wenn man nicht über die hier dargestellte Rechtswelt spricht, die mit Füßen getreten wird: über ihre Verdrehungen und Manipulationen. Die Vielzahl der Tötungsarten von Mordbrennerei über politischen Mord, Selbstopfer, Freitod, Hinrichtung aufgrund einer Verurteilung zum Tode, über den gesuchten Tod durch Kugeln des Feindes, über Staatsraison mit tödlichem Ausgang oder Tyrannenmord wird eher beiläufig als explizit gesprochen. Die Planmäßigkeit solcher Ausgrenzungen hängt möglicherweise damit zusammen, daß es beliebte Traditionslinien literaturhistorischer

Betrachtungsweisen gibt, die weiterwirken. Zu ihnen gehören das erhöhte Interesse am «Todesgedanken», an der «Geschichte des Todes» wie an den Todesarten von Lessing bis Ingeborg Bachmann. Die Tötungsarten stehen auf einem anderen Blatt. Aber schon die Reichhaltigkeit und Vieldeutigkeit dieser Tötungsarten sollte zu denken geben. Ihre Ausgrenzung hat zum Ergebnis, daß man den Sinn des Humanen nicht zutreffend erfaßt, wenn man die Inhumanität des Tötens umgeht. Hinsichtlich der Tötungsarten, die man im Drama Schillers antrifft, kommt der Todesstrafe als einer Form staatlichen Tötens erhöhte Bedeutung zu, und auch heute noch ist sie in vielen Teilen der Welt kein erledigtes Problem. Thematisiert wird sie in «Don Karlos», in «Maria Stuart», versteckt und verhüllt auch in «Wallenstein». Deutlich vernehmbar ist das Votum gegen sie im wenig beachteten Aufsatz über die «Gesetzgebung des Lykurgus und Solon», in dem sich der schon in anderem Zusammenhang zitierte Passus findet: «Einen Menschen aus den Lebendigen vertilgen, weil er etwas Böses begangen hat, heißt ebensoviel als einen Baum umhauen, weil *eine* seiner Früchte faul ist» (IV/821). Daß Schiller den Gegnern der Todesstrafe zuzurechnen ist, haben namhafte Juristen wie Udo Ebert in Jena festgestellt.[20] Das damals schon der Abschaffung empfohlene Strafmittel gehörte zu den vieldiskutierten Themen des Zeitalters. Davon ist hier auch deshalb zu sprechen, weil sowohl die Probleme des Strafrechts wie diejenigen der Menschenrechte jeden angehen, der sich mit diesen Dramen befaßt, er sei von Haus aus Literarhistoriker oder Rechtshistoriker. Humanität, diese recht verstanden, ist nicht aufteilbar. Das betrifft auch die «Idee der Staatsraison» – so der Titel des Buches von Friedrich Meinecke. Davon ist hier zu sprechen, weil es im Zusammenhang dieser Denkart auch um Verurteilungen zum Tode geht.

Statt Staatsraison wird in «Maria Stuart» Staatsvorteil gesagt, und hier vor allem haben wir es mit dem Problemfeld zu tun, deren Hervortreten in die frühe Neuzeit zurückzuverfolgen ist und im allgemeinen mit der Ideenwelt Machiavellis in Verbindung gebracht wird. Die Verurteilung der schottischen Königin kann als ein solcher Exempelfall verstanden werden. Aber mit dem seit der frühen Neuzeit nachweisbarem Staatsdenken geht es auch um moderne Varianten einer archaischen Tötungsart und ihres Fortwirkens bis hin zur Gegenwart in immer neuen Varianten. Das Strukturmodell dieser Tötungsart, des Menschenopfers, beruht darin, daß ein Zahlenverhältnis relevant wird: Ein Einzelner oder eine Einzelne müssen geopfert werden, damit viele davon profitieren. Der Einzelne wird gering geschätzt, aufgrund des hohen Alters, einer unheilbaren Krankheit oder aus anderen Gründen. Ideologen des lebensunwerten Lebens können hier ansetzen. In der Praktizierung der Staatsraison kommt der Vorteil einer höheren Instanz zu, die über Leben oder Tod verfügt. Der Einzelne wird als Opfer preisgegeben, damit dem höheren Zweck, den man als diesen ausgibt, genügt wird. Der Einzelne als höchster Zweck wird hier dem Staatsganzen untergeordnet. Das Menschenopfer widerspricht dem im 18. Jahrhundert modernen Menschenbild, das eine solche Instrumentalisierung des Einzelnen nicht zuläßt. Die Probleme des modernen Menschenopfers mit archaischem Hintergrund wurden in den Erläuterungen zu «Don Karlos» zur Sprache gebracht. Der einseitige Blick auf Goethes «Iphigenie» vermittelt ein unzutreffendes Bild. Im Rückblick hat Goethe die Abschaffung dieser Tötungsart mit der Redewendung, das Drama sei «verteufelt human», relativiert, und der Auffassung, daß sie sich mit diesem Schauspiel erledigt habe, haben beide Wortführer der Weimarer Klassik auf ihre Weise widersprochen: Goethe zuerst mit der Ballade «Die Braut von Korinth». Es handelt sich um eine Aussage aus dem Balladenjahr 1797:

«Opfer fallen hier, weder Mensch noch Stier,
Aber Menschenopfer unerhört» (IV, 1/807).

Die zweite Aussage fällt in die späteste Zeit und findet sich in «Faust II». Die Aussage über Menschenopfer, die bluten mußten, wird mit Kanalbau in Verbindung gebracht; ihre Aktualität deutet sich an. Schiller handelt, wie ausgeführt, in «Don Karlos» über Menschenopfer als ein unerledigtes Problem. Aber auch in «Maria Stuart» kann die leidende Hauptfigur als ein Menschenopfer verstanden werden, über das der Staat der englischen Königin verfügt. Zwei Problembereiche werden mit dem aus archaischen Zeiten herkommenden Geschehnissen in Verbindung gebracht: die Geringschätzung des Einzelnen und seine Preisgabe gegenüber den Vielen, eine Konstellation, die vor allem den Arzt angeht, der nicht zulassen sollte, daß Menschenleben in seinem Wert unterschiedlich eingeschätzt wird; und zweitens die übergeordnete Instanz, meistens der Staat, der über den Einzelnen oft verfügt, wie es ihm beliebt. Dem Staat verweigert Schiller, Menschenleben um höherer Zwecke willen aufs Spiel zu setzen oder sich selbst als höchsten Zweck auszugeben. «Alles darf dem Besten des Staats zum Opfer gebracht werden, nur dasjenige nicht, dem der Staat selbst nur als Mittel dient. Der Staat selbst ist niemals Zweck ...» (IV/815). Der Blick des Arztes und das nachhaltige Interesse für Rechte und Gesetze kamen ihnen gleichermaßen zugute. Die Umsicht, die auch seinem Denken über Menschheit und Menschlichkeit zugrunde liegt, kann exemplarisch verstanden werden.

Dieser Umsicht sind im Hinblick auf das, was man conditio humana nennt, einige Folgerungen zu entnehmen. Über die Lage des Menschen, über Menschlichkeit und über Humanität als dem Herzstück des europäischen Humanismus können nicht mehr einzelne Wissenschaften, jede für sich, befinden, wenn es um Erläuterungen und nähere Bestimmungen dessen geht, was wir das Humane oder die Humanität nennen. Die philologische Kompetenz reicht hierzu nicht mehr aus. Die «Sinngebung» des Humanen muß eine viel breiter angelegte Grundlage erhalten. Die umfassend gewordene Bestimmung von Menschheit und Menschlichkeit ist keine innerliterarische Angelegenheit. Hier hat Goethe vorausgedacht. An Karl Ludwig von Knebel, den klassischen Philologen, schreibt er am 25. November 1808: «Schon fast seit einem Jahrhundert wirken Humaniora nicht mehr auf das Gemüth dessen der sie treibt und es ist ein rechtes Glück, daß die Natur dazwischen getreten das Interesse an sich gezogen und uns von ihrer Seite den Weg zur Humanität geöffnet hat.»[21] Die Spannungen, die sich mit der Einbeziehung der Naturwissenschaft in das humane Denken ergeben, sind für Goethe noch nicht absehbar. Sie werden sich bald erweisen, und selbstverständlich sind sie zur Kenntnis zu nehmen. Humanität, wie immer man sie zu bestimmen sucht, darf nichts Spannungsloses sein. Sie darf aber auch nichts Abgeschlossenes und Festgelegtes sein. Hier hat Schiller vorausgedacht. Im Hinblick auf solche Entwicklungen und Erweiterungen wird im Sparta-Aufsatz der Begriff Fortschreitung gebraucht – nicht Fortschritt; und Fortschreitung besagt, daß auch bezüglich der condition humana das Wort Jacob Burckhardts gilt, daß das Wesen der Geschichte Wandlung ist. Historischem Denken zufolge ist das, was wir mit Begriffen wie Humanität oder Menschlichkeit bezeichnen, nicht festlegbar, sondern ihrerseits Geschichte. Aber nicht alles ist Wandel. Neben dem Wandel humanen Denkens, das es in jeder Epoche neu zu erarbeiten gilt, gibt es überzeitliche Normen wie das Tötungsverbot seit altersher. Das Nebeneinander von Geschichtlichkeit und überzeitlichen Normen hat Helmuth Plessner in dem Essay «Die Frage nach der Conditio humana» legitimiert; er führt hier aus: «Es gehört nicht viel Philosophie dazu, um zu begreifen, daß die Erfahrung der Vielfalt und des Wandels der Menschen und ihrer Schicksale nur vor dem einfachen und bleibenden Hintergrund der menschlichen Gattung zustande kommt, weil Variabilität Konstanz in sich schließt.»[22]

Gottfried Keller hat Wandel und Kontinuität des Humanitätsbegriffs ähnlich gesehen wie Helmuth Plessner. In einem Brief an den Literarhistoriker Hermann Hettner aus dem Jahre 1851 heißt es: «... es ist der wunderliche Fall eingetreten, daß wir jene klassischen Muster auch nicht annähernd erreicht, und doch nicht *nach ihnen zurück*, sondern nur nach dem

HUMANITÄTSBEGRIFFE IN KLASSIK UND MODERNE

unbekannten Neuen streben müssen, das uns so viele Geburtsschmerzen macht. Daß es so lange ausbleibt, berechtigt uns zu keinem Pessimismus; sobald der rechte Mann geboren wird, wird es da sein, und alsdann werden veränderte Sitten und Volksverhältnisse viele Kunstregeln und Motive bedingen, welche nicht in dem Lebens- und Denkkreise unserer Klassiker lagen, und ebenso einige ausschließen, welche in demselben ihr Gedeihen fanden.» Gottfried Keller läßt keinen Zweifel, daß Humanität ihre Geschichte hat und daß sie nicht bleiben kann, was sie war. Aber auch er betont, daß es Kontinuität als Streben nach ihr geben müsse, und schreibt: «Was ewig gleich bleiben muß, ist das Streben nach ihr, in welchem uns jene Sterne, wie diejenigen früherer Zeiten, vorleuchten. *Was* aber diese Humanität jederzeit umfassen solle, hängt nicht von dem Talent und dem Streben ab, sondern von der Zeit und der Geschichte.»[23] Es fragt sich aber, ob es sinnvoll ist, weiterhin von einer abgrenzbaren Humanitätsidee zu sprechen, wie von einer Idee neben anderen, von einer solchen, die man in Besitz nehmen und sich zu eigen machen kann. Humanität als ein europäisches Erbe ist immer weniger mit bestimmten Ideen verknüpft. Zunehmend erhält Literatur im Ganzen ihres Wirkens und Hervortretens einen humanen Sinn; wenigstens dort, wo wir es mit Autoren von Rang und Ansehen zu tun haben, ist dies der Fall. Je mehr wir uns der Moderne nähern, um so mehr drängt sich dieser Gedanke auf. Literatur erhält damit eine kulturpolitische wie kulturkritische Funktion, die Schiller in Ansätzen vorwegnimmt.

Ein gelegentlich schon erwähnter Brief an Goethe, datiert vom 9. November 1798, ist erschließend. Er bezieht sich auf die Arbeit an «Wallenstein», näherhin auf einen bisher von Schiller vernachlässigten Teil, für den zeichenhaft das Wort Liebe gebraucht wird. Es ist klar, daß damit die Szenen gemeint sind, die sich auf die Liebesgespräche zwischen Max und Thekla im ausgeführten Drama beziehen. Der Wortlaut des Briefes, auf den es ankommt, ist dieser: «Ich bin seit gestern endlich an den poetisch-wichtigsten, bis jetzt immer ausgesparten Theil des Wallensteins gegangen, der der Liebe gewidmet ist und sich seiner freymenschlichen Natur nach von dem geschäftigten Wesen der übrigen Staatsaction völlig trennt, ja demselben, dem Geist nach, entgegensetzt.» (XXX/2). Es kommt in dieser Briefstelle nicht so sehr auf die Auffassung von Liebe an, wie sie im abgeschlossenen Drama ihren Ausdruck finden wird, als vielmehr darauf, wie Schiller sie einem bestimmten Bereich zuordnet, den er von einem anderen deutlich trennt. Für diesen anderen Bereich stehen die Begriffe «Staatsaction» und «geschäftiges Wesen». Wir dürfen annehmen, daß es mit ihnen auch um soziologische Unterscheidungen geht, um Staat und bürgerliche Erwerbsgesellschaft, somit um einen Bereich des geschäftigen wie geschäftlichen Lebens, in dem es auf Erfolg und Gewinn ankommt. Demgegenüber ist der Bereich der Liebe nicht gleicherweise real. Die Bereiche werden getrennt: Das geschieht im abgeschlossenen Drama in mehrfacher Hinsicht. Wallenstein und der junge Piccolomini trennen sich, und darin vor allem hat man den Grund des Tragischen sehen wollen. Aber um vieles schlimmer ist eine Trennung anderer Art: diejenige unter den beiden Piccolominis, Vater und Sohn. Hier noch um vieles deutlicher scheiden sich die Wege, die Politik und Menschlichkeit verbinden sollten. Was das Drama darstellt, nimmt die Theorie vorweg. In den «Briefen über die ästhetische Erziehung des Menschen» sind Trennungen und Spaltungen ein wiederkehrendes Thema; das Bild des Menschen, das diese Briefe vermitteln, ist eher deprimierend als erhebend. Das betrifft besonders den sechsten dieser Briefe, der das Bild des Bruchstück-Menschen enthält. Der ganze Mensch ist das Idealbild. Es hat ihn in seiner vollkommensten Gestalt in den Tagen der Antike gegeben, von dem im Text der «Briefe» gesagt wird: «denn die ganze Menschheit fehlt in keinem einzigen Gott.» Danach dann die Beschreibung der Situation am Ende des 18. Jahrhunderts, wie sie Schiller illusionslos sieht. «Auch bei uns ist das Bild der Gattung in den Individuen vergrößert auseinandergeworfen – aber in Bruchstücken, nicht in veränderten Mischungen, daß man von Individuum zu Individuum herumfragen muß, um die Totalität der Gattung zusammenzulesen. Bei uns, möchte man fast versucht werden zu behaupten, äußern sich die Gemütskräfte auch in der Erfahrung so getrennt, wie der Psychologe sie in der Vorstellung scheidet ...» (V/582). Daß läßt fast an die Bewußtseinsspaltung denken, die man unmittelbar vor Ausbruch des Ersten Weltkriegs in einer berühmten Abhandlung Eugen Bleulers mit dem Begriff «Schizophrenie» belegt findet. Aber was sich im Menschen trennt und spaltet, ist nur ein Reflex dessen, was sich innerhalb der Gesellschaft trennt und in «Wallenstein» von Schiller dargestellt und vorgeführt wird. Zwar wird von ihm durchaus an Wiederherstellung des Getrennten gedacht, und im Dichterberuf sieht er die Aufgabe, das Getrennte wieder zu vereinigen, wie es in der Abhandlung «Über naive und sentimentalische Dichtung» ausgeführt wird. Aber das liegt in weiter Ferne. Vorerst haben wir es mit getrennten Bereichen zu tun, die Schiller zu einem Hauptthema seiner Dramendichtung macht.

In solchen Trennungen der Bereiche einen Vorgriff auf die Moderne zu sehen, liegt nahe. Das läßt an die Thesen denken, die der englische Physiker und Romancier C. P. Snow zu Ende der fünfziger Jahre des vorigen Jahrhunderts in seiner Vorlesung zur Diskussion gestellt hat. Der Verfasser, von den Fortschritten der Wissenschaft einseitig beseelt, war nicht bereit einzusehen, daß moderne Literatur den Defiziten im Menschlichen vielfach entgegengearbeitet, die durch die Fortschrittsmoderne bewirkt werden. Die Trennung der Kulturen hat sehr wohl ihre Berechtigung. Sie geht schon auf die Anfänge der modernen Industriegesellschaft zurück, auf den Aufstieg der Naturwissenschaften wie der Medizin. In ihren Reihen sind Tugenden wie Erfolg, Aufstieg, Rationalität und manche andere durchaus legitim. Die Menschheit braucht sie, wenn sie überleben will. Aber zugleich bilden sie Mentalitäten aus, die der Höherentwicklung im Menschlichen im Wege stehen. In diesem Zusammenhang ist auf Fehlentwicklungen im 19. Jahrhundert zu verweisen, über die nicht hinwegzusehen ist. Nur einiges sei genannt wie die Zurücksetzung psychisch Kranker aufgrund einer Ideologie des Gesunden oder die übermäßige Bewunderung großer Menschen in Geschichte und Politik, von den menschlichen Defiziten des Sozialdarwinismus und des Antisemitismus gar nicht zu reden, die zum Schlimmsten gehören, was diese Mentalitätsgeschichte hervorgebracht hat. Das zeigt sich an zwei Beispielen überdeutlich: an der lieblosen Zurücksetzung Hölderlins als eines in der bürgerlichen Gesellschaft erfolglosen Dichters zum einen und an der vielfach bösartigen Verunglimpfung Schopenhauers zum andern, weil er mit seiner Philosophie nicht in das Weltbild einer modernen Erfolgsgesellschaft paßt. Auf solche Fehlentwicklungen des Fortschrittsdenkens antwortet moderne Literatur nicht mit überholten Humanitätsbegriffen, sondern mit dem humanen Sinn als der eigentlichen Botschaft, die sie der modernen Gesellschaft mitzuteilen hat. Sie will nicht Altes und Überlebtes bewahren, wohl aber den Fehlentwicklungen im Neuen entgegenwirken. In diesem Dilemma beruht die notwendig gewordene Trennung der Kulturen, in einer Opposition gesellschaftlicher Verläufe, die keine Negation der Gesellschaft und ihrer Politik selber ist. Gegenüber den Fortschritten im wissenschaftlich-technischen Bereich werden von der kulturellen oder literarischen Moderne als Gegenkulturen die Humanitätsfortschritte geltend gemacht, wie ein bezeichnender Begriff lautet, den der Historiker Dirk Blasius in seiner Geschichte der deutschen Psychiatrie mit Beziehung auf die Verbesserung der Lage psychisch Kranker um 1830 gebraucht.[24] Humanität wird, wie man sieht, im erweiterten Sinn verstanden, die sich auf Literatur im engeren Sinn nicht mehr beschränkt.

Diese Trennung der Kulturen, wie sie in der gebotenen Kürze zu zeigen war, kündigt sich am Ende des 18. Jahrhunderts an, und vor anderen nimmt sie Schiller in Ansätzen vorweg. Sie ist als Trennung des Fortschritts oder der Fortschritte in einer berühmten Schrift noch nicht vollzogen, die Mitte der neunziger Jahre erscheint und in Weimar stark beachtet wird. Für Condorcets «Esquisse d'un Tableau historique des Progrès de l'Esprit humain» gilt noch weithin die Einheit der Fortschrittsbegriffe, des wissenschaftlich-technischen Fortschritts wie des Fortschritts im Menschlichen, wofür Schiller Fortschreitung sagt. Aber zweifellos handelt es sich um geschichtsphilosophische Begriffe, und das gilt auch für Schiller. Die Trennung der Bereiche, die er vornimmt und im Drama gestaltet, folgt weniger innerliterarischen Gesichtspunkten. Sie ist geschichtsphilosophischer Art, aber ohne Geschichtsteleologie und ohne Geschichtstheologie, die man Ranke nachsagt. Sie ist säkularen Charakters und der Menschheit im Ganzen zugewandt. Aber den Mentalitäten, die für das 19. Jahrhundert wichtig werden, hat er nirgends den Weg bereitet. Es muß auffallen, daß er sich an den Aufstiegsgeschichten nicht beteiligt hat, die in der Form des Bildungsromans von Goethes «Wilhelm Meisters Lehrjahre» bis Stifters «Nachsommer» eine Literatur höchstens Ranges ist, ehe sie mit dem Kaufmannsroman Gustav Freytags in das Erfolgsdenken des Jahrhunderts einmündet. Statt dessen hält Schiller an der Gattungsform der Tragödie fest. Den Fehlentwicklungen, die es im 19. Jahrhundert geben wird, hat er nirgends vorgearbeitet. Das ist sicher auch ein Grund, daß ihn das 20. Jahrhundert so sehr schätzt. Diese eigentümliche Epochenverwandtschaft zwischen Schiller und der Moderne, an den Denkformen und Fehlentwicklungen des 19. Jahrhunderts vorbei, ist ein problemhaltiges Thema, über das ausführlich zu sprechen wäre. Neben der Trennung der Kulturen wäre auch über Einzelnes zu sprechen. Zu erinnern ist in diesem Zusammenhang an seine Schönheitslehre in ihren politischen Bezügen, an seine Bedeutung als «Wegbahner in der Psychologie», wie ihn Max Kommerell genannt hat;[25] an seine Verbindung von Anthropologie und Medizin, die es ihm erlaubt, Despotismus nicht nur als Herrschaftsform auszuweisen, sondern auch als Despotismus in uns; schließlich in seinem beharrlichen Insistieren auf Widerstand und Widerstandsrecht, nicht um der Politik Vorrang vor anderem einzuräumen, sondern sie um der Menschlichkeit Willen in Schranken zu halten. Schillers Modernität ist seit langem im Gespräch, fast so lange wie die moderne Literatur alt ist. Die Gespräche sind völlig legitim, wenn die Begründung nicht ausbleibt. Eine solche hat vor nunmehr 60 Jahren Karl Schmid in seiner Einführung zum Briefwechsel mit Goethe in der Artemis-Gedenkausgabe gegeben, und sie ist es wert, in Erinnerung gebracht zu werden, weil sie auf viele Seiten dieser Modernität hinweist. «Schiller ist der Kolumbus der ästhetischen Moderne; mit ihm tritt innerhalb der deutschen Dichtung jene Reflexion des modernen Schriftstellers über sich selbst zum erstenmal und gleich auf der bedeutendsten Höhe, auf, die sich im 19. und 20. Jahrhundert so öfters wiederholte.

Seine künstlerische Unsicherheit, welche im schmerzlichen Gefühl der Individuation, der Vereinzelung und Absonderung von Gott und Welt die verlorene Unschuld der Natur sucht, sein Ungeborgensein und dieser gläubige Aufblick zum Ganzen, Heilen, Ungeteilten – es ist im 18. Jahrhundert keine Parallele für ihre Bewußtheit, im 19. und 20., Hölderlin sei ausgenommen, kaum eine für ihre Lauterkeit namhaft zu machen. Gleichsam archetypisch steht Schiller vor und in allen Nachfahren, die an der Amfortas-Wunde des Intellektes leiden: der Reihe von Hölderlin und Kleist und Hebbel über Dostojewskij, Ibsen, C. F. Meyer und viele andere bis hinauf, in unsern Tagen, zu Thomas Mann. Schillers Bild des Sentimentalischen, trotz all seiner ästhetisch-anthropologischen Formulierung, enthält die unverstellt erschütternde Existentialität des Modernen mit allen ihren Zügen: Angst und Heimweh, aber auch Freiheit und Kühnheit. Mit ihm beginnt ein tragisches Verständnis der künstlerischen Begabung, und wo den Goetheschen Tasso das individuelle Sosein schmerzt, erkannte Schiller das unabwendbare Geschick, die *Ananke*, den tragischen Zwang der *Moderne*...»[26]

ANMERKUNGEN

I. Weltereignis einer Hinrichtung

1 Daniel Arasse: Die Guillotine, S. 70.
2 Lothar Bornscheuer: Deutsche Klassik und Französische Revolution, S. 19–39.
3 Jeffrey L. High: Schillers Plan, S. 178–194.
4 Zitiert von J. L. High: Ebda., S. 186.
5 Zitiert von J. L. High: Ebda., S. 190, Anm. 35.
6 Hölderlin: Dichterberuf (II/202). Hierzu meine Ausführungen mit Beziehung auf Schiller in: Gedichte und Interpretationen, hg. von Wulf Segebrecht, S. 230.
7 Friedrich II. von Preußen: De la littérature allemande (1780).
8 Hierzu in neuerer Zeit mit Beziehung zu den zwölf Jahren deutscher Diktatur Peter Reichel: Der schöne Schein des Dritten Reiches (1991).
9 Birgit Sandkaulen: Schönheit und Freiheit, S. 48.
10 Stefan George: Das Jahrhundert Goethes, S. 7.
11 B. Sandkaulen: Schönheit und Freiheit, S. 43.
12 Reinhold Grimm, Jost Hermand: Die Klassik-Legende, S. 11: «Es gehört nun einmal zum Wesen der Weimarer Hofklassik, daß hier zwei hochbedeutende Dichter die Forderung des Tages bewußt ignorieren.»
13 Paul Böckmann: Politik und Dichtung, S. 268–282.
14 D. Arasse: Die Guillotine, S. 70.
15 «Die Guillotine und die aufgeklärte Medizin» lautet die Überschrift eines Kapitels in der Schrift von D. Arasse, S. 11.
16 Ebda., S. 10.
17 Hierzu Gerhard Neumann: «Ein Wort über das Alter der Guillotine», S. 67–90. Abweichend vom Gebrauch der Vornamen Joseph-Ignace in französischen Texten verwendet Lichtenberg die Vornamen Jean Baptiste.
18 Alfred Erich Hoche: Die Todesstrafe ist keine Strafe, S. 555.
19 Jules Michelet: Geschichte der Französischen Revolution, V/387.
20 Zitiert von D. Arasse: Die Guillotine, S. 191, Anm. 127.

21 Mme. de Staël: Betrachtungen (1818), S. 61; zit. v. D. Arasse: Die Guillotine, S. 73.
22 Hierzu Peter-André Alt: Ästhetik des Opfers, S. 176–204.
23 Philippe Ariès: Geschichte des Todes (1980).
24 Fritz Strich: Deutsche Klassik und Romantik, S. 7.
25 Giuliano Baioni: «Märchen», S. 73.
26 Hierzu Johann Wolfgang Goethe: Die natürliche Tochter (1990).
27 Ernst Schulin: Schillers Interesse an Aufstandsgeschichte, S. 144.
28 Hermann W. von der Dunk: Kulturgeschichte, I/16.

II. Diskussionen zum Widerstandsrecht

1 Den Aufsatz Kants hat Dieter Henrich, vereinigt mit Beiträgen von Rehberg, Gentz und Garve, herausgegeben und mit einer eigenen kommentierenden Einleitung begleitet: Kant/Gentz/Rehberg. Über Theorie und Praxis (1967). Vgl. hierzu Werner Haensel: Kants Lehre vom Widerstandsrecht (1926).
2 In seinen Anmerkungen zu der genannten Schrift mit Beiträgen zum Widerstandsrecht macht Dieter Henrich darauf aufmerksam, daß Kant nicht immer so gedacht hat: In Notizen aus der Zeit vor der Revolution hat er nur Staatsstreich und Aufruhr verworfen, beides aber von rechtmäßigen Akten der Einschränkung der Staatsmacht durch Parlament und oberstes Gericht unterschieden. In beiden Fällen «‹ist ... kein Aufruhr, weil der Widerstand gesetzlich ist.›» (Kant/Gentz/Rehberg, S. 27.)
3 Michael Stolleis: Staatsraison, S. 82.
4 Edmund Burke: A philosophical enquiry (1757).
5 Breslau 1760. Zum Verhältnis Garves zu Kant vgl. Günter Schulz: Christian Garve und Immanuel Kant (1960).
6 Bei D. Henrich: Kant/Gentz/Rehberg, S. 139; dort auch der volle Titel des Beitrags.
7 Ebda., S. 144.
8 Ebda., S. 148.
9 M. Stolleis: Staatsraison, S. 84.
10 D. Henrich: Kant/Gentz/Rehberg, S. 152.
11 Ebda., S. 126.
12 Friedrich Gentz: Nachtrag zu dem Räsonnement des Herrn Professor Kant über das Verhältnis von Theorie und Praxis. In: D. Henrich: Kant/Gentz/Rehberg, S. 91–111.
13 Edmund Burke: Reflections on the Revolution in France (1790).
14 D. Henrich: Kant/Gentz/Rehberg, S. 106–107.
15 Hierzu Wolfgang Burgdorf: Ein Weltbild, S. 177.
16 L. H. v. Jakob: Antimachiavel oder über die Grenzen des bürgerlichen Gehorsams (1793).

17 Über die genannte Schrift vgl. M. Stolleis: Staatsraison, S. 88–91.
18 Zitiert nach ebda., S. 89.
19 Erfurt 1798; die Schrift ist schon 1797 in Gießen erschienen, folgt man den Angaben bei M. Stolleis (Staatsraison, S. 86). Neben M. Stolleis hat in neuerer Zeit die Strafrechtlerin Monika Frommel in einem Vortrag der Kleist-Gesellschaft auf die Schrift von Feuerbach aufmerksam gemacht: Die Paradoxie vertraglicher Sicherung bürgerlicher Rechte, S. 357–374.
20 Feuerbach: Anti-Hobbes, S. 3.
21 Ebda., S. 74.
22 Ebda., S. 231/32.
23 Ebda., S. 232.
24 Ebda., S. 185.
25 Johann Benjamin Erhard: Über das Recht des Volks zu einer Revolution (1795).
26 Hierzu Maria Carolina Foi: Schiller und Erhard (2005).
27 Immanuel Kant: Werke. Akademie-Ausgabe IX/389, zitiert von M. C. Foi: Schiller und Erhard, S. 200.
28 Dieter Henrich: Grundlegung aus dem Ich, II/1189–1392.
29 J. B. Erhard: Über das Recht, S. 42.
30 Ebda., S. 60.
31 Ebda., S. 54.
32 Ebda., S. 39; S. 62.
33 Hierzu mein Aufsatz: Verschwörungen und Rebellionen in Schillers Dramen (1990). Vgl. ferner Ernst Schulin: Schillers Interesse für Aufstandsgeschichte (1995).
34 Ernst Schulin: Schillers Interesse, S. 140.
35 In dem von Helmut Koopmann hg. Schiller-Handbuch fehlt der Name im Register. In dem anderen, von Matthias Luserke-Jaqui besorgten Handbuch, S. 524, wird in der einmaligen Erwähnung eine Abgrenzung zu den Vertretern der jüngeren Generation vorgenommen, als gehöre der damals junge Erhard zu den älteren Herren der Epoche.
36 Zitiert von M. C. Foi: Schiller und Erhard, S. 206.
37 Ebda., S. 206.
38 Ebda., S. 226, zitiert nach der Ausgabe der «Denkwürdigkeiten» von Karl Varnhagen von Ense.
39 H. G. Haasis im Nachwort zu Erhards Revolutionsschrift, S. 205.
40 Enthalten in der von H. G. Haasis hg. Revolutionsschrift, S. 101–107.
41 D. Henrich: Kant/Gentz/Rehberg, S. 145.
42 Peter Englund: Menschheit am Nullpunkt. Stuttgart 2001, S. 61.

ANMERKUNGEN ZU DEN SEITEN 34–41

III. Das Interesse an Tyrannen und Tyrannenmord

1 Joachim Ritter (Hg.): Historisches Wörterbuch der Philosophie (1971–2007). – Geschichtliche Grundbegriffe. Hg. von Otto Brunner, Werner Conze, Reinhart Koselleck (1972–1997).
2 Historisches Wörterbuch der Philosophie 10, Sp. 1616.
3 Hella Mandt: Tyrannis/Despotie. In: Geschichtliche Grundbegriffe V/672 ff.
4 Zum Begriff des Diktators in Hölderlins Brief vgl. den Aufsatz von Werner Kirchner: Hölderlins Entwurf «Die Völker schwiegen ...» – Anders Friedrich Beißner in seinem Beitrag über Hölderlins Ode «Der Frieden».
5 H. Mandt in: Geschichtliche Grundbegriffe I/909.
6 H. Mandt: Tyrannislehre und Widerstandsrecht (1974).
7 Helmut Berve: Die Tyrannis bei den Griechen I/73.
8 Hierzu statt weiterer Literatur Joachim Fest: Staatsstreich (1994).
9 Jacob Burckhardt: Griechische Kulturgeschichte II/108–129.
10 H. Berve: Die Tyrannis I/316.
11 Hans Friedel: Der Tyrannenmord, S. 70.
12 Ebda., S. 112.
13 Eduard Zeller: Über den Begriff Tyrannis I/401.
14 H. Berve: Die Tyrannis I/349.
15 Vgl. Gerhard Heintzeler: Das Bild des Tyrannen bei Platon, S. 37.
16 Platon: Der Staat. Übersetzt und herausgegeben von Karl Vretska (2000). Die Zahlen und Buchstaben verweisen wie in der angeführten Ausgabe auf die Stephanus-Zählung.
17 Ebda., S. 106–343 c.
18 Ebda., S. 400–571 c.
19 Ebda., S. 401–571 d–572 c.
20 G. Heintzeler: Das Bild des Tyrannen, S. 23.
21 Platon: Der Staat, S. 277–473 c–473 d.
22 E. Zeller: Über den Begriff der Tyrannis, S. 403; H. Mandt: Tyrannislehre, S. 25.
23 Aristoteles: Politik. Übersetzt von Franz F. Schwarz, S. 78.
24 Aristoteles: Nikomachische Ethik (2006), S. 233, Buch VIII.
25 Politik, S. 280–1311 a.
26 Ebda., S. 128–1267 a.
27 H. Berve: Die Tyrannis I/477–509.
28 Ebda., S. 479.
29 Cicero: De re publica, S. 215.
30 Fritz Kern: Gottesgnadentum und Widerstandsrecht, S. VI.
31 Kurt Galling (Hg.): Die Religion in Geschichte und Gegenwart III, Sp. 820.
32 Friedrich Schoenstedt: Der Tyrannenmord, S. 45.
33 Auf diesen Fall geht die Arbeit von Schoenstedt ausführlich ein, besonders S. 96 ff.

ANMERKUNGEN ZU DEN SEITEN 41–47

34 Martin Luther: Ob Kriegsleute auch in seligem Stande sein können (1526): XIX/535; zitiert von H. Mandt in: Geschichtliche Grundbegriffe VI/667.
35 Gerhard Ritter: Carl Goerdeler, S. 111.
36 Ebda., S. 463.
37 J. Hüller in: Historisches Wörterbuch der Philosophie X, Sp. 1612.
38 Vgl. hierzu vor allem Otto von Gierke: Johannes Althusius und die Entwicklung der naturrechtlichen Staatstheorien (1880).
39 H. Mandt: Tyrannislehre, S. 74.
40 Johannes Althusius: Politik, S. 188.
41 Vgl. Erik Wolf: Große Rechtsdenker (⁴1963).
42 Historisches Wörterbuch der Philosophie X, Sp. 1614.
43 Vgl. Herfried Münkler: Machiavelli, besonders S. 181 ff.: Die Verdrängung der transzendent begründeten Moral aus dem Felde der Politik. – Zur Staatsraison ist auf den Artikel desselben Verfassers im Historischen Wörterbuch der Philosophie X (1998), Sp. 66–72, zu verweisen. Hierzu auch Friedrich Meinecke: Die Idee der Staatsräson; das Buch wird mit einem ausgreifenden Kapitel über Machiavelli eingeleitet, erschienen zuerst 1924.
44 H. Münkler: Machiavelli, S. 97.
45 H. Mandt: Tyrannislehre S. 71.
46 Hierüber Iring Fetscher in der Einleitung zur Ausgabe des Leviathan (1966).
47 Thomas Hobbes: Leviathan, S. 249.
48 Friedrich II. von Preußen L'Antimachiavel ou Réfutation du prince de Machiavel. – Hierzu F. Meinecke: Die Idee der Staatsräson, S. 345. – Feuerbach: Anti-Hobbes.
49 David Hume: Political Essays (1953); hierzu auch H. Mandt: Tyrannislehre, S. 81.
50 John Locke: Two treatises (1690), S. 242.
51 Edmund Burke: Reflections (1790).
52 Das Wort Tiger-Größe hat Karl Jaspers im Sommersemester 1946 in einem Seminar über Hegel gebraucht; hier aus dem Gedächtnis zitiert.
53 Hierzu Peter Herde: Politik und Rhetorik in Florenz am Vorabend der Renaissance, S. 141–220. – Armando Petrucci: Coluccio Salutati (1972).
54 Historisches Wörterbuch der Philosophie X, Sp. 1607.
55 J. Burckhardt: Griechische Kulturgeschichte II/112–113.
56 Daß Kreon nicht auf Tyrannenhybris festzulegen sei, betont Karl Reinhardt in seinem Buch über Sophokles, S. 77.
57 Otto Regenbogen: Schmerz und Tod, S. 12.
58 Hierzu Walter Benjamin: Ursprung des Trauerspiels, S. 63.
59 Paul Hankamer: Deutsche Gegenreformation, S. 277–362; hier heißt es S. 304 mit Beziehung auf Gryphius: «Die dramatische Welt jedes Dramas also spiegelt den ewigen dramatischen Kosmos. Und auf diese Spiegelung, nicht auf das symbolhafte Einmal der Welten kommt es dem Dichter an.»
60 Hierzu Wilfried Barner: Der Jurist als Märtyrer, S. 229–242.

ANMERKUNGEN ZU DEN SEITEN 47–59

61 Walther Rehm: Schiller und das Barockdrama, S. 68.
62 Benno von Wiese: Schiller, S. 760.
63 Wie in der Erzählung «Der Verbrecher aus verlorener Ehre»: «Die Richter sahen in das Buch der Gesetze, aber nicht *einer* in die Gemütsverfassung des Beklagten.» (V/17)
64 Fritz Martini: Christian Weises «Masaniello», in: Geschichte im Drama – Drama in der Geschichte, S. 23.
65 Pierre Bertaux: Hölderlin und die Französische Revolution, S. 127.
66 Ebda., S. 131.
67 Eberhard Weis: Der aufgeklärte Absolutismus, S. 29–43.
68 Wolfgang Riedel: Die Anthropologie des jungen Schiller, S. 243.
69 Benno von Wiese gehört in der älteren Forschung zu denjenigen, die diese Motive durchaus beachten: Schiller, S. 612–624.
70 Vgl. Gerhard Storz: Der Dichter, S. 247: «Die kunstvolle, sozusagen in Schleifen erfolgende Handlungsführung, der Wechsel zwischen Fortgang und Anhalten, erhabene Ruhe einerseits, dramatischer Umschwung andererseits – darauf beruht die unzerstörbare Wirkung der Balladen Schillers.»
71 Das zeigt sich auch daran, daß man spätere Balladen wie «Kassandra» (wenn es denn eine solche ist) im Zusammenhang der Gedichte des Balladenjahres behandelt, obschon es sich um eine gänzlich andere zeitgeschichtliche Situation handelt. Für den Umgang mit Schillers Balladen in der Forschung ist kennzeichnend, daß man zeitgeschichtlich-politische Motive nicht recht wahrnimmt; das gilt vorrangig für Gerhard Storz: Der Dichter, S. 250.
72 Zum Begriff des Modells vgl. Wulf Segebrecht: «Der Taucher», S. 127: «Dennoch bleibt das Grundmodell vergleichbar ...»; und an anderer Stelle, S. 114: «Es geht um die Darbietung exemplarischer Modelle ...»
73 Ludwig Voit: Friedrich Schiller: Der Ring des Polykrates.
74 W. Segebrecht: «Der Taucher», S. 126.
75 P.-A. Alt: Schiller II/351.
76 Massive Vorwürfe dieser Art bei P.-A. Alt: Ebda., S. 353, in abgeschwächter Form auch bei W. Segebrecht: Deutsche Balladen, S. 124.
77 Zum Ausdruck «Himmelsgewalt» vgl. wiederum W. Segebrecht: Deutsche Balladen, S. 122.
78 Udo Ebert: Friedrich Schillers Ballade «Die Bürgschaft» im Lichte des Strafrechts.
79 Ebda., S. 472.
80 Ebda., S. 481.
81 W. Segebrecht: Deutsche Balladen, S. 114.

ANMERKUNGEN ZU DEN SEITEN 60–68

IV. Die Dramen und ihre politischen Themen
1. «Die Räuber»

1 Theodor Gottlieb von Hippel: Lebensläufe nach aufsteigender Linie (1778/81).
2 Adolf Beck: Die Krisis des Menschen im Drama des jungen Schiller (1955).
3 Gotthold Ephraim Lessing: Wie die Alten den Tod gebildet (1769).
4 Zitate zu den Inszenierungen Piscators und zu den Aufführungen von 1926 und 1957 bei Gert Sautermeister: Die Räuber. In: Schiller-Handbuch, hg. von M. Luserke-Jaqui, S. 17.
5 G. Storz: Der Dichter, S. 46–49.
6 B. von Wiese: Schiller, S. 164.
7 Hans Schwerte: Schillers «Räuber», S. 20.
8 Klaus R. Scherpe: Die Räuber, S. 17.
9 Von der gestörten Vaterordnung spricht B. von Wiese in seiner Biographie, S. 145; vom Bruch mit der Vater-Welt Peter Michelsen in seiner 1979 veröffentlichten Schrift, S. 65 f.
10 Das Kapitel «Die Eingriffe Dalbergs» in der Entstehungsgeschichte zum Textband in der Nationalausgabe leitet Herbert Stubenrauch mit dem Satz ein: «Zu den unverwüstlichen Legenden der Schillerliteratur gehört auch die Behauptung, die ‹Räuber› hätten im Frühstadium der Konzeption ‹Der verlorene Sohn› geheißen ...» (NA III/313).
11 Lukas 15, 31.
12 Vgl. Hermann Pongs: Schillers Urbilder (1935).
13 Die Begriffe sind vor allem durch B. von Wiese in die Schillerliteratur eingebürgert worden; vgl. Anm. 9.
14 Der Begriff «Urbilder» ist vor allem durch Hermann Pongs in Gebrauch gekommen; vgl. Anm. 12. Aber auch Benno von Wiese gebraucht Begriffe wie Urverhältnisse, Urordnung, Ursünde oder Urbild, wohl im Anschluß an Hermann Pongs, S. 143–147.
15 B. von Wiese: Schiller, S. 145.
16 Bengt Algot Sørensen: Herrschaft und Zärtlichkeit (1984).
17 Ebda., S. 26.
18 Ebda., S. 15.
19 Über Schillers Hochschätzung der amerikanischen Geschichte vgl. den Brief an den Historiker J. W. Archenholtz vom 10.7.1795 (XXVIII/7); vgl. Anm. 23 dieses Kapitels.
20 Hierzu die erläuternden Hinweise bei Dieter Borchmeyer: Die Tragödie vom verlorenen Vater, S. 162: «Mündigkeit und Unmündigkeit sind ursprünglich rechtliche Begriffe; als solche werden sie auch bei Kant noch verwendet. Das Modell der Aufklärung ist also das Heraustreten aus dem rechtlichen Abhängigkeitsverhältnis der Vormundschaft: Das Mündig- d.h. Rechtsfähig-Werden des Mündels – die Emanzipation von der patria potestas.» Auch P. Michelsen ver-

ANMERKUNGEN ZU DEN SEITEN 68–74

wendet den Begriff der Unmündigkeit in diesem Zusammenhang: Der Bruch, S. 73.
21 Hierzu Helm Stierlin: Eltern und Kinder (1975).
22 Hierzu die rechtshistorischen Schriften von Diethelm Klippel (Politische Freiheit und Freiheitsrechte) und von Michael Stolleis (Staatsraison, Recht und Moral); beide Schriften werden in der stark rechtshistorisch orientierten Arbeit von Maria Carolina Foi angeführt: Schillers «Wilhelm Tell» (2001).
23 Vgl. den Brief an den Historiker von Archenholtz vom 10. Juli 1795, in dem er diesem eine Darstellung der Geschichte der amerikanischen Revolution empfiehlt, die einer Darstellung der Geschichte der Französischen Revolution vorzuziehen sei (XXVIII/7).
24 G. Storz: Der Dichter, S. 57.
25 Selbst Herbert Stubenrauch, der Herausgeber der «Räuber» in der Nationalausgabe, beläßt es bei einer beiläufigen Erwähnung: NA III/XXIV.
26 Hans Mayer: Der weise Nathan (1973).
27 Gerhard Kluge: Zwischen Seelenmechanik, S. 185 – mit dem Vermerk hinsichtlich der Zuordnung zu den außerordentlichen Menschen: «und dies wohl mit Recht.»
28 Otto F. Best: Gerechtigkeit für Spiegelberg (1978).
29 Galling: Die Religion in Geschichte und Gegenwart III/Sp. 868/69.
30 Lion Feuchtwanger: Der jüdische Krieg (1932).
31 O. F. Best: Gerechtigkeit für Spiegelberg, S. 296.
32 Vgl. zur Stellung der Frau in der Gesellschaft des 18. Jahrhunderts die grundlegende Arbeit von Claudia Honegger: Die Ordnung der Geschlechter (1991).
33 Vgl. G. Kluge: Zwischen Seelenmechanik, S. 185: «sie blieb unbeachtet, beargwöhnt, belächelt ...»
34 «Sie glänzt in seinem Strahle, erwärmt sich an seinem Feuer, *schmachtet* neben dem *Starken*, und ist ein *Weib* neben dem *Mann*», lautet der vollständige Passus in der Selbstrezension (NA XXII/125).
35 Vgl. besonders das Kapitel «Das Unbehagen in der Zivilisation» in dem Buch von Claudia Honegger, S. 47 ff.
36 Auf die Unterschiede zwischen Lessing und Schiller geht Hans Richard Brittnacher in dem von H. Koopmann hg. Schiller-Handbuch ein. Bei Lessing sei der erbetene Tod in «Emilia Galotti» eine konsequente und wohlbedachte Handlung, bei Schiller sei er erfleht «in fieberhafter Erregung, fast am Rande des Wahnsinns» (S. 328/29).
37 Michel Foucault: Wahnsinn und Gesellschaft, S. 9.
38 D. Borchmeyer: Die Tragödie vom verlorenen Vater, S. 160.
39 Das Zitat bezieht sich auf einen Aufsatz von Oskar Seidlin, zuerst veröffentlicht 1960.
40 Der Begriff «Humanitätsfortschritte» findet sich bei Dirk Blasius: «Einfache Seelenstörung», S. 19.

41 Menschenkenntnis ist ein Teilgebiet der neuen Anthropologie; vgl. hierüber Wolfgang Riedel: Anthropologie und Literatur, besonders S. 135 ff.
42 Hans-Jürgen Schings: Die Brüder des Marquis Posa, S. 27.
43 Wolfgang Riedel: Die Aufklärung und das Unbewußte, S. 198–220.
44 Gemeint ist die poetische Verklärung des Unbewußten wie in Kleists «Käthchen von Heilbronn»; vgl. Jürgen Barkhoff: Magnetische Fiktionen, S. 247.
45 Zum Monolog und zum Nihilismus Franz Moors vgl. W. Riedel: Die Aufklärung und das Unbewußte, S. 205.
46 Nach dem Zweiten Weltkrieg gab es Tendenzen, die Moderne und ihre Vorläufer am Beispiel des Nihilismus für die deutsche Katastrophe verantwortlich oder mitverantwortlich zu machen. Zwei einschlägige Arbeiten seien angeführt: Robert Mühlher: Dichtung der Krise, mit dem Aufsatz «Georg Büchner und die Mythologie des Nihilismus» (S. 97–146) und M.F.E. van Bruggen: Im Schatten des Nihilismus. Die expressionistische Lyrik im Rahmen und als Ausdruck der geistigen Situation Deutschlands. Um dieselbe Zeit machte Dolf Sternberger an einer Kurzgeschichte Hemingways deutlich, daß sich Nihilismus und gültige Literatur ausschließen, so daß nur über Nihilismus in der Literatur gesprochen werden kann, nicht aber über nihilistische Literatur. Das gilt von allen hier angeführten Beispielen.
47 B. von Wiese: Schiller, S. 152.
48 Ähnlich argumentiert Karl S. Guthke in seinem beachtenswerten Schillerbuch, dort S. 40. Er bescheinigt Karl Moor «egozentrische Vermessenheit und Selbstbewunderung».
49 Der Begriff «Ironie der Dinge» wird hier im Anschluß an einen Essay Hugo von Hofmannsthals gebraucht (Prosa IV).
50 Vgl. Reinhard Buchwald: Schiller (4. Aufl. 1959, vgl. besonders I/297).
51 B. von Wiese: Schiller, S. 145.
52 Daran erinnert die Vorrede zur ersten Auflage (I/486).
53 K. Scherpe (Die Räuber, S. 33) wendet sich gegen das von mehreren Interpreten geltend gemachte Motiv der Selbsterkenntnis. Das ist nicht einzusehen. Selbsterkenntnis der Dramenfiguren ist ein Strukturprinzip in Schillers Dramen, das es von Anfang an gibt. Es reduziert das dramatische Werk keineswegs auf individuelle Innerlichkeit, sondern ist nicht ablösbar von den politischen Inhalten, um die es jeweils geht und die es zu erkennen gilt.
54 Die Auffassung über die Bedeutung, die dem Motto im Titelblatt der zweiten Auflage zukommt, steht im Gegensatz zur communis opinio in dieser Frage. Die Verwerfung, weil nicht von Schiller, geht auf den Herausgeber der «Räuber» in der Nationalausgabe, Herbert Stubenrauch, zurück. Er bezieht sich dabei auf die gedruckte Stellungnahme Schillers zum Titelblatt dieser Ausgabe. In ihr lesen wir den Satz: «Der Verfasser ist durch diese Stümperarbeit im höchsten Grade beleidigt» (NA XXII/131). Das Wort «Stümperarbeit» bezieht sich deutlich auf den riesengroß geratenen Löwen; über das Motto wird nichts gesagt. Es nimmt sich auf

ANMERKUNGEN ZU DEN SEITEN 83–86

dem Titelblatt bescheiden und verschämt aus; es fällt nicht ins Auge. Der genannte Herausgeber sieht es ganz anders und schreibt: «Der grimmige, einer Vorlage J. E. Ridingers nachgestochene Löwe mochte noch hingehen. Äußerst unangenehm blieb das beigesetzte Motto ‹in Tirannos›, weil es allzu offen an Huttens Fehde mit dem Württemberger Herzog erinnernd, auf recht plumpe Manier die ‹Räuber› politisch akzentuierte» (NA III/342). Dieser Kommentar ist sehr ärgerlich. Umgekehrt müßte es heißen: Das Motto mag noch hingehen, aber dieser fürchterliche Löwe ... Was sich deutlich zeigt, ist der fast krampfhaft zu nennende Versuch, alle «revolutionären Umtriebe» von Schiller fernzuhalten. Nur ja keine politische Akzentuierung! Es mag schon sein, daß Schiller auch über das Motto ungehalten war, weil er Unannehmlichkeiten fürchtete. Unbestreitbar bleibt gleichwohl, daß es die Intentionen Schillers recht gut wiedergibt. Wie sehr die Abwehr alles Politischen für die erste Nachkriegszeit symptomatisch ist, zeigt das Beispiel Schwerte. In seiner Interpretation der «Räuber» (Der Deutschunterricht 12, 1960, S. 35) erklärt er rundheraus: «Auf das ‹in Tirannos›-Zeichen im Titelblatt der zweiten Auflage der ‹Räuber› braucht heute ernsthaft nicht mehr eingegangen werden; wir wissen, nach den Feststellungen Stubenrauchs, mit fast letzter Sicherheit, daß der prahlerische Spruch nicht von Schil-ler herstammte, daß Schiller vielmehr über diese Eigenmächtigkeit (‹Stümperarbeit›) des Verlegers aufs höchste empört war.» Aber was hat ein vorangesetztes Motto mit Stümperarbeit zu tun?
55 Über den historischen Pastor Moser, wie ihn Schiller gekannt hat, vgl. R. Buchwald: Schiller I/101 ff.

IV, 2. «Die Verschwörung des Fiesko zu Genua»

1 Die «aktuelle politische Relevanz» – ein Ausdruck Karl S. Guthkes (Schillers Dramen, S. 67) – wird im neueren Schrifttum mit ähnlichen Worten wiederholt hervorgehoben, so von L. Pikulik (Der Dramatiker, S. 133). Die Anwälte der politischen «Lesart» und die Vertreter der Gegenposition stellt Nikola Roßbach in ihrem Beitrag zum Schiller-Handbuch, hg. von M. Luserke-Jaqui, S. 58/59 gegenüber.
2 Hierzu Alexander Schmidt: Athen oder Sparta?, S. 103–130.
3 Darauf hat neuerdings Lothar Pikulik wieder hingewiesen (Der Dramatiker, S. 134): «Die nach dem Maßstab des seelischen Gefühls bemessene Distanz von Politik und Menschlichkeit ist im 18. Jahrhundert besonders von der Empfindsamkeit hervorgehoben worden und wird in Schillers Stück von Leonore ... zur Sprache gebracht.»
4 Hinsichtlich derjenigen, die der Familiendramatik besonders nachdrücklich das Wort reden, ist Helmut Koopmann mit seinem Beitrag über «Don Karlos» vor anderen zu nennen: Schillers Dramen. Neue Interpretationen, hg. von W. Hinderer (1979), S. 87–108.

ANMERKUNGEN ZU DEN SEITEN 86–99

5 Von historischer Seite äußert sich hierzu Ernst Schulin: Schillers Interesse an Aufstandsgeschichte (1995), S. 137–148.
6 Alle diese Quellen werden ausführlich in der Nationalausgabe (IV/241–243) angeführt; vgl. hierzu ferner P.-A. Alt: Schiller I/331; N. Roßbach: Die Verschwörung des Fiesko zu Genua. In: Schiller-Handbuch, hg. von M. Luserke-Jaqui, S. 53.
7 Vgl. Reinhart Koselleck: Revolution – Rebellion, Aufruhr, Bürgerkrieg. In: Geschichtliche Grundbegriffe V/653–788.
8 Friedrich Klingner: Römische Geisteswelt, S. 86.
9 Näheres hierüber NA XIX/368.
10 Rolf-Peter Janz: Die Verschwörung des Fiesko zu Genua. In: Neue Interpretationen. Schillers Dramen, hg. von W. Hinderer (1979), S. 37.
11 Paul Böckmann: Schillers Don Karlos, S. 407.
12 Über die Spielernatur Fieskos vgl. Ilse Graham: Schiller, ein Meister, S. 9.
13 Das Zitat des Malers als Überschrift eines Beitrags von Paul Michael Lützeler (1978). In dieser ungewöhnlichen, aber sehr bedenklichen Deutung wird der Republikaner Verrina zum eigentlichen Helden des Stückes erklärt; vgl. hierüber kritisch Karl S. Guthke: Schillers Dramen, S. 70.
14 Mit Beziehung auch auf «Die Verschwörung des Fiesko zu Genua» bei Kurt Wölfel: Machiavellische Spuren, S. 318–340.
15 Hierzu Ludger Heidbrink: Melancholie und Moderne (1994). Auf Schillers Abhandlung «Über naive und sentimentalische Dichtung» wird in diesem Zusammenhang wiederholt Bezug genommen.
16 Vgl. hierzu R.-P. Janz: Die Verschwörung des Fiesko zu Genua. In: Interpretationen, hg. von W. Hinderer (1992), S. 81.
17 Vgl. P.-A. Alt: Schiller I/337.
18 So auch R.-P. Janz: Die Verschwörung des Fiesko zu Genua. In: Neue Interpretationen, hg. von W. Hinderer (1979), S. 45: «Züge wie diese verraten weit mehr Sympathie des Autors für seinen Helden, als die Charakterisierung im Personenverzeichnis vermuten läßt.»
19 Fontane erzählt im 13. Kapitel seines Romans «Cécile» einen ähnlichen Vorfall aus längst vergangener Zeit. Die Rede ist dort von Markgraf Gero – «Demselben, der dreißig Wendenfürsten zu Tische lud, um sie dann zwischen Braten und Dessert abschlachten zu lassen» (13. Kap.).
20 R.-P. Janz: Die Verschwörung des Fiesko zu Genua. In: Interpretationen, hg. von W. Hinderer (1992), S. 73.
21 Vgl. Max Weber: Wirtschaft und Gesellschaft. 1. Hbd., S. 198.
22 Wozu der seinerzeitige Herausgeber des «Theater-Fiesko», Hans Heinrich Borcherdt, neigt.
23 Hierzu Rudolf Unger: Heilige Wehmut (1940).
24 Anders P. Michelsen: Freiheitsheld und Tyrann, S. 343: «Volk erscheint – ganz anders als bei Goethe im *Götz* oder im *Egmont* lediglich als Pöbel ...»

25 Das geschieht vor allem in den Arbeiten von Alt (Schiller I/338), Wölfel (Machiavellische Spuren, S. 322) und Michelsen (Der Bruch mit der Vater-Welt, S. 350).
26 K. Wölfel: Machiavellische Spuren, S. 322.
27 Wolfgang Liepe: Der junge Schiller und Rousseau (1926).
28 Paul Böckmann: Schillers Don Karlos, S. 494.
29 Ebda., S. 497.
30 Paul Böckmann: Die innere Form, S. 32.
31 Hierzu P. Michelsen: Der Bruch mit der Vater-Welt, S. 347.

IV, 3. «Don Karlos»

1 Das zeigt sich am Motiv des Menschenopfers; Schillers Drama handelt nicht von seiner Abschaffung wie dasjenige Goethes.
2 M. Kommerell: Schiller als Psychologe, S. 187.
3 Rüdiger Safranski: Schiller oder Die Erfindung des Deutschen Idealismus (2004).
4 Jürgen Habermas: Der philosophische Diskurs, S. 63.
5 Die Szene IV, 17, in der Posa den Dolch auf die Prinzessin Eboli richtet und diese darauf verängstigt fragt: «Sie wollen mich doch nicht ermorden?» (II/165) zeugt von Posas überhitztem Gemüt, aber nicht von Vorsätzlichkeit, die dem Tyrannenmord vorausgeht.
6 Die Wendung vom Vertilgen des Einzelnen in der Erstausgabe von 1787 (NA VI/184).
7 Einen guten Einblick in die Posa-Kritik der jüngeren Forschung bietet Dieter Borchmeyer in seinem Beitrag «Marquis Posa ist große Mode» (2002).
8 Auf den Literaturkritiker Julian Schmidt, der Posa als Warnfigur bezeichnet hatte, weist D. Borchmeyer in dem genannten Beitrag hin, dort S. 128.
9 M. Kommerell: Der Dichter als Führer, S. 217.
10 André von Gronicka: Friedrich Schiller's Marquis Posa (1951).
11 Thomas Mann: Briefe 1948–1955, S. 232.
12 Ulrich Karthaus: Schiller und die Französische Revolution (1989), S. 220.
13 Emil Staiger hat diesem Briefwerk in seinem Buch über Schiller hohes Lob gezollt; vgl. S. 278: «Die Seelengemälde, welche die ‹Briefe› von den Hauptgestalten des ‹Don Carlos› entwerfen, sind die subtilsten und reichsten in seinem ganzen Werk, Glanzstücke einer zum Teil zwar klügelnden, aber doch auch von tiefer Kenntnis des menschlichen Herzens zeugenden Kunst der Selbstinterpretation.»
14 M. Kommerell: Schiller als Psychologe, S. 187.
15 Hans-Jürgen Schings: Die Brüder des Marquis Posa (1996); hierzu auch Walter Müller-Seidel, Wolfgang Riedel: Die Weimarer Klassik und ihre Geheimbünde (2002).
16 Karl S. Guthke: Schillers Dramen (2005), S. 145 ff.
17 Hierzu Birgit Sandkaulen und die Ausführungen in Teil II dieses Buches.

18 Walther Rehm: Der Todesgedanke (1928). Hier zitiert nach W. Rehm: Schiller und das Barockdrama. In: Klaus L. Berghahn, Reinhold Grimm (Hg.): Zur Theorie und Praxis der Dramen (1972), S. 55–107.
19 Hierzu Helmut Koopmann über «Don Karlos» in: Schillers Dramen. Interpretationen, hg. von W. Hinderer (1992), S. 159–201.
20 Es handelt sich um eine Textstelle aus der Thaliafassung des Dramas, die in die Buchfassung von 1787 nicht übernommen wurde; vgl. NA VI/88.
21 Michael Hofmann fordert mehr Gerechtigkeit für die Prinzessin von Eboli ein: «In den bisherigen Forschungen zu Schillers Stück ist der Figur der Eboli eine solche Gerechtigkeit aber noch nicht widerfahren. Was dem Räuber Spiegelberg recht war, sollte der leidenschaftlichen Spanierin aber billig sein» (Bürgerliche Aufklärung, S. 114).
22 In diese Nähe wird sie in dem angeführten Aufsatz von M. Hofmann gebracht: Bürgerliche Aufklärung, S. 112.
23 Hierzu Herfried Münkler in Historisches Wörterbuch der Philosophie X/Sp. 66–71.
24 Daran erinnert M. Hofmann in seinem Aufsatz «Bürgerlicher Aufklärung», S. 102; vgl. hierzu ferner Gerhard Knoll in: Neue deutsche Biographie X (1977), S. 329–330; Carl Hinrichs: Der Kronprinzenprozeß (1936).
25 Zwei beachtenswerte Bücher zum Thema Menschenopfer aus dem neueren Schrifttum sind anzuführen, beide 1972 erschienen: René Girard: La violence et le sacré und von Walter Burkert: Homo necans. Hierzu neuerdings die Betrachtung des Theologen Arnold Angenendt: «Das Selbstopfer» (Süddeutsche Zeitung, 22.3.2008).
26 Übrige noch ungedruckte Werke des Wolfenbüttlischen Fragmentisten. Ein Nachlaß von Gotthold Ephraim Lessing. Hrsg. von C.A.E. Schmidt. Berlin 1787, 19 f. – Der Text wird von Anthony Stephens in seinem Beitrag über den Opfergedanken bei Kleist zitiert, dem ich diesen Hinweis verdanke: Kleist. Sprache und Gewalt, S. 110.
27 Arthur Henkel: Die «verteufelt humane» Iphigenie (1965).
28 A. Stephens: Sprache und Gewalt, S. 176.
29 Hierzu statt anderer Hinweise Michael Jaeger: Fausts Kolonie. Goethes kritische Phänomenologie der Moderne (2004).
30 Faust. Frankfurter Ausgabe. Hg. von Albrecht Schöne. I. Abt. Bd. VII, 2, S. 716/17.
31 Bernhard Kellermann: Der Tunnel (1913), S. 182.
32 Hans Jonas: Technik, Medizin (1985), S. 117.
33 Ebda., S. 117.

IV, 4. «Wallenstein»

1 Golo Mann: Schiller als Geschichtsschreiber, S. 64: «Dann kommt der Wallenstein. Und dies Wunderwerk, Wunderwerk in allen seinen einander durchdringenden Schichten, Wunderwerk auch als Schau des Politischen, wäre nie möglich gewesen ohne Schillers Historiker-Existenz.»
2 Harald Steinhagen: Schillers Wallenstein und die Französische Revolution, S. 82.
3 Vgl. Elisabeth Frenzel: Stoffe der Weltliteratur. Ein Lexikon dichtungsgeschichtlicher Längsschnitte (1962), S. 656–658.
4 Beide Bücher sind 1920 erschienen; Ricarda Huchs Buch in neuer Auflage. Ihr bedeutendes Geschichtswerk «Der große Krieg in Deutschland», 1915 erstmals erschienen, bietet ein differenziertes, aber keineswegs unkritisches Bild des Feldherrn.
5 Vgl. Ilja Mieck: Wallenstein 1634. Mord oder Hinrichtung?, S. 146: «Die Forschung ist heute einhellig der Meinung, daß dieser Vorwurf unberechtigt ist. Weder wollte er König von Böhmen werden noch plante er ... die Vernichtung der Macht des Hauses Habsburg ...»
6 Hellmut Diwald: Wallenstein, S. 546.
7 Zum Schuldvorwurf der notorischen Reichsrebellion ist nachdrücklich hinzuweisen auf die Arbeit von Christoph Kampmann: Reichsrebellion und kaiserliche Acht (1993).
8 Heinrich Ritter von Srbik: Wallensteins Ende (1920), S. 108.
9 I. Mieck: Wallenstein 1634, S. 149.
10 Leopold von Ranke: Geschichte Wallensteins (1869). Hg. und eingeleitet von Hellmut Diwald.
11 Zitiert von H. Diwald in der Einleitung zur Neuausgabe, S. 8.
12 Ebda., S. 28.
13 Wallenstein. Sein Leben erzählt von Golo Mann (1971), S. 1084.
14 Ebda., S. 1160.
15 Der von Schiller erzählte Vorfall ist damit noch nicht zu Ende. Von Wut gepackt, greift der Verurteilte den Richter an, worauf der Herzog befiehlt: «Jetzt laßt ihn laufen» (IV/687). Die Willkür der Rechtsprechung, die der Feldherr als Gerichtsherr ausübt, ist offenkundig. Vermutlich war das auch andernorts so.
16 H. Steinhagen: Schillers Wallenstein, S. 85.
17 Hartmut Reinhardt: Schillers «Wallenstein» und Aristoteles (1976).
18 Eine solche Festlegung auf den naiven «Charakter» nimmt Wolfgang Binder vor in seinem Beitrag: Die Begriffe «naiv» und «sentimentalisch» und Schillers Drama, besonders S. 155.
19 Zum Begriff des Charisma bei Max Weber vgl. Joachim Radkau: Max Weber, S. 539–613. Vgl. zum Charisma den Beitrag von René-Marc Pille: La force des choses, S. 169: «Der Zusammenhalt von Wallensteins turbulenter Soldateska ergibt sich jedoch in erster Linie aus dem Charisma ihres Chefs, der wie im Prolog

ANMERKUNGEN ZU DEN SEITEN 127–134

angekündigt wurde, auch in Abwesenheit die Masse beherrscht ...» Zutreffend spricht der Historiker Wolfgang Burgdorf in seinem Buch über das Ende des Alten Reiches mit Beziehung auf Schillers «Wallenstein» vom Ende des charismatischen Feldherrn, S. 186.

20 Hölderlin verwendet das Wort in einem Brief an seine Mutter vom 16. November 1799 und schreibt: «Eben erfahre ich, daß das französische Directorium abgesetzt, der Rath der Alten nach St. Cloux geschikt, und Buonaparte eine Art von Dictator geworden ist» (VI, 1/374). – Der Begriff «Dictator» im Verständnis Hölderlins wie in demjenigen seiner Zeit wird kontrovers diskutiert, ebenso Hölderlins Einstellung zu Napoleon. Von einem weithin ungebrochenen Verhältnis Hölderlins zu Napoleon geht Werner Kirchner aus, ebenso von einem keineswegs einschränkenden Begriff des Diktators (Werner Kirchner: Hölderlin, S. 126). Dieser Auffassung ist widersprochen worden, unter anderen von Friedrich Beißner mit dem Bemerken: «Das Wort ‹Dictator› sei entschieden pejorativ zu verstehen» (Hölderlin-Jahrbuch 1955/56, S. 101).

21 Vgl. auch Brief an Iffland vom 15. Oktober 1798. In diesem Brief wird die Aussage wiederholt (XXIX/290); ebenso im Brief an Kotzebue vom 16. November 1798 (XXX/4).

22 Max Kommerell: Schiller als Gestalter des handelnden Menschen, S. 132–174.

23 Herbert Cysarz: Schiller, S. 334.

24 M. Kommerell: Schiller als Gestalter des handelnden Menschen, S. 147.

25 Wilhelm Dilthey: Von deutscher Art in Dichtung und Musik, S. 400.

26 Rüdiger Safranski im Untertitel seiner Biographie (2004). Der genaue Titel: Die Erfindung des Deutschen Idealismus.

27 Gerhard Kaiser: Vergötterung und Tod, wiederholt in: Ders.: Von Arkadien nach Elysium, S. 17.

28 Der Begriff «Lernprozeß» wird von Walter Hinderer in seiner Schrift Der Mensch in der Geschichte, S. 74, verwendet. In der Einleitung zur «Braut von Messina» innerhalb der Säkularausgabe (VII/X), führt Oskar Walzel aus: «und was auf der Bühne sich abspielt, ist ausschließlich der Erkenntnisprozeß ...»

29 Über Nachklänge dieser Gattung in der späteren Lyrik vgl. Ernst Osterkamp: Die Götter – die Menschen (2005).

30 An Goethe schreibt Schiller am 7. Juli 1797: «Ich hätte auch nicht übel Lust, wenn Sie mir dazu rathen, noch 4 oder 5 kleine Nadoweßische Lieder nachfolgen zu lassen» (XXIX/99).

31 Ähnlich im Gedicht «Der Antritt des neuen Jahrhunderts», dessen abschließende Verse lauten:
«Freiheit ist nur in dem Reich der Träume,
Und das Schöne blüht nur im Gesang» (I/459).

32 Jacob Burckhardt: Gedächtnisrede auf Schiller. 9. November 1859, S. 33.

33 Dieter Borchmeyer: Macht und Melancholie (1988).

34 H. Steinhagen: Schillers Wallenstein, S. 80.

ANMERKUNGEN ZU DEN SEITEN 134–138

35 H. Koopmann: Die Tragödie der verhinderten Selbstbestimmung, S. 31.
36 Hierzu neuerdings Florian Krobb (Hg.): 150 Jahre «Soll und Haben» (2005).
37 Daß mit der Novelle «Draußen im Heidedorf» eine Art Stilwandel verbunden ist, wird in der neueren Forschung wiederholt betont; vgl. z.B. Fritz Martini: Deutsche Literatur im bürgerlichen Realismus 1848–1898, S. 647.
38 Hierzu Konrad Ehlich (Hg.): Fontane und die Fremde, Fontane und Europa; darin mein Aufsatz: Fremde Herkunft. Zu Fontanes erzähltem Personal und zu Problemen heutiger Antisemitismusforschung, S. 120–156.
39 Gegen die Auffassung, das Reiterlied im Sinne militärischer Mentalität wörtlich zu verstehen, habe ich Stellung genommen in meinem Beitrag: Episches im Theater der deutschen Klassik, jetzt in: Die Geschichtlichkeit der deutschen Klassik, S. 149. Neuerdings hat Wulf Segebrecht die Auffassung, daß in diesem Gedicht Krieg und Kriegshandwerk nicht verherrlicht werden, nachdrücklich begründet in dem Beitrag: Über die unpopuläre Popularität der Gedichte und Balladen Schillers, S. 595 ff.
40 Thomas Abbt: Vom Tode für das Vaterland (1761), II/7–103. Die Schrift beginnt mit der emphatisch intonierten Frage: «Sollte wohl die Stimme des Vaterlandes, die vormals in den Versammlungen der Griechen und Römer so mächtig ertönte, die in den Ohren der Sterbenden schallete, und den gefallenen Patrioten noch in der Todesangst zum Lächeln begeisterte, sollte diese Stimme ihre Stärke unter uns verloren haben, oder sollten wir, des feineren Gefühls ganz beraubt, unfähig seyn, von derselben berührt zu werden?»
41 Vgl. hierzu die ältere Arbeit von Friedrich Ruof: Johann Wilhelm von Archenholtz; und neuerdings Ute Rieger: Johann Wilhelm von Archenholtz als «Zeitbürger».
42 Anders der Historiker Ernst Schulin, der die universalhistorische Geschichtsbetrachtung für durchgehend zu halten scheint: «Und speziell ist bemerkenswert, daß es sich hier nicht um eine Wertsteigerung von Nationalgeschichte handelte, sondern um die der europäischen Geschichte» (Schillers Interesse an Aufstandsgeschichte, S. 138). Hier wird die Bedeutung des Vaterländischen und des Patriotismus, wie in der Sprache der Zeit gesagt wird, übersehen; und aufmerksam zu machen ist darauf, daß beide Begriffe mit nationalstaatlicher Geschichtsbetrachtung des 19. Jahrhunderts nicht gleichzusetzen sind.
43 Friedrich Hölderlin: Sämtliche Gedichte II/167.
44 Vgl. hierzu vor allem Wilhelm Michel: Hölderlins Wiederkunft (1943), darin die Aufsätze «Hölderlins abendländische Wendung», S. 57 ff. und «Hölderlin, der Sänger des Deutschtums», S. 150 ff.
45 So geschieht es in der Arbeit von Hans A. Kaufmann, einer Münchner Dissertation mit dem Titel «Nation und Nationalismus in Schillers Entwurf ‹Deutsche Größe› und im Schauspiel ‹Wilhelm Tell.›» (1993)
46 An Mathilde von Rohr vom 25. September 1872. In: Briefe Theodor Fontanes. I, S. 303.

ANMERKUNGEN ZU DEN SEITEN 139–144

47 H. Diwald in der Einleitung zur Neuausgabe von Rankes Geschichte Wallensteins, S. 11.
48 «Er war ein geborner Kriegsfürst», heißt es in Rankes Geschichtswerk, dort S. 258.
49 Hierzu Gerhard Kaiser: Von Arkadien nach Elysium (1978).
50 Hierzu Florian Krobb: Die Wallenstein-Trilogie von Friedrich Schiller (2005).
51 Im neueren Schrifttum über die Aufarbeitung des nationalsozialistischen Regimes wird der Begriff Wechsel mit Bedacht demjenigen des Wandels vorgezogen; vgl. Wilfried Barner, Christoph König (Hg.): Zeitenwechsel. Germanistische Literaturwissenschaft vor und nach 1945 (1996); Ludwig Jäger: Seitenwechsel: Der Fall Schneider/Schwerte und die Diskretion der Germanistik (1998).
52 Hans-Jürgen Schings: Das Haupt der Gorgone. Tragische Analysis und Politik in Schillers «Wallenstein», S. 303.
53 Kurt Wölfel: Machiavellische Spuren in Schillers Dramatik, S. 318–340.
54 Walter Platzhoff: Die Theorie von der Mordbefugnis der Obrigkeit im XVI. Jahrhundert (1906). Friedrich Meinecke erwähnt die Schrift in seinem Buch: Die Staatsräson in der neueren Geschichte, bezeichnenderweise in dem Kapitel über Machiavelli, hier S. 85.
55 Vgl. zum Begriff der Staatsraison neuerdings den Artikel von H. Münkler in: Historisches Wörterbuch der Philosophie X, Sp. 66–71.
56 Hierzu Gerhard Knoll in: Neue deutsche Biographie 11 (1977), S. 329–330; Carl Hinrichs: Der Kronprinzen-Prozeß Friedrich und Katte (1936). An diese Hinrichtung im Namen der Staatsraison erinnert auch M. Hofmann in seinem Aufsatz über «Don Karlos» (Jahrbuch der Deutschen Schillergesellschaft, 2000/102).
57 Über Machiavelli und das Staatsdenken der frühen Neuzeit vgl. das Kapitel in dem schon genannten Buch Friedrich Meineckes über die Idee der Staatsräson, S. 31–60.
58 W. Platzhoff: Die Theorien von der Mordbefugnis, S. 42/43.
59 Hier zitiert nach dem Sammelband mit Beiträgen zu Schillers Drama, hg. von Fritz Heuer und Werner Keller (1977) S. 15/16.
60 H.-J. Schings: Das Haupt der Gorgone, S. 307.
61 Franz Kafka: Hochzeitsvorbereitungen auf dem Lande und andere Prosa aus dem Nachlaß, S. 71.
62 Eine Bemerkung zu Eingang der «Geschichte des Dreißigjährigen Kriegs» könnte so verstanden werden: «Aber Europa ging ununterdrückt und frei aus diesem fürchterlichen Krieg, in welchem es sich zum ersten mal als eine zusammenhängende Staatengesellschaft erkannt hatte; und diese Teilnehmung der Staaten an einander, welche sich in diesem Krieg eigentlich erst bildete, wäre allein schon Gewinn genug, den Weltbürger mit seinen Schrecken zu versöhnen» (IV/366).
63 An Schiller schreibt Wilhelm von Humboldt zu Anfang September des Jahres 1800 einen der bedeutendsten Briefe, die je über Schillers großes Dramenwerk

ANMERKUNGEN ZU DEN SEITEN 144–151

geschrieben wurden. Er schreibt: «Aber es ist auch darin noch etwas Eigenthümliches in Ihrem Wallenstein, daß die Empfindung, welche die Katastrophe mit sich führt, nicht bloß eine unglaubliche Klarheit des Blicks auf den Gegenstand zugleich zuläßt, sondern unmittelbar selbst ausstralt. Sie ist nicht Schmerz, nicht Rührung, sondern starres Entsetzen, und das Entsetzen besteht gerade darin, daß die in niederschlagender Helle erscheinende Furchtbarkeit des Gegenstandes das Gefühl, das unaufhörlich seine Kraft mit ihm vergleicht, in sich zurückdrängt... Durch diese größere Klarheit, die Sie dem Blick über Menschheit und Schicksal gewähren, vollenden Sie nun leichter den Kreis der tragischen Wirkung...» (XXXVIII, 1/324).

64 Vgl. René-Marc Pille: Le Théâtre de l'effroi (2006); handelt über Goethes «Faust» und Schillers «Wallenstein».

65 Hierzu Carsten Zelle: Strafen und Schrecken. In: Jahrbuch der Deutschen Schillergesellschaft 28 (1984), S. 76–103.

66 Hierzu Paul Böckmann: Politik und Dichtung im Werk Friedrich Schillers (1966), S. 268–282.

67 Ähnlich H.-J. Schings in seinem Beitrag «Das Haupt der Gorgone», S. 302: «Was Wallenstein an politischer Klugheit einbüßt, gewinnt er an tragischer Dignität.»

68 Vgl. Herbert Singer: Dem «Fürsten» Piccolomini (1959), S. 180–212.

IV, 5. «Maria Stuart»

1 B. von Wiese: Die deutsche Tragödie, 3. Aufl. 1955, S. 247.
2 Ebda., S. 249.
3 B. von Wiese: Schiller, S. 721.
4 Karl S. Guthke: Maria Stuart. In: Schiller-Handbuch, hg. von H. Koopmann, S. 428.
5 Gert Sautermeister: Maria Stuart. In: Interpretationen, hg. von W. Hinderer (1992), S. 282.
6 Adolf Beck: Maria Stuart (1958), S. 168.
7 Hugo Friedrich: Die Struktur der modernen Lyrik, S. 29.
8 F. J. Lamport: Krise und Legitimitätsanspruch, S. 135.
9 Barbara Neymeyr: Macht, Recht und Schuld, S. 106.
10 Zum Begriff der schönen Seele vgl. P.-A. Alt: Schiller, II/507.
11 So wiederholt in der Interpretation des Dramas von G. Sautermeister: Maria Stuart. In: Interpretationen, hg. von W. Hinderer (1992), S. 290, 291, 327, 318, 319.
12 Vgl. Kap. III dieses Buches, besonders die Ausführungen über Feuerbach.
13 B. Neymeyr: Macht, Recht und Schuld, S. 120.
14 Vgl. über Marias Art der Argumentation das Kap. «Staat und Recht» bei G. Sautermeister: Maria Stuart. In: Interpretationen, hg. von W. Hinderer (1992), S. 316.
15 Klaus Lüderssen: «... daß nicht der Nutzen» (2005).
16 Udo Ebert: Schiller und das Recht, S. 139.

ANMERKUNGEN ZU DEN SEITEN 152-162

17 Zur Bartholomäusnacht vgl. Christian Grawe: Erläuterungen und Dokumente zu: Schiller: Maria Stuart, S. 57.
18 Albert Kennel: Burleigh, S. 1–30; Hierzu auch M. C. Foi: Recht, Macht und Legitimation, S. 232.
19 Ebda., S. 21.
20 Ebda., S. 23.
21 M. C. Foi: Recht, Macht und Legitimation, S. 232.
22 Zur Person des Historikers Posselt ist auf den bemerkenswerten Artikel von Michaela Breil in dem von M. Asendorf hg. Lexikon, S. 485–486, zu verweisen.
23 Vgl. M. C. Foi: Recht, Macht und Legitimation, S. 239.
24 U. Ebert: Schiller und das Recht, S. 157.
25 Über Bergk vgl. M. C. Foi: Recht, Macht und Legitimation, S. 239.
26 Oberdt. Allgemeine Lit. Zeitung, Okt. 1798, S. 827–830.
27 Schiller: Sämtliche Werke, Bd. IV, bearbeitet von J. Golz (Berliner Ausgabe), S. 814.
28 C. Grawe: Erläuterungen und Dokumente zu Schiller: Maria Stuart, S. 21.
29 Ebda., S. 21.
30 Ebda., S. 22.

IV, 6. «Die Jungfrau von Orleans»

1 Eine Auswahl an Berichten über die Aufführungen des Dramas bieten: National-Ausgabe IX/438–452; Berliner Ausgabe IV/854–871; die wichtigsten Aufführungen verzeichnet A. Martin in: Schiller-Handbuch, hg. von M. Luserke-Jaqui, S. 180–192.
2 A. Martin bei M. Luserke-Jaqui: Ebda., S. 181.
3 Hier zitiert nach der Berliner Ausgabe IV/855.
4 Gerhard Sauder: Die Jungfrau von Orleans. In: Interpretationen, hg. von W. Hinderer (1992), S. 340.
5 Karl S. Guthke: Die Jungfrau von Orleans. In: Schiller-Handbuch, hg. von H. Koopmann, S. 443.
6 Ebda., S. 442.
7 Gerhard Storz: Die Jungfrau von Orleans. In: B. von Wiese: Das deutsche Drama, I/328.
8 Helmut Koopmann: «Bestimme dich ...», S. 216.
9 B. von Wiese: Schiller, S. 735.
10 Zum Begriff «dialektisch» mit Beziehung auf Schiller vgl. Kurt Flasch in: Jahrbuch der Deutschen Schillergesellschaft 49 (2005), S. 389–394. Darauf die Replik von P.-A. Alt: Jahrbuch der Deutschen Schillergesellschaft 50 (2006), S. 205–211.
11 Hierzu der Kommentar in: NA 2II B, S. 101.
12 Diese Auffassung ist das Kernstück in der Textanalyse bei P.-A. Alt: Schiller II/510–528. Ich finde sie in mehrfacher Hinsicht bemerkenswert.

ANMERKUNGEN ZU DEN SEITEN 163–172

13 Friedrich Sengle: Die Braut von Messina, S. 113.
14 P.-A. Alt: Schiller II/523.
15 Hierzu B. von Wiese: Schiller, besonders S. 735; so auch Gerhard Storz, der ein Kapitel zum Drama mit der Überschrift «Die Verwandlung des Historischen ins Legendäre» überschrieben hat (Der Dichter Friedrich Schiller, S. 348). Die Gestik des Patriotischen fegt G. Storz mit souveräner Ermächtigung vom Tisch und schreibt: «Die patriotische Deutung früherer Zeiten, nämlich die Meinung, Schiller wolle in diesem Drama zur kampffreudigen Vaterlandsliebe aufrufen, ist zu grobschlächtig, als daß es mehr als der bloßen Erwähnung bedürfte» (Das deutsche Drama, hg. von B. von Wiese I/329). Horst Rüdiger verbietet sich die Interpretation der Tragödie als vaterländisches Exemplum. Solche Motive, wird rundheraus erklärt, «gehören zur rhetorischen Praxis, mit der Schiller psychologische Brüche seiner Gestalten oder dramatischen Situationen gern verkleidet ...» (Schiller und das Pastorale, S. 246). Vgl. zum Verständnis und zur Deutung des Dramas fernerhin Heinz Ide: Zur Problematik der Schiller-Interpretation – einen Beitrag, den Gerhard Kaiser eingehend würdigt: Johannas Sendung (1966). In: Ders.: Von Arkadien nach Elysium, S. 104–136.
16 Auf das Motiv geht Hermann August Korff im zweiten Band seines Werkes: Geist der Goethezeit, dort S. 273, ein. Alle diese Motive, sofern sie Politisches betreffen, werden unter dem Eindruck der Nachkriegszeit, der Zeit nach dem Zweiten Weltkrieg, zugunsten des Religiösen, des Legendären, des Pastoralen und verwandter Motive getilgt. Wenigstens ihre Intertextualität von «Wallenstein» bis «Wilhelm Tell» hätte hellhörig machen können. Daß einige Interpreten der früheren DDR diese Wege nicht mitgegangen sind, hat Gerhard Sauder in dem nachdenklichen Satz angemerkt: «Immerhin dürften die marxistischen Interpretationen geeignet sein, die Berechtigung von zahlreichen zeitentrückten Deutungen zu überprüfen» (Interpretationen, hg. von W. Hinderer, 1992, S. 349).
17 Das Kapitel «Das Lied vom Vaterlande» in Eugen Kühnemanns Schillerbuch ist hierfür bezeichnend: Schiller, S. 525–529.
18 W. Binder: Die Begriffe «naiv» und «sentimentalisch», S. 151.
19 Hierzu Karl Reinhardt: Sprachliches zu Schillers «Jungfrau von Orleans», S. 275.
20 Vgl. Jürgen Barkhoff: Magnetische Fiktionen (1995).
21 Hierzu mit zahlreichen neuen Einsichten: Uffe Hansen: Schiller und die Persönlichkeitspsychologie des animalischen Magnetismus (1995).
22 Hierzu jetzt Oliver Hochadel: Öffentliche Wissenschaft. Elektrizität in der deutschen Aufklärung (2003).
23 Vgl. Peter Cersowsky: Schillers Volksstück «Wilhelm Tell» (2007).
24 Vgl. Gerhard Kaiser: Johannas Sendung.
25 Hierzu Eberhard Lämmert: Der Dichterfürst (1971).
26 Hierüber mein eigener Beitrag: Hölderlins Ode «Dichterberuf» (1984).
27 Gerhard Sauder: Die Jungfrau von Orleans. In: Schillers Dramen, hg. von W. Hinderer (1992), S. 349.

28 Ebda., S. 378.
29 P.-A. Alt: Schiller II/520.
30 R. Safranski: Schiller, S. 485.

IV, 7. «Die Braut von Messina»

1 Wolfgang Schadewaldt: Antikes und Modernes, S. 286.
2 So W. Schadewaldt: Ebda., S. 291. – Ähnlich Hermann August Korff: Geist der Goethezeit II/276.
3 H. A. Korff: Ebda., S. 276: «‹Die Braut von Messina und Wilhelm Tell› nehmen in Schillers Gesamtwerk eine besondere Stelle ein»; vgl. auch Maria Carolina Foi: Schillers «Wilhelm Tell», S. 199: «Noch 1802 in der *Vorrede* zur *Braut von Messina*, die in vielerlei Hinsicht nichts anderes ist als ein Vorspiel zum *Tell*, wird es als Aufgabe des Dichters bezeichnet, die Gerichte unter freiem Himmel heraus (zu) führen.»
4 Vgl. zum Thema der Antike den Beitrag von Werner Frick in dem von H. Koopmann hg. Schiller-Handbuch, dort S. 91–116.
5 Ein solches Fehlen der Hauptperson hat W. Schadewaldt schon in «Maria Stuart» wahrgenommen: Antikes und Modernes, S. 291.
6 Benno von Wiese: Schiller, S. 750/51. Merkwürdig an dieser Deutung ist die Schiller unterstellte Halbheit – «mehr oder weniger unfreiwillig.» Soll wohl heißen: eigentlich habe er alles ganz anders gewollt, aber nun ist es unfreiwillig so gekommen. Die Umdeutung der Gestalt des Don Cesar beginnt überzeugend mit dem wegweisenden Aufsatz von Stuart Atkins: Gestalt als Gehalt (1959).
7 Daß wir es nicht mit einer Schicksalstragödie zu tun haben, bemerkt auch W. Schadewaldt in dem genannten Beitrag, dort S. 298; so auch Karl S. Guthke in dem von H. Koopmann hg. Schiller-Handbuch, S. 471, hier mit dem Bemerken, daß das Operieren mit einem Schicksalsbegriff im transzendentalen Sinne in die Irre führe; ähnlich R. P. Janz: Antike und Moderne in Schillers «Braut von Messina», S. 332: Schicksal werde entmystifiziert.
8 Eugen Kühnemann: Schiller (1905), S. 559.
9 B. von Wiese: Schiller, S. 757: «Hier ist der tragische Tod zum festlichen Tod geworden.»
10 W. Schadewaldt: Antikes und Modernes, S. 306. Ob Schiller Selbstbestimmung als Selbstbestimmung zur Selbsttötung verstanden hat, ist mehr als fraglich. Maria Stuart ist als Beispiel ungeeignet. Sie hat keinen Freitod gewählt, sondern wird hingerichtet; sie willigt lediglich in die Todesstrafe ein; das ist etwas ganz anderes.
11 Ebda., S. 305.
12 Hermann Gumbel: Die realistische Wendung des späten Schiller, S. 162.
13 Stuart Atkins: Gestalt als Gehalt, S. 529–564.
14 Ebda., S. 544.

ANMERKUNGEN ZU DEN SEITEN 182–194

15 Ebda., S. 562.
16 Ebda., S. 563.
17 Werner Frick: Trilogie der Kühnheit (2005). Gemeint sind damit die letzten drei abgeschlossenen Dramen. (Druckfehler im Titel von mir beseitigt.)
18 Herbert Seidler: Schillers «Braut von Messina», S. 31. – Der Verfasser gehört zu den wenigen Autoren, die Gumbels Beitrag kennen und seine Gedanken aufnehmen.
19 Ebda., S. 31.
20 Karl S. Guthke in dem von H. Koopmann hg. Schiller-Handbuch, S. 471.
21 Ebda., S. 471.
22 Georg-Michael Schulz in dem von M. Luserke-Jaqui hg. Schiller-Handbuch, S. 210.
23 P.-A. Alt: Schiller II/540.
24 Beatrix Langner: Der Name der Blume, S. 219–243.
25 R.-P. Janz: Antike und Moderne, S. 333.
26 Die gelegentliche Erwähnung des Fremden in der großen Biographie von P.-A. Alt (II/538) sei ausdrücklich angeführt: «Das Muster für das düster getönte Bild einer fremdbestimmten Wirklichkeit fand Schiller in der attischen Tragödie.» Es sei aber hinzugefügt, daß diese fremdbestimmte soziale Wirklichkeit in allen Dramen seit «Wallenstein» erscheint und keine von ihnen hat es mit der attischen Tragödie zu tun. Sehr viel näher muß es daher liegen, den Begriff des Fremdbestimmten als Gegenbegriff zur Selbstbestimmung aufzufassen.
27 Schulin: Schillers Interesse an Aufstandsgeschichte, S. 138: «Jedes historische Drama spielt in einem anderen Land.»
28 Auf diese historischen Zusammenhänge macht P.-A. Alt (Schiller II/533) aufmerksam.
29 Vgl. noch einmal B. Langner: Der Name der Blume.
30 Hierzu E. Ritz im Historischen Wörterbuch der Philosophie II, Sp. 509–525.
31 Über diese andere Natur, vornehmlich im Spätwerk Goethes, handelt Karl Richter in dem Beitrag: Beziehungen von Dichtungen und Morphologie, S. 161.
32 Vgl. hierzu den Beitrag von Karl S. Guthke in dem von H. Koopmann hg. Schiller-Handbuch, S. 473.
33 Die Wendung «Der fremde Eroberer» bezieht Michael Freund: Napoleon und die Deutschen, S. 31, auf Napoleon.

IV, 8. «Wilhelm Tell»

1 Hierzu H. Koopmann in den von W. Hinderer hg. Interpretationen (1979), der dem Familiendrama den Vorzug vor dem politischen Drama gibt.
2 Barbara Neymeyr: Macht, Recht und Schuld, S. 120: «Über die für die höfische Sphäre typischen intriganten Machenschaften hinaus rückt hier die Problematik eines Unrechtsregimes ins Blickfeld.»

ANMERKUNGEN ZU DEN SEITEN 195–209

3 Hierzu Dieter Borchmeyer: «Altes Recht» und Revolution (1982), S. 69–111.
4 Vgl. Reinhard Brandt: Die Bestimmung des Menschen bei Kant (2007), S. 94/95.
5 Hermann Gumbel: Die realistische Wendung (1932/33), S. 131–162.
6 Hierzu das Kapitel «Quellen» in NA X/389–393.
7 Die antijakobinische Tendenz in Schillers Schauspiel betont nachdrücklich G.-L. Fink in seinem 1986 veröffentlichten Beitrag: Schillers «Wilhelm Tell», ein antijakobinisches republikanisches Trauerspiel.
8 G. Spendel: Schillers «Wilhelm Tell», S. 159.
9 Ebda., S. 165–167.
10 M. Kommerell: Geist und Buchstabe, S. 138.
11 Spendel: Schillers «Wilhelm Tell», S. 167.
12 Am ausführlichsten ist dies der Fall in dem Beitrag Fritz Martinis mit der sehr bezeichnenden Überschrift: «Wilhelm Tell, der ästhetische Staat und der ästhetische Mensch» (1960) – Begriffe aus dem Wortfeld des Tyrannentums kommen hier kaum vor.
13 Vgl. Martini in: Berghahn/Grimm, S. 369: «... oder daß es sich gar in dem Drama um eine illustrative ‹Versinnlichung› solcher Ideen ... handle.»
14 Auf die didaktische Verkennung des Dramas an unseren Schulen kommt F. Martini in dem genannten Beitrag S. 368 zu sprechen und schreibt: «Keines seiner Dramen bietet sich so fraglos einer nationalen oder pädagogischen ‹Verwertung› an: sei es als ein vaterländisches Festspiel, sei es als Sonnabend-Nachmittag Volks- und Schüleraufführung mit verbilligten Preisen, sei es schließlich als eine Lektüre in den unteren Schulklassen, die in den Vorhof der Klassik eingeführt werden und hier die Tür finden sollen, die sich am leichtesten öffnet. Kein Drama Schillers scheint so geringe Schwierigkeiten der Deutung zu bereiten wie das Spiel vom Befreiungskampf des Schweizer Bauernvolkes und seines biederen-tapferen Helden.»
15 Vgl. auch den Hinweis im Kommentar der NA (XXVIII/344), daß Archenholtz die Empfehlung zustimmend aufgenommen habe.
16 Hierzu E. Braemer, U. Wertheim: Studien, S. 103; vgl. auch Gerhard Oestreich: Geschichte der Menschenrechte und Grundfreiheiten im Umriß. 2. Aufl., S. 62.
17 H. G. Haasis: Nachwort, S. 203.
18 Vgl. hierzu die deutlichen Ausführungen des französischen Germanisten G.-L. Fink: Schillers «Wilhelm Tell».
19 Über Tell als Held der Französischen Revolution vgl. Lilly Stunzi: Tell: Werden und Wandern eines Mythos (1973).
20 Hans Mayer: Wendezeiten, S. 242–243.
21 Hierzu Bernhard Böschenstein: Das Bild der Schweiz (1983), S. 58–72.
22 Vgl. ebda., S. 58.
23 Ebda., S. 59.
24 J. G. Ebel: Anleitungen, S. 7 ff.
25 Als Reprint in 2 Bänden 1983 neu herausgegeben von Peter Faessler. An beiden

ANMERKUNGEN ZU DEN SEITEN 209–223

Bänden ist ein Anhang des Herausgebers «Johann Gottfried Ebel als Reiseliterat» beigefügt.
26 Vorbericht zu «Schilderungen der Gebirgsvölker».
27 B. Böschenstein: Das Bild der Schweiz, S. 66.
28 Thomas Höhle: Die Helvetische Republik, S. 325.
29 H.-J. Knobloch: «Wilhelm Tell», S. 164.
30 Der Kommentar in der Nationalausgabe zu der von Schiller genannten «schweizerischen Freiheit» lautet: «Gemeint ist wohl der Verlust der politischen Freiheit im allgemeinen, nicht der schweizerischen Freiheit speziell» (NA XXXII/385). Was hier gesagt wird, ist bezeichnend für die Unkenntnis der zeitgeschichtlichen Bezüge zu Schillers Drama. Gemeint ist doch die schweizerische Freiheit speziell, die damals «Helvetische Republik» hieß. Auch Napoleon, damals Napoleon Bonaparte, der für das Verschwinden dieser Freiheit verantwortlich ist, hätte man nennen können.

V. Napoleon ante portas:
Das Verschweigen einer Gegnerschaft

1 Brockhaus-Enzyklopädie. Wiesbaden 17. Aufl. 1967 ff., IX/78.
2 Die Bezeichnung «nicht unmittelbar» ist auch in der angeführten Definition der Brockhaus-Enzyklopädie: eine «nicht unmittelbar beweisbare Tatsache»
3 Hierzu neuerdings Gustav Seibt: Goethe und Napoleon (2008).
4 Varnhagen von Ense, Mundt: Knebel's literarischer Nachlaß II/282.
5 Golo Mann: Schiller als Geschichtsschreiber, S. 66.
6 Hans Blumenberg: Arbeit am Mythos, S. 504–566.
7 Jakob Minor: Zum Jubiläum des Bundes, S. 1.
8 Norbert Oellers: Schiller. In: Goethe-Handbuch 4,2, S. 948.
9 Hans Pyritz: Der Bund zwischen Goethe und Schiller (1952), S. 27.
10 Wolfgang Paulsen: Goethes Kritik, S. 65.
11 Hierzu W. Daniel Wilson: Geheimräte gegen Geheimbünde (1991), ferner Walter Müller-Seidel, Wolfgang Riedel: Die Weimarer Klassik und ihre Geheimbünde (2002).
12 Ernst Schulin: Schillers Interesse, S. 138.
13 Barbara Beßlich: Der deutsche Napoleon-Mythos, S. 86.
14 Karl Berger: Schiller II/576.
15 Ebda., II/655.
16 H. A. Korff: Geist der Goethezeit II/243.
17 B. v. Wiese: Schiller, S. 795.
18 Ebda., S. 794.
19 Walter Hinderer (Hg.): Friedrich Schiller und der Weg in die Moderne (2006).
20 P.-A. Alt: Schiller II/379.

21 R. Safranski: Schiller, S. 456.
22 Ebda., S. 486.
23 Ebda., S. 493.
24 Edith Braemer, Ursula Wertheim: Studien zur deutschen Klassik (1960).
25 Hans-Günther Thalheim: Schillers «Demetrius» als klassische Tragödie (1955).
26 Ebda., S. 211.
27 Ebda., S. 212.
28 Ebda., S. 214.
29 Fritz Martini: Demetrius, S. 341.

VI. Gesinnungsfreunde

1 Hierzu neuerdings Sabine Appel: Madame de Staël (2006).
2 Über ihre politischen Auffassungen vgl. Heinz Hamm: Frau von Staëls Interesse für Schiller (1987).
3 Hierzu S. Appel: Madame de Staël, S. 261–272: «Über Deutschland. Ein Epoche machendes Werk.»
4 Lothar Gall: Benjamin Constant (1963).
5 Ebda., S. 32–40.
6 S. Appel: Madame de Staël, S. 173.
7 Von seiner Mitwisserschaft spricht Hannah Arendt in dem glänzenden Kapitel über Gentz ihres Buches über Rahel Varnhagen und zitiert ihn mit einem ihn kennzeichnenden Ausdruck, S. 96: «Er war auf nichts so stolz, prahlte mit keinem Orden so wie mit seiner ‹Mitwisserschaft›»: «‹Ich weiß alles. Kein Mensch auf Erden weiß von der Zeitgeschichte, was ich davon weiß.›»
8 Ebda., S. 95.
9 F. Meinecke: Weltbürgertum, S. 135.
10 Vgl. Gero von Wilpert: Schiller-Chronik, S. 267.
11 Golo Mann: Friedrich von Gentz, S. 91/92.
12 Vgl. hierzu die Erläuterungen zu diesem Brief: XXXVII, II/258.
13 G. Mann: Friedrich von Gentz, S. 172.
14 Hier zitiert nach der Artemis-Gedenkausgabe: XXI/1043.
15 Hierzu mein Beitrag «Naturforschung und deutsche Klassik» in der Festschrift für Benno von Wiese: Untersuchungen zur Literatur als Geschichte, S. 67.
16 So im Kommentar der Nationalausgabe XXXVIII, 2/570.
17 Hier zitiert nach Fritz Heuer, Werner Keller (Hg.): Schillers «Wallenstein», S. 17.
18 Siegfried A. Kaehler: Wilhelm von Humboldt und der Staat, S. 162.
19 G. Masur, H. Arens in: Neue deutsche Biographie X/47.
20 Vgl. Peter Berglar: Wilhelm von Humboldt, S. 10.
21 Emil Palleske: Schiller's Leben und Werke, II/577.

ANMERKUNGEN ZU DEN SEITEN 243–251

22 Edmund Jacoby in: Manfred Asendorf, Rolf von Bockel (Hg.): Demokratische Wege. Ein biographisches Lexikon, S. 551.
23 Otto Voßler: Geist und Geschichte (1964), S. 161.
24 Christopher Clark: Preußen (2007), S. 385.

VII. Der fremde Eroberer und die neuen Themen

1 Kurt May: Friedrich Schiller (1947), S. 99; vgl. die auch schon an anderer Stelle zitierte Aussage bei Hermann August Korff: Geist der Goethezeit II/243: «Wallenstein ist ein Napoleon; Napoleon und Wallenstein aber gehören zu dem gleichen Typus dämonischer Unersättlichkeit...» Jede Gleichsetzung, was man zu beachten hat, ist hier vermieden im Hinblick auf das im Typischen Vergleichbare. Dieser Vergleich der Typen findet unabhängig von Schillers Intentionen statt. Er ist unverbindlich und nicht zu beanstanden. Über die Äußerungen des Jugendfreundes ist schon an anderer Stelle gesagt worden, daß sie mit Vorsicht aufzunehmen seien und daß möglicherweise Erinnerungsfehler vorliegen.
2 So Ernst Schulin: Schillers Interesse, S. 144: «Wenn Schiller in dem schon zitierten Prolog zu *Wallenstein* 1789 von des Jahrhunderts ernstem Ende spricht..., meinte er nicht die Französische Revolution, sondern den Krieg des revolutionären Frankreich gegen die europäische Koalition.»
3 Jochen Schmidt: Freiheit und Notwendigkeit, S. 92.
4 Umfassend orientiert Joachim Radkau in seiner Biographie über den Begriff, dort im Kapitel «Charisma»: J. Radkau: Max Weber, S. 539–613.
5 Thomas Karlauf: Stefan George. Die Entdeckung des Charisma (2007).
6 Ebda., S. 412.
7 Max Weber: Soziologie, S. 161: «Es versteht sich, daß der Ausdruck ‹Charisma› in einem gänzlich wertfreien Sinn gebraucht wird.»
8 R.-P. Janz: Die Verschwörung des Fiesko zu Genua. In: Interpretationen, hg. von W. Hinderer (1992), S. 73.
9 M. Freund: Napoleon und die Deutschen, S. 17.
10 Ebda., S. 90.
11 Die Auffassung, daß es sich hinsichtlich des «Reiterliedes» um Rollenlyrik handelt, nicht um die Stimme Schillers, habe ich 1976 in dem Aufsatz «Episches im Theater der deutschen Klassik» zu begründen versucht; jetzt in W. Müller-Seidel: Die Geschichtlichkeit, S. 149. Zu meiner Freude hat dies neuerdings auch Wulf Segebrecht getan: Über die unpopuläre Popularität, S. 595.
12 Hierzu Hans-Jürgen Schings: Die Brüder des Marquis Posa (1996). – Die Malteser gehören zum Ritterorden der Johanniter, der um die Mitte des 11. Jahrhunderts gegründet wurde. Im Jahre 1530 belehnte Kaiser Karl V. den Orden mit der Insel Malta, «so daß seit dieser Zeit der Name Malteser in Gebrauch gekommen ist» (Galling [Hg.]: Die Religion in Geschichte und Gegenwart V/ Sp. 1122).

ANMERKUNGEN ZU DEN SEITEN 251–273

13 Barbara Bauer: Schillers «Maltheser», S. 127.
14 Vgl. über Posselt den überaus informativen Artikel von Michaela Breil. In: Demokratische Wege, S. 486.
15 Minerva 1789, Teil IV, S. 193–214; darauf weist hin B. Bauer in dem oben genannten Aufsatz, S. 137.
16 B. Bauer: Schillers «Maltheser», S. 138 ff.
17 J. W. von Archenholtz (Hg.): Minerva 1798, IV. Teil, S. 135.
18 Hierzu jetzt Ute Rieger: Johann Wilhelm von Archenholtz (1994).
19 Minerva 1798, IV. Teil, S. 137.
20 Wilhelm Michel: Hölderlins Wiederkunft (1943).
21 Hölderlin: Sämtliche Werke IV/XIII (Vorrede).
22 Werner Kirchner: Hölderlin, S. 11.
23 Ebda., S. 16.
24 Friedrich Sengle: Wieland, S. 531.
25 Karl Kerényi: Zur Entdeckung von Hölderlins «Friedensfeier» (1955).
26 Beda Allemann: Hölderlins Friedensfeier (1955).
27 Paul Böckmann: Hölderlins Friedensfeier, S. 14.
28 Meta Corssen: Hölderlins Friedensfeier, S. 34.
29 Ebda., S. 44.
30 Brief vom 20.12.1797 (XXIX/170). Eine dritte Anfrage ist nicht überliefert; vgl. den Kommentar zum Brief an Göschen vom 16.2.1801 (XXXI/212).
31 Dieser Geschichtspessimismus ist in der neueren Forschung wiederholt wahrgenommen worden. Barbara Bauer erwähnt ihn in ihrer Untersuchung über das Maltheser-Fragment, dort S. 135.
32 Wolfgang Riedel: Die anthropologische Wende, S. 21.
33 Peter-André Alt: «Arbeit für mehr als ein Jahrhundert», S. 120.
34 Ernst Osterkamp: Die Götter – die Menschen. Friedrich Schillers lyrische Antike (2005).
35 Ebda., S. 10.
36 Ebda., S. 24.
37 Ebda., S. 27.
38 Ebda., S. 28.
39 Volker Gerhardt: Selbstbestimmung (1999).
40 Reinhard Brandt: Die Selbstbestimmung des Menschen (2007), S. 19.
41 Ebda., S. 13.
42 O. Voßler: Der Nationalgedanke, S. 43.
43 R. Brandt: Die Bestimmung des Menschen, S. 88.
44 Helmut Koopmann: «Bestimme dich aus dir selbst», S. 208.
45 Historisches Wörterbuch der Philosophie X/Sp. 615.
46 Vgl. D. Arasse: Die Guillotine, S. 67 ff.
47 Hella Mandt: Geschichtliche Grundbegriffe I/909.
48 Zitiert nach Johannes Willms: Napoleon, S. 103.

49 Benjamin Constant: Werke I/237.
50 Christophe Prignitz: «Vive l'Empereur!», S. 113.
51 Hier zitiert nach Wolfgang Burgdorf: Ein Weltbild, S. 183/84.
52 Ernst Moritz Arndt: Meine Wanderungen. In: Arndts Werke V/14 ff.
53 Ebda., VI/178.
54 Ebda., S. 185.
55 Ebda., S. 189.
56 Ebda., S. 181.
57 Beda Allemann: Der Nationalismus Heinrich von Kleists (1966).
58 Hans A. Kaufmann: Nation und Nationalismus (1993).
59 Hier liest man – kaum zu glauben! – die folgenden Sätze, mit denen Schiller aus heutiger Sicht und mit heutigen Begriffen (Fremdenfeindlichkeit) wegen seines vermeintlichen Nationalismus in die Schranken gewiesen wird; S. 167 heißt es: «Der Geburtsfehler des deutschen Nationalismus, seine antifranzösische und damit xenophobe Prägung des angeblich so universalistisch-aufklärerischen Klassikers findet nach meiner Analyse seinen Ausdruck. Die Tendenz eines durch Fremdenfeindlichkeit fundierten Nationalismus bedingte wohl nicht zuletzt die rege Rezeption in der folgenden Zeit der Befreiungskriege, in deren Gefolge der vormalige gesellschaftliche Reformwille durch Xenophobie verdrängt wurde.» Ungeschichtlicher geht es kaum!
60 Vgl. B. Beßlich: Der deutsche Napoleon-Mythos, S. 65.
61 Paul Hankamer: Spiel der Mächte, S. 104.
62 Ludwig Lenhart: Carl Theodor Anton Maria von Dalberg. In: Neue deutsche Biographie III/489.

VIII. Schwindendes Interesse an Widerstand und wachsendes Interesse an menschlicher Größe

1 Hella Mandt: Tyrannislehre, S. 5.
2 Ebda., S. 159.
3 Ebda., S. 165.
4 Ebda., S. 166.
5 Ebda., S. 201.
6 Ebda., S. 204.
7 August Ludwig von Rochau: Grundsätze der Realpolitik, angewendet auf die staatlichen Zustände Deutschlands. Der erste Band erschien 1853, der zweite anderthalb Jahrzehnte später, 1869. Treitschke hat das Erscheinen des zweibändigen Werkes enthusiastisch begrüßt.
8 H. Mandt: Tyrannislehre, S. 212.
9 Ebda., S. 213.
10 Ebda., S. 213; vgl. hierzu Heinz Gollwitzer: Der Cäsarismus Napoleons III. In:

Historische Zeitschrift (1952); ferner D. Groh: Cäsarismus. In: Geschichtliche Grundbegriffe I/726–771.
11 H. Mandt: Tyrannislehre, S. 213.
12 Ebda., S. 218.
13 Ebda., S. 230.
14 Ebda., S. 247.
15 Ebda., S. 255.
16 Ebda., S. 283.
17 Ebda., S. 284.
18 Ebda., S. 291. – Karl Löwith in einem Aufsatz in der «Frankfurter Allgemeinen Zeitung» vom 27. Juni 1964, zitiert von H. Mandt: Ebda., S. 291/92. Vgl. hierzu die kritischen Bemerkungen Karl Löwiths schon 1936 in der in der Schweiz erschienenen Schrift über Jacob Burckhardt, jetzt in: Sämtliche Schriften VII/154. Die Probleme des charismatischen Führertums erörtert auf breiter Grundlage Joachim Radkau in seiner Biographie Max Webers, dort S. 539–613; S. 610 über «die charismatische Aufladung des Führerbegriffs».
19 Hella Mandt: Tyrannislehre, S. 303.
20 Zitiert von Barbara Piatti: Tells Theater (2004), S. 193.
21 Zu diesen Motiven gehört zweifellos das Widerstandsrecht; vgl. hierzu Peter von Matt: «Nein, eine Grenze hat Tyrannenmacht...». In: Orden pour le mérite, 2008, S. 211.
22 Rolf Hochhuth: Das Wort Mord hören wir nicht gern. In: Die Zeit vom 5.1.2005.
23 G. Storz: Der Dichter Friedrich Schiller, S. 402–430.
24 Gert Ueding: Wilhelm Tell. In: Schillers Dramen. Neue Interpretationen, hg. von W. Hinderer (1979), S. 271–293.
25 B. Zeller: Klassiker in finsteren Zeiten 1933–1945 (1983).
26 B. Piatti: Tells Theater, S. 186.
27 Ebda., S. 192.
28 Ebda, S. 196.
29 Hierzu Georg Ruppelt: Schiller im nationalsozialistischen Deutschland, S. 40/41.
30 B. Zeller: Klassiker in finsteren Zeiten 1933–1945, I/421–422.
31 Rolf Hochhuth: «Tell 38». Er wollte Hitler töten. In: «Die Zeit» vom 17.12.1976.
32 Henry Picker: Hitlers Tischgespräche (1976), S. 102.
33 Hierzu das in seinen historischen Bezügen höchst lesenswerte Kapitel «Das geheime Deutschland» in Peter Hoffmanns Buch über den Grafen Stauffenberg, S. 61–78; zum gleichen Thema neuerdings auch Manfred Riedel. Geheimes Deutschland. Stefan George und die Brüder Stauffenberg (2006).
34 M. Kommerell: Der Dichter als Führer, S. 179.
35 P. Hoffmann: Stauffenberg, S. 111.
36 Margret Boveri: Der Verrat im 20. Jahrhundert I/20.
37 E. Zeller: Stauffenberg, S. 56.
38 Ebda., S. 102.

ANMERKUNGEN ZU DEN SEITEN 290–300

39 T. Karlauf: Stefan George, S. 639.
40 Geschichtliche Grundbegriffe I/731.
41 J. Burckhardt: Weltgeschichtliche Betrachtungen, S. 515: «Das Allerseltenste aber ist bei weltgeschichtlichen Individuen die *Seelengröße*. Sie liegt im Verzichtenkönnen auf Vorteile zugunsten des Sittlichen ...»
42 Die Übersetzung nach Kindlers Neues Literatur-Lexikon XI/213.
43 In seiner Schrift «Der Mensch und die Technik» (1931) spricht Spengler von Raubtiermenschen – in seinem Denken die «freibeweglichste Form des Lebens», S. 12.
44 Vgl. B. Beßlich: Der deutsche Napoleon-Mythos, S. 76.
45 Zur Geschichte des Begriffs «Weltseele» vgl. J. Zachhuber in: Historisches Wörterbuch der Philosophie XII/Sp. 516–521.
46 An Niethammer vom 13.10.1806, hier zitiert nach B. Beßlich: Der deutsche Napoleon-Mythos, S. 59.
47 Karl Löwith: Sämtl. Schriften VII/6.
48 Georg Iggers: Deutsche Geschichtswissenschaft, S. 127.
49 Hier zitiert nach Friedrich Meinecke: Die Entstehung des Historismus, S. 619.
50 H. Mandt: Tyrannislehre, S. 213.
51 Die Biographie über Napoleon erschien zuerst 1905.
52 Nietzsche unterscheidet in der zweiten seiner «Unzeitgemäßen Betrachtungen» zwischen einer monumentalischen, einer antiquarischen und einer kritischen Geschichtsbetrachtung (Sämtliche Werke, Kritische Studienausgabe, I/258).
53 Hier zitiert nach F. Meinecke: Die Entstehung des Historismus, S. 621.
54 Heinrich von Treitschke: Preußische Jahrbücher (1874), S. 82.
55 Groh: Cäsarismus. In: Geschichtliche Grundbegriffe I/767 ff.
56 Hierzu Detlef Felken: Das Zeitalter der Cäsaren. In: Ders: Oswald Spengler, S. 127.
57 Hierzu Kurt Rossmann: Wissenschaft, Ethik und Politik – mit dem bezeichnenden Untertitel «Erörterung des Grundsatzes der Voraussetzungslosigkeit in der Forschung» (1949).
58 Theodor Mommsen: Römische Geschichte III/468.
59 Ebda.
60 Die Dokumentation des Streites: Walter Boehlich (Hg.): Der Berliner Antisemitismusstreit (1988). Vgl. hierzu auch Stefan Rebenich: Theodor Mommsen (2002), S. 170 ff.
61 Friedrich Gundolf: Caesar, S. 264.
62 Friedrich Gundolf: Goethe, S. 256.
63 F. Gundolf: Caesar, S. 265.
64 Vgl. T. Karlauf: Stefan George, S. 35–37.
65 M. Riedel: Geheimes Deutschland, S. 208.
66 Philipp Bouhler: Napoleon (1941).

IX. Zur Kritik menschlicher Größe

1 Hierzu Karl Löwith: Der Mensch inmitten der Geschichte. In: Sämtliche Schriften VII/29 ff.
2 Vgl. Ulrike Steierwald: Leiden an der Geschichte (1994).
3 Jacob Burckhardt: Weltgeschichtliche Betrachtungen, S. 500.
4 Ebda., S. 516.
5 Ebda., S. 499.
6 Ebda., S. 416.
7 Ebda., S. 481.
8 Ebda., S. 165.
9 Ebda., S. 531.
10 Ebda., S. 531.
11 Ebda., S. 532.
12 G. Iggers: Deutsche Geschichtswissenschaft, S. 168.
13 Wolfgang Kayser: Schiller als Dichter und Deuter der Größe (1960).
14 Erik Wolf: Vom Wesen des Rechts, S. 246.
15 Eine solche, den Aufsatz von Paul Michael Lützeler, nennt Karl S. Guthke im Fiesko-Kapitel seines Buches, S. 70. Hier auch nähere Hinweise zu dem Beitrag.
16 Gottfried Willems: «Ich will ...» Zur Struktur von Schillers Dramen, S. 298.
17 Zur Motivik des kranken Königssohns vgl. die Einführung von Hans-Jürgen Schings zu Goethes «Wilhelm Meisters Lehrjahre» in der Münchner Ausgabe V/629 ff.
18 Diese deutlich ausgesprochene Kritik an der von Männern gemachten Geschichte darf als Ergänzung zu Claudia Honeggers Buch «Die Ordnung der Geschlechter» verstanden werden.
19 B. Neymeyr: Macht, Recht und Schuld, S. 120.
20 So Hartmut Reinhardt in seinem Beitrag zu dem von Helmut Koopmann hg. Schiller-Handbuch, dort heißt es S. 410: «Das Bedürfnis, derart ‹große Gegenstände› im *Wallenstein* zu entdecken, ist verständlich. NAPOLEON BONAPARTE, den manche Schiller-Interpreten gern aufmarschieren lassen, mag als realhistorische Bezugsfigur nach Eigenschaften, Fähigkeiten, Machtziel zwar vorzüglich passen. Aber die Chronologie verbietet ... jedes weitere Spekulieren.» Aber die Chronologie verbietet gar nichts. Im übrigen ist es nicht ganz nebensächlich zu bemerken, daß dem schwäbischen Dichter Friedrich Schiller unerachtet aller Weltbürgerlichkeit die Besetzung seiner schwäbischen Heimat durch französische Truppen sehr nahe gegangen ist, und es waren ja um die Mitte der neunziger Jahre, ehe die Entscheidung für Wallenstein erfolgte, nicht irgendwelche Truppen aus Frankreich, sondern solche Bonapartes, wie er damals noch hieß, von der Besetzung der Schweiz, abermals durch französische Truppen unter dem Oberbefehl Bonapartes. Die Frage der Chronologie ist kein Gegenargument gegen die Annahme, Napoleon sei als Hintergrundfigur in Schillers Dramen beachtenswert.

ANMERKUNGEN ZU DEN SEITEN 318-332

21 Zum Vergleich beider Figuren ist auf das Buch von René-Marc Pille (Le théâtre de l'effroi: lectures croisées du Faust de Goethe et du Wallenstein de Schiller) zu verweisen.
22 Statt anderer Literatur sei auf das Buch von Michael Jaeger: Fausts Kolonie (2004) verwiesen; aber auch an die Demontage von Fausts Größe im Nachwort zur «Faust»-Edition in der Münchner Ausgabe von Dorothea Hölscher (XVIII, 1/535) ist zu erinnern. Die Demontage beginnt mit dem Satz: «Die Zeit ist durch Größe verwundet; sie ist sie grundsätzlich satt.»
23 So Norbert Oellers in dem von M. Luserke-Jaqui hg. Schiller-Handbuch, dort S. 149. Hier mit Bezug auf die Menschenart des Idealisten, wie er in «Naive und sentimentalische Dichtung» beschrieben wird. Dieser Bezug, der einer Festlegung gleichkommt, ist keineswegs zwingend.
24 In seinem Aufsatz «Schiller als Gestalter des handelnden Menschen»: «Die Haupttragik, der geistige Grund des Tragischen, ist, daß Wallenstein und Max auseinandertreten müssen ...» (In: Kommerell: Geist und Buchstabe der Dichtung, S. 134.)

X. Humanitätsbegriffe in Klassik und Moderne

1 Hier zitiert nach dem Erstdruck in der Zeitschrift «Die Horen». Fotomechanischer Nachdruck. Berlin 1959, I/IV.
2 WA I, 31, S. 253.
3 Hierzu ausführlich Arthur Henkel: Die «verteufelt humane» Iphigenie, S. 85 ff.
4 Isaiah Berlin: Das krumme Holz der Humanität (1992).
5 Beide Zitate in dem von Thomas Zabka verfaßten Artikel «Humanität». In: Goethe-Handbuch, hg. von Bernd Witte u.a. IV, 1/498–501.
6 Über Gustav von Loepers Festvortrag «Berlin und Weimar» aus dem Jahre 1890 vgl. Karl Robert Mandelkow: Goethe in Deutschland I/207.
7 Jahrbuch der Goethe-Gesellschaft 19 (1933), S. 265.
8 Wieder abgedruckt in dem Buch: Die Biologie des Krieges von Georg Friedrich Nicolai (1983), S. 9.
9 Gerhard Kaiser: Wie die Kultur einbrach. In: Merkur 56 (2002), Heft 635, S. 210.
10 Ebda., S. 214.
11 Ebda., S. 214.
12 F. Gundolf: Goethe, S. 318.
13 H. A. Korff: Geist der Goethezeit II/121 ff.
14 Ebda., II/164.
15 Ebda., I/2.
16 Julius Petersen: Drei Goethe-Reden, S. 7.
17 Manfred Fuhrmann: Klassische Philologie, S. 317.
18 Georg Christoph Lichtenberg: Über das Alter der Guillotine. In: Ders.: Schriften und Briefe II/488.

19 Näheres in meiner Schrift über Alfred Erich Hoche.
20 Ebert: Schiller und das Recht, S. 157.
21 Briefwechsel zwischen Goethe und Knebel (1774–1832). Erster Theil 1851, S. 339.
22 Helmuth Plessner: Die Frage nach der Conditio humana (1976), S. 10.
23 Briefwechsel zwischen Gottfried Keller und Hermann Hettner (1964), S. 46.
24 Dirk Blasius: «Einfache Seelenstörung», S. 19.
25 Max Kommerell: Geist und Buchstabe, S. 85.
26 Artemis-Gedenkausgabe. Zürich 1949, XX/1011.

LITERATUR

Abbt, Thomas: Vom Tode für das Vaterland. In: Ders.: Vermischte Werke. Berlin, Stettin 1770.
Adorno, Theodor W.; Horkheimer, Max: Dialektik der Aufklärung. Philosophische Fragmente. Amsterdam 1947.
Allemann, Beda: Hölderlins Friedensfeier. Pfullingen 1955.
Allemann, Beda: Der Nationalismus Heinrich von Kleists. In: Nationalismus in Germanistik und Dichtung. Dokumentation des Germanistentages in München vom 17. bis 22. Oktober 1966. Hg. von Benno von Wiese. Berlin 1967, S. 305–311.
Alt, Peter-André: Schiller. Leben – Werk – Zeit. 2 Bde. München 2000.
Alt, Peter-André: «Arbeit für mehr als ein Jahrhundert». Schillers Verständnis von Ästhetik und Politik in der Periode der Französischen Revolution (1790–1800). In: Jahrbuch der Deutschen Schillergesellschaft 46 (2002), S. 102–133.
Alt, Peter-André: Ästhetik des Opfers. Versuch über Schillers Königinnen. In: Jahrbuch der Deutschen Schillergesellschaft 50 (2006), S. 176–204.
Alt, Peter-André: Flaschs Schiller – Eine Erwiderung. In: Jahrbuch der Deutschen Schillergesellschaft 50 (2006), S. 205–211.
Althusius, Johannes: Politica, methodice digesta atque exemplis sacris et profanis illustrata. Herborn 1603.
Althusius, Johannes: Politik. Übersetzt von Heinrich Janssen. In Auswahl herausgegeben, überarbeitet und eingeleitet von Dieter Wyduckel. Berlin 2003.
Appel, Sabine: Madame de Staël. Biographie einer großen Europäerin. Düsseldorf 2006.
Arasse, Daniel: Die Guillotine. Die Macht der Maschine und das Schauspiel der Gerechtigkeit. Reinbek bei Hamburg 1988.
Archenholtz, Johann Wilhelm von: Ueber Bonaparte und den deutschen Patriotismus. In: Minerva IV (1798), S. 127–143.
Arendt, Hannah: Rahel Varnhagen. Lebensgeschichte einer deutschen Jüdin aus der Romantik. 1. Aufl. der Neuausg. 1981. München 2006.
Ariès, Philippe: Geschichte des Todes. München, Wien 1980.
Aristoteles: Politik. Schriften zur Staatstheorie. Übersetzt und herausgegeben von Franz F. Schwarz. Stuttgart 2003.

LITERATUR

Aristoteles: Nikomachische Ethik. Übersetzung und Nachwort von Franz Dirlmeier. Anmerkungen von Ernst A. Schmidt. Stuttgart 2006.

Arndt, Ernst Moritz: Meine Wanderungen und Wandelungen mit dem Reichsfreiherrn Heinrich Karl Friedrich vom Stein. In: Arndts Werke. Teile V/VI. Hg. von August Leffson. Berlin u. a. o. J.

Asendorf, Manfred; Bockel, Rolf von (Hg.): Demokratische Wege. Ein biographisches Lexikon. Stuttgart, Weimar 2006.

Atkins, Stuart: Gestalt als Gehalt in Schillers «Braut von Messina». In: Deutsche Vierteljahrsschrift für Literaturwissenschaft und Geistesgeschichte 33 (1959), S. 529–564.

Aurnhammer, Achim u. a. (Hg.): Schiller und die höfische Welt. Tübingen 1990.

Baioni, Giuliano: «Märchen» – «Wilhelm Meisters Lehrjahre» – «Hermann und Dorothea». Zur Gesellschaftsidee der deutschen Klassik. In: Goethe-Jahrbuch 92 (1975), S. 73–127.

Barkhoff, Jürgen: Magnetische Fiktionen. Literarisierung des Mesmerismus in der Romantik. Stuttgart, Weimar 1995.

Barner, Wilfried: Der Jurist als Märtyrer. Andreas Gryphius' «Papinian». In: Literatur und Recht. Literarische Rechtsfälle von der Antike bis in die Gegenwart. Hg. von Ulrich Mölk. Göttingen 1996, S. 219–243.

Barner, Wilfried; König, Christoph (Hg.): Zeitenwechsel. Germanistische Literaturwissenschaft vor und nach 1945. Frankfurt a.M. 1996.

Bauer, Barbara: Friedrich Schillers «Maltheser» im Lichte seiner Staatstheorie. In: Jahrbuch der Deutschen Schillergesellschaft 35 (1991), S. 113–149.

Beck, Adolf: Die Krisis des Menschen im Drama des jungen Schiller (1955). In: Ders.: Forschung und Deutung, Ausgewählte Aufsätze zur Literatur. Hg. von Ulrich Fülleborn. Frankfurt a.M., Bonn 1966, S. 119–166.

Beck, Adolf: Schillers «Maria Stuart». In: Ders.: Forschung und Deutung. Ausgewählte Aufsätze zur Literatur. Hg. von Ulrich Fülleborn. Frankfurt a.M., Bonn 1966, S. 167–187.

Beißner, Friedrich: Diskussionsbeitrag zur Jahresversammlung 1956. In: Hölderlin-Jahrbuch 9 (1955/56). Tübingen 1957, S. 101.

Beißner, Friedrich: Hölderlin. Reden und Aufsätze. Weimar 1961.

Benjamin, Walter: Ursprung des deutschen Trauerspiels. Berlin 1928.

Berger, Karl: Schiller. Sein Leben und seine Werke. 2 Bde. München 1906.

Berghahn, Klaus; Grimm, Reinhold (Hg.): Schiller. Zu Theorie und Praxis der Dramen. Darmstadt 1972.

Berglar, Peter: Wilhelm von Humboldt mit Selbstzeugnissen und Bilddokumenten. Reinbek bei Hamburg 1970.

Berlin, Isaiah: Das krumme Holz der Humanität. Kapitel der Ideengeschichte. Frankfurt a.M. 1992.

Bertaux, Pierre: Hölderlin und die Französische Revolution. Frankfurt a.M. 1969.

Berve, Helmut: Die Tyrannis bei den Griechen. 2 Bde. München 1967.

LITERATUR

Beßlich, Barbara: Der deutsche Napoleon-Mythos. Literatur und Erinnerung 1800 bis 1945. Darmstadt 2007.

Best, Otto F.: Gerechtigkeit für Spiegelberg. In: Jahrbuch der Deutschen Schillergesellschaft 22 (1978), S. 277–302.

Binder, Wolfgang: Die Begriffe «naiv» und «sentimentalisch» und Schillers Drama. In: Jahrbuch der Deutschen Schillergesellschaft 4 (1960), S. 140–157.

Blasius, Dirk: «Einfache Seelenstörung». Geschichte der deutschen Psychiatrie 1800–1945. Frankfurt a.M. 1994.

Blumenberg, Hans: Arbeit am Mythos. Frankfurt a.M. 1979.

Böckmann, Paul: Hölderlins Friedensfeier. In: Hölderlin-Jahrbuch 9 (1955/56), S. 1–31.

Böckmann, Paul: Die innere Form in Schillers Jugenddramen. In: Ders.: Formensprache. Studien zur Literarästhetik und Dichtungsinterpretation. Hamburg 1966, S. 229–267.

Böckmann, Paul: Politik und Dichtung im Werk Friedrich Schillers. In: Ders.: Formensprache. Studien zur Literarästhetik und Dichtungsinterpretation. Hamburg 1966, S. 268–282.

Böckmann, Paul: Schillers Don Karlos. Edition der ursprünglichen Fassung und entstehungsgeschichtlicher Kommentar. Stuttgart 1974.

Boehlich, Walter (Hg.): Der Berliner Antisemitismusstreit. Frankfurt a.M. 1988.

Borchmeyer, Dieter: «Altes Recht» und Revolution. Schillers «Wilhelm Tell». In: Wolfgang Wittkowski (Hg.): Friedrich Schiller: Kunst, Humanität und Politik in der späten Aufklärung. Ein Symposion. Tübingen 1982, S. 69–113.

Borchmeyer, Dieter: Die Tragödie vom verlorenen Vater. Der Dramatiker Schiller und die Aufklärung – Das Beispiel der «Räuber». In: Helmut Brandt (Hg.): Friedrich Schiller – Angebot und Diskurs: Zugänge, Dichtung, Zeitgenossenschaft. Berlin u.a. 1987, S. 160–184.

Borchmeyer, Dieter: Macht und Melancholie. Schillers Wallenstein. Frankfurt a.M. 1988.

Borchmeyer, Dieter: «Marquis Posa ist große Mode». Schillers Tragödie «Don Carlos» und die Dialektik der Gesinnungsethik. In: Walter Müller-Seidel, Wolfgang Riedel (Hg.): Die Weimarer Klassik und ihre Geheimbünde. Würzburg 2002, S. 127–144.

Bornscheuer, Lothar: Deutsche Klassik und Französische Revolution. Politisch-soziales Bewußtsein in der klassischen deutschen Literatur und in der Klassik-Forschung. In: Julius H. Schoeps u.a. (Hg.): Revolution und Demokratie in Geschichte und Literatur. Zum 60. Geburtstag von Walter Grab. Duisburg 1979, S. 19–39.

Böschenstein, Bernhard: Das Bild der Schweiz bei Ebel, Boehlendorff und Hölderlin. In: Christoph Jamme, Otto Pöggeler (Hg.): «Frankfurt aber ist der Nabel dieser Erde»: Das Schicksal einer Generation der Goethezeit. Stuttgart 1983, S. 58–72.

Bouhler, Philipp: Napoleon. Kometenbahn eines Genies. München 1941.

LITERATUR

Boveri, Margret: Der Verrat im 20. Jahrhundert. 2 Bde. Reinbek bei Hamburg 1957.
Braemer, Edith: Schillers romantische Tragödie «Die Jungfrau von Orleans». In: Dies., Ursula Wertheim: Studien zur deutschen Klassik. Berlin 1960.
Braemer, Edith; Wertheim, Ursula: Studien zur deutschen Klassik. Berlin 1960.
Brandt, Reinhard: Die Bestimmung des Menschen bei Kant. Hamburg 2007.
Brittnacher, Hans Richard: Die Räuber. In: Helmut Koopmann (Hg.): Schiller-Handbuch. Stuttgart 1998, S. 326–353.
Bruggen, Max Ferdinand Eugen van: Im Schatten des Nihilismus. Die expressionistische Lyrik im Rahmen und als Ausdruck der geistigen Situation Deutschlands. Amsterdam 1946.
Buchwald, Reinhard: Schiller: Leben und Werk. 4. Aufl. Wiesbaden 1959 [zuerst 1937].
Burckhardt, Jacob: Weltgeschichtliche Betrachtungen. In: Jacob Burckhardt Werke. Kritische Gesamtausgabe. Bd. X: Ästhetik der bildenden Kunst. Hg. von Peter Ganz. München, Basel 2000, S. 549 ff.
Burckhardt, Jacob: Griechische Kulturgeschichte. 2 Bde. Frankfurt a. M. 2007.
Burgdorf, Wolfgang: Ein Weltbild verliert seine Welt. Der Untergang des Alten Reiches und die Generation 1806. München 2006.
Burke, Edmund: A philosophical enquiry into the origin of our ideas of the sublime and beautiful. London 1757.
Burke, Edmund: Reflections on the Revolution in France, and on the proceedings in certain societies in London relative to that event. In a letter intended to have been sent to a gentleman in Paris. London 1790.
Burke, Edmund: Betrachtungen über die Französische Revolution. Nach dem Englischen des Herrn Burke neu bearbeitet, mit einer Einleitung, Anmerkungen, politischen Abhandlungen und einem kritischen Verzeichnis der in England über diese Revolution erschienenen Schriften; in zwei Theilen. Übersetzt von Friedrich Gentz. Berlin 1793.
Burkert, Walter: Homo necans. Interpretationen altgriechischer Opferriten und Mythen. 2., erweiterte Aufl. Berlin, New York 1997 [zuerst 1972].
Cersowsky, Peter: Schillers Volksstück «Wilhelm Tell». In: Jörg Robert (Hg.): Würzburger Schiller-Vorträge 2005. Würzburg 2007, S. 93–112.
Cicero, Marcus Tullius: De re publica. Vom Gemeinwesen. Lateinisch/Deutsch. Übersetzt und hg. von Karl Büchner. Stuttgart 1979.
Clark, Christopher M.: Preußen. Aufstieg und Niedergang 1600–1947. 5. Aufl. München 2007.
Constant, Benjamin: Werke in vier Bänden. Hg. von Axel Blaeschke und Lothar Gall. Dt. von Eva Rechel-Mertens. Berlin 1972.
Corssen, Meta: Hölderlins Friedensfeier. In: Hölderlin-Jahrbuch 9 (1955/56), S. 32–48.
Cysarz, Herbert: Schiller. Halle 1934.
Dilthey, Wilhelm: Von deutscher Dichtung und Musik: Aus den Studien zur Geschichte des deutschen Geistes. Leipzig, Berlin 1933.

LITERATUR

Diwald, Hellmut: Einleitung. In: Leopold von Ranke: Geschichte Wallensteins. Düsseldorf 1967, S. 7–30.

Diwald, Hellmut: Wallenstein: Eine Biographie. München 1969.

Dunk, Hermann W. von der: Kulturgeschichte des zwanzigsten Jahrhunderts. 2 Bde. München 2000.

Ebel, Johann Gottfried: Schilderungen der Gebirgsvölker der Schweiz. Leipzig 1802. Reprint von 1983 mit Nachwort von Peter Faessler.

Ebert, Udo: Friedrich Schillers Ballade «Die Bürgschaft» im Lichte des Strafrechts. In: Zeitschrift für die gesamte Strafrechtswissenschaft 108 (1996), S. 467–493.

Ebert, Udo: Schiller und das Recht. In: Klaus Manger, Gottfried Willems (Hg.): Schiller im Gespräch der Wissenschaften. Heidelberg 2005, S. 139–170.

Eder, Jürgen: Schiller als Historiker. In: Helmut Koopmann (Hg.): Schiller-Handbuch. Stuttgart 1998, S. 653–698.

Ehlich, Konrad (Hg.): Fontane und die Fremde, Fontane und Europa. Würzburg 2002.

Englund, Peter: Menschheit am Nullpunkt. Aus dem Abgrund des 20. Jahrhunderts. Stuttgart 2001.

Erhard, Johann Benjamin: Über das Recht des Volks zu einer Revolution und andere Schriften. Hg. von Hellmut G. Haasis. München 1970.

Evans, Richard J.: Rituale der Vergeltung. Die Todesstrafe in der deutschen Geschichte 1532–1987. München 2001.

Felken, Detlef: Oswald Spengler. Konservativer Denker zwischen Kaiserreich und Diktatur. München 1988.

Fest, Joachim: Staatsstreich: Der lange Weg zum 20. Juli. Berlin 1994.

Feuchtwanger, Lion: Der jüdische Krieg. Berlin 1932.

Feuerbach, Paul Johann Anselm: Anti-Hobbes oder über die Grenzen der höchsten Gewalt und das Zwangsrecht der Bürger gegen den Oberherrn. Erfurt 1798.

Fink, Gonthier-Louis: Schillers «Wilhelm Tell», ein antijakobinisches republikanisches Schauspiel. In: Aufklärung 1 (1986), Heft 2, S. 57–81.

Flasch, Kurt: Schiller – «undialektisch». In: Jahrbuch der Deutschen Schillergesellschaft 49 (2005), S. 389–394.

Foi, Maria Carolina: Schillers «Wilhelm Tell»: Menschenrechte, Menschenwürde und die Würde der Frauen. In: Jahrbuch der Deutschen Schillergesellschaft 45 (2001), S. 192–223.

Foi, Maria Carolina: Schiller und Erhard. Literatur und Politik in der Weimarer Klassik. In: Jahrbuch der Deutschen Schillergesellschaft 49 (2005), S. 199–227.

Foi, Maria Carolina: Recht, Macht und Legitimation in Schillers Dramen. Am Beispiel von «Maria Stuart». In: Walter Hinderer (Hg.): Friedrich Schiller und der Weg in die Moderne. Würzburg 2006, S. 227–242.

Fontane, Theodor: Briefe Theodor Fontanes. Zweite Sammlung. Hg. von Otto Pniower, Paul Schlenther. Berlin 1910.

Foucault, Michel: Wahnsinn und Gesellschaft. Eine Geschichte des Wahns im Zeitalter der Vernunft. Frankfurt a. M. 1969.

Freund, Michael: Napoleon und die Deutschen. Despot oder Held der Freiheit? München 1969.

Frick, Werner: Schiller und die Antike. In: Helmut Koopmann (Hg.): Schiller-Handbuch. Stuttgart 1998, S. 91–116.

Frick, Werner: Trilogie der Kühnheit: «Die Jungfrau von Orleans», «Die Braut von Messina», «Wilhelm Tell» [Druckfehler beseitigt]. In: Günter Sasse (Hg.): Schiller. Werk-Interpretationen. Heidelberg 2005, S. 137–154.

Friedel, Hans: Der Tyrannenmord in Gesetzgebung und Volksmeinung der Griechen. Stuttgart 1937.

Friedrich II., König von Preußen: De la littérature allemande. Des défauts qu'on peut lui réprocher; quelles en sont les causes; et par quels moyens on peut les corriger. Berlin 1780.

Friedrich II., König von Preußen: L' Antimachiavel ou Réfutation du Prince de Machiavel (1780). In: Ders.: Philosophische Schriften VI, Berlin 2008, S. 45–260.

Friedrich, Hugo: Die Struktur der modernen Lyrik. Von der Mitte des neunzehnten bis zur Mitte des zwanzigsten Jahrhunderts. Hamburg 1956.

Frommel, Monika: Die Paradoxie vertraglicher Sicherung bürgerlicher Rechte. Kampf ums Recht und sinnlose Aktion. In: Kleist-Jahrbuch 1988/89, S. 357–374.

Fuhrmann, Manfred: Klassische Philologie seit 1945. Erstarrung, Geltungsverlust, neue Perspektiven. In: Wolfgang Prinz, Peter Weingart (Hg.): Die sog. Geisteswissenschaften. Innenansichten. Frankfurt a.M. 1990, S. 313–328.

Gall, Lothar: Benjamin Constant. Seine politische Ideenwelt und der deutsche Vormärz. Wiesbaden 1963.

Galling, Kurt (Hg.): Die Religion in Geschichte und Gegenwart. Handwörterbuch für Theologie und Religionswissenschaft. 3. Aufl. Tübingen 1957 ff.

Garve, Christian: Versuche über verschiedene Gegenstände aus der Moral, der Litteratur und dem gesellschaftlichen Leben. Breslau 1792–1802.

George, Stefan; Wolfskehl, Karl (Hg.): Das Jahrhundert Goethes. 4. Aufl. Düsseldorf, München 1964 [zuerst 1902].

George, Stefan; Wolfskehl, Karl: Vorrede zur zweiten Auflage. In: Dies.: Das Jahrhundert Goethes, S. 7.

Gerhardt, Volker: Selbstbestimmung. Das Prinzip der Individualität. Stuttgart 1999.

Gierke, Otto von: Johannes Althusius und die Entwicklung der naturrechtlichen Staatstheorien; zugleich ein Beitrag zur Geschichte der Rechtssystematik. 7. Aufl. Aalen 1981 [zuerst 1880].

Girard, René: La violence et le sacré. Paris 1972.

Goethe, Johann Wolfgang von; Knebel, Karl Ludwig von: Briefwechsel zwischen Goethe und Knebel (1774–1832). Hg. von G.E. Guhrauer. 2 Theile in 2 Bänden. Leipzig 1851.

Goethe, Johann Wolfgang: Sämtliche Werke nach Epochen seines Schaffens. Münch-

LITERATUR

ner Ausgabe. Hg. von Karl Richter in Zusammenarbeit mit Herbert G. Göpfert u. a. München 1985–1998.

Goethe, Johann Wolfgang: Die natürliche Tochter: Trauerspiel. Mit den Memoiren der Stéphanie-Louise de Bourbon-Conti und drei Studien von Bernhard Böschenstein. Frankfurt a. M. 1990.

Gollwitzer, Heinz: Der Cäsarismus Napoleons III. im Widerhall der öffentlichen Meinung Deutschlands. In: Historische Zeitschrift 173 (1952), S. 23–75.

Graham, Ilse: Schiller, ein Meister der tragischen Form. Die Theorie in der Praxis. Darmstadt 1974.

Grawe, Christian (Hg.): Erläuterungen und Dokumente zu: Friedrich Schiller: Maria Stuart. Stuttgart 1978.

Grimm, Gunter E. (Hg.): Gedichte und Interpretationen. Deutsche Balladen. Stuttgart 1988.

Grimm, Reinhold; Hermand, Jost (Hg.): Die Klassik-Legende. Bad Homburg v. d. Höhe 1971.

Groh, Dieter: Cäsarismus. In: Geschichtliche Grundbegriffe. Historisches Lexikon zur politisch-sozialen Sprache in Deutschland. Hg. von Otto Brunner, Werner Conze, Reinhart Koselleck. Bd. 1. Stuttgart 1972, S. 726–772.

Gronicka, André von: Friedrich Schiller's Marquis Posa: A Character Study. In: The Germanic Review 26 (1951), S. 196–214.

Gumbel, Hermann: Die realistische Wendung des späten Schiller. In: Jahrbuch des Freien Deutschen Hochstifts (1932/33), S. 131–162.

Gundolf, Friedrich: Goethe. Berlin 1916.

Gundolf, Friedrich: Caesar. Geschichte seines Ruhms. Berlin 1925.

Guthke, Karl S.: Die Jungfrau von Orleans. In: Helmut Koopmann (Hg.): Schiller-Handbuch. Stuttgart 1998, S. 442–465.

Guthke, Karl S.: Maria Stuart. In: Helmut Koopmann (Hg.): Schiller-Handbuch. Stuttgart 1998, S. 415–441.

Guthke, Karl S.: Schillers Dramen. Idealismus und Skepsis. 2., erweiterte und bearbeitete Aufl. Tübingen 2005.

Habermas, Jürgen: Der philosophische Diskurs der Moderne. Zwölf Vorlesungen. Frankfurt a. M. 1985.

Haensel, Werner: Kants Lehre vom Widerstandsrecht. Ein Beitrag zur Systematik der Kantischen Rechtsphilosophie. Berlin 1926.

Hamm, Heinz: Frau von Staëls Interesse für Schiller. In: Helmut Brandt (Hg.): Friedrich Schiller – Angebot und Diskurs: Zugänge, Dichtung, Zeitgenossenschaft. Berlin, Weimar 1987, S. 544–556.

Hankamer, Paul: Deutsche Gegenreformation und deutsches Barock. Die deutsche Literatur im Zeitraum des 17. Jahrhunderts. Unveränderte Neuaufl. 1947 [zuerst 1935].

Hankamer, Paul: Spiel der Mächte: Ein Kapitel aus Goethes Leben und Goethes Welt. Tübingen 1943.

LITERATUR

Hansen, Uffe: Schiller und die Persönlichkeitspsychologie des animalischen Magnetismus. Überlegungen zum «Wallenstein». In: Jahrbuch der Deutschen Schillergesellschaft 39 (1995), S. 195–230.

Hegel, Georg Wilhelm Friedrich: Über Wallenstein. In: Fritz Heuer, Werner Keller (Hg.): Schillers Wallenstein. Wege der Forschung. Bd. 420. Darmstadt 1977, S. 15–16.

Hegel, Georg Wilhelm Friedrich: Werke in 20 Bd. Auf der Grundlage der Werke von 1832–1845. Neu editierte Ausgabe. Frankfurt a.M. 1986.

Heidbrink, Ludger: Melancholie und Moderne. Zur Kritik der historischen Verzweiflung. München 1994.

Heintzeler, Gerhard: Das Bild des Tyrannen bei Platon. Ein Beitrag zur Geschichte der griechischen Staatsethik. Stuttgart 1927.

Henkel, Arthur: Die «verteufelt humane» Iphigenie. Ein Vortrag. In: Euphorion 59 (1965), S. 1–18.

Henrich, Dieter (Hg.): Kant/Gentz/Rehberg. Über Theorie und Praxis. Einleitung von Dieter Henrich. Frankfurt a.M. 1967.

Henrich, Dieter: Grundlegung aus dem Ich. Untersuchungen zur Vorgeschichte des Idealismus, Tübingen-Jena (1790–1794). 2 Bde. Frankfurt a.M. 2004.

Herde, Peter: Politik und Rhetorik in Florenz am Vorabend der Renaissance. In: Archiv für Kulturgeschichte 47 (1965), S. 141–220.

Heuer, Fritz; Keller, Werner (Hg.): Schillers Wallenstein. Wege der Forschung. Bd. 410. Darmstadt 1977.

High, Jeffrey L.: Schillers Plan, Ludwig XVI. in Paris zu verteidigen. In: Jahrbuch der Deutschen Schillergesellschaft 39 (1995), S. 178–194.

Hinderer, Walter: Der Mensch in der Geschichte. Ein Versuch über Schillers Wallenstein. Mit einer Bibliographie von Helmut G. Hermann. Königstein/Ts. 1980.

Hinderer, Walter (Hg.): Schillers Dramen. Neue Interpretationen. Stuttgart 1979.

Hinderer, Walter (Hg.): Schillers Dramen. Interpretationen. Stuttgart 1992.

Hinderer, Walter (Hg.): Friedrich Schiller und der Weg in die Moderne. Würzburg 2006.

Hinrichs, Carl: Der Kronprinzenprozeß. Friedrich und Katte. Hamburg 1936.

Hippel, Theodor Gottlieb von: Lebensläufe nach aufsteigender Linie nebst Beilagen A, B, C. Berlin 1778/81.

Hobbes, Thomas: Leviathan oder Stoff, Form und Gewalt eines kirchlichen und bürgerlichen Staates. Hg. und eingeleitet von Iring Fetscher. Frankfurt a.M. 1966.

Hochadel, Oliver: Öffentliche Wissenschaft. Elektrizität in der deutschen Aufklärung. Göttingen 2003.

Hoche, Alfred Erich: Die Todesstrafe ist keine Strafe. In: Monatsschrift für Kriminalpsychologie und Staatsrechtsreform 23 (1932), Heft 9/10, S. 553–558.

Hochhuth, Rolf: «Tell 38». Er wollte Hitler töten. Der Fall des Theologie-Studenten Maurice Bavaud. In: Die Zeit, 17.12.1976.

Hochhuth, Rolf: Das Wort Mord hören wir nicht gern. In: Die Zeit, 5.1.2005.

LITERATUR

Höhle, Thomas: Die Helvetische Republik (1798–1803) als zeitgeschichtlicher Hintergrund der Entstehung und Problematik von Schillers «Wilhelm Tell». In: Helmut Brandt (Hg.): Friedrich Schiller – Angebot und Diskurs: Zugänge, Dichtung, Zeitgenossenschaft. Berlin, Weimar 1987, S. 320–328.

Hölderlin, Friedrich: Sämtliche Gedichte. Studienausgabe in zwei Bänden. Hg. und kommentiert von Detlev Lüders. Bad Homburg v.d. Höhe 1976.

Hölderlin, Friedrich: Sämtliche Werke. Hg. von Friedrich Beißner. Stuttgart 1943–1985.

Hölderlins Sämtliche Werke. Historisch-kritische Ausgabe. Begonnen durch Norbert von Hellingrath, fortgeführt durch Friedrich Seebaß und Ludwig von Pigenot (1914). 3. Aufl. Berlin 1943.

Hoffmann, Ernst Theodor Amadeus: Poetische Werke. 6. Bde. Berlin 1958.

Hoffmann, Peter: Claus Schenk Graf von Stauffenberg und seine Brüder. 2. Aufl. Stuttgart 1992.

Hofmann, Michael: Bürgerliche Aufklärung als Konditionierung der Gefühle in Schillers Don Carlos. In: Jahrbuch der Deutschen Schillergesellschaft 44 (2000), S. 95–117.

Honegger, Claudia: Die Ordnung der Geschlechter. Die Wissenschaften vom Menschen und das Weib 1750–1850. Frankfurt a.M. 1991.

Huch, Ricarda: Der große Krieg in Deutschland. 3 Bde. Leipzig 1912/14.

Humboldt, Wilhelm von: Werke in fünf Bänden. Hg. von Andreas Flitner und Klaus Giel. Darmstadt 1960.

Hume, David: Political Essays. Hg. von Charles W. Hendel. New York 1953.

Ide, Heinz: Zur Problematik der Schiller-Interpretation. Überlegungen zur «Jungfrau von Orleans». In: Jahrbuch der Wittheit zu Bremen 8 (1964), S. 41–91.

Iggers, Georg G.: Deutsche Geschichtswissenschaft. Eine Kritik der traditionellen Geschichtsauffassung von Herder bis zur Gegenwart. München 1971.

Jaeger, Michael: Fausts Kolonie: Goethes kritische Phänomenologie der Moderne. Würzburg 2004.

Jäger, Ludwig: Seitenwechsel: Der Fall Schneider/Schwerte und die Diskretion der Germanistik. München 1998.

Jahrbuch der Goethe-Gesellschaft 19 (1933). Hg. von Max Hecker. Weimar 1933.

Jakob, Ludwig Heinrich von: Antimachiavel, oder über die Grenzen des bürgerlichen Gehorsams, auf Veranlassung zweier Aufsätze in der Berlinischen Monatsschrift Sept. und Dez. (1793), von den Herrn Kant und Gentz. Halle 1794.

Janz, Rolf-Peter: Die Verschwörung des Fiesko zu Genua. In: Walter Hinderer (Hg.): Schillers Dramen. Neue Interpretationen. Stuttgart 1979, S. 37–57.

Janz, Rolf-Peter: Antike und Moderne in Schillers «Braut von Messina». In: Wilfried Barner u.a. (Hg.): Unser Commercium. Goethes und Schillers Literaturpolitik. Stuttgart 1984, S. 329–349.

Janz, Rolf-Peter: Die Verschwörung des Fiesko zu Genua. In: Walter Hinderer (Hg.): Schillers Dramen. Interpretationen. Stuttgart 1992, S. 68–104.

Jonas, Hans: Technik, Medizin und Ethik. Zur Praxis des Prinzips Verantwortung. Frankfurt a.M. 1985.

Kaehler, Siegfried A.: Wilhelm von Humboldt und der Staat. Ein Beitrag zur Geschichte der deutschen Lebensgestaltung um 1800. 2. Aufl. Göttingen 1963.

Kafka, Franz: Hochzeitsvorbereitungen auf dem Lande und andere Prosa aus dem Nachlaß. Hg. von Max Brod. Frankfurt a.M. 1953.

Kaiser, Gerhard: Vergötterung und Tod. Die thematische Einheit von Schillers Werk. In: Ders.: Von Arkadien nach Elysium. Schiller-Studien. Göttingen 1978, S. 11–44.

Kaiser, Gerhard: Wie die Kultur einbrach. Giftgas und Wissenschaftsethos im Ersten Weltkrieg. In: Merkur 56 (2002), Heft 635, S. 210–220.

Kampmann, Christoph: Reichsrebellion und kaiserliche Acht. Politische Strafjustiz im Dreißigjährigen Krieg und das Verfahren gegen Wallenstein 1634. Münster 1993.

Kant, Immanuel: Sämtliche Werke in 6 Bde. Hg. von Wilhelm Weischedel. Wiesbaden, Frankfurt a.M. 1956–1964.

Karlauf, Thomas: Stefan George. Die Entdeckung des Charisma. Biographie. München 2007.

Karthaus, Ulrich: Schiller und die Französische Revolution. In: Jahrbuch der Deutschen Schillergesellschaft 33 (1989), S. 210–239.

Kaufmann, Hans A.: Nation und Nationalismus in Schillers Entwurf «Deutsche Größe» und im Schauspiel «Wilhelm Tell». Zu ihrer kulturpolitischen Funktionalisierung im frühen 20. Jahrhundert. Frankfurt a.M. u.a. 1993.

Kayser, Wolfgang: Schiller als Dichter und Deuter der Größe. Göttingen 1960.

Keller, Gottfried; Hettner, Hermann: Der Briefwechsel zwischen Gottfried Keller und Hermann Hettner. Hg. von Jürgen Jahn. Berlin, Weimar 1964.

Kellermann, Bernhard: Der Tunnel. Berlin 1913.

Kennel, Albert: Burleigh, Shrewsbury u. Leicester. Programm zum Jahresbericht des kgl. Humanistischen Gymnasiums für das Schuljahr 1905–1906. Speyer 1906, S. 1–30.

Kerényi, Karl: Zur Entdeckung von Hölderlins «Friedensfeier». In: Ders.: Geistiger Weg Europas. Zürich 1955, S. 100–106.

Kern, Fritz: Gottesgnadentum und Widerstandsrecht im früheren Mittelalter. Zur Entwicklungsgeschichte der Monarchie. Leipzig 1915.

Kirchner, Werner: Hölderlin. Aufsätze zu seiner Homburger Zeit. Göttingen 1967.

Klingner, Friedrich: Römische Geisteswelt. Essays über Schrifttum und geistiges Leben im alten Rom. Leipzig 1943.

Klippel, Diethelm: Politische Freiheit und Freiheitsrechte im deutschen Naturrecht des 18. Jahrhunderts. Paderborn 1976.

Kluge, Gerhard: Zwischen Seelenmechanik und Gefühlspathos. Umrisse zum Verständnis der Gestalt Amalias in «Die Räuber» – Analyse der Szene I,3. In: Jahrbuch der Deutschen Schillergesellschaft 20 (1976), S. 184–207.

Knobloch, Hans-Jörg: «Wilhelm Tell»: Historisches Festspiel oder politisches Zeitstück? In: Ders., Helmut Koopmann (Hg.): Schiller heute. Tübingen 1996, S. 151–166.

Kommerell, Max: Der Dichter als Führer in der deutschen Klassik. 2. Aufl. Frankfurt a.M. 1942 [zuerst 1928].

Kommerell, Max: Schiller als Gestalter des handelnden Menschen. In: Ders.: Geist und Buchstabe der Dichtung. 3. Aufl. Frankfurt a.M 1942, S. 132–174.

Kommerell, Max: Schiller als Psychologe. In: Ders.: Geist und Buchstabe der Dichtung. 3. Aufl. Frankfurt a.M 1942, S. 175–242.

Koopmann, Helmut: Don Karlos. In: Walter Hinderer (Hg.): Schillers Dramen. Neue Interpretationen. Stuttgart 1979, S. 87–108.

Koopmann, Helmut: «Bestimme dich aus dir selbst». Schiller, die Idee der Autonomie und Kant als problematischer Umweg. In: Wolfgang Wittkowski (Hg.): Friedrich Schiller. Kunst, Humanität und Politik in der späten Aufklärung. Tübingen 1982, S. 202–219.

Koopmann, Helmut: Die Tragödie der verhinderten Selbstbestimmung. Schillers Aufklärungsdenken, die Französische Revolution und Wallenstein als politische Antwort. In: Ders.: Freiheitssonne und Revolutionsgewitter. Reflexe der Französischen Revolution im literarischen Deutschland zwischen 1789 und 1840. Tübingen 1989, S. 13–58.

Koopmann, Helmut: Don Carlos. In: Walter Hinderer (Hg.): Schillers Dramen. Interpretationen. Stuttgart 1992, S. 159–201.

Koopmann, Helmut (Hg.): Schiller-Handbuch. Stuttgart 1998.

Korff, Hermann August: Geist der Goethezeit: Versuch einer ideellen Entwicklung der klassisch-romantischen Literaturgeschichte. I. Teil: Sturm und Drang. Leipzig 1923, II. Teil: Klassik. Leipzig 1930.

Koselleck, Reinhard; Brunner, Otto; Conze, Werner (Hg.): Geschichtliche Grundbegriffe. Historisches Lexikon zur politisch-sozialen Sprache in Deutschland. 7 Bde. u. 2 Registerbände. Stuttgart 1972–1997.

Kreuzer, Helmut: Die Jungfrau in Waffen. Hebbels «Judith» und ihre Geschwister von Schiller bis Sartre. In: Vincent J. Günther (Hg.): Untersuchungen zur Literatur als Geschichte. Festschrift für Benno von Wiese. Berlin 1973, S. 363–384.

Krobb, Florian (Hg.): 150 Jahre «Soll und Haben». Studien zu Gustav Freytags kontroversem Roman. Würzburg 2005.

Krobb, Florian: Die Wallenstein-Trilogie von Friedrich Schiller. Walter Buttler in Geschichte und Drama. Oldenburg 2005.

Kühnemann, Eugen: Schiller. 4. Aufl. München 1911.

Lämmert, Eberhard: Der Dichterfürst. In: Victor Lange, Hans-Gert Roloff (Hg.): Dichtung, Sprache, Gesellschaft. Akten des IV. Internationalen Germanisten-Kongresses 1970 in Princeton. Frankfurt a.M. 1971, S. 439–455.

Lamport, Francis John: Krise und Legitimitätsanspruch. «Maria Stuart» als Geschichtstragödie. In: Zeitschrift für deutsche Philologie 109 (1990), Sonderheft, S. 134–145.

LITERATUR

Langner, Beatrix: Der Name der Blume. Schillers Trauerspiel «Die Braut von Messina» als Dramaturgie der geschichtlichen Vernunft. In: Otto Dann u.a. (Hg.): Schiller als Historiker. Stuttgart 1995, S. 219–242.

Lenz, Max: Napoleon. Bielefeld 1905.

Lichtenberg, Georg Christoph: Schriften und Briefe. Hg. von Wolfgang Promies. München 1968.

Liepe, Wolfgang: Der junge Schiller und Rousseau. Eine Nachprüfung der Rousseaulegende um den «Räuber»-Dichter. In: Zeitschrift für deutsche Philologie 51 (1926), S. 299–328; jetzt in: Wolfgang Liepe (Hg.): Beiträge zur Literatur- und Geistesgeschichte. Neumünster 1963, S. 29–64.

Locke, John: Two Treatises of Government. Hg. von W. S. Carpenter. London 1960.

Löwith, Karl: Sämtliche Schriften. Hg. von Klaus Stichweh und Marc B. de Launay. Stuttgart 1981 ff.

Lüderssen, Klaus: «... daß nicht der Nutzen des Staats Euch als Gerechtigkeit erscheine». Schiller und das Recht. Frankfurt a.M. 2005.

Luserke-Jaqui, Matthias (Hg.): Schiller-Handbuch: Leben – Werk – Wirkung. Stuttgart, Weimar 2005.

Mandelkow, Karl Robert: Goethe in Deutschland. Rezeptionsgeschichte eines Klassikers. 2 Bde. München 1980.

Mandt, Hella: Tyrannislehre und Widerstandsrecht. Studien zur deutschen politischen Theorie des 19. Jahrhunderts. Darmstadt, Neuwied 1974.

Manger, Klaus; Willems, Gottfried (Hg.): Schiller im Gespräch der Wissenschaften. Heidelberg 2005.

Manger, Klaus (Hg.): Der ganze Schiller. Programm ästhetischer Erziehung. Heidelberg 2006.

Mann, Golo: Friedrich von Gentz. Geschichte eines europäischen Staatsmannes. Zürich, Wien 1947.

Mann, Golo: Schiller als Geschichtsschreiber (1959). In: Ders: Geschichte und Geschichten. Frankfurt a.M. 1961, S. 63–84.

Mann, Golo: Wallenstein. Sein Leben erzählt von Golo Mann. Frankfurt a.M. 1971.

Marlowe, Christopher: Tamburlaine the Great (1587). In: Ders.: Complete Works. Bd. 1. Hg. von Fredson Bowers. London 1973.

Martin, Ariane: Die Jungfrau von Orleans. In: Matthias Luserke-Jaqui (Hg.): Schiller-Handbuch. Leben – Werk – Wirkung. Stuttgart, Weimar 2005, S. 168–195.

Martini, Fritz: Wilhelm Tell, der ästhetische Staat und der ästhetische Mensch. In: Gustav Erdmann, Alfons Eichstaedt (Hg.): Worte und Werte: Bruno Markwardt zum 60. Geburtstag. Berlin 1961, S. 253–275.

Martini, Fritz: Deutsche Literatur im bürgerlichen Realismus 1848–1898. Stuttgart 1962–1981.

Martini, Fritz: Geschichte im Drama – Drama in der Geschichte. Spätbarock, Sturm und Drang, Klassik, Frührealismus. Stuttgart 1979.

LITERATUR

Martini, Fritz: Demetrius. In: Walter Hinderer (Hg.): Schillers Dramen. Neue Interpretationen. Stuttgart 1979, S. 316–348.

Matt, Peter von: «Nein, eine Grenze hat Tyrannenmacht ...» Schillers Verherrlichung des Widerstandsrechts und die Selbstzensur des Textes für die Berliner Aufführung. In: Orden pour le mérite für Wissenschaften und Künste 36 (2007–2008), S. 207–222.

May, Kurt: Friedrich Schiller. Idee und Wirklichkeit im Drama. Göttingen 1948.

Mayer, Hans: Der weise Nathan und der Räuber Spiegelberg. Antinomien der jüdischen Emanzipation in Deutschland. In: Jahrbuch der Deutschen Schillergesellschaft 17 (1973), S. 253–272.

Mayer, Hans: Wendezeiten. Über Deutsche und Deutschland. Frankfurt a.M. 1993.

Meinecke, Friedrich: Die Idee der Staatsräson in der neueren Geschichte. München 1924.

Meinecke, Friedrich: Weltbürgertum und Nationalstaat. Studien zur Genesis des deutschen Nationalstaates (1922). 7. Aufl. München 1928.

Meinecke, Friedrich: Die Entstehung des Historismus (1936). 2. Aufl. München 1946.

Michel, Wilhelm: Hölderlins Wiederkunft. Wien 1943.

Michelet, Jules: Geschichte der Französischen Revolution. Bearbeitet und hg. von Friedrich M. Kircheisen. Nach der Übersetzung von Richard Kühn. 10 Bde. in 5 Büchern. Wien, Hamburg, Zürich o.J.

Michelsen, Peter: Der Bruch mit der Vater-Welt. Studien zu Schillers «Räubern». Heidelberg 1979.

Michelsen, Peter: Schillers Fiesko: Freiheitsheld und Tyrann. In: Achim Aurnhammer (Hg.): Schiller und die höfische Welt. Tübingen 1990, S. 341–358.

Mieck, Ilja: Wallenstein 1634. Mord oder Hinrichtung? In: Alexander Demandt (Hg.): Das Attentat in der Geschichte. Köln, Weimar, Wien 1996, S. 143–163.

Minor, Jakob: Zum Jubiläum des Bundes zwischen Goethe und Schiller. Geschichte ihrer Beziehungen bis 1795. In: Preußische Jahrbücher 77 (1894), S. 1–60.

Mommsen, Theodor: Römische Geschichte. Bd. III. 4. Aufl. Berlin 1904.

Mühlher, Robert: Georg Büchner und die Mythologie des Nihilismus. In: Ders.: Dichtung der Krise. Mythos und Psychologie in der Dichtung des 19. und 20. Jahrhunderts. Wien 1951, S. 97–145.

Müller-Seidel, Walter: Naturforschung und deutsche Klassik. Die Jenaer Gespräche im Juli 1794. In: Vincent J. Günther u.a (Hg.): Untersuchungen zur Literatur als Geschichte. Festschrift für Benno von Wiese. Berlin 1973, S. 61–78.

Müller-Seidel, Walter: Episches im Theater der deutschen Klassik. Eine Betrachtung über Schillers Wallenstein. In: Ders.: Die Geschichtlichkeit der deutschen Klassik. Literatur und Denkformen um 1800. Stuttgart 1983, S. 140–172.

Müller-Seidel, Walter: Friedrich Hölderlin: Dichterberuf. Zum schriftstellerischen Verständnis um 1800. In: Karl Richter (Hg.): Gedichte und Interpretationen. Klassik und Romantik. Stuttgart 1984, S. 230–242.

Müller-Seidel, Walter: Alfred Erich Hoche. Lebensgeschichte im Spannungsfeld von Psychiatrie, Strafrecht und Literatur. (Bayerische Akademie der Wissenschaften. Sitzungsberichte, 1999, Heft 5.) München 2000.

Müller-Seidel, Walter: Fremde Herkunft. Zu Fontanes erzähltem Personal und zu Problemen heutiger Antisemitismusforschung. In: Konrad Ehlich (Hg.): Fontane und die Fremde, Fontane und Europa. Würzburg 2002, S. 103–119.

Müller-Seidel, Walter; Riedel, Wolfgang (Hg.): Die Weimarer Klassik und ihre Geheimbünde. Würzburg 2002.

Münkler, Herfried: Machiavelli. Die Begründung des politischen Denkens der Neuzeit aus der Krise der Republik Florenz. Frankfurt a.M. 1982.

Neumann, Gerhard: «Ein Wort über das Alter der Guillotine». Georg Christoph Lichtenberg als Begründer eines sozialen Topos. In: Freiburger Universitätsblätter 84 (1984), S. 67–90.

Neymeyr, Barbara: Macht, Recht und Schuld. Konfliktdramaturgie und Absolutismuskritik in Schillers Trauerspiel «Maria Stuart». In: Günter Sasse (Hg.): Schiller. Werk-Interpretationen. Heidelberg 2005, S. 105–136.

Nicolai, Georg Friedrich: Die Biologie des Krieges. Betrachtungen eines Naturforschers, den Deutschen zur Besinnung. 3. Aufl. Darmstadt 1983 [zuerst 1919].

Oellers, Norbert: Schiller. In: Bernd Witte u.a. (Hg.): Goethe-Handbuch. Bd. IV, 2. Stuttgart, Weimar 1998. S. 944–950.

Oestreich, Gerhard: Geschichte der Menschenrechte und Grundfreiheiten im Umriß. 2., durchges. u. erg. Aufl. Berlin 1978.

Osterkamp, Ernst: Die Götter – die Menschen. Friedrich Schillers lyrische Antike. München 2005.

Palleske, Emil: Schiller's Leben und Werke. 2 Bde. 3. Aufl. Berlin 1860 [zuerst 1858].

Paulsen, Wolfgang: Goethes Kritik am Wallenstein. Zum Problem des Geschichtsdramas in der deutschen Klassik. In: Deutsche Vierteljahrsschrift für Literaturwissenschaft und Geistesgeschichte 28 (1954), S. 61–83.

Petersen, Julius: Drei Goethe-Reden. Leipzig 1942.

Petrucci, Armando: Coluccio Salutati. Rom 1972.

Piatti, Barbara: Tells Theater. Eine Kulturgeschichte in fünf Akten zu Friedrich Schillers Willhelm Tell. Basel 2004.

Picker, Henry (Hg.): Hitlers Tischgespräche im Führerhauptquartier. 3., vollst. überarb. u. erw. Neuausg. Stuttgart 1976.

Pikulik, Lothar: Der Dramatiker als Psychologe. Figur und Zuschauer in Schillers Dramen und Dramentheorie. Paderborn 2004.

Pille, René-Marc: La force des choses. Schillers «Wallenstein» als Tragödie der politischen Vergeblichkeit. In: Euphorion 99 (2005), S. 153–188.

Pille, René-Marc: Le théâtre de l'effroi: Lectures croisées du Faust de Goethe et du Wallenstein de Schiller. Vic la Gardiole 2006

Platon: Der Staat (Politeia). Übersetzt und herausgegeben von Karl Vretska. Stuttgart 2000 [zuerst 1958].

LITERATUR

Platon: Sämtliche Werke. 3 Bde. Berlin o. J. [Verlag Lambert Schneider].

Platzhoff, Walter: Die Theorie von der Mordbefugnis der Obrigkeit im XVI. Jahrhundert. Berlin 1906.

Plessner, Helmuth: Die Frage nach der Conditio humana. Aufsätze zur philosophischen Anthropologie. Frankfurt a.M. 1976.

Pongs, Herrmann: Schillers Urbilder. Stuttgart 1935.

Prignitz, Christoph: «Vive l'Empereur». Zum Napoleon-Bild der Deutschen zwischen Spätaufklärung und Freiheitskriegen. In: Harro Zimmermann (Hg.): Schreckensmythen – Hoffnungsbilder. Die Französische Revolution in der deutschen Literatur. Frankfurt a.M. 1989, S. 106–121.

Pyritz, Hans: Der Bund zwischen Goethe und Schiller. Zur Klärung des Problems der sogenannten Weimarer Klassik. In: Publications of the English Goethe Society, new series 21 (1952), S. 27–55. Auch in: Hans Pyritz (Hg.): Goethe-Studien. Köln 1962, S. 34–51.

Radkau, Joachim: Max Weber. Die Leidenschaft des Denkens. München, Wien 2005.

Ranke, Leopold von: Sämtliche Werke. 54 Bde. Leipzig 1867–1890.

Ranke, Leopold von: Geschichte Wallensteins. Hg. und eingeleitet von Hellmut Diwald. Düsseldorf 1967 [zuerst 1869].

Rebenich, Stefan: Theodor Mommsen. Eine Biographie. München 2002.

Regenbogen, Otto: Schmerz und Tod in den Tragödien Senecas. Darmstadt 1963 [zuerst 1927/28].

Rehm, Walther: Experimentum medietatis. Studien zur Geistes- und Literaturgeschichte des 19. Jahrhunderts. München 1947.

Rehm, Walther: Schiller und das Barockdrama. In: Klaus Berghahn und Reinhold Grimm (Hg.): Schiller: Zur Theorie und Praxis der Dramen. Darmstadt 1972, S. 55–107.

Reichel, Peter: Der schöne Schein des Dritten Reiches. Faszination und Gewalt des Faschismus. München 1991.

Reinhardt, Hartmut: Schillers «Wallenstein» und Aristoteles. In: Jahrbuch der Deutschen Schillergesellschaft. 20 (1976), S. 278–357.

Reinhardt, Hartmut: Wallenstein. In: Helmut Koopmann. (Hg.): Schiller-Handbuch. Stuttgart 1998, S. 395–414.

Reinhardt, Karl: Sophokles. 3. Aufl. Frankfurt a.M. 1947.

Reinhardt, Karl: Sprachliches zu Schillers «Jungfrau von Orleans» (1955). In: Ders.: Tradition und Geist. Gesammelte Essays zur Dichtung. Hg. von Carl Becker. Göttingen 1960, S. 366–380.

Richards, David B.: Mesmerism in «Die Jungfrau von Orleans». In: Publications of the Modern Language Association of America 91 (1976), S. 856–870.

Richter, Karl: Beziehungen von Dichtung und Morphologie in Goethes literarischem Werk. In: Willi Ziegler (Hg.): In der Mitte zwischen Natur und Subjekt. Johann Wolfgang von Goethes «Versuch, die Metamorphose der Pflanze zu erklären». Frankfurt a.M. 1992, S. 149–164.

Riedel, Manfred: Geheimes Deutschland. Stefan George und die Brüder Stauffenberg. Köln, Weimar, Wien 2006.
Riedel, Wolfgang: Die Anthropologie des jungen Schiller. Zur Ideengeschichte der medizinischen Schriften und der «Philosophischen Briefe». Würzburg 1985.
Riedel, Wolfgang: Die Aufklärung und das Unbewußte. Die Inversionen des Franz Moor. In: Jahrbuch der Deutschen Schillergesellschaft 37 (1993), S. 198–220.
Riedel, Wolfgang: Anthropologie und Literatur in der deutschen Spätaufklärung. Skizze einer Forschungslandschaft. In: Internationales Archiv für Sozialgeschichte der deutschen Literatur 6, Sonderheft. Tübingen 1994, S. 93–157.
Riedel, Wolfgang: Die anthropologische Wende: Schillers Modernität. In: Jörg Robert (Hg.): Würzburger Schiller-Vorträge 2005. Würzburg 2007, S. 1–26.
Rieger, Ute: Johann Wilhelm von Archenholz als «Zeitbürger» – Eine historisch-analytische Untersuchung zur Aufklärung in Deutschland. Berlin 1994.
Ritter, Gerhard: Carl Goerdeler und die deutsche Widerstandsbewegung. Mit einem Brief Goerdelers in Faksimile und vier Abbildungen. Stuttgart 1954.
Ritter, Joachim (Hg.): Historisches Wörterbuch der Philosophie. 12 Bde. und 1 Registerband. Basel 1971–2007.
Rochau, August Ludwig von: Grundsätze der Realpolitik, angewendet auf die staatlichen Zustände Deutschlands. Stuttgart 1853/1869.
Roßbach, Nikola: Die Verschwörung des Fiesko zu Genua. In: Matthias Luserke-Jaqui (Hg.): Schiller-Handbuch. Leben – Werk – Wirkung. Stuttgart 2005, S. 53–65.
Rossmann, Kurt: Wissenschaft, Ethik und Politik. Erörterungen des Grundsatzes der Voraussetzungslosigkeit in der Forschung. Heidelberg 1949.
Rüdiger, Horst: Schiller und das Pastorale. In: Euphorion 53 (1959), S. 229–251.
Ruof, Friedrich: Johann Wilhelm von Archenholtz. Ein deutscher Schriftsteller zur Zeit der Französischen Revolution und Napoleons (1741–1812). Berlin 1915.
Ruppelt, Georg: Schiller im nationalsozialistischen Deutschland. Der Versuch einer Gleichschaltung. Stuttgart 1979.
Safranski, Rüdiger: Schiller oder Die Erfindung des Deutschen Idealismus. München 2004.
Sandkaulen, Birgit: Schönheit und Freiheit. Schillers politische Philosophie. In: Klaus Manger, Gottfried Willems (Hg.): Schiller im Gespräch der Wissenschaften. Heidelberg 2005, S. 37–55.
Sasse, Günter (Hg.): Schiller. Werk-Interpretationen. Heidelberg 2005.
Sauder, Gerhard: Die Jungfrau von Orleans. In: Walter Hinderer (Hg.): Schillers Dramen. Interpretation. Stuttgart 1992, S. 336–384.
Sautermeister, Gert: Maria Stuart. In: Walter Hinderer (Hg.): Schillers Dramen. Interpretationen. Stuttgart 1992, S. 280–334.
Sautermeister, Gert: Schiller: Die Räuber. In: Matthias Luserke-Jaqui (Hg.): Schiller-Handbuch. Leben – Werk – Wirkung. Stuttgart, Weimar 2005, S. 1–45.
Schadewaldt, Wolfgang: Antikes und Modernes in Schillers «Die Braut von Messina». In: Jahrbuch der Deutschen Schillergesellschaft 13 (1969), S. 286–307.

LITERATUR

Scherpe, Klaus R.: Die Räuber. In: Walter Hinderer (Hg.): Schillers Dramen. Neue Interpretationen. Stuttgart 1979, S. 9–36.

Schillemeit, Jost: Bonaventura. Der Verfasser der Nachtwachen. München 1987.

Schiller, Friedrich: Werke. Nationalausgabe. Bd. XXIII–XXXII: Briefwechsel. Schillers Briefe. Weimar 1956–1984.

Schiller, Friedrich: Werke. Nationalausgabe. Bd. XXXIII–XL: Briefe an Schiller. Weimar 1989–1995. (Im Text zit. mit Band- und Seitenzahl.)

Schiller, Friedrich: Sämtliche Werke in 5 Bänden. Auf der Grundlage der Textedition von Herbert G. Göpfert. Hg. von Peter-André Alt, Albert Meier und Wolfgang Riedel. München, Wien 2004.

Schiller, Friedrich: Sämtliche Werke (Berliner Ausgabe). Bd. IV. Bearbeitet von Jochen Golz. Berlin 1984.

Schings, Hans-Jürgen: Das Haupt der Gorgone. Tragische Analysis und Politik in Schillers «Wallenstein». In: Gerhard Buhr u. a. (Hg.): Das Subjekt der Dichtung. Festschrift für Gerhard Kaiser. Würzburg 1990, S. 283–307.

Schings, Hans-Jürgen: Die Brüder des Marquis Posa. Schiller und der Geheimbund der Illuminaten. Tübingen 1996.

Schmid, Karl G.: Einführung. In: Gedenkausgabe der Werke, Briefe und Gespräche Johann Wolfgang Goethes. Bd. 20: Briefwechsel mit Friedrich Schiller. Hg. von Ernst Beutler. Zürich 1949, S. 995–1055.

Schmidt, Alexander: Athen oder Sparta? Friedrich Schiller und der Republikanismus. In: Klaus Manger (Hg.): Der ganze Schiller – Programm ästhetischer Erziehung. Heidelberg 2006, S. 103–130.

Schmidt, Jochen: Freiheit und Notwendigkeit: «Wallenstein». In: Günter Sasse (Hg.): Schiller. Werk-Interpretationen. Heidelberg 2005, S. 85–104.

Schoenstedt, Friedrich: Der Tyrannenmord im Spätmittelalter. Studien zur Geschichte des Tyrannenbegriffs und der Tyrannenmordtheorie, insbesondere in Frankreich. Berlin 1938.

Schulin, Ernst: Schillers Interesse an Aufstandsgeschichte. In: Otto Dann u. a. (Hg.): Schiller als Historiker. Stuttgart, Weimar 1995, S. 137–148.

Schulz, Georg-Michael: Die Braut von Messina. In: Matthias Luserke-Jaqui (Hg.): Schiller-Handbuch. Leben – Werk – Wirkung. Stuttgart, Weimar, S. 195–214.

Schulz, Günter: Christian Garve und Immanuel Kant. Gelehrten-Tugenden im 18. Jahrhundert. In: Jahrbuch der Schlesischen Friedrich-Wilhelms-Universität zu Breslau 5 (1960), S. 123–188.

Schwerte, Hans: Schillers «Räuber». In: Der Deutschunterricht 12 (1960), Heft 2, S. 18–41.

Segebrecht, Wulf: Friedrich Schiller: «Der Taucher». In: Gunter E. Grimm (Hg.): Deutsche Balladen. Stuttgart 1988, S. 108–132.

Segebrecht, Wulf: «Im Abgrund wohnt die Wahrheit». Über die unpopuläre Popularität der Gedichte und Balladen Schillers. In: Klaus Manger (Hg.): Der ganze Schiller – Programm ästhetischer Erziehung. Heidelberg 2006, S. 583–601.

LITERATUR

Seibt, Gustav: Goethe und Napoleon. Eine historische Begegnung. München 2008.
Seidler, Herbert: Schillers «Braut von Messina». In: Literaturwissenschaftliches Jahrbuch. Neue Folge, 1. Bd. (1960), S. 1–26.
Seidlin, Oskar: Schillers «Trügerische Zeichen»: Die Funktion der Briefe in seinen frühen Dramen. Zuerst veröffentlicht in: Jahrbuch der Deutschen Schillergesellschaft 4 (1960). Jetzt in: Ders.: Von Goethe zu Thomas Mann. Göttingen 1963, S. 94–119.
Sengle, Friedrich: Wieland. Stuttgart 1949.
Sengle, Friedrich: Die Braut von Messina. In: Ders.: Arbeiten zur deutschen Literatur 1750–1850. Stuttgart 1965, S. 94–117.
Sieferle, Rolf Peter: Fortschrittsfeinde? Opposition gegen Technik und Industrie von der Romantik bis zur Gegenwart. München 1984.
Singer, Herbert: Dem «Fürsten» Piccolomini. In: Euphorion 53 (1959), S. 281–302.
Sørensen, Bengt Algot: Herrschaft und Zärtlichkeit. Der Patriarchalismus und das Drama im 18. Jahrhundert. München 1988.
Spendel, Günter: Schillers «Wilhelm Tell» und das Recht. In: Schweizerische Zeitschrift für Strafrecht 107 (1990), Heft 2, S. 154–167.
Spengler, Oswald: Der Mensch und die Technik. Beitrag zu einer Philosophie des Lebens. München 1931.
Spranger, Eduard: Wilhelm von Humboldt und die Humanitätsidee. Berlin 1909.
Srbik, Heinrich Ritter von: Wallensteins Ende. Ursachen, Verlauf und Folgen der Katastrophe. Wien 1920. Zweite vermehrte und verbesserte Aufl. Salzburg 1952.
Staël, Anne Louise Germaine de: Betrachtungen über die vornehmsten Begebenheiten der Französischen Revolution. Dt. von A. W. Schlegel. 2 Bde. Heidelberg 1818.
Steierwald, Ulrike: Leiden an der Geschichte. Zur Geschichtsauffassung der Moderne in den Texten Joseph Roths. Würzburg 1994.
Staiger, Emil: Friedrich Schiller. Zürich 1957.
Stein, Charlotte von: Goethes Briefe an Charlotte von Stein. Umgearbeitete Neuausgabe. 3 Bde. Berlin 1960/62.
Steinhagen, Harald: Der junge Schiller zwischen Marquis de Sade und Kant. Aufklärung und Idealismus. In: Deutsche Vierteljahrsschrift für Literaturwissenschaft und Geistesgeschichte 56 (1982), S. 135–157.
Steinhagen, Harald: Schillers Wallenstein und die Französische Revolution. In: Zeitschrift für deutsche Philologie 109, Sonderheft (1990), S. 77–98.
Stephens, Anthony: Kleist. Sprache und Gewalt. Freiburg 1999.
Sternberger, Dolf: Gibt es eine nihilistische Literatur? In: Die Wandlung 3 (1948), Heft 6, S. 538–551.
Stierlin, Helm: Eltern und Kinder: Das Drama von Trennung und Versöhnung im Jugendalter. Frankfurt a. M. 1975.
Stifter, Adalbert: Werke und Briefe. Historisch-kritische Gesamtausgabe. Hg. von Alfred Doppler. Stuttgart 1978 ff.

LITERATUR

Stolleis, Michael: Staatsraison, Recht und Moral in philosophischen Texten des späten 18. Jahrhunderts. Meisenheim a.G. 1972.

Storz, Gerhard: Die Jungfrau von Orleans. In: Benno v. Wiese (Hg.): Das deutsche Drama vom Barock bis zur Gegenwart. Interpretationen. Bd. I. Düsseldorf 1958, S. 322–338.

Storz, Gerhard: Der Dichter Friedrich Schiller. 2. Aufl. Stuttgart 1959.

Strich, Fritz: Deutsche Klassik und Romantik oder Vollendung und Unendlichkeit. Ein Vergleich. 3. Aufl. München 1928.

Stunzi, Lilly: Tell. Werden und Wandern eines Mythos. Bern, Stuttgart 1973.

Thalheim, Hans-Günther: Schillers «Demetrius» als klassische Tragödie. In: Weimarer Beiträge. Zeitschrift für deutsche Literaturgeschichte 1 (1955), S. 22–86.

Treitschke, Heinrich von: Der Socialismus und seine Gönner. Nebst einem Sendschreiben an Gustav Schmoller. In: Preußische Jahrbücher 34 (1874), S. 67–110 und 248–301.

Treitschke, Heinrich von: Politik. Vorlesungen gehalten an der Universität zu Berlin. Hg. von Max Cornicelius. 2 Bde. Leipzig 1928.

Ueding, Gert: Wilhelm Tell. In: Walter Hinderer (Hg.): Schillers Dramen. Neue Interpretationen. Stuttgart 1979, S. 271–293.

Unger, Rudolf: «Heilige Wehmut. Zum geistes- und seelengeschichtlichen Verständnis einer romantischen Begriffsprägung. In: Jahrbuch des Freien Deutschen Hochstifts 1940, S. 337–404.

Vallentin, Berthold: Napoleon. Berlin 1923.

Varnhagen von Ense, Karl August (Hg.): Denkwürdigkeiten des Philosophen und Arztes Johann Benjamin Erhard. Stuttgart, Tübingen 1830.

Varnhagen von Ense, Karl August; Mundt, Theodor (Hg.): K. L. von Knebel's literarischer Nachlaß und Briefwechsel. 3 Bde. Leipzig 1835/36.

Voit, Ludwig: Friedrich Schiller: Der Ring des Polykrates. In: Rupert Hirschenauer, Albrecht Weber (Hg.): Wege zum Gedicht II. München, Zürich 1963, S. 203–212.

Voßler, Otto: Der Nationalgedanke von Rousseau bis Ranke. München 1937.

Voßler, Otto: Geist und Geschichte. Von der Reformation bis zur Gegenwart. Gesammelte Aufsätze. München 1964.

Walzel, Oskar: Einleitung zu Schillers «Die Braut von Messina». In: Schillers Sämtliche Werke. Säkular-Ausgabe in 16 Bänden. Hg. von Eduard von der Hellen u.a. Bd. VIII. Stuttgart, Berlin 1905.

Weber, Max: Soziologie, weltgeschichtliche Analysen, Politik. Hg. von Johannes Winckelmann. Stuttgart 1956.

Weber, Max: Wirtschaft und Gesellschaft. Grundriss der verstehenden Soziologie. Studienausgabe. Hg. von Joachim Winckelmann. 2 Bde. Köln, Berlin 1964.

Weis, Eberhard: Der aufgeklärte Absolutismus in den mittleren und kleinen deutschen Staaten. In: Ders.: Deutschland und Frankreich um 1800. Aufklärung – Revolution – Reform. Hg. von Walter Demel und Bernd Roeck. München 1990, S. 29–43.

LITERATUR

Wiese, Benno von: Die deutsche Tragödie von Lessing bis Hebbel. 3. Aufl. Hamburg 1955.

Wiese, Benno von: Friedrich Schiller. Stuttgart 1959.

Willems, Gottfried: «Ich will...». Zur Struktur von Schillers Dramen. In: Klaus Manger (Hg.): Der ganze Schiller – Programm ästhetischer Erziehung. Heidelberg 2006, S. 295–312.

Willms, Johannes: Napoleon. Eine Biographie. München 2005.

Wilpert, Gero von: Schiller-Chronik. Sein Leben und Schaffen. Stuttgart 1958.

Wilson, Daniel W.: Geheimräte gegen Geheimbünde. Ein unbekanntes Kapitel der klassisch-romantischen Geschichte Weimars. Stuttgart 1991.

Witte, Bernd u.a. (Hg.): Goethe-Handbuch. 4 Bde. in 5 Büchern. Stuttgart, Weimar 1996.

Wolf, Erik: Vom Wesen des Rechts in deutscher Dichtung. Hölderlin, Stifter, Hebel, Droste. Frankfurt a.M. 1946.

Wolf, Erik: Große Rechtsdenker der deutschen Geistesgeschichte. 4. Aufl. Tübingen 1963.

Wölfel, Kurt: Machiavellische Spuren in Schillers Dramatik. In: Achim Aurnhammer u.a. (Hg.): Schiller und die höfische Welt. Tübingen 1990, S. 318–340.

Wolters, Friedrich: Herrschaft und Dienst. 3. Aufl. Berlin 1923.

Zelle, Carsten: Strafen und Schrecken. Einführende Bemerkungen zur Parallele zwischen dem Schauspiel der Tragödie und der Tragödie der Hinrichtung. In: Jahrbuch der Deutschen Schillergesellschaft 28 (1984), S. 76–103.

Zeller, Bernhard: Klassiker in finsteren Zeiten 1933–1945. Eine Ausstellung des Deutschen Literaturarchivs im Schiller-Nationalmuseum, Marbach am Neckar, 14. Mai bis 31. Oktober 1983. 2 Bde. Marbach a.N. 1983.

Zeller, Eberhard: Geist der Freiheit. Der zwanzigste Juli. München 1952.

Zeller, Eberhard: Oberst Claus Graf Stauffenberg. Ein Lebensbild. Mit einer Einführung von Peter Steinbach. Paderborn 1994.

Zeller, Eduard: Über den Begriff der Tyrannis bei den Griechen. In: Ders.: Kleine Schriften 1. Unter Mitwirkung von H. Diels und K. Holl, hg. von Otto Leuze. Berlin 1910, S. 3.

PERSONENREGISTER

Abbt, Thomas 137, 196, 254, 357
Abel, Jakob Friedrich 110
Adorno, Theodor W. 84, 161
Aischylos 174
Alexander der Große 294–295
Alexander I., Zar von Rußland 216
Alkaios von Lesbos 48
Allemann, Beda 260, 368–369
Alt, Peter-André 163, 172, 183, 223, 265–266, 343, 347, 352–353, 359–363, 366, 368
Althusius, Johannes 42, 346
Anakreon 45
Angenendt, Arnold 354
Appel, Sabine 366
Arasse, Daniel 342–343, 368
Archenholtz, Johann Wilhelm von 137, 153–154, 206, 252–254, 316, 348–349, 364, 368
Archilochus 45
Arendt, Hannah 231, 366
Arens, H. 366
Ariès, Philippe 343
Arion von Lesbos 45
Aristogeiton 37, 39, 48
Aristoteles 38–39, 53, 85, 105, 125, 310, 345
Arndt, Ernst Moritz 273–274, 292, 369
Arnim, Bettina von 12
Asendorf, Manfred 367
Atkins, Stuart 182, 362–363
Babington, Anthony 156
Bachmann, Ingeborg 334
Bacon, Francis 83
Baioni, Giuliano 343
Barkhoff, Jürgen 350, 361
Barner, Wilfried 346, 358
Bauer, Barbara 253, 368
Bavaud, Maurice 288
Beccaria, Cesare 154
Beck, Adolf 348, 359
Beethoven, Ludwig van 276, 291, 329
Beißner, Friedrich 345, 356
Benjamin, Walter 346
Benn, Gottfried 58, 61, 75–76

Berger, Karl 222, 365
Bergk, Johann Adam 154
Berglar, Peter 366
Berlin, Isaiah 327, 373
Bertaux, Pierre 49, 347
Bertram, Ernst 289
Berve, Helmut 36–38, 40, 345
Beßlich, Barbara 221, 292, 365, 369, 371
Best, Otto F. 349
Beulwitz, Friedrich Wilhelm Ludwig Freiherr von 18
Beulwitz, Karoline Freifrau von *siehe* Wolzogen, Karoline von
Beyme, Karl Friedrich von 241
Binder, Wolfgang 355, 361
Binding, Karl 332
Bismarck, Otto Fürst von 283, 295, 298, 328
Blasius, Dirk 339, 349, 374
Bleuler, Eugen 338
Blücher von Wahlstatt, Gebhard Leberecht Fürst 239
Blumenberg, Hans 218, 280, 365
Blumenthal, Albrecht von 289
Bockel, Rolf von 367
Böckmann, Paul 89, 261, 342, 352–353, 359, 368
Boehlendorff, Casimir Ulrich 209–210
Boehlich, Walter 371
Boleyn, Anne 156
Bonhoeffer, Dietrich 41
Borcherdt, Hans Heinrich 352
Borchmeyer, Dieter 132, 348–349, 353, 356, 364
Borgia, Cesare 142
Bornschauer, Lothar 342
Böschenstein, Bernhard 210, 364–365
Bouhler, Philipp 299, 371
Bourbon-Conti, Stéphanie-Louise de 19
Boveri, Margret 289, 370
Boyen, Hermann von 239
Braemer, Edith 364, 366
Brandt, Reinhard 268, 364, 368
Brecht, Bertolt 257
Breil, Michaela 360, 368

PERSONENREGISTER

Brentano, Bettina 327
Brittnacher, Hans Richard 349
Bronnen, Arnolt 78–79
Bruggen, Max Ferdinand Eugen van 350
Brunner, Otto 345
Brutus, Marcus Junius 44, 91
Büchner, Georg 58, 75–76, 301
Buchwald, Reinhard 350–351
Burckhardt, Jacob 37, 45, 132, 291, 294, 302–305, 308, 317, 336, 345–346, 356, 370–372
Burgdorf, Wolfgang 343, 356, 369
Burke, Edmund 25–26, 44, 230, 343, 346
Burkert, Walter 354
Busoni, Ferruccio Benvenuto 276
Cabanis, Pierre-Jean-Georges 16
Carl August, Großherzog von Sachsen-Weimar-Eisenach 162, 219–220
Carlyle, Thomas 295, 301
Caesar, Gajus Julius 44–45, 62, 91, 126, 272, 294–299, 303
Cassius, Gajus C. Longinus 44
Catilina, Lucius Sergius 86
Cavour, Camillo Benso 284
Cersowksy, Peter 361
Cervantes Saavedra, Miguel de 81
Cicero, Marcus Tullius 40, 345
Clark, Christopher 245, 367
Condorcet, Marie Jean Antoine Nicolas Caritat, Marquis de 153, 339
Constant, Benjamin 228–229, 273, 369
Conze, Werner 345
Corssen, Meta 261, 368
Cotta, Johann Friedrich Freiherr von 153, 217, 255, 262–263
Cromwell, Oliver 27, 272, 297, 303
Cysarz, Herbert 128, 356
Dalberg, Carl Theodor Freiherr von, Kurfürst von Mainz 279–280
Dalberg, Wolfgang Heribert Freiherr von 64–65, 85, 279
D'Annunzio, Gabriele 89
Dante Alighieri 45, 298
Dilthey, Wilhelm 128, 131, 356
Dionysius von Syrakus 39, 52, 55
Diwald, Hellmut 139, 355, 358
Döblin, Alfred 58, 123, 319
Dohm, Christian Wilhelm von 245
Dostojewskij, Fjodor Michailowitsch 340
Drako 154
Dunk, Hermann W. von der 21, 343
Duport du Tertre, François-Joachim 29, 86
Ebel, Johann Gottfried 208–209, 365
Ebert, Udo 55, 151, 154, 334, 347, 360, 374
Edward VI., König von England 156
Ehlich, Konrad 357
Elisabeth I., Königin von England 154–156, 194
Englund, Peter 33, 344
Epaminondas 126

Erasmus von Rotterdam 194
Erhard, Johann Benjamin 28–33, 154, 206, 344
Euripides 174, 330
Fahrner, Rudolf 289–290
Fehling, Jürgen 63
Felken, Detlef 371
Ferdinand II., König von Böhmen und Ungarn, Kaiser 142–143
Fesch, Joseph 280
Fest, Joachim 345
Fetscher, Iring 346
Feuchtwanger, Lion 70, 349
Feuerbach, Paul Johann Anselm Ritter von 26–28, 30, 43, 271, 344, 346
Fichte, Johann Gottlieb 246
Fiesco, Graf von Lavagna 101
Fink, Gonthier-Louis 364
Flasch, Kurt 360
Foi, Maria Carolina 344, 349, 360, 362
Fontane, Theodor 135, 138
Foucault, Michel 72, 349
Franz I., König von Frankreich 55
Franz II., Kaiser von Österreich 216
Freund, Michael 250, 363, 367
Freytag, Gustav 135
Frick, Werner 362–363
Friedel, Hans 345
Friedrich, Caspar David 277
Friedrich, Hugo 147, 359
Friedrich Christian II., Herzog von Schleswig-Holstein-Sonderburg-Augustenburg 10, 161, 179, 244, 255
Friedrich II., der Große, König von Preußen 13, 43, 50, 53, 117, 121, 137, 153, 295, 315–316, 328, 342, 346
Friedrich II., König von Sizilien, deutscher Kaiser 187, 298, 303
Friedrich Wilhelm III., König von Preußen 233
Frommel, Monika 344
Fuhrmann, Manfred 331, 373
Gajus Julius Hyginus 55
Gall, Lothar 366
Galling, Kurt 345, 349
Garve, Christian 14–15, 24–27, 30, 33, 343
Gentz, Friedrich von 25–26, 30, 32, 229–235, 292, 343, 366
George, Stefan 14, 249, 288, 290, 293, 298–299, 342
Gerhardt, Volker 268, 368
Gerstenmaier, Eugen 41
Gierke, Otto von 346
Girard, René 354
Gmelin, Eberhard 169
Gneisenau, August Graf Neidhardt von 239, 250
Goerdeler, Carl 41
Goethe, Johann Wolfgang von 18–20, 31–32, 51–52, 54, 62, 73, 103, 120, 122, 125, 129, 132, 144–145, 147, 174–175, 189, 202, 208, 213–219,

PERSONENREGISTER

223, 225, 227–230, 232, 234–237, 239, 242–243, 254, 259–260, 276–277, 291, 293, 298, 301, 305, 316, 319, 324–330, 335–337, 340–341, 343, 353, 356, 359, 363, 372, 374
Gollwitzer, Heinz 369
Görres, Joseph von 292
Göschen, Georg Joachim 262, 265, 368
Graham, Ilse 352
Grawe, Christian 360
Grillparzer, Franz 327
Grimm, Reinhold 342
Groh, Dieter 370–371
Gronicka, André von 353
Grotius, Hugo 42
Gründgens, Gustaf 63
Gryphius, Andreas 46–47, 346
Guillotin, Joseph-Ignace 15–16, 332
Gumbel, Hermann 181, 363–364
Gundolf, Friedrich 290, 298–299, 329–330, 371, 373
Gustav II. Adolf, König von Schweden 123–126, 145, 315–316
Guthke, Karl S. 111, 147, 159, 183, 350–352, 354, 359–360, 362–363, 372
Haasis, Hellmut G. 344, 364
Haber, Fritz 329
Habermas, Jürgen 106, 353
Haensel, Werner 343
Halbe, Max 78
Hallmann, Johann Christian 46
Hamm, Heinz 366
Hankamer, Paul 346, 369
Hansen, Uffe 361
Harmodios 37, 39, 48
Hartknoch, Johann Friedrich 234
Hebbel, Friedrich 340
Hegel, Georg Wilhelm Friedrich 143–145, 238, 267, 282–284, 293–296, 298
Heidbrink, Ludger 352
Heinrich V., König von England 126
Heinrich VIII., König von England und Irland 156
Heinroth, Johann Christian August 19
Heintzeler, Gerhard 345
Hellingrath, Norbert von 257
Hemingway, Ernest 350
Henkel, Arthur 354, 373
Henrich, Dieter 28, 343–344
Herde, Peter 346
Herder, Johann Gottfried von 51, 215–216, 228, 232, 262, 326
Hermand, Jost 342
Hettner, Hermann 336, 374
Hieron I. von Syrakus 39, 45
High, Jeffrey L. 342
Hildebrandt, Kurt 289
Hinderer, Walter 352, 356, 365
Hinrichs, Carl 354, 358

Hipparchos 37, 45, 48
Hippel, Theodor Gottlieb von 60–61, 348
Hippias 37, 39, 48
Hitler, Adolf 34, 41, 201, 287–288, 290, 299
Hobbes, Thomas 27, 43, 100, 271, 290, 346
Hochadel, Oliver 361
Hoche, Alfred Erich 16, 332, 342, 374
Hochhuth, Rolf 286, 288, 370
Hofer, Andreas 219
Hoffmann, Ernst Theodor Amadeus 169, 221, 277–278
Hoffmann, Peter 289, 370
Hofman von Hofmannswaldau, Christian 46
Hofmann, Michael 354, 358
Hofmannsthal, Hugo von 350
Höhle, Thomas 210, 365
Hölderlin, Johann Christian Friedrich 12, 35, 48–49, 138, 140, 145, 151, 172, 196, 208–209, 215, 257–258, 260–263, 270, 291, 333, 339–340, 342, 345, 356–357, 368
Hölscher, Dorothea 373
Honegger, Claudia 349, 372
Horkheimer, Max 84, 161
Huch, Ricarda 123, 355
Hufeland, Gottlieb 27
Hüller, J. 346
Humboldt, Caroline von 236
Humboldt, Wilhelm von 11–12, 27, 144, 221, 230, 233, 235–245, 292, 358
Hume, David 44, 68, 346
Ibsen Henrik 340
Ibykos 45
Ide, Heinz 361
Iffland, August Wilhelm 174, 198, 220, 240, 356
Iggers, Georg 295, 371–372
Isokrates 38
Jacobi, Friedrich Heinrich 327
Jaeger, Michael 354, 373
Jäger, Ludwig 358
Jakob, Ludwig Heinrich von 26, 343
Janz, Rolf-Peter 185, 249, 352, 363, 367
Jaspers, Karl 346
Jellinek, Dora 249
Johann ohne Furcht, Herzog von Burgund 41
Johannes von Salesbury 40
Jonas, Hans 121, 354
Joseph II., König von Ungarn und Böhmen, Kaiser 50
Josephus Flavius 70
Justi, Johann Gottlieb von 67
Kaehler, Siegfried 239, 366
Kafka, Franz 143, 358
Kaiser, Gerhard 329, 356, 358, 361, 373
Kalb, Charlotte von 12
Kampmann, Christoph 355
Kant, Immanuel 9–10, 21–28, 30–31, 33, 43, 50, 60, 67, 82, 89, 99, 104, 106–107, 115, 135, 137–138, 140, 145, 154–155, 201, 230–231, 251,

PERSONENREGISTER

254, 259, 268, 270–271, 282–284, 310, 321, 326–327, 329, 343–344, 348
Karl Eugen, Herzog von Württemberg 50–51, 351
Karl I., König von England, Schottland und Irland 9, 27–28, 292
Karl V., König von Spanien 367
Karl Wilhelm Ferdinand, Herzog von Braunschweig und Lüneburg-Wolfenbüttel 228
Karlauf, Thomas 249, 290, 367, 371
Karthaus, Ulrich 353
Katte, Hans Hermann von 142
Kaufmann, Hans A. 357, 369
Kayser, Wolfgang 305, 372
Keller, Gottfried 336–337, 374
Kellermann, Bernhard 121, 354
Kennel, Albert 152, 360
Kerényi, Karl 260, 368
Kern, Fritz 40, 345
Kirchner, Werner 258, 345, 356, 368
Klearchos 37
Klein, Ernst Ferdinand 245
Kleist, Heinrich von 62, 120, 168–169, 208, 232, 274–277, 292, 298, 301, 340, 350, 354
Klingemann, August 75
Klinger, Friedrich Maximilian 79
Klingner, Friedrich 86, 352
Klippel, Diethelm 349
Klopstock, Friedrich Gottlieb 254
Kluge, Gerhard 70, 349
Knebel, Karl Ludwig von 216, 336, 374
Knobloch, Hans-Jürgen 210–211, 365
Knoll, Gerhard 354, 358
Kommerell, Max 104, 107–109, 128, 203, 288–289, 310, 323, 340, 353, 356, 364, 370, 373–374
Koopmann, Helmut 160, 268–269, 344, 349, 351, 354, 357, 360, 363, 368
Korff, Hermann August 222, 330, 361–362, 365, 367, 373
Körner, Christian Gottfried 9–13, 31, 51, 86–87, 124, 127, 138, 173, 179, 191, 255, 266, 306, 315
Kortner, Fritz 63
Koselleck, Reinhart 345, 352
Kotzebue, August von 220, 287, 356
Kreon 346
Krobb, Florian 357–358
Kühnemann, Eugen 180, 264, 361–362
Lämmert, Eberhard 361
Lamport, Francis John 359
Langner, Beatrix 363
Lavater, Johann Caspar 168
Lemierre, Antoine-Marin 207
Lengefeld, Charlotte von *siehe* Schiller, Charlotte
Lengefeld, Karoline von *siehe* Wolzogen, Karoline von
Lenhart, Ludwig 369
Lenz, Max 295

Lessing, Gotthold Ephraim 10, 56, 62, 72, 119, 334, 348–349
Lichtenberg, Georg Christoph 16, 83, 332, 342, 373
Liepe, Wolfgang 353
Lilienstern, Otto Rühle von 275
Locke, John 44, 68, 206, 346
Loeper, Gustav von 328, 373
Lohenstein, Daniel von 46
Louis, Antoine 16
Louis Antoine Henri de Bourbon-Condé, Herzog von Enghien 219, 274
Löwith, Karl 285, 294, 370–372
Lüderssen, Klaus 150, 359
Ludwig, Herzog von Orléans 41
Ludwig XIV., König von Frankreich 9–15, 17, 20, 28, 32, 35, 49, 56, 144, 146, 153, 204, 207–208, 271, 292, 304
Luserke-Jaqui, Matthias 344
Luther, Martin 41, 44, 346
Lützeler, Paul Michael 352, 372
Lykurgos 107
Machiavelli, Niccolò 42, 44, 88–89, 91, 97, 100, 117, 142, 271, 283, 290, 334, 346, 358
Mandelkow, Karl Robert 373
Mandt, Hella 36, 272, 282, 285, 295, 345–346, 368–371
Mann, Golo 122–123, 216, 231–232, 235, 317, 355, 365–366
Mann, Thomas 108, 340, 353
Manzoni, Alessandro 292
Maria Theresia, Königin von Ungarn und Böhmen 316
Marlowe, Christopher 44, 291
Martin, Ariane 360
Martini, Fritz 225, 347, 357, 364, 366
Masur, G. 366
Matt, Peter von 370
May, Kurt 247, 367
Mayer, Hans 69–70, 207, 349, 364
Mazarin, Jules 86–87
Medici, Katharina von 142
Medici, Lorenzo de' 142
Meinecke, Friedrich 142, 231, 334, 346, 358, 366, 371
Mercier, Louis-Sébastien 105
Metternich, Clemens Fürst von 230–231, 234
Meyer, Conrad Ferdinand 301, 340
Michel, Wilhelm 257, 357, 368
Michelet, Jules 17, 342
Michelsen, Peter 66, 348, 353
Mieck, Ilja 355
Minor, Jakob 218, 365
Mirabeau, Honoré Gabriel Riqueti, Graf von 11
Mommsen, Theodor 295, 297–298, 371
Montesquieu, Charles de Secondat, Baron de la Brède et de 35, 56, 68, 88, 271
Mühlher, Robert 350

PERSONENREGISTER

Müller, Adam 277
Müller, Johannes von 198, 295–296
Müller-Seidel, Walter 353, 357, 362, 365–367, 374
Münkler, Herfried 42, 346, 354, 358
Muntsch, Otto 329
Musil, Robert 50, 129
Napoleon I., Bonaparte 21, 32, 35, 96, 172–173, 187, 210–229, 232, 234, 238–239, 241–243, 245, 247–250, 252–254, 257–262, 264, 269–278, 280–281, 290–293, 295–296, 298–299, 302–304, 317, 356, 365, 367, 372
Napoleon III. 96, 249, 295, 303
Necker, Jacques 227
Neumann, Gerhard 342
Neymeyr, Barbara 149, 359, 363, 372
Niethammer, Friedrich Immanuel 252, 293, 371
Nietzsche, Friedrich 69, 75–76, 296, 299, 302, 371
Oellers, Norbert 365, 373
Oestreich, Gerhard 364
Osterkamp, Ernst 266, 356, 368
Palleske, Emil 242, 366
Palm, Johann Philipp 219
Parry, William 155
Paul I., Zar von Rußland 266
Paulsen, Wolfgang 365
Periander 39, 45
Peter I., der Große, Zar von Rußland 126, 303
Petersen, Julius 331, 373
Petrucci, Armando 346
Philipp II., König von Spanien 42, 51, 103, 105, 170, 193
Piatti, Barbara 370
Piccolomini, Octavio Fürst 123
Picker, Henry 370
Pikulik, Lothar 351
Pille, René-Marc 355, 359, 373
Pindar 45
Piscator, Erwin 63, 348
Platon 38, 53, 105, 345
Platzhoff, Walter 142, 358
Plessner, Helmuth 336, 374
Plutarch 62, 101, 306
Polykrates von Samos 39, 45, 52, 56
Pongs, Hermann 348
Posselt, Ernst Ludwig 153, 252–253, 360, 368
Prignitz, Christoph 369
Pyritz, Hans 219, 365
Radkau, Joachim 355, 367, 370
Ranke, Leopold von 123, 139, 295–297, 303, 318, 355, 358
Rebenich, Stefan 371
Regenbogen, Otto 46, 346
Rehberg, August Wilhelm 25–26, 343
Rehm, Walther 47, 347, 354
Reichel, Peter 342
Reimarus, Hermann Samuel 119
Reinhardt, Hartmut 355, 372
Reinhardt, Karl 361

Reinhold, Karl Leonhard 31
Reinwald, Wilhelm Friedrich Hermann 113
Rembrandt 291
Retz, Jean François Paul de Gondi, Kardinal von 87, 89
Richter, Karl 363
Ridinger, Johann Elias 351
Riedel, Manfred 370–371
Riedel, Wolfgang 265, 347, 350, 353, 365, 368
Rieger, Ute 357, 368
Rilke, Rainer Maria 144
Ritter, Gerhard 41, 346
Ritter, Joachim 345
Ritz, E. 363
Robespierre, Maximilien de 9, 35–36, 49, 108–111, 144, 271–272
Rochau, August Ludwig von 283, 369
Rochlitz, Johann Friedrich 158
Rohr, Mathilde von 357
Roßbach, Nikola 351–352
Rossmann, Kurt 371
Roth, Joseph 302
Rousseau, Jean-Jacques 29, 56, 68, 88, 100–101, 208, 268, 271
Rüdiger, Horst 361
Ruof, Friedrich 357
Ruppelt, Georg 370
Saar, Ferdinand von 301
Safranski, Rüdiger 173, 223–224, 353, 356, 362, 366
Saint-Just, Louis Antoine de 153, 271
Sallust 86
Salutati, Coluccio 45
Sandkaulen, Birgit 15, 342, 354
Sauder, Gerhard 159, 172, 360–362
Sautermeister, Gert 147, 348, 359
Schadewaldt, Wolfgang 174, 180–181, 362
Scharnhorst, Gerhard von 250
Scheler, Max 283
Scherpe, Klaus R. 348, 350
Schill, Ferdinand von 242
Schiller, Charlotte (geb. von Lengefeld) 11, 17, 31, 236, 315
Schings, Hans-Jürgen 74, 110, 142–143, 350, 353, 358–359, 367, 372
Schleiermacher, Friedrich Daniel Ernst 228, 246, 273
Schlosser, Johann Georg 304
Schmid, Karl 340
Schmidt, Alexander 351
Schmidt, Jochen 248, 367
Schnitzler, Arthur 58, 301
Schoenstedt, Friedrich 40–41, 345
Schopenhauer, Arthur 214, 339
Schubart, Christian Friedrich 50–51
Schulin, Ernst 343–344, 352, 357, 363, 365, 367
Schulz, Georg-Michael 363
Schwarz, Franz F. 345

PERSONENREGISTER

Schwerte, Hans 348, 351
Segebrecht, Wulf 342, 347, 357
Seibt, Gustav 365
Seidler, Herbert 182–183, 363
Seidlin, Oskar 349
Seneca, Lucius Annaeus 46, 62
Sengle, Friedrich 259, 361, 368
Shakespeare, William 44–45, 73, 288, 298
Shaw, George Bernard 162
Sieyès, Emanuel Joseph 239
Simmel, Georg 249
Simonides 45
Sinclair, Isaak von 49, 258
Singer, Herbert 359
Snow, C. P. 338
Sohm, Rudolf 249
Sokrates 38
Solon 154
Sophokles 46, 125, 174–175, 179
Sørensen, Bengt Algot 67, 348
Soulavie, Jean Louis Giraud 214
Spalding, Johann Joachim 268
Spendel, Günther 200, 364
Spengler, Oswald 284, 297, 371
Srbik, Heinrich Ritter von 123, 355
Staël-Holstein, Anna Louise Germaine de 17, 222, 227–230, 343
Staiger, Emil 260, 353
Stauffenberg, Claus Schenck Graf von 201, 288–290, 299, 370
Steierwald, Ulrike 372
Stein, Charlotte von 12, 326
Stein, Karl Freiherr vom und zum 241–242, 245, 273–274, 292
Steinhagen, Harald 355–356
Stendhal 292
Stephens, Anthony 354
Sternberger, Dolf 350
Stierlin, Helm 349
Stifter, Adalbert 301, 340
Stolleis, Michael 343–344, 349
Storz, Gerhard 63, 69, 159, 225, 287, 347–349, 360–361, 370
Strauss, Leo 35
Strich, Fritz 343
Stubenrauch, Herbert 348–350
Stunzi, Lilly 364
Süvern, Johann Wilhelm 125, 175, 246
Thalheim, Hans-Günther 224, 366
Theron von Akragas 45
Thomas von Aquin 40–41
Thormaehlen, Ludwig 289

Tichborne, Chidiock 156
Timur 291
Treitschke, Heinrich von 282–284, 295–296, 298, 369, 371
Tschudi, Aegidius 198
Ueding, Gert 370
Unger, Rudolf 352
Uxküll-Gyllenband, Woldemar Graf 289
Valette, Jean de la 251–252
Vallentin, Berthold 299
Varnhagen von Ense, Karl August 344, 365
Varnhagen von Ense, Rahel 231
Vertot, René Aubert de 252
Virchow, Rudolf 244
Voit, Ludwig 347
Voltaire 161–162
Voßler, Otto 243, 268, 367–368
Vretska, Karl 345
Wallenstein, Albrecht Graf von, Herzog von Friedland 122–124, 139, 142, 205, 222, 231, 247–248, 251, 295, 315–319, 367
Walzel, Oskar 356
Weber, Max 96, 100, 126, 248–251, 282, 284–285, 352, 355, 367, 370
Wedekind, Frank 78
Weis, Eberhard 50, 347
Weise, Christian 47
Wertheim, Ursula 224, 364, 366
Wieland, Christoph Martin 162, 208, 215, 222, 232, 259–260, 262
Wiese, Benno von 64, 66, 146, 160, 222, 347–348, 350, 359–362, 365
Willems, Gottfried 310, 372
Wilpert, Gero von 366
Wilson, W. Daniel 365
Winckelmann, Johann Joachim 62
Wolf, Erik 307, 346, 372
Wölfel, Kurt 352–353, 358
Woltmann, Charlotte 12
Woltmann, Karl Ludwig 209
Wolzogen, Karoline von (geb. von Lengefeld, verh. von Beulwitz) 11–12, 52, 217, 313, 315
Wolzogen, Wilhelm von 194, 211–212
Xenophon 38
York von Wartenburg, Hans David Ludwig Graf 242
Zabka, Thomas 373
Zachhuber, J. 371
Zelle, Carsten 359
Zeller, Bernhard 370
Zeller, Eberhard 289–290, 370
Zeller, Eduard 37–38, 345